山东大学(威海)年鉴

(2018～2019)

赵玉璞　主编

山 东 大 学 出 版 社
· 济南 ·

图书在版编目(CIP)数据

山东大学(威海)年鉴. 2018-2019/赵玉璞主编.
—济南:山东大学出版社,2020. 11
ISBN 978-7-5607-6820-5

Ⅰ. ①山… Ⅱ. ①赵… Ⅲ. ①山东大学—2018—2019—年鉴 Ⅳ. ①Z525. 23

中国版本图书馆 CIP 数据核字(2020)第 260852 号

策划编辑 刘旭东
责任编辑 李艳玲 肖淑辉
封面设计 牛 钧

出版发行 山东大学出版社
社 址 山东省济南市山大南路 20 号
邮政编码 250100
发行热线 (0531)88363008
经 销 新华书店
印 刷 山东新华印务有限公司
规 格 787 毫米×1092 毫米 1/16
40. 25 印张 18 插页 1007 千字
版 次 2020 年 11 月第 1 版
印 次 2020 年 11 月第 1 次印刷
定 价 160. 00 元

《山东大学(威海)年鉴》
编纂委员会

主　　任　刘建亚　尹作升

副 主 任　韩建新　赵玉璞　刘　海

　　　　　郭培良　周慧如　夏利东　黄凯南

《山东大学(威海)年鉴(2018～2019)》
编委会

主　　编　赵玉璞

执行主编　顾　炜

副 主 编　赵林林　李　松　何　峰

参编人员　(按姓氏笔画排序)

于文浩　万　伟　王志辉　王　松　王祎璠　王晓宏
王倩倩　王婉霞　王　晶　王擎擎　邓宏军　丛岗滋
司献英　仵　眉　刘东霞　刘田恬　刘　波　刘胜民
刘　琼　闫红伟　孙　艳　李彤彤　李　松　杨　青
肖艳楠　何荣毅　何　峰　何　睦　邹晓光　沈胜领
宋　婷　张大勇　张文学　张正武　张　珂　张　剑
张家豪　张　晨　张琳琳　张　雷　金世玉　周守玉
赵林林　赵　昆　赵　辉　荆晓文　段兴立　姜玉晶
夏雪莲　顾　炜　郭　楠　陶　扉　戚伟良　梁奉军
葛彩云　缪莎莎　黎海鹰

编写说明

年鉴编纂是记录过去、存史资政的基础性工作，也是校园文化建设的重要内容。《山东大学（威海）年鉴（2018～2019）》（以下简称《年鉴》）全面、客观、系统地记录了2018～2019年山东大学（威海）事业发展及重大活动的基本情况。

《年鉴》分概述、特载、重要文件、管理与服务、学院工作、毕业生名单、各类委员会与领导小组名单、表彰与奖励、聘用相关专业技术职务及岗位人员名单、新聘研究生指导教师名单、组织机构与干部任职名单、教职工名单、基本情况统计、大事记等栏目。部分内容依据实际情况在时限上略有延伸。

《年鉴》由山东大学（威海）党工委（校长）办公室组织编纂，书中有关材料、名单、统计数据等均由相关单位提供，在此谨表示感谢。由于时间仓促，编撰人员水平所限，《年鉴》难免存在缺点和不足，敬请读者提出宝贵意见，以便改进。

编　者

2020年10月

2018 年 1 月 16 日，山东大学与威海市政府推进校地合作共建加快新旧动能转换第一次联席会在威海校区召开

2018 年 3 月 15 日，威海市立医院山大门诊部举行揭牌仪式

2018 年 3 月 17～18 日，山东大学党委书记郭新立（中）来威海校区考察并与干部教师座谈

2018 年 3 月 19 日，山东大学-斯威本科技大学先进制造业联合研究中心揭牌成立

2018 年 3 月 20 日，山东大学（威海）召开第五届教职工代表大会第四次会议

2018 年 4 月 18 日，山东大学校长樊丽明来威海校区调研指导工作，并为师生讲授思政课

2018 年 4 月 18 日，山东大学校长樊丽明一行与威海市委副书记、市长张海波座谈，
就进一步推进校地合作进行交流

2018 年 4 月 22～26 日，山东大学副校长、山东大学（威海）校长刘建亚（右四）率团访问英国、
西班牙合作院校及机构，图为访问西班牙 IE 商学院

2018 年 6 月 8～10 日，山东大学第一届全民运动会排球总决赛在威海校区举行

2018 年 6 月 13 日，山东大学(威海)召开学院换届调整干部会议及新任命干部任前集体谈话会

2018 年 6 月 24 日，山东大学（威海）隆重举行 2018 年毕业典礼

2018 年 7 月 6 日，山东大学（威海）举行新工科建设专题会暨量子信息工程实验班共建签字仪式

2018 年 7 月 19 日，美国圣路易斯华盛顿大学 Slava Solomatov 教授访问山东大学（威海）

2018 年 8 月 10 日，潘承洞数学研究所在山东大学（威海）揭牌成立，

著名数学家张益唐（图左）受聘山东大学兼职讲席教授和潘承洞数学研究所所长

2018 年 8 月 10～13 日，第八届全国数学文化论坛学术会议在山东大学(威海)举行

2018 年 9 月 10 日，山东大学(威海)召开庆祝 2018 年教师节暨优秀教师表彰大会

2018 年 9 月 21 日，山东大学(威海)举行 2018 级新生开学典礼暨迎新晚会

2018 年 10 月 17 日，校区举行山东大学(威海)-亚马逊 AWS 共建云创学院揭牌仪式

2018 年 10 月 20 日，第二届山东论坛在威海开幕

2018 年 11 月 27～28 日，山东大学党委书记郭新立（右四）来威海校区调研指导工作

2018 年 11 月 28 日，山东大学（威海）与哈尔滨工业大学（威海）签署校际合作协议

2018 年 12 月 10 日，威海市委书记王鲁明（前排左三）来山东大学（威海）调研

2018 年 9 月，空间科学研究院磁层物理研究组利用卫星观测数据，
揭示了地球磁层开尔文-亥姆霍兹波动和涡旋的时空演变过程，
此项研究成果被美国地球物理学会 AGU 会刊 EOS 作为亮点工作进行了报道

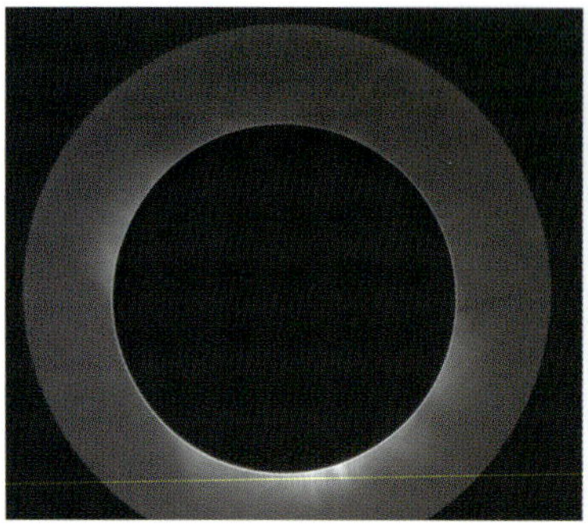

2018 年 10 月 22 日，日冕仪研制及测试联合课题组首次利用自主研制的日冕仪观测到日冕图像

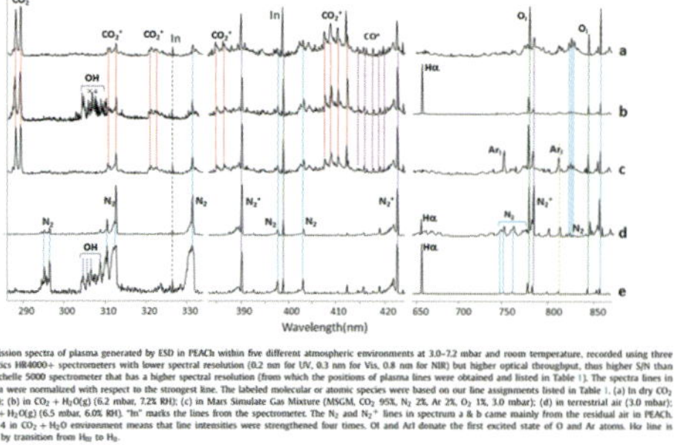

Fig.4 模拟火星条件下放电激发不同种类气体的等离子体激发谱线数据及其归属指认

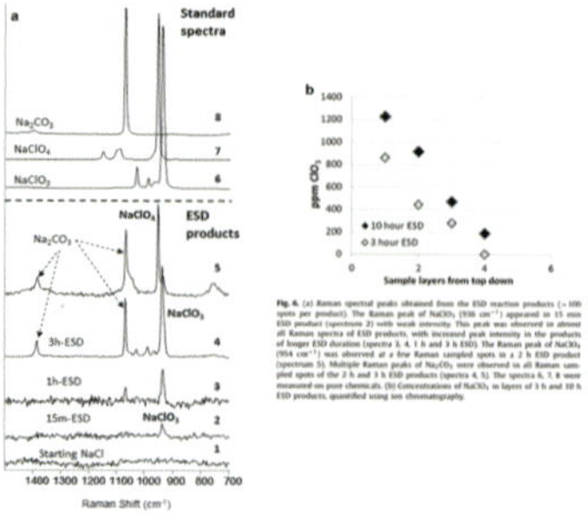

Fig.6 以NaCl为起始剂的放电产物的Raman检测和IC检测结果

2018 年 11 月，空间科学研究院武中臣教授在火星表面高氯酸盐起源研究方面取得重要进展

2018 年 7 月，山东大学(威海)2014 级机械设计制造及自动化专业
本科生李轩荣获第十一届中国青少年科技创新奖

2018 年 9 月，山东大学(威海)在第十三届全国大学生智能汽车竞赛中
获一等奖 3 项，二等奖 3 项，三等奖 1 项

2018 年 9 月 15～19 日，山东大学(威海)女篮荣获山东省第十四届学生运动会篮球联赛冠军

2018 年 5 月 31 日，中国前驻孟加拉国、柬埔寨、越南特命全权大使胡乾文做客第 33 期“大使讲坛”

2018 年 11 月 6 日，中国前驻柬埔寨、韩国、泰国大使宁赋魁做客第 34 期“大使讲坛”

2018 年 5 月 9 日，中国科学院院士、著名天体化学与地球化学家、
中国月球探测工程首席科学家欧阳自远做客“稷下讲坛”

2018 年 12 月 20 日，北京大学新结构经济学研究院院长，南南合作与发展学院院长，
全国政协常委、经济委员会副主任，国务院参事室参事林毅夫教授做客“稷下讲坛”

2018 年 12 月 29 日，著名书法家张雪明先生(左)做客“稷下讲坛”

2019 年 3 月 4～5 日，山东大学党委书记郭新立（右三）来威海校区检查安全工作并开展调研

2019 年 3 月 15 日，山东大学（威海）召开第五届教职工代表大会第五次会议

2019 年 3 月 26 日，《山东新闻联播》头条报道威海校区思政课建设成果

2019 年 3 月 28 日，山东大学国际问题研究院揭牌仪式暨百年大变局高端对话在威海校区举行

2019 年 3 月 28 日，山东大学校长樊丽明来威海校区调研指导工作
并参加“校长有约”学生座谈会

2019 年 4 月 29 日至 5 月 6 日，山东大学副校长、山东大学(威海)校长刘建亚率团访问
澳新高校，并建立海外人才工作站

2019 年 5 月 5 日，山东大学(威海)举行纪念五四运动 100 周年暨 2018 年度优秀学生表彰大会

2019 年 5 月 10 日，新西伯利亚国立大学代表团访问山东大学(威海)，校区与
索伯列夫数学研究所、北京天元数学与信息技术综合应用研究中心签订合作协议

2019 年 6 月 8 日，英国皇家学会院士、伦敦数学学会会长、
布里斯托大学乔恩·基廷(Jon Keating)教授受聘为山东大学(威海)客座教授

2019 年 6 月 15 日，新中国成立 70 周年马克思主义文化研究高端论坛在山东大学(威海)举行

2019 年 6 月 20 日，山东大学（威海）举行"同心 · 光彩助学行动"助学金发放仪式

2019 年 6 月 23 日，山东大学（威海）隆重举行 2019 年毕业典礼

2019 年 7 月 11～14 日，概率、不确定性与定量风险国际学术会议在山东大学(威海)举行

2019 年 7 月 26 日，共青团山东省委书记刘天东(右二)到山东大学(威海)调研学生创新创业工作

2019 年 8 月 23 日,新一代人工智能与自动化论坛(威海)在山东大学(威海)举办

2019 年 9 月 20 日,山东大学校长樊丽明与威海市委书记王鲁明就进一步推进校地合作共建事宜进行座谈交流

2019 年 9 月 20 日，山东大学(威海)举行 2019 级新生开学典礼暨迎新晚会

2019 年 9 月 20 日，山东大学新文科建设研讨会在威海校区举行

2019 年 9 月 22 日，山东大学（威海）举办第一期校友思政大讲堂

2019 年 9 月 30 日，山东大学（威海）举行庆祝新中国成立 70 周年“同升国旗，同唱国歌”集体升旗仪式

2019 年 10 月 26～27 日，山东大学 2019 年“一校三地”学生健康活力大赛暨威海校区体育文化节开幕

2019 年 10 月 30 日，山东大学(威海)举行领导班子“不忘初心，牢记使命”
主题教育调查研究成果汇报交流会

2019 年 11 月 8 日，山东大学在郭永怀事迹陈列馆建立党员教育基地

2019 年 11 月 29 日，山东大学校长樊丽明（左四）调研指导威海校区学科建设工作

2019 年 11 月 30 日，山东大学澳国立联合理学院正式成立

2019 年 12 月 28 日，山东大学(威海)承办 2019 中韩(威海)人才交流合作大会

2019 年 12 月 29 日，中国自贸区高质量发展论坛在山东大学(威海)举行

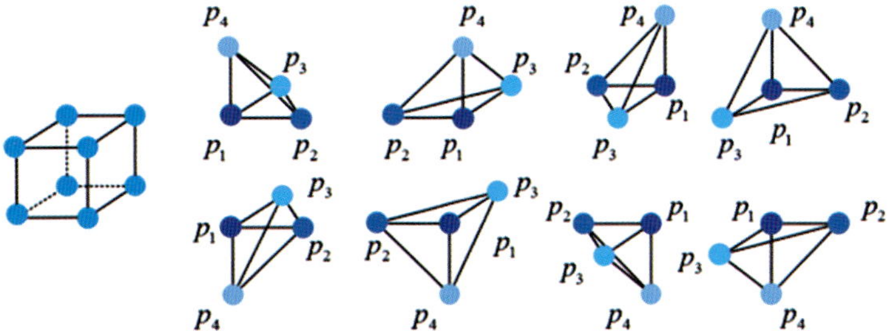

Four-element cliques and eight-element clique in 3D image.

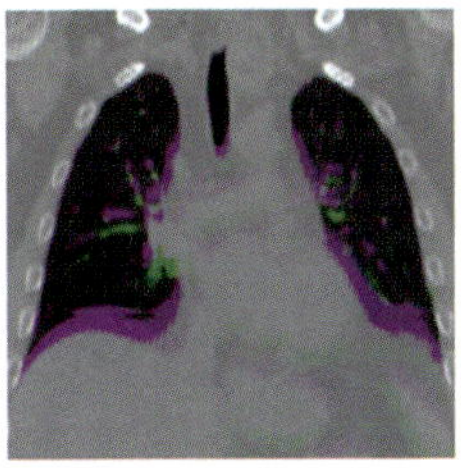

Coronal overlay images of lung

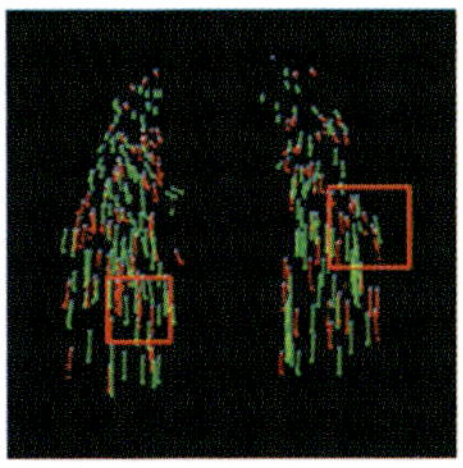

The schematic diagrams of registration vector displacement errors

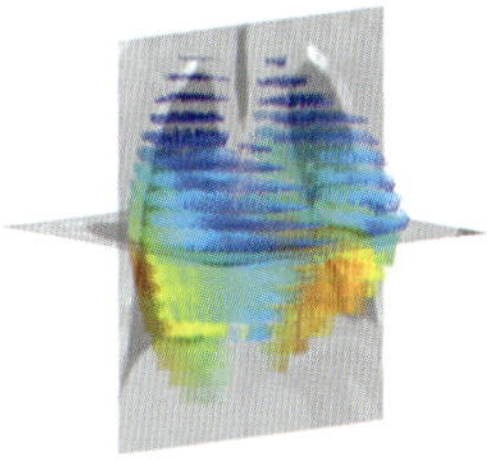

3D vector field visualization

2019 年 8 月，董恩清教授团队在医学成像领域国际顶级期刊 *IEEE TMI* 发表关于肺部 4D CT 图像配准的最新成果“Lung 4D CT Image Registration Based on High-Order Markov Random Field”

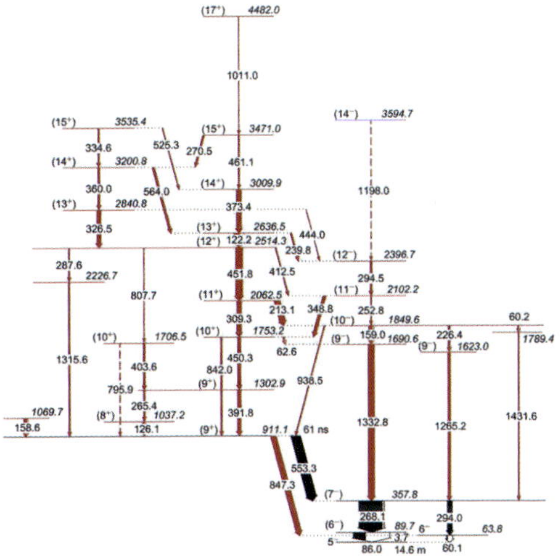

2019 年 8 月，王守宇教授团队在核物理领域国际著名期刊 *Journal of Physics G* 上发表文章，首次建立了原子核 Pr-142 的高自旋态能级纲图

2019 年 6 月，范蕊获评全国“最美高校辅导员”

2019 年 8 月 24～25 日，山东大学（威海）承办第十四届智能汽车竞赛全国总决赛，校区智能车队获国家一等奖 3 项、二等奖 4 项

2019 年 11 月 7～12 日，山东大学（威海）在第十六届“挑战杯”全国总决赛中获二等奖 4 项、三等奖 2 项，团体总分位列山东高校第二名

2019 年 6 月 4 日，中国前驻捷克、挪威大使唐国强做客第 35 期“大使讲坛”

2019 年 10 月 24 日，中国前驻希腊、爱尔兰大使，中国驻旧金山总领事（大使衔）罗林泉做客第 36 期“大使讲坛”

2019 年 4 月 9 日，知名随机分析专家、英国拉夫堡大学赵怀忠教授做客“稷下讲坛”

2019 年 5 月 21 日，中国科学院院士马余刚做客“稷下讲坛”

2019 年 9 月 9 日，中国国际经济交流中心副理事长黄奇帆教授做客“稷下讲坛”

（以上图片由宣传统战部提供）

目 录

2018 年

2019年

2018年

概　述

2018年山东大学(威海)发展综述

2018年,威海校区在山东大学党委的正确领导下,全体师生员工以习近平新时代中国特色社会主义思想为指导,深入学习贯彻党的十九大精神,认真贯彻落实学校第十四次党代会精神,紧紧围绕"六大战略""十项任务",扎实推进"双一流"建设,以只争朝夕的精神状态,全力打造建设世界一流大学的新亮点,各项事业均取得了新进展。

一、党建和思政工作坚强有力

1.抓好政治理论学习。充分发挥理论学习中心组的示范带头作用,紧密围绕"一体发展""双一流"建设等主题,开展了专题研讨和思想解放大讨论,突出思想引领。

2.加强干部队伍建设。完成12个院部领导班子换届调整工作,班子的年龄结构、知识结构有了根本改变,干部队伍整体呈现勇于任事、敢于担当的良好精神风貌。做好各学院中层单位领导班子任期目标制定和单位中长期发展规划编制工作,与干部考核管理相挂钩,全面从严管理干部。

3.扎实做好思政工作。深入贯彻落实全国高校思想政治工作会议精神,着力加强和改进"三全育人"工作,充分发挥思想政治理论课主渠道的作用,将社会主义核心价值观融入教育全过程。山东卫视以"创新形式,打造爱国主义教育青春力量"为题,对校区思政课改革进行了深入报道,引起广泛关注。

4.加强意识形态工作。牢牢把握意识形态工作领导权,完善意识形态工作责任制,层层压实责任,确保各类意识形态阵地可管可控。出台了校内自建工作信息群使用管理等规定,进一步强化网络意识形态工作。

5.推进党风廉政建设。压实全面从严治党主体责任,落实领导干部"一岗双责"。配合学校党委完成了对校区艺术学院党总支、体育教学部直属党支部的巡察工作,推动全面从严治党向纵深发展。运用"四种形态",做好"三转"工作,强化监督执纪问责。

6.党建工作水平不断提升。着力打造党建"两平台一载体"。选优配强支部书记,加强党务工作队伍建设。推进基层组织建设规范化管理,开展"对标争先"活动,申报党建工作标杆学院2个、党建工作样板支部4个以及"双带头人"教师党支部书记工作室4个。

7.民主治校持续推进。成立妇女委员会和关心下一代工作委员会,制定《教职工代表大会提案工作实施办法》,充分调动各民主党派、归国留学人员、党外知识分子、离退休教职工、共青团等参政议政的积极性,推动校区各项事业健康快速发展。

二、学术兴校成绩突出

1. 打造高水平学科平台。成立前沿交叉科学研究院，孵化培育新兴交叉学科，加快培育新的学科增长点。构建跨学科学术平台，目前已成立潘承洞数学研究所、计算社会科学研究所和蓝绿发展研究院等研究机构。

2. 加强学科建设。空间学科建设成效显著，太阳射电槎山观测站投入运营，突破关键技术成功研制出70毫米口径日冕仪，一项有关火星表面的研究成果被*Science*等国际期刊报道。校区5位教师加入"嫦娥四号"科研团队，1位教师加入中欧月球与深空探测工作组。东北亚学院进一步明确了未来建设方向和组织架构，为学术评价和运行机制改革提供了组织保证；"中华复兴论坛"等多个国际学术会议建立起定期举办机制；承办第二届"山东论坛"，学科影响力日益扩大。海洋学院明确了与青岛校区海洋研究院的学科互补发展战略，引导现有学科积极向海洋科学整合，学科建设方向进一步明晰。

3. 科研工作态势良好。年内共获各类项目立项272项，实到科研经费近7000万元。其中，承担国家自然科学基金项目、国家海洋局科研项目、山东省重点研发计划项目等近50项；承担国家社科基金重大项目、国家社科基金项目等10余项；立项数较上年翻一番。1项成果获山东省自然科学奖二等奖，7项成果获山东省社科优秀成果奖，为历史新高。

三、人才队伍建设实现重要突破

1. 积极延揽高层次人才。修订《杰出人才体系建设方案》，全职引进特聘教授1人、杰出中青年学者2人、齐鲁青年学者1人；柔性引进兼职讲席教授1人、兼职特聘教授3人、海外高层次人才1人。截至年底，校区入选山东大学杰出人才体系岗位全职人员达19人。

2. 加强引育结合。强化师德师风建设，激发广大教师教书育人的使命感和责任感。校区1人入选"长江学者"特聘教授，为历史性突破；1人入选"万人计划"青年拔尖人才；1人获评教育部"高校思想政治理论课教师2017年度影响力提名人物"；1人荣获第四届山东高校辅导员素质能力大赛一等奖。

3. 深化体制机制改革。研究制定了校区深化人事体制机制改革实施方案；修订了教师岗位评聘方案；制定了研究员、副研究员内聘办法，非事业编制队伍建设实施办法等；建立了"小同行专家库"，推进多元考核。

四、人才培养质量全面提高

1. 推进教育教学资源共建共享。启动新版培养方案修订工作，在学期制度、课程体系结构、专业核心课程等方面与校本部基本保持一致。积极探索跨校区教育教学资源共建共享工作模式，统筹师生荣誉体系，共享各类卓越人才、拔尖人才培养平台；5名学生入选"尼山学堂"，1人入选"泰山学堂"，45人入选2018级创新实验班。

2. 深化教育教学改革。本科生方面，"日语＋国际政治""法学＋大数据"等交叉复合人才培养项目受到学生欢迎；新增1个新工科专业，与亚马逊公司联合共建云创学院，与山东量子科学技术研究院联合举办"量子信息工程实验班"。年内新增4项省级教改项目，获山东省本科教学成果二等奖2项。2019届毕业生中，有12%的学生成功推荐免试研究生，创历史新高，其中近78%的学生被“双一流”高校录取。研究生方面，继续修订完善培养方案，调整学位授权点，探索学科交叉人才培养新模式。1名学生获优秀博士研究生创新能力提升计划资助，7项成果获山东大学学术成果奖励，2项成果获2018年度山东省专业学位研究生优秀实践成果奖，7人获批2018年国家高水平大学公派项目。继续教育方面，强化教学过程管理，年内培训测试14000余人，取得了较好效益。

3.创新创业教育再创佳绩。学生在各类创新创业竞赛中获得国家级奖项79项、省级奖500余项。在第十五届“挑战杯”全国大学生课外学术科技作品竞赛中获国家级奖项6项，较上届获奖增长1倍；在2018年“创青春”全国大学生创业大赛中，1件作品获得全国银奖，5件作品荣获全国铜奖；在第四届中国“互联网+”大学生创新创业大赛中获得全国铜奖2项。2014级本科生李轩获评第十一届中国青少年科技创新奖，是山东省唯一入选的本科生。校区两名本科生校友入选“长江学者奖励计划青年学者”。加强就业指导，积极拓展就业市场，毕业生就业率稳定在90%以上。

五、国际化战略步伐加快

1.拓展国际合作网络。年内与英国拉夫堡大学等国外高水平大学签订协议18项。截至年底，校区已与澳、美、英、日、韩等13个国家和地区的108所高校建立了合作关系。年内外派学生近600人，2018届毕业生中有381人赴国（境）外继续攻读学位，占全部毕业生的11%，其中70%为世界500强名校。合作办学工作进展顺利，“山东大学澳国立联合理学院”获得教育部原则审批通过。

2.加强国外智力引进。获批“国家高端外国专家项目”“山东省双百计划”各1项，实现了包括“教育部海外名师”在内的国外引智高水平外专项目的全覆盖。

3.优化国际学生教育。充分挖掘韩国教育资源，打造“韩国来华留学生首选项”品牌。修订国际学生管理规定，加强课程建设，粒子物理与原子核物理等5个方向实现全英文授课。年内有美、日、韩、俄等21个国家的近千名长短期国际学生来校学习。

六、校地合作不断深入

1.做好顶层设计。以《深入推进校地合作共建协议》《服务威海市新旧动能转换行动方案》为抓手，全面加强同威海市各部门的合作交流，制定《校地合作共建需求对接方案》，全方位服务地方经济社会发展。山东大学科技园、威海发展研究院等重点合作平台稳步推进。

2.加强服务地方。对接自主创新示范区建设，联合国家航天局、国家天文台、文登区共建“空间碎片监测标准示范站”，已进入实施阶段；与斯威本科技大学、临港区政府等共建“先进制造技术联合研究中心”，引进了山东大学碳纤维研发团队，先进薄膜研发中心迅速实现技术产业化应用，为企业创造效益近1000万元。作为全国优秀科普教育基地，天文台年对外开放150余次，科普受众12000多人。面向社会开放艺术展演、学术讲座、文化普及等，越来越多的威海市民享受到优质的高等教育资源，大学文化的软实力不断彰显。

七、管理服务保障水平有效提升

1.加强作风建设。积极推进职能部门"放管服",优化工作流程100余项。出台《机关作风建设评议办法》《机关工作人员首接负责制实施办法》,深入推进作风建设,进一步提升管理效能。制定《关于加强督促检查工作的实施办法》,做好对校区重大决策部署的督查,确保工作落实。

2.大力推进民生工程。加强财务管理,努力提高教职工收入。威海市立医院山大门诊部揭牌成立,体育中心建成并投入使用,专家公寓项目已顺利封顶,材料与空间科研楼、新工科与交叉学科科研楼已完成立项,教学、科研、生活空间有了进一步改善。

3.信息化建设步伐加快。推进"智慧校园"建设,获得合作银行1.1亿元资金支持建设智慧校园,资产管理服务信息系统运行,全年新建51间智慧教室。图书馆获2017～2018年度CALIS联合目录——馆藏数据库、日文数据库、小语种数据库建设先进单位奖等3个奖项。

4.优化资源配置。全面核查各单位用房情况,为实施教学科研用房绩效考核、有偿使用打好基础。加强实验室建设,批准立项9个实验室建设项目,5个项目获批山东大学实验室软件建设立项。

5.推动和谐校园建设。深入开展校园安全隐患排查整改工作,加强物防技防,规范校园交通秩序,安全工作防线不断完善。全年开展各类修缮工作80余项,对部分教师周转公寓、电子楼、学生公寓等进行维修改造,完成紫薇园、樱花林等工程,校园进一步得到美化、绿化。

特 载

在第五届教职工代表大会第四次会议上的工作报告

（2018 年 3 月 20 日）

山东大学副校长、山东大学（威海）校长　刘建亚

各位代表、同志们：

现在我代表学校，向大会报告工作，请各位代表审议，并请列席同志提出意见。

一、2017 年工作回顾

2017 年，威海校区认真学习贯彻习近平新时代中国特色社会主义思想和党的十九大精神，全校师生员工秉持“同一目标，同一标准，同一精神家园”的理念，深入实施“学术提升计划”，贯彻落实“特色立校战略和人才强校战略”，努力建设“异地办学的示范性校区、坚持特色发展的高水平校区、加强国际合作的开放式校区”，各项事业均取得了优异的成绩。

（一）党建和思想政治工作扎实推进

1. 认真学习贯彻党的十九大精神。成立了党的十九大精神学习宣讲团，设立专题网站，做好党的十九大精神宣讲及学习成果展示。组织开展了“三同”主题党日活动和“学习十九大精神，推进校区双一流建设”专题研讨活动，推进十九大精神贯彻落实。

2. 顺利接受中央巡视组巡视。认真做好中央巡视反馈意见整改工作，突出问题导向，建立工作台账，不折不扣地按时完成好各项整改任务。

3. 推进“两学一做”学习教育常态化制度化。制定下发了《中共山东大学（威海）工作委员会关于推进“两学一做”学习教育常态化制度化的实施方案》，先后召开 3 次党建工作专题会，认真抓好“三会一课”，从严从实加强党员教育管理。

4. 加强干部队伍建设。推进机关及直属单位中层领导干部调整补充工作，共调整 52 名处级干部，岗位交流的干部占 58%。扎实做好干部教育培训工作，举办专题报告会 8 场次，选派10 名处级干部参加上级培训。加强干部监督管理，严格落实领导干部报告个人有关事项等制度。

5. 加强基层党组织建设。做好党支部设置及支部委员会调整工作，选优配强党支部

书记和委员。对全校130余名党支部书记进行全面培训,提高业务能力。完善党建工作专题会、思想政治教育研究会和基层党组织立项的“两平台一载体”建设。人民网对我校开展的基层党组织立项活动进行了报道,引起广泛关注。

6.做好思想政治教育工作。深入贯彻全国高校思想政治工作会议精神,发挥思想政治理论课主渠道作用,将社会主义核心价值观融入思政课教育全过程。牢牢把握意识形态工作领导权,加强对校内微信、微博等新媒体的管理。

7.加强党风廉政建设。强化“一岗双责”,落实新任领导干部廉政谈话制度,启动对2013年以来离开原岗位的24名单位主要负责人进行经济责任审计工作。持续狠抓作风建设,“三公”经费大幅下降。

8.推进民主治理。坚决贯彻民主集中制,不断提高科学决策水平。进一步完善教代会制度,加强和改进群团工作,充分调动各民主党派、归国留学人员、党外知识分子、离退休教职工参政议政的积极性。

(二)学科建设水平进一步提升

1.优化学科布局。开展学科建设大讨论,研究制定“十三五”学科学术提升计划,在巩固和加强优势学科的同时,着力培育和发展新兴交叉学科。完成了对2013年立项的15个学科建设项目结项验收工作。

2.特色学科引领作用更加突出。空间学科创新引智基地作为山东大学唯一一个项目参加了国家“111计划”项目评审;新组建空间电磁探测技术实验室,开展了地磁台与电离层探测系统等地基空间环境的建设。东北亚学科顺利入选山东大学“学科高峰计划”,东北亚研究中心和韩国研究院两个科研机构入选教育部区域国别研究中心备案名单,东北亚研究正式进入中日韩政府间合作网络。海洋学科着力推进学科方向整合,围绕蓝色经济区和海上粮仓建设需求,构建海洋牧场全产业链研究体系,1个项目获国家重点研发计划立项。

(三)人才队伍建设大力推进

1.师资队伍结构继续优化。全年引进教师13人,其中高级职务占38%;新入站博士后22人。目前,专任教师中具有博士学位(含在读)教师占专任教师总数的70%;具有一年以上海外经历的教师占专任教师的比例增至30%。

2.人才引进和培养工作力度加大。研究制定了《杰出人才体系建设方案》,加大高层次人才引育力度,年内新增“长江学者”特聘教授、中组部国家“万人计划”青年拔尖人才、齐鲁青年学者特聘教授、山东省“杰青”等高层次人才9人。加大后备骨干人才培养力度,9人入选“青年学者未来计划”,选派17名教师赴海内外名校开展访学和合作研究,选派21名教师参加教学技能研修班。

3.师德师风建设成效显著。开展了师德师风建设活动,教书育人典范不断涌现,获得了赵九章优秀中青年科学奖、2017美国地球物理学会“日地系统科学BASU早期科研生涯奖”、第九届“全国辅导员年度人物”、山东高校辅导员名师等一批国家级、省级表彰和奖励。

(四)人才培养质量稳步提高

1.顺利通过教育部本科教学审核评估。校区教学工作得到评估专家高度评价,本科教学管理的规范化水平有了进一步提升。结合专家反馈意见，扎实做好评估整改工作。

2.深化人才培养模式改革。完成了2018版本科培养方案修订工作，深化学分制改革，新增7项省级教学改革项目，建立创新创业教育与专业教育、通识教育有机融合的课程体系。拔尖、复合人才培养成效显著，3人入选“泰山学堂”，“天文与空间科学菁英班”“数学与金融实验班”深受学生欢迎。

3.推进教育教学资源共享。认真落实“1＋N”方案，做好跨校区教育教学资源共建共享工作，5个学院与校本部对口学院签订了合作协议，积极参与校本部网络教学平台和教改项目管理平台的共建共享工作。

4.生源质量再创新高。省外文史类有19个省份录取分数线超出一本线50分以上，理工类有24个省份超出一本线60分以上。顺利完成浙江、上海两个试点省份的招生计划。

5.创新创业教育成绩显著。学生在各类竞赛实践活动中获得国家奖69项、省级奖500余项。首次获得“挑战杯”全国大学生课外学术科技作品竞赛国家一等奖1项，在全国大学生智能汽车竞赛中荣获国家一等奖3项、二等奖2项，在第三届中国“互联网＋”大学生创新创业大赛中获国家银奖1项；15个社会实践项目和团队获得国家级奖励，校区也再次获评“三下乡”全国社会实践活动优秀单位；女篮勇夺大学生篮球联赛阳光组（山东赛区）冠军，女排获得山东省大学生排球联赛冠军。毕业生综合竞争力不断增强，2017届毕业生总体就业率达到91.8%。

6.研究生教育不断加强。认真做好山东大学学位点合格评估答辩工作。继续开展暑期夏令营活动和优秀本科生提前修读研究生课程工作，切实保障生源质量。博士研究生年度招生突破30人。9项研究生教育创新计划成果获评山东大学研究生学术成果奖。

7.继续教育工作稳步推进。大力拓展招生培训渠道，年内职业技能和在职培训累计8000余人。

（五）科研整体实力明显增强

1.科研工作态势良好。全年共获各类项目立项237项，实到科研经费5000余万元，在国家自然科学基金重大项目、国家重点研发计划专项等方面均实现了新的突破。

2.科研平台建设成绩突出。“山东省海洋生物繁育工程技术研究中心”获省级立项，“法律方法与立法学研究中心”入选“十三五”山东省高校科研创新平台，技术转移与成果推广中心成为省级技术转移机构，马克思主义文艺理论研究中心在国内学界产生积极影响。

3.服务地方工作打开新局面。出台了《山东大学（威海）服务威海新旧动能转换行动方案》，与威海市签署《山东大学、威海市人民政府深入推进校地合作共建协议》，加强与威海市政府、环翠区政府、大连海洋岛水产集团等的合作共建。

（六）国际化办学特色日益彰显

1.国际化交流网络不断完善。签订校际交流协议9项，截至目前，已与12个国家及中国香港、台湾地区的86所高校建立了实质性合作关系。年内外派学生近600人，2017届本科毕业生中有374人赴国外高校攻读研究生，占到毕业生总数的11.4%。

2.合作办学工作顺利推进。“山东大学-澳大利亚国立大学联合国际理学院”已完成教育部申报答辩,各项工作正全面展开,迈出了实质性建设步伐。与澳大利亚皇家墨尔本理工大学合作举办的机械设计制造及其自动化专业本科教育项目,顺利通过教育部评估。

3.国际学生教育更加规范。长期在校学习的国际学生有近1100人,生源地达到22个国家。修订了国际学生学籍管理等规章制度,国际学生培养质量稳步提升;在2017年山东省国际学生汉语演讲比赛中,选派的4名选手包揽了前三名。

(七)条件保障不断改善

1.推进民生工程。教职工的待遇有了进一步提高;新的学生宿舍、体育训练馆投入使用,科技大厦B座和专家公寓完成教育部备案和地方立项;改造部分楼宇供暖设施,对部分学生宿舍进行舒适性改装;新铺设沥青路面近3万平方米;与威海市立医院合作建立门诊部,师生学习、工作、生活条件不断改善。

2.加强财务管理工作。修订完善内部控制、大额资金支付审批等文件,实行财务联络员制度,全面推广公务卡结算,加强预决算管理。

3.信息化校园建设进入新阶段。进一步扩大了校园网络覆盖范围,新建及改造三地交互网络视频会议室、互动教室5间。超算中心为我校及周边高校的科研项目提供了技术支持。图书馆各类数据库建设工作成效显著。

4.实验平台建设进展顺利。年内立项的16个实验室建设项目基本完成,科学实验中心初步搭建了仪器设备先进、环境布局合理的共享平台。多措并举确保国有资产保值增值,企业资产清算有序推进,加强对出租出借公房的管理。

5.后勤保障工作扎实有效。完善规章制度,推行精细化管理,确保食堂卫生与饭菜质量安全,推动节约校园、绿色校园建设,校园环境明显改善。

6.加强平安校园建设。强化师生安全防范意识,完善校区治安综合治理工作网络,认真排查安全隐患,为师生营造了良好的学习工作生活环境。

各位代表,同志们,回顾一年来的工作,我们为所取得的成绩欢欣鼓舞。党的十九大报告提出,要加快一流大学和一流学科建设,实现高等教育内涵式发展。山东大学入选"双一流"建设高校名单,这都对我们提出了更高的要求。我们必须清醒地认识到,校区学科建设的成效还不明显;人才队伍建设力度还需加大,杰出人才、优秀人才集聚不够,对学科的辐射带动能力还有待提高;科学研究整体实力不强;等等。这些都是需要我们下大力气解决的问题。

二、2018年主要工作

2018年,威海校区党政工作的指导思想是:以习近平新时代中国特色社会主义思想为指导,认真学习贯彻党的十九大精神,以"一二三"发展战略为统领,以落实《"双一流"建设行动方案》《杰出人才体系建设方案》《服务威海市新旧动能转换行动方案》为主线,以将改革进行到底的政治责任感和不忘立校初心的历史使命感,抢抓机遇,砥砺奋进,推进校区各项工作再上新台阶。

(一)推进重点领域改革

1.加强"双一流"建设。新年伊始,山东大学党委召开专门会议,审议通过了《山东大学(威海)学习贯彻十九大精神 推进“双一流”建设行动方案(2018～2020年)》。这是学校党委交给我们的重大政治责任,是校区发展的重大历史机遇,是必须完成的重大工作任务。我们要以高度的政治自觉、高度的思想自觉、高度的行动自觉,大力推进,全面落实。

2.加大人事制度改革力度。贯彻落实《杰出人才体系建设方案》,进一步加大人才引育力度。深化人才发展体制机制改革,根据学科建设需要,遴选一个学科(或学院、研究院)推行“预聘-长聘”制度改革试点,科学合理规划,加强组织领导,为校区整体实力快速跃升提供人才保障。

3.落实服务山东战略。各单位要提高对服务威海就是服务山东战略的认识,坚决落实《山东大学、威海市人民政府深入推进校地合作共建协议》和《山东大学(威海)服务威海新旧动能转换方案》,做好与威海市政府、环翠区政府等的对接。推进山东大学威海科技园、威海发展研究院等前期相关工作;加快先进制造业联合研究中心建设,推动联合技术研发和推广。

4.推进教育教学资源共建共享。要提高站位,主动对接,争取建立联席会议制度,加快智慧教室信息化平台、课程资源和实践实习基地合作共建,推进思政工作、文体活动等同频共振,为多校区资源共建共享先行先试。

5.深化管理体制改革。推进“放管服”改革,遴选一个学院开展增强办学自主权的试点,进一步厘清职责权限,激发学院办学活力,完善校院两级治理体系。

(二)全面加强从严治党

1.强化理论武装。组织好习近平新时代中国特色社会主义思想和党的十九大精神学习宣传活动。根据中央有关要求,开展“不忘初心,牢记使命”学习教育。围绕“双一流”建设,组织解放思想主题研讨,推动思想观念转变提升。

2.建设高素质专业化干部队伍。突出政治标准,严格选人用人,加快教学院部中层班子换届工作,做好新任处级干部培训。从严从实管理干部,做好领导班子任期目标制定与考核工作。

3.加强基层党组织建设。优化组织设置,探索适应教学科研新变化、新要求的基层党组织形式。强化对青年教师、学科带头人、优秀学生的教育引导,做好党员发展工作。

4.加强党风廉政建设。进一步严格落实中央“八项规定”精神,强化“一岗双责”,持之以恒反对“四风”。加强廉政风险预警防控,运用好监督执纪“四种形态”,营造风清气正的干事创业氛围。

5.加强思想政治工作。加强意识形态工作,提升宣传工作水平,讲好“威海校区故事”。探索引入“易班”平台,打造思想政治教育新媒体主阵地。以职业能力为重点,加强辅导员队伍建设。

6.推进民主管理。严格执行各项议事制度,加强督查督导,推动各项工作落实。发挥学术委员会、教代会、工会、妇委会、共青团、民主党派的民主管理职能和凝心聚力作用,做好离退休和统战工作。

(三)提升学科建设水平

1.落实学科高峰计划与学科激励计划。以学科高峰计划为引领,进一步强化全校区的学科意识,解放思想,充分论证,大力推进,努力提高学科建设整体水平。以学科激励计划为契机,狠抓学科整合,启动校区新一轮学科建设项目的遴选与培育工作。

2.加强特色学科建设。空间学科要完成荣成院夼太阳射电观测站、行星表面环境模拟实验室等的建设工作,在此基础上,争取承接部分重大项目。东北亚学院要完成组织架构及研究团队整合,根据"双一流"标准,在管理模式、学术评价、绩效考核等方面进行大胆改革和创新,努力成为引领校区人文社科发展的重要引擎。海洋学科要重点围绕现代海洋牧场研究,加强学科整合,促进区域海洋经济发展。

3.推进学科交叉。完成前沿交叉科学研究院的运行机制和评价体系论证,积极培育大数据与行为科学、智能电网技术等方向,抓紧引育人才,整合队伍,使前沿交叉科学研究院成为驱动校区学科建设水平快速提升的原动力之一。

4.加强绩效管理。修订学科建设经费管理办法,建立绩效考核制度。根据2017年学位点评估的专家组反馈意见,暂停1～2个建设绩效较差的研究生招生专业,督促整改。

(四)加强人才队伍建设

1.加大人才引育力度。计划引进50名中青年教师,其中"山大杰青"及以上层次人选不少于3人,齐鲁青年学者特聘教授不少于5人。探索实施黄海学者人才工程,激发教师队伍整体活力。加强青年教师培养,遴选约5%的青年教师到海内外高水平学校进修。

2.加强岗位分类管理。全面核定人员编制总量和各级岗位结构比例。建立编制岗位动态调整机制,实行二级单位人员总量管理、自主配置。坚持学科差异,明确岗位考核标准,深入推进岗位分类管理。完善以岗位绩效工资为主的多元分配模式改革。

3.推进评价方式改革。加强职称制度建设和评审组织建设,完善职称评审条件,推行"小同行专家评价"制度,推进人才考核评价方式改革。推进全员聘用管理,加强考核结果使用。

(五)提高人才培养质量

1.推进人才培养模式改革。继续深化拔尖、卓越、复合人才培养改革。完善人才培养方案,加强新生研讨课、专业核心课程建设,狠抓教学大纲的制订与执行。推进慕课、翻转课堂等教学方式方法改革。加大教学改革支持力度,加强本科教学工程建设。

2.强化研究生过程培养。优化各类培养方案,开展专业学位研究生教学案例库建设。改进研究生课堂管理,完善课程考核制度。增加公选课数量,加强跨学科培养。推进研究生的国际化培养,争取国家公派留学项目有新的突破。

3.加强创新创业教育。完善学生创新创业实践平台,争取在2018年"创青春"全国大学生创业大赛等高水平竞赛中获得国家金奖。加强就业服务信息化建设,力争获批省级大学生创业示范平台,确保毕业生就业率稳定在90%以上。

4.发展继续教育。适当拓宽办学领域,强化教学过程管理,保证教学质量,打造教育品牌,力争各项办学收入达到2000万元。

(六)提升科学研究水平

1.加强平台建设。已有省部级科研平台要进一步增强科研活力和整体实力。依托空间学科的现有基础，积极推进“111 计划”的评建工作。做好海洋微生物酶与活性物质研发公共服务平台建设。深化与中国社会科学院的合作，建好马克思主义文艺理论研究中心。办好“山东论坛”和“中华复兴论坛”，加强学术交流。

2.加强科研团队建设。服务国家“一带一路”倡议，加强东北亚研究的资源整合，打造高水平智库。围绕区域和国家发展需求，在相关学科构建跨领域研究平台。加强翻译修辞学、旅游规划设计等青年学术骨干团队建设。年科研经费力争达到 6500 万元。

3.促进科研成果转化。完善科技成果转化和技术转移机制，大力推进知识产权申报与转让工作。加强产学研合作，推进与重点行业、企业的合作，提高技术成果产业化水平。

（七）加快推进国际化工作

1.加强平台建设。要明确责任，做好“山东大学-澳大利亚国立大学联合国际理学院”各项准备工作，确保今年正式招生，打造高水平国际合作标杆。以此为契机，提升现有中外合作办学项目的管理服务水平。

2.扩大合作网络。加强与澳大利亚国立大学、美国加州大学系统、英国伦敦大学、日本早稻田大学等高水平大学的国际合作，争取再与 1～2 所世界一流大学建立合作关系。

3.提升学生国际化水平。加大资助力度，实现派出访学 600 人的目标。新开辟 2～3 个学生国际化培养通道，积极推动 2～3 个学生海外经历项目进入国家留学基金委项目平台，力争全年在校国际学生达到 1100 人。

（八）提高服务保障能力

1.加强财务和审计工作。加强内部控制建设，提高预算执行率，努力寻找新的收入增长点。严控“三公”经费支出。加强招标采购管理。加强对招生、考试、招聘等重点领域、关键环节的监督，积极开展专项审计。

2.提高资产管理水平。启动国有资产全生命周期管理及全流程电子化采购、公房管理网络信息化平台建设。加强大型仪器设备的资源整合和优化配置，提高设备使用效益。

3.加强校友工作。推动山东大学（威海）校友会、威海校友商会的换届及发展工作，促进“校友三人行众创空间”的发展。加强与各地校友的联系，发展成立 3～5 个地市的校友会。完善校友服务体系及网络信息化建设，发挥校友在学生就业、筹资捐赠等方面的作用。

4.提升校园信息化水平。推进“一站式”智慧校园服务平台建设，完成三地校园网统一认证工作，加强超算中心平台建设。做好图书馆信息门户网站建设，拓宽移动服务覆盖面，提高精准服务能力。

5.强化保障支撑。启动专家公寓楼建设项目，完成科技大厦 B 座前期准备工作。协助做好威海市立医院山大门诊部的运营，提高医疗保障服务水平。加强学生公寓、教学楼、住宅楼等的修缮、改造和校园绿化工作，抓好饮食安全与卫生。开通校园西南门，加强安全管理，建设平安校园。

各位代表，同志们，2018 年是我国改革开放 40 周年，是威海校区贯彻落实党的十九大精神、加强“双一流”建设的开局之年。新时代、新使命、新作为，在校区改革发展的征程中，我们一定要坚持解放思想，深化改革，锐意进取，真抓实干，以实绩求发展，以担当赢支持，全力实施好威海校区的“奋进之笔”，为山东大学创建世界一流大学、打造威海亮点而努力奋斗。

在纪念五四运动 99 周年暨优秀学生表彰大会上的讲话

（2018 年 5 月 3 日）

山东大学(威海)党工委书记　尹作升

各位老师,同学们:

大家晚上好!

在五四青年节即将来临之际,我们在这里共同纪念五四运动 99 周年,庆祝青年朋友们的节日,并对过去一年来校区青年学生中的优秀典型进行表彰。借此机会,我代表校区党工委,向全校广大共青团员和青年学生致以节日的问候和美好的祝愿!向受到表彰的先进集体和个人表示热烈的祝贺!同时也向一直以来关心青年学生成长,为青年事业付出辛勤汗水的教职员工表示衷心的感谢!

99 年前,一批青年学子为了救亡图存,将个人前途与祖国命运紧密联系在一起,掀起了波澜壮阔的五四运动,开启了中国新民主主义革命的大幕。99 年来,在中国共产党的领导下,在"爱国、进步、民主、科学"的五四精神指引下,一代代青年人与时代同呼吸、共进步,用青春和奋斗谱写出一篇篇壮丽乐章。回望山东大学百年发展历程,堪称中国高等教育的时代缩影,涌现出一批批投身抗日救亡、民族解放和改革建设的山大青年学子,造就了山大人的天下情怀和责任担当,让体现着五四精神的山大光芒,在时代天空中光辉闪耀。

昨天上午,习近平总书记在与北京大学师生座谈会上提出,当代青年是同新时代共同前进的一代,既拥有广阔发展空间,也承载着伟大时代使命,广大青年学子要爱国、励志、求真、力行,不辱时代使命,不负人民期望。这也是习近平总书记对我们大家共同的要求。

老师们,同学们,五四精神长存,青春正在当下。我想,五四是一个永续讲下去的故事,而在座的各位青年学子就是这个故事的主人公,怎样写好自己的青春故事,事关个人前途和国家命运。在此,我提几点希望:

一、用坚定崇高的理想信念筑牢青春的根基

习近平总书记强调:"有信念、有梦想、有奋斗、有奉献的人生,才是有意义的人生。"理想指引人生方向,信念决定事业成败。远大理想绝不是虚无缥缈的空谈,它是梦想与现实、追求与使命、理论与实践相结合的完美体现,它的实现离不开具体而实在的行动。当代青年要牢固树立共产主义远大理想,坚定走中国特色社会主义道路的信念,与时代主题同心同向同行,勇于担当时代赋予的历史责任。习近平总书记指出,马克思主义是

我们立党立国的根本指导思想，也是我国大学最鲜亮的底色。希望各位青年学生，把个人理想追求与国家民族的前途命运紧密结合起来，从马克思主义原著中汲取信仰的力量，认真学习习近平总书记系列重要讲话精神，坚定永远跟党走的信心和决心；从中华优秀传统文化中汲取道德文化的力量，努力培育和践行社会主义核心价值观；从深入基层和社会的鲜活实践中汲取献身使命的力量，去战胜青春时代的迷惘和困惑，在新时代中国特色社会主义的新征程中找到属于自己的人生坐标，把火热的青春聚集到报效祖国、奉献社会、发奋成才的具体实践中去。

二、用宁静致远的学习精神强健青春的筋骨

“业精于勤荒于嬉。”学习是永恒的主题，是每一个人成长进步的阶梯。广大青年学子正处于学习知识的黄金时期，希望大家能够牢记“学无止境，气有浩然”的校训，树立良好的求学心态，将学习作为当前自己的首要任务，倍加珍惜学习的机会。同学们要潜心向书本学习，不仅学习专业知识，还要广泛涉猎，不断开阔眼界和胸怀，培养严谨细致的科学精神，掌握解决问题的科学方法；要用心向实践学习，积极参加社会实践，在实践中思考，在实践中锻炼，在实践中提高；要虚心向人民学习。人民群众是历史的创造者，是推动社会发展进步的主体，只有深入基层，从人民群众的伟大实践和丰富多彩的生活中汲取营养，才能在学习过程中不断提升自我、完善自我，早日成长为中国特色社会主义事业的合格建设者和可靠接班人。

三、用脚踏实地的创新创业丰满青春的智慧

创新，永远是青春最鲜明的底色，始终是推动历史车轮最强劲的动力。青年人的思维最活跃，创新能力也最强，希望同学们紧紧围绕经济社会发展所需、人民群众物质文化所求，在国家“大众创业，万众创新”的时代浪潮中勇于担当，敢于创新，积极投身“互联网＋”、“挑战杯”、电子设计等创新竞赛，促进技术创新，争做大众创业、万众创新的“排头兵”，让自己的青春展现靓丽的风采，书写精彩的人生。在这里，我也希望广大青年学生，特别是毕业生，能够转变就业创业观念，主动选择到祖国和人民最需要的基层去就业和创业，经受锻炼，增长才干，开创属于自己的事业和未来，在报效祖国的奋斗征程中实现青春的梦想。

去年，党中央、国务院专门印发了《中长期青年发展规划（2016～2025 年）》，这是我们国家第一个青年发展规划，充分体现了党和国家对青年一代的关心和爱护以及对青年工作的高度重视。希望全校各级党组织都要站在党的事业薪火相传的高度，做好新形势下的学团工作，切实加强和改进对学团工作的领导。各级学团组织要从当好党和青年桥梁纽带这一目标出发，不断强化政治性、先进性、群众性，锐意改革创新，不断提高组织青年、引领青年、服务青年的能力。

党的十九大报告指出“青年兴则国家兴，青年强则国家强”。历史和现实都告诉我们，青年一代有理想、有担当，国家就有前途，民族就有希望。新时代，新征程，希望同学们不忘初心，牢记使命，用青春理想、青春奋斗、青春创造汇聚磅礴的青春力量，在山东大学“双一流”建设的热潮中，在中华民族伟大复兴中国梦的征程中，贡献青春智慧，闪耀青春光芒！

在学院换届调整干部会议及新任命干部任前集体谈话会上的讲话

（2018年6月13日）

山东大学（威海）党工委书记　尹作升

同志们：

刚才，慧如同志宣读了党委的任免决定，我代表学校向即将走上新一届领导岗位的同志们表示祝贺。在全校教职员工的广泛关注和共同努力下，威海校区学院干部换届调整工作基本告一段落。今天我们召开这次会议，既是新一届学院班子的任命大会，也是加强干部队伍建设与大家进行的一次集体谈话。借此机会，我首先向大家通报本次学院中层领导班子换届调整工作的情况，然后与大家就校区工作进行交流。

一、本次学院换届调整工作的基本情况

这次学院班子换届调整是在全校深入学习贯彻落实党的十九大精神、奋力开创中国特色社会主义一流大学建设新局面、威海校区事业发展站在新起点的关键时期进行的。为做好本次干部调整，按照学校党委统一要求和安排部署，威海校区研究制定了《学院领导班子换届调整工作实施方案》，抽调办公室、纪监审、宣传部等部门骨干力量成立了6个学院换届调整考察工作小组。4月12日，由6位校领导带队到12个院（部）进行工作部署，对现任领导班子进行民主测评，对新一届领导班子成员及处级后备干部进行民主推荐。12个院、部共650多人参与会议推荐，参与率为72.7%；共有近410人参与个别谈话推荐，参与率为45.7%。根据民主测评结果和民主推荐情况，并广泛听取校领导、院部班子成员、机关各相关职能部门负责人意见，结合现有干部工作实绩、年度考核和民主测评结果等，认真研究，综合分析领导班子的专业结构、知识结构、年龄结构等多方面因素，校区提出了院（部）新一届班子成员组成的初步设想。5月3日上午，召开换届调整工作领导小组会议，研究讨论院（部）行政领导班子副职建议人选，并决定对建议人选再到各院（部）进行针对性民主推荐，有的还实行差额推荐。这样，通过自下而上、自上而下的反复酝酿，充分听取各方面意见，形成院（部）新一届领导班子拟任人选建议名单，报学校党委研究审批。

本次院、部中层领导干部换届调整，共调整领导干部104人，其中新提拔40人，留任23人，交流10人，从校本部安排任用5人，兼职1人，聘任2人，免职23人。总的来看，这次换届调整工作体现了以下特点：

一是坚持走群众路线，充分发扬民主。认真做好民主推荐，严格程序，掌握标准，注重实绩，稳步推进，既增强了干部队伍的生机与活力，又兼顾了工作的连续性和稳定性，保证了工作的顺利过渡和有序衔接。

二是树立做强学院、加强党建的鲜明导向。推行党政领导班子成员交叉任职，将思想政治水平高、业务能力强的业务干部充实到党务班子，同时选拔熟悉党务工作、日常工作表现好的机关同志充实到学院党务队伍，加强了学院党建工作力量。按照一体发展要求，为提升学术层次，采取从校本部选配或外聘的方法配备多位学院院长，提升了学术影响力和学科建设水平。

三是加强岗位交流，多岗位锻炼干部。根据干部特点和学院实际，与5个学院的党委书记进行了交流，占42%。本次新提任的9名党委副书记都是从原工作单位交流到新单位任职。

四是优化班子结构。调整后院（部）班子成员的平均年龄由原来的51岁降至43.3岁，新提任干部的平均年龄为42.1岁。新班子80名成员中，40岁以下的有25人，占31.2%，1980年以后出生的有13人，学院领导班子年轻化水平得到较大提高；同时，学历层次有较大提升，新提任干部中具有博士学位的有26人，中层干部具有博士学位的有47人，院（部）领导班子整体功能得到增强。

需要特别指出的是，在这次换届工作中，有的同志因年龄原因和工作需要从领导岗位上退下来，有的同志交流到新的领导岗位，还有些符合提拔条件但由于职数限制暂时仍留任的同志，大家都能正确对待个人的进退留转，自觉服从组织安排，表现出很好的思想政治素质和大局观念，保证了这次换届工作的顺利进行。在此，我代表学校向他们表示诚挚的敬意和衷心的感谢。

二、校区有关工作

下面我从形势、任务、要求三个方面，与大家就校区工作进行交流。

（一）形势：挑战与困难叠加

校区面临的形势，可以从三个层面来看：

从新时代的国家需求来看，党的十九大报告指出："经过长期努力，中国特色社会主义进入了新时代，这是我国发展新的历史方位。"中国特色社会主义进入新时代，是中华民族从站起来、富起来到强起来、实现中华民族伟大复兴中国梦的时代。我简单梳理了一下今年以来我国一些世界级的科技突破：1月30日，我国首颗X射线天文卫星"慧眼"正式交付使用；2月12日，我国又一次实现"一箭双星"，成功发射第28、29号北斗导航卫星；4月20日，我国最先进的自主潜水器"潜龙三号"成功首潜；5月13日，首艘国产航母离港海试；6月8日，亚洲最大重型自航绞吸船"天鲲"号进行海试。习近平总书记指出，重大科技创新成果是国之重器、国之利器，必须依靠自力更生、自主创新。今年5月2日，习近平总书记视察北京大学时，作出了"教育兴则国家兴，教育强则国家强"的科学论断。可以说，随着新时代中国在经济建设和科技创新中不断取得新的突破，教育越来越成为党和国家的战略关注焦点。党的十九大报告把建设教育强国明确为中华民族伟大复兴的基础工程。推进教育强国建设，进而推进人才强国、创新驱动发展等重大战略的实施，必将为建成社会主义现代化强国、实现中华民族伟大复兴中国梦奠定坚实的基础。

从高等教育的发展趋势来看，我国的教育普及程度总体发展水平已进入世界中上行列，高等教育毛入学率超过40%，超过中高收入国家发展水平，正向普及化迈进。党的十九大报告明确提出“中国特色社会主义进入新时代，我国社会主要矛盾已经转化为人民日益增长的美好生活需要和不平衡不充分的发展之间的矛盾”。这个重大政治判断，同样也适用于高等教育领域。目前，广大人民群众对高等教育的主要需求已经从“有学上”转变为“上好学”和对教育的多样化、个性化要求。党中央作出“加快一流大学和一流学科建设，实现高等教育内涵式发展”的决策部署，为解决这个矛盾指明了道路方向。随着42所一流大学建设高校、95所一流学科建设高校名单公布，高等教育发展迎来新的历史机遇，但同时也将面临巨大的竞争压力。请大家注意，此次名单公布的是建设高校及建设学科，并不是认定这些高校和学科就是世界一流大学和一流学科。能否成为世界一流大学和一流学科，最终取决于未来的建设成效。直白一点说，山东大学虽然入选了“双一流”建设高校，但是如果建设成效不好，就面临着百年老校被摘帽的声誉危机，更可能面临大学无学可办的生存压力。这些压力存在于上述所有入选高校和学科中，并且没有入选的高校正在奋起直追，“前有强敌，后有追兵”的竞争可以想象。

从威海校区的自身发展来看，经过30余年的发展，威海校区抢抓改革开放的历史机遇，勇于解放思想，敢于为天下先，开拓创新，攻坚克难，从建校初期不足3万平方米到如今近50万平方米，在校生数由463人到如今1.8万余人，教职工数由263名到现在1200余人，教育层次从早期本专科为主到如今的博士、硕士、本科全面教育，威海校区从无到有，从小到大，走出了极不平凡的道路，开创了我国名校异地办学的先河。这是值得我们骄傲的创业史。但是，创业难，守成更难。面对新方位、新形势，我们一定要在成绩中发现问题，在工作中查找不足，才能明确努力方向，才能找到奋斗动力。校区目前面临的问题，从横向看，随着济南、威海、青岛一校三地办学格局的形成，山东大学关于威海校区的发展布局、人员配备、经费开支等，既有总分统筹的考虑，也有双核并行的压力，在有限供给的前提下，山东大学整体资源配置只能是扶优扶强，不可能搞“大锅饭”，这一点大家必须要有清醒的认识；从纵向看，虽然我们的建设有成效，但是存在着杰出人才严重不足、后备人才尚未凸显，优势学科辐射带动能力不强、新的学科增长点不明显，科研实力整体偏弱、科研经费来源单一，管理服务水平有待提高等问题，这些问题都是制约校区未来发展的重大的、关键性问题。我记得20世纪90年代初，可能工作时间长一点的同志知道，受国家政治气候的影响，当时威海分校面临着是否保留的境况，这制约了我们后来相当长时期的发展。这一次与上一次截然不同，上一次是国家限制你发展，这一次呢，国家给予政策，山大给你支持。如果发展不好，往深刻一点讲，我们就将面临生存危机，这绝不是危言耸听。

所以，在新的历史方位中，威海校区面临的形势是挑战与困难叠加。

（二）任务：机遇与希望并存

面对新形势，我们必须认清大势，抢抓机遇。机遇抓住了就是良机，抓不住就是危机。威海校区的发展我认为有以下机遇：

一是国家“双一流”建设的宏观背景。大家知道，美国大学的实力雄踞世界之首，全世界最好的大学有85%是美国的大学。美国卡内基小组的研究表明，美国经济实力有

50%是从它的教育制度中获得的。正因为拥有了世界一流的高等教育，美国才能集聚全世界最优秀的人才，才能成为科技强国，支撑其世界“霸主”地位。面对日益激烈的国际竞争，如何变革高等教育，使其能够培养出适应时代需要和引领时代发展的杰出人才，成为各国在21世纪发展制胜的关键所在。习近平总书记强调，要以立德树人为根本，以中国特色为统领，以支撑创新驱动发展战略、服务经济社会为导向，推动一批高水平大学和学科进入世界一流行列或前列，提升我国高等教育综合实力和国际竞争力，培养一流人才，产出一流成果。《统筹推进世界一流大学和一流学科建设总体方案》为什么要提交中央全面深化改革领导小组审议，由习近平总书记亲自主持并发表重要讲话？就是因为在新时代，党和国家事业发展对高等教育的需要，对科学知识和优秀人才的需要，比以往任何时候都更为迫切。总书记站在实现“两个一百年”奋斗目标和确保中国特色社会主义事业后继有人的高度，强调重视教育就是重视未来、重视教育才能赢得未来。从这个角度讲，这也是我们山大的办学宗旨“为国家图富强”所蕴含的时代意义。

二是山东新旧动能转换的历史机遇。2014年5月4日，习近平总书记在北京大学考察时指出，我们要认真吸收世界上先进的办学治学经验，更要遵循教育规律，扎根中国大地办大学。山东大学要建成世界一流大学不可能闭门造车，在瞄准国家经济社会发展前沿的同时，必须要与山东省经济社会发展结合。今年1月，国务院批复山东建设新旧动能转换综合试验区。这是十九大后获批的首个区域性国家发展战略，也是全国第一个以新旧动能转换为主题的区域发展战略。新旧动能转换，最根本的任务就在于，加快把新兴产业培育大，把传统产业改造好，把落后产能化解掉，提升经济发展质量和竞争力，打造现代化经济体系和发展新局面。面对这样重大的历史机遇，山东大学把扎根齐鲁大地、服务山东发展作为“双一流”建设的重大战略，拓展深化战略合作，强化人才支撑，突出创新驱动，服务社会民生，致力文化引领，积极服务“六个山东”（“生态山东”“健康山东”“诚信山东”“智慧山东”“好客山东”“平安山东”——编者注），助推山东现代化强省建设。在新旧动能转换中，山东确立了济南、青岛、烟台三核动力，深度契合山东大学济南、青岛、威海三地办学的战略布局。威海校区积极贯彻落实服务山东战略，推出了《山东大学（威海）服务威海市新旧动能转换行动方案》，加强与威海市的人才交流、科技创新、文化支撑等合作。郭新立书记亲自推动先进制造业联合研究中心成立，樊丽明校长和张海波市长就校地合作多次进行交流，市政府、环翠区、临港区、文登区等都很重视，一些项目已经落地。在服务威海新旧动能转换中，威海校区赢得了新机遇，拓展了新空间，打开了新局面。可以说，2018年威海校区开启了校地合作新篇章。

三是山东大学一体发展的战略选择。一校三地办学是山东大学创建世界一流大学的最大优势。在山东大学将确立的六大发展战略中，其中一条就是一体发展战略，即要坚持“同一目标，同一标准，同一精神家园”的一体发展思路，按照统一办学理念、统一大政方针、统一办学目标、统一发展规划、统一学术标准、统一大学文化的“六个统一”，打造“五个共同体”，即命运共同体、价值共同体、学术共同体、文化共同体、责任共同体，要融合各校区发展合力，建设“同一个山大”。一体发展战略从某种程度上来说，就是为威海校区的发展而提出的。为什么？我们回忆一下，一体发展最早提出是在2009年3月，时任山东大学校长徐显明来威海调研时，提出“统分结合，优势互补，各具特色，一体发展”

的"大山东大学"发展架构。在一体发展思路的指引下,校区的本科毕业证实现了与山大总校的统一,人才培养方案也基本一致,2012年更名为"山东大学威海校区",今年我们与总校实施了教育教学资源共建共享。所以,从2009年到2018年,经过十年的时间,山东大学用一体发展战略,非常明确地宣告威海校区的奋斗任务——建设世界一流大学;威海校区的发展定位——我们与山大是一体的。自1984年建校以来,山东大学对威海校区从未如此重视,威海校区的战略地位从未如此突显。可以说,2018年是威海校区起航新时代、开启新征程的战略转折年。2月份,山东大学党委印发了《山东大学(威海)学习贯彻十九大精神 推进"双一流"建设行动方案(2018～2020年)》,指明了今后3年的奋斗目标;在未来山东大学发展战略中,学校将把威海校区建设成为创建世界一流大学的新亮点;同时,我们的干部调整基本到位,毛主席说过,政治路线确定以后,干部就是决定因素。现在,威海校区的发展可谓天时、地利、人和三者齐备,我们一定要倍加珍惜这样的大好局面,倍加努力地书写好校区发展的奋进之笔!

(三)要求:内涵与质量同行

任务已经明确,条件已经具备,那么怎么做?校区领导班子一直在谋划、在思考。我想,核心就是要强调内涵发展、质量提升。围绕这两个主题,着重讲这三个方面:

一要解放思想。思想是行动的先导,没有思想的大解放,就没有事业的大发展。制约威海校区发展在思想上的原因有两点:一是对未来发展的认识不够。有的同志对一体发展、对建设世界一流大学的思考不足,安于守摊子、吃老本,认不清形势,找不明方向,理不出思路。二是干事创业的闯劲不够。有的同志习惯于井底观天,满足于得过且过,陶醉于夜郎自大,小富即安、小满即成。当前,威海校区面临着从相对独立发展到一体发展、从规模发展到内涵发展、从传统管理到科学管理的三个转变,如果我们一切从老观念、老套路出发,提不出新思路、新办法,校区怎么能有发展,事业怎么能有进步?这就要求我们解放思想,主动作为,用发展的、辩证的、科学的眼光去看待问题,从理念上、思路上、方法上积极想办法、动脑筋、出主意。在座既有工作多年的老同志,也有刚提任的新同志,大家首先要做的就是解放思想。今年3月份,我们开展了"解放思想,抢抓机遇,乘势而上,实现校区跨越式发展"主题研讨活动,这次会后,各学院领导班子要按照通知要求,继续深入研讨,并认真总结。校区领导班子成员要到各自的联系单位参与研讨,这也是对新班子上任后的第一份考卷,希望大家坚持以习近平新时代中国特色社会主义思想和党的十九大精神为指引,用学习所得促进思想解放,突破思维定式,打破条条框框,推进思想观念和工作方法的创新,彰显新一届班子的精气神。

二要勇于担当。这次职务变动和岗位调整,许多同志的工作性质、工作环境和工作对象都发生了变化。大家要积极思考,认真研究,在提高能力、增强素质上下功夫。要切实增强谋划发展和改革创新的能力,依法治校和科学管理的能力,统筹人才培养、知识创新、社会服务和文化传承创新的能力。此次学院干部调整,在选优配强行政负责人的同时,进一步加强了学院党务工作,原来的党总支改为党委,我们班子中大部分都是"双肩挑"的同志。希望院长和书记密切配合,认真贯彻落实《山东大学(威海)学院党政联席会议议事规则》,充分发挥学院党组织的政治优势,正确处理好学术思维与管理思维的关系、所在学科与其他学科的关系、行政管理与业务工作的关系,真正把学术和管理双肩挑、挑起来、挑得好。机关各部门都在某一方面代表学校行使管理职能，体现学校形象。要敢于负责，抓好班子，带好队伍，要进一步增强服务意识、协作意识，在不断提高管理工作的科学化、规范化、制度化上下功夫。目前，各学院领导班子有几项重要的工作：一是认真思考学院的发展规划，制定任期目标。“十三五”规划已经到了中期评估的时候，当初定的指标实现了多少，是不是可行，是不是能再提高，这都需要大家认真思考。请大家结合目前的进展情况，回过头来总结，梳理存在的问题，研讨未来的设想，理清今后的思路，制定班子任期目标。此项工作，学校将专题进行研究布置。二是落实“双一流”建设行动方案。这是我们未来三年的行动纲领。各单位要结合这个方案制定本单位的年度工作计划。办公室要把这个作为重点督查事项进行督查。三是落实人才强校战略。校区印发了《杰出人才体系建设方案》，引起了很好的反响。但是大家要清楚，人才竞争在各高校之间已经很激烈。我们不要以为栽下梧桐树，就能引来金凤凰，大家要主动去争取、去对接。这里我要再次明确，人才队伍建设的第一责任在学院，各位院长、书记是第一责任人。人事部门要做好宏观调控和协调服务。四是落实服务山东战略。我们制定了服务威海行动方案，但是落实得还不够，还停留在校区层面，各学院的积极性还没有充分调动起来。大家一定要提高对这项工作的认识，把服务山东、服务威海作为本单位工作的一个抓手。现在政府有很强的意愿、很多的项目、很大的空间，可以说，校地合作的空间无限、资源无限、前景无限。因此，我们要开拓思路，积极争取，以主动求合作，以服务赢支持。

三要落实责任。一是加强政治学习。我们要认真学习习近平新时代中国特色社会主义思想，认真学习党的十九大精神，进一步坚定“四个自信”，坚守政治信仰，严明政治规矩，增强政治定力，切实用党的最新思想理论指明工作努力的方向，做政治上的明白人。这既是一种政治责任，也是广大党员干部应有的精神追求。二是抓好作风建设。作风建设永远在路上。广大党员干部尤其是这次新提任的干部一定要绷紧作风建设这根弦。要增强宗旨意识，始终牢记全心全意为人民服务的宗旨，将落实中央“八项规定”精神作为切入点，抓细抓小，常抓常严，久久为功。要践行群众路线，扑下身子，深入师生，加强调研，改进工作。三是加强班子建设。民主集中制是加强领导班子建设的重要内容。领导干部尤其是一把手要时刻牢记自己作为班长的工作职责。要坚决贯彻落实民主集中制，努力提高班子解决自身问题的能力。每位班子成员都要做爱岗敬业、团结协作的模范。同志们合作共事，要在原则问题上多提醒、工作中多支持、生活中多帮助，这样我们才能做到“智者尽其谋，勇者用其力”，形成思维活跃、群策群力、干事创业的良好氛围。四是落实一岗双责。领导干部要牢记“打铁还需自身硬”，认真贯彻落实全面从严治党“两个责任”，坚持依法规范用权，以公心待人，凭公信服人，不符合法规制度的事坚决不办，不符合原则规定的事坚决不做。纪检监察部门要落实目标责任制，运用好监督执纪“四种形态”，持之以恒正风肃纪，不断加强纪律建设，努力做到每个单位、每项工作、每个领域都能用制度管权、管人、管钱，为校区发展构筑风清气正的良好政治生态。

同志们，今年是改革开放 40 周年，也是校区“双一流”建设元年。千川汇海阔，风好正扬帆。新时代，新气象，新作为。希望大家在今后的工作中，倍加顾全大局，倍加珍视团结，倍加维护稳定，倍加珍惜 30 余年来之不易的办学成果和当下前所未有的良好发展机遇，不忘初心，牢记使命，改革创新，砥砺奋进，为校区科学发展贡献新力量、再谱新篇章！

在2018届毕业生毕业典礼上的讲话

（2018年6月24日）

山东大学副校长、山东大学（威海）校长　刘建亚

亲爱的同学们、老师们、来宾们：

大家好！

黄海之滨，玛珈山下，今天我们又一批学子即将告别这片挥洒青春的美丽校园，开启新的人生旅程。在此，我代表学校，向顺利完成学业的2018届全体毕业生表示热烈的祝贺。同时，也向为诸位的成长付出辛勤劳动的老师、家长致以崇高的敬意和衷心的感谢！

最近一段时间，在气度广博的校门前、在垂柳依依的文心湖畔、在巍峨文郁的图书馆里、在道德经典的勒石边，弥散在校园中离别的不舍和对未来的憧憬，深深地感染着我。我一直在思考这样一个问题：经过大学的学习，即将毕业的诸位究竟习得了什么？

首先，应当是知识。自公元1088年近代大学的鼻祖——博洛尼亚大学诞生之日起，大学就是知识传承、文明赓续的圣地。学子们来到大学，在老师的引导下，经过学科的规训，掌握一个领域的知识，学会科学思维，也就具备了知识创新的能力。在不同的历史时期，山东大学在知识传承与创新中都交出了有分量的答卷，“文史见长”、“童鱼”、“潘承洞1＋5”、“彭最大值原理”、年度“十大天文科技进展”等等，都是山东大学在知识海洋中留下的璀璨明灯。如今的山东大学，有15个学科进入ESI前1％，位居国内高校第10位，并顺利入选世界一流大学建设A类高校。威海校区作为山东大学创建世界一流大学的新亮点，我想，诸位在这里学习，老师教授的每一堂课、大家经历的每一次测试，都是在为知识进步作点滴积累。很高兴地看到，诸位当中有将近60％的同学参与了科技创新，尤其在太阳能海水淡化、引力波探测、导航利用等领域进行了研究，并且取得了很好的成绩；有800余名同学到清华大学、北京大学、浙江大学等高水平大学攻读研究生；有近340名同学选择赴哥伦比亚大学、芝加哥大学、东京大学等世界一流大学深造。我想，正是因为有了在知识演进中的孜孜以求、累积跬步，人类的文明才能源远流长、以至千里。

其次，是思想。早在公元前356年，我们如今身处的区域——齐国，由春秋五霸之一的齐桓公创立了稷下学宫，汇集了孟子、淳于髡、邹衍、申子、荀子等著名学者，儒家、法家、道家、阴阳家等各派学子百家争鸣，产生了王与霸、义与利、人性的善与恶等一系列至今仍影响深远的思想论争。2000余年之后的今天，作为山东大学一个综合性校区，威海校区承上古遗风，扬黉门余韵，其涵盖的文经管法、理工医艺八大学科门类，为思想的高度奠定了坚实的基础；设立的“稷下讲坛”“大使讲坛”等各类学术讲座，为思想的深度提

供了多元的舞台。校区既有长江学者、泰山学者等一批学术名师为诸位授业解惑，也有张益唐、欧阳自远、李肇星等知名大家来校开坛布道。从浩瀚星空到生民立命，从数理分析到艺术源流，从社会治理到文化批评，每年近千门专业课程和近百场高水平讲座，为诸位提供了思想的盛宴。在思想的启迪下，我们有的同学对网络经济、精准扶贫等进行了有见地的思考；有的同学舍却优越工作，毅然投笔从戎；有的同学放弃一线城市，志愿服务西部。法国哲学家帕斯卡尔说："思想形成人的伟大。"我希望，诸位都能成为不随波逐流、真正有思想的人。

最后，是灵魂。柏拉图说，人的灵魂来自一个完美的家园，那里没有任何的污秽和丑陋，只有纯净和美丽，人的一生就是一个不断寻找灵魂的过程。面对莘莘学子，一所大学不仅要开启新知、激荡思想，更重要的使命在于塑造灵魂。没有灵魂，再多的知识也会空洞，再多的思想也会迷惘。这里所谓灵魂，就是"气有浩然"的责任担当。山东大学自成立之日起，就将塑造灵魂作为办学之基，创校先贤在《山东大学堂章程》中明确宣示"公家设立学堂，是为天下储人材，非为诸生谋进取；诸生来堂肄业，是为国家图富强，非为一己利身家"。山东大学始终把人才的培育与学校的命运、国家的兴衰、民族的存亡紧密地联系在一起。在一个多世纪的办学历程中，培养了40余万国家栋梁和社会中坚，产生了革命先驱、抗日名将、共和国元帅、两院院士、艺术名家、商界领袖等等，正是这样一代代有灵魂的山大人，把山东大学"为国育贤"的使命追求，书写在蓝天碧海，印刻在祖国大地。

同学们，今天的时代是努力实现中华民族伟大复兴中国梦的最好时代。正如习近平总书记所说，中国梦需要一代又一代有志青年接续奋斗。希望大家秉承山大的灵魂，运用所学的知识，激发创新的思想，为社会进步、国家富强、民族振兴作出山大人应有的贡献。

同学们，今天是一个让人眷念的日子。典礼之后，诸位就正式成为母校最年轻的"校友"了。凡我在处，便是山大。希望诸位记住，山大永远是你们的精神家园，威海永远是你们温暖的家。欢迎你们随时回家！

在学习贯彻山东大学第十四次党代会精神处级干部集中培训会议暨学院新一届处级领导干部培训会上的讲话

（2018 年 7 月 10 日）

山东大学（威海）党工委书记　尹作升

同志们：

根据学校工作安排，今天我们召开学习贯彻山东大学第十四次党代会精神处级干部培训会，同时从今天开始，我们将主要对学院新一届处级领导干部进行集中培训。大家知道，山东大学第十四次党代会刚刚闭幕，全校上下正在掀起深入学习贯彻落实第十四次党代会精神的热潮。从某种意义上讲，各位是带着十四次党代会精神的光辉、担着落实党代会精神的使命、挑着未来威海校区发展的重担、背着校区 2 万余名师生的期盼，走上工作岗位的，所以我们进行集中培训就更显得使命重大、责任重大、意义重大。

今天，我讲三个方面的内容：一是学习传达第十四次党代会的主要精神；二是就干部队伍建设谈几点意见；三是对校区如何学习贯彻落实党代会精神、推动各项事业发展提几点要求。

第一个方面是学习传达学校第十四次党代会的主要精神。

2018 年 6 月 29 日至 30 日，中共山东大学第十四次代表大会在中心校区胜利召开。此次会议，是在中国特色社会主义进入新时代，“双一流”建设迈向新阶段，学校事业发展站在新起点召开的一次十分重要的会议；是一次贯彻新思想、对标新时代、勇担新使命、开启新征程的大会，是一次高举旗帜、解放思想、凝心聚力、团结奋进的大会，在学校发展史上具有重要的里程碑意义。

开幕式上，郭新立书记代表中国共产党山东大学第十三届委员会作了题为《追求卓越 只争朝夕 奋力开创中国特色世界一流大学建设新局面》的工作报告。报告分为四部分：过去五年的工作回顾；新时代的历史方位、奋斗目标和发展战略；开启全面建设世界一流大学新征程；扎实推进党的建设新的伟大工程。报告总结了过去五年学校改革发展的主要成绩，剖析了学校存在的问题和不足，分析了学校发展面临的机遇和挑战，确立了新时代学校的奋斗目标、基本思路和发展战略，对建设中国特色世界一流大学作出了全面部署。报告主题鲜明，擘画了宏伟蓝图，体现了时代要求，彰显了山大风格，是全校党员和师生医务员工集体智慧的结晶，是学校创建世界一流大学的纲领性文件。

报告确定的主题是：高举习近平新时代中国特色社会主义思想伟大旗帜，全面贯彻党的十九大精神，创新发展理念，激发办学活力，推动内涵发展，追求卓越，只争朝夕，奋力开创中国特色世界一流大学建设新局面，为实现中华民族伟大复兴的中国梦作出山大贡献。这个主题是在新的历史方位下学校确立的发展主题，将贯穿今后一个阶段学校改革发展稳定各项工作的全过程。

报告确立了新时代学校的奋斗目标是：努力建设一所中国特色、山大风格的世界一流大学，努力建设一所有担当、有底气、有温度的世界一流大学，努力建设一所彰显综合性、创新性、国际性、引领性的世界一流大学。

报告确定了"三个阶段"安排。第一阶段：从现在到2021年，建校120周年前后，学校整体实力及主要办学指标大幅提升，进入国内高校第一方阵，为建设中国特色世界一流大学打下坚实基础，为决胜全面建成小康社会作出突出贡献。第二阶段：从2021年到2035年，建校135周年前后，一批学科进入世界一流行列，若干学科进入世界一流前列，部分方向达到世界顶尖水平，学校整体实力及主要办学指标在国内名列前茅，跻身世界一流大学行列，为基本实现社会主义现代化作出重要贡献。第三阶段：从2035年到2050年，建校150周年前后，一批学科进入世界一流前列，若干学科达到世界顶尖水平，学校整体实力及主要办学指标跻身世界一流前列，全面建成中国特色世界一流大学，为社会主义现代化强国建设作出积极贡献；形成彰显中国特色的一流大学先进理念和办学模式，在世界高等教育体系中发挥示范引领作用。大家要注意，这三个阶段的时间节点与十九大报告对决胜全面建成小康社会、开启全面建设社会主义现代化国家的时间安排是高度一致的。山东大学建设世界一流大学的征程高度融入国家富强、民族复兴的伟大历史。大家要以对党、对国家、对民族高度负责的态度，以强烈的历史使命感和责任感，把威海校区的发展放到山东大学的发展、放到党和国家建设社会主义现代化国家的历史方位和宏观大局中，来谋划、来推进我们的工作。

报告确立了"六大战略"和"十大任务"：六大战略是大力实施人才强校战略、学术兴校战略、服务山东战略、文化引领战略、国际化战略和一体发展战略。十大任务是：第一，落实立德树人根本任务，着力培养德智体美全面发展的社会主义建设者和接班人；第二，推进人才强校，着力建设高水平人才队伍；第三，强化学科龙头地位，着力建设一流学科；第四，推动学术振兴，着力提升科研创新水平；第五，扎根齐鲁大地，着力服务山东现代化强省建设；第六，突出文化引领，着力建设传承创新中华优秀传统文化最具代表性大学；第七，深化国际交流合作，着力拓展对外开放办学新局面；第八，全面深化综合改革，着力推进治理能力和治理体系现代化；第九，坚持一体发展，着力打造创建世界一流大学的动力引擎；第十，加强条件建设和民生保障，着力提升师生获得感和满意度。这里我着重说一下一体发展战略。报告说要立足一校三地办学新格局，坚持"统筹布局，一体发展"，在落实"六个统一"基础上，创新异地多校区管理体制机制，激发各校区内生动力和发展活力，融汇一体发展合力，推动"同一个山大"建设，打造命运共同体、价值共同体、学术共同体、文化共同体、责任共同体。我们一定要抢抓这个战略机遇，不能等、不能靠，要勇于担当、开拓创新，为威海校区发展争得空间、赢得主动。

党代会报告涉及威海校区的主要有两部分：一是在工作回顾中高度肯定了威海校区

在学科建设、人才培养、科技创新、社会服务和国际化工作等方面作出的成绩。二是在未来发展中，提出要把威海校区建设成为创建一流大学的新亮点，并要求威海校区实施《山东大学(威海)学习贯彻十九大精神 推进“双一流”建设行动方案(2018～2020)》，落实“一项计划、两大战略”，以人事体制机制改革为动力，以提升科技创新与服务能力为重点，突出协同创新，深化管理改革，推进内涵发展，努力建设异地办学的示范性校区、坚持特色发展的高水平校区、加强国际合作的开放式校区。

目标已经明确，任务已经确定。毛主席说过，政治路线确定以后，干部是决定因素。

所以我要谈的第二个问题，是关于干部队伍建设。

如何将党代会精神落到实处，怎么把威海校区“双一流”建设的战役打好，干部队伍十分关键。在座很多同志是第一次走上领导岗位，如何快速、准确地完成从新兵到干将、从生手到行家的转变，直接关系威海校区未来的发展。在此，我提几点意见：

一要做到信念过硬，定准航向标。崇高的理想、坚定的信念，是领导干部安身立命的根本。要坚持用习近平新时代中国特色社会主义思想和党的十九大精神武装头脑、指导实践、推动工作，积极参加干部培训、所在单位学习、民主生活会等，把“补钙”“充电”常态化、制度化。特别是要在深入系统学习、全面准确领会精神实质上下功夫，自觉把读原著、学原文、悟原理的过程作为提升政治站位、把准前进方向的过程，作为培养思维能力、增加思想深度的过程，准确把握蕴含其中的治国理政新理念、新思想、新战略。只有坚持学懂、弄通、做实，才能站得高、想得深、谋得远，更好地推动学校发展。要秉承为国育贤的办学初心，认真学习贯彻第十四次党代会精神，切实把党代会精神转化为推动校区科学发展的强大动力。

二要做到政治过硬，筑牢压舱石。领导干部必须讲政治。政治上搞明白了，思想上才能领会到位，行动上才能贯彻到位。要坚定“四个意识”，坚持“五个必须”，杜绝“七个有之”。要不断提高把握政治大局和政治方向的能力和水平，把思想上高度认同、政治上坚决维护、组织上自觉服从、行动上紧紧跟随，体现在推动学校事业发展的方方面面，做到观察分析形势要把握政治因素，筹划推动工作要落实政治要求，处理解决问题要防范政治风险。这里，我要强调，我们很多同志是“双肩挑”干部，要牢记学术研究无禁区、课堂讲授有纪律，在工作生活的各个方面尤其在课堂上要时刻注意自己的言行，要在党言党、爱党、兴党、护党。要自觉尊崇党章、模范践行党章、忠诚捍卫党章，严格执行新形势下党内政治生活若干准则，认真落实领导干部双重组织生活、谈心谈话、个人有关事项请示报告制度等。要严格遵守政治纪律、组织纪律、廉洁纪律、群众纪律、工作纪律和生活纪律，时刻把法律、纪律、制度、规矩、道德的戒尺牢记于心，做到心有所戒、行有所止，守住底线、不踩红线、不碰高压线。

三要做到责任过硬，当好动力源。为官避事平生耻。领导就是责任，责任要求担当。这次党代会报告把“追求卓越，只争朝夕”作为题目鲜明亮出来，就是要在学校事业发展的新起点、“双一流”建设的新阶段，让每位党员干部都以更加强烈的担当精神，勇于涉险滩、破坚冰、攻堡垒、拔城池。我们领导干部是师生的主心骨，是推动学校发展的核心，更应该带头作表率，始终保持一种永不懈怠的精神状态和一往无前的奋斗姿态。要大胆解放思想，破除思维定式，创新发展理念，以敢闯敢试、敢为人先的胆识，以革故鼎新、勇攀高峰的精神，鼓足干劲，对标一流，告别平庸，追求卓越。要以守土有责、守土负责、守土尽责的责任担当，拿出“明知山有虎，偏向虎山行”的勇气，着力解决制约学校事业发展的瓶颈问题和深层次矛盾，带头挑最重的担子，带头破最难的问题，努力做出无愧于师生、能够被历史铭记的业绩。

四要做到能力过硬，用对金钥匙。勇担当要靠真本事。事业要发展、难关要攻克、风险要防范，不能仅凭一腔热情和冲劲，必然要求我们领导干部在干事创业上得有几把刷子才行。要增强学习新知识、掌握新本领的自觉性和紧迫性，永葆“入山问樵，入水问渔”的求知精神，不断熟悉新领域、开拓新视野。学校这次党代会提出新的目标、战略、任务，我们学习的任务应该说更重了。要坚持干什么学什么、缺什么补什么，不断提升专业化水平，尽快在实现事业发展新目标的方法与路径上有新进展、新突破。要不断提高战略思维能力，开阔视野、放大格局，努力做到因势而谋、应势而动、顺势而为。要敢于面对矛盾困难，积极分析解决，主动承担责任。在实践中，分管工作出现问题时，要在第一时间站到一线，及时处置，并立即向主要领导汇报、同相关领导沟通，事后还要总结分析，评估改进。要加强与机关各部门和其他学院的联系，积极沟通、虚心学习、辛勤奉献，以自己的全情投入，带动师生，不断提高执行力。

五要做到作风过硬，拿稳通行证。在作风问题上，说一千道一万，不如撸起袖子加油干，领导干部身体力行是最好的示范。要坚持为人民服务的宗旨，真正把广大师生员工的利益和需求放在心中，认真落实领导干部听课、联系师生等制度，不断增强群众工作本领，严肃认真对待师生反映强烈的问题，让惠及师生的各项工作实起来，努力让他们拥有更多获得感和幸福感。要抓好调查研究，把调查研究作为基本功，迈开步子、扑下身子，既到工作局面好的地方去总结经验，又到困难较多、情况复杂、矛盾尖锐的地方去调查研究，把功夫下到听实话、察实情、出实招、办实事、求实效上。要严格贯彻落实中央“八项规定”和实施细则精神，锲而不舍反“四风”，以钉钉子精神打好持久战。对学院而言，学校部署的决策能否实现，关键就看学院落实是否到位。“做”是态度层面，“做了”是执行层面，“做好”是质量层面。领导干部不能当“甩手掌柜”，把“说了”当“做了”；也不能打马虎眼，把“做了”当“做好了”。要切实把落实效果作为检验工作成效的最基本标准，努力做到任务项目化、项目清单化、清单责任化，强化任期有目标、过程有督办、结果有考核，杜绝学校踩油门、中间踩刹车、基层挂空挡的现象。

这里，我要特别强调班子建设问题。大家知道，前阶段山东大学对校区两个教学单位进行了巡察，很大程度上就是班子建设出了问题。我们一直讲，团结出战斗力、出凝聚力、出好成绩。认真贯彻执行民主集中制，这是党的根本组织原则，也是领导班子有效运转的重要制度保障。要贯彻落实学院党政联席会议制度，切实提高贯彻执行民主集中制的自觉性，熟悉和掌握民主集中制的原则与方法，不断提高科学决策、民主决策、依法决策的水平，保证党委发挥把方向、管大局、作决策、保落实作用。要坚决落实会议形成的决策，不打折扣、不搞变通、不推诿扯皮，确保各项决策落细、落小、落实。要像爱护自己的眼睛一样，自觉维护班子团结，在工作中，以大局为重，做到坦诚相待、经常沟通、换位思考，做到相互支持、相互配合、相互补台，营造高效、流畅的工作环境，形成大事讲原则、小事讲风格的良好局面。这里特别强调，党政主要负责人的团结是关键，要做团结的模范，单位副职也要积极承担维护团结的责任，该请示的请示，该报告的报告，形成团结一致的战斗集体。我一直讲，同志们从五湖四海来到学校，一起为学校工作，是一种缘分。每个人都有自己的个性和特点，有时候因为工作产生一些不同观点，这很正常，谈谈心，多交流，多包容，不能受点委屈就要性子、甩脸子、撂挑子，更不能使绊子、下套子、捅刀子。组织部门要坚持严管和厚爱结合、激励和约束并重，完善干部考核评价机制，建立激励机制和容错纠错机制，为那些维护团结、踏实做事的干部撑腰鼓劲；对那些破坏团结、自行其是的干部，该问责问责，该调整调整，绝不放任自流，这一点学校的态度非常明确。纪检监察部门要把贯彻落实民主集中制和干部作风作为督查巡察的重要内容，加强监督，为班子建设提供政治保证。

我要讲的第三个问题是理清思路，积极作为，以党代会精神为指引，推动校区事业发展。

一要认清形势，提高对发展大势的认识。

放宽历史的眼界，我们应当看到，站在新时代的山东大学，机遇前所未有，挑战前所未有，希望前所未有。

当前，人类社会正处在一个大发展大变革大调整时代，新一轮科技革命和产业变革蓬勃兴起，全球创新版图、经济结构、政治格局都在发生深刻变化。中国正在日益走近世界舞台中央，中华民族伟大复兴的曙光从来没有像今天这样清晰可见。党的十九大提出了全面建成社会主义现代化强国的宏伟目标，将基本实现社会主义现代化的目标提前了15年，把“建设教育强国”明确为中华民族伟大复兴的基础工程。党和国家对高等教育的需要，对科学技术的需要，对创新人才的需要，比以往任何时候都更为迫切。大学在服务国家战略、引领社会发展、推动民族复兴中的作用，比以往任何时候都更为凸显。党中央作出“加快一流大学和一流学科建设，实现高等教育内涵式发展”的战略部署，为我国高等教育改革发展指明了前进方向。

教育兴则国家兴，教育强则国家强。习近平总书记指出，办好中国的世界一流大学，必须有中国特色。没有特色，跟在他人后面亦步亦趋，依样画葫芦，是不可能办成功的。大学要始终与国家和民族同心同向，要始终以国家强盛、民族振兴为使命担当。这是大学发展的动力所在，也是创建世界一流大学的普遍规律。扎根中国大地办大学，建设中国特色世界一流大学，是党和国家赋予山东大学的时代使命，是百年山大办学初心的内在要求，是我们新时代再创辉煌的战略选择。我们要始终把学校的发展与国家战略紧密联系在一起，与实现中华民族伟大复兴的中国梦紧密联系在一起。要把中国特色社会主义道路自信、理论自信、制度自信、文化自信转化为办好中国特色世界一流大学的山大自信。

进入新世纪以来，山东大学的发展步伐不断加快，办学水平不断提高，综合实力不断增强，正式步入世界一流大学建设A类高校行列，站在了以质图强、争创一流的历史新起点。但同时要看到，我们的整体实力离真正的世界一流还有很大差距，甚至与国内顶尖大学之间的距离也有逐步拉大的趋势。党代会报告用“标兵渐行渐远，追兵越来越近”来描述我们面临的逼人形势。在前段时期的新任命干部任前集体谈话会上，我讲，威海校区面临的形势是挑战与困难叠加，未来的发展是机遇与希望并存。我们要看到，随着学校第十四次党代会的召开，“蓝图绘就，奋进当时”是发展主流，我们要坚信“一切皆有可能”，努力突破思维定式，以敢闯敢试、敢为人先的胆识，以追求卓越、勇攀高峰的气魄，以时不我待、只争朝夕的精神，努力为山东大学创建世界一流大学而不懈奋斗！

二要统一思想，做好第十四次党代会精神学习宣传工作。

学习贯彻落实第十四次党代会精神是当前和今后一个时期校区的重要政治任务。认真学习宣传贯彻第十四次党代会精神，是学习贯彻习近平新时代中国特色社会主义思想和党的十九大精神的重要举措，关系山东大学改革发展稳定全局，关系山东大学事业的长远发展，对于提振全校上下只争朝夕、干事创业的精气神，为加快建设中国特色世界一流大学团结奋斗，具有十分重要而深远的意义。全校各单位要把思想统一到十四大精神上来，把认识提高到十四大要求上来，坚决贯彻落实十四大提出的各项任务，做到笃学、笃思、笃行。

各基层党组织书记是本单位学习宣传贯彻党代会精神的第一责任人，要发挥党组织书记和党代表的表率作用，带头在本单位中开展宣讲，教育引导每个支部、每名党员和师生员工全面了解、深刻领会和准确把握党代会精神，要认真制定本单位学习宣传贯彻实施方案，通过政治理论学习、专题研讨、“三会一课”、主题党团日活动等方式，把学习宣传贯彻党代会精神与本单位重要工作结合起来，精心组织实施，迅速掀起学习宣传贯彻的热潮，使党代会精神成为全校党员干部和师生员工的最大共识和力量源泉。

三要善谋实干，推动党代会精神在校区落地生根。

全校各单位要深入学习党代会精神，深刻对标党代会精神，紧密围绕学校发展战略和总体部署，积极思考，主动谋划，推动本单位事业发展。党代会报告明确提出威海校区要成为创建一流大学的新亮点。全校各单位要把学校党委对威海校区的殷切期许，转化为推进校区科学发展的强大动力。

一是追求卓越，大力推进“双一流”建设。在前段时期开展的十九大精神培训班上，郭新立书记和樊丽明校长都作了很好的辅导报告，建亚校长作了关于学科建设的报告，大家要认真学习。这里我想讲的是，党代会报告的题目开篇就把“追求卓越”明确为报告的核心关键词。无论是我们的“六大战略”，还是“十大任务”，都是围绕“追求卓越”来开展的。校区层面，学校制定了《山东大学(威海)学习贯彻十九大精神 推进“双一流”建设行动方案(2018～2020)》，这个方案是未来三年我们的行动纲领。这个纲领与山东大学“三个阶段”安排的第一阶段是吻合的。威海校区这三年很关键，可以说是背水一战，行动方案完成得好不好，直接关系我们能不能完成山东大学第一阶段安排要求的任务。什么是追求卓越，简单一点说，就是要让山东大学的整体水平回到国内第一方阵。这个目标，威海校区必须坚决贯彻落实。各个学院尤其是新班子已经到任，一定要以认真学习贯彻党代会精神为关键抓手，按照追求卓越的目标，根据《山东大学中层单位领导班子任期目标责任制实施办法》要求，立足实际、谋划长远，科学编制本单位《中层单位发展规划》，明确任期目标，梳理建设任务，落实建设举措。机关各部门要围绕学校中心工作，坚持深化改革，系统谋划，科学制定本部门、本领域的工作计划，为学校事业发展提供持续动力。

二是只争朝夕，认真落实“一二三”发展规划。制约威海校区发展的两个核心因素，一是学科，二是人才。学科建设是龙头。学科建设的成效直接关系校区的核心竞争力。

大家一定要从思想上认识到,威海校区要实现从教学型向研究型转变,就绝对不能再走大而全的规模发展的老路,要转换思维,对花了大代价成效不显现的,我们要壮士断腕,果断调整,把资源和力量集中到有发展前景、学术增量的学科。人才队伍是关键。党代会报告提出学校制定实施“人才双倍增计划”,实现杰出人才数量五年翻两番。这个很不得了,人才竞争在各个高校之间已经非常激烈,山大的这个目标压力空前,力度也将空前。校区已经制定了《杰出人才建设体系》,收到了一定的效果,但是显现度还不够。这里我还要讲,人才建设的关键在学院,学院党政主要负责人是人才建设的第一责任人,人事部门要扎实做好宏观指导和协调服务工作。我们有的单位近几年不仅引不来人才,自己培养的教授和学术新人还走了,我们要问问这都是为什么?要反思工作中存在的问题,创新方式,主动作为,在人才工作上取得更大的突破。落实“一二三”发展规划一定要有只争朝夕的紧迫感,不能有一丝一毫的懈怠,要立下军令状、签下责任书,各单位齐动员、共出力,才能推动学校发展再上新台阶。

三是内涵发展,加快实现“三个转变”。我一直讲,威海校区面临着“三个转变”,即从相对独立发展到一体发展、从规模发展到内涵发展、从传统管理到科学管理的转变。无论是一体发展还是科学管理,最终都要落到内涵发展上来。内涵发展是“三个转变”的核心,是威海校区转型的关键。内涵发展是指什么?是不是可以这么理解,从学科上讲,就是要形成高峰特色学科引领、文理工协同发展的良性态势;从师资队伍上讲,就是形成大力引育高层次杰出人才、着重培养青年后备人才的良性循环;从人才培养上讲,就是形成保证本科教学质量、提升研究生培养水平的良性机制;从管理服务上讲,就是要形成学院是主体、管理科学化、服务精准化的良性治理。这里我要讲讲学院是办学的主体。学院是学科建设的主体,也是人才培养的主体、科学研究的主体、社会服务的主体、文化传承的主体以及国际交流与合作的主体。坦率地说,目前,学院层面在学校的各项改革发展中的主体地位未能得到切实的尊重与发挥,很多时候反而成了改革和发展的客体。下一步,学校将花大力气对校院治理体系进行改革,一是推进职能部门的“放管服”。职能部门管理有边界,但是服务无止境。前阶段,学校研究决定进一步加强和改进机关作风建设,规范工作机制,优化工作流程,有效提升管理水平和服务能力。这项工作10月底以前要完成。二是加强学院的“主体化”。在《“双一流”行动方案》和今年的党政工作要点中,学校将遴选一个学院开展增强办学自主权的试点,进一步厘清职责权限,在人事制度、事权管理等方面进行改革探索,激发学院办学活力。希望学院积极行动起来,在内涵发展的各个方面动脑筋、想办法、找措施,不断提升内涵发展水平。

雄关漫道真如铁,而今迈步从头越。站在新时代,踏上新征程,我们要全面贯彻落实学校第十四次党代会提出的各项任务,自觉把威海校区的发展放在经济社会发展的大背景中,放在中国特色社会主义高等教育发展的大坐标上,放到山东大学发展的大格局中去审视、谋划和推进。在这个伟大的时代,山东大学威海校区的每一名党员,每一名干部,每一名师生,都要思考这样一个问题:我们要为山东大学创造什么,要为威海校区留下什么?希望大家认真思考,坚定信心,攻坚克难,为校区事业发展提供新动能,作出新贡献。

在庆祝第34个教师节大会上的讲话

2018年9月10日

山东大学副校长、山东大学(威海)校长　刘建亚

老师们、同志们、同学们：

大家下午好！

金秋九月，天高气爽。在威海最美好的季节里，我们刚刚迎接了4000余名校园新主人，今天在这里隆重集会，共同庆祝第34个教师节，表彰先进，共话心声。在此，我代表学校，向辛勤工作在各条战线上的全体教职员工致以亲切的问候！向今天受到表彰的优秀教师、先进个人表示热烈的祝贺！向为校区改革发展作出重要贡献的离退休老同志致以崇高的敬意！

国将兴，必贵师而重傅。当今世界正处在大发展大变革大调整之中，新一轮产业革命正在孕育，新的增长动能不断积聚，其中最关键的竞争要素就是教育。当前，中国特色社会主义进入了新时代，我国社会主要矛盾已经转化为人民日益增长的美好生活需要和不平衡不充分的发展之间的矛盾，人民对公平而有质量的教育的向往更加迫切。面对新方位、新征程、新要求，今年以来，国家先后印发了《关于全面深化新时代教师队伍建设改革的意见》《关于高等学校加快"双一流"建设的指导意见》等重要文件，将教师工作和"双一流"建设作为建设教育强国、决胜全面建成小康社会、夺取中国特色社会主义伟大胜利、实现中华民族伟大复兴的中国梦的重要基石，予以高度重视，不断加大指导力度。应当说，国家对高等教育寄予厚望，使命逼人、责任逼人、挑战逼人。

随着山东大学入选"双一流"建设A类高校，建设中国特色世界一流大学，成为党和国家赋予山东大学的时代使命，成为百年山大再创辉煌的战略选择。威海校区必须顺时应势，抢抓机遇，展现新作为，取得新成绩，才能凸显新地位。今年以来，威海校区坚持以党的十九大精神为指引，落实立德树人根本任务，认真贯彻"一二三"发展规划，坚持以提升学科建设水平为龙头，以人事体制机制改革为动力，以提升科技创新与服务能力为重点，深化管理改革，推进内涵发展，努力为山东大学"双一流"建设注入新动能，打造新亮点。

我们加快推进学科建设。大力开展前沿科学研究，积极培育新兴交叉学科，成立了潘承洞数学研究所，聘请知名数学家张益唐担任所长；成立了蓝绿发展研究院，聘请国家优秀青年基金获得者和"千人计划"入选者担任主任，空间学科、东北亚学科等特色学科在人才培育、科学研究、平台建设等方面取得了重要进展。同时，随着院、部班子调整基

本到位，各单位的学科建设规划和任期目标都根据“双一流”建设的要求进行了修订，学科建设的统领作用不断显现。

我们认真落实杰出人才建设体系方案。以学科建设需求为导向，重点瞄准“特聘教授”“山大杰青”等岗位，汇聚一批有重要学术影响力的领军人物和拔尖人才。截至目前，教师岗位引进24人，具有高级职务的占到38%，其中兼职讲席教授1人、“山大杰青”岗位教师2人。加大人才培养力度。1位教授入选“长江学者”特聘教授，为历史性突破；2人先后入选“万人计划”青年拔尖人才、国家自然科学基金优秀青年项目资助；8人入选山东大学杰出人才岗位，其中特聘教授1人、“山大杰青”5人、齐鲁青年学者特聘教授2人。

我们不断提高人才培养质量。今年，校区本科招生在大部分省份录取位次和录取分数都有较大提高，招生质量持续向好。在参与校本部拔尖人才培养方面，2017级有3人被“泰山学堂”录取；首次参与“尼山学堂”选拔并有5人被录取。结合胶东半岛高端产业聚集区建设，增设材料成型与控制工程专业。加快建设和发展新工科，开设“量子信息工程实验班”并招生。落实教育教学资源共享。共建学院双方共同修订培养方案，逐步实现教学大纲、教材、考核方式等协同一致，在教师交流授课、学生实习平台共享、对外交流资源共享方面都取得了实质性进展，得到了学生的认可。

我们注重提升科技创新和服务能力。科研项目立项质量稳步提升，科研成果水平不断提高。截至目前，2018年国家社科基金、自然科学基金获批34项，教育部人文社科项目、山东省重点研发计划等省部级科研项目58项，服务地方横向项目74项，立项数和立项经费均有较大幅度增长。在山东省社会科学优秀成果评选中，7项成果获奖。校地合作取得新突破，先后有20余项咨政报告获政府部门采用。联合了国家航天局、国家天文台，与文登区共建“空间碎片监测标准示范站”，已进入建设实施阶段；中外四方联合共建的“先进制造技术联合研究中心”已经投入运行。“中华复兴论坛”已经成为在海内外具有重要影响力的高端学术平台，对提升威海城市影响力作出了重要贡献。

我们努力加强民生工程建设。建立健全教职工收入持续增长机制，今年，事业编制教职工岗位绩效工资将提高40%，其他教职工收入也将提高。狠抓作风建设，优化完善服务流程，让师生少跑腿，不断提高管理服务水平。学生宿舍楼和体育训练馆两项工程已经竣工并投入使用。专家公寓项目已经开工，科技大厦B座正在履行报批手续，建成后将在很大程度上缓解办学空间不足问题。对校园网进行了整体优化改造，完成了互联网出口带宽扩容，满足师生跨校区网络一体化需求。

这些成绩的取得，是全校上下齐心协力、共同拼搏的结果。正是有了诸位不辞辛劳、无私奉献，我们广大师生的获得感、幸福感才能更强烈、更持久，我们威海校区大家庭才会更美好、更温暖！在此，我代表学校向大家表示衷心的感谢！

在山东大学第十四次党代会上，确定了威海校区要成为创建世界一流大学的新亮点的奋斗目标。这是在“双一流”建设的宏观背景下，在一校三地办学格局的现实坐标下，威海校区的历史使命、战略选择！逆水行舟，不进则退，慢进也是退！我们的时间非常紧迫，压力非常大，任务非常繁重。但是，教育规律和实践经验告诉我们，破解发展难题，根本在人才，关键在教师。只要有一支扎根威海校区、坚持学术研究、潜心教书育人、富有仁爱之心的高水平教师队伍，我们就能够在山东大学创建世界一流大学的征程中攻坚克难，凤凰涅槃！为此，我提出三点希望，与大家共勉：

首先，要秉承“为天下储人才”的担当，做传道授业解惑的引路人。习近平总书记指出，“广大教师要做学生锤炼品格的引路人，做学生学习知识的引路人，做学生创新思维的引路人，做学生奉献祖国的引路人”。“经师易得，人师难求。”作为教师，我们要贯彻立德树人的根本任务，牢记为国育贤的办学初心，把主要精力放在人才培养上，认认真真做好每一项科研，扎扎实实上好每一堂课，用自己的学高与身正，启迪学生智慧、涵养学生人格，做好学生成长的引路人。

其次，要坚持“崇实求新”的精神，做学术研究创新的排头兵。当下，科学技术越来越成为推动经济社会发展的主要力量，创新能力愈发成为综合国力竞争的关键所在。大学是国家实施创新发展战略的重要阵地。广大教师要以国家目标和战略需求为导向，瞄准国际科技前沿，主动跟进，超前谋划，以“敢入未开化边疆”的精神和“板凳坐得十年冷”的积淀，不断推进学科创新。与此同时，我们还要坚持教学科研相长，用科研成果反哺教学研究，主动钻研提高教学水平的方法和措施，不断提高育人质量。

最后，要提升“气有浩然”的境界，做坚守师道尊严的燃灯者。教师从事着塑造灵魂、塑造生命、塑造人的工作，关系着国家和民族的未来。做教师必须要有坚定的理想信念、高尚的道德情操、宽厚的仁爱之心，这是师道得以尊严的前提。任何世事变迁都不能成为模糊这种要求的理由。面对是非、曲直、善恶、得失，我们要努力维护良好的教师形象，并使之成为日复一日的行动坚守，帮助我们把握好育人的方向，履行好立德树人的职责，用一盏盏明灯辉映庠序之教，点亮学子之心。

老师们、同志们，“读圣贤书，所学何事，而今而后，庶几无愧！”教育事业是崇高而伟大的，教师职业更是神圣而光荣的！希望大家在今后以更加饱满的精神状态、更加激昂的工作热情，不断推进校区工作再上新台阶！

重要文件

山东大学(威海)学习贯彻十九大精神推进“双一流”建设行动方案(2018～2020年)

山大党字〔2018〕15号

自1984年建校以来,在山东大学的坚强领导下,威海校区秉承“为天下储人才,为国家图富强”的办学宗旨,艰苦奋斗,开拓创新,在学科建设、队伍建设、人才培养、科学研究、条件建设与保障等方面取得了较好的成绩,学界认可度和社会美誉度显著提升,成为山东大学扎根齐鲁大地办大学的生动写照。

党的十九大报告指出:加快一流大学和一流学科建设,实现高等教育内涵式发展。随着国家公布“双一流”建设名单,山东大学建设世界一流大学和一流学科成为时代使命、国家战略,威海校区也迎来了新的发展机遇。面对新形势、新任务,威海校区决心解放思想,主动作为,以更高的标准、更实的举措、更强的力度,提高办学质量,提升发展内涵,实现跨越发展,为山东大学“双一流”建设注入新动能、打造新亮点。

一、指导思想

以习近平新时代中国特色社会主义思想为指导,学习贯彻党的十九大精神,落实立德树人根本任务,坚持“同一目标、同一标准、同一精神家园”,强化学科建设龙头地位,推进人事制度改革,加强创新人才培养,完善内部治理结构,激发办学活力,努力建设“异地合作办学的示范性校区、坚持特色发展的高水平校区、加强国际合作的开放式校区”。

二、行动策略

坚持“一项计划、两大战略”,即以“学术提升计划”为引领,深入实施人才强校战略、特色立校战略,推动校区实现从相对独立发展到一体发展转变、从规模发展到内涵发展转变、从相对粗放管理到科学管理转变。

(一)学术提升计划

紧密结合国家实施创新驱动发展战略、山东新旧动能转换和建设现代化幸福威海需要,根据有所为、有所不为的原则,以学科高峰计划和激励计划为抓手,以制度激励为杠杆，进一步优化调整学科布局，加强优势学科建设，培育新兴交叉学科，努力形成特色引领、重点突破、全面提升的学科建设良性格局，增强校区发展的核心竞争力。

（二）人才强校战略

牢固树立“人才是校区发展的动力源”的理念，坚持引育并举，汇聚一批有重要学术影响力的领军人物和拔尖人才，培育一批学术基础扎实、创新能力强、发展潜力大的青年学术骨干，进一步优化人才队伍结构。探索实施师资队伍分类发展改革，健全完善多元化的人才评价体系，激发人才队伍整体活力，争做山东大学人事制度改革的先行者。

（三）特色立校战略

在“统筹布局，一体发展”的方针下，威海校区将推进和深化“1＋N”资源共享机制，积极、主动探索异地办学的科学有效管理，并在学科建设、人才培养、国际化建设方面突出威海特色，为山东大学“双一流”建设提供威海支撑，为“一校三地”多校区管理的办学模式改革打造威海样板。

三、主要目标与任务

（一）提升学科建设水平

目标：贯彻“顶天立地”“有所为，有所不为”方针，加强特色学科建设，培育2～3个达到“高峰计划”水平的新兴交叉学科，今后三年每年调整1～2个建设成效不明显、发展前景不突出的学科硕士点。

加强特色学科建设。空间学科围绕日地系统科学与卫星导航技术和天文学两大学科领域组织学科与团队建设，围绕天基探测、地基探测和空间科学数据中心等方面加强实验室建设，积极参与、承担国家空间研究重大项目，力争在杰出人才队伍培养、高水平期刊论文等科研产出、科研经费总量等方面位居“地球物理学”一级学科全国前六位，提升山东大学在该学科的影响力。东北亚学院探索实施PI制度，以服务国家外交战略和政府决策咨询为导向，建设东北亚国别、国情数据库，开展舆情研究与政策分析，建成国内领先、国际知名的区域与国别研究基地，快速提高东北亚研究的影响力。根据山东半岛蓝色经济区建设和威海市域发展特点，明确海洋学科以海洋牧场工程和海洋增养殖为发展重点，优化学科布局，强化特色应用，促进威海海洋农牧业升级，积极彰显“立地”本领。

培育新兴交叉学科。根据十九大报告提出的“推动互联网、大数据、人工智能和实体经济深度融合”要求，紧抓国家实施大数据战略的重要机遇，围绕社会发展的前沿问题，依照空间科学研究院已有经验，建立前沿交叉科学研究院，打造综合跨学科平台，重点培育大数据与行为科学、人工智能、生物信息、智能电网技术等方向，抢占新兴学科制高点。落实十九大“坚定文化自信，推动社会主义文化繁荣兴盛”要求，推进与中国社会科学院、校本部马克思主义学院深度合作，加强马克思主义理论、马克思主义文艺理论等学科建设。力争到“十三五”末，再孵化2～3个学科达到“学科高峰计划”水平。

加大学科调整力度。按照“扶优扶强”的原则，制定KPI绩效考核办法，以学科水平评估为基础，综合学科建设成效和投入情况，开展学科建设项目绩效评估，考核结果直接与岗位绩效、职称晋级、资源分配等挂钩。实施绩效考核末位淘汰制度，每年调整1～2

个建设成效不佳的学科硕士点。压缩学科建设规模,一级学科下设学科方向原则上控制在4个左右。修订学科建设经费管理办法,统筹用好学科激励计划经费,完善学科建设项目立项与支持方式,赋予学科建设单位更灵活的自主权。

(二)加强人才队伍建设

目标:到“十三五”末,力争引育10名左右高水平人才,建立健全岗位分类管理基本制度,制定完善与岗位相适应的多元人才评价体系。

加强杰出人才工作力度。落实《山东大学(威海)杰出人才建设体系方案》,以学科建设需求为导向,重点瞄准“山东大学特聘教授”“山大杰青”层次的高水平人才,加大工作力度,提高薪酬待遇,完善配套机制。到“十三五”末,力争引育10名左右高水平人才。今后三年,争取每年引进50名左右中青年高水平教师,其中“山大杰青”及以上层次人选不少于3人,“齐鲁青年学者”特聘教授不少于5人。落实每名校区领导至少联系一名高层次人才制度,做好人才服务工作,确保人才引得进、留得住、用得好。

加强青年教师培养。做好对未来学者的遴选和考核。完善师资博士后配套制度,控制教学工作量上限,保证充裕的科研时间。每年以约5%的比例遴选青年教师到一流大学(一流学科)做博士后,加大青年教师海外访学力度。以中青年教师和创新团队为重点,建设一批优秀学术团队,带动一批学科骨干和人才后备梯队快速成长,增强人才队伍可持续发展能力。

推进人事制度改革。落实山东大学人事制度改革总体要求,结合校区实际,研究制定改革方案,申请成为山东大学人事改革试点单位。根据学科建设需要,在部分学科或学院试点推行“预聘-长聘”制度改革,激发教师队伍活力。坚持以学术贡献为标准,稳步推进两类人才待遇并轨。全面核定校区及二级单位人员编制总量和各级岗位结构比例。到“十三五”末,建立编制岗位动态调整机制,实行二级单位人员总量管理、自主配置。推进岗位分类管理,区分教学型、教学科研型、科研型、应用技术开发型,健全完善各类人才入职标准、晋升通道、薪酬分配制度。完善以岗位绩效工资制为主,年薪制、协议制、项目制和团队薪酬制为辅的多元分配模式,建立与人员分类相适应、体现学科差异和岗位特点的薪酬分配体系。

建立多元化人才评价体系。根据不同岗位特点,健全完善与岗位职责、工作业绩、实际贡献紧密联系,分类考核与分层次考核相结合、团队考核与个体评价相结合的考核评价机制。加强职称制度建设和评审组织建设,推行“小同行专家评价”制度。建立人才发展绿色通道,实行校内外著名专家推荐制度,积极引进第三方评价和国际评价。

(三)提高人才培养质量

目标:构建多维立体人才培养体系,推进本科教学工程建设,质量监控力度进一步加大,创新创业教育和国际化教育成为人才培养的特色。

深化人才培养模式改革。着力构建拔尖人才、卓越人才、复合人才培养体系。根据学科建设需要,以“天文与空间科学菁英班”为示范,推进东北亚研究、大数据与行为科学等相关学科的科教协同育人。在学籍管理、学分置换等方面,加大工作力度,打通管理壁垒,推动校区学生参与校本部泰山学堂、尼山学堂、卓越系列计划等人才选拔、一体培养。在英语、韩国语、法学等基础上,推广“专业+X”复合人才培养,拓展双学位、双专业教育。

完善修订人才培养方案，深入实施“三跨四经历”教育，增加专业方向选修，满足学生多元化需求。以联合国际理学院为依托，加强国际化课程体系建设，遴选4个合作专业办成高水平、高标准、高质量的国际化特色专业；进一步优化海外交流学生管理，简化学分互认程序，推进本科教育教学国际化进程。

加强教学内涵建设。加大专业调整力度，建立以“碎片化专业退出”和“新兴交叉专业增设”为重点的专业动态调整机制。推进课程、教材、团队的优质化、精品化建设，每年重点建设10个左右改革力度大、示范效果强的教学改革项目，争取在三年内有20个左右教研项目(教学成果)获得省级立项(奖励)。探索以学生学习为中心的教学方式方法变革，推进实施基于问题和项目的学习、研讨式学习、案例式教学等，培养学生的探究能力和创新精神。加强实践基地建设，在相同或相近专业，争取与校本部实现实践基地共享。修订完善管理制度，加强对毕业论文(设计)的规范管理，提高毕业论文(设计)质量。

加强创新创业教育。完善创新创业教育管理体制，建立创新创业学分积累和转换制度，允许参与创新创业的学生调整学业进程。完善创新创业教育课程体系，增设创新创业教育荣誉学分，三年内开设10门左右的创新创业课程。统筹大学生青春创业孵化园、威海创业大学等各类创新创业平台的建设与管理，提升创新创业教育能力。开展大学生创新创业训练计划，支持学生参加国家级创新创业大赛，确保学生双创活动的参与率稳定在60%以上，国家大学生创新创业训练计划项目20项/年，力争在“挑战杯”“创青春”“互联网＋”等赛事中，竞赛成绩排名、国赛作品数量等指标稳定在山东省前3名，提升创新创业教育在人才培养特色中的显示度。

完善质量提升长效机制。健全老中青教师传帮带机制，实行新开课、开新课试讲制度，试点开展学科基础平台课程、专业核心课程教授负责制。加强教学团队建设，依托校本部国家级教师教学发展示范中心，每年选派40名左右的教师外出参加培训，提升教师教学能力和业务水平。推进考试方式方法改革，健全课程评估指标体系，加强对考核结果的运用。完善本科专业常态化评估制度，积极参加教育部工程教育专业认证，争取4～5个专业达到认证标准。

推进研究生培养机制改革。调整研究生招生的学科布局，优先支持重点建设学科。争取到“十三五”末，全日制硕士生年招生规模达到500人，博士生年招生规模达到50人，在校研究生规模达到1600人以上。加强导师队伍建设，完善导师负责制，形成优胜劣汰的激励和约束机制，建设一支竞争力强的导师队伍。结合校区实际，积极推进研究生课程体系建设。根据不同类型研究生培养目标要求，强化研究生的学术思维与创新能力培养，重视系统科研训练；强化专业学位研究生的实践能力与创业能力培养，形成产学结合的培养模式。鼓励开展跨专业、跨学科、跨单位的联合授课与合作培养，提高研究生的原始创新能力。加强研究生培养的国际化，每年派出海外交流研究生达到70人次以上，积极推进与澳大利亚国立大学研究生培养的国际化合作。

(四)提升科技创新和服务能力

目标：到“十三五”末，新建4～5个省部级科研平台或重点实验室，服务地方能力显著增强，科研经费接近1亿元。

打造高水平科研平台。依托已有学科基础，做好“日地空间环境与卫星导航教育部重点实验室”“山东省海洋生物繁育工程技术研究中心”等科研平台的申报工作，争取新建4～5个省部级科研平台或重点实验室。积累和增强在海洋环境监测、水下机器人等应用领域的研究实力，为建设高水平科研平台奠定基础。继续办好“中华复兴论坛”，提高东北亚研究的学科影响力。积极推进与中国社会科学院的深度合作，建好马克思主义文艺理论研究中心，参与国家马克思主义理论研究和建设工程。

加强科研团队建设。增强空间学科的引领力，积极开展装备信息采集系统、新型卫星导航及遥感技术等方面的研发工作，带动机械制造、信息处理等相关学科发展，提高参与和承担国家重大科技研究的协同能力。服务国家“一带一路”，加强东北亚研究的资源整合，在东北亚文学、政治、经济等方面组建高水平研究团队，打造高水平智库。鼓励重点建设学科开展与世界高水平大学的合作，共建高端国际合作科研平台，积极参与和开展全球和区域性重大科研活动。

深化校地合作。以服务山东、服务威海新旧动能转换为宗旨，落实《山东大学、威海市人民政府深入推进校地合作共建协议》，加强与威海市各级政府的主动对接，做好顶层规划与协调。落实“服务文化山东”，推进与威海市共建威海发展研究院各项工作，围绕区域社会发展、县域经济研究、旅游产业、时尚创意、蓝色体育、康养人居等方面，打造切合实际、效果良好的高水平研究成果，增强对威海市的科研贡献度。整合济南、威海两地资源，加强“威海中韩自贸区地方经济合作研究中心”建设，着力在中韩FTA(自由贸易协定)实施效果研究、技术性贸易措施研究、专业化人才培养等方面取得标志性进展，为威海的中韩自贸区地方经济合作示范区建设提供智力支持，“服务山东经济强省建设”。依托“先进制造技术联合研究中心”，借助澳方在金属材料3D打印、碳纤维复合材料等研究领域的优势，致力于科研成果在威海转化，“服务智造山东”，力争将其打造成国家级的中外合作创新平台。聚焦“服务海上山东”，与澳大利亚塔斯马尼亚大学、澳大利亚教育管理集团共建“现代海洋农牧业技术联合研发中心”，加强“山东省海洋生物繁殖工程技术研究中心”建设，开展澳洲龙虾、三文鱼、澳洲鲍等海珍品养殖技术引进和产业化推广以及河豚、金枪鱼、鰤鱼等高端养殖鱼类的高效环保饲料研发和产业化推广。积极与企业建立合作联盟，通过共建实验室、技术研发中心等科研协同创新模式，深化校地校企合作，提高科技创新能力。以法律援助、舞台汇演、艺术展览等方式，积极开展社会主义先进文化进社区、进基层的文化惠民活动，提升城市文化内涵。

(五)推进国际交流与合作

目标：到“十三五”末，山东大学-澳大利亚国立大学联合国际理学院成为国内知名的中外合作办学机构，新增1～2个中外合作办学项目，校区国际化氛围进一步提升。

加强与高水平大学实质合作。加强与澳大利亚国立大学的深度合作，举全校之力，办好联合国际理学院，大力打造威海校区国际化特色，争取成为山东大学国际合作的新亮点。推进与澳大利亚国立大学、西澳大学，英国南安普顿大学、伦敦大学皇家霍洛威学院，美国加州大学伯克利、欧文、圣地亚哥分校等高水平大学的合作，搭建学生海外经历的高层次平台，扩大海外访学的规模，确保每年赴海外学习学生900余人。在做好已有中外合作项目的基础上，积极拓展与美国天普大学、英国布里斯托大学、法国雷恩商学院等的国际合作项目，不断提升联合培养水平。

推进科研国际合作。根据学科建设需要，鼓励组建国际科研合作机构，资助相关学科组织国际学术会议。设立“国际学术基金”，对在海外高水平学术期刊发表文章、高水平科研机构任职的人员进行支持，对在海外获得重要学术奖励的人员进行资助。组织“国际教授沙龙”，营造国际化学术氛围。以项目为基础，探索成建制引进海外人才的途径，引进海外智库，促进海外人才与校内科研队伍的融合。

（六）加强大学文化建设

目标：贯彻落实全国高校思政工作会议精神，深化思政课改革，提高育人效果，立德树人的校园文化氛围日益浓厚。

强化社会主义核心价值观教育。做好党的十九大精神学习宣传工作。贯彻落实全国高校思政工作会议精神，以社会主义核心价值观为引领，深化思政课“4＋4＋2”教学模式改革，提高育人效果。建好大学生网络文化室，探索引入“易班”平台，打造思想政治教育新媒体主阵地。做好“第一课堂”与“第二课堂”的有效对接，拓展思想政治教育工作平台。加强辅导员队伍建设，深入实施“青马工程”，提升思政工作的针对性、有效性。

加强校园文化创新。大力宣传教书育人典型、优秀学生、杰出校友等，弘扬优良的校风、教风、学风，增强校区发展的凝聚力和向心力。主动与校本部、社会重要新闻媒体保持联系，积极推送校区发展的亮点和特色，形塑“山魂海韵”文化品牌。打造与传统文化、山大精神相协调的自然景观与人文景观，协同组织丰富多彩的校园文化活动，增强山大人的价值认同、情感认同、使命认同。

建设好、管理好舆论阵地。坚决巩固马克思主义在高校意识形态领域的指导地位，与思政课教学改革相结合，推动党的理论创新最新成果进教材、进课堂、进头脑。严格落实意识形态工作责任制，强化对意识形态工作的分析研判、学习教育、督导检查、舆情处置、责任追究。加强意识形态阵地建设，加大对校园讲座、网络、微信、微博等新媒体的管理力度，旗帜鲜明反对和抵制各种错误观点，坚决维护校区意识形态领域安全。

四、保障支撑

（一）加强党的全面领导

加强党的建设。将政治建设放在首位，结合中层领导干部调整补充工作，突出政治标准，严格选拔程序，优化选拔方式，建设一支与推进“双一流”建设相匹配的干部队伍。制定完善基层党支部工作规范，加强基层党支部规范化建设，充分发挥基层党支部的战斗堡垒作用。严格落实“三会一课”、组织生活会、谈心谈话、民主评议党员等制度，完善党总支书记年度述职考评制度。加强对党员领导干部的能力培训，继续推行任期目标责任制，完善考核评价机制，强化结果运用。

推进民主管理。贯彻落实民主集中制，坚持党委领导下的校长负责制。落实学院党政联席会议制度，厘清界定校院两级管理权限，增强学院办学自主权，推进“校办院”向“院办校”转变。完善学术委员会制度，加强对二级学术委员会的督导，营造良好学术氛围。完善民主管理和监督机制，加强校院两级教代会、工会、共青团和学生组织建设，拓宽民主管理的有效途径，推进科学决策。

坚持全面从严治党。进一步从严管理干部,重点加强对贯彻执行政治纪律和政治规矩的监督,严格执行领导干部报告个人有关事项制度,营造风清气正的干事创业氛围。落实"两个责任",坚持和完善领导干部述职述廉、经济责任审计等制度,强化监督执纪问责。推进廉政风险防控体系建设,加强对各单位落实中央"八项规定"精神和执行"三重一大"制度情况的监督检查,加大对财务收支、预算执行、科研经费、基建工程等关键环节和重点领域的监督力度。

(二)加强条件保障

改善教学科研条件。新建科技大厦B座和专家公寓,大力改善教学、科研条件,缓解引进人才住房压力。探索实施以学生规模、学科建设、课程保证、科研需要等为考量的资源配置机制,提升资源使用效益。加强科学实验中心建设,为学科建设、教学科研、服务地方提供硬件支撑。制定完善公房调配及绩效评价机制,优化公房配置。建立院部共建共享机制,推动功能相近的实验资源合并重组,提高利用效率。按照不求所有但求所用的原则,鼓励各单位大力加强对外合作,积极拓展校外办学空间。

加强财务管理。进一步健全完善财经制度,加强财务收支预算管理,健全完善内控体系建设,推进落实"放管服"。充分调动校院两级筹资积极性,增强二级单位财务运营能力,扩大办学经费来源,在保障校区基本建设的基础上,稳步提高教职员工薪酬待遇。

加快信息化建设。构建"一站式"智慧校园服务平台和基于大数据技术支撑下的决策支撑软硬件平台。完成校园卡三期工程建设,构建涵盖桌面终端、移动终端的统一门户和统一认证应用系统。建设基于统一资源平台的MOOC(慕课)系统,智慧教室三年内增加到10个,完成所有教室网络改造,为"一校三地"教学资源共享提供信息保障。优化办公区校园网架构和无线网络覆盖,满足教学科研需求。

(三)推进教育教学资源共享

落实"1+N"方案。在本科教学方面,以专业项目共建、课堂教学项目共建共享、实习实践基地共享、暑期跨校区体验项目建设为突破口,在做好"6+5"学院9个专业、17门慕课、师资培训分中心的基础上,扩大共建范围,深化合作内容,提升人才培养水平。在思想政治教育、文化资源整合、荣誉体系建设等方面,创新工作体制,推广共享经验,打造"同一个山大,同一个精神家园"。

推进管理体制改革。以教育教学资源共享为引领,加快校本部与校区之间在师资交流、科研团队建设、干部任职等方面的融合升级。确立"大山东大学"观,打破固有观念,厘清责权边界,推进校本部对校区的管理尤其是对口职能部门之间工作衔接的制度化、常态化、效率化。威海校区各学院(部)以青岛校区为参照,更名为"山东大学××学院(部)",促动各学院(部)与校本部的交流从积极参与向主动融入转变,推进"一体发展"。

五、组织实施

(一)加强工作领导

成立校区"双一流"建设工作领导小组,由校长、党工委书记担任组长,其他校区领导为成员,统筹负责"双一流"建设的顶层设计、整体推进和督促落实。

(二)实行目标管理

学科建设、人事制度、人才培养、科学研究、国际合作与交流等专项建设,由各责任单位制定工作目标和工作计划，明确时限，责任到人，加强过程监控，实行目标考核，确保各项工作任务落实。

（三）凝聚师生合力

加强正面宣传和舆论引导，充分调动广大师生员工的主人翁意识，完善沟通反馈机制，最大限度地集中智慧、凝聚共识，形成“双一流”建设的强大力量。

（四）严格督促考核

在行动方案实施期内，各责任单位应当于每年 12 月底前，将本年度阶段性工作总结和下一年度重点工作计划报送“双一流”建设工作领导小组，对推进工作不力的单位和责任人将予以问责，有关重大问题和重大决策及时报校本部研究。

山东大学(威海)2018年党政工作要点

山大威党字〔2018〕6号

2018年,威海校区党政工作的指导思想是:以习近平新时代中国特色社会主义思想为指导,认真学习贯彻党的十九大精神,以“一二三”发展战略为统领,以落实《“双一流”建设行动方案》《杰出人才体系建设方案》《服务威海市新旧动能转换行动方案》为主线,以将改革进行到底的政治责任感和不忘立校初心的历史使命感,抢抓机遇,砥砺奋进,推进校区各项工作再上新台阶。

一、推进重点领域改革

1.加强“双一流”建设。按照《山东大学(威海)学习贯彻十九大精神 推进“双一流”建设行动方案(2018～2020年)》要求,明确分工,加快进度,全面落实。(主要责任单位:全校各单位)

2.加大人事制度改革力度。贯彻落实《杰出人才体系建设方案》,进一步加大人才引育力度。深化人才发展体制机制改革,根据学科建设需要,遴选一个学科(或学院、研究院)推行“预聘-长聘”制度改革试点,科学合理规划,加强组织领导,为校区整体实力快速跃升提供人才保障。(主要责任单位:人事处)

3.落实服务山东战略。统一思想,树立服务威海就是服务山东战略的意识,坚决落实《山东大学、威海市人民政府深入推进校地合作共建协议》和《山东大学(威海)服务威海新旧动能转换方案》,做好与威海市政府、环翠区政府等的对接。推进山东大学威海科技园、威海发展研究院等前期相关工作;加快先进制造业联合研究中心建设,推动联合技术研发和推广。(主要责任单位:学校办公室、科研处)

4.推进教育教学资源共建共享。提高站位,主动对接,争取尽快建立联席会议制度,加快智慧教室信息化平台、课程资源和实践实习基地合作共建,推进思政工作、文体活动等同频共振,为多校区资源共建共享先行先试。(主要责任单位:教务处)

5.深化管理体制改革。推进“放管服”改革,遴选一个学院开展增强办学自主权的试点,进一步厘清职责权限,激发学院办学活力,完善校院两级治理体系。(主要责任单位:人事处)

二、全面加强从严治党

1.强化理论武装。组织好习近平新时代中国特色社会主义思想和党的十九大精神学习宣传活动。(主要责任单位:宣传统战部、组织部)

2.认真开展“不忘初心,牢记使命”主题教育。(主要责任单位:组织部)

3.围绕“双一流”建设，组织解放思想主题研讨，推动思想观念转变提升。（主要责任单位：学校办公室）

4.建设高素质专业化干部队伍。突出政治标准，严格选人用人，加快教学院部中层班子换届工作，做好新任处级干部培训。从严从实管理干部，做好领导班子任期目标制定与考核工作。（主要责任单位：组织部）

5.加强基层党组织建设。优化组织设置，探索适应教学科研新变化、新要求的基层党组织形式。强化对青年教师、学科带头人、优秀学生的教育引导，做好党员发展工作。（主要责任单位：组织部）

6.加强党风廉政建设。进一步严格落实中央“八项规定”精神，强化“一岗双责”，持之以恒反对“四风”。加强廉政风险预警防控，运用好监督执纪“四种形态”，营造风清气正的干事创业氛围。（主要责任单位：纪监审办公室）

7.加强思想政治工作。加强意识形态工作，提升宣传工作水平，讲好“威海校区故事”。探索引入“易班”平台，打造思想政治教育新媒体主阵地。以职业能力为重点，加强辅导员队伍建设。（主要责任单位：宣传统战部、学生处、团委）

8.推进民主管理。严格执行各项议事制度，加强督查督导，推动各项工作落实。发挥学术委员会、教代会、工会、妇委会、共青团、民主党派的民主管理职能和凝心聚力作用，做好离退休和统战工作。（主要责任单位：学校办公室、宣传统战部、团委、学科建设与研究生处、工会、离退休办）

三、提升学科建设水平

1.落实学科高峰计划与学科激励计划。以学科高峰计划为引领，进一步强化全校区的学科意识，解放思想，充分论证，大力推进，努力提高学科建设整体水平。以学科激励计划为契机，狠抓学科整合，启动校区新一轮学科建设项目的遴选与培育工作。（主要责任单位：学科建设与研究生处）

2.加强特色学科建设。空间学科要完成荣成院夼太阳射电观测站、行星表面环境模拟实验室等的建设工作，在此基础上，争取承接部分重大项目。东北亚学院要完成组织架构及研究团队整合，根据“双一流”标准，在管理模式、学术评价、绩效考核等方面进行大胆改革和创新，努力成为引领校区人文社科发展的重要引擎。海洋学科要重点围绕现代海洋牧场研究，加强学科整合，促进区域海洋经济发展。（主要责任单位：学科建设与研究生处、相关学院）

3.推进学科交叉。完成前沿交叉科学研究院的运行机制和评价体系论证，积极培育大数据与行为科学、智能电网技术等方向，抓紧引育人才，整合队伍，使前沿交叉科学研究院成为驱动校区学科建设水平快速提升的原动力之一。（主要责任单位：学科建设与研究生处）

4.加强绩效管理。修订学科建设经费管理办法，建立绩效考核制度。根据2017年学位点评估的专家组反馈意见，暂停1～2个建设绩效较差的研究生招生专业，督促整改。（主要责任单位：学科建设与研究生处）

四、加强人才队伍建设

1.加大人才引育力度。力争引进50名中青年教师,其中“山大杰青”及以上层次人选不少于3人,齐鲁青年学者特聘教授不少于5人。探索实施黄海学者人才工程,激发教师队伍整体活力。加强青年教师培养,遴选约5%的青年教师到海内外高水平学校进修。(主要责任单位:人事处)

2.加强岗位分类管理。全面核定人员编制总量和各级岗位结构比例。建立编制岗位动态调整机制,实行二级单位人员总量管理、自主配置。坚持学科差异,明确岗位考核标准,深入推进岗位分类管理。完善以岗位绩效工资为主的多元分配模式改革。(主要责任单位:人事处)

3.推进评价方式改革。加强职称制度建设和评审组织建设,完善职称评审条件,推行“小同行专家评价”制度,推进人才考核评价方式改革。推进全员聘用管理,加强考核结果使用。(主要责任单位:人事处)

五、提高人才培养质量

1.推进人才培养模式改革。继续深化拔尖、卓越、复合人才培养改革。完善人才培养方案,加强新生研讨课、专业核心课程建设,狠抓教学大纲的制订与执行。推进慕课、翻转课堂等教学方式方法改革。加大教学改革支持力度,加强本科教学工程建设。(主要责任单位:教务处)

2.强化研究生过程培养。优化各类培养方案,开展专业学位研究生教学案例库建设。改进研究生课堂管理,完善课程考核制度。增加公选课数量,加强跨学科培养。推进研究生的国际化培养,争取国家公派留学项目有新的突破。(主要责任单位:学科建设与研究生处)

3.加强创新创业教育。完善学生创新创业实践平台,争取在2018年“创青春”全国大学生创业大赛等高水平竞赛中获得国家金奖。加强就业服务信息化建设,力争获批省级大学生创业示范平台,确保毕业生就业率稳定在90%以上。(主要责任单位:学生处、团委)

4.发展继续教育。适当拓宽办学领域,强化教学过程管理,保证教学质量,打造教育品牌,力争各项办学收入达到2000万。(主要责任单位:继续教育学院)

六、提升科学研究水平

1.加强平台建设。进一步增强省部级科研平台的科研活力和整体实力。依托空间学科的现有基础,积极推进“111计划”的评建工作。做好海洋微生物酶与活性物质研发公共服务平台建设。深化与中国社会科学院的合作,建好马克思主义文艺理论研究中心。办好“山东论坛”和“中华复兴论坛”,加强学术交流。(主要责任单位:科研处、相关学院)

2.加强科研团队建设。服务国家“一带一路”,加强东北亚研究的资源整合,打造高水平智库。围绕区域和国家发展需求,推进在相关学科构建跨领域研究平台。加强翻译

修辞学、旅游规划设计等青年学术骨干团队建设。年科研经费力争达到6500万元。(主要责任单位:科研处)

3.促进科研成果转化。完善科技成果转化和技术转移机制,大力推进知识产权申报与转让工作。加强产学研合作,推进与重点行业、企业的合作,提高技术成果产业化水平。(主要责任单位:科研处)

七、加快推进国际化工作

1.加强平台建设。要明确责任,加快“山东大学-澳大利亚国立大学联合国际理学院”各项准备工作,确保今年正式招生,打造高水平国际合作标杆。以此为契机,提升现有中外合作办学项目的管理服务水平。(主要责任单位:“山东大学-澳大利亚国立大学学院”筹备工作办公室)

2.扩大合作网络。加强与澳大利亚国立大学、美国加州大学系统、英国伦敦大学、日本早稻田大学等高水平大学的国际合作,争取再与1～2所世界一流大学建立合作关系。(主要责任单位:国际处)

3.提升学生国际化水平。加大资助力度,实现派出访学600人的目标。新开辟2～3个学生国际化培养通道,积极推动2～3个学生海外经历项目进入国家留学基金委项目平台,力争全年在校国际学生达到1100人。(主要责任单位:国际处)

八、提高服务保障能力

1.加强财务和审计工作。加强内部控制建设,提高预算执行率,努力寻找新的收入增长点。严控“三公”经费支出。加强招标采购管理。加强对招生、考试、招聘等重点领域、关键环节的监督,积极开展专项审计。(主要责任单位:财务处、纪监审办公室)

2.提高资产管理水平。启动国有资产全生命周期管理及全流程电子化采购、公房管理网络信息化平台建设。加强大型仪器设备的资源整合和优化配置,提高设备使用效益。(主要责任单位:资产与实验室管理处)

3.加强校友工作。推动山东大学威海校友会、威海校友商会的换届及发展工作,促进“校友三人行众创空间”的发展。加强与各地校友的联系,发展成立3～5个地市的校友会。完善校友服务体系及网络信息化建设,发挥校友在学生就业、筹资捐赠等方面的作用。(主要责任单位:学校办公室)

4.提升校园信息化水平。推进“一站式”智慧校园服务平台建设,完成三地校园网统一认证工作,加强超算中心平台建设。做好图书馆信息门户网站建设,拓宽移动服务覆盖面,提高精准服务能力。(主要责任单位:网络与信息管理中心、图书馆)

5.强化保障支撑。启动专家公寓楼建设项目,完成科技大厦B座前期准备工作。协助做好威海市立医院山大门诊部的运营,提高医疗保障服务水平。加强学生公寓、教学楼、住宅楼等的修缮、改造和校园绿化工作,抓好饮食安全与卫生。开通校园西南门,加强安全管理,建设平安校园。(主要责任单位:基建处、后勤处、保卫处)

中共山东大学(威海)工作委员会
关于加强督促检查工作的实施办法

山大威党综字〔2018〕1号

第一章　总　则

第一条　为深入贯彻党的十九大精神,加强和规范督促检查工作,确保上级和校区的重大决策部署得到贯彻落实,进一步提升管党治党、办学治校水平,根据《中共中央关于加强新形势下党的督促检查工作的意见》和山东大学有关文件,结合校区实际,制定本办法。

第二条　督促检查工作是推动校区决策落实的重要手段和促进决策完善的重要途径。加强督促检查工作,要切实服务于校区改革发展稳定的大局,为山东大学实现世界一流大学建设目标,推动校区"双一流"建设和"一二三"发展规划建设,提供有力保障。

第二章　组织领导

第三条　要加强对督促检查工作的领导,增强"一分部署,九分落实"的意识。健全校区党工委统一领导、党工委(校长)办公室牵头抓总、各方面积极参与、分级负责的督促检查工作格局。

第四条　建立督促检查工作分级负责制。校长、党工委书记对校区重大事项的督促检查工作负总责,校区领导班子成员对各自分管工作和联系单位的督促检查工作负责。各职能部门、直属单位和教学院部的主要负责人对本单位的督促检查工作负责。

第五条　建立督促检查工作联络人机制。党工委(校长)办公室负责督促检查工作的开展和实施,信息管理与督办科具体承办。各职能部门、直属单位综合科室负责人和各教学院部办公室主任为督促检查工作联络人。

党工委(校长)办公室信息管理与督办科负责对需督促办理事项进行督办、催办、协调,编印督促检查通知单,督促检查通报等。督促检查工作联络人的主要职责是负责传递反馈立项督促检查工作的相关信息,督促事项落实。

第六条　建立督促检查工作信息联动机制。建立并完善信息通报制度,加强对校区各职能部门、直属单位和教学院部工作计划和工作动态的信息收集工作,作为开展督促检查工作的重要依据。

第七条 建立完善督促检查工作信息化机制。探索通过网络等新媒体技术完善督促检查工作流程，提升督促检查工作的信息化和便捷化程度。

第三章 工作内容

第八条 督促检查工作的内容是：上级部门和山东大学重要方针政策、重大决策、重要文件、重要工作部署以及批示、交办、转办事项的贯彻落实情况；校区事业发展规划和年度工作要点的贯彻落实情况；校区党政联席会议、党工委会议和专题会议等决策性会议议决事项的落实情况；校区重要文件的落实情况；校区领导批示和交办事项的落实情况；师生反映强烈的热点、难点问题的落实情况；其他需要督促检查事项的落实情况。

第四章 工作程序与方法

第九条 督促检查工作按立项、交办、承办、催办、办结等环节进行：

(一)立项。立项工作应当坚持明确授权和因事制宜原则。

对校区事业发展规划、重要文件、年度工作要点中的工作部署和校区党政联席会议、党工委会议、专题会议等决策性会议的议决事项，党工委(校长)办公室应依据相关文件和会议纪要对需督促检查的事项进行任务分解，提出拟办意见和工作要求，经分管领导审阅同意后，报送校区主要领导或分管领导审定，根据审定结果下发督促检查通知单。

督促检查通知单应明确被立项督促检查工作的问题清单、任务清单和责任清单。涉及多个部门共同落实的事项，应明确主办单位和协办单位，由主办单位牵头落实。

对校区领导批示和交办事项及其他临时批办、交办、转办事项，可通过书面、电话通知或口头交办等形式立项。

(二)交办。立项后，党工委(校长)办公室向承办单位发出督促检查通知并明确工作要求。根据立项事项的不同，可通过督促检查通知单、书面、电话通知或口头交办。

(三)承办。承办单位应在承办时限内按要求认真办理督促检查事项，及时向党工委(校长)办公室反馈督促检查事项的推进情况：已落实的要通报办结情况及效果，正在落实的要通报工作进度及推进计划，尚未落实的要通报原因及解决措施。

(四)催办。督促检查事项下达后，党工委(校长)办公室应与承办单位加强联系，对承办单位落实情况进行跟踪，加强督促检查。对未能按时完成工作任务的单位，要及时了解情况、进行催办，协助解决困难，确保工作进度和质量。

对涉及多个部门的督促检查事项，应注重加强同各承办单位联络人的联系，对办理过程中的问题应积极协调解决。必要时，经党工委(校长)办公室分管领导同意，可报请分管校区领导召开专题工作会议进行协调。

(五)办结。党工委(校长)办公室应对承办单位报送的办理情况进行审核，对符合交办要求的予以办结，整理归档并报送有关校区领导阅知；对不符合交办要求的经分管校区领导同意后，可退回承办单位限期补办或重办。

第十条 在督促检查工作的开展过程中，综合运用定期督促检查、专项督促检查和联合督促检查等方式,视立项情况机动灵活地运用好督促自查、书面专项督促检查和实地督促检查等方式开展督促检查工作。

第五章 结果运用

第十一条 坚持标本兼治,对督促检查工作中发现的问题,党工委(校长)办公室应责成并督促有关部门、单位和学院进行纠正整改,对整改不力、造成不良影响的,由相关部门按有关规定进行追责处理。

第十二条 充分运用好督促检查结果,党工委(校长)办公室定期编写《督促检查工作通报》,经分管领导审阅后,供校区领导决策参考。每学期对各职能部门、直属单位和教学院部的督促检查工作进行统计总结,经分管校区领导审阅后,报校区党政联席会议。

第六章 附 则

第十三条 本办法由党工委(校长)办公室解释。

第十四条 本办法自发布之日起施行。

附件:山东大学(威海)督促检查通知单(略)

威海校区落实山东大学大学生思想政治教育与管理专项改革方案的实施意见

山大威党字〔2018〕2号

为深入贯彻党的十九大精神，进一步落实好全国高校思想政治工作会议精神和中共中央、国务院《关于加强和改进新形势下高校思想政治工作的意见》（中发〔2016〕31号）要求，扎实推进大学生思想政治教育与管理服务工作，根据《山东大学大学生思想政治教育与管理专项改革方案》（山大党字〔2017〕10号）和威海校区实际，制定本实施意见。

一、实施背景

加强和改进高校思想政治工作，事关办什么样的大学、怎样办大学的根本问题，事关党对高校的领导，事关中国特色社会主义事业后继有人，是一项重大的政治任务和战略工程。随着全国高校思想政治工作会议的召开和《中共中央国务院关于加强和改进新形势下高校思想政治工作的意见》的下发，如何解决好培养什么样的人、如何培养人以及为谁培养人这个根本问题，对高校思想政治工作提出了新的要求。威海校区历来高度重视大学生思想政治工作，全面贯彻党的教育方针，以立德树人为根本任务，以创新人才培养为根本目标，以社会主义核心价值观教育为引领，以提升服务学生水平为着力点，切实推进大学生思想政治教育和管理、服务各项工作，取得了显著成效。同时，当前大学生思想政治教育与管理工作也面临一些新的机遇和挑战，存在一些问题和困难。

（一）当前大学生思想政治教育与管理工作面临的挑战与机遇

经济社会的快速发展和深刻变革，各类特殊困难群体学生比例的与日俱增，为大学生思想政治教育与管理工作带来新挑战。大学生群体表现出思想意识独立化、个体需求多样化、行为方式个性化等思想行为状况新变化，给大学生思想政治教育与管理工作提出了新要求。以习近平同志为核心的党中央高度重视高校思想政治工作，形成了办好社会主义大学的新思想、新论断、新要求，为大学生思想政治教育与管理工作指明了方向，带来了新机遇。

（二）威海校区大学生思想政治教育与管理工作面临的主要困难与问题

全过程育人、全方位育人领导体制和工作机制有待进一步完善，全过程全方位育人氛围和格局尚未形成。思想政治教育工作与学生思想实际脱节、学生主体性作用发挥不够、教育内容和方式的吸引力感染力影响力不强等问题仍然存在，大学生思想政治教育实效性有待增强。大学生身体素质总体水平有待提高，心理压力乃至各类心理问题时有发生，学生身心健康状况不容乐观。校区网络基础设施建设和信息化水平亟待提高；校内公共服务场所、设施条件有待改善;部门协同联动服务效能不高,管理服务人员服务意识和质量需要加强,学生管理服务工作水平有待提高。辅导员队伍平均年龄偏大,职务职称结构不平衡,副处级及以上职务晋升渠道不通畅,高级职称比例较低;辅导员系统培训针对性和实效性不强,思想动态预测和思想价值引领能力不足,国际化视野欠缺,队伍建设有待加强。

二、指导思路

根据《山东大学大学生思想政治教育与管理专项改革方案》和威海校区"一项计划、两大战略、三型校区"发展规划要求,坚持思想价值引领与服务学生成长成才相结合,着眼当前大学生思想政治教育面临的新形势新任务新要求,聚焦校区大学生思想政治教育与管理中的突出问题,以推进体制机制改革为突破口,以提高大学生思想政治教育实效性、促进学生德智体美全面发展为着力点,全面提升学生教育管理服务水平。

三、总体目标

通过系列改革调整,优化大学生思想政治教育与管理服务工作的体制机制,破解突出问题,完善工作体系,提升工作水平。到 2020 年前后,威海校区全过程全方位育人格局基本形成,氛围日益浓厚;大学生思想政治教育的针对性和实效性显著增强,思想政治理论课主阵地作用更加突显,学生党建工作创新发展,文化育人措施更加完善;实践育人工作全面推进,学生综合素质和身心健康水平进一步提高;服务学生成长成才体系更加成熟,大学生创新创业指导格局更加完善,毕业生就业率保持相对稳定,就业质量和就业满意度进一步提高;队伍建设水平显著提高,致力于打造一支专职为主、专兼结合、数量充足、素质优良的辅导员队伍。

四、主要任务及工作重点

(一)完善体制机制,形成全过程全方位育人格局

把思想价值引领贯穿教育教学全过程和各环节,形成全校教书育人、科研育人、实践育人、管理育人、服务育人、文化育人、组织育人长效机制。

1.完善领导体制和工作机制

以提高人才培养质量为核心,完善全过程全方位育人领导体制,适时成立领导小组,研究制定思想政治工作评价体系,推动思想政治教育制度化。落实中央群团工作会议精神,认真落实《中共山东大学(威海)工作委员会关于进一步加强共青团工作的实施意见》,突出基础制度创新和组织活力提升,坚持服务学生的工作生命线,引领广大青年学生跟党走。强化学生会(研究生会)、学生社团、班级、团支部等各级各类学生组织建设,构建自我服务、自我管理、自我教育、自我监督的学生主体自我发展机制。

2.落实基层党总支(直属党支部)主体责任

进一步发挥基层党总支(直属党支部,下同)政治核心作用,落实基层党总支领导班子对本单位大学生思想政治教育工作主体责任。党总支书记是第一责任人。按照"党政同责"原则,行政主要负责人对大学生思想政治教育工作负重要责任。党政主要负责人

应站在大学生思想政治教育工作第一线，重要工作亲自部署、重要问题亲自过问、重大事件亲自处置。分管学生工作的负责人是直接责任人，协助党总支书记开展工作。党总支其他成员根据工作分工，在分管领域职责范围内做好全过程全方位育人工作。

3. 落实教师教书育人责任

把政治标准放在首位，严格教师资格和准入制度，完善教师评聘考核体系，在教师年度考核、职务职称评聘、评优奖励中，把思想政治表现和课堂教学质量作为首要标准。加强教师系统培训，提高思想觉悟和认识水平。完善师德规范，把师德规范要求融入人才引进、课题申报、职称评审、导师遴选等评聘和考核各环节，实施师德“一票否决”。鼓励教师积极参与学生创新创业、社会实践、主题教育、文体活动、社团指导等，帮助学生解决思想与心理等方面的问题。探索试行班主任制度，为每个本科生班级配备班主任。继续加强本科生导师制工作，落实研究生导师育人责任，引导鼓励广大教师做学生全面发展和健康成长的引导者和引路人。

4. 强化管理服务育人功能

强化管理服务人员的管理育人、服务育人责任。规范管理服务工作流程，提高办事效率和质量，推进“依法治校”；增强管理服务人员服务意识，以师生满意度作为评价服务能力建设和作风建设的主要指标，改进工作作风；鼓励管理服务人员经常深入基层，掌握学生思想动态，为各项管理工作的改革与发展提供有效依据。充分发挥校区学生申诉处理委员会、校领导接待日、学生处“有问有答”、“青年之声”平台等组织和渠道的作用，实行问责制，加大监督力度。

5. 发挥文化育人作用

充分利用山东大学历史文化资源，深化校风学风建设。推进校园环境建设，发挥环境育人功能。加强网络文化建设，推动大学生网络文化工作室作品创作，充分利用新媒体手段提升宣传教育效果。密切关注舆情，了解青年群体的思想动向，关注学生的成长成才诉求。打造高端校园文化品牌，加强学术文化建设和学术道德教育，开展校园文化建设检查评估，培育文化成果。

（二）以学生为中心，提高大学生思想政治教育实效性

1. 发挥学生主体性作用

把“以人为本”理念落实到大学生思想政治教育与管理工作中，坚持为了学生、尊重学生、依靠学生、发展学生的基本原则。积极推进学生会（研究生会）组织改革，切实建立“学校、院部、班级”三级联动工作格局，搭建学生自我服务、自我管理、自我教育、自我监督的平台。进一步发挥学生典型作用，积极参与校本部及上级教育主管部门组织的各类学生典型评树活动。突出人文关怀，尊重学生的主体地位、独立人格、内在需求和个性差异，开展启发式、引导式教育，提高大学生在思想政治教育过程中的积极性、主动性。

2. 深化思想政治理论课综合改革

继续推进思政理论课教学改革。进一步完善学生成绩评价考核办法，精细化学习过程考评。继续开拓思政课外学习阵地，强化“一考察三比赛”的实践育人功能。积极推进“专题式”课堂教学改革，提高问题导向授课效果。充分发挥“大学生红色社团联盟”作用，增强校园思政氛围。开拓网络思政课教育新途径，落实因材施教原则，实现思政教育

的“精准供给”。进一步发挥马克思主义理论学科研究生专业优势,拓宽社区挂职锻炼渠道,开展经典研读和学术研讨,助力本科生思政教育。完善教学评价机制,实施学生评教和教师评学制度,引导思政理论课教师切实关注思想政治教育的实际效果,促进教学相长。继续深化形势政策教育教学改革,调整授课模式,扩充授课队伍,提升授课内容深度,强化教学效果,提高学生教学参与度和学习积极性。

3.加强学生党建和学生党员教育

加强理论武装。充分发挥学生党建的龙头作用,建立“组织、学工部门统筹协调,基层党总支统一领导,辅导员具体指导,学生主动性充分发挥”的学生党建工作领导体制和工作机制;进一步规范团支部推优入党工作,开展面向入党积极分子、重点培养对象、学生党员的分阶段培养工作;加强学生党员入党后的教育管理,完善学生党员荣誉体系和评价机制;创新基层学生党组织建设,探索在学科、实验室、课题组、学生公寓、社团组织等建立党组织;鼓励学生党支部积极参与基层党组织活动立项,提升党支部凝聚力、战斗力;逐步构建以党员和入党积极分子为中坚力量的学生骨干团队,充分发挥学生党员的先锋模范作用。

4.积极发挥共青团、学生会(研究生会)和学生社团作用

将思想政治引领贯穿共青团各项工作和活动,创新组织动员团员青年的载体和形式,推进服务型团组织建设。深化实施“青年马克思主义者培养工程”,改进创新面向广大青年学生的思想引领工作方式。加强学生会(研究生会)组织的自身建设,强化服务意识、增强工作活力、促进工作创新,充分发挥推动大学生思想政治教育、服务大学生全面发展的重要作用。加强对学生社团的管理、引导、服务和联系,支持学生社团开展主题鲜明、健康有益、丰富多彩的课外活动。

5.加强互联网思想政治工作载体建设

着力推动思想政治工作传统优势与信息技术高度融合,将网络信息和大数据技术应用到学生思想教育、学业进步、学风表现、日常行为习惯和学生学习生活心理困难等各方面,提高思想引导和管理服务的针对性和实效性。进一步加强“学生在线”“青年在线”等主题教育网站建设,创新网上学生党建园地、互动社区、网上论坛等平台建设,着力打造一批具有影响力和吸引力的新媒体平台,制作传播贴近学生特点的新媒体作品。提高利用网络新媒体开展网络舆论引导的能力,加强正面宣传引导,唱响网上主旋律。推进学生教育管理服务工作信息化水平进一步提高,增强网络信息技术服务学生学习生活的能力。

6.丰富校内外社会实践和主题教育活动

继续巩固发展校内外社会实践和主题教育活动阵地。进一步推进大学生社会实践立项工作,加强立项指导和过程监督,促进社会实践成果转化。规范大学生实践基地建设,促进教学与科研紧密结合、学校和社会密切合作。建立健全学雷锋志愿服务制度,深入开展大学生服务社区行动,建立凸显学科特色的志愿服务品牌项目,广泛开展公益活动,把志愿服务纳入学分。充分发挥主题教育活动的德育功能,构建理想信念、社会主义核心价值观、中华优秀传统文化和革命文化、社会主义先进文化教育活动体系,培育打造品牌活动。

（三）提高学生综合素质，促进学生身心健康

1. 进一步加强学风建设

加强教育引导，使学生在学习目的、学习态度、学习方法、治学精神、学习纪律等方面树立正确的观念，指导学生积极主动学习各项基础知识、专业知识及综合知识，努力提高自身综合素质。加强管理力度，坚持从严执教、从严管理、弘扬正气，不断完善教学规范与教学事故认定办法，完善课堂教学、作业考勤、实习考试等学习纪律，完善留级、退学等学籍管理与奖惩规章制度。建立健全学风状况监控制度以及优良学风班和优良学风考风单位建设体系。制定激励政策，鼓励教师教导学生自主学习和进行创新活动，形成蓬勃向上、探索创新的校园文化氛围。

2. 搭建学生素质拓展实践平台

大力推进“第二课堂”的创新整合升级，突出学术导向，建设全面提升大学生综合素质的实践平台。引导学生在课堂教学以外积极参加主题教育、文化艺术、体育健康、学术创新、社会实践、志愿服务、社会工作、社团活动、就业创业、讲座论坛等各类实践创新活动，推广“山东大学学生素质拓展培养认证单”，客观记录、认证学生参与“第二课堂”活动的经历和成果。

3. 促进学生体育工作

以“天天锻炼，健康成长，终身受益”为目标，坚持课堂教学与课外活动相衔接、培养兴趣与提高技能相促进、群体活动与运动竞赛相协调、全面推进与分类指导相结合，提升体育教育质量，促进学生身心健康、体魄强健、人格健全。完善学生体育锻炼制度，将学生课外体育活动纳入教学计划，列入作息时间安排，与体育课教学内容相衔接，切实保证学生每天一小时校园体育活动落到实处。定期开展阳光体育系列活动和“走下网络、走出宿舍、走向操场”活动，开展学生冬季长跑等群体性活动。推进体育设施建设，加大经费投入力度。完善体育考核评价办法，加强体育教育教学质量监测。

4. 促进学生美育工作

把培育和践行社会主义核心价值观融入学校美育全过程，遵循美育特点和学生成长规律，坚持以美育人、以文化人、分类指导、协同推进，引领学生树立正确的审美观念、陶冶高尚的道德情操、培育深厚的民族情感、激发想象力和创造力、拥有开阔的眼界和宽广的胸怀。优化美育资源配置，完善管理机制，构建课堂教学和课外活动相互结合、普及教育与专业教育相互促进、学校美育和社会家庭美育相互联系的美育体系。注重校园文化环境的育人作用，充分利用广播、电视、网络、教室、走廊、宣传栏等，营造格调高雅、富有美感、充满朝气的校园文化环境，以美感人，以景育人。

（四）完善学生成才保障体系，提高管理服务水平

1. 深化学生发展指导

以学风建设为重点，改革学生综合素质测评办法，改进学生评奖评优机制，大幅增加单项奖学金设置，完善学生违纪违规处理机制，充分发挥奖惩管理等学生评价体系在学生发展中的引导作用，促进学生各尽其才，全面发展；进一步提高家庭经济困难学生的资助帮扶效益，深化实施“添翼工程”，并逐步向普通同学推广；完善研究生奖助体系，提高研究生待遇，探索建立研究生多元奖助政策体系；进一步完善学生心理健康教育和危机

干预工作体系,提高心理健康教育覆盖面和实效性;切实加强社区文化建设,充分发挥公寓育人功能。

2.优化学生就业创业服务体系

积极推进人才培养与社会需求的紧密衔接,继续推进“影子部长计划”和“校外专家进校园”项目;探索“学生-校友”成长发展的全程跟踪反馈机制,完善校友、用人单位对学校人才培养的评价机制;加强《大学生职业生涯规划与就业创业指导》等课程建设,推进创新创业课程教育,构建就业指导服务体系;形成系统化、全程化学生创业扶持机制;完善创新创业竞赛体系,建立融创新创业人才培养与竞赛为一体的创新创业人才全过程培养体系;加强校内外创新创业资源融合对接,健全完善“创新创业实践基地”体制机制,加强创业孵化园、创新创业教育平台建设,积极凝练校区创新创业教育特色。

3.改善学生学习生活服务条件

进一步改善学生学习生活条件,切实解决好学生关注集中、反映强烈的突出问题。加强校园网络信息化软硬件建设,推动校园网络提速和信息互联互通,加快网上学生事务大厅等信息系统建设,扎实推进学生事务网上办理和网上咨询,强化部门信息化协同联动,提升整体服务效能。推动直接服务学生有关部门进驻学生事务中心,逐步构建实体事务服务大厅、网上办事大厅、移动客户端、自助终端等多种形式相结合的学生服务模式,为学生提供项目齐全、标准统一、便捷高效的多样化服务。

(五)加强思政工作队伍建设,推进内涵发展

1.科学规划队伍建设

以建设一支“专职为主、专兼结合、数量充足、素质优良”的辅导员队伍为目标,研究制定《关于进一步加强辅导员队伍建设的意见》,推进辅导员队伍专业化职业化建设。按师生比不低于1∶200的比例设置专职辅导员岗位,按师生比不低于1∶350的比例设置专职思想政治理论课教师岗位。青年教师晋升高一级专业技术职务(职称),须有至少一年担任辅导员或班主任工作经历并考核合格。选聘校内名师兼职担任辅导员或班主任。继续推进本科生导师制工作,建立学生工作部门骨干人员联系班级制度。选聘党政机关和企事业单位党员领导干部、专家学者以及老干部、老战士、老专家、老教师、老模范从事大学生思想政治教育工作。

2.着力推进内涵发展

明确辅导员“坚定举旗、用心铸魂、严谨治学、精准助困”的工作任务和具体职责,充分发挥辅导员在加强学风建设、提高学生综合素质、服务学生德智体美全面发展和成长成才方面的重要作用,落实辅导员“进网络、进课堂、进宿舍、进操场”等工作制度,完善考评机制,严格岗位管理。强化培养培训和工作交流,着力提升辅导员政治素养、工作水平和职业能力,特别是形势洞察与学生思想动态预测能力、认知与评价学生能力、网络新媒体应用能力、国际化素养与交流沟通能力、突发事件应对与处理能力。加强辅导员工作室和年级工作组建设,推进学生工作理论研究和协同创新。

3.切实做好发展保障

多措并举,保障学生工作队伍“工作有条件、干事有平台、待遇有保障、发展有空间”。改进辅导员职务职级评聘工作,突出工作实绩,提高高级职称聘任比例,完善行政职务晋

升通道。启动辅导员境外进修培训计划。改进评优推优工作，积极选树辅导员先进典型。提高辅导员待遇水平，结合实际核定并发放辅导员专项绩效奖励；把辅导员队伍作为党政后备干部培养和选拔的重要来源之一。

附件：实施意见任务分解表(略)

中共山东大学(威海)工作委员会
关于进一步加强辅导员队伍建设的意见

山大威党字〔2018〕3 号

为深入学习贯彻党的十九大精神，进一步落实全国高校思想政治工作会议和中共中央、国务院《关于加强和改进新形势下高校思想政治工作的意见》(中发〔2016〕31 号)有关精神，按照《普通高等学校辅导员队伍建设规定》(教育部第 43 号令)要求，结合《中共山东大学委员会关于进一步加强辅导员队伍建设的意见》(山大党字〔2017〕44 号)和威海校区实际，就进一步加强辅导员队伍建设提出以下意见。

一、增强政治意识，进一步提高对加强辅导员队伍建设重要性和必要性的认识

1. 重要意义。辅导员是开展大学生思想政治教育的骨干力量，是大学生健康成长的指导者和引路人，是高校思想政治工作队伍的重要组成部分，具有教师和管理人员双重身份。进一步加强辅导员队伍建设，是落实立德树人根本任务、加强和改进新形势下大学生思想政治教育、宣传党的路线方针政策和维护校园和谐稳定的重要保证。建设一支高水平的辅导员队伍，对于全面贯彻党的教育方针，培养又红又专、德才兼备、全面发展的中国特色社会主义合格建设者和可靠接班人，具有十分重要的意义。

2. 指导思想。高举中国特色社会主义伟大旗帜，以马克思列宁主义、毛泽东思想、邓小平理论、"三个代表"重要思想、科学发展观、习近平新时代中国特色社会主义思想为指导，深入学习贯彻习近平总书记系列重要讲话精神和治国理政新理念新思想新战略，全面贯彻党的教育方针，按照全国高校思想政治工作会议要求，配齐建强辅导员队伍，推进全员全过程全方位育人，为加强和改进大学生思想政治教育，落实立德树人根本任务，办好中国特色社会主义大学，培养中国特色社会主义合格建设者和可靠接班人提供有力保障。

3. 总体目标。紧密围绕立德树人根本任务，适应高素质创新型人才培养要求，符合一流大学建设需要，以助力学生成长成才为职责定位，以一专多长为培养定位，以多样化成长为发展定位，以学生的学习为中心，围绕学生、关照学生、服务学生，建设一支信念坚定、素质优良，数量充足、结构合理，动态平衡、开放有序的辅导员队伍。

二、加强科学规划，进一步落实辅导员队伍配备要求

1. 统筹队伍建设。学校按师生比不低于 1∶200 的比例设置专职辅导员岗位。按照"专职为主、专兼结合"的思路，结合各单位实际配备若干兼职辅导员。各单位辅导员岗

位数量按照学校的测算标准予以核定。负责本科生、研究生的专兼职辅导员配备可根据本单位情况确定。兼职辅导员纳入辅导员管理考核体系，实行学校和学院双重管理体制，其职责要求、管理与考核、培养与发展、奖惩与待遇等按照学校专职辅导员的要求和规定执行。

2.完善选配机制。根据岗位设置和队伍发展需要，及时选聘配备专职辅导员，通过公开招聘专职辅导员、选拔成长导师型辅导员、选拔保留研究生入学资格辅导员、选聘新入职青年教师担任专职辅导员等方式，选优配强专职辅导员队伍。择优选拔应届博士毕业生担任相同或相近学科的成长导师型辅导员，强化对学生的学业指导。实施辅导员优秀人才选拔培养计划(简称“优才”计划)，每年从校区符合推免条件的应届本科生中选聘一定数量人员保留研究生入学资格 1 年专职从事辅导员工作。新入职青年教师经选聘可担任本单位专职辅导员，期间按思政教师岗位管理并专职从事辅导员工作。结合各单位实际，面向专任教师、机关干部和研究生等选聘若干兼职辅导员。兼职辅导员聘期为 1 年或以上。

3.加强选聘工作。辅导员选聘工作在校区党工委统一领导下，由人事处、学生工作部牵头，组织部、纪检监察审计办公室共同组织实施。新聘专职辅导员应为中共党员，具备一定的马克思主义理论水平和职业素养，具有良好的道德品质、较强的责任心和奉献精神，较强的组织管理能力、沟通协调能力和语言文字表达能力。

三、明确岗位职责，进一步提高辅导员队伍工作要求

1.明确岗位职责。按照高校辅导员队伍建设的有关规定，结合学校实际，进一步明确辅导员岗位职责和工作要求，推进辅导员“访学生家庭、访山大校友、访用人单位”工作，落实辅导员“进网络、进课堂、进宿舍、进操场”制度，充分发挥辅导员在加强学风建设、强化学业指导、提高学生综合素质、服务学生德智体美全面发展和成长成才方面的重要作用。

2.加强岗位管理。辅导员必须直接带学生，专职辅导员每人带学生数量原则上不少于 200 人，兼职辅导员带学生数量一般不少于专职辅导员带学生数量的 1/3。辅导员担任党团工作或其他兼职工作，不得影响辅导员的本职工作。各单位分管学生工作的书记(副书记)带学生数量可适当减少。学生工作部是学校管理辅导员队伍的职能部门，统筹安排辅导员与学生工作部门干部的岗位交流。专职辅导员申请调离岗位，须在辅导员岗位工作 4 年以上，并事先征得学生工作部同意。

四、强化培养培训，进一步提升辅导员队伍专业化水平

1.加强培养培训。将辅导员培训列入思想政治工作队伍和党务工作队伍培训计划，纳入学校整体师资培训规划、人才培养计划和党政管理干部培养总体规划，享受专任教师培养同等待遇。进一步加强辅导员的岗前培训、日常培训和骨干培训，帮助他们不断提高思想政治素质和工作水平。实施辅导员海内外培训研修计划，每年选派一定数量的辅导员赴海外高水平大学学习培训。做好在职攻读博士学位辅导员专项计划有关工作。辅导员上岗前须参加相关岗前培训。辅导员要定期参加由学校和学院组织的业务学习，参加学校派出的校外组织的相关业务培训活动。辅导员须获得高校教师资格证,鼓励辅导员积极参加职业指导师、心理咨询师等培训并取得相应资格证书。

2.加强工作研究。要在日常工作中加强对辅导员的指导、支持和培养,促进辅导员加强实践锻炼。辅导员要结合大学生思想政治教育的工作实践开展调查研究,积极探索和研究学生工作领域出现的新问题、新情况、新特点,努力满足学生成长过程中的新需求。倡导辅导员运用新媒体、大数据等新技术新手段不断加强和改进学生教育管理服务工作。推进辅导员工作室和年级工作组建设,组织开展辅导员沙龙等活动,促进工作交流、理论研究和实践创新。做好山东大学(威海)人文社科研究专项任务项目(大学生思想政治教育)研究和管理工作,鼓励和支持辅导员申报各级各类相关研究课题。办好山东大学(威海)大学生思想政治教育研究中心。辅导员要积极撰写学生工作相关领域调研报告或研究论文,不断提高工作水平。

3.利用好有利条件和资源优势。充分发挥山东大学作为教育部高校辅导员培训和研修基地、中国高等教育学会辅导员工作研究分会秘书处所在单位和《高校辅导员》学术期刊主办单位的有利条件,借鉴全国高校辅导员培养培训的先进经验和成功做法,整合校内外专家资源,加强辅导员培养培训工作。及时宣传辅导员队伍建设经验和优秀辅导员事迹,彰显学校育人特色。

五、落实政策保障,进一步完善辅导员队伍建设长效机制

1.拓宽发展渠道。进一步完善辅导员专业技术职务和行政职级“双线”晋升办法。专业技术职务评聘坚持单列计划、单设标准、单独评审,以工作业绩为主,参照教师序列比例评聘思政教师专业技术职务。学生工作部门人员符合思政教师专业技术岗位申报条件者可在该职称序列中晋升相应职称和职级。完善辅导员行政职务晋升通道,其中,副科级辅导员、正科级辅导员的晋升任用按照学校科级干部管理有关规定执行;任正科级辅导员4年以上、考核优秀的可竞聘副处级辅导员岗位;任副处级辅导员5年以上、考核优秀的可竞聘正处级辅导员岗位。

2.完善考评体系。按照以服务对象评价为主的原则,对辅导员的德、能、勤、绩、廉等方面进行考评,突出对工作实绩的考核,进一步完善有利于激励辅导员开展工作的考评体系。要特别重视在重大事件和关键时期对辅导员的表现进行考察评价。辅导员考评工作由学生工作部统一组织,学院具体实施。进一步完善辅导员荣誉体系和评优奖励制度,对考评不合格的辅导员应坚决调离工作岗位。

3.设立绩效专项。设立辅导员专项绩效经费,根据工作业绩和考评结果核定并发放。

4.统筹规划长远发展。重点培养一批辅导员骨干攻读相关学位和业务进修,长期从事辅导员工作,向职业化、专业化、专家化方向发展,成长为思想政治教育学术骨干和学科带头人。将辅导员作为学校党政后备干部培养和选拔的重要来源。学校选拔任用干部,具有辅导员工作经历者优先考虑。

山东大学(威海)科级干部管理暂行规定

山大威党字〔2018〕5号

第一章 总 则

第一条 为加强和改进科级干部管理,健全选拔任用和管理监督机制,建设一支符合校区事业发展需要的高素质专业化科级干部队伍,根据中央和山东大学党委干部工作有关政策规定,结合校区实际,制定本规定。

第二条 科级干部的选拔管理,必须坚持党管干部,坚持德才兼备、以德为先,坚持注重实绩、群众公认,坚持民主集中制和依法依规办事,坚持从严管理监督与激励关怀相结合,公道公平公正地评价使用干部,充分调动积极性、主动性、创造性。

第三条 科级干部选拔管理工作在校区党工委统一领导下进行。党工委组织部负责具体组织实施,在校区范围内对科级干部进行宏观管理、综合协调。各党总支(直属党支部)同本单位行政领导一起,具体负责本单位科级干部教育培训、考核监督和提拔推荐工作,根据工作需要提出科级干部使用建议。

第二章 任职条件和资格

第四条 科级干部应当具备下列基本条件:

(一)自觉坚持以马克思列宁主义、毛泽东思想、邓小平理论、“三个代表”重要思想、科学发展观、习近平新时代中国特色社会主义思想为指导,认真贯彻习近平总书记系列重要讲话精神,坚持立德树人根本任务,严守政治纪律和政治规矩,理想信念坚定,思想上、政治上、行动上同党中央保持高度一致。

(二)具有较强的组织协调能力,有胜任职位要求的理论水平和业务知识,依法办事、履职尽责,服务意识和创新精神较强,工作实绩突出。

(三)具有较强的事业心和责任感,热爱教育事业和本职工作,认真执行学校的各项决议和决定,求真务实、团结协作,坚持原则、敢于担当,群众认可度较高。

第五条 提任科级干部应当具备下列基本资格:

(一)一般应当具有大学本科及以上文化程度。

(二)提任副科级干部,具有本科学历的一般应具有四年以上工作经历,具有硕士学位的一般应具有一年以上工作经历。

提任正科级干部,一般应具有三年以上副科级任职经历。具有博士学位或副高级以上专业技术职务的可不受任职经历限制。现任七级职员或任八级职员满三年的，可提任正科级干部。

(三)近三年年度考核等次应为合格及以上。从事党务工作的科级干部应为中共党员。

(四)年龄一般不超过50周岁。具有正常履行职责的身体条件。

(五)具备职位规定的其他任职资格要求。

第六条 注重工作实绩。任现职期间，工作表现突出，年度考核优秀或获校级以上优秀辅导员、优秀共产党员等荣誉称号者可优先考虑。特别优秀或者工作特殊需要的干部，可以适当放宽任职资格。放宽任职资格应从严掌握。

第三章 选拔任用

第七条 科级干部的配备，必须严格按照学校核定或者批准的职数和岗位设置方案进行。

第八条 选拔任用科级干部，应当按照以下程序进行：

(一)党工委组织部根据工作需要、岗位空缺情况和各单位提出的科级干部选拔任用工作建议，综合有关方面建议和平时了解掌握的情况，进行分析研判，启动科级干部选拔任用工作，并形成工作方案。

(二)科级干部的选拔根据岗位要求和干部队伍实际，通过民主推荐、竞争上岗、公开招聘等方式进行。党工委组织部研究确定考察对象后，成立考察组，在一定范围内对其德、能、勤、绩、廉情况进行全面考察，重点考察政治品质和道德品行，注重考察工作实绩，并对干部的档案进行严格审核，听取纪检监察部门党风廉政情况的意见，形成书面考察材料。

(三)选拔任用科级干部，必须经学校党工委会议集体讨论作出决定。会议讨论决定干部任免事项，必须有三分之二以上委员到会，并保证与会成员有足够时间听取情况介绍、充分发表意见。与会委员对任免事项，应当发表同意、不同意或者缓议等明确意见。在充分讨论的基础上进行表决，其中对拟提拔任用的干部，采取无记名投票方式表决，以应到会委员超过半数同意形成决定。

凡涉及学生辅导员、学院团总支负责人等岗位变动的，须在会议讨论决定前征求相关职能部门意见。

(四)经党工委会议研究通过后，在一定范围内对任用人选进行公示。公示期不少于5个工作日。公示结果不影响任职的，办理任职手续，发布任免通知。

第九条 对决定任用的干部，各党总支(直属党支部)、机关各单位要指定专人同本人谈话，肯定成绩，指出不足，提出要求和需要注意的问题。

第十条 新提拔科级干部原则上一年内不得调整任职岗位。

第十一条 科级干部有下列情形之一的，一般应当免去现职：

(一)受到责任追究应当免职的。

(二)年度考核被确定为不合格的，或者连续两年年度考核被确定为基本合格的。

(三)非组织选派擅自离职学习，或者离职学习期限超过一年的。

(四)出国(境)时间超过一年的。

(五)因工作需要或其他原因应当免去现职的。

第十二条 加强科级干部选拔任用工作监督,严肃查处违反组织人事纪律的行为。党工委组织部负责受理有关科级干部选拔任用工作的举报、申诉。纪检监察部门按照有关规定,对科级干部选拔任用工作进行监督检查。

第四章 管理监督

第十三条 完善科级干部考核评价机制。科级干部考核工作可结合学校教职工年度考核工作进行,由所在单位党总支(直属党支部)组织实施。综合分析科级干部年度考核和日常了解掌握的情况,客观公正地作出评价,确定其考核评价等次,并以适当方式向本人反馈。考核评价等次分为优秀、合格、基本合格、不合格。考核评价结果作为干部选拔任用、培养教育、管理监督、激励约束等的重要依据。

第十四条 完善科级干部培养教育机制。重点加强政治引领和能力培养,强化岗位培训,注重实践锻炼,提高科级干部的思想政治素质和管理工作能力。

有计划地选派科级干部到党政机关和企事业单位挂职任职。注重把优秀科级干部放到直接联系服务师生的一线和条件差、困难多、任务重的岗位经受锻炼、积累经验。

第十五条 完善科级干部交流机制。在同一职位任职时间一般不超过八年,任职较长的科级干部一般应进行轮岗交流。轮岗交流包括单位间交流和单位内部轮岗。

第十六条 完善科级干部监督机制。综合运用考察考核、述职述廉、提醒、函询、诫勉等措施对科级干部进行监督,增强监督的针对性和有效性。

科级干部有违反政治纪律、组织纪律、廉洁纪律、群众纪律、工作纪律和生活纪律的,以及违反社会公德、职业道德、家庭美德且造成不良社会影响等情形的,按照有关规定给予组织处理或纪律处分;涉嫌违法犯罪的,移交有关司法部门处理。

第十七条 完善科级干部激励机制。科级干部在本职工作中表现突出、有显著成绩和贡献的,在处理突发事件和承担专项重要工作中作出显著成绩和贡献的,或者有其他突出事迹的,按照有关规定给予表彰奖励,及时选配到重要岗位或者优先提拔使用。

各单位要加强干部思想政治工作,开展经常性谈心谈话,及时了解干部相关情况,注重关心爱护干部,充分听取意见,加强指导帮助。

第五章 附 则

第十八条 本规定由党工委组织部负责解释。

第十九条 本规定自发布之日起施行,此前科级干部管理办法与本规定相冲突者,以本规定为准。

山东大学(威海)
学院领导班子换届调整工作实施方案

山大威党字〔2018〕9号

根据《中共山东大学委员会关于威海校区学院领导班子换届调整工作方案》(山大党字〔2018〕24号),结合威海校区实际,现对威海校区学院(含教学部)领导班子换届调整工作提出如下实施方案。

一、指导思想

深入贯彻习近平新时代中国特色社会主义思想和党的十九大精神,严格执行《党政领导干部选拔任用工作条例》《山东大学中层领导人员管理办法》和《关于进一步加强中层领导班子建设的意见》,把政治建设摆在首位,突出政治标准,坚持党管干部、党管人才,坚持德才兼备、以德为先,坚持事业为上、公道正派,坚持依法依规办事,坚持正确选人用人导向,充分发挥党组织领导和把关作用,严格标准条件和程序,精准科学选人用人,优化领导班子结构,选拔政治素质过硬、熟悉教育规律、品行作风优良的干部到领导岗位上来,充分调动干事创业的积极性、主动性、创造性,为威海校区事业发展和世界一流大学建设提供坚强组织保证。

二、基本原则

1.落实好干部标准。坚持事业为上选用干部,把事业需要、岗位要求与促进干部成长、调动各方面积极性有机结合起来,从工作需要出发,看谁更优秀更合适,多考虑"该用谁"而不是"谁该用",做到以事择人、依岗选人、人岗相适。

2.强化学院党的领导。根据工作需要和党员人数,将学院党总支更改为学院党委。加强党委班子建设,配齐配强党务力量,推行党政领导班子成员交叉任职,党员院长一般应同时任党委副书记,党员副院长一般应进入党委领导班子,配备专职组织员。

3.坚持干部职务任期制。学院领导班子和领导人员实行任期制,每届任期4年。领导人员担任同一职务时间一般不超过两届或8年。任期内可根据工作需要对领导班子成员进行个别调整。

4.优化领导班子结构。坚持老中青相结合的梯次配备,充分调动各年龄段干部积极性,形成领导人员的年龄、专业、专长、气质等合理搭配。学院领导班子中一般应有一位政治素质好、学历层次高、业务能力强、有培养发展潜力的35岁左右的年轻干部。

5.严格按职数配备干部。学院领导班子原则上按原有岗位设置和领导职数配备,党委班子设书记 1 人、副书记 1 人，个别规模大、党员人数多的学院可设副书记 2 人。行政班子设院长 1 人、副院长 2～4 人，个别学院根据工作需要可配备常务副院长或执行副院长 1 人。为推进“一体化发展”战略需要，促进工作衔接，学校与校区之间领导人员可相互兼任职务，不占岗位职数。

6. 加大干部交流力度。注重多岗位培养锻炼干部，激发干部干事创业活力，推动机关与学院之间、学院之间的干部岗位交流。领导人员在同一岗位连续任职满两届或者 8 年的，一般应进行岗位交流。确因工作需要、实绩突出且群众公认的，经研究同意任职时间可适当延长。

7. 实行任期目标责任制。学院领导班子实行任期目标责任制，应根据本单位发展中长期规划，集体研究提出任期工作任务目标，签订任期目标责任书，任期目标完成情况作为年度考核和任期考核的重要内容。

8. 妥善安排离岗干部。对于未达到退休年龄退出领导班子回到教学科研岗位的“双肩挑”领导人员，可给予一定的学术恢复期和必要条件支持，不再保留行政级别，待遇与其专业技术职务对应。对于未达到退休年龄退出领导班子的专职管理干部，可根据本人情况和工作需要安排适当工作，保留相应级别和待遇。

三、资格条件

1. 党委（直属党支部）书记应牢固树立党建责任意识，具有丰富的党务工作经验，善于做思想政治工作，熟悉党的干部人才政策。院长应是本学科的学术带头人，学历层次较高，有较强的行政管理能力、宽广的学术视野和国际视野。

2. 管理岗位副处级干部提任正处级领导干部，一般应有 2 年以上副处级领导岗位的工作经历；正科级干部提任副处级领导干部，一般应有 3 年以上正科级工作经历。

3. 专业技术人员直接提任的，应当具有一定的管理工作经历，且已担任正高级专业技术职务或者 3 年以上副高级专业技术职务。直接提任正职的，应当已担任正高级专业技术职务。

4. 应具有大学本科以上文化程度，一般应有 5 年以上工作经历。

5. 担任党的领导职务，应当符合《中国共产党章程》规定的有关要求。

6. 本次换届调整不能干满一届的干部，原则上不再进入新一届领导班子。

7. 具有正常履行职责的身体条件。

四、工作程序

（一）成立领导小组和工作机构

校区学院（教学部）领导班子换届调整工作在山东大学党委领导下进行，成立威海校区学院换届调整工作领导小组，小组成员为校区领导班子成员。领导小组下设办公室，办公室设在威海校区党工委组织部。成立若干考察组。

（二）研究制定实施方案

校区召开党工委会议，学习《中共山东大学委员会关于威海校区学院领导班子换届调整工作方案》，统一思想，研究通过实施方案。

(三)民主测评

对学院现任领导班子成员在本单位范围内进行民主测评。参加测评范围一般为讲师以上教师,学术委员会委员,系(所、室、中心)负责人,党支部书记,科级以上干部,教代会代表等。50人以下的单位,在全体教职工中进行测评。

(四)民主推荐

根据学校党委确定的各学院领导班子岗位职数在本单位范围内进行民主推荐。民主推荐采用会议推荐和个别谈话推荐相结合的方式进行。同时,校区各单位在本单位范围内推荐出1～2名处级干部后备人选。

(五)提出初步人选方案

威海校区在民主测评和民主推荐基础上,根据工作需要,正确分析运用民主推荐结果,综合考虑干部德才条件、一贯表现和人岗相适等情况,研究提出领导班子初步人选方案,报学校党委。

(六)进行组织考察

考察对象确定后,山东大学党委组织部和威海校区党工委成立考察组,进行组织考察,根据考察情况研究提出任用建议,报学校党委。

(七)讨论决定

学校党委召开常委会,讨论决定学院领导班子人选配备方案,并对拟任人选进行任前公示。公示结果不影响任用的,办理任职手续。

五、组织纪律

1.本次学院(教学部)领导班子换届调整工作在山东大学党委领导下,由威海校区党工委具体组织实施。各单位党组织要高度重视,积极配合做好工作,确保换届调整工作顺利进行。

2.威海校区各级领导班子和领导人员要按照学校党委部署,讲党性、顾大局、守纪律,自觉服从组织安排,保持工作连续性和稳定性,切实做到思想不乱、工作不断。

3.要严明组织纪律和工作纪律,严格按规定程序进行,严禁任何形式的非组织活动和拉票行为,营造风清气正的换届环境。参与工作的同志要严守工作纪律。凡违反规定者,一经发现,将按有关规定严肃处理。

山东大学(威海)
教职工代表大会提案工作实施办法

山大威党字〔2018〕10号

第一章　总　则

第一条　为了充分发挥教职工代表大会(以下简称教代会)的作用,落实广大教职工行使民主管理和民主监督的权利,推进教代会提案工作的制度化、规范化、科学化,根据《学校教职工代表大会规定》《山东省实施〈学校教职工代表大会规定〉办法》和《山东大学(威海)教职工代表大会实施办法》,结合学校实际,制定本办法。

第二条　教代会提案工作是教代会行使参与学校民主管理和民主监督职能,维护广大教职工合法权益的一项重要工作,是教代会制度的重要组成部分,是进一步促进学校内部管理体制改革和学校决策民主化、科学化的重要渠道,是教代会代表履行职责,行使民主权利的一项重要内容。

第三条　教代会提案是代表在广泛征集师生意见和调查研究的基础上,就学校改革和发展等重大问题及教职工普遍关心的重要问题,按照规定程序提请教代会讨论处理的意见和建议。

第二章　组织机构及职责

第四条　提案工作委员会是教代会设立的专门工作委员会,在学校教代会主席团的领导下,负责提案工作。

第五条　提案工作委员会组成人员为相关业务部门的领导和教代会代表,设主任1名,委员6名。由大会筹备委员会推荐,提交教代会全体代表会议表决通过。提案工作委员会委员实行常任制,其任期与同届教代会代表任期相同,可连选连任。若届内委员会因工作变动等原因需要调整,采取替补、增补方式进行人员变更,经教代会主席团会议通过。

第六条　提案工作委员会的职责

(一)制定教代会全体会议期间提案工作方案;

(二)依照规定的程序,组织、征集提案;

(三)积极深入调查研究,对提案进行审查立案,确定承办单位;

(四)检查提案的落实,督促承办单位认真办理提案,及时向提案人答复、通报,并征集提案人对处理结果的意见。根据实际需要,组织提案人与承办单位交流情况或实地考察;

(五)负责将提案人对处理结果不满意的提案返回承办单位重新办理;

(六)向学校党工委(教代会主席团)报告提案工作进展情况;

(七)向教代会作关于提案征集、审理及落实情况的报告。

第七条 提案工作委员会下设办公室,作为提案工作委员会的办事机构。提案工作办公室设在校工会。

第三章 提案要求

第八条 教代会代表必须以严肃负责的态度行使提案权。提案前应进行认真的调查研究,广泛听取师生意见,切实保证提案质量。做到提案具有严肃性、科学性、可行性,力求实事求是、重点突出、言之有据、分析清楚。

第九条 提案须由教代会正式代表3人(含3人)以上联合签名提出,其中1人为主提案人,其余为附议人。

第十条 提案内容

(一)属于本校职权范围内的下列问题可列为提案:

1.围绕学校发展目标和发展规划,有关贯彻执行党和国家的路线、方针、政策的建议和方案;

2.学校的学科建设、人才队伍建设、教学科研、人才培养、国际化以及条件建设与后勤保障等方面的意见和建议;

3.教职工普遍关心的、涉及教职工切身利益以及生活福利等方面的意见和建议;

4.有关各二级单位改革和发展的建议和方案。

(二)提案必须符合以下基本原则:

1.代表性:经过深入调查研究,广泛征求本校师生意见,所反映的问题真实可靠,实事求是,反映较多单位或多数师生的意见和要求,该提案的落实将对学校工作大局或大多数教职工的工作、生活产生积极的影响。

2.全局性:观察和分析问题,具有全局性和前瞻性,提出的意见和建议符合学校的整体利益。

3.可行性:所提建议和方案简明扼要,在学校的职责和财力、物力范围内,切实可行,具有科学性和可操作性。

4.规范性:提案书写符合规范要求,提案提交符合规定程序。

(三)有下列情况之一者,不予受理:

1.学校职权范围之外的问题;

2.教代会规定职权以外的问题;

3.内容涉及国家重要机密的;

4.属于学术研讨范畴的;

5. 指名举报或揭发问题的；涉及民事纠纷或进入刑事、行政诉讼以及仲裁程序的；

6. 为代表个人或他人解决个别问题的；

7. 内容空泛、建议笼统的。

第十一条 提案格式

（一）提案必须一事一案，统一在提案管理系统提出（允许另加附件）。

（二）提案必须包括以下三部分：

1. 提案题目，即要求解决的问题；

2. 情况分析，即提出提案的原因或根据；

3. 具体建议，即提出解决问题的主张和办法。

（三）提案人和附议人必须主动沟通，再由附议人附议。

第四章 提案的征集与审理

第十二条 提案的征集

学校党工委于教代会召开前下发召开教代会文件的同时发出征集提案的通知，集中征集提案截至本次教代会开幕前二周；在教代会闭会期间，代表可随时提出提案。

第十三条 提案的审理

（一）教代会召开前，各代表团团长负责收集提案，对代表提出的提案根据本《办法》第八、九、十、十一条对提案进行初审，在规定时间内递交提案工作委员会办公室。

（二）提案工作委员会对征集到的提案研究确定立案与否，并按立案或一般性意见和建议进行分类。

第十四条 提案工作委员会将立案的提案及一般性意见和建议，按内容分类确定承办单位后及时送交分管校领导；分管校领导阅处后，逐件落实到承办部门办理。

第五章 提案的办理与督促反馈

第十五条 承办单位应重视教代会代表提案，做好提案办理工作，保证提案办理质量。

（一）认真负责，注重实效。凡是有条件解决的，要集中力量及时落实；因条件所限暂时不能实施的，要创造条件，逐步落实；确实不可行的，要实事求是地说明原因，解释清楚。

（二）领导分管，专人负责，健全制度，严格程序。对涉及两个以上单位协同办理的提案，由主办单位牵头，协办单位配合，协商解决。对于涉及学校重大问题的提案，相关单位无法做出答复的，可提交学校党工委会、党政联席会、教代会或有关会议研究办理。

（三）承办单位应加强与提案人的联系，及时沟通情况，共同研究落实提案的措施。

（四）承办单位须在 3 个月内做出已经落实、正在落实、暂缓落实、不能落实等明确答复，并详细说明情况或理由。

（五）承办单位答复提案后及时送交分管校领导，分管校领导审阅后，递交提案工作委员会办公室。

第十六条 在提案办理过程中,提案人可以通过提案工作委员会向承办单位了解提案办理情况,参与提案办理工作。

第十七条 在提案办理过程中开展双向评价,即承办单位对提案的客观性、可操作性和对学校发展的建设性等方面进行评价;提案人对承办单位的办理态度和落实情况进行满意度评价。

第十八条 如提案人对办理结果不满意,提案工作委员会应建议承办单位重新研究,做出进一步答复,直到取得提案人的满意或理解。

第十九条 提案工作委员会负责检查、督促提案的落实工作,汇总提案落实情况和反馈意见,完成提案的整理和建档工作。对提案中当年不能解决的重要问题,要跟踪督办,促进落实。

第二十条 提案的反馈

(一)提案工作委员会向学校党工委(教代会主席团)报告提案落实情况,经会议审议确定。

(二)提案工作委员会通过提案管理系统,向代表及时公布提案落实情况。

(三)提案工作委员会综合提案办理情况和提案人的反馈意见,向教代会作提案工作报告。

第六章　评选与表彰

第二十一条 为鼓励教代会代表提出高质量的提案、承办单位认真高效办理提案,提案工作委员会负责根据实际情况,组织评选“优秀提案”和“提案办理先进单位”。评选结果经学校党工委(教代会主席团)确认后,在教代会上对获奖单位和个人予以表彰。

第二十二条 “优秀提案”一般应符合下列条件:

(一)选题好。提案内容紧紧围绕学校改革和发展中的重要问题、难点问题以及教职工普遍关心的热点问题等。

(二)立意高。提案在近期内虽难以实现,但富有改革创新意识,对学校今后建设与发展具有一定的前瞻性,并被学校所重视。

(三)可操作。提案经过深入调查研究,广泛征求教职工意见,所反映的问题真实可信,实事求是。提出的建议符合学校目前的财力、物力,措施具体,切合实际,具有可操作性。

(四)效果好。通过该提案的办理对推动学校改革发展、维护教职工权益等方面起到积极作用。

第二十三条 “提案办理先进单位”一般应符合下列条件:

(一)尊重提案人参与学校民主管理和监督的权利,充分重视提案承办工作,不推诿,不拖延。

(二)办理提案措施得力,讲求实效,注重质量。

(三)提案办理过程中,主动组织协调,虚心听取师生意见,自觉接受监督。

（四）提案办理认真负责，答复意见有理有据，实事求是，在双向评价中，提案人满意度高。

（五）对落实难度较大的提案，想方设法创造条件克服困难加以落实。

第七章　附　则

第二十四条　本办法由校工会负责解释。

第二十五条　本办法经教代会代表大会通过，自印发之日起施行。

山东大学(威海)中层领导干部请销假规定

山大威校综字〔2018〕5号

为切实加强对领导干部的管理,进一步优化领导干部作风建设,严格领导干部岗位责任制,确保纪律严明,政令畅通,结合学校实际,现就中层领导干部请销假作如下规定。

一、适用范围

适用于中层领导干部校内会议和外出因公、因私请假。

二、校内会议请假

学校组织的各类会议是安排部署工作的重要形式,与会人员要提前到会并签到,认真参加会议。确实因故不能参加会议的中层领导干部,需提前向会议组织单位说明理由并履行请假手续。会议组织单位要严格履行审批手续。

三、外出请假

(一)分级审批

1. 各单位主要负责人外出应向分管(或联系)校领导请假,得到批准后及时向学校办公室报备。

2. 各单位副职外出需向本单位主要负责人请假,得到批准后报本单位负责办公事务科室(人员)备案。

(二)严格手续

1. 中层领导干部外出1天及以上,须按规定向领导请假,批准同意后及时报备。

2. 中层领导干部因私请假5天以上,除履行上述请假手续外,还应报人事处备案。

3. 中层领导干部按期返校后应及时销假;如不能按预期时间返校,应按原请假程序报告批准。

4. 寒暑假及国家法定节假日,各单位主要负责人外出应口头或电话向分管领导请假并报备。

(三)有关要求

1. 中层领导干部外出请假期间必须落实好工作安排并确定代理岗位职责负责人,并将离校时间、去向、预计返校时间、联系方式告知本单位指定联络人。各单位党政主要负责人、机关及直属单位中层领导干部原则上不能同时请假离校。

2. 联络人一般由各单位办公室主任或综合科负责人担任,负责将本单位主要负责人的临时外出信息即时报学校办公室行政科,将下一周的计划外出信息于每周四报学校办公室行政科。学校办公室行政科编制干部外出动态报送学校主要领导。

3.中层领导干部因公、因私出国(境),严格执行《山东大学因公临时出国(境)管理办法》和《关于加强中层领导干部因私出国(境)管理的通知》等有关规定,办理相关审批和备案程序。同时,按上述规定办理请销假手续。

4.中层领导干部外出期间,应保持信息畅通,因故不便开手机时,应告知其他联系方式或主动与学校保持联系。

5.建立请销假规定执行情况督查制度。学校办公室、组织部、人事处等有关职能部门联合不定期对中层领导干部请销假规定执行情况进行督导检查。

6.中层领导干部执行请销假制度情况与年度考核挂钩,未经准假无故不参加会议2次及以上者或未经准假擅自外出2次以上者,取消年度评优资格。对违反请销假制度,情节严重且造成不良影响者,将按相关规定予以处理。

四、本规定由学校办公室、组织部、人事处共同负责解释。

五、本规定自发布之日起施行,此前颁布的中层领导干部请销假有关规定同时废止。

附件:中层领导干部请销假情况统计备案表(略)

中共山东大学(威海)工作委员会关于认真学习宣传贯彻中共山东大学第十四次代表大会精神的通知

山大威党字〔2018〕12 号

中共山东大学第十四次代表大会已于6月30日胜利闭幕。此次党代会，是山东大学全面学习贯彻习近平新时代中国特色社会主义思想和党的十九大精神的一次生动实践，是山东大学政治生活中的一件大事。为深入学习宣传贯彻此次党代会精神，把广大党员和师生员工的思想统一到党代会精神上来，把力量凝聚到完成党代会确定的各项任务上来，奋力开创中国特色世界一流大学建设新局面，经校区党工委研究，现就学习宣传贯彻工作通知如下：

一、统一思想，提高认识，深刻把握学习宣传贯彻党代会精神的重要意义

中共山东大学第十四次代表大会，是在中国特色社会主义进入新时代，“双一流”建设迈向新阶段，山东大学事业发展站在新起点召开的一次十分重要的会议。大会审查通过了郭新立同志代表中共山东大学第十三届委员会向大会所作的《追求卓越 只争朝夕 奋力开创中国特色世界一流大学建设新局面》的报告，审查批准了山东大学纪委工作报告，选举产生了中共山东大学第十四届委员会、中共山东大学纪律检查委员会，为全面推进“双一流”建设，开启中国特色世界一流大学建设新征程，提供了坚强有力的政治保证、思想保证和组织保证。此次党代会是一次贯彻新思想、对标新时代、勇担新使命、开启新征程的大会，是一次高举旗帜、解放思想、凝心聚力、团结奋进的大会，在山东大学发展史上具有重要的里程碑意义。

郭新立同志代表山东大学党委所作的报告，高举习近平新时代中国特色社会主义思想伟大旗帜，全面贯彻党的十九大精神，总结了过去五年山东大学改革发展的主要成绩，剖析了存在的问题和不足，分析了发展面临的机遇和挑战，确立了新时代的奋斗目标、基本思路和发展战略，对建设中国特色世界一流大学作出了全面部署。报告主题鲜明，擘画了宏伟蓝图，体现了时代要求，彰显了山大风格，是山东大学全体党员和师生医务员工集体智慧的结晶，是山东大学创建世界一流大学的纲领性文件，必将对山东大学未来发展产生划时代的深远影响。

认真学习宣传贯彻党代会精神，是学习贯彻习近平新时代中国特色社会主义思想和党的十九大精神的重要举措，关系山东大学改革发展稳定全局，关系山东大学事业的长远发展，对于坚持和加强党对学校的全面领导，提振全校上下只争朝夕、干事创业的精气神，为加快建设中国特色世界一流大学团结奋斗，具有十分重要而深远的意义。

二、认真学习，深刻领会，准确把握党代会的精神实质

学习宣传贯彻党代会精神，重点要认真研读、深刻理解郭新立同志在党代会上作的工作报告，深刻领会和准确把握以下几个方面：

（一）深刻领会山东大学第十四次党代会的主题

第十四次党代会的主题是：高举习近平新时代中国特色社会主义思想伟大旗帜，全面贯彻党的十九大精神，创新发展理念，激发办学活力，推动内涵发展，追求卓越，只争朝夕，奋力开创中国特色世界一流大学建设新局面，为实现中华民族伟大复兴的中国梦作出山大贡献。这是在新的历史方位下山东大学的发展主题，必须贯穿到今后一个阶段山东大学改革发展稳定各项工作的全过程。要牢牢把握这个主题，深刻认识新时代的奋斗目标和主要任务，进一步巩固全校上下为实现建设中国特色世界一流大学的“山大梦”和中华民族伟大复兴的中国梦而不懈奋斗的思想政治基础。

（二）深刻领会山东大学第十三次党代会以来的发展成就

第十三次党代会以来，山东大学党委始终坚持社会主义办学方向，旗帜鲜明讲政治，确保中央大政方针和各项决策部署落地生根，取得了全方位的发展成就。一流大学建设迈出坚实步伐，办学格局和内部治理取得重大突破，条件建设和民生工程有较大改善，山东大学各项事业成绩显著，为建设中国特色世界一流大学奠定了坚实基础。同时，必须清醒地认识到在思想认识、作风、办学实力、支撑保障、发挥党的领导优势等方面还存在着的一些问题和不足，对此要高度重视，居安思危，采取有效措施认真加以解决。

（三）深刻把握新时代山东大学发展的历史方位

当前，人类社会正处在一个大发展大变革大调整时代，新一轮科技革命和产业变革蓬勃兴起，全球创新版图、经济结构、政治格局都在发生深刻变化。党的十九大提出了全面建成社会主义现代化强国的宏伟目标，把“建设教育强国”明确为中华民族伟大复兴的基础工程。党中央作出“加快一流大学和一流学科建设，实现高等教育内涵式发展”的战略部署，为我国高等教育改革发展指明了前进方向。进入新世纪以来，山东大学发展步伐不断加快，办学水平不断提高，综合实力不断增强，正式步入世界一流大学建设A类高校行列，进入了以质图强、争创一流的历史新起点。但必须清醒地认识到，山东大学的整体实力离真正的世界一流还有很大差距，甚至与国内顶尖大学之间的距离也有逐步拉大的趋势。站在新方位的山东大学面临的形势逼人，挑战逼人，使命逼人。

（四）深刻领会新时代山东大学的奋斗目标

扎根中国大地办大学，建设中国特色世界一流大学，是党和国家赋予山东大学的时代使命，是百年山大办学初心的内在要求，是山东大学新时代再创辉煌的战略选择。新时代山东大学的奋斗目标是，努力建设一所中国特色、山大风格的世界一流大学，努力建设一所有担当、有底气、有温度的世界一流大学，努力建设一所彰显综合性、创新性、国际性、引领性的世界一流大学。

（五）深刻领会新时代山东大学确定的“三个阶段”安排

为实现新时代的奋斗目标，山东大学确定了从现在开始到本世纪中叶的“三个阶段”

安排。第一阶段:从现在到2021年,建校120周年前后,山东大学整体实力及主要办学指标大幅提升,进入国内高校第一方阵,为建设中国特色世界一流大学打下坚实基础,为决胜全面建成小康社会作出突出贡献。第二阶段:从2021年到2035年,山东大学建校135周年前后,一批学科进入世界一流行列,若干学科进入世界一流前列,部分方向达到世界顶尖水平,学校整体实力及主要办学指标在国内名列前茅,跻身世界一流大学行列,为基本实现社会主义现代化作出重要贡献。第三阶段:从2035年到2050年,山东大学建校150周年前后,一批学科进入世界一流前列,若干学科达到世界顶尖水平,学校整体实力及主要办学指标跻身世界一流前列,全面建成中国特色世界一流大学,为社会主义现代化强国建设作出积极贡献;形成彰显中国特色的一流大学先进理念和办学模式,在世界高等教育体系中发挥示范引领作用。

(六)深刻领会山东大学未来发展的基本思路和发展战略

今后五年乃至更长一个时期,山东大学发展的基本思路是:始终坚守"四个服务"基本遵循,紧紧围绕立德树人根本任务,牢牢把握"双一流"建设的重大机遇,坚持以人才为强校之本、学术为兴校之要、文化为立校之魂,扎根中国、融通中外,厚植齐鲁、一体发展,聚焦主要矛盾,聚力重点领域,大力实施"六大战略",全面深化综合改革,不断夯实条件保障,持续改善民生福祉,着力解决发展不平衡不充分问题,扎实推动内涵式发展,切实提升办学质量和办学效益,加快实现"由大到强"的历史性转变。第十四次党代会确定的"六大战略"分别是人才强校战略、学术兴校战略、服务山东战略、文化引领战略、国际化战略和一体发展战略。

(七)深刻领会今后五年山东大学的"十大任务"

今后五年是大有可为的战略机遇期,要全面落实"十大任务":一是落实立德树人根本任务,着力培养德智体美全面发展的社会主义建设者和接班人。二是推进人才强校,着力建设高层次人才队伍。三是强化学科龙头地位,着力建设一流学科。四是推动学术振兴,着力提升科研创新水平。五是扎根齐鲁大地,着力服务山东现代化强省建设。六是突出文化引领,着力建设传承创新中华优秀传统文化最具代表性大学。七是深化国际交流合作,着力拓展对外开放办学新局面。八是全面深化综合改革,着力推进治理能力和治理体系现代化。九是坚持一体发展,着力打造创建世界一流大学的动力引擎。十是加强条件建设和民生保障,着力提升师生获得感和满意度。

(八)深刻领会扎实推进山东大学党的建设新的伟大工程的部署要求

办好山大的事情,关键在党。必须准确把握和全面落实新时代党的建设总要求,扎实推进党的建设新的伟大工程。要坚定不移加强和改进党对学校的全面领导,坚定不移把基层党组织建设得更加坚强有力,坚定不移推动全面从严治党向纵深发展,不断提高党的建设质量,使山东大学党委切实做到"四个过硬"、学院党委切实做到"五个到位"、党支部切实做到"七个有力"、党员切实做到"四个合格",为山东大学事业发展提供坚强的政治保证、思想保证和组织保证,真正让党的领导成为创建世界一流大学的最大优势。

三、周密部署,精心组织,扎实做好学习宣传贯彻党代会精神工作

学习宣传贯彻好党代会精神,是当前和今后一段时期校区的一项重大政治任务。校

区各级党组织要高度重视，围绕山东大学奋斗目标，立足校区发展、联系工作实际，周密部署、精心组织，确保党代会精神的学习宣传贯彻落到实处、取得实效。

（一）加强组织领导

校区党工委统筹抓好党代会精神的学习宣传贯彻工作，建立定期督促检查机制，加强对各基层党组织贯彻落实党代会精神情况的督促、检查和指导。各基层党组织书记是本单位学习宣传贯彻党代会精神的第一责任人，要把学习宣传贯彻党代会精神摆上重要议事日程，认真制定本单位学习宣传贯彻实施方案，精心组织实施。校区各级党组织要把学习宣传贯彻党代会精神，与学习贯彻习近平新时代中国特色社会主义思想和党的十九大精神结合起来，与学习贯彻全国高校思想政治工作会议精神结合起来，与高校党组织“对标争先”建设计划结合起来，与即将开展的“不忘初心，牢记使命”主题教育结合起来，与落实《山东大学（威海）学习贯彻十九大精神 推进“双一流”建设行动方案（2018～2020）》结合起来，迅速掀起学习宣传贯彻热潮。（时间期限：2018 年 7 月开始，长期坚持）

（二）精心组织学习培训

各级党员领导干部要精心安排学习活动，原原本本地学，原汁原味地学，把集中学习与个人自学结合起来，把学习党代会精神与思考谋划工作结合起来，学深悟透、学以致知、学以力行，在学习宣传贯彻党代会精神中发挥先锋模范作用。要积极构建全覆盖的学习体系，分层次分类别开展学习、研讨、培训，将党代会精神作为干部教育培训、入党积极分子培训、青年教师培训以及学生骨干培训的重点内容，通过校区各级理论学习中心组学习、政治理论学习、专题研讨、座谈交流以及“三会一课”、主题党团日活动等方式，使党代会精神成为全校区党员干部和师生员工的最大共识和最强动力。（时间期限：2018 年 7 月至 12 月）

（三）深入开展宣讲解读

各基层党组织要发挥党组织书记和党代表的表率作用，带头在本单位中开展宣讲，教育引导每个支部、每名党员和师生员工全面了解、深刻领会和准确把握党代会精神。统战部门、人事部门、离退休工作部门、学生工作部门分别统筹抓好校区各民主党派、无党派知识分子、教师、离退休老同志和学生的宣传阐释工作。（时间期限：2018 年 9 月至 12 月）

（四）加强宣传舆论引导

校区各类宣传阵地把党代会精神作为宣传重点，发挥新闻网、官方微博微信、广播等媒体的优势和特色，及时发布师生学习动态，交流师生学习心得，刊发系列解读文章，策划推出深度报道，广泛宣传学习贯彻党代会精神的具体举措、实际行动和典型事迹，充分展现校区上下学习宣传贯彻党代会精神、加快推进中国特色世界一流大学建设的良好风貌，营造学习宣传贯彻党代会精神的浓厚氛围。（时间期限：2018 年 7 月开始，长期坚持）

（五）切实抓好贯彻落实

校区各单位要深入学习宣传贯彻党代会精神，参照《中共山东大学第十四次代表大会报告任务分工方案》，结合《山东大学（威海）学习贯彻十九大精神 推进“双一流”建设行动方案（2018～2020）》，认真分析面临的新方位、新形势、新要求，对照党代会提出的奋斗目标、发展战略和任务举措，特别是要围绕山东大学未来发展的“六大战略”“十大任务”，科学编制、修订本单位中长期发展规划，研究制定贯彻落实的实施方案，明晰时间表、路线图，把党代会精神落实到各项任务的扎实推进上，确保党代会确定的各项任务真正落实落细。校区中层单位领导班子要以党代会精神为指导，立足实际、谋划长远，确定领导班子任期目标和年度目标，切实把党代会精神转化为推动事业发展的具体方案和务实举措。(时间期限：2018 年 7 月开始，长期坚持)

山东大学(威海)学科建设经费管理办法(修订)

山大威校研字〔2018〕3号

第一条 为适应山东大学世界一流大学建设需要,统筹用好各类学科建设经费,提高经费利用率和使用效益,现对《山东大学(威海)学科建设项目管理办法》(山大威校研字〔2013〕3号)予以修订。

第二条 “山东大学(威海)学科建设经费”包括山东大学投入和威海校区安排用于威海校区学科建设的专项经费以及学科建设单位自筹资金。

第三条 项目组应本着为学科发展高度负责的态度,根据学科建设经费开支范围、年度用款需要等按年编制学科建设经费开支预算,报学科建设与研究生处并经学校批准后形成年度项目任务书。

学科建设经费根据项目任务书预算按年度划拨。项目负责人需保证年度预算编制的科学性和可执行性,预算一经批准需严格按照批准的任务书执行,年末结余如数收回。收回部分如确需转入下一年度学科建设经费预算,需经学科建设项目负责人申请,经学科建设与研究生处审核同意后,报财务处统筹安排。

第四条 财务处负责学科建设项目经费的账务管理和核算,对项目经费的收支设项目控制。学科建设与研究生处对学科建设项目经费的使用予以监督。

第五条 学科建设项目经费必须专款专用,不得挪作他用。具体开支范围如下:

(一)条件建设费用:包括实验室建设、设备购置、软件和图书购置等费用。其中照相机等民用性强的设备原则上不能用学科建设经费购置,确需购置的,需提交必要性论证报告,报分管校领导审批。

(二)业务费:包括项目实施过程中发生的学术交流差旅费、材料费、出版费、资料费、测试费、设备使用费、外请专家讲课费、专家咨询费等。其中,以学科建设经费资助的成果出版费,成果的第一或责任作者必须为我校在编正式教职工。

(三)人员经费:学科建设项目所在单位可根据需要,从学科建设经费中支付人员经费。人员经费支出范围包括劳动用工人员报酬、短期聘任专家、引进人才一次性特殊补贴等。人员经费总额不得超过项目划拨总经费的20%,且不得面向校内事业编制人员发放。

人员经费的列支人员范围和发放额度,需以在本单位公开的专项制度为依据。专项制度经学校批准后方可执行。

第六条 学科建设项目经费不能用于攻读学位、不得用于支付各种招待、罚款、捐款、还贷、赞助、对外投资以及与学科建设项目无关的其他开支。

第七条 用学科建设经费主办或承办学术会议,需按照会议管理相关规定办理报批手续。

出国(境)参加学术会议,需按照学校相关规定办理相关手续。

第八条 用学科建设项目经费购置固定资产(包括图书),按照学校关于固定资产的相关规定执行。

第九条 用学科建设项目经费进行的维修、改造,须由项目组会同学校相关职能部门进行充分论证并提交论证报告,由学校相关职能部门负责实施。

第十条 学科建设项目建设经费的使用实行项目负责人负责制。所有支出须经项目负责人签字后,按学校财务制度执行。

学校年度财务决算时,项目建设单位(项目负责人)需向学科建设与研究生处提交本年度学科建设经费使用情况总结报告。

第十一条 学校将组织有关部门对学科建设经费的管理和使用情况进行不定期检查,评估经费的使用效益,各学科建设项目单位须做好配合工作。对未遵守本管理办法的学科建设项目,学校将冻结其学科建设项目经费,并按有关规定,对有关责任单位和责任人作出处理。

第十二条 学科建设项目承担单位可根据本办法制定适合本学科特点的经费使用细则,并报学科建设与研究生处备案。

第十三条 本办法自公布之日起施行,原《山东大学(威海)学科建设项目经费管理办法》(山大威校研字〔2013〕4 号)同时废止。

第十四条 本办法由学科建设与研究生处、财务处负责解释。

山东大学(威海)非事业编制队伍建设实施办法

山大威校人字〔2018〕8号

为进一步落实《山东大学非事业编制队伍建设改革方案》,加强非事业编制队伍建设,实现与山东大学管理的有效统一,满足威海校区教学、科研、管理、服务等各项工作协调发展的需要,围绕威海校区"双一流"建设目标,根据《山东大学关于深化人事人才工作体制机制改革的意见》文件精神,制定本办法。

一、基本原则

(一)淡化身份,激发活力。淡化身份观念,打破身份界限,畅通成长发展通道,激发非事业编制人员干事创业的活力,充分发挥其在学校"双一流"建设中的作用。

(二)科学设岗,按岗聘用。将非事业编制队伍纳入学校队伍建设整体规划,科学合理设置非事业编制岗位体系。以岗位设置为依据,坚持按岗聘用,强化岗位管理。

(三)重心下移,分级负责。人事处统筹负责学校非事业编人员的管理工作,将部分非事业编制岗位审批权限下放至用工单位。人事处为用工单位提供政策指导与服务,强化用工单位的管理责任,建立"谁用工,谁管理,谁负责"的非事业编制人员管理机制。

二、岗位设置与管理

(一)岗位设置。本办法所指非事业编制人员,是指自本实施办法发布之日始,学校新聘用的不列入事业编制岗位人员。

(二)岗位管理。根据山东大学给威海校区的岗位设置和威海校区事业发展规划确定非事业编制岗位总量,在核定的岗位总量范围内,综合考虑用工单位的人员规模、工作实际等情况,科学合理设置非事业编制岗位,并建立动态调整机制。

学校对非事业编制人员实行"统一管理、分级负责"的管理体制,建立各职能部门联动工作机制,加强与用工单位的交流沟通,提高工作反应速度,及时研究解决非事业编制队伍建设与人员管理中存在的问题。

三、岗位聘用、考核与晋升发展

(一)学校成立非事业编制用工领导小组,负责非事业编制用工的规划管理。领导小组办公室设在人事处。用人单位每年根据工作需要提出设岗申请,交人事处汇总,由学校非事业编制用工领导小组审核批准。

(二)由人事处、用人单位及非事业编制人员共同签订聘用协议。根据不同岗位聘期一般为1～3年,首个聘期约定为试用期。

非事业编制人员,一般先通过劳务派遣的形式聘用,通过考核后可以通过“劳务派遣一聘用协议”的聘用路径发展。专业技术人员获得中级职称资格及以上者、文员3级及以上者(约5～7年)可以与学校签订聘用协议。优秀的非事业编制人员可以通过公开招聘的方式录用为事业编制人员。在聘用过程中,非事业编制人员考核不合格的解除协议。

(三)用人单位负责非事业编制人员的管理、考核。聘期期满考核合格及以上,经用人单位与非事业编制人员协商一致,可续签聘用协议。续签协议须报学校非事业编制用工领导小组审批。试用期满考核、年度考核或聘期期满考核不合格的,予以解聘。协议期满用人单位不再续聘或岗位撤并的,学校可根据需要调整续聘岗位或解除与非事业编制人员的聘用关系。

(四)用人单位及非事业编人员一方要求变更、解除或终止聘用协议的,须提前30日通知对方并报人事处备案、办理相关手续。

(五)非事业编人员以岗位管理为基础,结合各类岗位性质特点,执行山东大学有关非事业编制专业技术人员职称评聘晋升,专业技术人员参加威海校区相应系列的职称考核考试晋升,获得相应任职资格后,由用工单位根据岗位设置情况予以聘任。非事业编制文员岗位考核晋升执行山东大学有关规定,由用工单位根据岗位设置情况予以聘任。工勤人员根据用工单位岗位设置情况可以参加政府部门组织的技术等级考核。

四、薪酬待遇

(一)依照山东大学非事业编基本工资标准和设置岗位绩效的指导意见,参考社会同行业平均工资水平制定非事业编制人员基本工资标准,根据非事业编制人员所聘岗位确定其薪酬待遇,具体标准由威海校区单独制定。

(二)加强考核结果的使用,按照岗位性质、岗位职责和实际贡献等情况执行山东大学非事业编制人员岗位绩效分配机制有关规定,并建立基本工资增长机制。

(三)各用人单位(财务独立核算单位除外)经学校批准聘用的非事业编制人员经费由学校承担。

(四)用人单位每月3日前根据考勤情况报送非事业编人员月薪。人事处核批后,由财务处发放。

(五)学校委托劳务派遣公司按国家及属地规定为非事业编制人员缴纳五险一金(养老、医疗、生育、工伤、失业、住房公积金)。个人应承担部分从其月薪中代扣代缴。

(六)非事业编制人员享受国家法定节假日。学校寒暑假期间工作安排由用人单位与非事业编制人员根据岗位需要约定。

五、劳动责任、保障及争议处理

(一)强化岗位责任意识。各岗位人员,需认真履行岗位职责,保质保量地完成所承担的工作。

(二)强化各单位对非事业编制人员的具体保障和管理。各单位为非事业编制人员提供所需的工作条件,切实保障聘用双方的合法权益,保障非事业编制队伍健康有序发展。

加强监督检查。学校根据有关法律法规和政府主管部门要求,加强对各单位劳动用工情况的监督与检查,提高各单位责任和风险防范意识,对不按要求用工、违反规定用工或因用工单位责任给学校造成不良影响的,学校按照相关规定、程序和管理权限对用工单位进行处罚,并追究相关人员的责任。

(三)学校成立非事业编制人员劳动争议调解工作组,成员由工会代表、学校代表、劳动者代表等组成,工作组办公室设在工会。用人单位与劳动者因履行协议发生争议,按照争议调解程序办理。

六、人事关系与档案管理

(一)非事业编制人员人事关系不进入学校,人事档案由个人委托托管。

(二)学校不负责解决非事业编制人员的威海市户口。凡符合威海市城镇户口申报条件的,学校可以协助申报。

(三)用人单位为非事业编制人员建立工作档案,包括聘用协议、岗位职责、年度考核、奖惩记录等,并报人事处备案。

(四)非事业编制人员需要开具与工作相关的证明文件等,由人事处相关科室协助办理。

七、附　则

(一)本办法自公布之日起执行。2018 年 6 月以前以公开招聘的方式招聘,入职前为研究生毕业并获得硕士学位及以上学位的原非事业编岗人员,与山东大学相关政策接轨,依山东大学预聘制事业编岗相关规定管理。威海校区原其他各类人员按照老人老办法执行。原《山东大学(威海)非事业编制人员管理暂行办法》(山大威校人字〔2016〕20号)同时废止。

(二)本办法由人事处负责解释。

山东大学(威海)
学生公寓违纪行为认定细则(试行)

山大威校学字〔2018〕21号

为进一步加强学生公寓管理,保障学生生命和财产安全,营造安全舒适的生活环境,维护学生公寓正常生活秩序,根据《普通高等学校学生管理规定》《山东大学学生违纪处分实施细则》和《山东大学(威海)学生住宿管理规定》等文件精神,结合威海校区实际,制定本细则。

第一条 对学生在公寓的违纪行为认定及处分坚持以下原则:

(一)坚持公平、公开、公正,做到证据充分、依据明确、定性准确、程序正当、处分适当。

(二)以人为本,教育和惩戒相结合,处分决定与行为性质、过错程度相适应。对如实说明违纪事实,主动承认错误,检查认识深刻,确有悔改表现的,应从轻处罚;对故意隐瞒事实,避重就轻,态度恶劣的,应从重处罚。

(三)宿舍违纪行为认定后无法确定具体责任人的,视为该宿舍成员集体违纪。

第二条 学生在公寓内违反安全管理规定,视情节给予以下处分:

(一)私拉乱接电线,存放各类违规物品如转换插座、热得快、电饭煲(锅)、养生锅、料理机、煮蛋器、热奶器等各类违章电器和木炭、酒精炉(酒精)、卡式炉等及其他能产生明火的物品的,首次发现给予通报批评;经批评教育后再次发现违纪的,给予警告以上处分;使用违章电器和能产生明火的物品造成宿舍内财务损失、他人人身伤害或导致灾害事故的,给予记过以上处分,并赔偿相应经济损失;涉及违法犯罪的,根据公安消防机关或相关部门责任认定,承担相应法律责任。

(二)将易爆、剧毒、枪械、弹药、管制刀具等危险品带入学生公寓的,给予警告处分。涉及违法犯罪的,根据公安消防机关或相关部门责任认定,承担相应法律责任。

(三)焚烧物品(蚊香除外)或故意往楼下投掷物品、火种的,给予警告处分;造成严重后果的,给予记过以上处分。

(四)有吸烟行为的,首次发现给予通报批评,经批评教育后再次发现违纪的,给予警告以上处分;因吸烟造成宿舍内财务损失、他人人身伤害或导致灾害事故的,给予记过以上处分,并赔偿相应经济损失;涉及违法犯罪的,根据公安消防机关或相关部门责任认定,承担相应法律责任。

(五)人为损坏消防设施设备或其他公共设施设备的,给予严重警告以上处分,并赔偿相应经济损失。

（六）在门厅、走廊、消防通道、宿舍存放自行车、易燃杂物或其他物品的，经反复教育不改且态度恶劣的，给予警告处分。

（七）将宠物带入学生公寓的，首次发现给予通报批评，经批评教育后再次发现违纪的，给予警告处分；因对带入宠物监管不当造成宿舍内财务损失或他人人身伤害的，给予严重警告以上处分，并赔偿相应经济损失。

第三条　学生违反公寓秩序管理规定的，视情节给予以下处分：

（一）私自调换、占用、出租、出借学生宿舍床位，经教育不改的，给予警告处分；涉及牟利或造成严重后果的，给予记过以上处分。

（二）擅自留宿外来人员的，给予警告处分；造成严重后果的，给予记过以上处分；若留宿人员在留宿期间发生违法行为，容留他人者须承担相应法律责任。

（三）留宿异性或在异性宿舍留宿的，给予留校察看以上处分。

（四）违反学校作息制度，在宿舍内大声喧哗、娱乐，对他人的正常学习生活造成严重影响，经教育不改的，给予警告处分；情节严重且态度恶劣的，给予严重警告以上处分。

（五）未经所在学院批准，一学期内无故晚归累计 5 次以上给予警告处分，10 次以上给予严重警告处分，20 次以上给予记过以上处分。未经所在学院批准累计夜不归宿达 3 次以上，给予警告处分；经教育不改的，给予严重警告以上处分。

（六）住宿学生进出公寓必须服从宿舍管理工作人员管理，不服从管理，违反登记会客制度的，给予通报批评；经教育不改的，给予警告处分；顶撞、辱骂、殴打工作人员和执纪学生的，给予记过以上处分。

（七）进出公寓不刷卡或者尾随其他学生进出公寓的，一学期内累计 5 次以上给予警告处分，10 次以上给予严重警告处分，20 次以上给予记过以上处分。

（八）将一卡通私自借与他人使用，或故意放任他人进出学生公寓的，给予通报批评；造成严重后果的，给予警告以上处分；涉及违法犯罪的，根据公安消防机关或相关部门责任认定，承担相应法律责任。

第四条　学生在公寓内有其他违纪行为的，视情节给予警告或严重警告处分；造成严重后果的，给予记过以上处分。

第五条　学生违纪行为认定后的处分依据、程序、期限及其他事项，均依照《山东大学学生违纪处分实施细则》（山大学字〔2017〕44 号）相关条款执行。

第六条　本细则适用于在校接受普通高等学历教育的研究生和本科学生。其他各类学生的违纪行为可参照本细则进行处理。

第七条　本细则中涉及的“以上”均包含本数或本级别。

第八条　本细则自发布之日起实施，由校区学生工作领导小组负责解释。

山东大学(威海)本科学生学分制管理暂行规定

山大威校教字〔2018〕12 号

第一章　总　则

第一条　为推进本科学生学分制管理改革,依据《中华人民共和国教育法》、《中华人民共和国高等教育法》、《普通高等学校学生管理规定》(教育部令第 41 号)、《山东省普通高等学校学分制管理规定》(鲁教高字〔2013〕14 号)、《山东大学本科学生学分制管理暂行规定》(山大教字〔2018〕33 号)等文件精神,结合学校实际,制定本规定。

第二条　本规定所称学分制,是指学校以学生取得的学分数作为计算学生学习量的基本单位,以达到毕业应修课程和学分最低要求,作为学生毕业和获得学位的主要标准的教学管理制度。

第三条　实施学分制旨在推进人才培养模式改革,充分调动教师教学和学生学习积极性,提高教育教学资源利用率,适应学生多样化发展需要。

第四条　学校实行弹性修业年限。学生可在标准学制的基础上提前一年或推迟两年毕业。具体办法按照《山东大学(威海)本科学生学籍管理规定》(山大威校教字〔2017〕12 号)执行。

第五条　本规定适用于山东大学(威海)全日制本科生。留学生、交流生、进修生等参照本规定执行。

第二章　课程与学分

第六条　学时与学分。理论课每 16 学时计 1 学分,实验课每 32 学时计 1 学分;课程设计、实习、毕业论文(设计)等实践教学环节的学分由各学院教学指导委员会根据学科特点和教学整体安排确定。学生必须完成选课并通过考核,方可获得课程对应学分。

第七条　专业学分要求。各专业毕业应修课程和学分要求由专业培养方案确定。学生须修满培养方案规定的课程和学分方可毕业。

第八条　学分认定。转专业、转学前所修课程和学分,由学生向转入专业所在学院申请,由该学院认定。校际交流学分由学院认定。

第九条　创新奖励学分。学生参与大学生创新实验计划项目、创新基金项目、各类学科竞赛等所获得的创新奖励学分,由学生申请经学院报教务处认定,可以冲抵通识教育核心课程中创新创业模块课程或通识教育选修课程学分。

第三章 收费管理

第十条 学分制收费实行“两部制”计费方式，学生学费由专业注册学费和学分学费两部分组成。专业注册学费按学生实际在校就读的学年计收，学分学费按修读课程的学分计收。

第十一条 学生须在每学年第一学期开学前，预存专业注册学费和学分学费，方可选课。

第十二条 参加国内校际交流的学生，按照双方学校签订的协议收费。没有校际交流协议的，参照鲁价费函〔2016〕59 号文件收费。参加海外交流项目的学生，参照《山东大学本科学生海外学习经历管理办法》收费。

第十三条 学生因故中断学业、保留学籍的，停学期间不再缴纳学费。复学时，按照该生复学当年该专业注册学费和学分学费标准缴纳学费。

第十四条 因退学、转学等原因终止在本校学习时，专业注册学费和已确认修读课程的学分学费按照学校相关规定结算。

第十五条 提前毕业或延长学习年限的学生，按照实际修业年限缴纳专业注册学费，按实际修课情况缴纳学分学费。

第十六条 在办理毕业（结业、肄业）手续之前，学生须结清在校期间全部专业注册学费和学分学费，方可取得毕业（结业、肄业）资格并办理离校手续。

第四章 选课管理

第十七条 学生应根据专业培养方案及个人学习发展规划选课。应优先选定必修课。对于有前后关系的课程，应先修读先修课程，再修读后续课程。

第十八条 选课由学生通过学校选课系统进行，分预选、正选、退补选三个阶段。正选结束时，通识教育核心课和通识教育选修课选课人数不足 20 人的课程一般不予开设，学生须在退补选阶段及时改选其他课程。新学期开学第 1～2 周为试听时间，第 3 周为退补选时间。退补选阶段结束后，选课结果不予变更。

第十九条 学生每学期选课（含重修课程）学分一般不超过 35 学分。

第二十条 学生重修课程，应自行选课并缴纳学分学费。其中，百分制成绩低于 70 分的课程首次重修免费。

第二十一条 鼓励港澳台地区学生、华侨学生和留学生修读思想政治理论课、军事训练和军事理论课。未修读上述课程的应补修学校规定的其他课程。

第二十二条 学生应自主调节修课时段。如果所选课程时间冲突时，可经个人申请、任课教师同意、学生所在学院批准后办理免听手续。未办理相关手续而不上课的不得参加相关课程的考核。

第五章 成绩管理

第二十三条 课程成绩记载。根据课程属性,课程成绩可按照百分制、五级制、两级制记载。同一门课程每学期只能选用一种成绩记载方式。

百分制是按照总分100分记载成绩(取整数)。五级制是按照优秀、良好、中等、及格、不及格五个等级记载成绩,系统将分别对应百分制的95分、85分、75分、65分、0分。两级制是按照合格、不合格两个等级记载成绩,系统将分别对应百分制的85分、0分。

第二十四条 课程绩点计算。课程绩点按照百分制和五分制分别进行计算。

(一)百分制课程绩点:等于第二十三条中以百分制、五级制、两级制记载的课程成绩(五级制、两级制成绩按照对应的百分制分值进行计算)。其中,百分制课程成绩不足60分的,课程绩点为0。

(二)五分制课程绩点:

五分制课程绩点=(百分制课程成绩÷10)－5

五级制成绩、两级制成绩按照对应的百分制分值进行计算。采用五级制记分的,五分制课程绩点分别为:4.5、3.5、2.5、1.5、0;采用两级制计分的,五分制课程绩点分别为:3.5、0。

系统将根据百分制课程成绩(五级制、两级制成绩按照对应的百分制分值进行计算)自动生成成绩等级和五分制课程绩点,其对应关系如下:

百分制课程成绩	成绩等级	五分制课程绩点
95－100	A＋	4.5～5.0
90－94	A	4.0～4.4
85－89	A－	3.5～3.9
82－84	B＋	3.2～3.4
78－81	B	2.8～3.1
75－77	B－	2.5～2.7
71－74	C＋	2.1～2.4
66－70	C	1.6～2.0
62－65	C－	1.2～1.5
60－61	D	1.0～1.1
＜60	F	0

第二十五条 平均学分绩点(GPA)计算。

课程学分绩点=课程绩点×课程学分数

$$平均学分绩点=\frac{\sum 课程学分绩点}{\sum 课程学分}$$

计算平均学分绩点时，根据四舍五入规则，精确到小数点后两位数。课程属性为任选的不纳入平均学分绩点计算。

第二十六条 重修课程成绩记载。对通过重修获得的成绩如实标注。

第二十七条 平均学分绩点使用。在各类评优和推荐免试攻读硕士学位研究生等时，均按照第一次考核成绩计算平均学分绩点，并依此进行排名。

第二十八条 成绩更正。学生对课程成绩有异议时，可在新学期开学两周内，向开课单位提出成绩复核申请，由分管教学副院长（副主任）、任课教师和教务员组成复核小组对试卷和成绩进行复核。如确有问题，由开课单位填写《山东大学（威海）本科学生成绩更正申请表》，交教务处审批后进行更正。新学期开学两周后成绩转入历史库，不再接受成绩更正。

第二十九条 成绩单打印。中英文成绩单均由学生通过学校“成绩自助打印系统”打印。学生可以自主选择百分制绩点或五分制绩点进行成绩打印。

第六章　辅修第二专业和辅修双学位

第三十条 辅修第二专业是指同一学生在修读主修专业的同时，修读另一专业的课程并达到相关要求。辅修双学位是指同一学生在修读主修专业并获得相应学位的同时，跨学科门类修读另一专业并获得相应学位。

第三十一条 修读辅修第二专业和辅修双学位的学生应具有山东大学（威海）正式学籍，学有余力且具有较强的自主学习能力。

第三十二条 修读辅修第二专业和辅修双学位的学生，其修业年限不得超出第一章所规定的最长修业年限。

第三十三条 同一学生在校期间，只允许修读一个辅修双学位。

第三十四条 修读辅修第二专业或者辅修双学位时，需由学生提出申请，由辅修第二专业或者辅修双学位所在学院审核并报教务处批准。

第三十五条 辅修第二专业和辅修双学位实行学分制管理，各专业应修课程和学分要求由相关培养方案确定。

第三十六条 辅修第二专业或者辅修双学位培养计划原则上应包括相关专业的核心课程，辅修双学位还需完成辅修第二专业毕业论文（设计）。与主修专业学生同质要求，同质管理。

第三十七条 学生在主修专业修得的课程，与辅修第二专业或者辅修双学位的课程相同或相近时，由辅修第二专业或者辅修双学位所在学院认定后进行学分互认。

第三十八条 学生在获得主修专业毕业证书的前提下，修满辅修第二专业规定的课程和学分，经学校审核合格，发放辅修专业证书。

学生在获得主修专业毕业证书和学位证书的前提下，修满辅修双学位规定的课程和学分，经学校审核合格，发放第二学位的学位证书。

第七章　附　则

第三十九条　本规定从2018级本科学生开始施行。2017级及以前本科学生相关政策按学校要求执行。《山东大学(威海)本科学生学分制管理暂行规定》(山大威校教字〔2014〕9号)待适用学生学业结束后自行废止。

第四十条　本规定由教务处负责解释。

山东大学(威海)机关工作人员首接负责制实施办法

山大威党综字〔2018〕6号

为进一步加强和改进机关作风建设,强化服务意识,更好地为广大师生员工提供优质服务,制定本办法。

第一条 首接负责制是指办事单位、个人、群众来信来访、电话咨询等,第一个接受询问的人负有首次接待的责任,即为首接责任人。

第二条 首接负责制适用于学校机关部门和具有服务性质的直属单位在岗工作人员。各学院机关工作人员参照本办法执行。

第三条 首接负责制按照"首接负责、对口接待"的原则进行。

(一)首接责任人对属于自己职责范围内的事情,应予马上受理并在规定的时限内办结;若手续不完备,应一次性告知服务对象全部办理要求和所需的材料,并约定下次来办理的时间。

(二)属于本部门职责范围内而不属于首接责任人职责的事务,应主动与相关工作人员取得联系,协同做好相关事务的办理或交接工作;如若具体负责人员不在,按以下程序处理:首接责任人要通过电话联系具体负责的同志或者通过请示本部门领导决定是否可以代办,如能代办应及时予以办理;如不能代办,应问清应该如何办理以及需要的所有材料和办理要求告知当事人,留下当事人联系方式,首接责任人待具体负责人员回来后应及时转交相关事宜,具体负责人要主动与当事人联系,约定办理时间,尽快办理。

(三)属于校内其他部门职责范围内的事务,首接责任人应当主动告知服务对象相应部门的联系人和联系方式,做好解释和引导工作。

(四)不属于学校职责范围内的事务,首接责任人应向服务对象耐心解释,并给予热情指导和帮助。

(五)如涉及落实相关政策,暂时又解释不清的事务,首接责任人应及时请示有关领导,并尽快答复服务对象。

第四条 无论被询问的内容与本人职责是否有关,首接责任人都要热情接待,认真听取来访(来电)者的意见、建议、要求和投诉举报反映的问题,并认真做好登记和记录,不得冷漠待人,不得推诿扯皮。

(一)及时接听来电,注意礼貌用语。

(二)服务对象来访时,做到"热情问候,主动请座,耐心服务"。

(三)凡属职责范围内的事务,不得以"不知道""不清楚""我很忙"等为借口敷衍服务对象。

(四)确有特殊情况不能马上解决的事务,应当向服务对象说明理由,与服务对象协商,取得服务对象的理解,最迟应在一周内,将办理情况回复服务对象。

(五)若服务对象对相关政策理解有偏差,要耐心说明,做好疏导工作,不得发生言语顶撞和肢体冲突等现象。

第五条 有下列行为之一,应当被问责:

(一)没有及时履行岗位职责的;

(二)对服务对象态度恶劣,语言粗俗的;

(三)未及时将办理结果告知服务对象的;

(四)对服务对象推诿扯皮,不负责任的;

(五)应移交而未及时移交服务对象拟办事项的;

(六)因首接责任人过失造成严重后果的;

(七)其他有损学校和公职人员形象,受到服务对象投诉并查证属实的。

第六条 实行首接负责制责任追究制度。各部门主要负责人为本部门首接负责制的第一责任人。凡违反首接负责制的工作人员,一经查实,情节较轻的,给予批评教育;情节较重的,给予通报批评;造成严重后果的,依据学校有关规定给予行政处分。首接负责制执行情况作为评奖评优、年终考核、聘期考核等的重要依据。

第七条 首接负责制执行情况由党工委(校长)办公室和纪检监察审计办公室负责监督检查。在执行过程中如有意见和建议可以通过"校长信箱""纪检举报箱""机关作风意见反馈箱"等途径反映。

第八条 本办法自公布之日起执行。

山东大学(威海)机关作风建设评议办法(试行)

山大威党综字〔2018〕7 号

第一章　总　则

第一条　为落实校区党工委《关于进一步加强和改进机关作风建设的通知》(山大威党字〔2018〕11 号)要求,健全机关作风建设的监督考核机制,着力提高机关服务效能,根据山东大学校部机关作风建设评议办法(试行),结合校区实际,制定本办法。

第二条　作风评议的对象为校部机关及直属单位。

第三条　校区成立机关作风建设领导小组(以下简称"领导小组"),统筹作风评议工作。组长、副组长由校领导担任,成员单位包括机关党总支、党工委(校长)办公室、纪检监察审计办公室、组织部、宣传统战部、学生工作(部)处、团委、人事处、校工会(妇委会)等部门主要负责人。领导小组办公室设在机关党总支。

第四条　机关作风评议工作结合学校年度考评统筹进行,旨在发现问题,改进工作作风,着力打造一支廉洁、高效、服务态度好、执行能力强的机关干部队伍。

第二章　评议原则

第五条　作风评议遵循以下基本原则:

(一)坚持客观公正。以各部门的服务对象评议为主,学生和教师分别评议。

(二)坚持问题导向。主要通过征求意见、问卷调查、服务对象测评等方式进行,发现各部门在服务效率、服务态度、工作纪律等方面存在的问题,形成机关作风评议报告报送校领导并反馈各部门。

(三)坚持弘扬正气。每年对机关作风优秀(比例控制在30%以内)的部门进行表彰,部门机关作风评议情况与部门负责人评优评奖挂钩。

第三章　评议内容

第六条　作风评议内容主要包括服务对象评价情况。

(一)服务对象评价

通过问卷调查的方式完成,主要根据各部门以下三方面评价情况:

1.服务效率

(1)部门网页按学校要求公开信息并及时更新,首页设有服务专区,岗位职责、服务指南、责任人、主副岗制、监督电话明晰可查;

(2)服务流程清晰便捷,工作人员业务熟练,常规业务限时办结;

(3)实行首接负责制,无推诿、拖延现象,工作效率高。

2.服务态度

(1)服务热情周到,语言文明;

(2)积极主动为师生服务,履职尽责,没有"门难进、脸难看、事难办"现象;

(3)加强调研,出台文件、措施切合学校实际。

3.工作纪律

(1)严格遵守国家和学校、部门内部的各项规章制度,依法依规秉公办事;

(2)严格遵守考勤纪律,不无故迟到早退、擅离职守,上班时间不做与工作无关的事情。

(二)投诉反馈情况

通过"校长信箱""纪检举报箱""机关作风意见反馈箱"等途径收集师生关于机关工作作风建设方面存在的问题及投诉情况。

第四章　评议实施

第七条　机关党总支负责评议工作的具体实施,负责问卷调查的组织工作。学校各部门要按照本办法认真做好相关工作。各学院、直属单位、研究机构等应当协助做好问卷调查工作,明确相关联系人。

第八条　作风评议步骤

(一)每年年底由问卷调查工作组分别在教师和学生中进行问卷调查,形成机关作风报告。

(二)由党工委(校长)办公室、纪检监察审计办公室和机关党总支整理"校长信箱""纪检举报箱""机关作风意见反馈箱"等关于机关作风反映问题及投诉情况,由机关党总支负责汇总形成意见及投诉情况报告。

(三)领导小组根据机关作风报告和意见及投诉情况报告作出综合评价,并提出年度评议结果建议。

(四)领导小组将评议结果建议向校区党工委会汇报,研究确定评议结果。

第五章　评议结果及应用

第九条　作风评议分为优秀、良好、合格、不合格四个等级。

第十条　评议结果将结合校区的年度考核工作作为领导干部考核评优、部门绩效考核的重要参考依据。对作风优秀的部门进行表彰和奖励;对在师生投诉问题中,经调查确有责任的部门取消年度评优评奖资格;对情节较重、造成不良影响的部门作风评议为不合格，提出整改意见并限期整改，对整改不力的部门根据学校有关规定严肃问责。

第六章　附　则

第十一条　本办法由机关党总支负责解释。

第十二条　本办法自公布之日起试行。

附件：山东大学(威海)机关作风建设领导小组(略)

中共山东大学(威海)工作委员会
关于将学院团总支更名为学院团委的决定

山大威党字〔2018〕13 号

根据工作需要，经学校党工委研究决定，现将学院团总支更名为学院团委。具体调整如下：

共青团山东大学东北亚学院总支部委员会更名为共青团山东大学东北亚学院委员会；

共青团山东大学(威海)商学院总支部委员会更名为共青团山东大学(威海)商学院委员会；

共青团山东大学(威海)法学院总支部委员会更名为共青团山东大学(威海)法学院委员会；

共青团山东大学(威海)文化传播学院总支部委员会更名为共青团山东大学(威海)文化传播学院委员会；

共青团山东大学(威海)翻译学院总支部委员会更名为共青团山东大学(威海)翻译学院委员会；

共青团山东大学(威海)艺术学院总支部委员会更名为共青团山东大学(威海)艺术学院委员会；

共青团山东大学(威海)海洋学院总支部委员会更名为共青团山东大学(威海)海洋学院委员会；

共青团山东大学(威海)机电与信息工程学院总支部委员会更名为共青团山东大学(威海)机电与信息工程学院委员会；

共青团山东大学(威海)空间科学与物理学院总支部委员会更名为共青团山东大学(威海)空间科学与物理学院委员会；

共青团山东大学(威海)数学与统计学院总支部委员会更名为共青团山东大学(威海)数学与统计学院委员会。

中共山东大学(威海)工作委员会
2018 年 7 月 11 日

关于成立山东大学威海前沿交叉科学研究院的通知

山大威校研字〔2018〕4号

各单位：

为落实《山东大学世界一流大学建设方案》和《山东大学（威海）学习贯彻十九大精神推进“双一流”建设行动方案（2018～2020年）》，培育新兴交叉学科，构建跨学科学术平台，吸引和聚集高水平科研团队和人才，开展面向科技前沿的交叉科学学术研究，经学校研究决定，成立山东大学威海前沿交叉科学研究院（Weihai Institute for Interdisciplinary Research，Shandong University）（以下简称“研究院”）。

研究院是学校实现学科升级改造、吸引和聚集高水平科研团队和人才、孵化培育前沿交叉科学重大研究成果的创新平台。按照山东大学“双一流”建设总体布局，根据国际科技的最新发展趋势和国家经济社会发展的需要，围绕重大科学问题，组织多学科研究力量，开展前沿科学的探索研究，积极推进不同学科之间、基础科学与应用技术研究的交叉融合。研究领域（学科方向）的设立须符合学校的学科升级改造战略以及人才培养和队伍建设需要，引领学术快速提升。

研究院为山东大学威海校区独立建制的学术研究机构。设立战略咨询委员会、管理委员会、学术（教授）委员会；研究院下设若干研究中心（所），中心设若干课题组；设立行政服务中心，为研究院的日常运行管理提供全方位的协调服务工作。

研究院运行模式参照空间科学研究院。在整体架构、聘用管理、薪酬评价、人才培养等方面实行制度化运行，建立以PI制为核心的用人机制和科研组织体系，推行聘用合同制，实行岗位流动制度和人员分类管理，建立多元评价考核体系。学校支持研究院在用人制度、考核评价以及管理服务等方面进行创新和探索。

研究院院长由刘建亚兼任，夏利东兼任常务副院长。同时成立筹备办公室，挂靠学科建设与研究生处，吴丙新兼任办公室主任，成员由党工委（校长）办公室、人事处、科研处、学科建设与研究生处、国际合作与交流处等单位各抽调1人组成。研究院科研办公用房暂设在闻天楼南楼3楼。

山东大学（威海）

2018年7月19日

关于威海校区马列教学部更名为“山东大学马克思主义学院(威海)”的通知

山大编字〔2018〕16号

全校各单位：

经中共山东大学第十三届委员会第146次常务委员会议研究，决定将威海校区马列教学部更名为“山东大学马克思主义学院(威海)”。

中共山东大学委员会

2018年7月24日

关于设立威海校区机关党委、离退休党委的通知

山大党字〔2018〕108号

全校各单位：

根据党章和《中国共产党普通高等学校基层组织工作条例》有关规定，经中共山东大学第十四届委员会第14次常务委员会议研究决定：

设立威海校区机关党委，撤销威海校区机关党总支；

设立威海校区离退休党委，撤销威海校区离退休党总支。

以上单位党组织负责人职务名称相应变更。

中共山东大学委员会

2018年12月29日

管理与服务

党工委(校长)办公室工作

2018年,党工委(校长)办公室在在校区党工委、行政的领导下,在校内各单位的大力支持下,紧紧围绕学校中心工作,切实增强“四个意识”,提高政治站位,不断提升服务质量和工作水平,全力做好参谋助手、组织协调和服务保障等工作,顺利完成各项工作任务。

一、支部建设工作

深入学习贯彻习近平新时代中国特色社会主义思想和党的十九大精神,扎实做好山东大学第十四次党代会精神的学习传达,通过定期召开党员大会、支委会、党小组学习交流会等方式,集中学习交流会议精神,积极落实“两学一做”学习教育常态化制度化,把“三会一课”组织好,进一步加强支部建设。

注重发挥办公室全体成员的智慧和力量,不断增强班子的凝聚力和执行力,营造团结和谐的工作氛围。通过支部“三同一”主题党日讨论座谈会、“赴沂蒙革命老区考察学习活动”“参观天福山起义纪念馆”等,凝心聚力,统一思想,树立“全心全意服务师生、尽职尽责争创一流”的服务理念,不断提高服务效能,努力将各项工作做实、做细、做精。

二、管理服务工作

以加强和改进机关作风建设为契机,体现“放管服”要求,优化再造工作流程,提出具体的信息化建设目标,推动由粗放式的管理向精细化管理服务转变。综合事务工作运转良好,着眼大局,协作创新,简洁高效。全力做好迎新接站、优秀教师表彰大会、开学典礼、毕业典礼、潘承洞数学研究所揭牌仪式等校区大型活动的协调组织工作;修订处级领导干部请假制度并严格落实执行;做好会议服务工作、教职工子女入学外联服务工作;严格印章使用管理,严格落实首接负责制、限时办结制等工作制度,确保服务到位。

三、文字材料工作

注重基层单位调研,做好文稿写作,起草讲话、文件、工作汇报及各类上报材料,做好办会办文,完成常委会、校长办公会、党工委会、党政联席会的议题征集、材料印刷、记录纪要等工作。强化保密意识,及时签收、登记、分办、送批、传阅,并按时清理、回收、保管,无失泄密事件发生。

四、信息管理与督办工作

做好各项重要决策、重点工作的督查工作。坚持将年度工作与阶段性工作相结合，对党政联席会定事项、党政工作要点、假期前后重点工作、学年重点工作等开展立项督查，并注重督查结果的反馈运用

五、校史档案工作

接收、整理、归档各类档案，提供档案借阅服务，出具相关档案证明，出具统一社会信用代码证、法人证复印件等材料，配合完成教育部学生成绩、学历、学位认证工作；做好校史展览馆开放与维护工作，共享山东大学校史资源，举办“山东大学校长系列展览——成仿吾”展览。

启动威海校区年鉴编撰工作，完成了 2014～2015 年、2016～2017 年材料的组稿、审校等工作，完成《威海年鉴》及《山东大学年鉴》中威海校区部分内容的撰写和报送，完成校区年度大事记的撰写等工作。

六、发展规划工作

组织校区教学院部编制中长期发展规划、制定领导班子任期目标，并制定目标任务分解和细化方案；围绕规划指标实现情况、重点任务推进情况、院部规划实施情况、规划后期落实对策等方面对校区“十三五”规划实施情况进行评估。

组织开展 2018 年教育事业统计，完成《2018 年高等教育基层统计报表》填报工作；加强数据挖掘和统计服务，编制《2018 年教育事业统计数据分析报告》与《教育部直属高校年度发展数据分析报告》。

七、国内合作工作

落实服务山东方案，深化校地合作共建。与威海市政府召开两次加快新旧动能转换联席会议，与环翠区人民政府签订全面合作协议，编制并修订《山东大学威海发展研究院共建方案（草案）》、草拟《威海发展研究院章程》《山东大学工业技术研究院（暂用名）筹建方案》；制定《校地合作共建需求对接方案》，并与市相关单位积极对接。

实施全面合作，推进合作进展。协同威海市有关部门（区市）开展区域研究，开展落实“特色小镇发展的路径研究”等项目；协助联络校区教师担任“博士智囊团”挂职科技镇长，助力环翠区发展；与哈尔滨工业大学（威海）、迪尚集团等单位签订校际、校企合作协议，加强人才交流与培养，实现资源共享。

服务中韩自贸区建设，协助编写《韩国发展报告》、建设朝鲜半岛数据库等；服务“智造山东”，与文登区共建“空间碎片监测标准示范站”；协助澳大利亚斯威本科技大学与临港区共建“先进制造技术联合研究中心”；服务“海上山东”，对接威海市海洋产业发展需求，推进海洋农牧业研发等；服务“美丽乡村”建设，协助驻临港区汪疃镇石家泊村第一书记开展帮扶工作。

八、校友工作

以“情怀、温度、宽容”的工作理念凝聚并服务校友，积极开展校友工作。不断完善校院两级校友工作制度，组建校友工作服务团队；组织优秀校友企业回校招聘，利用新媒体信息平台积极开展工作，如校友网站、玛珈校友之家微信平台、校友网络群组等；组织荣成马拉松山大校友跑团、校友会足球比赛、捐赠“校友小树林”等活动，凝聚校友、服务校友。

2018 年 5 月，山东大学威海校友会成功换届，大会通过《山东大学威海校友会章程》，选举产生第三届威海校友会理事会，进一步推动完善了校友工作体系。2018 年新组织成立潍坊、青海、澳大利亚、无锡四个校友会。

（张正武）

纪检监察审计工作

2018年，在校区党工委和纪工委的领导下，在各部门的支持配合下，纪检监察审计办公室紧紧围绕全面从严治党和校区“双一流”建设行动方案，按照校区2018年度党政工作要点提出的工作目标和任务，经过本部门同志的共同努力，较好地完成了全年的各项工作任务。

一、提高政治站位，推动校区全面从严治党工作向纵深发展

认真学习习近平新时代中国特色社会主义思想、党的十九大精神和中纪委十九届二次全会精神，坚定“两个维护”，牢固树立“四个意识”。组织校区干部参加2018年教育系统全面从严治党工作视频会议和山东大学2018年全面从严治党工作会议。认真学习贯彻落实学校十四次党代会精神，参加学校干部培训。通过有关学习和培训，提高了政治站位，强化了“四个意识”，坚定了“四个自信”，增强了深入推进全面从严治党的责任担当的自觉性，为学校“双一流”建设和校区“一二三”发展规划提供了坚强政治保障。

压实全面从严治党主体责任，落实领导干部“一岗双责”。以强化政治纪律、政治规矩为重点，认真开展全面从严治党责任专项约谈工作。校区领导对机关部处及直属单位负责人进行落实全面从严治党责任专项约谈工作共30人次；其中纪工委书记对校区机关直属单位主要负责人的约谈实现全覆盖。召开处级干部全面从严治党专题报告会暨学院新任领导班子任职廉政谈话会，党工委书记尹作升，党工委副书记、纪工委书记郭培良作了廉政谈话；召开全校中层干部大会，郭培良同志在会上作《提高政治站位 强化责任担当 坚定不移推进学校全面从严治党》专题报告，要求领导干部履行好全面从严治党主体责任，强化落实领导干部“一岗双责”。

对新提拔的全部处级领导干部、科级干部认真进行廉政考察，出具对拟提拔干部的纪检部门意见，配合组织部开展考察工作。

二、学习《中国共产党纪律处分条例》，加强干部党纪教育

转发《中共山东大学委员会关于深入学习贯彻〈中国共产党纪律处分条例〉的通知》；校区纪工委为党员干部订购新修订《中国共产党纪律处分条例》（以下简称《条例》）；在宣传栏展示《条例》的宣传彩页；组织开展《条例》在线学习竞赛活动。在党建工作专题会暨理论学习中心组（扩大）会议和基层党组织纪检委员培训会上，专题进行《条例》的学习辅导。组织师生通过视频会学习《条例》专题辅导报告和2018年度党支部书记集中培训会上学校纪委副书记刘珂《从全面从严治党角度解读新修订〈条例〉精神》的讲座。基层党组织也掀起了学习《条例》的热潮。通过深入广泛的学习活动，教育引导党员干部增强遵守党纪党规的自觉性。

三、积极配合山东大学党委巡察工作,落实巡察整改工作

积极配合山东大学党委对校区艺术学院党总支、体育教学部直属党支部的巡察工作。纪检监察审计办公室抽调两位同志直接参加巡察组,做好协调服务,保证了巡察工作顺利开展,圆满完成了巡察任务。

督促推进被巡察单位落实巡察整改项目。8月,校区召开艺术学院党总支、体育教学部直属党支部巡察整改汇报会,校区领导听取了被巡察单位巡察整改方案和推进情况,并对下一步巡察整改提出了意见。到被巡察的两个单位党组织调研了解整改情况,提出指导意见。党工委副书记、纪工委书记郭培良还在党建专题会议上就做好巡察的“举一反三”对校区基层党组织提出了明确工作要求。

四、加大信访工作力度,强化监督执纪问责

认真做好信访件的查办工作,要求工作人员对每个信访件都认真调查核实,确保了解的情况真实,结论可靠。

运用好监督执纪“四种形态”,强化监督执纪问责。共函询3人,提醒谈话1人。给予1名违纪党员教师留党察看处分。

有效开展监察工作。在处理信访件和开展审计工作中,针对部分单位在管理方面存在的风险和问题,发出监察建议书6份,涉及教工食堂管理、退休人员资产移交、基层学位委员会组成的补充调整、体育部群体工作量核定及体育场地管理和法学院学生党员档案管理等方面,督促相关部门对存在问题进行整改。监察建议书得到有关部门的积极回应,有的已经整改,没有即时整改的也提出了整改措施方案。

五、聚焦主责主业,盯紧重点领域关键环节

认真贯彻中央纪委部署的纪检监察机关“转职能、转方式、转作风”。从下半年起,纪监审办公室对招生、招聘、招标和设备资产验收等具体业务工作基本不再现场直接参与,以突出监督执纪问责的主业主责。

与相关业务部门调研沟通,积极探索“三转”后的监督方式方法。通过对有关信访件的调查处理,对所反映问题的了解、审计以及必要的直接监督,对重点领域、关键环节实施有效监督,及时纠正工作偏差,防范廉政风险。

六、持续抓好中央“八项规定”精神的落实工作

认真监督学校为贯彻中央“八项规定”精神所制定的各项规定的执行情况,盯紧重要时间节点,关注违反中央“八项规定”的新动向、新方式,坚决防止反弹回潮,巩固中央“八项规定”精神成果。

七、积极开展各类专项审计工作,经济责任审计实现任中与离任审计相结合、党政领导干部审计同步进行

认真开展内部审计工作,高质量完成经济责任审计工作。2018年共开展各类内部审

计项目52项，其中：财务收支例行审计2项，专项审计4项，领导干部经济责任审计46项；从会计基础工作、内部控制制度、财务管理、资产管理、大额采购、“八项规定”执行情况以及经营状况等多个方面对被审计对象进行了评价和建议。

在领导干部经济责任审计方面，采用任中审计与离任审计相结合的方式，并实现了党政领导干部的同步审计。按照《山东大学经济责任告知暂行办法》，建立经济责任任前告知制度。配合组织部对全部中层主要领导干部的提拔、换届续任、轮岗转任进行经济责任任前告知。

八、改进大额度资金审计工作，提高工程审计工作水平

贯彻落实“放管服”改革要求，提高了大额度资金审计额度，部分大额度资金审计额度从原2万元提高到5万元，简化了办事流程，达到了更好地为师生服务的目的。

经审计的大额度资金支出业务共计444项，总金额为9793.29万元。通过审计，有效加强了大额度资金使用的内部控制，规范了大额度资金支出管理。

严格履行合同审查工作职责。加强对合同签订前的审查力度，对基建修缮工程合同的清单予以审查，重点审查合同签订的合规性、合理性，规范合同签订流程，监督合同履行过程，完善合同签订内部控制，维护学校利益。

规范委托社会中介机构审计的管理工作。2018年度，完成对工程审计项目委托中介机构和内部审计项目委托中介机构入围遴选的招标，确定了内部审计项目3家、工程审计项目5家共8家社会中介机构，承担校区部分审计工作，有效提高了审计能力和专业化水平。

认真开展基建工程造价全过程审计工作，严格控制工程造价。对新建学生宿舍工程、体育训练馆工程和东门吉林路东侧教职工周转房工程开展全过程审计。积极配合造价咨询中介机构全面开展建设工程全过程审计工作，定期去工程现场查看施工进度，按时参加工程监理例会，如实复核工程签证和工程量，监督工程变更手续执行。11月，新建学生宿舍工程完成最后结算审计工作，审减力度较大。

规范基建、修缮工程结算审计工作，提高审计质量，促进基建、修缮工程的科学管理。对较大的基建、维修工程，加强对施工现场的定期查看；若工程施工质量有问题，马上提出意见并要求整改；对隐蔽工程及时记录，重点关注工程变更，参加工程价格签证谈判，加强市场调研，及时了解市场信息，为学校争取利益，节约资金。对金额较小的零星修缮工程，也严把价格、质量关，在现场对工程决算报送的工程量一一进行核实。

全年共审计各种基建及零星修缮工程67项，报审值8309.92万元，审定值8001.7万元，审减值308.22万元，审减率3.71%。

九、坚持学习教育常态化，加强纪检、监察、审计干部队伍建设

配合组织部及时做好基层纪检委员的配备调整工作，完成已换届14个基层党组织纪检委员的调整工作，并适时进行培训。

抓好纪检监察审计干部队伍的政治学习和业务培训。结合日常政治理论学习，坚持和加强对纪检监察领域政策法规的学习和掌握；认真学习习近平总书记在中央审计委员

会第一次会议上的讲话,以高校即将实行的政府会计制度改革为重点,开展有关审计理论和业务学习,提高审计人员的理论业务水平和工作能力。10 月,纪监审办公室由校区领导带队一行 4 人赴南京大学、上海交通大学等四所高校调研考察,与四所高校就全面从严治党、加强内部审计等方面工作进行了交流研讨,分享经验和做法,取得了较好效果。

(王　晶　张　珂)

组织工作

一、树立大党建工作格局，以党建推动校区事业发展

（一）周密部署，精心组织，做好党代会筹备和宣讲工作

认真做好山东大学第十四次党代会代表选举、两委委员候选人提名推荐，确保每个环节的工作落到实处；共选举产生28名党代表。顺利组织参加党代会，为学校发展献言献策，充分发挥党代表的作用。党代会后，与宣传统战部共同抓好党代会精神宣讲，组织成立10个宣讲团，在各单位开展宣讲工作。

（二）对标自查，精心梳理，展现校区党建工作成绩

2018年9月，在威海市全市组织工作会议上，校区党工委代表驻威高校作了题为《不忘办学初心 牢记育贤使命——以党建引领学校改革发展》的典型发言，集中展示了校区以党建引领学校事业改革发展的做法。11月，在山东大学党建工作会议上，校区党工委作了题为《融入中心抓党建，抓好党建促发展——以党建引领校区“双一流”建设》的交流发言。

（三）落实基层党建工作专题会议制度，着力打造党建工作学习交流和推进平台

先后召开4次基层党建专题会议，分别结合学习传达习近平总书记重要讲话精神、山东大学2018年党建工作要点、十四次党代会精神和党建工作会议精神，部署安排校区需重点抓好的党建工作任务，把抓党建与推改革促发展有机融合、协同推进，着力在提高校区基层党建质量上下功夫。

二、严把标准，公正用人，打造高素质干部队伍

（一）突出政治标准，完成教学院部中层班子换届工作

根据学校党委下发的《中共山东大学委员会关于威海校区学院领导班子换届调整工作方案》，研究制定了《威海校区学院领导班子换届调整工作实施方案》。4～6月，经过前期民主测评、民主推荐、谈话考察、档案审核等程序，对东北亚学院、商学院、法学院（威海）、文化传播学院、翻译学院、海洋学院、机电与信息工程学院、空间科学与物理学院、数学与统计学院、马克思主义学院（威海）等10个学院新一届领导班子成员进行了换届补充调整。下半年，对艺术学院（威海）和体育教学部党政领导班子进行了换届补充调整。在干部选拔过程中，注重充分发扬民主，民主测评和民主推荐参与率达到72.7%。注重加强岗位交流，优化班子结构，对5位党委书记进行了座谈，新提任的9名党委副书记都是到新单位任职，7位党员院长（常务副院长）担任学院党委副书记。调整后学院领导班子平均年龄由51岁降至43.3岁，年轻化水平得到较大提高，学历层次有较大提升，领导班子整体功能得到增强。

(二)开展集中轮训,提升干部能力素质

围绕学习贯彻党的十九大、全国教育大会和学校第十四次党代会精神,组织开展全校处级干部集中轮训、学院新任处级领导干部集中培训、机关科级干部培训和学团干部集中培训班,举办专题讲座培训(视频培训)20 余场次,教育引导广大干部深刻把握高等教育面临的新形势新任务和党代会精神实质,统一思想,凝聚共识,提升了干部理论素养。结合校区学院换届调整实际,邀请有关职能部门负责人开展业务培训 12 场次,着力提升新任处级干部业务能力,使其尽快熟悉工作,融入角色。

(三)落实任期目标制度,从严监督管理干部

与有关职能部门配合,做好各学院中层单位领导班子任期目标制定和单位中长期发展规划编制工作,与干部考核管理相挂钩。健全干部谈心谈话、函询诫勉、任前承诺等制度,2018 年 7 月份召开新任干部任前集体谈话会。落实单位主要负责人经济责任审计制度,对全校 44 名党政主要负责人进行了经济责任告知,对 2013 年以来离任和续任的 46 名单位主要负责人进行了经济责任审计。严格领导干部因私出国(境)和社会兼职审批,规范干部日常监督管理。

(四)鼓励干部兼职挂职,大力推进校地合作

校区首例选派 1 名同志进驻汪疃镇石家泊村担任第一书记,组织机关 18 个党支部与石家泊村贫困村民结对开展精准扶贫,从钱款物上支持第一书记开展工作、解决难题,使石家泊村从“轮胎村”蜕变成“文明村”,受到威海市大力表扬。选派 6 名教师挂职环翠区“博士智囊团”,积极融入地方经济社会发展,建立校地合作桥梁。2018 年获批威海市党建创新课题 1 项、校地合作项目 2 项,取得明显成效。

三、落实高校党建重点任务,促进党建质量全面提升

(一)认真开展自查整改,积极推进高校党建工作重点任务落实落细

结合校区实际列出重点任务清单,细化分解到 9 个党群职能部门和各基层党组织,明确完成时限。组织召开党建工作重点任务落实调度会,对照 32 项重点任务和中央、省委巡视反馈问题,认真开展自查,集中开展专项整治行动,坚持治标与治本相结合,扎扎实实推进重点任务落实落细。

(二)注重制度建设,推进基层党建规范化

为加强和规范党建活动经费的使用和管理,制定下发了《基层党组织党建活动经费使用管理办法(暂行)》,把基层党建经费的使用管理权放至学院党委,利于基层党组织灵活开展组织活动,提升基层组织活力。

(三)注重过程培养,确保党员发展质量

坚持“三好标准、四级培训、五项制度”的发展体系,确保发展的党员质量。2018 年下半年启用了“党旗飘飘”全国大学生入党在线培训平台,通过线上线下相结合,加强入党前的过程培养,为组织入党、思想入党奠定基础。全年共培训入党积极分子和党员发展对象 1500 余人次,发展党员 630 人,审批 504 名预备党员转正,审核 95 名新生党员的档案材料,完成 650 名毕业生党员的组织关系转接工作。

(四)做好优秀典型宣传展示,发挥示范引领作用

“七一”前后,遴选部分党支部典型做法在宣传栏予以集中展示,发挥示范引领和带

动作用。与学生工作部联合举办“初心讲堂”，通过“信仰的力量”“殷树山先进事迹报告会”等形式，教育广大师生党员坚定理想信念、牢记党的宗旨。组织开展“不忘初心，牢记使命”“同一目标、同一标准、同一精神家园”主题党日活动，通过开展党员亮身份、当先锋，组织收看《榜样3》《党员登记表》专题节目等系列活动，引导广大党员向榜样学习。

（五）全面开展对标争先，以点带面提升党建质量

按照教育部和省委教育工委有关通知要求，紧紧围绕“对标争先”“十百千万”工程中“五个到位”“七个有力”等主要任务，在校区范围内引导各基层党组织在对标自查的基础上，培育遴选“双带头人”教师党支部书记工作室、党建工作标杆学院和样板支部。向上级推荐2个标杆学院、4个样板支部和4个“双带头人”教师党支部书记工作室参与创建培育。

（六）选优配强支部书记，加强党务工作队伍建设

落实中央和山东大学《关于加强和改进基层党建工作的意见》有关要求，为每个学院配备了组织员，并开展相关业务培训。认真抓好任期届满的党总支和党支部按期换届选举工作，按照“双带头人”标准选优配强教师党支部书记。2018年11月份集中开展全校103名师生党支部书记轮训，选派12名教工党支部书记参加全国高校基层党支部书记学习贯彻党的十九大精神专题网络培训班。

四、狠抓巡视巡察整改，加强全面从严治党

高度重视对巡视巡察反馈意见的整改落实，对中央巡视反馈的两个问题整改到位；完成校区结合实际制定的89项整改措施。针对校党委巡察艺术学院、体育教学部反馈指出的问题，校区成立巡察整改工作领导小组，督促两个单位抓好整改落实，同时要求校区各基层党组织对照巡察反馈意见举一反三，做好自查自纠，深入查找本单位存在的普遍性问题，推动全面从严治党向纵深发展。

（赵　昆　梁奉军）

宣传统战工作

2018年，宣传统战部坚持以习近平新时代中国特色社会主义思想为统领，深入贯彻落实全国教育大会精神、全国宣传思想工作会议精神和山东大学第十四次党代会精神，围绕中心工作，把握根本遵循，勇担使命任务，把统一思想、凝聚力量作为中心环节，为校区实现跨越发展提供坚强思想保证和强大精神动力。

一、举旗帜、定方向，促思想引领入脑入心

(一)以习近平新时代社会主义思想为指导，武装师生头脑

出台了《学习贯彻十九大精神 推进"双一流"建设行动方案(2018～2020年)》《关于开展"大学习、大调研、大改进"的通知》，确保习近平新时代中国特色社会主义思想和党的十九大精神在校区落地生根。建立了"学习宣传贯彻党的十九大精神专题网站"，对师生员工贯彻落实习近平新时代中国特色社会主义思想和党的十九大精神进行及时报道。成立了十九大精神宣讲团，走进师生开展理论宣讲共计24场次。

(二)以山东大学十四次党代会精神为引领，指导师生行动

研究制定了关于认真学习宣传贯彻中共山东大学第十四次党代会精神的通知，召开校区第十四次党代会精神宣讲团成立暨启动大会，邀请17名党代表分4组开展多层次、多形式、全方位的宣讲活动。发挥宣传阵地优势，通过校区新闻网、官方微信微博及时发布党代会相关报道60多篇，并设置学习党代会新闻专题，集中报道各单位学习宣传贯彻党代会精神的最新动态和学习成效。

二、管阵地、把导向，促政治自觉责任担当

(一)以巡视督导为契机，落实意识形态主体责任

先后接受山东省委第六巡视组、威海市委意识形态督导组对校区意识形态工作进行的专项巡视督导，将意识形态自查整改工作引向深入。修订完善了意识形态工作责任制实施细则，校区领导、各单位党政主要负责人按年度层层签订意识形态工作责任书，切实将意识形态工作落细落实。加强阵地管理，年内校区举办的169场哲社类报告会、讲座、论坛等活动全部坚持"一会一报""一事一报"，做到报批备案。

(二)以中心组学习和教职工学习为抓手，确保学习实效

制定了党工委理论学习中心组学习安排意见和教职工政治理论学习安排意见。2018年以来，校区党工委成员视频列席山东大学党委中心组学习12次，校区党工委理论学习中心组进行了5次集中学习研讨，并于暑期开展个人自学，上交学习心得体会。各级党组织结合实际，积极制定了本单位理论学习中心组学习安排和教职工理论学习安排计划，并定期就学习情况开展督查考核。全年共组织推荐12人次参加全省社科理论骨

干和高校哲社教学科研骨干研修班，推荐1人次参加中宣部教育部组织的哲社教学科研骨干研修。整理下发19期教职工理论学习资料，及时更换校内10期宣传栏内容。人民日报大型LED数字屏媒建成投入使用。

三、育新人、强信念，促文化自信信念坚定

（一）加强思政教育引导

深入贯彻落实全国高校思想政治工作会议精神，转发《中共山东大学委员会关于加强和改进全员全过程全方位育人工作的意见》，进一步加强和改进新形势下思想政治工作。据统计，2018年以来，校区领导到课堂听思政课14次。思政研究会课题立项33项，切实加强了思想政治研究。

（二）丰富活动内容和形式

组织师生收听收看纪念马克思诞辰200周年大会，深入学习领会全国“两会”精神，不断增强师生思想政治理论水平。举办传统京剧进校园活动、大学生中华经典诵读大赛、“唱响主旋律，传扬正能量”歌咏大赛和大学生思想政治风采大赛，进一步弘扬中华传统文化，引导和推进社会主义核心价值观融入广大师生的学习生活和精神世界。

四、兴文化、强队伍，促文化传承资源共享

（一）深化“三同一”理念

积极参与山东大学文化委员会，谋划校园文化建设。建立宣传思想文化工作联席会议制度，先后两次开展一校三地宣传思想文化工作交流。密切与校党委宣传部沟通联系，联合拍摄制作校区宣传片。召开2019年《百微山大》选题征集会，计划推出校区特色亮点工作系列报道。配合山大视点网站在第一届全民运动会和排球总决赛期间开展宣传工作。2018年共向山大新闻网报送要闻稿件40篇，山大日记6篇，配合《百微山大》栏目制作宣传视频7期，推送《百微山大》视频节目53期，定期推送“文学生活馆”讲座信息，使得校区师生能够共享山大优质教育资源。

（二）强化队伍建设

加强和改进校区宣传思想等有关工作，按照加强力量配备、明确专岗专责、着眼优化结构的原则，建立了校区宣传思想工作负责人，联络员、宣传员队伍，校区学生记者团等三支队伍，为沟通联系、信息采集、教育培训、舆情处置等各项工作更好开展奠定了基础。

五、展形象、重实效，促新闻宣传开拓创新

（一）推动宣传思想阵地建设

加强策划力度和宣传强度，2018年校区新闻网共编发各类新闻稿件1200多篇，全面系统地报道了全校各项工作动态。校区官方微博、微信等新媒体宣传力度进一步加大，影响力与关注度得到大幅提高。截至2018年年底，微信公众号共推送文章450多篇，关注人数近3.4万人；新浪微博共发布状态1500余条，关注人数达1万多人。

（二）大力开展对外宣传工作

邀请光明日报、山东广播电视台入校对思政教育成果进行重点报道。积极主动将学

校发展成就、大型会议与活动等宣传出去,联系省市媒体10多家对“山东论坛”进行全方位报道,编发外宣稿件19篇。年内校区教师在《人民日报》《光明日报》《科技日报》《中国社会科学报》等中央媒体发表各类学术文章10多篇。

六、强管理、重规范,促统战工作水平提升

(一)深入推进统战工作落实

调整成立党工委统战(宗教)工作领导小组,组建校园统战委员队伍,并组织部分统战委员赴中央社会主义学院开展为期一周的学习培训。更新完善校区统战数据库,配合组织部门对民主党派中代表性强、层次高的人选进行重点推荐,校区共有山东省政协委员2人,威海市政协委员5人。向省委统战部推荐无党派代表人士入库人选7人。

(二)加强学习交流和培训

组织统战人员参加“百名专家连百企”活动、全省高校统战部长培训班、党外代表人士建设工作研讨班、归国留学人员代表人士研修班和省政协新任委员培训班学习和交流。配合威海市委统战部、农工党济宁市总支等单位先后来校区调研,支持民盟盟员积极参政议政,开展“双岗建功”活动。协调组织致公党校区支部党员先后赴潍坊、荣成等地考察调研,积极开展纪念中共中央发布“五一口号”70周年征文活动,组织开展2018年“同心·光彩助学行动”,为校区50名贫困学生每人申报5000元的资助。

(戚伟良)

学生工作

一、学生思想政治教育工作

2018 年，校区加强学生在线微信平台及队伍建设，以专栏为抓手，开辟《经典诵读：青年・马克思这样说》《师说心语》《热点聚焦》等新栏目，调动辅导员和学生骨干积极性，推出原创网络内容，系统开展网络思政教育工作，微信平台全年推送新媒体信息 245 条。学生在线网站改版，发布各类信息 700 余条，《有问有答》栏目回复 380 余条。为做好"易班"建设前期准备工作，组队赴华南农业大学和中国石油大学(华东)学习相关建设经验，参观示范建设高校的易班发展中心，并选派相关教师参加山东省第二批易班建设专题培训。

2018 年，学生处共安排形势政策课 213 班次，开设就业创业、心理等通选课程 19 门，共 91 个班次，开展新生入学教育活动 233 项。开展新生精神信仰问卷调研，并撰写专项报告。评选省级先进集体和个人 23 个，校级先进班集体、优良学风班共 79 个；评选"十佳百优"学生 100 名，校院级"自强之星"100 名。通过"学术诚信月""师说讲堂"等活动，开展研究生思想政治教育工作。

二、学生党员教育工作

校区探索建立学生党员教育的长效机制，通过"初心讲堂"、理想信念教育专场讲座、殷树山先进事迹报告会、刘公岛爱国主义基地实践教育、组织学生党员观影《厉害了，我的国!》等活动，将理论与实践教育相结合，力求实现学生党员教育的常态化。

三、学生发展指导

(一)学生心理健康教育与指导

2018 年，心理指导中心邀请国内心理危机干预专家唐海波开展心理危机干预工作培训 2 次；派遣专兼职心理咨询师和学院心理负责人外出学习心理危机干预的工作技能；梳理、编辑《预警对象及分类干预措施工作指南》和口袋书，规范心理危机事件处理流程。参与指导危机干预案例 38 件次，转介专业精神卫生中心就诊治疗学生 18 人次。新增专职心理咨询师 1 人，培训专兼职心理咨询师 308 学时。面向学生开展各类心理专题培训 11 次，朋辈心理咨询热线正式运行。校内外专兼职心理咨询师共值班 181 次，咨询学生 366 人次，学生家长 8 人次。对 4044 名新生(含研究生)进行心理普查，筛查约谈 329 人。"双助"项目立项 15 项，开展各类心理教育活动 196 场，2600 余人次参与，心理健康工作获得省级奖励 3 项。

(二)学生就业指导

校区组织9支团队开展“访校友、访企业”暑期社会实践活动;邀请宝洁、华为等知名企业人力资源部负责人担任第八届未来企业精英选拔赛评委,吸引1300余名学生参与;在新生中开展职业生涯团体辅导10期,开展“新生知威海——参观知名企业”活动(1500余名新生参与);为学生提供职业生涯发展个体咨询136人次,团体咨询3次;开展简历门诊、求职技能微讲堂等职业指导活动33期。

(三)资助育人

校区30支团队(150人)参加“添翼”社会实践;立项资助30支“助人助己,以群体带动群体”团队(182人);开展海(境)外经历专项资助活动,资助20人赴台湾地区高校短期访学。推动素质技能培训,开展公务员、教师资格证考试培训,学院申报项目6项,内容涉及学业帮扶、素质拓展和海外助学金,预算额度23万元,870余人参加素质拓展培训。

(四)学业指导

2018年选配本科生导师509人,指导学生4416人次;为近300名学业困难学生开展公共数学补课64学时;组织开展12场海外游学项目说明宣讲会,完成42名赴美项目学生的教育派遣。

(五)学生国防教育

2018年,为做好大学生应征入伍工作,成立校区征兵工作领导小组,建立各学院征兵工作联系人制度,通过线上线下多种途径宣传征兵信息,校区共有10名学生应征入伍。

(六)研究生教育指导

2018年,校区开展研究生“海纳”文化节、“半岛研究生论坛”、“时政讲堂”等活动;构建“名师讲坛”“学术沙龙”“乐知读书会”和“润思讲坛”“3+1”学术活动体系。

四、学生事务管理工作

(一)学生奖学金评定和违纪处理

2018年,本科生评奖评优6909人次,发放各类奖学金619.25万元;研究生评奖评优1047人次,发放各类奖学金438.1万元。共下发学生处分处理文件20份,处理违纪学生45人次,违纪撤销113人。

(二)学生资助与保险

2018年,校区资助家庭经济困难学生21243人次,资助额度1633.78万元。设立勤工助学岗位1136个,资助金额199.75万元,各类代偿16人次、20.26万元,保险报销1770人次、61.66万元,为1645人办理了校园地和生源地助学贷款,提供“添翼”活动素质拓展经费46.3万元,400名学生通过“绿色通道”入学;发放研究生助学金978.48万元,设立研究生助管岗位83个。

(三)宿舍管理工作

2018年,校区完成2800名学生的宿舍调整工作,制定《以院为单位集中住宿的实施方案》,计划用3年时间实现本科生“以学院为单位集中住宿”。完成学生公寓8号楼和5号楼大型维修,在学生公寓试点建成“多功能自助室”3处,自助室内配备冰箱、微波炉等生活设施。制定实行《山东大学(威海)学生公寓违纪行为认定细则》,2018年处理公寓违纪学生17人。修订《山东大学(威海)文明宿舍创建评选办法(试行)》,2049个宿舍申报创建校区文明宿舍,约占校区学生宿舍总数的69%;评选2018年度星级文明宿舍280个。

(四)学生就业工作

截至2018年11月底,2018届毕业生就业率为90.2%。2018年来校举办校园专场招聘企业共计266家,比2017年增加33家;10地市人才中心、央企组团招聘;组织两场大型校园双选会,参会企业567家;全年共提供岗位54600余个,岗位信息覆盖校区全部学科专业。与校本部就业中心加强沟通协作,共同走访威海、潍坊、济宁等三地市人社部门和重点企业,做好浙江、广东、宁夏、天津等多省、市和自治区的选调生报名招录工作。组建大学生职业发展联盟、学生就业招聘服务团、学生基层公共管理研究会等就业类社团,建设浪潮、歌尔并筹建腾讯、联想等校企合作俱乐部。2018年组织开展北京—天津、广州—深圳—厦门、上海—南京—苏州、武汉—无锡等四条路线的就业市场拓展,在巩固已有就业市场的基础上,新邀请广州海格、福建建发等重点企业来校招聘。

五、辅导员队伍建设

2018年,校区招聘专职辅导员6人,保资辅导员3人。来校区岗位交流老师2人,外派1人,同时选派63人次外出参加各类专题培训和考察交流,开展新入职辅导员专题培训,并与组织部联合举办学团干部学习班。做好辅导员工作室建设,对首批辅导员工作室进行结题考评,对第二批辅导员工作室进行一年期考核。开展第二批校区人文社科(大学生思想政治教育)立项工作,立项15个,资助经费10万元。2018年学生工作队伍共发表论文36篇,主持校级以上课题立项32项,出版专著2部。

六、学生工作资源共建共享

2018年,学生处推动与校本部学工系统实现工作研讨、沟通交流常态化,推进学生工作资源共建共享。校本部面向威海校区开放了毕业生春季、秋季就业双选会,山东大学赴外交部参观考察活动等重要就业资源,以及山东大学“十大优秀研究生”、优秀班集体以及军训表彰等荣誉体系;同时2018年内校本部掌握的辅导员外出培训研修名额全部划拨威海校区。在共享校本部优势资源的同时,学生处也发挥校区环境优势,配合校本部组织筹办山东省2018年度辅导员工作论坛、山东大学暑期学生工作研讨会等活动。

(闫红伟)

共青团工作

2018年,校区团委以党的十九大精神和习近平新时代中国特色社会主义思想为指导,认真学习贯彻落实山东大学第十四次党代会精神和团的十八大精神,坚持稳中求进工作总基调,紧紧围绕山东大学"双一流"建设目标,认真落实校区"双一流"建设行动方案及党政工作要点,坚持立德树人,聚焦主责主业,全面深化改革,推进从严治团,切实增强政治性、先进性、群众性,团结引领广大团员青年为山东大学"双一流"建设和威海校区"一二三"发展规划实施发挥了生力军作用。

一、贯彻落实校区"双一流"建设行动方案要求,充分发挥共青团作用

1.深入推进习近平新时代中国特色社会主义思想"四进四信"活动。举办第三期"青马工程精英班",形成以政治素养提升为核心,理论教学、红色体验、课题研究、社会观察、志愿服务、自我成长六位一体的学员培养模式,开展夏令营集中培训、社区基层挂职、理论课题研究、红色实践教学、青年领袖讲堂、读书分享会、玛珈学堂、青马论坛等活动,取得良好的培训效果。依托青年学习社,组织开展"习近平新时代中国特色社会主义思想研究专项"学生科研课题申报活动,共有39项课题立项。面向全校团支部开展"学习十九大精神"先进团支部评选活动;举办第三届"四进四信"微博辩论赛,组织团学干部参与"青年大学习"网上主题团课活动。

2.发挥文化育人职能,弘扬爱国主义、传统文化主旋律。以重要时间节点为契机,组织学生收看南京大屠杀死难者国家公祭仪式、向人民英雄敬献花篮仪式。举办"五四"表彰大会、迎新生文艺晚会等系列文艺活动,培养学生家国情怀。精心打造"大使讲坛""行知讲堂"等高端文化讲座活动,加强孔子学堂、科技学术节、社团文化节建设,共计68项活动,累计1万余人次参与。

3.以"三同一"为目标,挖掘山大文化内涵。举办"山魂海韵,百年山大"校史大赛、"山大故事"短剧大赛、"空间天气日"山东大学一校三地系列科普等活动;编辑印刷《山大学子故事》,开展山大青年说系列活动之"榜样开讲啦"活动;组织参与山东大学一校三地活动,获评"榜样的力量"学生年度人物1人,校史知识大赛获一等奖1项、三等奖3项;在山东大学第八届"研究生院杯"师生羽毛球比赛中,校区代表取得团体冠军,并获得赛事最佳组织奖。

4.开展"青春大学习 奋斗新时代"暑期社会实践活动。2018年共组建社会实践团队705支,扶持经济困难学生285人参与"添翼"社会实践专项行动,组织12支团队开展走访校友和企业专项活动,16支团队参与山东省扶贫三下乡"千村行动",28支团队入选全国"井冈情·中国梦""百所高校上党行"等国家级社会实践专项。11个项目和团队获评全国社会实践专项优秀项目和团队荣誉称号,20支团队获得第十届"调研山东"专项行动

立项，20 支团队、27 名教师、87 名学生获山东省暑期三下乡社会实践活动优秀集体和个人荣誉。

5.多点发力，服务文化山东和威海新旧动能转换。积极组织参与威海市举办的国际铁人三项赛、国际渔具展等 11 项大型赛会志愿服务。组织大学生赴校区帮扶村石家泊村、汪疃镇及威海市文登区埠口港文艺演出，在金海滩、寨西社区建立志愿服务威海工作站，入驻阳光义工服务队等 4 个学生志愿服务组织，全面开展“四进社区”活动，全年举办 20 余场送文化下乡活动。深入开展以“青春扶贫”为主的威海市困难家庭子女帮扶行动、“关爱老人六个一”志愿服务活动，深入开展威海高校防治艾滋病知识竞赛。组织开展 2018 年志愿服务立项活动，培养特色品牌项目，基于残疾人假肢的 3D 打印模式研究项目获第三届山东省志愿服务项目大赛银奖；社区禁毒项目、黄发垂髫项目分别获中国红十字会和山东省红十字会立项资助。

二、深入落实《中共山东大学(威海)工作委员会关于进一步加强和改进学校共青团工作的实施意见》，稳步推进共青团改革

1.细化任务分工，加强督促落实。校区团委印发《共青团山东大学(威海)委员会深入贯彻落实〈中共山东大学(威海)工作委员会关于进一步加强和改进学校共青团工作的实施意见〉任务分工方案》《山东大学(威海)学生会组织改革方案》《山东大学(威海)学生社团管理办法》等一系列具体文件，落实共青团改革各项要求。

2.打造团支部分阶段成长模式。在新生团支部中全面推进“班团一体化”试点建设，遴选组建“团建指导员”并开展为期一年的新生支部团建指导工作；以第四届“活力支部大赛”为龙头，激发二、三年级团支部的活力和创造力；以第十一批主题教育实践立项为主线，引领基层团组织锐意改革，提升基层团组织思想引领水平；通过“最美团员、最美团干部”寻访及分享活动，增强支部团员和团干部的荣誉感和认同感。2018 年，校区涌现出一批先进支部和个人典型，2014 级电子一班团支部获“山东省五四红旗团支部”，郭仪获评山东省大学生自强之星标兵(全省 10 人)，王艺昕、丁传磊获评团中央“中国电信奖学金”暨“践行社会主义核心价值观先进个人”。

3.构建本科生、研究生校院班三级学生权益维护工作体系。通过打造校园提案大赛、维权热线、“权小威”和“提案君”线上平台等参与方式，加强“校长有约”“处长下午茶”“青年会客室”“提案答复会”“‘1+1’联动机制平台”的建立，实现职能部门与全体学生的互动。2018 年共收集校园提案 1300 余份，向职能部门提交有效提案 20 余份，涵盖学校建设、教学管理、生活服务等多方面，举办“校长有约”1 期，“处长下午茶”2 期，“青年会客室”1 期，共有 3000 余人参与其中。

4.加强学生组织规范化建设。开展“成长的足音”学生会骨干培训班，广泛开展校区研究生会、学生会、学生社团自省自律活动。加强学生社团制度建设，出台《山东大学(威海)学生社团管理办法》，修订《学生社团会长管理办法》《学生社团财务管理办法》等文件。为全校 129 个学生社团选聘社团指导老师，实现社团指导老师全员覆盖。校区 3 个社团被评为山东省优秀科技类社团，4 名学生获评山东省优秀科技社团干部。

5.规范团员档案，落实从严治团要求。通过发布关于新生团员团组织关系转接、团员档案信息统计、新团员发展等一系列规范文件通知,校区进一步规范基层团建,完成“智慧团建”系统团员团干部信息采集录入工作,打造网上共青团。

三、加强意识形态工作,打造思想政治教育新媒体主阵地

1.组建团学组织传媒联盟,有效开展网络舆论引导工作。2018 年 5 月,组建成立校区团学组织传媒联盟,包括校院主要团组织媒体共 27 个,加入团省委鲁学君工作站、山东省高校传媒联盟。校区举办首届新媒体训练营,通过专家讲座、自由实践、汇报论坛提升学生骨干媒体素养;择优选拔组建网络评论员队伍 20 人,在团委官方微信平台发布时事评论类文章累计 20 余篇。

2.以首届校园网络文化节为引领,营造良好网络生态环境。联合学生处举办首届校园“网络文化节”,共有“学习十四次党代会精神”“庆祝改革开放 40 周年”“纪念五四运动 100 周年”等 17 个主题网络活动立项。完成青年在线网站改版工作。

四、完善学生创新创业实践平台,高水平竞赛再创佳绩

在 2018 年“创青春”全国大学生创业大赛中,校区荣获国家级奖项 6 件,其中全国银奖 1 项,铜奖 5 项。在第四届中国“互联网＋”大学生创新创业大赛中,校区荣获国家铜奖 2 项。在省级比赛中,校区获省级金奖 1 项,银奖 6 项,铜奖 15 项,同时以综合成绩第四名荣获“优秀组织奖”。在团中央第三届“青年之声・青春创客”总决赛中,校区两支参赛队伍分别获得一等奖和三等奖,荣获“优秀组织奖”。同时,校区学子在其他省、市级创新创业竞赛中获得奖项 30 余项。2 人获评山东大学第八届学生“五・四”青年科学奖。机电与信息工程学院李轩获得全国第十一届青少年科技创新奖,是山东省唯一获得该奖项的本科生。

青春创业孵化园全年共进行了 6 次入孵评审会,17 支团队获得入驻资格,帮助在孵团队注册公司 24 家;举办各类培训辅导活动 50 余场,受益学生超过 3000 人次;组织孵化园开放周活动,参观学生人数超过 2500 人。

校区积极对接社会优质就业创业资源,聘任得厚资本创始合伙人张伟民、蓝贝集团独立董事解鹏为校区兼职教授;开设“职业训练”“国学与创业”两门就业创业类课程;举办山东大学(威海)2018 职业精英训练营,为 2015 级应届毕业生尤其是就业困难学生提供就业帮扶。

(张文学　李彤彤)

工会、妇委会工作

2018 年，工会、妇委会按照上级工会和校区党工委的工作部署，紧紧围绕学校中心工作，深入学习贯彻党的十九大精神、工会十七大精神和山东大学第十四次党代会精神，切实履行工会、妇委会的职责，推进学校民主管理和民主监督，大力开展民生工作，积极开展各种活动，充分调动基层工会和广大教职工的积极性，进一步提升了校区工会、妇委会的工作能力。

一、加强思想政治引领，推进工会自身建设工作

1. 深入学习工会十七大精神和山东大学第十四次党代会精神，学习党中央修订后的《中国共产党纪律处分条例》，建立内部学习制度，结合工作岗位和实际，边学习、边比较、边分析，把学习的内容与日常工作相结合，坚持学用结合。

2. 按照校区《关于加强和改进机关作风建设的意见》要求，进行了关于机关作风建设的专题研究和讨论、强化细节，列出负面清单 5 项并加以整改，优化服务流程 4 项；牢固树立“全心全意服务师生、尽职尽责争创一流”的服务理念，不断增强为师生服务的宗旨意识。

3. 完善制度机制，提高依法治会水平。严格落实工会委员会制度，定期召开基层工会主席例会，研究部署工作，形成长效机制。

二、完善教代会制度，推进学校民主管理

1. 2018 年 3 月 20 日，成功召开了第五届教职工代表大会第四次会议。会议通过了《山东大学(威海)教职工代表大会提案工作实施办法》，进一步推动了校区教职工依法参与学校民主管理和监督，推进教代会提案工作的制度化、规范化和科学化，健全和完善了教职工代表大会制度。

2. 积极推进基层工会二级教代会制度建设。14 个基层工会相继召开教职工代表大会或全体教职工大会。对涉及院(部)改革发展重大事项和院领导班子及教职工的考核、聘任、奖惩、绩效等重大事项进行审议，对教职工关心的院(部)财务收支及工会经费支出进行报告和公示，对推进民主管理、推进院(部)务公开起到了积极的促进作用。

3. 提案工作作为广大教职工参与学校民主管理和民主监督的重要途径，对进一步加强学校民主政治建设，促进学校决策民主化、科学化起到重要作用。五届四次教代会共征集提案 60 份，立案提案 40 件，作为一般性意见或建议处理 20 件。截至 9 月，各职能部门在网上提案管理系统中对所有提案进行了回复，做到了“事事有回复，件件有着落”，已落实提案 39 件，正在落实 16 件，暂时难以解决 5 件。

三、积极开展多种活动,丰富教职工业余文化生活

1.做好优秀教师休养活动。7月21～27日,安排6位教师参加山东大学优秀教师休养活动;8月6～10日,选派2位教师参加省教育工会组织的优秀教师休养活动。

2.积极开展了羽毛球比赛、排球比赛、乒乓球比赛等多项活动,与体育部共同成功举办教职工田径运动会,丰富了教职工的业余文化生活,提高了教职工身体素质。开展传统节日主题活动。端午节之际,举办了"喜迎端午 粽香校园"教职工包粽子比赛。冬至之际,举办了"浓情冬至 情系校园"教工包饺子比赛。组织教职工参加首届山东大学全民运动会以及山东大学教工乒乓球比赛并取得较好成绩。

3.以建家活动为载体,推动基层工会"教工之家"建设,增强教职工凝聚力。到各部门工会实地调研,对部门工会建设"教工之家"提供资金支持。

4.大力支持基层工会结合本单位实际情况开展多种文体活动。商学院工会举办户外拓展活动,海洋学院工会举办趣味运动会,机关工会、机电学院举办采摘活动,翻译学院举办徒步走健身活动等等,极大丰富了本单位教职工的业余文化生活。

5.开展协会负责人座谈会,解决协会存在的问题和困难。积极对各类协会提供必要的支持,鼓励协会在各自领域积极参与省、市、学校及社会组织的各种活动,提高协会的积极性、主动性与创新性。校区羽毛球队与韩国仁川大学羽毛球爱好者举办交流活动;羽毛球协会荣获"威海浙江商会杯"欧美同学会羽毛球比赛冠军;排球协会荣获2018年威海市排球联赛男子组季军;足球协会取得威海市高新区"联桥杯"五人制足球赛第五名。

四、开展民生工作,切实关心广大教职工的工作和生活

1.在校区党工委和行政部门高度重视和大力支持下,在中秋、国庆和春节等重大节日,先后三次组织走访慰问活动,为广大教职工购买节日慰问品。开展教职工生日蛋糕招标采购工作,使教职工利益最大化。

2.开展退休教师纪念活动。2018年开始,为退休教师发放纪念品,增强退休教师的荣誉感和归属感。

3.为解决校区教职工的后顾之忧,积极组织教职工参加《威海市总工会第八期职工大病重病医疗保险》,共有911人参加互助保险。2018年共有21人受益,共获得理赔金40000余元。2018年,继续和威海市人寿保险公司联合开展"女性安康工程""银龄安康工程""男性保障工程"等保险工程,将年龄超过50岁的教职工以及教职工亲属纳入保险范畴,共计347人参加,解决了教职工的后顾之忧。

4.为关心教职工的生活,积极开展困难补助发放和送温暖活动。截至12月共为37名教职工发放各级各类困难补助71500元。

5.关心职工子女入托,2018年共为校区教职工200余名子女发放入托补助约400000元。

6.本着踏实为基层办实事办好事的原则,工会积极组织做好教职工住房团购咨询、健康体检、国美电器以及各类与教职工生活相关的团购优惠等服务工作,努力为教职工

提供便利，解决教职工的后顾之忧。

五、加强妇女工作，弘扬新时代女教工风采

1.加强妇委会各级组织建设，成立校级妇女委员会，设立了各基层单位女工委员，为更好地开展妇女工作奠定了基础。

2.“三八”国际妇女节期间，组织校区女教职工开展了庆“三八”系列活动。3月7～9日，邀请医疗专家为女教职工作了四场专题健康保健讲座；3月8～9日，组织举办2018年女教工跳棋比赛，来自14个基层工会的38名女教工报名参加了比赛。

（丛岗滋）

离退休工作

一、党建工作

截至2018年年底，校区共有离退休教职员工298人，其中党员158人，占比53%。做好党建工作是做好离退休工作的基础和保证，离退休党总支重点在党的组织建设、作风建设、党风廉政建设和意识形态工作等方面做了许多积极有益的工作，具体表现为：

（一）抓好党的组织建设

离退休党总支坚持做到重大事项和重要集体活动广泛征求党员同志的意见和建议，通过总支委员会或支部书记会集体讨论决定。2018年11月份和12月份按照上级党组织的要求和组织程序进行支部委员和总支委员的换届选举，本着民主集中制和德才兼备、年龄性别结构合理的原则选举产生了新一届支部委员和总支委员，使离退休基层党组织焕发了青春活力。

采取切实有效的措施，加强和改进党费收缴、使用和管理工作。一是通过多种渠道对全体党员开展党性教育和党建知识学习，不断增强党员缴纳党费的积极性和自觉性。二是完善党费管理制度，做到专人专管、专账专记、专款专用。三是规范党费使用，把党费用于开展党员党性教育活动和有关学习资料的购置、帮助生活困难的党员等方面。

（二）抓好党的作风建设

“两学一做”学习教育实现常态化、制度化，以学习宣传贯彻十九大精神和山东大学第十四次党代会精神作为党员作风建设的主要抓手，强化党总支中心组学习和“三会一课”制度。

重视宣传舆论阵地建设。总支书记亲自撰写宣传栏内容，审核排版，把党的方针政策和有文化品位的视觉材料传递给离退休职工；规范微信群管理，使其成为引领思想、沟通情感、联系工作的有效工具。

精心策划、周密安排每年的党员集体活动。6月26日，组织82名老党员前往海阳地雷战纪念馆和地雷战风景区参观学习，开展了“不忘初心，牢记使命，发扬传统，踏迹前行”的革命传统教育主题党日活动；11月23日，组织78名离退休老党员参加山东大学第十四次党代会精神宣讲会。

（三）抓好党风廉政建设

认真贯彻落实党的方针政策，自觉同党中央保持高度一致。按要求定期与党支部书记和委员进行廉政谈话，定期召开组织生活会和民主生活会。按照学校纪工委的部署开展有关工作，坚持公正、公平、公开的原则，始终不放纵、不越轨、不逾矩。认真落实中央“八项规定”，驰而不息纠正“四风”，不存在公款旅游、公款吃喝、违规使用公车、超标占用办公用房、违规乱发津贴和补贴等问题。

二、管理与服务工作

高度重视对离退休教职工的民主管理和亲情服务，始终把关心离退休职工的生活状况和身体健康，保证他们的晚年生活幸福快乐作为工作的主攻方向。从校区离退休人员队伍不断扩大，人员结构、文化程度多样化的实际出发，发挥党员干部和文体骨干的作用，畅通信息渠道，通过电话、微信群、走访和慰问等多种形式，加强和离退休职工的沟通，广泛征询意见和建议，了解他们的生活状况和各项需要。第一时间慰问患病住院职工，并不定期到家里探望，一年中看望慰问了十几位有困难和有重病的离退休职工；还积极与家属配合做好去世的退休职工的善后工作。积极协助患有重病、经济困难的职工办理困难补助。在春节、中秋节、重阳节等节日，退休办工作人员走门串户慰问离退休教职工，为他们送去慰问品，把学校领导的关怀送到每个人的心坎上。

在保证常规活动的基础上，不断创新和改进活动方式，丰富活动内容，以满足广大离退休干部职工的精神文化需求。加强活动室管理和环境美化，并积极鼓励各个活动协会吸收新队员。2018 年度参加各项集体活动的人数明显增多，既增进了友谊又锻炼了身体，真正让离退休职工老有所乐、安享晚年。此外，还举办了以下几项集体活动：4 月 24 日，组织 109 名离退休职工到烟台南山集团参观学习；6 月 14 日，组织举行 2018 年度棋类比赛，106 人报名参赛；10 月 18 日，组织参观考察威海海大医院护理院，并参加健康养生讲座，140 人参加活动；元旦期间举行文艺联欢活动和门球、乒乓球等小型比赛活动，丰富广大离退休职工的精神文化生活。

（张大勇）

人事管理

2018年，人事处全面贯彻党的十九大精神，坚持以习近平新时代中国特色社会主义思想为指导，深入贯彻落实山东大学第十四次党代会精神，紧紧围绕威海校区“双一流”建设行动方案和2018年党政工作要点要求，牢固树立“人才是第一资源”的理念，聚焦学校“六大战略”“十大任务”的实施，结合威海校区“一二三”战略规划，落实《山东大学关于深化人事人才体制机制改革的意见》，坚持“内育外引，提高质量，注重效益”，着力提升人才队伍整体水平。

一、加强支部党建工作——战斗堡垒有力量

充分发挥党支部战斗堡垒作用，坚持“三会一课”制度，推进“两学一做”学习教育常态化、制度化。坚持用习近平新时代中国特色社会主义思想武装头脑，加强和规范党内政治生活，逐渐增强党员的“四个意识”，更加坚定“四个自信”。充分发挥党员的先锋模范带头作用，每位党员都能按照“四讲四有”标准，着眼于工作实际，理清工作思路，为学校事业发展献计献策，积极工作。

持续深入学习贯彻党的十九大精神、山东大学十四次党代会精神，加强人事干部队伍思想政治建设，突出政治理论和党性教育，坚持集中学习和自学多种方式，先后组织处内人员参加机关科级干部培训班、威海校区党校专题讲座、刘海副校长专题党课等各级培训20余场次。

落实威海校区机关作风建设要求，针对机关党委收集整理的意见建议，对照检查制定了作风建设具体措施、作风建设负面清单、流程优化一览表等，从而进一步简化办事流程，强化工作纪律，提高工作成效，改进工作作风。

二、落实山东大学人才会议精神——体制机制改革有成效

1.出台威海校区人事人才改革配套方案。呈报威海校区党政联席会研究通过《威海校区深化人事人才工作体制机制改革意见实施方案》。

2.修订教师职务岗位评聘条件。针对不同类型、层次、学科领域，进一步细化教学科研型、教学型、科研型等不同类型教师的考核评价指标。

3.探讨完善人才引育政策。在科研经费、团队组建、实验室建设和生活条件等方面实施更有竞争力的保障措施。

4.做好学科博士后宣传招聘工作。组建与专聘科技人员岗位相协调的专职科研队伍，为学科发展提供支撑。

5.修订杰出人才体系实施方案。结合威海校区人才队伍实际，继续丰富人才层次，改革兼职人才岗位职责，建立更加符合威海校区实际、更能凝聚人才的体系。

6. 出台内聘制管理办法。实行研究员、副研究员内聘机制，引入部分学术背景好、发展潜力大、学科建设急需人才，促其快速成长，建立人才队伍“蓄水池”。

7. 编制威海校区人力资源发展报告。为了更好地总结阶段性成绩，找出与兄弟院校的差距，为下一步管理服务水平的提升夯实基础，人事处全体成员仔细梳理、认真总结，汇总编辑了《山东大学（威海）人力资源发展报告》。

8. 建立小同行专家库。按照山东大学 2016 年专业技术职务评审相关通知要求，前期经与各教学单位密切配合，以二级学科为基础，初步建立 1100 余名学者在内的小同行专家库，逐步建立更新、淘汰机制。

9. 推进山东大学一体化发展，为学科资源共享搭建桥梁，完成“山东大学马克思主义学院（威海）”更名工作，完成其他单位更名工作征集并按相关流程报批。

三、拓展海内外人才引育资源——高层次人才有突破

1. 坚持服务地方合作双赢导向。坚持服务山东、服务威海导向，组织威海市人才政策宣讲会，争取更多社会资源，助力新旧动能转换，力求在服务威海中赢得资源、加快发展、增强实力、提高水平。

2. 借力搭建海外人才工作站。利用山东省第十届“海洽会”，主动对接欧美海外人才机构，交流探讨合作事宜。借力山东大学齐鲁青年论坛，形成与山东大学已有 6 个海外人才工作站的长期联络沟通机制。会同威海校区国际合作与交流处，积极推进在韩国、澳大利亚建立海外人才工作站。

3. 营造服务人才的软环境。推行综合性、开放式服务理念，着力打造“一站式”服务机制，多方位培训人才服务专员，协助各类人才申办惠才卡、英才卡，增强人才的认同感、归属感。

4. 加大人才引进力度。劳动经济学宁光杰、东北亚学科苗威以山大杰出青年岗位正式全职加盟；国家优青张宁教授、“千人计划”关大博教授兼职加盟蓝绿发展研究院。

5. 加强高层次人才团队组建。2018 年暑期，威海校区以前沿交叉研究院为平台，孵化组建了蓝绿发展研究院。一支由“千人计划”特聘教授、山东大学特聘教授、国家优青、山东大学齐鲁青年学者特聘教授、研究员组成的 5 人研究团队已经陆续办理引进手续。

四、强化师德师风建设——名师名教有榜样

坚持严格管理与激励关怀相结合，将师德师风建设贯穿于教育教学、科学研究和社会服务全过程。

1. 注重师德师风教育，营造良好的育人环境。组织开展了覆盖全体教师的师德师风大讨论活动，营造“身边人讲身边事、身边事教身边人”的良好氛围，激发广大教师教书育人的使命感和责任感。着力培育广大教师的职业认同感和社会责任感，弘扬当代教职员工的风采，展现新时代优秀教师形象。

2. 树立典型，学有目标。评选出 2018 年度山东大学（威海）“优秀教师”10 人，“先进教育工作者”5 人，推荐山东大学优秀教师、先进教育工作者各 1 人。召开威海校区优秀

教师和先进教育工作者表彰大会，让广大教职员工学有楷模、赶有目标。

3.严把师德师风关。师德师风建设常抓不懈，不仅严把教职工入口关，同时对师德失范行为“零容忍”，一经查实及时处理。

五、推进人才引育计划——队伍结构有改善

1.引才质量节节攀升。截至2018年年末，教师岗位引进24人，具有高级职务的占到37.5%，其中兼职讲席教授1人。公开招聘辅导员6名，校内遴选保资辅导员3名，预聘制管理岗位及专业技术岗位共10人。新入站博士后14人（其中师资博士后9人、学科博士后3人、校内在职博士后2个）。

2.育才成果喜人。截至2018年12月，8人入选山东大学杰出人才岗位，其中山东大学特聘教授1人、山东大学杰出中青年5人、山东大学齐鲁青年学者特聘教授2人；2人入选“万人计划”青年拔尖人才、国家自然科学基金优秀青年项目资助。空间科学与物理学院范璐璐教授获得国家优秀青年基金资助，入选山东大学杰出中青年人才；教育部“长江学者奖励计划”入选者数学与统计学院李娟和空间科学与物理学院陈耀双双入选山东大学特聘教授；数学与统计学院李娟及空间科学与物理学院王守宇、史全岐、张清和、凌宗成入选山东大学杰出青年岗位；文化传播学院杨慧、空间科学与物理学院高建华入选山东大学齐鲁青年学者。

3.有序推进2018年专业技术职务晋升工作。教师专业技术职务申报正高级15人，副高级24人，讲师1人；教师外专业技术职务申报正高级6人，副高级21人，中级2人。

4.做好高层次人才的遴选储备工作。2018年10月，威海校区第四批“青年学者未来计划”培养人选遴选完成，刘洋等10人获得资助；统筹组织2018年山东大学校内杰出人才岗位申报和首批未来计划学者中期考核工作。

六、做好管理服务工作——服务管理水平有提高

1.与山东大学校本部同步开展了新入职人员岗位培训，增强“同一山大”的认同感。

2.办理事业编制、预聘制事业编、非事业编制文员等各类人员入职手续53人次，采集新入校教职工信息49人次；特殊身份人员出国（境）报备及更新50人次，撤销8人次；完成聘用合同期满考核36人次；2018年为新入职人员发放住房货币化补贴143.75万元，科研启动费23余万元。

3.完成人事信息库基础数据安全平移，为人事系统自动化建设做好铺垫。

4.建立高层次人才入校入职手续一站办结机制。探索建立人才直通车机制，由威海校区领导与高层次人才直接联系沟通。

5.及时与8名入选山东大学杰出人才岗位或国家级人才计划人员签订工作协议，兑现年薪、学科建设经费等各类待遇。

6.持续做好长江学者李娟教授、山东大学杰出中青年苗威教授两个团队的组建工作。探索建立校（协调员）院（服务专员）人才服务联动机制，着力营造“统筹联动，协调高效”的人才工作格局。

七、推行岗位绩效工资改革——职工待遇有提升

突出业绩导向性，进一步强化教师的教书育人职责、教职工的管理岗位职责和科研人员的学术学科职责，构建注重教学效果、注重科研创新、注重实际贡献的绩效分配机制，体现多劳多得、优绩优酬。突出奖励发展性，加大对关键岗位和作出突出贡献人员的倾斜力度，为更好吸引人才、稳定人才提供政策保障。2019 年度岗位绩效工资调整新增投入 1657 万，人均增幅 40%以上。

八、规范各类编外用工形式——山大一体化建设有促进

研究出台了《山东大学(威海)非事业编制队伍建设实施办法》，将各类用工纳入威海校区队伍建设整体规划，逐步推进与校本部用工形式并轨。

(张　雷　葛彩云)

本科教学

2018年，教务处以本科教学为基础，以科学管理为支撑，以人才培养为重点，以优秀学科为导向，以国际化为突破，在建设中国一流大学进程中，在助力让每一个山大学子都努力成为最优秀的自己的创新工作中，抓铁留痕，踏雪留印，取得突出成绩。

一、招生管理与服务

（一）非联考艺术类专业校考报名人数大幅增加

2018年，校区音乐舞蹈类考点面向生源范围为山东省和北京市，采用网上报名，报名人数为2122人，较2017年增加894人。生源规模大幅增加，有效增加了学校的选择余地，提升了招生质量。

（二）科学合理编制年度分省分专业招生计划

2018年，校区面向全国30个省（直辖市、自治区）计划招生3600人。根据2017年本科教学审核评估专家反馈意见，结合2018年计划数比2017年减少200人的具体情况，参照就业率、各专业一志愿报考率、专业调剂率以及是否共建共享专业等四个指标体系，编制年度各专业及分省分专业招生计划。

（三）严格录取流程，顺利完成录取工作，生源质量再创新高

1.生源大省山东省：理科录取线611分，录取考生省内最低位次14427名（2017年15264名）；文科录取线613分，省内位次2842名（2017年2875名），生源质量再创历史新高。

2.高考综合改革试点省市上海市、浙江省：2018年继续按照专业（类）进行招生。上海录取最高分536分，排名7104名，录取位次比2017年提升1490名。浙江省录取的最高分644分，省排名8815名，录取位次比2017年提升1880名。

3.非改革试点的28个招生省份：与2017年相比，普通类文科在18个省份有所提高，理科在23个省份有所提高。文科录取位次在1000名以内的省份9个，录取位次在2000名以内的省份22个。理科录取位次在5000名以内的省份8个，录取位次在10000名以内的省份22个。

4.中外合作办学专业招生的10个省份：中外合作办学专业录取分数、位次与普通批次的差距进一步缩小。6个省份文科录取分数线高于普通文科录取分数；3个省份理科录取分数线高于普通理科录取分数。

（四）进一步加强本科招生拓展工作

充分调动学院领导及专业教师的积极性、主动性，下发《关于进一步加强本科招生拓展工作的通知》，重新组建本科招生拓展工作组，拓展省份由14个增加到20个。

(五)制定2020高考综合改革省份招生专业类

继上海市和浙江省之后,山东省、北京市、海南省、天津市将于2020年实行以“专业(类)+学校”为重要内容的高考综合改革。根据这四个省市的要求,与相关学院积极协同,制定招生专业(类),确定选考科目,上报相关省市招考部门。

二、教务管理与服务

(一)强化服务师生理念,持续改进工作作风

结合机关党委开展的关于进一步加强和改进机关作风建设活动,分别组织召开教务员座谈会和学生代表座谈会,深入了解对本科教务工作的意见,诚恳接纳合理化建议,并有针对性地改进教务管理与服务。按照校区统一要求,进一步梳理、规范、优化、再造教务管理工作流程,并全部上网公布。

(二)完成新版综合教务管理系统一期工程验收

2018年5月,教务处各科室对新版综合教务管理系统中的培养方案、学籍管理、教务运行、考务管理、成绩管理、教材管理等模块进行了最终功能确认,顺利完成综合教务管理系统一期工程验收工作。

(三)做好常规工作,完成规定动作

1. 2018年校区本科生共计毕结业3488人(含结业换毕业39人)、获学位3675人(主修学位3376人、双学位299人)、获得辅修证书11人,按时完成毕业证书和学位证书制作与发放工作,并按照上级部门要求按时完成教育部学历和学位电子注册工作。

2. 2018年校区共有456名优秀本科生被成功推荐到各类高水平大学和科研院所攻读研究生,占2019届应届本科毕业生总数的12.02%,推免计划绝对数量和占比均创历史新高。

3. 按照学生前两个学期成绩优劣进行全校排队的方法组织2017级本科生转专业,共有305人申请转专业,最终录取197人。

4. 其他常规工作。顺利完成春、夏、秋季三个学期的排课、调课、选课工作;完成教师出国、读博、生病等各类原因调课350人次;完成因复学、交流返校、云大交流生选课、转专业等原因更改、补录选课信息1470余人次;完成外聘教师工作量审核30余人次;处理学籍异动1183人次,完成教育部学籍注册14991人,完成图像信息采集3811人;全年接收进修生18人;补办毕业证明书8人;完成各类预算决算报表统计和高基报表统计工作,完成教学基本状态数据填报工作;完成2018届毕业生档案整理建档工作;完成补办学生证316人,补办乘车优惠卡412张;完成本科生学业成绩警示、全校教学工作量统计、天文与空间科学菁英班选拔、新生报到注册复查、生物科学类专业分流、教育部学历学位和成绩认证、往届学生学籍学历问题复查、往届学生学历数据勘误等常规教务工作。

三、教学改革与课程建设

(一)扎实推进共建共享,不断优化人才培养方案

启动修订新版培养方案工作,在课程体系结构、专业核心课程方面与校本部保持一致,建立课程体系与培养目标的对应矩阵,明晰课程建设的目标和任务,增设新生研讨

课，推进探究式、参与式、互动式教学改革。其中共建专业根据学校总体人才培养目标定位，跨校区整合师资力量，按照分工协作、梯次推进、分步实施的原则制定培养方案，以四年为建设周期，制定课程建设、团队建设及教学方法改革等规划。同时，结合培养方案启动教学大纲修订工作。

(二)努力加强专业建设，打造优势品牌

1.着力建设优势特色专业。不断优化天文与空间科学菁英班培养方案，加大双语及全英文授课比例，推行研究型教学方法，为每位学生配备学业导师，指导学生的专业实习、科研训练和科技创新。东北亚学院2018年在保持朝鲜语、日语专业招生规模的基础上，新增国际政治专业，围绕东北亚研究，开展“日(朝)语＋国际政治”跨学科教育，即打破学科的限制，在一、二年级进行平台课、基础课教育，夯实基础，提高学生外语能力，三、四年级进行专业教育，推进实践化与国际化课程。

2.加快新工科建设，做好“量子信息工程实验班”选拔工作。2018年，机电与信息工程学院与山东量子科学技术研究院共同建设“量子信息工程实验班”。选拔2017级21名优秀学生组建实验班，9月份顺利开班。量子信息工程实验班的顺利开办，标志着校区新工科建设迈出坚实步伐。

3.努力推进跨学科(专业)复合人才培养。积极推动“英语＋其他语种”“日(朝)语＋国际政治”“法学＋大数据(计算法学)”等交叉复合培养；面向校区全体学生实施第二学位教育、辅修教育，参与“山东大学创新实验班”，丰富多样化人才培养体系内涵。

(三)组织推荐山东大学及教育部教学指导委员会成员

1.组织推荐2018～2022年教育部高等学校教学指导委员会成员，其中校区有5人入选，分别是刘建亚、夏利东、牛林杰、戚桂杰、李晓峰。

2.组织推荐山东大学本科教学指导委员会成员，包括校内委员19人、行业委员2人、学生代表2人，共计23人。

(四)组织和推荐山东省教学成果奖评审

2018年，校区有62个教学研究与改革项目立项，有300余位教师参与。4个项目获山东省本科高校教学改革研究立项，其中重点项目1项，面上项目3项。推荐山东省本科教学成果奖并获得二等奖2项。

(五)建立长效机制，推进资源共建共享

1.努力推进院-院共建共享，积极探索跨校区专业和课程共建共享模式。校区与校本部对口学院之间多次召开座谈会、协调会、教学研讨会，扎实推进共建共享工作，在课程建设、学术讲座、实践基地共享等方面取得一系列成绩。10月16日，山东大学首门“济南—威海”跨校区同步直播课程在中心校区开讲，商学院实现互派师资授课。

2.创新管理体制机制，形成上下联动、协调配合的联席会议制度，共同推动共建共享工作。共召开7次一校三地视频工作会议，研讨专业发展建设规划，协调招生拓展等工作；积极参与校本部相关文件制定，解决校区参与校本部拔尖人才培养计划学生学籍问题，共同申报2018年度省级教改项目。

3.加大宣传力度，贯彻落实山东大学一校三地“同一目标，同一标准，同一精神家园”办学理念，依托“山东大学威海校区”微信公众号平台加大对本科教学资源共建共享工作的宣传，在校区公众号主界面设立“共建共享”菜单栏，向广大师生及时宣传报道共建共享工作新闻和动态。

4. 打破管理壁垒，推进卓越人才培养、拔尖创新人才培养等人才培养平台共用共享。2018 年，校区 5 名学生入选山东大学第七届“尼山学堂”，1 名学生入选“泰山学堂”，45 人入选 2018 级创新实验班。

5. 实现山东大学各校区项目比赛、评奖评优等工作统一部署、一体推进、集中展示、同等认定。在山东省第五届高校青年教师教学比赛中，校区有 6 名教师获奖（二等奖 2 项，三等奖 1 项，优秀奖 3 项）；在山东省本科教改项目立项评审和申报工作中，校区共有 4 个项目获得立项。

四、考务管理与服务

（一）严格期末考试考务

校区 2018 年 3 个学期期末考试共安排考试 2164 场，参加考试学生超过 27 万人次。2018 年共分 20 期通报 42 人次考试违规行为，并及时按规定进行违规行为认定。

（二）加强试题库建设

2018 年 60 门课程新建试题库，校区累计有 360 门课程建立试题库或试卷库。

（三）严格规范新生英语水平分级测试工作

为配合 2018 级新生英语水平分级教学工作，组织对 2018 级新生文化课进行复试，共设置考场 81 个，参加考试的新生共 3585 人。

（四）持续推进期末机考改革

经过五年时间的试点和推进，校区期末机考工作取得较大进展，2018 年有商学院、法学院、马列教学部、体育教学部、学生工作处等 5 个单位的 10 门课程参与期末机考。

（五）严格试卷检查工作

组织各教学单位按照不低于开课门数 10%的比例进行试卷检查，由检查专家写出意见，根据发现的问题进行整改。

（六）成绩管理工作规范有序

2018 年 3 个学期分 4 批组织录入成绩信息 278164 条。

（七）学术报告活动精彩纷呈

2018 年校区共举办校级学术报告 102 场，其中举办“稷下讲坛”18 场，报告场次和层次较往年均有较大提升，校园学术氛围浓厚，师生参与积极，取得良好效果。

（八）圆满完成社会化考试任务

1. 全国大学英语四、六级考试：2018 年 6 月份、12 月份的四、六级笔试共有 17608 人次报考，累计设置考场 592 个。全国大学英语四、六级口语机考，共设 19 个考试批次。

2. 全国计算机等级考试：2018 年全国计算机等级考试，共有 9611 人报名参考。

3. 全国硕士研究生入学考试：2019 年全国硕士研究生入学考试共设考场 126 个，考生人数约 3700 人。

4. 全国成人高考：10 月份组织威海市 2018 年全国成人高考，共设置考场 123 个，3558 人参加考试。

五、实践教学管理与服务

(一)大学生学科竞赛成绩优异

1.全国大学生智能汽车竞赛：在第十三届“恩智浦”杯大学生智能汽车竞赛全国总决赛中，获国家一等奖3项、二等奖3项、三等奖1项；在山东省智能车选拔赛中，获山东赛区一等奖9项、二等奖2项、三等奖1项。

2.全国大学生数学建模竞赛：获得各类奖项72个，其中国家一等奖3项、二等奖6项，省一等奖35项、二等奖26项、三等奖2项。

3.第十届全国大学生数学竞赛：荣获48个国家级奖项，其中数学组获得一等奖1项、二等奖1项、三等奖14项，非数学组获得一等奖8项、二等奖6项、三等奖18项；同时荣获省级各类奖项120项。

4.美国大学生数学建模竞赛：46支参赛队伍共获得一等奖4项、二等奖20项。

5.山东省大学生电子设计竞赛：获省一等奖11项，省二等奖11项。

6.山东省大学生机电产品创新设计大赛：获省级奖项34项，其中一等奖8项、二等奖14项、三等奖12项，王延刚等10名教师获评“优秀指导教师”称号，校区获“优秀组织单位奖”。

7.第四届中国“互联网＋”大学生创新创业大赛：获国家铜奖2项，山东省金奖1项、银奖6项、铜奖11项。

8.全国大学生节能减排社会实践与科技竞赛：获得全国二等奖1项、全国三等奖6项。

9.全国大学生英语竞赛：获得234个省级奖项，其中特等奖9项、一等奖7项、二等奖82项、三等奖136项。

10.国家级大学生创新创业训练计划项目：2018年共有30个项目获得立项资助。

(二)“三种经历”人才培养模式实施进展顺利

1.第二校园学习经历：2018年共派出学生49人，涉及9所高校21个专业；接收18人，涉及5个专业。

2.海外或境外学习经历：2018年共派出学生566人，其中韩国155人、台湾地区105人、欧洲81人、日本26人、美国和加拿大58人、俄罗斯24人、澳大利亚102人。

(三)暑期学校扎实推进

校区61人次选修济南、青岛校区开设的暑期课程，13名同学参加深圳、北京、上海交通大学的创新创业暑期学校项目。校区开设“梦想空间”“海洋之约”两个暑期夏令营项目，供一校三地学生选修学习。

(四)毕业论文写作质量再上新台阶

进一步规范完善毕业论文管理工作，重点强调指导教师要提供与实际相结合的课题，鼓励学生将毕业论文课题与学科竞赛、创新性实验项目相结合，将社会热点问题和行业企业一线需求作为毕业论文选题来源。

1.实验、实习类论文比例大幅提高：在2018年3417个毕业论文课题中，在实验、实习、工程实践和社会调查等社会实践中完成的数量为1935个，占毕业论文课题总数的 56.6%。

2. 完善中期检查、答辩记录和过程指导记录：对毕业论文的开题报告、任务书、成绩评定表、论文检查指导、答辩记录、论文格式、装订顺序等内容提出具体要求，同时加强监督、指导和信息反馈。

3. 严格审核，保障论文原创性：2018 年继续使用“中国知网”大学生论文抄袭检测系统对本科毕业论文进行文献检测。共抽检论文 1512 篇，评选校级优秀毕业论文 67 篇，推荐省级优秀毕业论文 7 人，编印《2018 届校级优秀毕业论文汇编》。

（五）实践和实验教学质量不断提高

2018 年共划拨实践教学经费 260 万余元，新增实习教学基地 8 个，校区共有实践教学基地 129 个。

六、教学促进与教师发展

（一）依托共建共享机制，开展各类培训研修活动

1. 输送教师外出参加研修，储备校区师资力量。2018 年分 3 次共组织 8 位教师参加校本部组织的引导员技能工作坊（FDW）研修班，全部教师顺利取得引导员资格；组织 3 位青年教师外出参加教学能力提升、PBL 项目设计等工作坊。

2. 组织举办两期教学技能工作坊（ISW）研修班，两期研修班共培训 20 位青年教师。

3. 围绕教学技能和方法，开展多种形式培训。组织一期教师教学发展研修班，研修主题涵盖教育教学理念、课程思政、参与式教学、教学成果评量、现代信息技术教学等。同时，还组织青年教师教学沙龙、超星“学习通”App 使用培训、在线课程和信息技术培训、教研课题设计工作坊等培训活动。各类培训覆盖教师 150 余人次。

4. 学习国内外教学督导工作经验，研讨跨校区教学督导体制机制建设。8 月承办跨校区教学督导工作研讨会，来自一校三地的教学督导员就教学督导理念、标准及如何提高督导工作科学性、有效性进行研讨，加强多校区督导员工作交流，健全日常教学督导机制。

（二）承接对外培训任务，发挥辐射示范作用，提升校区知名度和影响力

1. 承办并组织教师参加由全国高校教师网络培训中心和复旦大学教师发展中心主办的“高校新教师教学能力提升专项培训”。

2. 与校本部联合承办“山东大学第七期教师教学骨干研修班”，校区选派 3 位引导员参加研修。

3. 与超星公司、复旦大学和校本部联合举办“ISW 和 FDW 研修班”，校区选派 2 位引导员老师承担研修班教学工作任务。

4. 12 月上旬举办青年教师教学研修班，依托共建共享机制，邀请校本部和威海校区教师承担培训工作，吉林大学、吉林农业大学等吉林省五所高校 50 位青年教师参加培训。

（三）积极组织青年教师教学比赛，获得优异成绩

2018 年校区共有 6 位青年教师进入山东省第五届“超星杯”高校青年教师教学比赛省决赛，2 位教师获二等奖，1 位教师获三等奖，3 位教师获优秀奖，创校区组织教师参赛以来的最佳成绩。

（四）组织开展“2018 年度我最喜爱的老师”评选工作

根据校本部的统一要求，结合校区实际，组织开展“2018 年度我最喜爱的老师”评选

工作，共有12位教师获评校区“2018年度我最喜爱的老师”荣誉，2位教师获评山东大学“2018年度我最喜爱的老师”荣誉。

(五)数据填报与报告编制

根据上级有关部门和校本部的总体部署和要求，顺利完成高等教育质量监测数据、本科教学质量报告、专业人才培养状况报告的组织和编制工作。

(六)日常教学督导工作有条不紊，有序推进

1.编制校领导听课记录表。校领导深入一线课堂听课，及时了解一线教师的授课情况，并与相关老师就教学理念、方法进行交流。全年校领导听课23人次。

2.校级督导员累计听课800余节次，通过口头或书面的形式，将意见、建议传达给教师发展中心以及任课教师，便于学校及时、全面地掌握并有效提升教师的授课质量。

3.组织春秋两个学期期初、期中和期末教学检查，对教学秩序、课堂教学、实验(实践)教学、教学研究、试卷等方面进行全面检查督导，实现教学过程全覆盖。全年累计检查200余节次。

七、细化管理服务，提高保障能力

(一)加强多媒体教学设施日常检修

每学期开学前对所有教室的设备进行全面检修和维护，每周对全校176间多媒体教室进行日常检修和维护，随时提供技术支持，解决设备出现的问题，确保多媒体教室的正常使用。

(二)加快教室设施升级换代

1.协同网络与信息管理中心改建电子楼及图西教学楼共51间多媒体教室；新建图东教学楼和文学楼7间多媒体教室，为师生提供更好的教学环境。

2.更换标准化考场的代理、存储、上传7个服务器和部分摄像头等设备，保证标准化考场设备平稳运行。

(三)教室上网功能逐步实现

实现电子楼、图西教学楼、商学院、图东环楼、图西环楼全部教室联网。

(四)加强日常管理与维护

管理维护194个教室标准化考场设备，确保各类考试顺利进行。完成文学楼、电子楼黑板改造，全部实现无尘化。

(五)圆满完成全年教材供应任务

实现当年教材零库存目标；完成2015～2018级学生教材费按学期结算工作，做到学生教材费“一人一账”，增加教材费使用透明度；完成教材采购、仓储、发放等任务，课前到书率达99％以上，圆满完成全年教材供应任务。

(六)试卷和讲义印刷

全年完成近千门课程的试卷印刷及十几种教师自编讲义的印刷工作，做到按时、按质、保密。

(赵　辉)

科学研究

2018年，在校区党工委的领导下，科研处贯彻落实山东大学第十四次党代会的精神，紧密围绕学校推进世界一流大学建设大局，通过全校上下和广大教职员工的共同努力，科研工作取得了较为突出的成绩，威海校区科研创新能力、服务社会能力和综合实力得到明显提升，科研工作呈现良好发展态势。

一、科研工作总体概况

（一）科研项目

项目数量：2018年校区各单位共有288个科研项目获批立项。其中：国家级立项40项；省部级立项80项；地厅级立项12项；其他纵向及企事业单位委托项目156项。

项目经费：2018年科研项目批准总经费约7064万元。全年实到外来科研总经费6953万元（其中：纵向经费约5248万元，横向经费约1705万元）。

（二）科研成果

2018年，校区共发表论文683篇，其中各类检索论文数量为459篇；申请发明专利85件，授权发明专利51件；出版学术著作38部。

二、科研工作亮点

（一）人文社科类

2018年获批国家社科基金重大项目1项，国家社科重大项目子课题4项，国家社科基金年度项目9项，立项数量及立项经费较2017年翻番。

承办第二届山东论坛，来自9个国家近200位专家学者齐聚一堂、思辨研讨；同时，论坛还举办了数场国外学者主讲的“山东大学东北亚学术讲坛”，组织了“国外合作机构合作意向商洽”等环节。

获得山东省第三十二届社会科学优秀成果奖7项，其中一等奖1项，二等奖3项，5项成果的作者为中青年学者。

2018年由中国社会科学院经济社会发展研究中心和山东大学马克思主义学院（威海）联合主办的学术集刊《马克思主义文化研究》正式出版。

（二）自然科学类

2018年获批国家自然科学基金优秀青年科学基金项目1项。

数学与统计学院完成的“随机分析及其应用”成果获山东省自然科学奖二等奖。

海洋学院“山东省海洋微生物菌种保藏与应用工程技术研究中心”获山东省科技厅批准成立。

机电与信息工程学院在机械电子领域申请的山东省外国专家双百计划（团队）项目

获批立项,为威海市首个获批的外国专家双百团队项目。

太阳爆发及其对行星空间环境的影响创新团队获山东大学攀登计划创新团队(理工医)首批资助建设。

三、有关统计数据

表1　　2018年自然科学类各类纵向研究项目立项及批准经费一览表

项目类别	指标	
	数量(项)	经费(万元)
国家自然科学基金	26	1396.14
山东省重点研发计划	8	180.00
山东省自然科学基金	9	144.00
农业农村部项目	3	80.00
山东省科技厅专项	2	225.41
中国博士后科学基金	13	115.00
合　计	61	2140.55

表2　　2018年人文社科类各类纵向研究项目立项及批准经费一览表

项目类别	指标	
	数量(项)	经费(万元)
国家社科基金重大项目	1	80
国家社科基金重大项目子项目	4	33
国家社会科学基金项目	9	180
教育部人文社科研究项目	10	86
国家体育总局决策咨询研究项目	1	5
国家语委专项任务	1	4
山东省社科规划基金项目	26	67
中国博士后科学基金	4	23
合　计	56	478

表3　　2018年自然科学类各单位科研项目统计汇总表

单位	立项与经费数						
	科研项目立项(项)					经费(万元)	
	国家	省部	地市	其他纵向	横向	批准经费	实到经费
海洋学院	2	7	1	4	23	1026.12	957.32
机电与信息工程学院	5	18	2	5	27	1411.83	1359.58
空间科学与物理学院	9	9	1	12	12	1413.03	1622.25
数学与统计学院	9	5	1	1	1	488.94	340.70
合　计	25	39	5	22	63	4339.92	4279.85

注:以上经费为竞争性外来经费。

表 4　　**2018 年人文社科类各单位科研项目统计汇总表**

单位	立项与经费数					
	科研项目立项(项)				经费(万元)	
	国家	省部	地市	横向	批准经费	实到经费
东北亚学院	3	0	0	6	181.93	175.73
商学院	3	8	1	20	255.34	249.78
法学院	3	6	0	7	143.60	175.25
文化传播学院	4	10	1	2	125.20	120.02
翻译学院	0	0	0	2	3.20	4.20
艺术学院	1	10	2	28	259.71	199.81
马克思主义学院	1	5	0	0	25.00	13.00
体育教学部	0	2	0	2	16.00	16.00
其他单位	0	0	3	4	25.05	29.55
合　　计	15	41	7	71	1035.03	983.34

注:以上经费为竞争性外来经费,其他单位指非教学单位。

表 5　　**2018 年自然科学类各单位发表论文情况表**

单位	数量(篇)					
	SSCI 收录	SCI 收录	EI 收录	CPCI-S 收录	CSSCI 收录	论文总数
海洋学院	0	54	1	0	1	74
机电与信息工程学院	0	62	84	9	4	166
空间科学与物理学院	0	72	1	0	0	94
数学与统计学院	2	27	0	0	0	31
合　　计	2	215	86	9	5	365

表 6　　**2018 年人文社科类各单位发表论文情况表**

单位	数量(篇)						
	SSCI 收录	CSSCI 收录	KCI 收录	EI 收录	CPCI-S 收录	CPCI-SSH 收录	论文总数
东北亚学院	0	12	7	0	0	0	43
商学院	4	28	0	0	4	0	62
法学院	0	25	0	0	0	0	32
文化传播学院	0	26	3	0	0	0	46
翻译学院	0	1	0	0	0	1	17
艺术学院	0	11	0	0	0	0	51
马克思主义学院	0	9	0	0	0	0	26
体育教学部	0	3	0	0	0	0	7
其他单位	0	3	0	5	0	0	34
合　　计	4	118	10	5	4	1	318

注:其他单位指非教学单位。

(邹晓光　王擎擎)

学科建设与研究生工作

2018年，学科建设与研究生处认真学习贯彻习近平新时代中国特色社会主义思想，按照山东大学“同一目标，同一标准，同一精神家园”的理念，全力做好威海校区研究生教育和学科建设各项工作。

一、学科建设工作

（一）稳步调整、积极融入，实现学科建设协同发展

学科建设与研究生处积极推进威海校区各学院与山东大学各相关学院在学科规划中的融合。以空间科学与物理学院、海洋学院、数学与统计学院等为代表的一批学科建设单位均与山东大学相关单位建立了良好的合作与交流机制，为校区学科建设融入山东大学整体布局打下坚实基础，起到良好的示范带动作用。

组织威海校区各学科建设单位对2013年立项建设的学科建设项目进行结题答辩，协助相关单位总结上一学科建设周期的成绩与不足，并在此基础上协助学校相关部门做好校区各中层单位发展规划的编制和中层领导班子任期目标责任书的签订工作。

（二）规范管理、完善制度，保障学科建设良性运行

在完成2018年度学科建设经费预算的预划拨方案的同时，本着“放管服”原则，修订《山东大学（威海）学科建设经费管理办法》。修订后的学科建设经费管理办法扩大了学科建设项目单位在经费使用上的自主权，充分调动了各单位在人才引进、激励机制以及加强学科发展支撑能力建设等方面的积极性。

（三）聚焦前沿、鼓励交叉，打造学科建设创新平台

为做好新兴交叉学科培育和跨学科学术平台的构建，同时吸引和聚集高水平科研团队和人才，学科建设与研究生处牵头制定了山东大学威海前沿交叉科学研究院的建设方案，成立了山东大学威海前沿交叉科学研究院筹备办公室。研究院各项筹备工作进展顺利，已有潘承洞数学研究所、蓝绿发展研究院入驻。研究院在学科建设、科学研究、队伍建设、薪酬体系和评价机制等方面，探索与完善符合快速发展需要的管理和运行模式，实现以科学创新驱动技术发展、以服务国家和经济社会需求来反推科学与技术研究的创新发展模式，同时发挥研究院人才“蓄水池”的功能。

（四）明确目标，激发学科建设发展潜能

校区特色学科继续发挥学科建设引领作用，其他学科也都在各自领域稳步发展。空间科学学科发挥学科优势，在参与国家重大工程方面（如子午工程二期等）进展顺利，成绩突出；东北亚学院聚焦东北亚区域研究，并新设国际政治（东北亚方向）硕博士学位授权点，为学校东北亚研究领域的跨学科人才队伍建设提供了较高平台；海洋学院与山东大学海洋研究院实现学科规划的“一体发展”新理念，为山东大学海洋学科的发展提供了

较充分的人力资源支撑，山东大学海洋学科的发展新格局初步形成；其他学科在国家自然科学基金委优秀青年项目、国家社科项目、教育部青年基金项目、教育部规划项目等方面均有所斩获，为学校整体学科的内涵发展提供助力。

二、研究生教育工作

协助学院做好研究生招生工作，资助各研究生招生单位开展优秀大学生暑期夏令营和赴全国高校进行招生拓展，效果显著：2019 年接收推免生 93 人，较 2018 年人数有较大增长；超额完成 2018 年度硕博士研究生招生计划，校区在校研究生规模稳步扩大；全面实行博士研究生“申请-考核”招生，扩大学院和导师在博士研究生招生上的自主权。

组织校区各类型各层次研究生培养方案修(制)订工作。科学优化课程体系，加强公共课建设，增加公选课设置，开设“导师讲坛”，探究交叉学科人才培养新模式；加强过程管理，提升研究生培养质量，7 名博士研究生中期考核获得优秀；1 名学生获得优秀博士研究生创新能力提升计划资助(全校 12 个)；7 项成果获得山东大学学术成果奖励；2 项成果获得 2018 年度山东省专业学位研究生优秀实践成果奖；7 名学生被 2018 年国家高水平大学公派项目录取。

根据学科建设需要，对硕博士研究生学位授权点进行调整。马克思主义基本原理、马克思主义中国化研究、思想政治教育合并为马克思主义理论硕士一级学科招生；海洋化学、海洋生物学、海洋地质合并为海洋科学博士一级学科招生；增加国际政治等 4 个硕士学位授权点和海洋科学、人口、资源与环境经济学等 5 个博士学位授权点，并首次在先进制造、生物与医药 2 个工程专业博士点招生。停止生态学、微生物与生化药学、舞蹈 3 个硕士学位授权点。

三、完成校区各级学术委员会的调整工作

学术评议事关学校发展和教师的切身利益。根据学院班子调整情况和基层学术委员会中存在的问题，学科建设与研究生处组织了对威海校区各级学术委员会的调整工作，以保证校区各层级学术评议活动的公平公正，营造风清气正的学术环境。

(陶　扉)

财务管理

2018年,学校财务处主要围绕进一步加强预算管理、严肃财经纪律、完善内控建设、实施政府会计制度转换、提升服务水平、推进“放管服”改革等几个方面扎实开展工作,为学校各项事业的持续健康发展及提高教职工待遇提供了强有力的保障。

一、全面加强预算管理

(一)积极组织收入,多渠道筹集资金

威海校区2018年度收入预算61304万元,实际实现63780万元,完成年度收入预算的104.04%,比上年同期增长5364万元。其中,财政补助收入34440万元,学宿费收入13853万元,科研财政拨款(纵向科研)3845万元,科研事业收入(横向科研)1780万元,各类创收及其他收入9859万元。

(二)严格按预算控制支出,密切关注支出预算执行情况

按照学校十四次党代会提出的“六大战略”及财务投入“有所为、有所不为”的原则安排和控制2018年支出预算。2018年校区各项支出预算7.34亿元,实际开支6.37亿元,完成年初支出预算的86.78%,比上年同期增长4022万元。主要支出项目包括:

1.人员经费支出38299万元。其中基本工资5791万元,各项津贴补贴20495万元,社会保险缴费6195万元,其他人员经费1901万元,学生资助支出3917万元。

2.日常运行经费支出11819万元,其中水电暖等后勤运行经费3125万元、教学业务费4560万元、设备图书购置费1865万元、涉及全校业务费282万元、其他校级专项经费1403万元和部处院系运行经费584万元。

3.学校事业项目支出5487万元,其中学科建设经费2195万元、大型修缮和绿化经费1544万元、实验室建设经费1197万元、基本科研业务费400万元和人才工程经费151万元。

4.科研支出4844万元,其中横向科研支出1177万元、纵向科研支出3478万元、个人科研发展绩效支出189万元。

5.基本建设支出3282万元。学生宿舍、体育训练馆交付使用,专家公寓开工建设。

由于2018年是中层领导班子换届后的第一年,财务处加大了对中央专项预算执行情况的监督和指导力度,确保1900万元的中央专项经费年末按教育部要求开支完毕。

二、持续化、规范化推进内控经济活动

切实把安全工作放在首位。这是财务处的工作性质所决定的,保证国有资产特别是国家资金的安全,对财务来说永远是头等大事。2018年按内控制度要求着重做了以下几项工作:

（一）完善岗位设置，对关键岗位进行了人员轮换

增设专门稽核岗，财务管理科科长与核算科科长进行了轮换；对工资岗、学生事务岗、基建核算岗通过交叉复核的形式增设复核，进一步满足了内控制度要求。

（二）加强监督检查

强化稽核作用，对稽核发现的问题及时进行整改，针对有代表性的问题在全处进行集中学习；通过稽核，加强对风险点的检查，做好银行对账单复核工作，不定期地开展库存现金盘点、银行空白凭证盘查工作，加强印章、各类票据、档案保管，将防范风险工作进一步做实。2018 年资金收付超 12 亿元，做到了安全核算无事故。

三、实现新政府会计制度转换

根据财政部统一部署，2019 年实行“双系统”“双基础”“双报告”的政府会计制度。为迎接这一挑战，财务处加强对会计人员的新制度培训工作，为全面实施新制度做好准备；制订了《山东大学威海校区财务处政府会计准则制度实施方案》，有计划地扎实开展工作；积极联系软件开发公司，按新制度要求进行业务模块测试并解决测试过程中发现的问题；主动与校内相关部门联系，赢得理解和支持。经过周密准备，在资产与实验室设备处、科研处、人事处等的大力支持和密切配合下，如期完成了新旧会计制度转换工作。

四、进一步加强信息化建设

为适应新形势，2018 年年底将复旦天翼财务系统升级至 6.0 版本，增加了薪酬一体、无现金批量支付、资产系统对接等系统模块。这次升级不仅仅满足了日常核算、预算、资金监控管理的需求，而且以系统对接的方式，为广大师生提供了信息共享、互联互通的便利。

五、以“服务无限，融管理于服务当中”的理念，做好“放管服”工作

在增加会计电算化系统功能的基础上，协调保卫处、网络中心、国际处、后勤管理处和银行，增设 5 台 POS 刷卡机，在方便收费的同时，还强化了资金的痕迹管理。业务学习常抓不懈，不断提升员工专业水平，进一步提高业务准确率和效率。加强机关作风建设，优化业务服务流程，公布服务承诺，将“首接负责制”落到实处。加强网上服务建设，除了公布业务流程、服务承诺及一些常用的财务信息外，对常用的财务制度开通了“有问有答”栏目，使老师在财务处网站上能快速地找到问题的答案。建立了微信群，方便师生咨询财务问题。配合国家个人所得税改革，财务处想老师之所想，解老师之所困，变老师个人自行申报所得税为财务处收集、整理老师相关信息后集中上报税务局，确保全校近 2000 名教职工享受到了个人所得税专项附加抵扣减免红利。

六、进一步加强招标采购工作

根据《山东大学关于改进招标采购工作的实施意见》，对限额以上的支出项目，进一步强化和完善了招标制度和规程。针对单一来源采购项目，在中国政府采购网上公开征集潜在供应商，接受公众监督，增加招标的公开透明度，更好地为学校节约资金，提高资

金使用效率。2018年,威海校区共组织或委托组织各类招标采购83项,其中校内招标67项,委托三家代理公司进行采购16项,共节约采购资金1184.80万元,资金节约率10.17%。

(宋 婷)

国际合作与交流

2018年，在校区党工委、行政部门的领导下，校区国际化建设工作坚持以党的十九大精神为指引，全面贯彻中国共产党山东大学第十四次代表大会精神，重点推进“学生国际化”“教师国际化”“课程国际化”“科研国际化”四大优先发展领域，协调推进十项基本工作。

一、高度重视党建工作，加强政治理论学习

深入学习贯彻党的十九大精神和山东大学第十四次党代会精神，先后重点学习了6个与本职工作密切相关的文件，组织了6次专题学习活动，有力地提升了党支部的凝聚力和工作水平。

二、国际合作网络构建

2018年，校区继续瞄准世界高水平大学，持续推进高端国际合作网络的布局优化工作，与英国拉夫堡大学、韩国成均馆大学等高水平大学新签订协议15项，续签协议3项。

2018年，校区共接待来访团组35个，其中校级来访团组4个、工作团组31个；校区共派出出访团组18个，其中校级出访团组6个、工作团组12个。

三、学生海(境)外经历工作

2018年外派在校学生575名，2018届毕业生中共有363人赴国(境)外继续攻读学位，占参加海(境)外经历学生总数的38.7%，占全部毕业生的10.3%。

新开辟或引进澳大利亚国立大学物理、数学2+2双学位项目，塔斯马尼亚大学海洋类专业3+1+1本硕连读项目，堪培拉大学艺术类专业2+2双学位项目，英国利兹大学2+2和3+2学生联合培养项目，英国萨里大学4+1进阶项目，俄罗斯彼尔姆国立大学1+1+1+1双学位项目，新西兰坎特伯雷大学2+2双学位和3+1+1本硕连读项目，加拿大渥太华大学3+2本硕连读项目等长期学位项目；新开辟英国牛津大学、英国帝国理工学院、德国波茨坦大学、新加坡国立大学、韩国成均馆大学、韩国汉阳大学、法国昂热西部天主教大学等高质量短期项目；新引入了美国加州大学伯克利分校的北美创新领导力研习营项目。

积极推动学生海(境)外经历项目向纵深发展，由本科、硕士层面拓展至博士层面，与澳大利亚斯威本科技大学签署了博士联合培养合作备忘录和博士联合培养合作协议，正式开启博士层次的海(境)外经历和联合培养工作。

3月，校区英国伦敦大学皇家霍洛威学院的访学项目成为“国家留学基金委优秀本科生国际交流项目”，由此校区进入高水平人才国际化培养的国家通道。此外，还创设了

"优秀海(境)外经历校友返校计划",邀请优秀校友返校,持续提升学生海(境)外经历的影响力和效益。

四、教师国际化工作

2018 年,校区共派出 10 名青年教师到国(境)外进行为期 3 个月以上的学习交流。在短期因公出国(境)方面,共有 117 人次赴国(境)外参加国际会议;共有 28 人次赴国(境)外进行合作科研;另外还有 98 人次赴国(境)外执行访问、考察、学术交流、学生团组带队、参加培训等因公出访任务。

在经费预算极为紧张的情况下,坚持以需求为导向,设立"国际学术会议专项基金",分上下半年、两个批次立项资助了 12 名教师赴国(境)外参加国际学术会议。

五、国际学生教育

2018 年,威海校区招收长短期国际学生 987 人次,分别来自韩国、日本、俄罗斯、西班牙、美国等 21 个国家。在粒子物理与原子核物理、理论物理、地球物理学、企业管理、基础数学等 5 个方向开展全英文授课,可以招收博士层次国际学生。

根据《来华留学生高等教育质量规范(试行)》的要求,重新修订了国际学生管理规定,引入"学生访谈制度",全面关注国际学生的学习态度、宿舍纪律、安全意识、危机预防、心理健康等,以精细化服务促进高水平管理能力的提升。

全年共组织国际学生汉字听写大赛、中华文化体验、中外学生联欢晚会等 50 余场文化、艺术、体育交流活动。

六、中外合作办学

(一)中外合作办学项目

2018 年,机械设计制造及其自动化专业合作办学项目招收 79 人,计算机科学与技术专业合作办学项目招收 99 人,金融学专业合作办学项目招收 99 人。9 月,依托校区项目"中澳名校国际课程班",招录 25 名新生;其中,中澳商科班 10 人,中澳计算机班 15 人。

校区全年共派出 3 位教师赴澳大利亚对应合作高校进行为期一个月的专业课程培训,澳方合作高校共选派 22 名高水平教师来校区承担了 24 门核心课程的授课任务。

校区于 3 月份完成了 3 个合作办学项目的自评工作,7 月份完成了与澳大利亚国立大学合作的计算机科学与技术专业的评估材料准备及呈报工作。

(二)中外合作办学机构

2018 年,校区按照教育部要求,先后 3 次完成了"山东大学澳国立联合理学院"的申报材料整改工作,通过了教育部国际司组织的合作办学机构专家终审评审会,获得了"有条件审批通过"的资格。

与此同时,校区还进行了"山东大学澳国立联合理学院"办学硬件改善和网站、规章制度、形象设计等前期论证和准备工作。

七、国外智力引进工作

2018 年,校区获批国家高端外国专家项目 1 项,已形成了覆盖"外国专家千人计划"

“国家高端外国专家”“教育部海外名师”“山东省双百计划”“山东省高端外国专家”等纵向高水平外国专家项目的引进国外智力格局。

2018年，校区还聘请了普通长期外籍教师27名，招收外籍访问学者6名，招收外籍博士后共3名，聘请短期外籍专家近50名。以举办“山东论坛”为契机，聘请了日本前防卫大学校长五百旗头真、日本前副外长山中烨子、美国霍普金斯大学教授金凯莉、美国加州大学伯克利分校教授劳威尔·迪特姆等12位客座教授。

2018年，校区充分利用国家吸引高水平外籍人才来华工作的便利性政策，成功地为2名地球物理和空间天气研究方面的高水平外籍专家办理了“高端外国专家人才签证(R)”，标志着校区引才工作进入新阶段。

八、国际科研合作

3月19日，“山东大学-澳大利亚斯威本科技大学先进制造业联合研究中心”在威海市临港区正式成立。4月，以“中心”为平台，申报了“山东省双百计划”；“中心”已联合招收并正在培养三批博士生，共计25人。“中心”的成立，标志着校区国际科研合作向平台化、综合化的阶段迈进。

在以校区为主，建立高水平国际科研合作平台之外，校区优势学科还充分依托国外一流大学或科研机构的实验室开展合作科研工作，比如，原子核研究方向的美国Argonne国家实验室、南非iThemba国家实验室、日本理化学研究所等，空间科学方向的法国巴黎天文台、德国汉堡大学天文台等，海洋方向的澳大利亚塔斯马尼亚大学等。

九、国际会议

第二届“山东论坛”于2018年10月20～21日在威海召开，来自9个国家近200位专家学者齐聚一堂、思辨研讨。其中58名学者参与发言、登台演讲，34位专家提交了会议论文并结集出版。论坛还举办了数场国外学者主讲的“山东大学东北亚学术讲坛”，组织了“国外合作机构合作意向商洽”等环节。

十、对港澳台工作

2018年，校区先后接待了来自台湾和香港地区的5个来访团组，重点做好台湾大学生中华文化研习营(51名)和台湾高校老师团(27名)来访接待任务，同时，还安排了5个赴台团组，1个赴港团组。2018年度，校区向台湾派出长期学习学生100名，短期访学学生5名；向香港派出短期访学学生12名。台湾及香港地区成为校区学生访学的重要目的地选项。

（张家豪）

资产与实验室管理

一、强化组织保障，理顺体制机制

资产与实验室管理处党支部认真贯彻民主集中制和“三重一大”集体决策制度，坚持科长以上干部例会制度，调整职工岗位职责，增强责任意识，提高工作效率；组织干部职工先后赴郭永怀事迹陈列馆、天福山起义纪念馆、毛泽东像章博物馆参观学习，缅怀革命先烈，重温光辉历程，坚定理想信念，教育引导干部职工不忘初心，牢记使命，立足本职，干事创业；组织学习《中国共产党纪律处分条例》，牢记各项纪律“底线”“红线”“高压线”，切实把党规党纪刻印在心，落实于行，为助力校区“双一流”建设保驾护航；认真学习贯彻十九大精神，做好学校十四次党代会宣讲工作，以师生满意为标准，继续强化服务型支部建设，支部“党员先锋岗”建设活动反响较好；落实放管，提升服务，制定、修订管理规章制度，梳理、精简、优化工作流程，下放审批权限，修订、发布服务指南，管理效能与服务质量有了明显提升。

二、优化资源配置，助力教学科研

（一）优化公房配置

为实施教学科研用房绩效考核，对校区各教学科研单位用房情况进行了摸底统计，核算定额；草拟了校区公房管理办法、教学科研用房管理实施细则、公房出租出借管理办法等管理文件；建立单位公房管理员制度，本着相对集中及效益最大化原则，对公房资源进行了优化调整。落实了国际理学院教学办公用房及设施配备、机电学院工程训练中心及新上专业实验用房、空间科学研究院重大课题科研用房，以及图书馆密集书库建设用房及设施配备；完成了体育教学用房调整及体育中心设施配备等。

（二）规范实验室建设

充分论证各单位申报的总额3008万元的实验室项目，审议确定了“生物综合实验教学中心”“空间科学与物理实验教学中心”“机电与信息工程学院实验教学中心”等9个建设项目；完成了1200万元（含700万元修购专项）的教学实验室建设经费立项分配、预算执行；组织申报山东大学实验室软件建设项目，获准立项2个重点项目、3个一般项目。

（三）强化科学实验中心平台建设

投入资金200余万元，为生物、理化与材料分析测试中心和超级计算中心购置了原子吸收分光光度计、超纯水系统、理化PDXL、PDF数据库等大型仪器设备和软件系统，并对分析测试中心的环境进行了改造。协助生物科学分析测试中心向山东省质量监督局申报资质认证。

（四）圆满完成预算计划

为学生宿舍7号、8号楼改造配置了新的家具，改善学生住宿条件；为体育中心各场馆配置了各类运动器材，改善了体育教学条件；为知行楼安装了空调，有效改善了机关办公环境，落实了中央巡视整改任务；为图书馆、学生食堂换装了电梯，消除了安全隐患；易地新建图书馆密集书库，改造了馆内部分空间；为电子楼配备了全新课桌椅，为联合理学院创建了一流的教学办公场所；为教师周转房配备了全套家具、家电，为来校专家学者提供了优良的家居环境等。

（五）推进企业清算解散

根据教育部、财政部文件精神，按照山东大学整体工作要求，协调编报年度校属企业使用学校土地、房屋情况；协调编报2019年中央国有资本经营预算；成立企业清算解散工作组，协调清算解散工作；协调校本部经资办制定清算解散工作程序及方案，预估解散风险等。

三、加强信息化建设，提升管理效能

资产管理服务信息系统于2018年9月正式启用，实现了实名制及“设备（家具）、人员、存放地”三位一体管理，提升了校区资产管理科学化、规范化、信息化水平，促进了校区智慧化校园建设，为实现一校三地资产数据共享、年度（季度）资产报表电子化打下基础。以资产管理服务信息系统启用为契机，全面梳理业务流程并全部实现网上审签，信息流转代替了师生跑腿，教职工可随时随地办理资产申请采购、合同签订、建账、报销、维修、调拨、处置等业务并查看办理进度，极大提高了工作效率，实现了公开、透明、可追溯。系统的启用对威海校区资产管理具有里程碑式的意义，极大提升了资产管理现代化水平。

四、2018年度资产数据

截至2018年年底，校区土地面积1313亩（约875337平方米），校舍建筑面积485845平方米，设备家具类固定资产146363台（件），总值31421万元。

（一）物资设备购置与管理

累计参与设备招议标42次，签订合同84项，合同金额总计约人民币1876.87万元、美元18.113万元、欧元3.72万元；进行设备验收43次；报增设备类固定资产2449台/件，2916.85万元；报废仪器设备1425件，571.87万元；调拨仪器设备16件；维修仪器设备500余件；低值易耗品设备19494台/件，854.27万元。

累计参与家具招议标16项，签订合同16项，合同总金额373余万元；报增物资家具资产5260件，金额429.66万元；报废家具1093件，金额21.93万元；调拨家具205件，金额10万余元。

（二）实验室建设

完成实验室环境改造、实验材料类招议标21项，签订合同13份，金额130万元；开展16次大型仪器设备购前论证工作，组织操作培训9次，开展127台大型仪器设备的年度使用效益考核工作。

（三）产权与公房土地管理

实地勘察校内建设用地106.53亩(住宅二区空地71.09亩，环海路东瓜顶14.33亩，二区住宅东北角吉林路13.29亩，水沟河道7.82亩)，形成置换报告提交地方主管部门；确定出租出借公房4715平方米，同比减少223平方米，租金由317万元增加为325万元，实现了国有资产保值增值；公房调配6000余平方米，同比2017年新增调配4000余平方米，进一步保障了教学科研用房需求；封存待处置车辆6台，积极联系车辆管理部门推动公车改革工作。

（肖艳楠）

安全保卫工作

2018年，保卫处坚持以总体国家安全观为指引，牢固树立“师生至上，安全第一”理念，围绕安全文化、校园治安和综合防控三项重点工作，用好“教、查、纠、防”四种手段，积极为师生营造安全文明和谐稳定的校园环境。3月份，保卫处被威海市火炬高技术产业开发区评为“平安高区建设先进单位”；5月份，被威海市公安局荣记集体三等功。

一、持续强化党建示范引领，安保队伍建设持续推进

坚持一把手首位履责，班子成员和支部党员紧密团结，认真学习贯彻民主集中制和“三重一大”决策制度，坚定不移贯彻党的群众路线，践行“三严三实”标准要求，积极推进“两学一做”常态化、制度化。

坚持以培育内功为基，准确把握校园安全形势变化新特点、新趋势，积极培育保卫干部法治思维和组织协调能力，使学习法治方式、运用法治思维成为自觉需求。

坚持以服务师生为本，认真修订校园交通、治安和户籍等安保服务工作流程，压减5项、取消1项，有效破除壁垒拥堵，深入师生、融入校园，妥善解决矛盾问题。

二、持续营造安全文化氛围，师生安全意识不断强化

以人为本开展安全教育，以服务师生、服务学校、服务大局为出发点，以创建平安和谐校园为载体，与相关部门密切配合，采取理论教育与实践教育相结合、传统宣传与新媒体宣传相结合、正面引导与警示警醒相结合的方式，全方位、立体式、区别化地开展消防、交通、防人身伤害、食品卫生、防网络诈骗等公共安全教育。

推动安全教育关口前移，积极采用网上安全教育、自学、统考的模式，组织新生上网学习安全常识并考核；采用分批轮训的方式，组织全体新生开展安全常识讲座、防范技能培训和疏散应急演练。2018级新生网上安全教育总学习率98.19%，总考试率97.14%，考试通过率100.00%。

活动牵引推进教育落实，紧扣“平安校园建设提升年”活动主题，扎实组织开展“4·15国家安全日”“安全生产月”“国家网络安全宣传周”和“11·9消防安全活动日”等系列专题教育活动，指导学校图书馆开展“读书安，芳华美”专题安全教育活动。

扎实组织安全应急演练，认真修订大项活动、防汛、消防、应急救援等安全预案，反复组织相关人员学习演练，年度组织开展安全专题教育活动4次、应急演练5次、安全知识讲座8次。

三、持续加强重点环节管控，校园安全防线不断巩固

加强校园安全检查。着力强化主要领导首位责任、分管领导监管督导责任，坚持重

点检查和普遍检查相结合,督导检查和自查整改相结合,对学校重点场所、重点部位进行拉网式检查排查和问题纠治,发现问题建立台账,落实挂账销号制度,坚持一盯到底、不留死角;能立刻整改的责令立即整改,不能立刻整改的要给出整改期限,对问题较多的进行通报。

强化校园综合治理。着眼形势变化,针对假日节庆和"毕业季"等时节工作特点,认真制定并落实突发事件应急处置预案。严格落实值班执勤制度,对校园进行24小时不间断的巡逻检查,盘查询问各类可疑人员,发现问题及时处理。全年接处警200余次,完成师生求助100余次,挽回财物损失70余件,扑灭火情4次,处理打架斗殴、醉酒滋事、怪癖行为相关人员30余次。

狠抓消防安全管理。严格落实"党政同责、一岗双责"和"管业务必须管安全"要求,与34个单位签订《消防安全责任书》,加强消防安全检查,建立消防安全检查台账,每月对学生宿舍、教学楼、图书馆等重点部位的消防安全隐患进行排查。开展电气火灾综合治理和危险化学品专项整治活动,邀请专业电气公司对学生公寓进行电气防火监测,对学校建筑物进行防雷安全检测。

严格大项活动审批。对人员参与多、周期时间长的大项活动(如晚会集会、集体郊游、课外教育等),着力做好风险评估和审批把关工作,把隐患漏洞想周全,把防护措施定到位,把保持清醒、有效规避、防护自身的要求强调透彻,严格确保各项安全制度的落实。

四、持续加大物防技防投入,安防体系建设不断优化

着力提升学校安全保卫工作科学化、信息化水平,不断优化技术防范体系建设。

加大物资投入。建设文心湖"鹰眼"监控系统、玛珈山山林防火远红外监控系统,在部分重点区域增设摄像头,监控体系进一步完善。在校区南门安装人脸识别系统,认真调试验收校区新建的学生公寓、体育馆的消防报警系统,并入校区消防控制室,各类监控系统逐渐完善。

推进校警联动。建立"学校警务通报微信群",邀请各学院分管副书记、辅导员及学生处、保卫处工作人员80多人加入,及时发布案情信息、剖析案例教训,积极推送安全常识,向广大师生进行网络最新骗术案例及预防常识宣传,取得较好效果。

规范校园交通。积极发挥智能通行系统作用,区分对象,加强管理,将违法行驶和乱停乱放的车辆拉入黑名单;大项活动前发布减少驾车的温馨提示,安排专人疏导交通。在人流高峰期对部分路段实行限时通行,开通西门专供货车通行,联系相关单位为校区建设电动车充电停车棚,定期对校园内长期停放的"僵尸车"进行清理。

(万　伟)

基本建设

2018年，基建处在校区党工委的正确领导下，在校内各部门的大力支持下，深入贯彻落实党的十九大和山东大学第十四次党代会精神，紧紧围绕学校"双一流"建设、"十三五"事业发展规划，齐心协力、廉洁奉公，严格依法、依规、依序和公开、透明开展工作，顺利完成全年各项工作任务。

一、严抓思想政治、业务知识学习，强化队伍建设

1.组织全体党员干部深入学习贯彻中共山东大学第十四次代表大会精神，深刻领会会议主题；深刻领会第十三次党代会以来的发展成就；深刻把握新时代山东大学发展的历史方位和奋斗目标；深刻领会新时代山东大学确定的"三个阶段"安排和未来发展战略；深刻领会今后五年山东大学的"十大任务"及扎实推进党的建设的部署要求。积极把基建处全体人员的思想和行动统一到十四次党代会精神上来，推动基建管理工作不断取得新发展。

2.贯彻落实校区党工委"开展'两学一做'学习教育要常态化"的要求，利用每周全处工作例会及手机微信、报纸、杂志、网络、电视等方式，加强党员及全体人员的政治学习、廉政教育。

为进一步增强党员的党性修养，坚定理想信念，2018年11月14日，基建处党支部组织全体党员赴胶东(威海)党性教育基地刘公岛教学区，开展爱国主义教育主题党日活动。通过一系列学习教育及问题整改落实，队伍建设有了明显改观。

3.严格落实"三会一课"制度，加强党员干部的教育管理与监督，坚持不定期地组织生活会制度。认真学习贯彻落实《中国共产党廉洁自律准则》和《中国共产党纪律处分条例》，严守"六项纪律"。提高党员干部对落实中央"八项规定""反四风""八个明确""四个自信""四个意识"要求的思想认识。要求党员干部以身作则，严于律己，严格按各项管理制度办事。在工程建设及日常管理中，勤俭节约、精打细算、严格把关。强化对干部职工的日常监督管理，不断改进工作作风，提高服务意识，加强监督检查和整改落实工作。

4.积极贯彻党的十八大以来全面从严治党的要求，继续坚定不移地推进党风廉政建设和反腐败斗争，组织党员干部不断深化学习领会党章党规、《习近平关于党风廉政建设和反腐败斗争论述摘编》《中国共产党纪律处分条例》和郭新立书记在山东大学2018年全面从严治党工作会议上的讲话等。通过深入学习与研讨，全处人员进一步提高了廉洁自律、防范廉政风险的意识、自觉性和能力。狠抓廉政建设，健全廉政风险防控体系，严格遵守《基建处廉洁勤政守则》并与所有工作人员签订《基建处工作人员廉政责任书》。

5.积极参加教育部及有关职能部门组织的基本建设管理培训班，全年共派出20余人次外出学习培训。通过学习培训，及时了解掌握新规定、新工艺、新理念、新材料、新经验,并能够及时与其他院校同行沟通交流,使现有管理人员的管理能力和工作思路拓展有较大提升。

二、严格规章制度、完善约束机制、强化内部管理

适应新形势下的基本建设管理要求,严格执行《基建处管理工作责任制》,明确工作职责,加强工作责任心。加强执行《山东大学基本建设管理办法》和《山东大学基建工程变更及现场签证管理办法》等相关制度的力度,成效明显。

2018 年,在新建项目建设中,工程管理工作采取并强化了以下措施:

1. 认真学习《教育部直属高校基本建设廉政风险防控手册》,明确各风险点预防保障措施,在工程项目的全过程依法、依规、依序开展业务工作,在教育部开展的直属高校基本建设规范化管理专项检查中,获得好评。

2. 坚持实行周一办公例会和工地现场会制度,管理工作做到公开、透明、阳光。

3. 配合招标办公室、监察审计办公室,加强对投标单位的审查,严审严控招投标程序。

4. 严格执行工程总包和清单报价制度,跟踪审计单位全过程参与工程量清单和招标控制价的编制工作。

5. 严格执行《山东大学基本建设管理办法》和《山东大学基建工程变更及现场签证管理办法》,严格变更签证审批程序和权限,加强工程造价管理和控制,避免了工程造价大幅超预算的现象发生。

6. 单项工程建设实行项目组管理,明确项目组成员工作职责,工地代表现场办公,项目组长半日现场办公。加强对工程监理单位监管,充分发挥监理作用。加强工程分包单位资质审核和施工信誉管理。

7. 严格执行《基建处基本建设安全文明施工管理办法》《山东大学(威海)基建工程暂估价项目采购实施办法》《山东大学(威海)新建、扩建工程材料相关规定》,加强对工程建设安全、暂估价项目采购程序、建材进场审验等管理力度。

8. 汇编《基建处基建管理工作制度手册》,人手一册,遵照执行。

三、精心组织,周密安排,扎实推进各项工作

(一)完成基本建设投资计划编制和新建项目的立项工作

1. 完成校区 2018 年基建投资计划调整工作,完成了 2019 年基本建设投资计划的编制、申报工作。

2. 完成新建专家公寓的规划变更调整和重新立项工作。

3. 完成体育训练馆工程竣工结算初审工作,初审结算值超总包合同额控制在 10% 以内。

(二)严抓工程建设管理,推进新建、维保工程项目

1. 材料与空间科学科研楼和新工科与交叉学科科研楼项目

4 月 26 日,校区赵玉璞副书记和王祖杰处长赴青岛校区,向樊丽明校长、张永兵副校长专题汇报科技大厦 B 座项目进展情况。

5 月 3 日，校区赵玉璞副书记、王祖杰处长陪同山东大学樊丽明校长赴教育部申请科技大厦 B 座建设项目使用“双一流”中央专项资金事宜。樊丽明校长向教育部领导汇报了山东大学“一校三地一体发展”战略，得到教育部领导的充分肯定。

5 月 8 日，校区党工委副书记赵玉璞在知行楼主持召开材料与空间科学科研楼、新工科与交叉学科科研楼项目可行性研究报告论证会，校办、科研处、学科建设与研究生处、教务处、东北亚学院、海洋学院、机电与信息工程学院、空间科学与物理学院、数学与统计学院等单位主要负责人参加会议。

5 月 12 日，根据山东大学总体发展战略，经山东大学党委常委会研究决定，将山东大学威海校区原规划建设的科技大厦 B 座项目调整为“材料与空间科学科研楼”和“新工科与交叉学科科研楼”两个项目，要求严格按照《教育部直属高校基本建设管理办法》程序，申报立项。

5 月 18 日，由基建处牵头，召集学校校办、资产处、学科建设与研究生处、网络中心、保卫处等相关部门，对两个项目可研报告、功能需求进一步论证。

5 月 25 日，校区党工委会议讨论通过了两个项目可行性研究报告和投资概算，要求严格按程序申报立项。

5 月 30 日，基建处王祖杰、刘运春赴济南，向学校领导汇报两个项目申报材料准备情况，并征求在济南检查工作的教育部领导意见。

6 月 7 日，经请示学校领导，两个项目申报立项资料正式按程序报到山东大学基建部。

8 月 14～15 日，材料与空间科学科研楼项目可行性研究报告现场评估会在威海校区举行，由教育部发展规划司、天津大学建筑设计研究院对《山东大学（威海）材料与空间科学科研楼项目可行性研究报告》进行了评估。会后，经基建处与相关设计部门、工程咨询部门、天津大学设计院进行充分专业论证后，对可研报告进行了补充、完善，完成终稿，并于 8 月中旬上报教育部。

8 月，新工科与交叉学科科研楼项目通过教育部备案立项。

10 月 16 日，被列为“双一流”建设项目的材料与空间科学科研楼通过教育部审批立项并争取到国拨“双一流”专项建设经费 1.2 亿元。

该项目首次引进项目管理公司运作模式，并通过公开招标引进山东富尔工程咨询公司和济南建设监理有限公司，全程管理材料与空间科学科研楼和新工科与交叉学科科研楼项目。

2. 新建专家公寓工程

新建专家公寓工程，规划用地面积约 8430 平方米，建筑面积 12861.23 平方米，计划投资 6500 万元。该项目位于校区东门外，西临吉林路，南侧为滨州北街，由威海市建筑设计院有限公司设计。建筑为七层庭院式布局，围合的大院落景观在场地内部形成一个超大花园，与周边城市自然景观之间相互渗透，营造出舒适宜人的生活环境。

2018 年 9 月 13 日，新建专家公寓工程在威海市公共资源交易中心第三开标厅进行建筑安装工程公开招标，威海建设集团股份有限公司中标。9 月 17 日，新建专家公寓工程在知行楼进行监理公开招标，威海市天垣工程咨询管理有限公司中标。

9月21日,新建专家公寓项目正式开工,计划竣工日期为2019年12月。2018年度完成工程进度:A(西侧)基础完成,四层主体框架完成,室内地坪以下的砌筑及土方回填完成;B区(北侧)基础完成,六层主体框架完成,室内地坪以下的砌筑及土方回填完成;CD区(南侧)基础完成,四层主体框架完成,室内地坪以下的砌筑及土方回填完成。年内完成工程进度累计造价945万元。

3.新建学生宿舍楼工程维保工作

组织两次宿舍管理员和学生宿舍舍长电梯使用培训,多次协助配合学生处对电梯运行系统进行调试并经常回访;配合后勤管理处对学生宿舍楼暖气运行系统安装电动调节阀,调试暖气系统;完成新建学生宿舍楼室外景观工程。

4.体育训练馆工程维保工作

完成篮球馆玻璃采光顶棚上增设遮阳板,体育教学部办公用房增加开关插座,健美室和武术室增设过门;完成体育训练馆空气源热泵工程;完成健身房用电改造工程;完成室外部分绿化工程。

(三)深入市场调研,严把建筑材料质量关

认真配合审计、监理等部门,严格按照《山东大学(威海)新建、扩建工程材料相关规定》对新建专家公寓工程主材及设备进行监督、检查。监督、检查监理单位对要求送检材料的报验程序、时效的执行情况以及总包方进场材料留样的执行情况。同时,外出考察材料、设备数十次,多渠道收集工程材料市场信息,对大宗建筑材料价格变化情况及时进行调研并反馈到相关部门。

(金世玉)

后勤管理与服务

2018年，后勤管理处在学校党政的正确领导下，全体干部职工围绕学校中心工作，履职尽责，很好地完成了各项工作任务。

一、以党建为抓手，强化规范管理与建设

（一）以学习贯彻党的十九大和山东大学第十四次党代会精神为主线，认真做好党建工作

2018年，认真学习党的十九大报告和山东大学第十四次党代会精神，围绕山东大学“双一流”建设以及威海校区“一二三”发展规划，深入开展了各项专题教育活动，不断增强全体党员干部的政治觉悟、思想修养和党性修养，坚定共产主义理想信念，时刻牢记全面从严治党的工作要求，抓好党风廉政建设工作。

制定了《后勤处政治理论学习计划》《后勤处“大学习、大调研、大改进”工作方案》；组织召开了10次理论学习会、1次宪法讲座、1次专题宣讲、2次主题党日；召开了领导班子民主生活会、支部组织生活会以及党风廉政教育和改进机关工作作风建设专题会；开展了“全面从严治党”科室负责人集体约谈；狠抓《中国共产党纪律处分条例》学习与落实；组织全体党员参加了灯塔党建在线学习竞赛和《中国共产党纪律处分条例》学习竞赛答题活动；完成了后勤党总支换届调整。在政治上、思想上、组织上为后勤工作全面发展提供了有力的保证。

（二）规范管理，加强宣传，不断完善各项后勤服务

加强制度建设，不断强化规范管理，坚持各项服务工作的程序化、规范化、流程化，制定了《后勤管理处服务指南》，并在后勤网站设立“服务指南”栏目，方便广大师生员工查询办理相关业务。适时做好网站安全维护、实时新闻增加、通知通告发布、“你问我答”和“后勤报修”栏目回复等工作。积极发布各类信息通知和新闻动态，及时回复问题及网上报修。每季度出一期工作简报。

（三）充分调动职工积极性，参与开展各项工会活动

2018年，后勤工会在校工会及后勤党总支的正确领导下，充分调动干部职工积极性，为学校后勤发展建言献策。关注教职工的生活和身心健康，引导职工爱岗敬业，不断加强物质文明和精神文明建设。积极组织干部职工参加学校各项活动，在春季运动会上取得了教职工团体总分第二名的好成绩，在羽毛球、排球、乒乓球等比赛活动中也充分展现了后勤人的风采。

二、工作成果

坚持“三服务、两育人”原则，全方位做好各项后勤服务保障工作。

(一)强化服务,做好学生生活保障

1.学生食堂以《餐饮服务食品安全操作规范》为红线,以《食品安全法》为准则,按照"安全高于一切,责任重于泰山,态度决定一切,细节决定成败"的工作理念,时刻把安全放在首位,把学生利益放在首位,狠抓餐饮管理、监督、服务与培训,严把食品卫生安全质量关,制定完善了一系列的规章制度,分工明确、各司其职、齐抓共管,努力实现有制度可依、有制度必依、用制度管人、按制度办事,为全校师生提供安全、优质的餐饮服务。努力提升食堂内部软、硬环境,做好燃气安全设施升级改造等的维修、维护工作,加强管理的同时采取人性化服务,基本实现内部管理规范目标,达到服务育人目的。学生满意率较高,在威海市食堂评比中全部达标。

2.提高学生浴池保洁标准,增加清洁次数,执行每周五卫生安全大检查制度。制定《学生浴池应急预案》,设立意见簿、监督电话,及时处理各种问题。加强各种设备设施的检修保养,确保运转正常。浴池余热回收系统节能效果显著,全年能源成本比上年节约30多万元。

3.学生洗涤方面,为所有学生宿舍楼全部更换了App网络自助式洗衣机共185台。

(二)改善条件,解决民生问题

重点解决了一批师生反映的难点热点问题,其中全年共完成大小修缮改造工程80多项,总造价1700多万元。

1.学生宿舍改造及维修。对学生宿舍5号、8号楼进行了整体装修改造,改造面积共计12400平方米。

2.校园楼宇防水。组织完成校园屋面及墙面防水维修工程共6项,屋面防水维修面积约10200平方米,墙面维修面积约1845平方米,维修范围包括学生宿舍、教学及办公楼、住宅一区及二区。

3.为确保学校引进人才入校后食宿无后顾之忧,在现有周转房房源使用紧张的情况下,挖掘潜力,对教师住宅一区、二区共14套周转房进行了适当装修和生活设施配备。

4.电子楼装修改造工程。建筑主楼6层,附楼3层,建筑面积约6000平方米。装修改造涉及工序繁多,技术要求高。为保障秋季学期的教学使用需求,施工中通过创新管理办法加大管理力度,最终实现了预期的质量及进度目标。

5.暖气改造。为改善部分楼宇取暖效果,联系暖气设计公司分析原因,查找相关图纸,确定改造方案,暑期对学生公寓1号楼、21号楼、商学院、东北亚学院、文乐苑及部分室外暖气主管道进行了施工。

6.完成了知行楼所有办公室的空调安装工作。

7.积极筹备成立市立医院山大门诊部,于2018年3月15日正式营业,为全校师生员工提供优质方便的医疗服务。

8.在教职工住宅一、二区安装了3台室外直饮水机,提供安全、卫生的健康饮用水。

(三)提高效率,强化安全保障

1.对学校所有配电室、箱变室、室外配电箱、电梯、空调以及水电暖等设备设施进行全面的维修、保养。完成校内全部餐厅的线路安全整改和更换插座工作;更换了知行楼配电室高频电源模块;更换了知行楼、海洋学院两台发电机机油;完成机电学院材料成型与控制教学实验室电缆敷设;完成图书馆空调系统西制冷机维修、冷却塔管道防锈、风机更换穿线管处理,保证正常运行;完成了文馨苑扶梯、货梯和图书馆共三部电梯的更换工作;配合威海特检院对学校海洋学院、体育馆、工程实验楼三部电梯进行了年检。

2.利用节能平台分析处理相关校舍用电情况20余处,处理软硬件故障80余处;调节路灯开关时间,及时处理路灯管理系统运行故障;按时完成水电费核算、抄表、缴纳和催缴工作,提高了管理效率。

3.水电维修中心遵循“快速反应、马上行动、认真落实”的作风,设立24小时值班制度,全年共完成大小维修工程38项,工程款总计40多万元。抢修自来水、暖气主管道共21次;完成零星报修6700多项,总金额130万元;学生公寓维修分片负责,包干到人,共出工4000多次。

(四)改善环境,建设绿色校园

1.卫生保洁坚持每周联合检查制度和实施评分制度以及寒暑假专项清理大教室卫生制度;积极配合学生处对学生宿舍垃圾道进行了封堵改造;结合垃圾分类,在学生区设置了22处垃圾回收点,布置垃圾桶220余个,定期清理校区内化粪池、污水井;利用寒暑假对学生食堂进行蟑螂、老鼠灭杀,保证良好的卫生环境;定期对教学楼、办公楼外窗进行清洁;认真落实学校防汛预案和冬季清雪预案及准备工作。

完成了教学楼、办公楼卫生间改造,加装47套小便池感应冲水器、317个排风扇和450平方米的衣帽镜,总投资近50万元,大大改善了卫生间环境。

2.全年共按期完成紫薇园、校友林(樱花)以及香花槐、行道树、绿化带的补栽和草坪喷灌等共十余项绿化工程;协助做好24号宿舍楼、体育馆周边绿化工程;规范校园绿化养护,对校园的草坪、树木、绿篱等进行专业的浇水、施肥、灭虫、修剪、清理等,全年共养护各种草坪、小型灌木约28万平方米,修剪各种行道树等园林花木10000多株。

(五)以人为本,解决师生后顾之忧

1.组织完成新生入校、在校学生及毕业生离校和全体在职、离退休教职工查体工作;为学校举行的各种考试、运动会、军训、学生健康体质测试等大型活动提供医疗、用电保障服务。为全校师生员工做好预防保健宣传、卫生防疫、计划生育、保险和住房公积金缴纳等各项工作。

2.幼儿园加强幼教工作,做好安全管理。全年组织教师参加专题培训等20余次,教师持证上岗率100%;策划举行了一系列主题公开课、传统节日亲子活动、消防演练、安全培训等家园共育及安全教育活动。在高区组织的教玩具制作比赛中获得了二、三等奖的好成绩。

3.加强出租房屋管理,完成到期房屋公开招标2户,续签房屋租赁合同14份,共签署房屋租赁合同16份,房屋租赁费收缴收入近700万元。

4.做好周转房和单身宿舍的分配以及房屋产权办理等工作。安排27人次入住周转房和单身宿舍;收回12户周转房和16间单身宿舍;办理10户周转房及单身宿舍续租手续;为9户符合购房条件的住户发放了《房屋所有权证》和《土地使用证》。积极落实家属区综合治理、消防安全管理责任,切实维护好家属区的良好生活秩序。

5.为全校所有教职工发放1412张新医保卡。为39名新入职及14名退休、7名离职人员办理医保卡和医保转移手续。

6.全年出车500余次,累积37000多千米,无安全事故、投诉情况发生,获得了用车部门及个人的认可,较好地完成了公务用车服务。

7.认真完成学校210台(办公楼51台、学生公寓楼159台)电热水器滤芯更换、故障报修和清洁保养等工作。

8.对全校160多个教室15000多张桌椅进行检修,全年加固、维修课桌120多张,椅子9800多张。

9.为解决考研学生住宿紧张的问题,在专家公寓三、四号楼新增加床位10张,满足了学生的需求。

(何　睦　于文浩)

图书馆工作

2018 年，图书馆全面贯彻落实党的十九大精神和山东大学第十四次党代会精神，紧紧围绕"五位一体"总体布局和"四个全面"战略布局，结合"不忘初心，牢记使命"主题教育活动，同步推进党建工作和业务工作，较好完成了学校的决策部署和各项工作任务。

一、基础服务

1. 截至 12 月 31 日，图书馆纸质文献总量为 1565517 册。年度新增中文图书 38396 册，西文图书 1402 册，日文原版图书 5255 册，韩文原版图书 2056 册，博硕学位论文 719 册；订购纸质中文期刊 2020 种，报纸 121 种，外文期刊 4 种。新增瀚堂近代报刊库、新东方精品直播课程、书舒朗读亭资源平台、AGU(美国地球物理学会)等数据库。继续接收来自日本科学协会、美国"亚洲之桥"和"亚洲基金会"等国际公益组织捐赠的外文原版图书。

2. 2018 年度接待读者 131.6 万人次，其中校内读者 129.8 万人次，校外读者 1.8 万人次；全年借还书 36.1 万册；开馆 275 天，周服务时间 98 小时，系统与服务器 7×24 小时服务；信息共享空间全年开放 700 小时，接待读者 2600 人次。

3. 2018 年 3 月，图书馆开通微信公众平台，读者可以即时查询、了解图书馆馆藏信息、活动安排、最新通知、数字资源及图书推荐等，关注用户达 6000 人。该平台的启用，拓展了图书馆的服务阵地，延伸了服务触角，增强了与读者的交流互动。

4. 面向全校师生开展信息素养教育，开设文献检索与利用选修课、一小时讲座、各类数据库培训以及文献阅读、文献选读与评价专业课等。

二、专业化服务

(一)参考咨询服务

全年通过总咨询台、在线问答、微信平台、电话、馆长信箱等方式解答读者问题 1217 条。为本校教师、研究生及威海市区、济宁学院、潍坊学院等单位人员开展查新工作，开具检索证明 636 份，查收查引文章 100 余篇。

(二)馆际互借和文献传递服务

利用 CALIS(中国高等教育文献保障系统)及 CASHL(中国高校人文社会科学文献中心)为本校师生做好文献传递工作。2018 年度 CALIS 文献申请量为 160 篇，满足率 81.25%；CASHL 文献申请量 92 篇，满足率 90.30%。

(三)升级并优化座位预约系统和新生入馆教育系统

升级后的座位预约系统可通过微信公众号完成选座、暂离、预约释放座位等功能，通过扫二维码、离线扫码、微信"摇一摇"等方式完成座位签到；新增读者监督座位和留言功能,提升了座位使用效率和读者满意度。“新生入馆教育培训系统”新增手机版,方便了新生的培训与测试。

三、继续打造“文化品牌”活动

4月,开展以“阅读-知行”为主题的图书馆第四届读书节系列活动,活动内容包括“金话筒”美文诵读比赛、“百味杂谈”书评大赛、电影赏析影评大赛、读书品茗-品鉴茶道艺术、院长荐书、数字广场-电子资源推广。这些活动有利于激励大学生爱上阅读,知行合一,知初心、知使命、知良莠,行于心、行于手、行于足。

5月,开展以“读书安,芳华美”为主题的图书馆第三届安全月系列活动,活动内容包括:安全知识竞赛、应急疏散演练、消防安全知识系列讲座、安全知识画廊、馆员边防检查站军旅生活体验。这些活动有利于加强安全宣传教育,增强师生的安全、应急意识和自我保护自救能力。

9月,开展以“服务为本·真情相伴”为主题的图书馆第三届服务月系列活动。活动内容包括“书海墨香,最美相遇”——新生图书馆参观之旅,“书海拾金,倾情导航”——新生咨询,“服务瞬间,阅读之美”——摄影展,“悦读图书,共享精彩”——读书达人评选,“逐梦启航,未来可期”——给未来自己的一封信,“谦谦君子,文明守礼”——图书馆不文明现象展,一小时系列讲座——宣传推广图书馆电子资源。这些活动有利于加强文化育人机制的常态化建设,提升大学生人文素养,促进大学生健康成长。

四、“阅读推广”成效显著

依托学生会社团、阅微读书会,通过微信平台、大屏幕、展板等,多种形式开展读书推荐、推广活动,推出微信专栏“读书有约”“书评精选”“影评精选”,定期向读者推荐经典书目。全年共推出“读书有约”6期、“书评精选”4期、“影评精选”4期、“专题书目”3期,推荐书目100册。联合举办读书会16场,举办讲座2场,设立了阅读与心理健康和古典文学专架,创建阅读推广空间,创立并发布图书馆工作简报1期。

五、调整布局,优化馆舍

为优化馆舍布局,提高服务效率,图书馆对现有馆藏布局进行了调整,完成了图书馆二楼大厅东西两侧和六楼西侧阅览区的空间再造,新增新书阅览区、专题阅览区和教师研讨区,新建了异地密集书库,缓解了空间紧张。

六、荣誉与奖励

1. 2018年年末,中国高等教育文献保障系统(China Academic Library&Information System,CALIS)联机合作编目中心对2017～2018年度CALIS联合目录各项工作指标进行了统计,并组织专家对数据质量进行评估。威海校区图书馆荣获“2017～2018年度CALIS联合目录馆藏数据库建设先进单位”“2017～2018年度CALIS联合目录日文数据库建设先进单位”“2017～2018年度CALIS联合目录馆小语种数据库建设先进单位”。

2. 组织学生参加“2018全国大学生中华经典美文诵读大赛”,指导推荐的作品《预言》

闯入决赛。组织学生参加“图书馆杯”全国海报创意设计大赛并获山东省图书馆学会优秀组织奖。

七、对外交流

接待国内外访问团和友人 35 次，共计 2016 人；与哈工大图书馆（威海）的馆际合作取得实质性进展，2018 年度共接待哈工大读者约 0.5 万人次，借还图书 0.2 万余册；积极参与威海市文化建设，为地方提供文献信息服务。全年共接待威海市读者 1.3 万人次，借还图书 0.4 万余册。

（姜玉晶）

网络与信息化建设

一、信息化基础设施建设

2018 年，威海校区实现与校本部共享教育网出口，优化了教育网带宽；完成了校园网三地统一认证威海侧工作，使威海校区具备了济南、青岛师生在威海统一认证的能力；实施家属区“多运营商共建共享”网络改造建设，实现了“光纤到楼、光纤入户”；实施教室全光纤改造，对电子楼、图西教学楼等有线、无线环境进行了优化升级，使校区 1/3 教室实现了全光纤改造，提升了教学保障能力；完成学生区有线、无线地址及子网全新规划与切换，实现学生区网关的上收及扁平化管理；完成智能 DNS 与深澜认证系统对接，实现基于用户账号信息路由选路与 DNS 分配；对学生开放多终端同时在线，面向校区师生全面开放无线无感知认证，实现学生、教工多无线信号的整合，进一步提升了师生无线网络访问体验。

完成了云计算平台硬件升级，新建 12 台高性能服务器计算资源池。新平台计算能力达到 4608GB，存储空间近 500TB；实现数据中心 IPv6 环境升级，学校门户网站及各单位主要网站已接入 IPv6 并提供服务，实现了 IPv6、DNS 与 DHCP 服务的全面支持。

二、智慧校园建设

推进智慧教室建设，图西楼、电子楼共 51 间智慧教室投入使用，实现了常态化课程录播、直播和点播，助力打造学生“处处可学习，时时可学习”的学习环境；优化和完善“共享数据交换中心”，实现本科生基础学籍数据、一卡通数据、教工基础数据通过数据交换中心应用于三地重要业务系统；推进生物识别技术应用，引进自助身份信息采集和身份比对设备，实现了本科生新生照片自助采集和人脸比对及师生自助照片采集。

三、网络和信息安全建设

按照国家《网络安全法》和《网络安全等级保护基本要求》，对学校网站群系统、综合教务管理系统和科研管理系统三个系统进行了网络安全二级等级保护测评和定级工作；完成了山东大学澳国立联合理学院等 12 个网站的站群迁移，为法学院等学院的服务器托管及教学科研资源需求提供技术服务；完成各类测试 30 余项，为建设完善的安全防护体系做好了准备；圆满完成“上合青岛峰会”以及教育部、公安部等规定的网络安保工作。

（何荣毅）

学院工作

东北亚学院

2018年,山东大学在一校三地统筹布局“双一流”建设,最大限度地发挥多校区办学的优势,将东北亚研究新兴交叉学科列入“双一流”建设重点学科。学校决定整合原韩国学院、翻译学院相关学科资源,成立东北亚学院,并以此为基础引进学科资源组建学科团队,全力推进东北亚研究新兴交叉学科发展。建院之初,由张蕴岭先生牵头,广泛征求院内外专家的意见,形成了学院学科总体发展规划。6月,东北亚学院首任党政领导班子就任,学院工作全面展开。

一、党建工作

以党建工作统领全局,为学院各项工作的开展提供有力政治保障,党委的领导核心作用得到进一步加强。贯彻落实“三重一大”决策制度,健全班子合作运行工作机制,提升班子整体功能和议事决策水平。

切实加强宣传教育与思想政治工作。坚持中心组与教职工学习制度化,创新学习形式,提升专业教师理论学习的积极性和主动性;制定具体办法,在教师引进、课程建设、教材选用、学术活动等重大问题上把好政治关;加强对院系学术组织的引导,落实“一会一报”和“一事一报”制度,管好各类思想文化阵地。严格按照党风廉政建设责任制工作要求,认真学习传达党风廉政建设重要决策,建立健全各项规章制度,认真执行民主集中制等党内组织生活制度,自觉接受组织和群众监督。扎实推进“两学一做”学习教育常态化制度化,完成了学院三个支部的换届工作,选优配强党支部书记。2018年开展两次党支部书记述职工作。

建立党员活动室,落实基层党务干部待遇,有效推进从严治党向基层党支部延伸,对标“五个到位”“七个有力”,激发支部活力。开展“大学习、大调研、大改进”研讨活动,健全党员领导联系党支部制度;组织开展参观郭永怀纪念馆、青岛校区,走访慰问革命老兵等实践教育活动;建立党员图书角,开展“好书漂流分享活动”,开设“悦读”讲坛,打造特色亮点突出的思想引领活动品牌。同时,认真做好服务教学、服务学术研究、服务师生工作。学院领导班子成员每人负责联系一个学生班级;为学术带头人配备了一对一的科研助理,让他们从日常繁杂的事务中解放出来,全身心投入教学科研工作中。

二、学科建设与科研工作

(一)学科发展规划和学科整合工作

根据山东大学“双一流”建设规划和学校统一安排,学院认真分析学科发展的大环境、大趋势,制定了学院 2021～2025 年发展规划。规划确定了学科发展的目标:到 2025 年,建成国内一流、世界知名、学科配置合理、人才培养体系齐全、特色鲜明的东北亚研究新兴交叉学科;明确了以一流人才、一流团队、一流项目、一流人才培养体系、一流平台,即“五个一流建设”支撑一流学科的发展思路。经专家评分,东北亚学院规划得分在威海校区所有院部位居第二,在文科院部位居第一。

经过整合优化,东北亚学院形成了朝鲜韩国系、日本系、国际政治与经济系三大学科板块。原有科研机构进一步充实优化,凝练出“东北亚命运共同体研究”“东北亚海洋问题研究”“东北亚历史与文化研究”三个特色方向,构建“东北亚区域关系与合作”“东北亚语言文学”“东北亚历史文化”三个重点培育的特色化学术创新团队。

(二)师资队伍建设

根据学科发展的实际需要,引进学科建设急需人才。2018 年学院正式引进专业教师 6 人,其中教授博导 4 人(含山大杰青 1 人),副教授 1 人,应届博士 1 人;同时引进兼职特聘教授 2 人;聘请 11 名海外知名学者为客座教授,形成了国际政治、国际经济、朝鲜语、日语四支专业师资队伍。本着引育并重的师资队伍建设原则,加快现有教师队伍建设,鼓励教师进修、开新课、报课题、出版学术著作,为年轻教师的业务发展创造更好的条件。张景全教授入选韩国统一部“新进领导人项目”,牛林杰教授荣获第十二届“卧龙学术奖”。经过一年的努力,适应学科发展的人才结构初步形成。

(三)科研工作

2018 年全年获得学校拨付高峰计划专项资金 178 万元,获得科研项目资金 241.93 万元。其中,纵向项目 147 万元,横向项目 71.93 万元,年度实际到账 178.7301 万元。项目包含:国家社科基金重大项目 2 项,教育部哲学社会科学研究重大攻关项目子项目 1 项,国家社科基金一般项目 2 项,横向课题 5 项。举办了 2019 年度教育部人文社会科学研究项目申报的专家评审论证会和 2019 年度国家社科基金项目预备申报专家论证会,提高了学院的学术声望。

年内学院教师共发表 45 篇论文,其中核心期刊论文 22 篇(CSSCI 12 篇,SSCI 1 篇,KCI 9 篇);出版专著 4 本;向中央政府有关部门、地方政府、中国社会科学院、中国人民对外友好协会提交研究报告累计 15 份,其中 6 份被有关部门采纳。此外,出版 28 期《东北亚研究报告》,1 期《黄海学术论坛》,1 期《东亚评论》。

2018 年下半年,学院主办承办了 7 场重要的学术活动。其中,与中国社会科学杂志社《中国社会科学》编辑部共同主办的“重大国际事件对国际关系影响与对策”研讨会是学院成立后举办的第一场高水平学术会议;由学院具体承办的山东论坛(2018)在国内外引起巨大反响,极大提升了学院的学术影响力,也显示了东北亚学院举办大型国际学术活动的实力。另外,学院还举办了第三届“中华复兴”论坛、2018 年“中国周边形势”学术研讨会、“东北亚安全形势与发展战略对接”研讨会、“朝核问题的历史考察”学术研讨会、第二十三届“中韩未来”论坛，创办“东北亚学术讲坛”并顺利开展9期活动。这些高水平学术活动提升了学院的显示度和学术研究水平。

设立“学术资助项目”并出台实施办法，鼓励老师著书立说、申报项目，进一步提高了教师科研积极性。

（四）学术平台建设

2018年，山东大学决定建立山东大学国际问题研究院，挂靠东北亚学院，实行研究院实体化运作，学校给予人员编制和经费支持。研究院定位为建设国内一流的国际问题研究高端智库，使之成为国内国际问题研究的第四极。山东大学国际问题研究院的成立，为学院的发展又增加了一台强力引擎。

三、人才培养

（一）本科生培养

2018年，学院以新的理念构筑与新型交叉学科相适应的人才培养体系。根据山东大学本科生教学改革的要求，学院以“宽口径，厚基础，精语言，强专业”为本科人才培养理念，重新设计了适用于培养学科交叉型人才的培养方案，增设了学院基础通识课，增加了专业选修课，按照教育部的新国标修订了各个学科的课程设置，完善了国际政治专业教学体系。本着“语言＋”的理念，将语言教育与区域、国别综合知识教育有机结合，为培养交叉型人才创造了良好的基础条件。此外，学院顺应大类招生趋势，推进招生改革。在充分考虑优势和特色专业的基础上，合理调整招生结构，新出台本科生国际经济与贸易专业、世界经济硕士与博士、国别与区域研究博士招生方案。

教学工作以培养新型专业复合型人才为目标。第一，积极推进教学研究工作，定期举行教学研讨，交流教学经验，不断提升教学质量，提升教师的业务水平，2018年申报学校教研项目2项；推动“山东大学教育教学资源共享”，举办了“山东大学教育教学资源共享”日语教学研讨会；做好教务教学管理工作，按照学校要求，做好期中教学检查、期末考试以及本科生论文指导等日常的教学、教务管理工作。第二，组织学生参加各种实践活动。日本系学生在“笹川杯”日本知识大赛中获团体优秀奖，1人获第14届中国人日语作文大赛佳作奖；朝韩系同学在各类比赛中表现优异，1人获山东省中韩演讲比赛二等奖，1人获“锦湖韩亚杯”中国大学生韩国语演讲大赛山东赛区第一名，1人获中韩演讲比赛二等奖，3人获延世大学韩国语写作大赛奖项，4人获韩语视频制作大赛三等奖。第三，定期举办专题讲座和召开学术研讨会，通过参与系列学术活动，让学生接触更多的学术名师，接受启迪和熏陶，在学术实践中培养专业兴趣，提高学生的钻研能力和学业水平。第四，积极推动学生国际交流，2018年共派出110名本科生到韩国、日本等著名高校进行交流学习。

（二）研究生培养

致力于建设国内一流的高水平学位点。已搭建起国际政治方向和亚非语言文学方向本科—硕士—博士—博士后的人才培养体系，增设了世界历史（东北亚方向）硕士点，致力于培养高端东北亚研究人才。

（三）学生工作

依托各类载体开展丰富多彩的理想信念教育。先后邀请知名学者开展讲座、分享会；组织开展“纪念改革开放40周年”“纪念抗日战争胜利73周年”等系列活动，多种方式进行思想引领；打造“东北亚文化月”品牌活动，组织学生参与“山东论坛”“中华复兴论坛”等高端学术活动，提升学生的专业认知度、认同感和归属感。3项学生作品入围“挑战杯”全国大学生课外学术科技作品竞赛和创业计划大赛复赛，创历史新高。

主动出击，推动就业工作稳步前进。学院党委书记亲自带队开展就业市场拓展工作，走访企业11家，达成合作意向3家。依托校内外教师和校友资源开展经验交流活动累计14场。2018年本科生、研究生就业率提升幅度列校区第一。

除以上各项工作之外，东北亚学院在行政管理、后勤保障等方面也得到了进一步完善，有力支撑了学院事业的发展。特别是加强了制度建设，制定了一系列规则，做到依规办事。在资金使用管理上，对高峰计划学科资金的分配与使用坚持以推动新兴交叉学科建设发展为中心，做到公开透明，制定了项目资金负责人责任制，确保所有开支可查验。

（张琳琳）

商学院

商学院涵盖经济学和管理学两大学科门类，由 8 个教学系、9 个科研机构以及行政教辅部门组成。其中，劳动经济与人力资源研究中心为山东大学批准设立的科研机构，《劳动经济评论》为所办刊物。金融学、市场营销学、旅游管理为省级特色本科专业，经济与管理实验教学中心为省级示范中心，现有专业实验室 12 个。学院设有应用经济学博士后流动站。2018 年，商学院贯彻落实党的十九大精神及山东大学第十四次党代会精神，稳步发展，各项工作情况如下。

一、党政工作

2018 年，商学院立足新时代，深入贯彻落实党的十九大会议精神和山东大学第十四次党代会精神，全面加强党建与思想政治工作。顺利实现党政班子换届调整，进一步贯彻、执行民主集中制，完善党委会议和党政联席会议制度。

加强理论学习，开展“大学习、大调研、大讨论”活动，组织山东大学第十四次党代会精神宣讲共 8 场次。加强制度建设，建立健全党建工作制度共 6 项。加强思想建设，规范日常理论学习，开展主题教育实践和主题党日活动 36 次。加强组织建设，认真做好党员培养发展，共发展党员 138 名；健全党风廉政建设制度，严格落实意识形态责任制。强化教师课堂纪律，严把政治方向，严格执行“一会一报”要求。加强师德师风教育和学生思想政治教育。

商学院优化调整了部分教辅人员的岗位职责，使服务性工作更高效便捷。完成了第二批办公室暖气改造、会议室等地电脑设备的增设等工作，进一步改善教师办公条件。院工会组织开展职工户外拓展活动。圆满完成了陕西招生拓展，拓展组获得学校表彰。走访京广等地校友企业 6 家，举办“明德 · 思源”校友讲座 6 场，加强了校友与学院的联系。开展网络安全、电气火灾综合治理等专项检查 6 次，确保安全稳定。

二、师资队伍情况

2018 年，商学院共有教职工 121 人，教师岗 94 人，非教师岗 27 人；在编人员 117 人，编外人员 4 人；年内新入职 3 人，离职 1 人。教授 23 人（兼职 3 人），副教授 41 人，讲师 33 人。引入山大杰青学者 1 人，副研究员 1 人，师资博士后 2 人（含香港理工大学 1 名博士）。年内新晋副教授 3 人，博士生导师 3 人，入选山东大学（威海）青年学者未来计划 2 人。2 位教师获得国家留学基金委海外访学项目支持，7 位教师因公访学与境外研究机构开展教学和科研合作。

三、学科科研与服务地方

(一)科研与学科建设

商学院在学科建设方面以"创造商学新知,培养业界菁英,服务区域发展,引领社会未来"为宗旨,制定《商学院发展规划》,努力提高学科建设整体水平;确定商学院"1个融合""2个平台""3个学科增长点"的学科建设思路,促进学科校内、院内、院外交叉,为产出"大成果"、培养"大人才"提供平台。科研方面,为完善科研管理制度,制定了《商学院教师参加学术会议管理规定(试行)》《商学院教科研资助办法(试行)》《商学院科研创新团队建设与管理办法(试行)》等制度;主办"当代经济学科前沿热点"学术研讨会,承办"高校文科学报经管栏目建设研讨会"等学术会议,加强学术交流;邀请北京大学新结构经济学研究院院长、南南合作与发展学院院长、全国政协常委、经济委员会副主任、国务院参事室参事林毅夫教授做客"稷下讲坛",作题为"中国改革开放40年与新结构经济学理论创新"的专题报告;年内获批国家社会科学基金项目3项,国家自然科学基金项目1项,中国博士后基金2项,省社科基金项目6项,纵向课题立项经费达到120余万元;发表学术论文54篇,其中SCI/SSCI检索论文4篇、CSSCI论文25篇;获山东省社会科学优秀成果二等奖、三等奖各1项。

(二)服务地方

商学院结合自身专业和资源优势,积极开拓社会服务路径,深入地方政府、企事业单位开展各类服务工作。2018年获得横向课题19项,合同经费191万元。先后为省旅发委、市商务局、市旅发委、高区管委、齐鲁交通集团等单位提供咨询服务;为山东省国税局、中国银行威海分行开展管理培训;学院4名教师被威海市经信局聘为"电子商务网上营销领域专家",1人被聘为威海市品牌促进战略联盟秘书长。

四、人才培养情况

(一)本科生教育

2018级本科招生10个专业共855名,年内转入学生60人。加快实践教学基地建设,新增5个不同行业实力雄厚的教学实践基地;与共建学院开设8门共建课程,从课程体系建设、人才培养、师资队伍建设和科学研究方面推动一体发展、协同创新,推进教育教学资源共建共享;激励教师参与教学改革,组织几十位教师参加慕课建设培训、教学技能培训以及高级研修班、研讨会,鼓励教师积极参与实验教学案例的开发工作,并在全国大赛中获得二等奖;构建"三全育人"工作体系,修订《本科生导师制实施细则》;提升人才培养质量,年内4支学生团队获得国家级奖项,24支学生团队获得省级奖项;国内升学率为20.9%,国外升学率为14.4%,合计升学率为35.3%。

(二)研究生教育

2018年有博士学位授权点2个,硕士学位授权点8个,其中专业学位硕士授权点3个。博士研究生导师10人,硕士研究生导师30人。录取硕士研究生145人,博士研究生5人。年内有92名硕士研究生毕业。为提高研究生培养质量,商学院建章立制,制定了《商学院关于加强研究生过程管理的实施办法(试行)》,修订了《商学院优秀研究生奖学金评审细则》,制订了商学院攻读博士学位研究生硕博连读、申请-审核、中期考核的具体工作方案。

五、对外交流合作

2018年邀请外籍专家举办学术讲座5人次,在国际期刊发表论文4篇,教职工参加海外访学与科研合作3人,参加境外学术会议3人次。赴境外研修学生和招收国际学生数量稳中有升。其中赴境外研修本科生97人,研究生2人;招收国际本科生32人,研究生2人。

六、学生发展与就业

(一)学生发展

商学院做好学生征兵入伍工作,年内入伍4人,居校区榜首。做好学生管理及安全稳定工作,发挥辅导员、学生骨干的辐射作用,做到班级、宿舍、学生个体层层落实。做好精准助困工作,关注学业及就业困难、家庭经济困难、心理问题学生,制定《商学院危机干预工作流程与指南》。辅导员全年与学生谈话总计5300余人次,与家长沟通800余人次,约家长到校面谈100余人次。服务学生全面发展,在山大第一届全民运动会中获学生团体总分第一,打破4项赛会纪录;组织6800人次学生参加社会实践活动,形成报告820份,39支团队和21位同学被表彰;在各类科技创新竞赛中,3项作品获国家级奖励,18项获省级奖励;在各类专业竞赛中,1项作品获国家级奖励,6项获省级奖励。

(二)就业情况

2018年度毕业全日制本科生883人,全日制硕士研究生78人。本科生实际就业率90.4%,研究生就业率100%。

(张　晨　荆晓文)

法学院

一、学院概况

1995 年，山东大学在威海分校开启法学教育，2004 年成立法学院，2012 年更名为山东大学（威海）法学院。2018 年 6 月，学院领导班子换届，汪全胜任党委书记，肖金明任院长兼党委副书记，姜世波、刘军、张乐任副院长，侯丽娜任党委副书记。学院有教职工 67 人，其中教授 14 人，副教授 19 人；博士生导师 8 人，硕士生导师 20 人。

2018 年 8 月，法学院贯彻落实山东大学第十四次党代会精神，根据学校发展总体要求，制定《法学院领导班子任期目标责任书（2018～2021 年）》《法学院发展规划（2018～2025 年）》，依据规划推进人才引进、学术创新、教育教学改革、学科布局规划等工作，以全新的姿态推进学院事业发展。

二、党务工作

1. 学习贯彻党的十九大及习近平总书记系列讲话精神，制定《法学院党委关于推进“两学一做”学习教育常态化制度化的实施方案》，为推进山东大学“双一流”建设和落实威海校区“一二三”发展规划提供坚强的思想保证。

2. 加强党的组织建设，教工支部按照教育部“双带头人”要求完成支部换届工作。2018 年度新发展预备党员 93 名，转正党员 47 名，新培养积极分子 56 名。

3. 召开领导班子民主生活会，贯彻执行民主集中制，发挥院党政联席会、党委会、学术委员会、工会的作用。健全党风廉政建设责任制、安全稳定责任制，细化预防腐败措施。

4. 按照《中共山东大学（威海）工作委员会关于中央第七巡视组反馈意见的整改工作方案》《山东大学（威海）巡视整改任务清单》逐一整改落实。

三、学科建设

1. 依据学院发展规划，合理布局学科建设，明确构建全国公法学高地的学科建设目标。除加强法律方法、立法学等优势学科外，重点发展人大制度、党内法规、计算法学等新的学科领域，由法理学、公法学、社会法学、交叉法学构成学科建设总体布局。

2. 根据学科建设需要，拟定人才引进计划，坚持引育并重，新进师资博士后 2 人，青年教师刘洋入选第四批“山东大学（威海）青年学者未来计划”培养人选。

四、教学工作

1. 确立教育立院战略，坚持“以德树人”“以本为本”，坚持培养一流本科生的目标定位。推进教育教学改革，全国首开“计算法学”“党内法规与监察法学”实验班。

2. 与山东大学哲学与社会发展学院共建社会工作专业；加强教研工作，获批校级教研项目 4 项，其中重点项目 1 项，一般项目 3 项；获山东省级教学成果奖二等奖 1 项；29 名学生被推荐到知名高校攻读硕士研究生。

3. 扩展研究生培养学科方向和规模，新增宪法与行政法专业党内法规方向，研究生培养进一步突出特色方向；招收博士生 5 人(含同等学力 1 人)，硕士研究生 63 人(含非全日制 4 人)，其中推荐免试生 11 人。

4. 成立法学院教学指导委员会，通过教学指导委员会工作章程，以加强对教学管理、教学改革等事项的咨询、指导和评议审议。

五、科研工作

1. 主办 5 场全国性学术会议，聘请外校专家学者举办学术报告近 20 场，恢复“玛珈山法律方法论坛”，新增“玛珈山法政论坛”，恢复主办《法律方法集刊》。

2. 发表论文 33 篇，其中 CSSCI 来源期刊 19 篇，出版著作 5 部；国家社科立项 3 项(含 1 项国家社科基金重大项目子课题)，教育部社科 1 项，山东省社科 4 项，横向立项 4 项，到账经费 165.25 万元(其中纵向 67.6 万元)；获得山东社科优秀成果奖一等奖 1 项、三等奖 1 项，威海市社科优秀成果奖一等奖 3 项、三等奖 2 项。

六、对外工作

1. 国际及地区间合作稳步开展。美国乔治梅森大学、英国谢菲尔德大学、瑞典于默奥(umea)大学、台湾中正大学均有教师来交流访问或授课，并有 2 名学生赴英国谢菲尔德大学留学。

2. 2018 年法学院师生在 ICC(国际刑事法院)模拟法庭比赛中获中文赛全国一等奖、英文赛全国二等奖，在 IHL(国际人道法)模拟法庭比赛中获英文赛全国二等奖。

3. 启动服务山东计划，参与山东省政法系统干部培训工作，承担山东省和威海市地方立法项目论证起草工作。

七、学团工作

1. 法学院新媒体平台共计推送信息 3051 条，关注人数达到 8043 人，将教育融入生活，让引领润物无声。制定实施《法学院入党积极分子培训制度》《法学院党员日常行为规划》，开展知识竞赛、“学习郑德荣先进事迹”等主题教育活动，持续加强培育和践行社会主义核心价值观。

2. 获评省级优秀班集体 1 个，2 名学生获省级优秀学生，1 名学生获山东大学五四青年科学奖；学生参与各类竞赛获奖人数达 400 人以上，其中省部级以上奖项 13 项；1 人获评省优秀辅导员，1 人获评省社会实践优秀指导教师；法学院团委获得学校红旗团委荣誉称号。

3. 辅导员队伍参加各类技能培训 9 人次，获批省高校人文社科研究计划 2 项、学校人文社科思政专项 3 项，参与项目 10 余项，发表研究论文 4 篇；完善心理工作站建设，建立家长、学校、学院、班级、宿舍五级帮扶机制，立足学生发展需求精准助困。

(黎海鹰)

文化传播学院

一、学院整体工作

2018年度，学院领导班子换届。6月，学校党委任命学院新一届领导班子，于培丽连任院党委书记，张红军连任文化传播学院院长，周玉宏任党委副书记，管恩森连任副院长，张文祥任副院长。张晓曼教授到韩国任孔子学院院长，不再担任学院副院长职务。

7月，启动文化传播学院发展规划及新一届领导班子任期目标(2018～2021)、建设目标(2018～2025)制订工作。暑假期间，邀请中国人民大学、复旦大学等国内著名高校专家对学院发展规划进行论证。10月，学院新一届领导班子在山东大学中心校区与学校签订任期目标与建设目标。

二、党建工作

部署学习党的十九大、全国教育大会、山东大学第十四次党代会等会议精神，制订全院理论学习和培训方案。坚持学院中心组理论学习制度，实现支部书记政治学习轮训全覆盖。在学院党委领导下，夯实基层支部建设。顺利完成支部换届，选优配强"双带头人"支部书记。

三、学科建设与科研工作

经反复论证，确立了2018～2025年学院学科发展的总目标与重点建设内容。总目标为：以点的突破，服务于山东大学"双一流"建设，为"大中文""大新闻"学科发展作出自己的贡献。重点建设内容为：中国语言文学一级学科设置马克思主义文艺理论中国化问题研究、诗学的跨文化研究两个建设方向；新闻传播学一级学科设置新媒体传播与治理研究一个建设方向。

将马克思主义理论研究中心纳入学校学术提升计划中，取得了较大发展。继续与中国社科院合作举办马克思主义理论论坛，张红军教授作为子课题负责人参与申报成功一项国家重大课题，在学习党的十九大报告、纪念马克思200周年诞辰、纪念改革开放40周年等重要节点，受《文学评论》《中国文学批评》《文艺报》《中国社会科学报》等邀请撰写多篇理论文章。

开展各种学术交流活动。5月，杨慧教授发起"学灯论坛"，年内举办两次学术研讨会。7月，与中国社会科学院合作举办第三届马克思主义文艺理论青年论坛暨文艺批评与当下文艺创作的关系学术研讨会。

2018年度学院教师发表学术论文53篇，其中CSSCI来源期刊文章21篇，KSSCI 3篇，完成学术著作3部。获批国家社科基金项目3项、国家社科基金重大项目子课题

1 项、教育部人文社科项目 3 项、国家语委规划项目 1 项、山东省社科规划项目 5 项，科研成果获山东省社科优秀成果奖二等奖 2 项，三等奖 1 项。因科研业绩突出，年终获山东大学单项奖。

四、教学工作

学院积极组织教师参加山东省第五届“超星杯”高校青年教师教学比赛，张超获三等奖，周妍获优秀奖。年内获批省级教研项目 1 项。

稳步推进与山东大学新闻传播学院优质教学资源的共建共享工作。10 月份，新闻专业的大一专业基础课“新生研讨课”首次实现与校本部同步直播授课，并借助网络直播技术进行互动交流。与山东大学相关学院一起，组织完成中国语言文学、新闻传播学两个一级学科的研究生学科评估。5 位教师获得博士生招生资格，19 位教师获得硕士生招生资格，研究生导师队伍进一步扩大，研究生培养质量有所提高。

积极做好 2018 年版培养方案修订。在一体化格局理念下，完善了汉语言文学、新闻学、汉语国际教育专业的培养计划。

推动学生开展第二校园经历。山东大学第七届“尼山学堂”古典班面向济南、威海、青岛三校区的 2017 级本科生招收的 26 人中，学院入选 5 人。

五、国(境)外交流建设与留学生教育

促进师生国(境)外交流。4 位教师赴国(境)外研修，31 名学生通过校际交流和短期项目的方式，到台湾地区的世新大学、东吴大学、暨南大学，英国牛津大学、威斯敏斯特大学，韩国中央大学、外国语大学进行国(境)外访学活动。

努力提高留学生社会实践能力。主办第五届威海地区高校外国学生汉字听写大赛，与东北亚学院共同举办中韩双语演讲比赛，组织学生参加山东省高校外国留学生汉语演讲比赛，获得三等奖。

六、学生工作

坚持立德树人，做好思想引领工作。获评第十一批主题教育实践创新示范项目1 项，2 个主题教育立项活动均已结题。7 月份，成立学生传媒中心，专业打造网络思政常态化，微信公众号在学校 WCI 指数(微信传播指数)排名中多次名列前茅。

关注特殊群体，分类指导学生。针对家庭经济困难、学业困难和心理困难学生，分类进行精准帮扶，切实做好学生助困和心理健康教育工作，满足困难学生的发展性需求和个性化需求。

七、服务地方

与威海非遗保护学会合作，开展“威海非遗文化保护”的微电影制作；与威海市海洋与渔业局、威海广播电视台海洋频道开展融媒体业务合作，获得了政府部门的高度评价，收到了良好的社会效益；智库建设方面，年内为大众网、华电集团、威海广播电视台、重庆市教育科学研究院开展多次讲座培训和业务咨询。

(刘　琼)

翻译学院

一、学院概况

学院下设英语系、翻译系、西语系(西方语言文学系)、大学英语一系和大学英语二系共5个教学系。学院有在编教师97人,其中教授8人,副教授18人,另有外籍教师9人。学院共有博士生导师4人,硕士生导师10人,获得博士学位14人,在读博士35人,获国务院政府特殊津贴1人,教育部新世纪优秀人才1人,山东省教学名师1人,1/3的教师具有国外著名大学留学、访学经历。

翻译学院拥有外国语言文学一级学科博士学位授权点,下设英语语言文学、外国语言学及应用语言学两个二级学科博士学位授权点;拥有外国语言文学一级学科硕士学位授权点,下设英语语言文学的二级学科硕士学位授权点;还拥有翻译硕士专业学位授权点,下设英语笔译1个专业。在教育部第四轮学科评估中进入前10%,评估结果为A－,与清华大学、复旦大学等高校并列第九。

学院坚持以观念更新为先导,以制度创新为动力,以师资和学科建设为核心,以培养符合社会发展需要的复合型国际化人才为目标,全面强化素质教育,形成了融本科生、研究生为一体,以翻译学教学为优势,以"英语＋X语种"和国际化为特色的办学体系。

二、党建工作

1.突出政治建设,强化思想引领。深入贯彻十九大精神和习近平新时代中国特色社会主义思想、学校第十四次党代会精神,强化"两个维护",增强"四个意识",强化党建对学院工作的推动作用。

2.加强制度建设,强化政治理论学习。制定多项党建文件,强化党委理论中心组学习、党员"三会一课"和教工政治理论学习常态化、制度化。

3.加强基层组织建设,优化组织架构。以党支部换届为切入点,理顺党支部组成;按照"双带头人"标准,选优配强支部书记。

4.推动改革发展稳定工作。发挥学院党委政治引领、思想凝聚、组织保证等作用,推动落实改革发展稳定任务。做好学院统战工作,加强工会、教代会和共青团工作,健全安全稳定教育体系,维护学院和谐稳定。

5.严格落实"一岗双责",强化政治纪律,不断完善学院党风廉政建设的监督问责机制,进一步规范党内政治生活,着力规范学生党员发展、推免研究生、教师职务晋升等关键环节。加强廉洁教育,强化政治纪律,营造风清气正的氛围。

三、师资队伍与学科建设

积极组织教师参加讲课比赛，成绩良好。王苏华获山东大学第十届"青年教学能手"称号、山东大学青年教师教学比赛一等奖、山东省高校青年教师教学比赛二等奖，曲奕获2018全国教学之星多语种大赛(大学德语)一等奖。

制定《中层单位发展规划(2018～2025年)》，对学院发展进行科学规划，凝练了五个学科发展方向，确立了学院在下一轮教育部学科评估中对学校外国语言文学A类学科的贡献度在20%～25%的发展目标。

举办与参加学术会议，扩大学科影响力。2018年举办首届全国西方修辞学高端论坛"西方修辞学的发展：现状与未来"。来自全国数十余省市的百余名专家学者参加了本次论坛，扩大了学院西方修辞学在全国的影响力。

新增博士生导师1名，充实了博士生导师队伍。

四、科学研究工作

建立科研团队，优化运作机制。在原有研究中心的基础上，组建了外国文学、外语教学与研究、中美修辞学、翻译学以及区域与国别研究等5支科研团队，积极凝练学科方向，定期开展研讨活动，谋划大项目、大奖项和大团队。依托科研团队，举办青苗论坛，培育发展力量，至年底共举办5期，激发了青年教师学术研究的热情，提高了学术研究水平。全年举办17期(总302期)"博雅论坛"，先后邀请17名学者开展学术讲座，累计参与者千余人次。做好项目培育，优化项目质量。举办教育部项目与国家社科项目的预审会，邀请国内知名专家对项目进行论证与指导，为成功申获2019年国家社科项目和教育部人文项目打下基础。2018年获批2项省社科项目。创造科研条件，提高科研氛围，增设师生阅览室、科研团队学术活动室，配备相应的办公设备。

五、教学工作

(一)研究生教育

7月22～24日，举办第六届全国优秀大学生"英语菁英"夏令营。来自云南大学、郑州大学、中央财经大学、大连外国语大学、四川外国语大学、中国地质大学等全国16所大学的18名大学生参加了夏令营。

修订《英语语言文学与英语笔译的培养方案》，实现学硕与专硕的分类培养。制定了《关于资助研究生参加学术会议暂行规定》，为研究生培养创造良好的条件。

(二)本科生教育

组织学生参加外语专业竞赛，屡获佳绩。2018年学院在外语类各项比赛中取得优异成绩，共计获奖35人次，其中国家级一等奖1名，国家级二等奖3名，为历年来学生竞赛取得的最好成绩。

组织学院教师整理和完善各门课程的教案和教学大纲，新的学期统一填写了规范的教学进度表和教学日历。组织各系主任和辅导员完成了各专业(英语、翻译)2018年度本科生人才培养状况年度报告的撰写。

选派2017级英俄双语班全班24名同学赴俄罗斯彼尔姆国立大学进行为期一年的学习。

六、学生工作

学院突出政治核心，以党建带团建。举办"不忘初心跟党走，薪火相传团精神"主题团日活动120次，参与学生人数累计900余人次。开展学生干部读书月和团校培训，学生骨干累计参与500余人次。

创新校园文化，丰富活动阵地。举办外语文化节、校园"百老汇"外文短剧大赛等系列特色活动。学院学生健美操、啦啦操队代表威海校区参加山东大学首届全民运动会，获得总分第二名及最佳完成奖等优异成绩。

加强学业指导，提高专业水平。修订《翻译学院特长本科生奖学金评定办法》《翻译学院学生德育评价办法》，提升新评奖评优办法的科学化水平，获评省级先进班集体一个；毕业生就业率达91.63％，29名学生成功保送至高水平大学。

大学生科创工作体制不断完善，成绩再创新高。寒暑期社会实践共有4支团队被评为省级优秀团队，4名教师被评为省级优秀指导老师，12名同学被评为省级先进个人。"族迹"调研团队摘得2017"调研中国"年度最佳团队桂冠，创山东大学参加此项活动的最好成绩。第十一届科研立项活动中，共计45个项目顺利结题，2支团队获校级一等奖。

加强辅导员队伍建设。辅导员全年参与线上线下各类培训11人次，周守玉代表校区获评山东省辅导员职业能力大赛一等奖，韦福林获评山东省大学生社会实践活动优秀指导教师。

七、国际交流与合作

年内，学院共邀请5位海外专家，为师生举办了14场讲座。学院84名同学赴海(境)外访学，57名毕业生出国(境)读研，另招收2名留学生。2018年在国(境)外大学任教、攻读学位、进修学习的青年教师共14人。学院与俄罗斯彼尔姆国立大学签订双学位项目、与法国南特大学签订联合培养协议。

学院赵巍、崔英任主编国际期刊《国际翻译与应用语言学期刊》，第一期用稿交付出版社，提升了学院在国内外的影响力。

八、社会服务

学院与威海市统战部所属的欧美同学会签订了战略合作协议；学院作为威海市翻译协会法人单位和会长单位承办第三届理事会。

(周守玉)

艺术学院

2018 年，艺术学院深入学习贯彻十九大和全国高校思想政治工作会议精神，贯彻落实山东大学第十四次党代会精神，以威海校区“一二三”发展规划为统领，以山东大学党委巡察整改为契机，以特色化办学为抓手，全面推进学院各项工作。

一、全面从严治党

以巡察整改为契机，严格落实全面从严治党。艺术学院党委以山东大学党委和威海校区党工委关于加强和改进基层党建工作的规划部署要求，以及山东大学党委对艺术学院党总支的巡察整改要求为抓手，制定落实整改工作方案，并严格落实全面从严治党主体责任，牢固树立规矩、纪律意识，以制度建设为统领，强基固本，净化政治生态。制定领导班子 2018～2021 年目标责任书，召开艺术学院党委(总支)会 6 次、党政联席会 17 次、教职工大会 8 次，党委理论学习中心组集中学习 10 次，教职工集中学习 7 次。学院呈现出积极向上、勠力进取的发展态势，推动发展迈上新台阶。

理顺工作思路，注重工作实效。9 月，艺术学院换届伊始，贯彻群众路线，按照座谈交流、走访基层、摸清情况、形成认识的工作思路，3 个月内与教师谈话、交流 70 余人次，实地调研 20 余次，对产生问题的根源性因素进行了摸排，通过探究、梳理与分析，形成基本的判断与认识。秉持民主集中制原则和公平公正公开原则，目标导向与问题导向双向发力，审慎细致，有针对性、开拓性地推动工作任务落实。编制了学院 2018～2025 年发展规划，以“追求卓越，只争朝夕”的精神，凝心聚力干事创业，开创了艺术学院发展新局面。

二、提升学科建设水平

艺术学院以学术提升计划和《学科建设项目计划任务书(2017～2020)》为基础，以中国古典艺术传承与创新体系构建为纽带，统筹、整合设计学、美术学、音乐与舞蹈学三个学科的特色和优势，强化学科队伍建设，加大学科方向凝练，实现实践应用型向实践与理论并行发展的格局模式转化，积极融入山东大学“中国古典学术”学科领域体系之中。

环境设计学科特色逐步形成。11 月，艺术学院当选为中国勘察设计协会传统建筑分会理事单位，系山东省 8 家入选单位唯一高校代表。1 人获博士生导师资格，取得历史性突破。

海洋油画特色品牌效应进一步彰显。7～8 月，艺术学院举办中韩海洋油画两地展；10 月，举办第二届海洋油画收藏作品与名家四地巡展；11 月，吴晓林教授在中国美术馆举办海洋油画个人展。

三、加强人才队伍建设

师资队伍锐意进取。加强师资队伍的培养力度,研究制定了“引”“育”和“不断对标”的人才建设方案。2018年,教师中2人晋升教授,结束了近十年的历史空白,实现重大突破。新增副教授2人、硕士生导师5人、青年学者未来计划人选1人、博士1人、博士在读3人、出站博士后1人、进站博士后1人。师资队伍融入学科建设,提升自身专业能力的进取意识越来越强,为学科建设贡献了力量。

四、提高人才培养质量

人才培养突出实践和应用特色。2018年,修订了5个本科专业的培养方案及课程教学大纲。围绕纪念改革开放40周年,共举办演出39场、展览15场;新开专家授课2门,举办讲座9场、大师班3场。师生参加各类专业比赛,共获奖66项,其中在第五届全国大学生艺术展演活动中,弦乐曲目《走西口》获一等奖,另外获得二等奖2项,为学校历史最好成绩。在2015级学生推免工作中,共有26名优秀应届本科生被成功推荐到各高校,占应届本科毕业生人数的10.28%。

五、提升科学研究水平

2018年,艺术学院获得纵横向项目立项33项,经费总额为207.114万元。其中,省部级项目立项9项,比上年增长1倍。地厅级项目及服务地方横向项目立项24项(经费153.394万元)。年内艺术学院教师共发表论文41篇,出版专著2部、编著5部,举办学术交流活动10余场。

在服务地方方面,9月21日,艺术学院受邀参加“威海市首届农民文化艺术节”;11月23日,承办文登区“时代之音——庆祝改革开放40周年民族交响音乐会”;10月24日,受邀参加“威海市庆祝改革开放四十周年合唱音乐会”。此外,艺术学院海洋油画研究被列入威海海洋强市建设164项行动计划;10月,1人入选环翠区首批“博士智囊团”,挂职嵩山街道办副主任,促成了艺术学院与街道之间的初步合作协议,为下一步校地合作的开展奠定了良好的基础。

六、加快推进国际化工作

9月,艺术学院承办由教育部中俄文化交流专项基金支持的“2018年俄罗斯音乐大师班暨‘一带一路’中俄国际音乐节”。举办了学术讲座、钢琴大师班、中俄键盘交流音乐会和中俄手风琴专业大赛等活动,是承办四届以来音乐领域活动内容最丰富的一次。活动吸引了国内天津音乐学院、东北师范大学等高校的师生参加,推动了中俄音乐的深入交流,提升了学院国际声誉。

艺术学院还邀请了美国辛辛那提大学蒋齐教授,匈牙利艺术家、李斯特音乐学院Jobbaágy Valér教授等国际高校学者来校讲学。邀请国家千人计划、美国北卡罗来纳大学象伟宁教授团队共同举办“生态智慧与实践前沿论坛”。

艺术学院加快国际化办学步伐。与澳大利亚堪培拉大学正式签订了设计专业“2+2

双学位”计划，与俄罗斯顶尖院校莫斯科大学确立合作意向。学生参与各类国际交流项目达到17人，另有14名学生赴俄罗斯、美国、英国、意大利、日本等国家攻读硕士学位。截至2018年12月，学院已招收韩国留学生14人。

七、强化学生思政教育与管理

艺术学院以美育渗透为切入点，围绕“搭好一个平台，办好两大典礼，推进三个行动，做好四个主题”，从四个维度服务学生成长成才。组织学生走入乡村送文化，惠及5000余人次；推出“艺V青年”阳光行暨优秀校友母校回访活动；开展新生专题教育活动20余场，主题讲座15场，校内活动5次，校外活动5次。申报的“艺爱重阳”项目获山东大学中国传统节日振兴系列主题活动二等奖。

（张　剑）

海洋学院

一、全面加强党建与思想政治工作

(一)提高党委政治核心能力

规划科研实验室。海洋学院党委书记牵头会同班子成员完成科研实验室规划工作。规划后拥有实验室的教师人数从34%提高到97%,人均面积从23平方米提高到45.8平方米。

落实一体化发展战略和服务山东战略。海洋学科的定位发生变化,本科专业从7个重置为2个。与海洋研究院联合成立山东大学海洋青年联合会,开展多次学术交流活动。成立服务地方工作组,以服务威海为切入点,推动科研能力提升。

进一步提升组织力。选举产生新一届海洋科学系、海洋工程系、实验中心教工党支部书记。

(二)完善制度建设

制定党支部书记培训制度,落实党委会议和党政联席会议制度。召开党委会议6次,党政联席会议17次,研究涉及学科建设、人才引进、任期目标建设以及群团工作10项。

构建政治学习体系。新班子到任以来,理论中心组学习6次,党支部政治学习15次,教职工政治学习8次。党委班子与教师开展谈心谈话50余次。

落实意识形态与安全工作责任制。成立安全工作领导小组,完成海洋学院网站改建工作,加强对新媒体宣传阵地的管控;强化实验室的安全排查,对师生进行安全教育,消除各类安全隐患。

二、提高人才培养质量

重视本科教学。根据《山东大学(威海)本科专业培养方案(2018版)》调整2016~2018级的课程体系,全年共开课307门,其中专业理论课169门、专业实践课127门、全校通选课11门,共计11000多学时。6篇毕业论文获评校级优秀毕业论文。新增实习基地12个,参与实习学生达1390人次。2018届本科毕业生中,146名学生继续在国内外攻读硕士(博士)学位,占毕业生总数的46.5%,生物科学专业升学率为62%。2015级共有42名优秀本科生成功推荐免试攻读研究生。

研究生培养质量稳步提升。2018年共招收研究生30人,一志愿录取10人,调剂录取19人,申请考核博士1人,在读研究生规模超过百人。19名硕士研究生毕业并获授学位,4人攻读博士,1篇硕士学位论文获评2018年山东大学优秀硕士学位论文;2018年,研究生共申请发明专利8项,发表论文35篇,参编专著2部,其中SCI论文31篇,一区文章3篇。

三、提升学科建设和教师科研能力

注重团队建设，学科建设和科研取得新成效。组建“海洋牧场与深远海养殖”“海洋生物繁育”“海洋微生物”“海洋生物资源综合利用”“海洋环境化学”“海洋保护生物学”和“海洋生态毒理学”7个科研团队，基本完成重点学科建设的预期目标。2018年新立项科研项目37项，其中国家自然科学基金2项，国家重点研发计划子课题1项，山东省科技攻关等省部级课题6项。全年到账经费957万元。学院全年共发表SCI、EI收录论文74篇，申请国家发明专利24项，获授权发明专利11项。

重视科研平台建设。重点建设了4个省部级科研平台和3个市级平台，在国家海洋经济创新发展示范城市项目资助下，新增“海洋微生物酶与活性物质研发公共服务平台”。

积极开展服务地方经济与社会工作。主要项目有海洋生物综合利用团队的海藻健康产品中试项目，海洋牧场与深远海养殖团队与西霞口集团共建海洋牧场生态工程实验室项目，海洋生物繁育团队与寻山集团合作对大连海洋岛集团进行杂交鲍鱼苗技术服务项目等，都获得了良好的社会反响。

四、加大人才引育力度

引育并举落实“人才强校”战略。引进人才方面，引进教授2人，其中1人入选山东大学“杰出中青年学者”。培养人才方面，多名教师在国家级学术组织任职，其中1人担任中国水产学会捕捞分会副主任、山东水产学会副理事长、国家海洋牧场建设专家咨询委员会委员、国家现代海洋牧场科技创新联盟专家委员会副主任委员，1人担任中国动物学会兽类学分会副主任委员。在2018年度专业技术职务聘任与调整中，1人受聘教授职称，2人受聘副教授职称。新增博士生导师5人，硕士生导师2人，人才队伍建设水平进一步提升。加强青年教师培养，1名青年教师赴海外访学，1名进入青年学者未来计划。

五、深化校际国际交流合作

组织学生校际交流。5名学生到美国、英国、韩国进行短期交流，1名学生通过1＋2＋1项目到乔治梅森大学学习，3名学生完成国内高校1年的交流，4名学生前往中国海洋大学交流学习。

积极推进国际化办学。按照海洋学院“十三五”国际化办学目标，以中澳合作办学为主线，配合学校做好澳国立联合理学院生物类、应用化学本科专业的招生和培养工作。在2018级新生入学之际，组织澳大利亚塔斯马尼亚大学招生宣讲。

2018年12月，院长贾磊一行三人前往台湾海洋大学等交流访问。

六、坚持立德树人

打造网络宣传阵地，微信公众平台“山大海洋 BlueBlue”逐步成为学院对外宣传的名片。

聚焦学生学业发展。2018年度开展新生入学教育22场，开展就业主题班会8场。

继续通过“海豚互助组”“海豚一帮一”等形式对学业困难学生进行帮扶。推免工作再获佳绩,42名推免生中,34名学生被“双一流”建设高校录取,占推免生总数的81%,13人为直博生。做好生涯规划和就业服务,截至2018年11月,本科生就业率89.49%,研究生就业率95%。

打造海洋特色。举办海洋知识等各类竞赛活动30余次,1支团队获全国大学生百支队伍暑期实践一等奖。9个项目入选国家大学生创新创业训练项目,4个项目入选山东大学科技创新基金项目。新增注册志愿者406人,累计志愿者1359人,占学生总数的92%。

优化学生日常管理。成立心理工作委员会,起草并通过《海洋学院心理健康教育工作条例(试行)》,探索尝试心理教育网络直播模式。年内,辅导员与学生一对一谈话达800人次,与家长沟通140人次,约家长到校面谈30人次。

2018年,学院2007届本科毕业生赵玉政入选“青年长江学者”。

七、加强保障与支持

发挥教代会民主管理作用,兼顾效率与公平。组织丰富多彩的工会活动,积极开展暖心工程,关心教职工生活。

(孙　艳)

机电与信息工程学院

2018年，在校区党工委的正确领导下，机电与信息工程学院党委深入学习习近平新时代中国特色社会主义思想和党的十九大精神，贯彻落实山东大学第十四次党代会精神，围绕山东大学“双一流”建设思路和威海校区“一二三”发展规划，做好《中层单位发展规划（2018～2025年）》及《中层领导班子任期目标责任书（2018～2021年）》的制定，各项工作进展顺利。

一、党建工作

加强政治理论学习，坚定正确政治方向。坚持并完善学院党委理论中心组的“领学制度”，发挥“关键少数”的示范和表率作用；形成“理论学习与教研活动相结合”的教职工政治学习制度，建立学院班子成员联系党支部、教工党支部联系学生党支部等工作制度，坚持学以致用，学用结合。

加强教育管理，发挥党员先锋模范作用。严格政治标准，确保发展党员质量，建立健全党委委员列席发展大会制度。重视在高层次人才、优秀青年教师中发展党员，确定一名教师入党积极分子。

坚持创新引领，打造党建特色品牌。以党课和形势政策课为主渠道，以“求是学会”和“思齐讲坛”为抓手，形成学生党员和入党积极分子教育管理全覆盖；以“先锋导航”为依托，成立党员先锋服务队服务新生报到，为学生党员搭建锻炼平台。

二、本科教育教学

不断贯彻落实一校三地本科教育“1＋N”方案，积极探索建立一校三地多校区资源共享、优势互补的本科教育教学管理模式。制定2018本科生培养方案，全院9个本科专业均设置新工科专业方向。与山东省量子研究院共建量子信息工程实验班。

实践教学环节，新增实践基地4个，安全派出并完成各类实践教学任务15项。学生竞赛方面，共获得各类奖项228项。其中国家级25项，省级154项。获得2019年8月第十四届全国大学生“恩智浦”杯智能汽车竞赛全国总决赛的承办权。学生科研立项方面，在第十二届科研立项中121项作品结题，结题率达93.1％，其中57项获得校级奖励。

开发机电与信息工程学院“本科生科研训练计划（SRTP）管理系统”和“竞赛管理系统”两个信息化软件。成立机电与信息工程学院竞赛指导委员会，拟定《机电与信息工程学院大学生科研训练计划经费管理办法（试行）》。

三、科研工作

2018年获批国家自然科学基金项目6项，山东省面上基金2项，重点研发计划6项，其他纵向项目4项。2018年总到账经费1190.615万元，其中纵向课题到账经费合计525.615万元，横向课题到账经费665万元。全年共发表SCI、EI和CPCI-S索引学术论文100余篇，发明专利授权30余项。采用计算机系教师直接为高中生授课的方式服务地方，助力威海一中在2018年全国青少年信息学奥林匹克联赛中实现了零的突破。

四、师资队伍建设

继续加强教师队伍的引进和培养。新聘客座教授1人，优秀青年教师3人。为山东大学-斯威本科技大学先进制造业联合研究中心成功申报外国专家双百计划项目。注重年轻教师培养，全年出国进修和学术交流20多人次，参加国内各种专业技术培训100余人次。教师中获得学校未来计划支持2人，晋升副教授6人，教授1人。

五、努力打造新的学科增长点

积极凝练学科新方向。控制与机械学科以中澳先进制造业中心为依托，以新材料及先进成型技术为基础，以涉海机电装备为发展方向；电子与信息学科以大数据及软件技术为基础，以智能信息和物联网为发展方向，以国内外先进办学和科研理念为标尺，进一步整合凝练成2个学科发展方向。

完成教育部学位授权点合格评估材料以及工程硕士、博士专业学位授权点的调整工作，使全院6个学科方向更适应学科建设发展的需要。修订研究生培养方案和培养计划，新增研究生导师11人，招收研究生100人。研究生发表SCI、EI论文21篇，获国家发明专利授权7项，在各种竞赛中荣获国家级奖励5项，省级奖励3项，4人获学院"青春榜样"荣誉称号。

六、实验室建设与管理

依据国家标准和实验室技术规范等要求编制《机电与信息工程学院实验室学生安全实验守则》《机电与信息工程学院实验室仪器设备损坏、丢失赔偿制度》《机电与信息工程学院实验室工作人员职责》等各项规章制度。

积极申报实验室建设项目，获批实验室建设经费700万元。组织2019年度机电与信息工程学院综合实验室建设经费申报工作。

七、积极拓展校际国际合作空间

继续推进国际合作办学，第二批计算机合作专业暑期赴澳大利亚国立大学短期访学项目派出9名优秀同学。派出计算机专业2名骨干教师及2名辅导员赴澳大利亚国立大学、皇家墨尔本理工大学进修访问。3月19日，"山东大学-斯威本科技大学先进制造业联合研究中心"揭牌，依托该中心与斯威本科技大学共同完成10名博士招生工作。年内先后接待了来自皇家墨尔本理工大学、澳大利亚国立大学等7个代表团的交流访问。全年共派出147名在校生赴韩、澳、美、英等国及台湾地区参加长短期访学与联合培养项目。

八、扎实做好学生工作

学院将组织建设与教育引领紧密结合，夯实学生思想政治教育阵地。全年共发展学生党员 134 人，转正党员 92 人；巩固网络思政阵地，强化互联网育人功能，全年学团微信、微博、青年之声等学团新媒体浏览量达到 430 万人次；落实自媒体平台登记备案和审批制度，实现对自媒体平台、工作群的动态管理与监督指导。

持续开展学风建设，坚持学风调研常态化。1 个班级荣获省级先进班集体，1 个支部获评山东省五四红旗团支部，1 人获评中国电信奖学金，1 人获大智之星齐鲁学子奖学金，5 人获评省优秀学生，2 人获评省优秀干部；李轩同学作为山东省唯一获奖大学生，获评第十一届中国青少年科技创新奖。2018 届毕业生推免质量稳中有升，其中 33 人实现单列计划保研，清华 8 人、北大 5 人。

注重学生素质拓展培养，推动就业工作稳步开展。年内走访维护 22 家用人单位，发布 288 条招聘信息，组织院内专场招聘 15 场，2018 届毕业生就业率达到 92.2%。

（郭　楠）

空间科学与物理学院　空间科学研究院

2018年空间科学与物理学院、空间科学研究院深入学习党的十九大精神和山东大学第十四次党代会精神，贯彻学校“121”推进思路，践行“双一流”建设行动战略，聚焦提升学术核心竞争力这一关键，聚力做强学科、做强学院两大重点，主动谋划，积极作为，统筹推进学院各项工作稳步开展。空间科学与物理学院获评2018年度山东大学年度考核优秀单位。

一、党团与学生工作

（一）聚焦专题、精准发力、破解难题

空间科学与物理学院、空间科学研究院始终将党的政治建设放在首位，不断强化思想理论武装，强化师生理想信念教育。学院党委不断探索“一体化”发展的新领域，组织参加山东大学一校三地物理学科“聆听榜样家国志，寻忆红色光荣史”主题党日活动；持续推进作风建设，多渠道搜集师生意见建议，设立“金点子奖”，鼓励学院师生为学院各项工作谏言献策，共话发展。努力营造良好的学院文化，着重培养全院师生具有“谋大事的智慧、干大事的胸怀和成大事的气魄”的学院文化。

（二）加强基层党支部建设，争创党建“踔厉之作”

2018年度发展学生党员31人。本科生党支部的“学科营”累计帮扶达150学时；开展“党员进宿舍”活动4次，累计反馈2万余字；创建“观海听涛”时政讨论平台，针对时事热点开展7次专题讨论。党委书记、副书记积极为入党积极分子讲党课。

（三）以服务为中心，加强事务工作制度建设

进一步加强师德师风建设，将党建工作与育人工作相结合，修改完善《空间科学与物理学院本科生导师制实施方案》《空间科学与物理学院发展性加分细则》等，为学生学习成长营造好气候、创造好生态。创新扶困工作方法，全年开展三期“添翼工程”资助育人课程培训活动，学生获得各类资助金额共37万多元。

（四）积极开展具有专业特色的志愿服务及社会实践活动

天文协会连续四年获评校“五星级社团”，主办第九届“全国天文社团发展论坛”，协办“同一个山大、同一个梦想”——2018年“空间天气日”山东大学一校三地系列科普活动，社会影响力不断提升。1支暑期调研团队获推2018年山东省大中专学生志愿者暑期“三下乡”社会实践活动优秀服务团队，该团队实践报告获推参评2018“调研山东”社会实践报告评选。

二、教学与人才培养

（一）教育教学

1.优化课程体系和教学内容

调整应用物理专业和空间科学与技术专业的人才培养方案，构建思想政治教育与专

业教育有机融合的课程体系，加入山东省集成电路人才培养联盟并成为理事单位，助力学院在集成电路、微电子等专业获取优质的教学资源和实习实训基地资源。

2. 改革教学方法和教学手段

着力推动课堂改革。2018 年度学院教师共获批校级教学改革项目 4 项，省级重点教学改革项目 1 项，建设立项的数量和质量均获得大幅度提升。其中张鹏教授主持的省级重点教改项目实现了学院教学改革项目层次的重大突破。

3. 重视精品(优质)课程建设

2018 年度，学院开设精品(优质)课程 4 门，国外优质课程 1 门，通识教育核心课程 2 门，双语课程 1 门。

(二)人才培养

1. 本科人才培养继续取得佳绩

2019 届共有 27 位同学被保送免试攻读研究生，占毕业生总人数的 19%。

2. 创新人才培养模式成效显著

继续推进本科生导师制、大学生科研立项、创新物理实验等创新人才培养机制和平台建设。在山东省第十届大学生科技节物理科技创新大赛中，获得一等奖 2 项、二等奖 4 项和三等奖 1 项。在全国大学生数学建模比赛中，获得国家二等奖 1 人，山东省赛区一等奖 6 人、二等奖 3 人；在全国大学生数学竞赛中获得国家一等奖 4 人、二等奖 2 人、三等奖 13 人，山东省赛区一等奖 7 人、二等奖 20 人、三等奖 17 人；在全国大学生天文创新作品竞赛(CAIC)中，获得一等奖 2 项、二等奖 1 项，学院获得“最佳活动组织奖”。年内，本科生共发表高水平学术论文 7 篇；2016 级天文与空间科学菁英班获评 2018 年度省级先进班集体；1 人获评“省级优秀学生”。

3. 菁英班教育进一步提升

与国家天文台合作开设“宇宙奥秘”课程，每年由国家天文台派出教学能力较强的国家杰出青年、“863”专家等师资力量到学院为“天文与空间科学菁英班”授课，进一步拓宽学生视野。

4. 研究生培养成效明显

2018 年度，修订了研究生培养方案，提高了研究生毕业要求，加强了研究培养的过程管理，保障了研究培养质量。

继续加强研究生的招生工作力度，提高生源质量，2018 年招收硕士研究生 21 名，博士研究生 10 名(含硕博连读 1 名)。8 名新入学的硕士研究生获空间科学研究院优秀生源奖，11 名研究生获空间科学研究院优秀科研奖。

三、加强师资队伍建设

2018 年度引进“山东大学杰出中青年学者(第二层次)”特聘教授 1 名(刘晶)；引进副研究员 1 名(孔祥良)，讲师 2 名(高凡、刘晨)，招收学科博士后 3 人。范璐璐教授获得国家自然科学基金优秀青年基金以及山东省自然科学基金杰出青年基金项目支持。博士生张乃波荣获亚洲核物理联合会青年科学家奖。

空间科学与物理学院获评 2018 年度山东大学人才工作先进单位。

四、学科建设和科学研究

(一)学科建设项目实施情况

空间科学方向的学科建设工作由空间科学研究院作为主要承担实施载体。2018 年度，继续完善建设空间光学实验室、行星表面物质与环境模拟实验室、导航遥感实验室以及粒子探测实验室；高速推进新组建的空间电磁探测技术实验室的建设；进一步完善野外观测台站设备、电离层探测系统和槎山太阳射电观测系统；落实圣经山科研用地长期租赁等工作，完善“中国东部地区空间环境综合监测基地”建设思路与实施方案。

物理方向逐步完善了粒子探测实验室，成立了山东大学威海核物理交叉科学研究中心，进一步加强学院核物理研究团队与空间物理、天体物理、材料物理等方向的交叉融合，培养新的学科增长点。升级了材料模拟计算中心、薄膜器件实验室和光子晶体实验室。2018 年重点建设了威海市 Low-E 玻璃超硬耐腐蚀功能薄膜研究中心，参与了山东省大型科学仪器设备协作共用网和威海市大型科学仪器设备协作共用网的建设工作。功能薄膜材料与器件实验室获批成为威海市重点实验室。

(二)实验室建设

1. 改造升级教学实验室

2018 年实验室建设经费投入 120 余万元，对老旧设备进行了部分淘汰，新增了部分设备，增强了空间科学与物理实验教学中心服务于教学、科研活动的能力。

2. 健全实验室安全制度建设

修改完善《实验室安全管理规章制度》，购置了防爆气瓶柜用以存放高压气瓶，对于安全隐患做到及时发现、及时处理。对危险化学药品的购置和废弃物处置实行专人管理。学院获评山东大学 2018 年度实验室工作先进集体荣誉称号。

(三)科学研究取得新的突破

2018 年实到科研经费 1784.3146 万元，其中纵向经费近 1200 万元。新增国家自然科学基金 10 项，省自然科学基金 8 项。纵向新立项经费 1000 余万元，其中国家基金 706 万元，省基金 87 万元。

发表第一作者(或通讯作者)论文 93 余篇，SCI 收录 72 篇，在高影响因子区(IF＞3)发表的论文数近 30 篇。史全岐教授、田安民副教授等完成的“太阳风物质和能量向地球磁层的传输”荣获山东省自然科学二等奖。空间光学实验室在日冕仪研制方面取得重要进展，国内首个自主研制的地基日冕仪测试样机成功拍摄到日冕图像。武中臣教授在火星表面高氯酸盐起源研究方面取得重要进展，相关研究成果先后被地球化学与地球物理顶级杂志 Earth and Planetary Science Letters (EPSL)、Science 杂志网站、Science Bulletin 网站、The Source(华盛顿大学)、科学网等国际媒体报道。

五、国际校际合作与交流

(一)拓展深化与国际名校及知名科研机构的合作

与美国圣路易斯华盛顿大学地球与行星科学系续签在行星科学领域的合作协议。与澳大利亚国立大学签署了“2+2”项目合作，有 1 位本科生前往该校就读。进一步跟进

“中美 10＋10”天文合作项目，并已启动其中两个项目。与巴黎天文台进行太阳物理方面的学术研讨与交流。依托国家建设高水平大学公派项目及学校公派项目，多位博士生分别去往美国华盛顿大学、麻省大学罗威尔校区、加州大学洛杉矶分校开展联合培养。

（二）加强国际校际往来，继续推动高层次学术交流

学院国际化氛围浓厚，国际化建设成效显著。学院拥有 7 名国外兼职教授和客座教授、近 10 名国际博士后。年内有 3 名教师到国外研修，有 30 余名国内外学者受邀来学院讲座。学院教师及研究生参加国内会议 100 余人次、国际学术会议 30 余人次，主办国际学术会议 2 次。

学院获得第十四届国际地质拉曼会议主办权。

（夏雪莲）

数学与统计学院

一、党建与思想政治工作

学院党委以深入学习贯彻习近平新时代中国特色社会主义思想和党的十九大精神为统领，以认真落实学校十四次党代会精神为主线，全面加强党的领导。健全和完善了党委会议制度和党政联席会议制度，建立了院领导联系学术团队、党委委员联系支部制度。

以党建“双创”为契机，指导党支部完成换届工作，按照“双带头人”标准选优配强党支部书记；加强支部标准化、规范化建设，开展基层党组织达标评价工作，建立完善党支部考评办法和党支部书记述职评议制度。强化党员先锋模范作用，以党员教师“师范行”、学生党员“先锋行”实践活动平台为依托，实现支部党建与教学科研管理双融合、双促进。2018 年发展党员 47 名，吸收入党积极分子 90 名，培训入党积极分子 57 名。

定期开展教职工理论学习，加强思想引领；开展师德师风主题教育，实行师德失范“一票否决”。加强宣传队伍建设，开展自媒体、网络平台自查和备案工作，充分发挥群团组织的作用，形成人尽其才、同心协力追求卓越的干事创业氛围。

二、学科建设与科学研究

在全面总结、深入调研的基础上，编制了学院《中层单位发展规划(2018～2025 年)》和《中层单位领导班子任期目标责任书(2018～2021 年)》以及目标任务分解方案。

科研实力增强。2018 年获批立项国家自然科学基金 8 项，其中面上项目 4 项，青年科学基金项目 4 项，经费资助共 316 万元；获批山东省自然科学基金 3 项，经费资助 25 万元；获批国家重点研发计划项目 1 项，经费资助 36.6 万元。获中国博士后特别资助项目 2 项，经费资助 30 万元；中国博士后基金 2 项，经费资助 10 万元；山东省博士后创新项目 1 项，经费资助 10 万元。科研经费资助总计 427.6 万元。学院 2 名教师作为主要人员参加省联合重点项目 2 项，分获 40 万元和 42 万元资助。2018 年，学院教师共发表论文 42 篇，其中 SCI 第一作者和通讯作者 26 篇，SCI 参与作者 2 篇，核心期刊论文 1 篇，国际合作文章 9 篇，SSCI 文章 3 篇。

累计邀请 15 位国内外知名专家、学者为学生作学术报告，并与教师进行学术交流；与山东大学金融研究院共同举办八校联盟“金融数学与金融工程”研究生暑期学校；成功举办第八届“全国数学文化论坛”学术会议，“随机分析、随机控制及其新进展”国际学术会议以及山东省第十一届微分方程学术会议。教师参加国际国内学术会议至少 40 人次，其中参加国际学术会议至少 10 人次；学院与山东省司法厅戒毒局成立“计算法学”联合实验室。

三、人才培养工作

健全教学规章制度，强化教学管理。完成2018版本科生培养方案的修订；成功组织全校103队参加2018全国大学生数学建模竞赛，取得优异成绩，其中全国一等奖3项、二等奖6项，省级奖63项；46支队伍参加2018美国大学生数学建模竞赛，获国际一等奖4项、二等奖20项；成功组织2018年山东大学（威海）大学生数学建模竞赛，并组织校区本科生参加了第十届全国大学生数学竞赛暨第九届山东省大学生数学竞赛；成功举办19期博士学术论坛、2018年全国优秀大学生数学菁英夏令营；组织青年教师参加教学发展研修班等16人次，1人获山东大学第十届“青年教学能手”称号和2017～2018学年山东大学青年教师教学竞赛一等奖，4人获2017～2018学年山东大学青年教师教学竞赛三等奖；获学校教改重点项目2项，一般项目2项；1人获评2018年度“我最喜爱的老师”。

学院积极开展与山东大学数学学院的共建共享工作，在“线性代数”课程共享的基础上，初步开展了“高等数学”“概率论与数理统计”两门课程的共建共享工作。学院与法学院联合开办全国第一个“计算法学”实验班，统计系承担该实验班42个学分的专业课教学任务。该实验班引入国际先进的“Cap Stone Project”（科研项目导向教学）的培养方法，本科学生从大一就承担山东省司法厅戒毒数据分析课题项目。

制定《数学与统计学院研究生学业奖学金管理办法》，发放入学和学业奖学金；1人获得“硕士生国家奖学金”，1人获得“山东大学优秀学生干部奖学金”，1支团队获得全国研究生数学建模竞赛三等奖；2018年学院研究生作为第一作者发表SCI论文共计5篇，毕嘉琳同学应邀在英国皇家统计学会作两个20分钟的主题报告并获得该学会的奖学金，系我国高校学子第一次获此荣誉。

2019级学院推荐免试生共招生10人，其中直博生1人；2018届研究生毕业生共有8人，就业率100%。

四、师资队伍建设

学院着重引进有培养潜力的人才，考察、引进了1名博士后，重点考察1名大数据方向并通过了副研究员评审的学术骨干；晋升教授1名，副教授3名，3人获得博士学位；1人出国研修，2名老师做博士后出站，并组建了学院“小同行专家库”；1人获评“山东大学（威海）优秀教师”。

五、学生工作

学院坚持“一个目标、三项计划、三个群体、三大平台”的学生工作思路，围绕培养“知数达理”数学人，全面提升学生培养质量。通过“先锋标杆”创建计划、“魅力班级”创建计划、“学生成长”计划，提升思想政治教育实效，全面促进学生成长；关注心理问题学生、家庭困难学生、学业困难学生“三个群体”，精准聚焦学生问题，实行“积分筑梦”帮扶活动，全年开课107次，457名学生参与；依托“温馨数院”校园文化平台、“数学特色”科研创新平台、“长效深入”社会实践平台，联动助力学生成才。

2018年，学院团委获评思想引领单项奖，团委创新示范项目考评优秀，获团支部十佳主题教育立项1项,校区优秀团支部1个,活力支部2个,校级先进班集体2个。学生获第四届山东省大学生"互联网+"创新创业大赛金奖,第十一届全国节能减排大赛铜奖,2018年"创青春"全国大学生创业大赛网络经济专项赛铜奖,第三届"青年之声,青春创客"三等奖。2018年本科生就业率为93.3%。

(刘东霞　王祎璠)

马克思主义学院(威海)

2018年,马克思主义学院(威海)以习近平新时代中国特色社会主义思想为指导,认真学习贯彻党的十九大精神,以"一二三"发展规划为统领,团结带领全院教职工,凝心聚力,开拓进取,圆满完成了2018年各项工作。

一、党建党务

(一)积极学习落实中央及学校各项会议精神

学院党委中心组、各党支部及全体教职工认真学习习近平新时代中国特色社会主义思想和党的十九大会议精神,认真贯彻落实学校第十四次党代会精神,按照学校"三步走"的奋斗目标,充分发挥基层党委在学院发展中的引领和支撑保障作用;做好《中层单位发展规划(2018～2025年)》及《中层领导班子任期目标责任书(2018～2021年)》的制定工作。

(二)旗帜鲜明讲政治,筑牢师生思想根基

根据《山东大学(威海)2018年党政工作要点》的要求,研究制定《2018年马克思主义学院(威海)教职工理论学习计划》和《2018年马克思主义学院(威海)中心组理论学习计划》,充分利用每周二的时间组织进行政治理论学习,年内共邀请中国社科院程恩富教授、复旦大学高国希教授、郑州大学郑永扣教授、西南财经大学曾获教授、山东大学何中华教授等七名专家进行了专题辅导。

(三)牢牢掌握领导权和主动权

学院党政负责人为师生、学校相关部门以及校外党政事业单位讲授党课;管好课堂、教材、讲座论坛、微信等社交媒体,严格执行"一会一报""一事一报"制度;在教师招聘、各类人才项目申报等工作中,均由党委进行思想政治把关;学院思政课教学改革成绩和经验的对外宣传迈开新步伐,10～11月,百微山大、齐鲁电视台、光明日报相继进行了报道。

(四)着力推进规范化建设,发挥基层党支部战斗堡垒作用

6月,完成从马列教学部直属党支部向马克思主义学院(威海)党委的转型,党政领导班子得到进一步充实,其他相关组织建制也都进行了适应学校"双一流"建设的全面转型;全面落实高校教师党支部书记"双带头人"培育工程要求,优化结构,顺利完成基层党支部换届调整工作。完善基层组织建设,成立了2个教工党支部和1个研究生党支部。

二、教学工作

(一)充实教学内容

继续加强思政课内容建设,先后组织教师40人次参加教育部和省教育工委关于

2018 版新教材的全员培训工作，加强新版教材的集体备课，确保十九大精神和新版教材内容及时进入课堂。

(二)丰富教学形式

继续加强"互联网＋"课程建设；秋季学期初步引入"课堂派"手机教学工具，强化课堂互动，让课堂活起来；4 月 27 日，举办第八届"唱响主旋律 传扬正能量"歌咏比赛；5 月 20 日，举办第三届"中华经典诵读"比赛，其中获奖队伍在山东省"读中国"比赛中斩获二、三等奖；11 月 23 日，举办第九届大学生思想政治风采大赛，烟威地区 11 所高校思政教学负责人和教师代表观摩了比赛。

(三)加强校际交流

9 月 18 日，聊城大学东昌学院马克思主义教学部一行 5 人来访；9 月 21 日，哈尔滨理工大学荣成学院马列教学部一行 12 人来访，双方就思政课教学问题进行了深入交流，相互学习，互通有无；11 月 23 日，举办首届烟威高校"以学生为中心"思政课教学改革专题座谈会，11 所高校思政教学负责人和教师代表参加，为烟威高校思政联盟建设预热。

(四)打造协同机制

加强教学研讨和集体备课，7 月 10～11 日，举办第七期教学改革研讨会，并集中进行了 2018 新版教材的集体备课；继续深度开发现有实践基地，同时发现培育新的实践基地，10～11 月，先后与环翠区档案馆、迪尚集团挂牌成立了"山东大学思想政治教育实践基地"。

三、研究生培养

1.导师队伍壮大，质量进一步提升。2018 年，学院新增 3 名硕士生导师。

2.强化过程教育。定期开展"厚博经典读书会"和"前沿论坛"，年内共举办 3 次"厚博经典读书会"、12 次"前沿论坛"；严把论文开题、预答辩和外审关，2018 年邀请西南财经大学曾获教授参加论文开题和预答辩，邀请复旦大学高国希教授主持毕业论文答辩。

3.把好研究生入口和出口。招收研究生 10 名，招生平均成绩较往年有显著提升，生源质量稳步提高；毕业研究生 7 名，就业率 100％。

四、学科建设

(一)科研成果情况

年内，获批教育部社科项目 2 项，山东省社科项目 3 项。共发表论文 19 篇，其中 CSSCI 来源期刊 7 篇。出版著作 5 部。

(二)学术团队组建初见成效

围绕马克思主义学院(威海)学科发展方向和威海校区马克思主义学科的发展定位，组建了 4 支学术团队：马克思主义文化理论研究、马克思主义中国化的文化研究、中华优秀传统文化的马克思主义研究、国外马克思主义文化理论及其中国化研究。

1.举办纪念马克思 200 周年诞辰大会。3 月 23～25 日，在山东大学(威海)举办"纪念马克思 200 周年诞辰暨马克思主义与文化创新研讨会"国际学术会议。

2.《马克思主义文化研究》创刊。在纪念马克思 200 周年诞辰大会上,依托会议主题,在兼职讲席程恩富教授的指导下,启动了《马克思主义文化研究》集刊的创办工作。

3. 年内共举办 6 期“厚博论坛”;邀请专家 10 人次出席国家社科基金项目和教育部项目论证会;30 名教师参加国内学术会议。

(王晓宏)

体育教学部

2018年是体育教学部发展历程中具有重要意义的一年。在威海校区领导和各级部门的大力支持与合作下，针对山东大学党委巡察组指出的问题及意见建议，体育教学部以即整即改的态度，与全体老师补短板、抓落实，挖特色、找亮点，共同努力，圆满地完成了2018年的工作规划。

一、加强党的建设，落实全面领导

2018年，体育教学部直属党支部在学校党委和校区党工委的正确领导下，深入学习贯彻党的十九大精神和习近平新时代中国特色社会主义思想，积极贯彻落实山东大学第十四次党代会精神，扎实做好教书育人工作，落实“双一流”发展战略。

(一)加强理论学习，提高思想认识，形成干事创业合力

认真组织党员和教工学习党的十九大精神和学校第十四次党代会精神，落实学校的发展战略，结合形势及时组织学习习近平总书记的系列讲话，统一大家的思想认识和政治觉悟，坚持社会主义办学方向，落实立德树人的根本任务，围绕学校体育教育事业的发展凝心聚力。

(二)坚持制度引领，提高基层党建工作质量

总结经验，分析现状，着力在提高党建质量上下功夫，切实找准加强工作和发挥作用的着力点，完善学习制度，全面提高了党员理论素养和党性修养。

(三)以学校巡察整改为导向，促进工作大发展

按照学校党委要求和巡察组反馈意见，落实整改工作方案，紧盯时限要求，狠抓任务落实，按时完成各项整改任务，实现整改工作与重点工作协调推进，确保整改工作和其他工作同步进行。

(四)突出党的领导力，切实加强党的全面领导

坚持党管改革发展，党管意识形态，党管干部，党管人才，党要管党。加强教工的理论学习，始终把学习党章、学习习近平总书记系列重要讲话作为党员干部必修课，用党章党规和系列讲话精神武装头脑，补充精神之钙，把稳思想之舵。

二、聚焦一流意识，创新行政工作

(一)教学工作

根据上级文件要求，参照体育教学部实际情况，认真履行了2018年教学工作计划。重视监督检查，发挥反馈机能，积极开展教学检查工作；狠抓过程管理，凝练教学内容，创

新教育理念，对体育课程教学大纲进行了修订；利用场馆开设游泳、体能训练及跆拳道三门体育课程，并举办了多场体育科普知识讲座，向学生宣传健康安全知识。

（二）学生体质工作

合理安排测试时间，改进组织形式，集中测试长跑项目，并安排专业医护人员和救护车在测试现场，最大限度确保长跑测试工作的顺利与安全。科学规划合理布局，严肃考试纪律，强化数据分析，及时向各学院提交《学生体质健康报告》，用数字说话，以引起各学院对学生体质健康现状的重视。

（三）群体活动

威海校区以田径运动会为龙头、体育文化节为纽带，营造了多姿多彩的校园群众体育氛围。在校区常态化群体赛事的基础上，一校三地群众体育竞赛是2018年的工作重点。学校为各学院参赛批复专项经费31万元，校区取得了可喜成绩。2018年，参与校区内外赛事的学生达到50%以上，为全面提升学生体质健康、服务于山大“双一流”建设夯实了基础。

（四）校外竞赛

以提升教师专业能力为重点，积极鼓励教师参加由山东省教育厅举办的高校教师基本功技能大赛，2人获一等奖，1人获二等奖，4人获三等奖。注重运动队建设，支持学生参加校外竞赛，获得山东省第十四届大学生运动会团体总分第二名，荣获“校长杯”。

（五）学科建设

体育教学部培养组建了体育产业、体育文化、蓝色体育理论与实践、体育法四个研究方向的团队，多次邀请国内专家学者开展专业学术讲座，并积极组织教师参加校内外学术会议和科研立项培训。2018年体育教学部教师获教育部课题1项、省社科课题1项，发表CSSCI论文4篇，出版专著1部。

（六）服务地方

为烟台市体育局撰写了《烟台市关于加快发展体育产业 促进体育消费的实施意见(2018～2025)》；6月与烟台清泉集团合作参与烟台市重点实验室建设；7月份环翠区青少年铁人三项活动基地落户体育教学部，以协会、高校、省市体育局及市场“四位一体”的模式推动铁人三项人才培养，为服务威海、服务山东作出山大贡献。

（七）人才培养

引进青年教师2人，新晋副教授1人；博士后出站1人，遴选硕士生导师6人，博士生导师1人，新增在读博士1人。

1人入选环翠区“博士智囊团”，到温泉镇挂职副镇长。

1人连续两年荣获山东大学“我最喜爱的老师”称号。

在山东省第十四届运动会比赛中1人获得最佳裁判员称号，4人获得优秀教练员称号。

（八）体育中心

3月份，体育中心已向校区学生正式开放使用，在短短的10个月中，努力提高服务质量,积极承办各类体育赛事,极大地丰富了校区师生的课余生活,为“双一流”建设中的师生员工身体素质保驾护航。同时,积极响应政府号召,服务社区居民体育,倡导健康生活方式,为威海市市民提供运动场地,极大地促进了群众体育的发展,充分发挥了体育产业和体育事业的良性互动作用。

(沈胜领)

继续教育学院

一、思想政治建设

(一)加强理论学习,明确发展目标

采用集体学习和自学的方式,认真反复学习十九大报告,深入领会习近平新时代中国特色社会主义思想和十九大精神。重点学习习近平总书记"1·5"重要讲话、十三届全国人民代表大会第一次会议讲话、全国教育大会上的讲话等系列重要讲话。

精心组织学习山东大学第十四次党代会报告。明确新时代学校发展的历史方位,领会新时代学校的奋斗目标,理解新时代学校确定的"三个阶段""六大战略""十大任务"。

组织收听收看"纪念马克思诞辰200周年大会",充分认识马克思主义的理论精髓,总结其指引中国革命、建设、改革实践所取得的伟大成就。

积极开展主题党日活动,参观郭永怀事迹陈列馆和沈秀芹纪念馆,对照榜样,坚定信念,深刻感受革命先烈勇于攀登和勇于奉献的革命精神。

组织参加学校机关科级干部培训班,通过线上和线下学习相结合的方式,总计听取专家讲座10余场;充分利用高等教育管理干部培训平台课程资源加强理论学习,深入学习习近平新时代中国特色社会主义思想,进一步加强日常工作作风建设。

通过走访调研、座谈讨论等多种形式,认真梳理和分析继续教育工作中存在的问题和困难,积极争取主管校领导和学校相关部门的理解,寻求办学支持点,进一步厘清继续教育发展的思路,明确继续教育发展定位。

(二)加强廉政建设,坚持院务公开

自觉改进工作作风,严格遵守中央"八项规定",所有人员办公条件符合学校规定,没有任何人员违规使用办公设施。在公务接待中,严格执行有关标准,不超标,不浪费。外出执行公务时,严格按照标准住宿和乘车。

认真履行领导干部"一岗双责"责任制,在党员会议和学院工作会议上,经常进行廉政教育,要求党员在日常工作中自觉发挥先锋模范作用,做团结的模范、努力工作的模范,带动学院工作的进步。

学院党支部严格落实"三会一课"制度。由于支部党员人数较少,因此"三会一课"基本都是合并进行的,党员组织生活会、民主生活会都取得了好的效果。支部党员深入学习新编《中国共产党纪律处分条例》和《中国共产党问责条例》,从思想上牢固树立"四个意识",坚定"四个自信",做到"两个维护"。

领导班子坚持民主集中制,学院针对重大事项均坚持集体讨论决策。重大事项主要包括工作人员的招聘,劳务派遣人员的工资待遇,职工绩效工资的发放和所有教学、办公场所的改造等等,做到民主集中,程序规范。

二、工作实绩

(一)稳步发展学历教育,强化教学过程管理

1.招生工作

2018年,因国家政策变化,网络教育专业逐步减少,学院只有8个专科专业,而每年报考网络教育的学生高起专层次学生占比将近70%,同时自2018年开始,山东大学不再举办函授教育专科层次学历教育,这些因素对学院学历教育招生影响较大。学院广泛宣传动员,提高服务意识和水平,在逆境中求发展,全年网络教育实际招生813人,函授教育2018级共计报到206人,2019级共计210余人报名。在校生规模进一步扩大。

2.教学及管理工作

积极参与山东大学继续教育学院组织的学业顾问上岗资格培训,进一步了解政策、熟练业务,为实施规范严谨的教学管理提供保障。按照山东大学继续教育学院管理系统平台的要求认真梳理教学管理各个环节,做好督学导学工作。针对函授学生,有针对性地安排相关面授和答疑课程。

3.服务学生工作

有针对性地制作"新生入学须知",做好新生入学教育;通过学院网站、QQ群及时发布各类教学通知,针对学生考试、毕业等重要环节专门进行电话通知,对来人、来电咨询能够做到耐心、细致、全面的解答,为学生从入学到毕业提供良好的服务。成立学历教育考试工作领导小组,加强领导,明确分工,责任到人,严格做好试卷交接保密工作,严肃考场纪律。

(二)扎实开展短期培训,落实服务山东战略

积极整合校内外优质教师资源,邀请教学经验丰富的专家、教授承担培训任务;教学过程中理论联系实际,推行多样化教学,着力提升参训学员的综合素质。年内共承办170多期各类培训,累计培训7500多人次,收入1400余万元。

(三)积极发展涉外培训,提升教学服务质量

学院已开展德国留学和韩国留学2个涉外语言培训项目。按照"诚信、阳光""清清楚楚来读书,明明白白去留学""留学有风险,选择需谨慎"的办学思路,严格招生宣传,加强日常学生管理。

2018年度,德国硕士留学招生24人,韩国语预科班招生17人,ACCA(国际注册会计师)培训总计招生61人。

2017级韩国语预科班21名学生的派出工作顺利完成,学生自主择校,全部派出至韩国继续学习。

(四)海外考试流程规范,考务工作进步显著

承担TOEFL(托福)、GRE(美国研究生入学考试)、韩国语、日本语四个海外考试项目。根据教育部考试中心的要求,及时更新添置考场设备,保密室安装红外监控,优化考试环境,规范监考流程,实行规范化运作,考务工作井然有序。2018年度,学院共承担TOEFL及GRE考试76场,考生共计2700余人次;韩国语能力等级考试2场,考生共计1139人次;日本语能力测试2场,考生共计1938人次。

(缪莎莎)

2018 届毕业生名单

本科毕业生名单

东北亚学院

朝鲜语

柏 莹　薄娟娟　曹佳豪　陈璐璐　程 言　迟坤宇　戴 玮
窦 皓　段英俊　范雅茜　方睿琪　高佳星　郭浩锋　郭小娅
郭 晓　韩燕秋　何元航　贺子鸣　贺紫霖　胡雨桐　胡雨馨
姜 慧　金志伟　荆夕城　阚建勇　柯依汝　李惠天　李玲蓓
李梦云　李盼盼　李 然　李 思　李亚蔚　李宇彤　梁安逸
林芳茹　林子欣　凌翔意　刘本红　刘冰洁　刘佳琦　刘晶晶
刘 坤　刘士超　刘贤君　刘晓宇　刘修缘　刘雪宁　刘 钰
卢珊珊　罗文韬　罗紫瑶　马玉腾　马钰婷　孟 媛　苗 聪
钱梦洋　桑 钰　沈 桐　师小琦　宋春飞　宋敬君　孙家宁
孙 敏　谭 斐　汤振琪　唐 晓　田 耕　王 博　王汉玲
王 辉　王嘉男　王竟玥　王 梅　王 锐　王思嘉　王文帅
王 璇　王玥琪　王振博　魏 来　闻秋芬　夏健庭　夏思纯
相星如　肖天雨　谢玉茜　信颖超　熊志彪　徐妙妍　徐诗涵
尹 航　于 涵　于琦玥　余子健　岳金彤　张 楚　张 菡
张康婷　张 琳　张谦谦　张秋平　张素敏　张欣宇　张馨月
赵元绍　赵志迪　钟佳睿　周玲丽　周 燕　庄凯燕　左敏敏

日 语

房东琪　郭梦瑶　韩 珂　洪芳亭　纪欣怡　贾 凡　李楚楚
李莞尔　李浩睿　钱烨慧　秦梦欣　阮嘉懿　苏传颖　王璐琳
王晓晓　卫小雨　项盛恺　闫艺馨　杨 蕾　尹文迪　游烁钦
张超彬　张书萍　章钰铃　赵婉颖

商学院

保险学

卜　楠　陈琳理　陈　倩　慈丽颖　丁伊林　董树卿　范玉瑶
郭晓成　胡明学　李　睿　李新芳　李垚冰　李昱佳　梁子宣
刘博雅　刘丁畅　刘丽佳　刘云涛　卢　静　路祖豪　罗晓宇
戚笑雪　钱泓园　任科宇　宋星蕾　苏文博　孙士文　仝雨婷
万　琪　王蓓蓓　王　昊　谢锦浩　许慧慧　许　尊　于　畅
张　羽　赵　林　赵　艳　郑　晓　朱昱霏

电子商务

布晨明　曹恩叶　曾宁馨　崔晓飞　付楠杉　高显卓　葛超越
韩曙宇　季媛媛　李会琴　李杰欣　李　娜　李　帅　李鑫宇
梁　荃　刘晓敏　鲁　倩　马千秋　乔　茜　商晓冉　谭瀚椿
谭玉洁　王纯燕　王广婧　王　浩　王绵娟　王铭敏　王雅琦
王延延　王　尧　王哲宇　王紫菁　于　浩　余希雅　袁小淼
郑博文　郑鹏鑫

国际经济与贸易

蔡晓丹　蔡宇琛　曾智敏　陈红颖　陈家玲　陈丽双　陈明明
陈淑婷　程静仪　褚荣华　董英姿　高淑琦　何薇珊　侯依林
胡云燕　黄雯婷　黄雪涵　黄雪俐　贾子豫　江旭慧　姜怀聪
柯晶晶　李春晓　李宏远　李梁钰　李　琳　李文佳　李昕彦
李新雨　李旭东　李雪儿　李艳华　李忠莹　梁嘉宇　梁紫璇
刘佳琦　刘嘉慧　刘　婷　刘　望　刘　毅　龙　腾　罗睿智
马丽娟　马睿怡　马雪莹　缪晨韵　潘孝虹　庞　欢　朴京慧
曲磊磊　尚张婷　宋　雅　孙春苗　孙非儿　孙晓丹　滕　祥
田刘敏　王冰洁　王海力　王继飞　王美威　王铭鑫　王秋花
王婉姝　王文英　王晓明　王　阳　王子路　翁升霞　吴振萍
辛文慧　徐　鹏　闫　琪　叶晓珍　尹佳豪　袁　琪　岳振飞
张　槟　张　涵　张苗苗　张　双　张文强　张啸林　张　鑫
张　悦　赵雨婷　赵　喆　郑程瀚　朱　鑫　朱禹霏

会计学

白晏宁　柏子涵　曹玮昱　柴雨彤　常晶晶　常　青　陈慧玲
陈静怡　陈　楠　陈　甜　陈甜甜　陈雨禾　陈雨萌　陈韵竹

陈子奇	成薇薇	程义杰	程忆萍	崔康祎	戴宁莎	戴雅雯
邓梦瑶	邓思远	邓志斐	刁小茜	董　斌	董　瑾	董倩雪
窦沐阳	窦伊然	杜鹏飞	樊璐瑶	范仕佳	符　芮	付媛琪
高寒池	高奇颖	顾　雪	郭梁朝	郭龙龙	郭晓敏	郭晓月
郭　迎	郝春惠	郝海秀	何丽虹	何小静	何欣莉	何雨宣
贺　嘉	胡　彬	胡楚凡	胡春苗	胡雪娟	黄骥枥	黄　露
黄若荃	贾文凯	姜　雨	姜媛媛	金智雄	金子力	康　悦
孔繁明	孔倩倩	蓝甜甜	雷础睿	黎思语	李翰驰	李记翱
李嘉琪	李美芸	李　倩	李秋思	李舒婷	李　颂	李　伟
李晓宁	李　颖	李跃娜	李　竹	梁淑琪	梁芯玮	刘　畅
刘　晨	刘家龙	刘林荧	刘　宁	刘思懿	刘粟甦	刘小萌
刘一瑾	刘易鑫	刘雨涵	刘煜鑫	刘子玥	卢煜娜	陆源远
吕军波	马东沙	马　赉	马　蓉	马臻颖	毛宇飞	牟淑琦
聂英杰	潘白琳	庞敏敏	逄伟群	蒲　京	戚世林	饶　雯
任　杰	荣明宇	尚　艺	石佳欣	石兆琪	时舒文	宋单单
宋佳雨	宋嘉琳	宋　扬	孙　杭	孙甜甜	孙悦茗	覃方玥
覃立朝	谭嘉昕	汤蔚琦	唐芾西	田思珂	田　颖	田颖露
万茂丰	万尚儒	王宝月	王彩霞	王　迪	王　芳	王昊昱
王　桦	王丽琛	王丽媛	王　倩	王瑞雪	王文靖	王馨蕊
王亚男	王　岩	王亦彤	王颖越	王蕴玉	王哲元	韦国梁
翁婷妍	吴奥博	吴　晖	吴孟泽	吴诗源	吴　伟	吴彦凝
夏皓月	熊文娟	徐潇妍	徐一帆	徐钰胭	杨　博	杨景茹
杨明辉	杨明瑶	杨佩璇	杨　琦	杨启楠	杨雅洁	杨紫凡
姚孟卿	殷力达	尹薇薇	尹文洁	于文智	袁晓宇	昝雯雯
张力方	张美燕	张培培	张圣博	张伟欣	张馨月	张杨寒蕊
张艺冉	张　莹	张　钰	张　哲	张子欣	赵　曼	甄一凡
周　婕	周倩昕	周小昶	朱　茜	朱新雨	朱艳丽	朱颖慧
邹秋怡	左骐玮					

金融学

安智霖	柏二元	班宝硕	毕奕璠	曹　阳	曾　璐	陈安国
陈　昊	陈鸿偲	陈　璐	陈倩倩	陈薇如	陈　伟	陈　曦
陈　霞	陈兴梅	陈勋奇	程子云	崔倩倩	邓亚南	丁　琮
丁维雯	丁　鑫	董传芬	董慧颖	杜昀晓	范子晗	方大高
傅日玲	富梦妍	甘甜甜	高　超	高　洁	高庆军	高　元
郜晓璟	龚楚童	勾胜男	顾宸玚	顾封琛	顾文超	顾钰颖
顾智萍	管毓洁	郭晓慧	韩　康	韩　赟	韩　铮	胡琳荣
胡　猛	胡　平	胡雨琦	黄冬祎	黄晶晶	黄立玮	黄周静

黄子鉴	季艳红	江朝敏	姜研坤	姜燕妮	阚玉红	康 蕊
李东方	李东旭	李 赫	李佳原	李家妮	李俊楠	李灵辉
李灵子	李佩玲	李晓悦	李馨然	李雅茹	李亚辉	李 阳
李怡萱	李怡颖	李瑜真	李卓伦	连天一	林君怡	刘佳欣
刘 鹏	刘 琼	刘天竑	刘晓杰	刘烜利	刘 洋	刘玉瑶
刘增慧	卢亮珍	卢星宇	鲁堰鸾	路 宽	罗雨楠	吕文卓
马雯婧	马一丹	孟 鑫	孟子涵	米龙琴	缪雪阳	潘 悦
彭自怡	普子益	亓晨昊	齐 晨	齐媛媛	钱思齐	钱 泽
青 玲	饶翌辰	沈基峰	沈子琪	史靖茹	史可欣	宋国昊
宋 娟	宋鲁玉	宋 珍	隋晓静	孙曾玮	孙 璐	孙玉璞
唐佳婕	唐乾芝	唐雅雯	陶学政	田 园	佟少斌	汪宸亿
王春玉	王际帆	王佳颖	王 捷	王婧怡	王静远	王 梅
王瑞雪	王 舒	王天瑜	王天真	王晓彤	王雅洁	王祎翔
王永辛	王 悦	王峥珍	王子繁	危思亮	魏晨璐	魏少君
魏 源	文 丽	汶 鹭	吴步倩	吴思佳	吴 映	夏 羿
向 阳	谢咏昌	辛嘉洁	徐佳良	徐文丽	徐小琴	许贝嘉
许春丰	许洪波	许佳义	许维杰	许逸文	杨洁琼	杨俊琦
杨婷婷	杨 彤	杨 雪	杨 莹	杨 泽	姚佳鑫	姚梦阳
姚湘文	叶晓青	易金戈	易南山	殷丽姝	殷子祺	于东良
于佳妮	于 尧	袁 浩	袁文强	翟 萌	战建豪	张 聪
张佳音	张婧茹	张励日	张 前	张 倩	张 庆	张曲笛
张士栋	张 弦	张 旭	张 玉	张誉文	张 云	张 政
张佐廷	赵健宇	赵起鹤	赵清昊	赵延扬	赵艺智	赵悦彤
赵祖雪	郑凤阳	郑涵予	郑 慧	郑凯玄	郑天心	郑艳莹
郑 扬	郑以南	郑翊君	郑媛媛	周畅畅	周程敏	周 会
周伊葭	周 悦	朱灿嘉	朱楚倩	朱李婧	朱壹波	邹坤君

旅游管理

卞 卡	仇 瑞	代诗琪	高诚诚	胡 琦	胡韵琪	贾佳丽
贾俊莹	李佳兴	李 龙	李禹陶	刘 鹏	刘小凡	吕 敏
马 骄	邱思榕	宋 瑜	孙绪钰	覃宇凤	田茹玺	涂雨辰
王 慧	王姝月	文 静	吴 珂	徐丽云	杨小坤	杨云斌
张 鹏	张思远	张天宇	张雪琴	张裕文	赵黎阳	赵姝悦
赵晓雪	郑 健					

人力资源管理

班亚璐	陈欢欢	陈金玉	陈丽剑	陈茜茜	陈 伟	陈子梁
池玉龙	董 宁	冯小妹	顾 凡	郭铮琦	郝照娜	何俣铤

侯云鹏　黄宗坤　霍晓彤　姜自治　李承弘　李惠娟　李珂馨
李心悦　李怡然　李　悦　梁盛莲　林子意　刘方超　刘　恒
刘　欢　刘小榕　刘　旭　吕浩然　马雯嘉　毛梦杰　毛　柱
倪舒婷　聂志强　宋雪晨　苏楚娴　孙绮悦　孙强强　孙永姣
田　婧　田晓宇　王　瑾　王　静　王　凯　王丽娟　王曼月
王美双　王美懿　王　宁　吴宜蔓　向　艳　谢　天　徐　雪
郇志明　闫珑灵子　杨　萌　杨润林　杨文嘉　杨星渝　于　文
于心梦　俞琦璘　詹劲淞　张丰泽　张瀚文　张梦炜　张明帅
张文玺　张　旭　赵芳泽　赵　婷　赵　莹　郑　敏　郑　楠
周庆龙　宗宪法

市场营销

白亚洲　蔡佩芫　陈浩男　陈佳佳　陈　杰　陈　瑾　陈寥若
陈世洁　陈　伟　陈怡容　陈逸云　程思琪　仇婷婷　崔振烜
丁珍钰　段怡兴　段宇贺　高　源　郭宇琦　郭梓晋　韩　禹
何海云　侯春丽　侯志洁　胡　卓　姜姝羽　赖世禹　李浩宇
李金城　李凯丽　李　敏　李为开　李晓霖　梁惠强　林晓波
刘大伟　刘　姣　刘　乾　刘伟燕　刘　旋　刘　臻　吕晓璇
吕雅楠　马铭蔚　马晓敏　莫树迪　穆　耀　钱笑笑　秦　崇
邵冬梅　孙孟子　孙甜甜　王　静　王蒙蒙　王　雪　王雅欣
王宇宸　魏文静　吴婉琳　武宁俏　邢　倩　许　杉　杨　洁
杨园园　余　洋　袁　倩　张梦珍　张　敏　张瑞雪　张晓凤
张玉婷　赵　锟　郑欣欣　周孝庆

物流管理

陈昌才　陈　坤　程　媛　丁日升　丁　一　都夏青　杜冬晓
范姗姗　方玲玲　顾雅鑫　何雨泽　侯怡乐　纪　祥　靳露兴
李婧妍　李亚男　梁杨光　廖文伟　林兴慧　凌芸霞　刘芳蔚
刘洪波　刘　帅　彭　璐　秦梦媛　冉双颜　孙琪琪　唐婉乔
王得朋　王国智　王　晶　王　晶　王坤旭　王若华　王　文
王晓艺　王艺霄　王志浩　卫　昕　吴皓军　邢艳姣　杨厚凡
杨明泽　叶瑜琦　张　楚　张　杰　张　杰　张　琦　张文君
张一诺　张长庆　张长有　郑钰桐　周　琪　周思浩　朱溪玖

法学院

法　学

班耿齐　暴　锟　毕晨明　毕荣婕　曾薪蓓　陈丹妮　陈铭峰

陈旭	陈宇	陈哲	成昕琪	戴超	党婉平	邓贺倩
丁晨晨	范晓璇	方晓惠	房祥美	高贵	高杨	高媛媛
葛敬兰	耿璐	郭少轩	郭嫣然	韩敏	韩睿	韩童心
韩雪	韩雨伶	郝怡	郝英杰	何林霖	何忠柳	华子慧
黄朝鸿	黄文	黄文华	纪林豆	贾瑞	蒋锡春	孔荟洁
雷诗婷	黎湘昊	李大千	李光灿	李慧琳	李鲜鲜	李祥荣
李霄泉	李晓	李一帆	李祎博	李有东	李钰莹	李哲
栗硕	廖子文	林泽慧	刘波	刘洪瑞	刘佳宁	刘乐文
刘美玲	刘潘	刘天星	刘相呈	刘欣	刘新宇	刘雅丽
娄君镃	陆欣然	陆玥	陆悦芸	路佳迪	吕月明	马小凡
毛俐	毛润恺	莫雅琪	宁越	齐皓月	邵保元	孙安政
孙若绮	孙艺	唐凡霆	汪炜晨	王安琪	王楚雅	王钧麟
王乐萍	王璐瑶	王敏	王绍川	王烁	王松	王涛
王微	王玺	王焱	王亦潇	王瑛	王雨亭	王翟蔓
魏鹤立	魏旭东	魏雪	吴佳钰	吴岳	吴仲灵	贤锦锋
辛琦	徐瀚冬	徐佳梨	徐锦涛	荀雪	鄢文琪	燕淇玉
杨光	杨金键	杨平钰	杨闪	杨淑惠	杨涛	杨文惠
杨笑琰	杨志慧	余倩	岳秋漪	展林燕	张鸿源	张慧
张嘉琪	张京伟	张丽欣	张冉	张晓艺	张艺馨	张智
赵伟辰	赵心荷	赵玉倩	甄晏召	周同泽	朱国华	朱澍之
庄嘉伟						

行政管理

白孟欣	白玉	毕钰帅	陈兰	陈书琪	陈媛	程惠
程诗雨	淡雅婷	段小雅	高悦	郭晓程	郭晓敏	黄晓宇
姜懿圃	孔令茹	李慧慧	李亮	李梦婷	李艳艳	李玉靖
廖旭丹	刘东东	刘根强	刘莉兰	刘源	卢晓勇	裴哲
秦丹婷	石继梅	田幸凡	王云亭	吴姗	肖静宇	辛莹
徐梦瑶	许孝通	阳东婷	殷丽霞	战翔	张滨	张宁
张培培	张晓梅	张星	张耀中	郑伊硕	周美如	周盈盈
周宇航						

社会工作

曹永海	成翔翔	段超	樊甜	范晓霞	高浩舒	高鹭
宫潇	顾梦梦	何清	胡晓琦	户慧心	刘沅杰	卢红艳
路文佳	马怡晨	孟召飞	潘柳萍	平桂杰	齐燕	起小涵
强薇	秦安宁	秦玄	石广权	唐佳乐	滕安娜	王缔欣
王恬玉	王文收	王晓燕	魏俭	吴勇征	颜旭东	杨彩琳

杨可奇	杨润竹	张　倩	张　爽	张小雪

文化传播学院

汉语国际教育

蔡　瑶	陈佳乐	陈　哲	段舒雅	郭士彤	何　茹	胡晓丹
贾梦琦	康　曼	李　萌	李沛刚	李众祥	梁云杰	刘　丛
马晓宇	逄　萍	宋寅萍	孙静怡	王思璇	王　玺	吴予宸
夏川越	肖兰兰	熊港回	徐天宇	颜郁澎	杨丹宸	杨　觉
杨凌霄	姚美玲	尹培霁	张金金	张　恪	张琳玥	张露露
张紫韵	章霞艳	赵梦瑶	赵有凤	郑旖璇		

汉语言文学

白凤凤	曹依昕	常伟涛	陈人嘉	陈俞萍	戴晨露	董太忠
董映辰	杜嘉悦	范佳琦	高　静	韩高鹍	韩　钰	韩镇宇
郝瑞卿	何佳乐	胡政泽	黄　琛	黄建宁	黄　姝	黄雪玲
黄长明	回　爽	贾蕊菁	贾珊红	江莞宁	姜博雅	鞠昆山
孔　梁	李佳慧	李佳欣	李志丹	梁洪川	梁若男	林思佳
刘　畅	刘　畅	刘会敏	刘轩秀	刘雪田	刘艺丹	吕润玉
马雪琳	孟　溪	牛高妙	潘荣蓉	潘翔宇	庞靖怡	裴一帆
彭　鑫	彭艳玲	钱　锋	任沁蓉	荣玉洁	盛雅洁	施月鑫
宋佳欣	宋瑜涛	宋梓聪	孙孟媛	王楚齐	王丹艺	王方童
王佳懿	王可欣	王文青	王小兰	王　萱	王一璠	魏　玮
文　婷	吴启睿	吴　晴	武慧敏	徐　苒	徐子祎	杨　晨
杨凌波	杨舒婷	杨　怡	姚　慧	姚琬昱	姚雨璇	要沛洁
于晓菲	岳琳昀	张美奇	张　芊	张　倩	张守艳	张添媛
张伊楠	张媛媛	赵金涛	赵茜茜	郑　尧	周亚男	朱安娜

新闻学

蔡秋芃	曹佳雯	常洪梦	陈卡卡	陈巧璐	陈婉容	成文洁
丁　宁	樊　朔	樊晓雨	冯　倩	高民华	宫家琪	顾可容
郭美君	郭　蒙	韩航宇	侯　珺	纪　芳	姜　恒	解子钰
鞠振帅	孔祥睿	李海宁	李慧林	李　佳	李可心	李米雪
李　娜	李　瑞	李相慧	李　响	李晓曦	李嫣涵	刘碧霞
刘　帆	刘名扬	刘婷婷	刘颖康	刘妤馨	芦成鑫	吕思蓉
慕　明	亓　宁	齐一鸣	乔丽雅	阮如玉	赛欣言	尚颖惠
施　澄	史炎荣	孙怡萍	孙　宇	覃琳雅	陶　然	田诚志

田楷文	田明威	王斌	王鸿坦	王静	王旭	王易知
王映洁	王悦	尉晓晴	武鑫	谢静雯	徐爱杰	徐维康
杨明红	杨雪儿	易华	殷锦欣	于春波	贠新凯	张春渝
张立欣	张铃媛	张世娟	张颜	张毓婧	张宗敏	赵梦杨
赵一鸣	周峰	周少华	周生根	朱磊	祖一飞	

翻译学院

翻译

白睿博	曹敏琪	曾洁	陈麟	陈曦	陈曦	邓茜
丁菁华	房桂竹	冯正茂	高铭含	谷国阳	郭靖	海阳
郝金锡	何嫣然	黄凌霄	纪玉琳	贾艳丽	贾志国	经友萍
康仁珂	雷璇子	李君奕	李莉	李书韵	李亚雯	李泽赏
梁晖	梁田	梁悦	廖睿捷	刘洁琳	卢俊琪	马雅琴
秦林俊	邱玉佳	邵昱颖	孙冬娟	孙玲	孙宇霄	谭剑乔
唐晨轩	王家裕	吴紫琦	谢昆邑	许盈芮	杨喆	于华
张宇思	张羽莎	赵海涛	赵天宁	郑明妃	郑一鸣	周靖
周涛	卓玲玉					

英语

邴慧	崔思涵	董倩荣	杜钰	冯也	高椿心	耿艺元
龚梅	郭毛毛	郭雅薇	郝爽	洪彦珏	冀中	李蕾
李玲	李庆亮	李素云	李晓	梁树梅	廖天阳	刘香云
刘晓旭	裴淑君	朴扬	邱清清	孙钰舒	田娅	田羽涵
佟玉华	王浩	王薇	王雪	王宗阁	韦易邑	武子暄
谢田田	杨丁鳗	杨兰	杨敏菲	杨珊	杨懿	雍君
于欣琢	张慧	张凯	张妮娅	张茜雅	张扬	张洋
张振红	章丽华	赵国鸿	赵琇妍	郑兴丽	周成成	朱何文杉
朱莹						

英语(英德双语)

曾莉茹	常亚婧	程青	单琳涵	桂玥	何思瑶	洪绵绵
洪咏琴	胡婷婷	胡选选	赖寒超	兰宇琪	李亚楠	梁昊钧
廖宇	刘畅	刘璐	刘萍	刘仕名	刘雯佳	刘珣
刘亚茹	刘瑶瑶	刘奕岑	刘茵茵	马丽晴	毛丽鑫	钱怡路
秦晓娟	邵云逸	史菲菲	王晶晶	王璟	王恺	王咪
王润龙	王舒	王艳萍	王玉梁	武迪	修丽君	徐心怡

徐雪迎	徐桠杉	薛雅悠	严小云	杨　梅	杨清泉	杨一帆
尹慧婧	游丽鑫	张馨月	张一凡	郑璐瑶	朱宇阳	

英　语(英俄双语)

巴如欣	曹　婧	曹　阳	柴雅丽	方　华	付小东	贺　春
胡佳岑	康嘉玮	李光美	林润娇	刘　奎	刘梦菲	牛　赫
孙　静	孙孟禹	王　乐	王雅馨	闫　俊	杨春雨	尹　宁
张　灏	张慧敏	张　坤	张贞茸	赵茜茜		

英　语(英法双语)

卞　玥	陈秀明	陈　燕	丁雨彤	郭　聪	侯会凡	黄添照
江佳琦	姜倚萍	李敬军	李　静	李　墨	李沛然	李　翔
李子文	梁静仪	罗佳慧	马　莹	梅佳笛	孙　硕	王若蕾
王天宇	王雪妍	许芳雅	姚孟雅	岳孟茹	张　琦	赵冠南
赵晴晴						

英　语(英西双语)

曹红芝	陈涵钰	陈　可	董春风	侯嘉琳	黄　荧	姜自齐
李乐逍	李雪莹	刘佳佳	刘王锐	刘怡岐	刘泳宏	吕　宸
缪　语	舒　琦	宋晓凡	王丽媛	王宗颖	薛文菲	杨海山
杨楠楠	杨志豪	叶步芳	赵烁阳	朱奕然		

艺术学院

环境设计

陈珊珊	陈　星	程新宇	崔　帅	戴玉婷	甘梦珊	顾丽娜
郭嘉宝	郭盼盼	郭　威	何芳芳	姜明汝	姜　帅	李欢欢
李　静	李　萌	李亚楠	李长安	刘金科	刘丽丽	刘少伟
刘　洋	柳昊成	栾俊喜	马佳丽	瞿　蕊	桑雨吟	宋艺卉
孙培栋	谭雅煊	王　君	王美琳	王　瑜	王　悦	吴海宁
许华丽	薛苗苗	颜国栋	颜学晶	杨　森	叶　磊	于金泽
张　纯	张嘉宇	张江浩	张凯月	张萍萍	张新雨	张一杰
庄云彩						

美术学

边淑倩	蔡安特	曹　娜	崔正峰	高　静	郭文可	华明婕
李　芳	李萌辉	李晓艳	李亚娇	李卓颖	梁雅琳	刘静雅

刘　莉	刘　霞	刘　阳	鹿伟平	宁宝华	宁止戈	齐梦瑶
綦腾飞	任　煜	宋　珂	宋淑慧	孙玉玲	王宝仲	王　婵
王建松	王雪利	王雅彤	武晓丽	薛秋梅	杨加梦	于　焱
臧　滨	张春苗	赵景月	赵璟宁	赵甜甜		

视觉传达设计

程晓慧	崔志臣	丁明月	段金葵	侯金纬	胡卜方	李晨辉
李　栋	李洪先	梁兴涛	刘柏彤	刘　浩	刘宏光	刘校辰
屈小艺	冉得波	任　慧	孙晓雅	谭丹宇	王怀凤	王　涛
魏　侨	徐　峥	杨丽容	杨利琪	杨　露	伊桥丽	易俊宇
张　超	张翠茜	张　珊	张　宇	周双建	周长帅	

舞蹈编导

仇媛媛	樊　君	范纾语	冯　潇	高婧茹	高　宁	高雅楠
高　樱	韩君茹	韩　雪	洪德政	胡昌龙	巨运新	康　浩
孔令含	李　琳	李青阳	李子嫣	刘　皓	刘杰铭	刘柯柯
刘　琪	刘晓佳	刘　鑫	吕原野	马金梦	马　晴	彭绘源
上官慧	舒渝雯	孙嘉宁	谈　雪	唐海富	田明琛	王　范
王雨馨	武耘磊	夏凯宇	徐　辉	许星雅	晏雨捷	尹　攀
张华仪	张　龙	张鹏飞	张時悦	张述贵	支凯義	朱　卉
朱旭敏						

音乐学

曹　婧	曹　宇	常雯雯	陈清心	陈　昕	陈星孝	程　宁
冯　婧	符锶旖	郭　扬	韩佳宇	韩　璐	洪士诚	胡力华
纪懿轩	贾钤雯	姜金政	李化安	李佳雨	李　璞	李启东
李诗格	李希扬	李雅馨	李　悦	李长森	刘奕彤	刘毅霞
刘禹奇	刘　壮	卢明亮	路　安	马英哲	孟凡璨	欧阳帆
平力钧	钱　晨	曲亚飞	孙椿璐	孙汉杰	孙嘉阳	孙　喆
汤　漾	唐歆婷	王　晨	王　凯	王心怡	王雪君	王　喆
王　铮	王志芳	吴梦兰	武琪汶	肖景耀	徐小雨	徐志轩
闫思瑶	杨白莹	杨斯奇	杨雅倩	杨玉琼	袁哲慧	张芳硕
张　乐	张馨铎	赵昶珺	赵　璇	赵子征	钟积琛	周艳彤
朱亦涛	宗　悦					

海洋学院

海洋资源开发技术

陈菲菲	陈竟博	邓　焱	董奕宏	范广源	方恺越	房慧敏
高　敏	高　雨	高子珩	郭智俐	黄杜鹂	黄莹莹	贾馥伊
李佳顺	连莉萍	林斯峥	刘　鹏	刘　爽	刘雅君	马　婧
蒙　朦	蒙　晟	苗得润	沈佳榆	隋皓辰	唐　玲	唐文彧
屠星宇	王梦饶	王天柱	王新趁	王旭阳	魏　捷	吴学亮
肖芬芬	邢　涛	徐小杰	许冰莹	仪翠玉	于喜凤	于　耀
张建康	张览博	张文彬	张馨怡	郑佩平	周　涵	周文智
朱云柯						

海洋资源与环境

蔡竟芳	曹禹墨	丛　潇	崔梦露	刁振城	房林江	冯　哲
郭慧婕	侯芳菲	计天舒	姜福豪	李冬辰	梁　超	刘方方
刘娇丽	刘　洁	刘科文	刘青凤	刘问秋	柳文爽	陆慧仙
邵子初	宋维佳	苏文雅	苏心玫	王旖颖	王永林	谢宗佑
薛泽汶	杨　航	叶坚栋	张民鹏	张笑寒	张欣怡	甄培杰
钟齐旺	周　聪	周　琪				

生物技术

安　敏	柴芃沛	柴玉颖	陈碧瑶	陈昱妙	程　闯	程　颖
崔　婕	高若鋆	高志朋	古晨煜	何　杰	胡国雄	胡家泽
胡润豪	黄永追	黄宇宸	金佳佳	李宏扬	李瑞卿	李秀云
李银桥	廖继杰	刘家辉	刘　晓	罗小羽	逄锡文	齐　晨
任宋雯	邵柄莱	宋圣坤	隋昌序	孙彩荣	孙良正	孙　柳
孙　玥	王冠宇	王佳蕾	王　杰	王耀华	王　宇	王芷馨
韦　康	夏煜晨	谢　轲	徐天艺	姚俊超	于国婧	岳墨林
张茜丽	张永超	张志睿	赵飞羽	郑　芬	周　磊	朱　璇
左永令						

生物科学

薄　晶	刁志豪	方　昱	高　萍	高　雅	耿婧宇	韩光晔
何瑞琳	姜　睿	姜亚彤	蒋东方	金香燕	李春丽	李大学
李方乐	李慧文	李纪强	李梦婷	李梦瑶	李　娜	李　睿
李小雨	刘姝玮	莫清云	彭　苗	曲晶晶	宋怡冬	田茂果

王蓓蓓	王琛琪	王国力	王海龙	王鑫阁	王雅新	王议晨
王颖杰	王泽清	王子文	肖林玲	杨茗麟	袁昌霞	张　雪
张　越	赵唯宇					

药　学

安大道	毕玉璇	陈昌盛	陈夏苇	陈宇蓉	陈雨轩	邓　芳
窦宏博	高　斐	高　阳	龚裕宁	关天越	洪慧敏	侯婷婷
胡牧晨	姜　坤	赖　映	雷　婷	黎扬华	李　明	林　兰
刘　琪	刘书宁	卢立达	陆如秀	罗宁泰	牟　悦	慕旭阳
彭　爱	齐雨雨	曲新颖	全　淼	阮　宁	宋旭东	孙　婷
谭　星	谭业凯	王成蕾	王　栋	王　鹏	王诗涵	王　婷
王　童	王玉珏	吴宗梅	谢筱睿	徐　岩	姚　文	叶宸铭
于逸飞	余照飞	臧　赢	张　晗	张瀚予	张校铭	张秀泽
张颖欣	赵海玲	周嘉阳	周默冉	祝子璎		

应用化学

柴春笑	陈　彬	陈丹丹	初佳祺	崔亚楠	范玉琪	高建生
高梦岩	高亚茹	郭子圣	胡　磊	胡孟妮	黄铃钰	黄　山
黄小芮	棘　星	贾玉婧	焦　阳	孔　昊	李菲菲	李红红
李家乐	李　婧	李　俊	李玄峰	李叶迪	刘　帆	刘铭凯
刘雨桐	陆乘麒	罗克堰	牛文耀	彭钰雯	祁楚沣	荣海池
孙晶晶	邰文姝	王超璐	王　佩	王　乔	王　冉	王顺阳
王　卫	武娇娇	闫秋楠	尹建波	余文斌	詹丽敏	张立雨
张天鹏	张玉阁	张泽良	赵绿秀	赵容萱	周荷秀	朱薇菡

机电与信息工程学院

测控技术与仪器

曹　曦	曾钰如	陈思鸿	陈松浩	陈志朋	成若石	崔裕宾
杜　浩	高宇航	巩　政	韩明静	何立媛	贾伟勋	李昌镐
李地生	李文斌	李　阳	李　阳	李子非	李子豪	梁　亶
廖家俊	刘佳玥	刘思远	刘　雪	罗佳宁	马锦超	马　群
孟令启	宁广钰	庞　博	彭启耀	屈祥祥	苏　杰	孙显科
孙学友	谭文昊	汤志鹏	陶　青	王福辉	王辉堤	王嘉琦
王顺辉	王　熙	王长燃	王震宇	王之一	吴晨阳	肖　薇
阳宗原	于见悦	余亿播	余智勇	员思奇	张明宇	张明跃
张　森	张　为	张心悦	张宇轩	张沚若	赵　斌	赵　娟
赵玲玲	郑豪博	周安娜	周　锋	邹奕萍		

电子信息科学与技术

鲍宇恒	曹丽娜	常 昊	陈志坤	褚煜辰	单浩然	刁文澜
丁慧颖	董国福	董树森	范仲良	方正宇	葛 磊	郭意菲
何林松	胡 玲	黄 帅	荆 婕	康 震	李忱栩	李聪聪
李浩然	李红颖	李鸿儒	李明嘉	李万里	李一帆	刘 瑾
刘荔港	刘一萱	刘玉年	刘子柯	卢昌正	卢建冰	罗小东
吕书宁	马文彬	马一鸣	钱 群	乔 傲	乔文茜	曲 洋
任 浩	沙 猛	舒 琳	苏子宇	孙晓萌	谭斯元	唐尧聪
王彩艳	王得新	王 浩	王金鑫	王 前	王帅昌	王 硕
王天明	王雪辉	韦松城	谢红青	邢伟洪	徐 烁	许迎迎
鄢 敏	杨本栋	杨 艺	杨 芷	姚丹旭	姚 胜	于 刚
于 浩	于 佳	俞 楠	战仕依	张多睿	张佩瑶	张永帅
张 勇	张 宇	张朕阁	张志新	张衷豪	赵保丰	赵俊浩
赵木生	郑世宏	郑 颖	周 杰	周杨铭		

机械设计制造及其自动化

艾 宪	曹东豪	曹广宇	曹清均	曹任水	曹天宇	岑通源
曾柏衡	常文凯	常耀文	陈光耀	陈境亮	陈林圆	陈 宁
陈 鑫	陈昱帆	陈允超	成梓楠	程雪峰	池碧彤	储 诚
丛 铭	崔雅宁	戴正林	单宣衡	邓诗凡	邓伊涵	丁家裕
杜良权	杜致远	范中豪	范尊赫	冯子涛	付 娆	付 宇
高 峰	高 逸	葛润发	龚建桥	郭芯蕊	郭宇阳	韩琛洋
韩东烜	韩佶宏	何铭雪	胡灵杰	黄本韬	黄 开	黄午阳
嵇学宇	纪浩然	贾平凡	蒋森河	蒋 霄	焦玉阁	黎明慧
李柏森	李 博	李 达	李东庭	李恩华	李昊阳	李佳明
李洁松	李鹏飞	李秋辰	李尚晋	李 爽	李腾飞	李天庆
李庭仪	李相龙	李 轩	李莹涛	李雨龙	李 召	李志文
李子安	廖阳稷敛	林逸飞	刘博琰	刘大翔	刘芳睿	刘洪建
刘 辉	刘良煜	刘庆国	刘苏毅	刘天放	刘天一	刘文怡
刘晓阳	刘 艳	刘 阳	刘宇松	刘玉浩	柳磊尧	卢方成
马博远	马 超	马丹阳	马恒一	马嘉明	马仕豪	马 旭
米 福	牟浩然	潘子岳	彭博锐	彭相钦	齐 超	钱锦鑫
秦 磊	丘翠婷	屈宝玉	曲科宇	尚崇进	时 歌	时四维
舒雅静	宋 迪	宋源源	宋云峰	孙乐川	孙梦丹	孙天宝
孙 旺	孙 洋	孙 战	唐思逸	唐咸兴	妥之彧	王博申
王佳蓉	王佳旺	王俊斐	王梦琦	王 宁	王庆迪	王天跃
王 玮	王曦然	王昕禹	王鑫锋	王延栋	王轶遥	王 勇

王宇轩　魏庆哲　文　睿　吴振宇　武康康　夏国栋　谢昭男
信　超　信统洲　徐思洋　许东奇　薛　凯　杨晨晖　尹莲军
袁　锦　张城辅　张丁元　张　昊　张厚昌　张建乐　张桀馨
张军帅　张　蒙　张顺程　张　熙　张逸飞　张　毅　张宇旸
张　悦　张正伟　赵辰尧　赵东旭　赵业林　周凤岐　朱相明

计算机科学与技术

白　合　曹　瑞　曾麟淳　陈海云　陈梦妤　陈　曦　陈筱瑄
陈昱丰　程逸婷　仇溯舸　初　芮　丁　琦　丁沁宇　范宋锃
高　飞　顾家悦　郭晓琳　郝瑜昆　何康泽　胡学博　黄柏滔
黄　珏　黄　昕　李　宸　李昉乐　李　竞　李　俊　李卢笑微
李倩文　李天童　李文晋　李晓彤　李雨辰　李卓然　连浩翰
廖兴树　刘海宽　刘　腾　刘正阳　刘智奇　楼思源　卢晓晗
卢屹东　吕佩颖　门　瑞　聂　榕　潘金婷　潘沛熠　皮　磊
秦　昊　任柏臻　沈思媛　苏　童　滕岱松　万子民　王　博
王东艳　王芳珺　王浩榕　王林风　王　茜　王天昱　王雪岑
王　越　王兹玥　闻新阳　吴　忧　肖　寒　肖科成　徐　蕊
许静云　玄令远　鄢云天　杨　乐　杨林翰　杨昕宇　杨一清
姚　越　伊宪勇　尹康杰　尹　伟　于　露　袁崇轩　袁卓成
张博宇　张芳英　张梦妍　张天舒　张　振　赵　宁　赵英博
赵　铮　郑祎豪　周彦衡　周志恒　朱光南　朱雪颖　祝　昊

软件工程

毕　超　曾令慧　常　宽　陈浩洋　陈　磊　陈美茜　陈　旭
褚天阔　丁　迁　董秀娟　段孟洋　方小风　冯婧怡　高昭阳
郭　帅　郭志强　何　静　侯亚男　胡　杨　华晓凤　黄春宁
霍茜曈　赖汝锋　雷　进　黎玖宏　黎雪锋　李　根　李　晶
李清勇　李显豪　李修锦　李苑榕　李泽昊　李　卓　刘思清
刘　锡　刘小暄　刘永哲　刘雨微　柳敦盛　鲁舒媛　罗瀚星
马　骞　马振国　南　方　聂小平　宁小芹　牛　洵　秦夏炎
秦晓光　戎姝锦　孙　浩　孙志勇　谭茗桓　谭　荣　王　斌
王芳平　王家华　王　磊　王　璐　王　千　王清钦　王润生
王武权　王徐辉　王泽远　卫西江　温紫珺　吴　睿　吴书楷
肖　正　谢　颖　徐振鹏　闫洪鹏　严茂森　杨金辉　杨镜子
杨韵伶　尹端怡　尹紫茹　于亚婷　岳义明　张堡霖　张广大
张继凯　张赛赛　张　盛　张淑巧　张天昊　张业祥　张子润
赵海冰　赵鑫杰　郑程元　郑　洁　郑若芙　郑　艺　周梅霞
周　雪　朱玉涛

数字媒体技术

安兴菊	白羽	柏姗姗	常程程	陈凯健	陈钉	陈一铭
邓单丹	范晶晶	付靖妃	高晨泽	龚瑾玉	古越	郭曼
郭潆聪	韩尚锦	韩淑运	洪光才	洪圆	黄伟	黄晓昱
黄志翔	金奔	琚瑶	康志丽	李俊颖	李彤捷	李鑫
李艺琳	李子末	厉彬	刘博洋	刘晨仪	刘弘历	刘慧
刘庭顺	栾天予	孟子凡	莫林廷	彭畑烨	彭宇轩	戚楷苑
钱艺玮	任凌	任廷鑫	阮晓妍	沈尊	司文浩	孙皓晨
孙凯琪	索琳	田甜	铁金冬	王伟哲	王智轩	翁婉琳
薛雪	闫欢	杨静	杨炎君	叶梅	于恒	翟钎钧
张成	张汇文	张琳涵	张茜	张旭	张喻亭	张震涛
张中英	赵永胜	郑肖瞳	郑芸蕾	朱双月	邹杰	

通信工程

白国聪	蔡琚	陈泽华	成晋纬	崔钰	邓海飞	邓燕林
杜鸿杰	杜天宇	范超	冯彤	侯华伟	候加豪	黄宝莹
黄河清	黄麟雁	黄颖	贾旭涵	姜东冉	姜浩楠	蒋国彪
揭晓	康雪占	郎浮东	雷嘉欣	李冠轩	李昊阳	李睿嘉
李粤	梁杰	林佳慧	刘丹芸	刘红晨	刘坤	刘晓峰
刘洋	刘政睿	骆志晖	吕琛	穆沛	秦旸	邵广庆
宋金圣	宋子苗	台泽明	唐宁	唐小卓	陶瑞	王博文
王超	王凯	王璐璐	王泽林	王哲	魏丽君	吴昊
吴静	吴筱	吴宗岸	肖潇	谢静	辛常勇	邢颖
许春波	许晶精	薛尚松	叶剑	叶坤	伊晓根	尤震
于文璋	余筱筠	翟笑	张帮恒	张春萍	张虹雨	张俊贤
张璐	张小涵	张彦姝	张艺萌	张裕昌	郑韩磊	郑帅康
周佳冰						

自动化

边静远	曹晨	曹硕	陈松松	陈永欣	啜凡超	戴敬超
丁可阳	房领昌	高羽琪	葛丰	葛钰	龚佩	顾鸿程
关思萍	韩铖	郝瑞冬	胡乐	胡桐	贾繁林	贾泽阳
姜旭垚	金益平	李广涵	李合新	李想	李雅鑫	李智
林佳木	刘畅	刘东辰	刘浩	刘凌冲	刘铭娇	刘宁
刘思远	刘欣悦	刘裕杰	刘子通	卢勇龙	卢智龙	陆阳
路子辉	罗佩凤	吕承哲	马得银	马巍	裴佳欣	戚翌晨
亓均益	曲朝思	荣威	沈文杰	苏尧	隋媛	孙昊

唐宋	唐伟	万应能	王波	王博宁	王道远	王福帅
王浩天	王洪昌	王梦瑶	王小悦	王欣	王秀	王宇晴
王珍珍	吴峰	吴磊	夏湘宁	熊相宜	徐珂	徐一琳
徐英辉	闫宁	杨基宏	杨战东	于林	俞睿	张晨
张金涵	张衎	张颖杰	赵建华	赵凯	赵明月	赵兴建
郑芳	钟晓	钟子依	周星如	朱广伟	卓子跃	

空间科学与物理学院

空间科学与技术

陈瑞	付裕	傅镇南	高鸿宇	蒋陈	解小瑾	李汉林
李奇	李翘楚	李清	李芷涵	李子建	李子硕	刘靖立
刘筱琪	刘泽宇	路茜	马硕	马文博	聂勇	潘宇
彭礼超	尚嘉伟	宋昌彧	汪宪钰	王储	王赟	王忠善
咸会远	许嘉琪	杨唤晨	杨森	杨依雨	于飞瑜	袁震宇
张中府	张子龙	周钰				

应用物理学

陈强	陈雯	陈学良	程一桐	崔风哲	邓扬扬	杜姝
冯炜	高成博	高瀚	龚芝伊	关家宝	郭佳	韩宏宇
韩廉琛	侯阳杰	胡兵	胡云霖	黄成	黄皓威	黄可之
贾媛媛	李晨	李立	李欣宇	李阳	李子涵	蔺永建
刘驰骋	刘楚轩	刘晗	刘辉	刘浪	刘亚男	刘亚昕
罗新柳	罗玉琳	欧阳毓	逄梦琪	彭荞木	邱帆	任佳豪
任柯昕	任淑鉴	施森	隋佳恩	孙百功	孙博	孙会杰
王飞跃	王海阳	王琳	王培衡	王平	王融冰	王婷婷
王西惠	王晓敏	王艺蒙	王振宇	王铮	吴佳明	夏洪泽
谢鸿鹏	熊英超	徐舸	徐舒婷	徐文超	许文政	严翊哲
杨金泽	杨懿琛	杨雨桦	姚树开	姚远	叶峻芝	余淼森
袁舒智	张丞森	张贺	张书峰	张童童	张宇鹏	赵梦宇
郑晓晨	周俊君	朱坊霖				

数学与统计学院

数学与应用数学

曹栋楠	曹阳帼	陈高旭	陈前	陈亚玲	程子苓	邓凌云

董　瑶	贾云霄	姜　萌	焦薇羽	教蒙召	金元浩	李皓瑾
李妙然	李　琪	李新孟	李星宇	李迎春	李沅泽	刘　洋
罗　琛	罗　健	梅　琳	潘　龙	乔艳丽	孙家林	陶　然
田　鹏	田　智	汪　翔	汪沚洋	王　君	王凯强	王丽娟
王　璐	王梦冉	王淑玲	王思澄	王中义	吴毛宁	吴天宇
吴宗艳	肖宇晴	许博祥	许冠宇	杨子豪	于佳卉	张乐乐
张乃琦	张一凡	张志颖	张子豪	赵春蕾	赵　阳	周子寒

统计学

曾子静	陈　桦	陈　田	陈文静	陈子晗	程钰俊	楚慧迪
邓晨曦	董　梦	董昀朝	段重霄	方定之	高　慧	葛　立
葛　添	宫　夏	关佳璇	郭芙蓉	郭若梅	韩　霖	韩雨竹
郝　婧	侯　蕾	胡洒洒	金海波	康江涛	雷金杰	李倩茹
李舒依	李　帅	李婷婷	李召红	李　哲	李子彧	连　菲
梁慧霞	林铄松	林　勖	林永艺	刘彩云	刘　爽	刘思琪
刘　晓	刘晓霏	刘　欣	刘馨蔓	刘彦辰	刘　艺	刘　易
罗　君	吕佳林	马珊珊	庞德杰	冉美平	冉　霞	沈佳燕
宋　珊	宋文慧	宋昱达	孙龙凤	孙术人	唐佳玮	唐健宇
田诗桦	王冰之	王兰燕	王　磊	王梦蓉	王　伟	王温玉
王晓彤	王一婷	王宇哲	吴仪楷	谢燕宇	徐　婧	徐　冉
徐　蓉	徐　妍	杨　震	姚　尧	叶玉华	易璟雯	张保龙
张翰林	张佳慧	张嘉瓴	张　萌	张萌蕾	张淑静	张顺禹
张文扬	赵　莹	赵子健	周希童			

信息与计算科学

薄　玉	陈俊康	初梦瑶	褚亭亭	丁新苗	杜俊达	樊　朗
冯晨昕	冯焕泉	盖培民	高永迪	耿朝阳	郭婧一	胡　波
胡方正	柯超杰	劳元巍	李佳怡	李凯彦	李源东	李　远
廖文惠	林泽文	刘江麟	牛文俊	邵唯艺	史　磊	苏　浩
孙铭蔚	王金玺	王竟仪	王　倩	王秋霞	王秋娴	王希震
王　鑫	王羽佳	王孜伊	吴家慧	闫　琳	阳　灿	杨　锐
杨廷耀	杨云鹏	张　松	张逸秋	张志华	赵博文	郑慧赟
钟鹦池	邹泽宇					

（教务处　提供）

双学位学生名单

东北亚学院

朝鲜语

张红芳

商学院

国际经济与贸易

桂　玥	胡选选	赖　映	李亚楠	陆悦芸	欧阳毓	荣海池
汤振琪	滕安娜	王　雪	熊英超	雍　君	于　华	于欣琢
赵绿秀	郑　洁	郑明妃				

金融学

薄娟娟	曾　洁	陈菲菲	陈璐璐	陈　田	陈　伟	陈亚玲
程　媛	程子苓	迟坤宇	仇婷婷	崔梦露	崔思涵	崔振烜
董衍涛	段　超	方恺越	冯　也	付　娆	盖培民	高诚诚
高椿心	高浩舒	耿艺元	龚　梅	顾雅鑫	郭小娅	郭雅薇
韩　珂	韩童心	郝　爽	何铭雪	何　清	何　茹	贺子鸣
胡雨桐	计天舒	纪　芳	纪　祥	季媛媛	冀　中	贾　凡
贾　瑞	贾文凯	江佳琦	姜福豪	阚建勇	孔祥睿	李惠天
李慧文	李纪强	李凯丽	李凯彦	李　蕾	李梦瑶	李　娜
李　然	李修元	李一帆	李禹陶	李召红	连莉萍	梁　超
梁树梅	廖文伟	廖　宇	刘东东	刘方方	刘芳蔚	刘佳玥
刘娇丽	刘　洁	刘晶晶	刘　奎	刘名扬	刘　潘	刘　鹏
刘　爽	刘伟燕	刘文怡	刘小榕	刘雨竹	刘煜鑫	刘政睿
陆源远	吕雅楠	马丽晴	马怡晨	马玉腾	马钰婷	毛丽鑫
毛润恺	孟　媛	莫雅琪	庞敏敏	裴一帆	彭　鑫	亓　宁
曲亚飞	阮嘉懿	邵昱颖	邵云逸	沈佳榆	沈　桐	史　磊
舒逸凡	宋昱达	苏心玫	孙家林	孙家宁	孙　玲	孙　敏

孙强强	孙若绮	谭玉洁	田娅	汪沚洋	王安琪	王冰之
王福辉	王丽娟	王璐	王美懿	王梦冉	王宁	王融冰
王文	王晓敏	王延延	王尧	王亦彤	王悦	王宗阁
韦易邑	魏鹤立	吴靖雯	吴珂	吴伟	吴勇征	肖天雨
谢天	谢宗佑	徐丽云	徐梦瑶	徐舒婷	许杉	薛泽汶
杨蕾	杨萌	杨敏菲	杨明泽	杨平钰	杨文嘉	杨一帆
杨喆	尹宁	于文	余洋	张楚	张慧	张建康
张金金	张康婷	张览博	张丽欣	张琳	张民鹏	张乃琦
张倩	张盛	张添媛	张雪	张雪琴	张逸秋	张裕文
张长庆	张宗敏	赵梦宇	赵天宁	甄培杰	郑芬	郑璐瑶
郑兴丽	郑伊硕	郑钰桐	钟鹦池	周涛	朱国华	朱薇菡
庄嘉伟						

法学院

法　学

李梦云	毕奕璠	蔡秋芃	常晶晶	陈麟	陈巧璐	程思琪
褚荣华	丁鑫	董太忠	杜鹏飞	郭子圣	贺春	洪德政
洪芳亭	胡琦	胡雪娟	华明婕	姜恒	解子钰	鞠昆山
康悦	李东方	李静	李颂	李心悦	李亚蔚	凌翔意
刘本红	刘帆	刘小萌	刘轩秀	刘毅霞	马晓宇	孟俊才
慕明	潘白琳	邵子初	宋维佳	孙静怡	唐歆婷	田耕
田明威	田茹玺	王诗涵	王思璇	王薇	王雪利	王雨馨
王铮	卫小雨	尉晓晴	文静	武慧敏	武娇娇	夏健庭
徐辉	杨晨	杨加梦	杨洁琼	杨兰	杨珊	尹文迪
于见悦	于喜凤	贠新凯	袁哲慧	战仕依	张凯	张乐
张龙	张一凡	张艺冉	张政	赵曼	赵有凤	钟齐旺
周嘉阳	周悦	朱茜	左骐玮			

行政管理

曹娜	曹永海	范晓霞	任慧	王秋娴	王文收	魏俭
谢静	杨清泉	易俊宇				

（教务处　提供）

辅修专业学生名单

商学院

工商管理

彭　荣

国际经济与贸易

刘婷婷　　张梦莹

金融学

黄文臻　　李桑妮　　郭建秀　　张雨萌　　孙　鑫　　高雨萌　　冯文宣

市场营销

何馨冉

（教务处　提供）

硕士毕业生名单

东北亚学院

亚非语言文学

庄庆涛

朝鲜语口译

刁晓光　　丁梦琳　　刘晨晨　　曲　娇　　田耀文

商学院

财政学

曹雪旖　　李　雪　　刘耀雷　　魏永双　　薛琪琪

产业经济学

毕玉凯　　孔延巧　　孔月新　　楼贤骏　　魏文会　　张宝丹　　张　凯

劳动经济学

时　宇　　王　娅

企业管理

陈珍珠　　葛　珊　　郭芯芯　　郝玲玲　　侯俊如　　孙　雪　　王　慧
王　萌　　王秀萍　　王玉乾　　韦瑞平　　郑宇君

西方经济学

卞庆伟　　李福祥　　刘　敏　　沈丽杰　　王艳雪　　许立娟　　杨雪莹
张凤新　　张　励　　张　勇

工程管理

毕雯雯　　公绍洁　　侯筱奕　　刘　鹏　　刘伟娇　　刘晓寒　　梅晓霞

孟雪莹	苗新登	任浩琳	徐大伟	张颖斐	朱风耀	宗传磊
吴海平						

会　计

都钟文	郭　茹	黄耀华	刘　俊	刘　蕾	刘忻忆	王冠宇
王　莎	周　杨	朱翊彰				

金　融

曹玉涛	代汝月	戴　鹏	但乔波	谷悦思	黄逸轩	李可欣
李思赞	李　婷	林诚望	刘晶玉	刘　琳	龙苑苑	莫琪瑶
牛明健	孙　苑	万　君	王谷雨	王梦丽	王少华	王裕芬
王煜东	魏泽菱	杨高原	尹　晓	臧金鹏	张　萍	张　琪
张雪玉	袁　琳					

法学院

法　律(法学)

刘　慧	刘文文	孙建明	孙小东	王子玉	郑广升

法　律(非法学)

郭小亮	国小娜	侯欣蕊	贾宗洋	李海鹏	李　悦	刘展朋
吕　玥	史　晔	王　晨	王慧娟	朱臻玄		

法学理论

窦　晔	贾建军	曲琳瑜	徐　宁	张三鑫

行政管理

靳　琳	李　锋	刘聪聪	宋佳佳

民商法学

董文浩	郭晓晓	侯亚楠	阚竹青	梁婷婷	刘　佳	俞　凯

刑法学

陈怀远	管亚盟	贾文超	李　青	王　敏	朱哲灿

文化传播学院

比较文学与世界文学

刘阳春　王宝迪　张　森　涂　阳

汉语言文字学

李　昕　侯丽敏　孙　蕾

新闻学

姜　璇　刘　茜　孙荟萃　王新雨　赵琳琳　钟　圆

语言学与应用语言学

代　偲　王　越　董浩林

中国现当代文学

曹　宇　鞠　萍　邵晓丹　沈　晨　徐乃伟　赵洪星

翻译学院

英语笔译

郭　颖　李　莉　李　卓　刘婷婷　孙　芳　孙伟娟　王　菲
于　艺　张　静　张圣鑫　陈　雪

英语语言文学

程　鑫　侯汶亭　武高远　袁咪咪　张　强

艺术学院

美　术

黎师延　李运贤　邵玉芳　谢旭丹

舞　蹈

季　莹　马月一

艺术设计

崔腊梅　陈锦子　郭　蕊　刘思禹　许开祥　靳　娟

音　乐

黄　钗　吉林君　施皓伟　王媛媛　魏　彪

美术学

郭风翔

设计学

许　鑫　赵吉哲

音乐与舞蹈学

郭　敏　于佳佳　张　昂　张建伟

海洋学院

生物工程

房东波　孟　谦　王　侃　王　茜　王晓群

海洋生物学

满　馨

微生物学

韩济如　梁其云　桑　进　于雯楠

微生物与生化药学

齐　杰　张婷婷

药物化学

李　瑶　李恭铭　李　数　宋亚洁　王　睿　王　哲　袁　硕

应用化学

高　妍　刘宇龙

机电与信息工程学院

电子与通信工程

曹宪辉　傅　焜　高如如　杭小杰　刘莉莎　马　爽　戚建萍
严志杰　于晴瑶　张桂荣　张　衡

机械工程

丁　晨　贾德凯　李佳惠　刘　淼　牛静然　曲芳仪　王　钊
韦杰创　翟龙迎　张传平　赵孔勋

计算机技术

胡玉洋　李　俊　钱西成　杨安然

控制工程

程仁君　冯经伦　高建峰　韩丽宁　李　涵　许关征　赵日昶

材料科学与工程

韩孝良　李东方　李秋疃　秦玉升　袁旭东　张振庭　赵　超

电路与系统

陈双友　陈晓鹏　陈志波　王红梅　王少辉　王诗林　周　杏

机械制造及其自动化

陈崇乾　胡铭铎　李名鸿　李亚军　龙　强　王康玲　夏彬彬
赵晓迪

计算机科学与技术

陈　硕　孔祥雯　孔　影　李嘉豪　刘　盈　彭怀累　王怀南
王宇萌　杨东宝　张晓甜　张　旭

检测技术与自动化装置

贾远征　林晓晖　张君龙　张志晓

控制理论与控制工程

曹　蕾　房子建　刘　霞　亓振亿　田　衍　袁　超

通讯与信息系统

赵砚秋　　仝锡林　　殷和义

信号与信息处理

后方帅　　张雪芹　　张云鹏

空间科学与物理学院

空间物理学

纪超南　　刘长卿　　王慧姿　　王太浩　　徐伟杰

微电子学与固体电子学

李方正　　郑小燕

物理学

郭睿巨　　李　金　　任洪博　　孙　锋

数学与统计学院

基础数学

王晓平　　杨　晨

运筹学与控制论

李钊卿　　刘　敏　　刘圣辉　　唐文佳　　于璐璐

马克思主义学院(威海)

思想政治教育

范　舟　　李桂艳　　李水苗　　欧庆丽　　史忠璇　　邬　迪　　于　澜

(学科建设与研究生处　提供)

博士毕业生名单

商学院

政治经济学

李　超

法学院

法律方法论

黄兰松

法学理论

吕　芳

文化传播学院

文艺学

杨丹珂　傅乃芹

比较文学与世界文学

黄　爱

中国现当代文学

毕志娟

海洋学院

海洋生物学

许　敏

微生物学

刘　琳

机电与信息工程学院

检测技术与自动化装置

杨仁弟

通信与信息系统

孙文燕

空间科学与物理学院

等离子体物理

沈晓晨　　张乃波　　谢海霞

理论物理

杜国辉　　牟超洲

数学与统计学院

概率论与数理统计

赵娜娜

（学科建设与研究生处　提供）

各类委员会、领导小组名单

山东大学(威海)建设工程投资审核小组

组　长:刘建亚
副组长:韩建新　赵玉璞　刘　海　郭培良　夏利东
成　员:学校办公室、纪检监察审计办公室、学科建设与研究生处、财务处、资产与实验室管理处、基建处、后勤管理处、网络与信息管理中心主要负责人
小组下设建设工程投资评审办公室,办公室设在纪检监察审计办公室。

山东大学(威海)关心下一代工作委员会

主　任:赵玉璞
副主任:柴月禄　刘　明　戚务政　吴传智　张瑞萍　刘　玮
成　员:(按姓氏笔画排序)
于振涛　王景瑞　王湘云　朱桂华　刘　玮　刘　明　杨　玉
吴传智　张瑞萍　赵玉璞　姜　强　柴月禄　戚务政
委员会办公室设在离退休工作办公室,刘玮兼任委员会秘书长、办公室主任。

山东大学(威海)国家安全人民防线建设小组

组　长:刘建亚
副组长:韩建新　郭培良
成　员:(按姓氏笔画排序)
王景瑞　杨　玉　林朝旭　黄建军

小组下设办公室,办公室设在党工委(校长)办公室。

联络员:林朝旭(兼)

山东大学(威海)校属企业清算工作小组

一、威海电子实验所清算工作小组

组　长:韩建新

成　员:于燕臣　王福安　张景明　周大白　黄建军　蒋保臣

二、威海学术交流中心清算工作小组

组　长:韩建新

成　员:于燕臣　王福安　张景明　周大白　黄建军　刘　亮

山东大学(威海)本科教育教学指导委员会

主　任:刘建亚

副主任:黄凯南　夏利东

委　员:(按姓氏笔画排序)

王湘云　牛林杰　吕英波　毕颖达　齐海涛　纪维剑　孙　洁

李万军　李晓峰　张　乐　张　奇　夏　辉　戚桂杰　葛长宇

焦　佩　管恩森

行业委员:赵　勇　管清友

学生委员:高　颂　王馨悦

秘　　书:吕　健

山东大学(威海)第六届本科教学督导委员会

主　任:黄凯南
副主任:胡志明
委　员:(按姓氏笔画排序)
于秀莲　王爱芳　王湘云　师恩培　李善杰　宋志平　张　莉
张文军　张旻昊　张建民　邵文利　武秀英　范远安　金玉兰
赵华详　夏丽华　郭建强　董文毅　翟　鹏
办公室主任:王湘云(兼)

山东大学(威海)本科招生工作领导小组

组　长:刘建亚
副组长:黄凯南　郭培良
成　员:(按姓氏笔画排序)
王湘云　周大白　贾慧卿
秘　书:宋　嵩

山东大学(威海)艺术类招生考试工作领导小组

组　长:黄凯南
副组长:郭培良
成　员:(按姓氏笔画排序)
于燕臣　王湘云　张　剑　纪维剑　李晓峰　林朝旭　周大白
贾慧卿
秘　书:宋　嵩

山东大学(威海)本科招生拓展工作领导小组

组　长:黄凯南
副组长:王湘云
组　员:(按姓氏笔画排序)
　　于振涛　王景瑞　王湘云　杨　玉　周大白　姜　强　贾慧卿
秘　书:宋　嵩

山东大学(威海)学生就业工作领导小组

主　任:刘建亚　尹作升
副主任:郭培良　黄凯南
委　员:(按姓氏笔画排序)
　　于振涛　于燕臣　王景瑞　王湘云　孙丽霞　杨　玉　吴丙新
　　姜　强
办公室主任:孙丽霞(兼)

山东大学(威海)网络安全和信息化领导小组

组　长:刘建亚　尹作升
副组长:韩建新
成　员:(按姓氏笔画排序)
　　于振涛　于燕臣　王　亮　王迎宾　王祖杰　王景瑞　王湘云
　　王福安　孔海燕　朱桂华　刘　玮　张文玺　杨　玉　吴丙新
　　陈广奕　林朝旭　周大白　姜　强　高　军　黄建军　谢穗芬
领导小组办公室设在网络与信息管理中心,王亮兼任办公室主任。

山东大学(威海)国防工作领导小组

组　长:尹作升
副组长:郭培良　黄凯南
成　员:(按姓氏笔画排序)
　　于振涛　于燕臣　王景瑞　王湘云　刘会刚　杨　玉　吴丙新
　　陈广奕　林朝旭　姜　强
办公室主任:刘会刚(兼)

山东大学(威海)征兵工作领导小组

组　长:尹作升
副组长:郭培良
成　员:(按姓氏笔画排序)
　　于振涛　于燕臣　王景瑞　王湘云　刘会刚　吴丙新　林朝旭
　　姜　强
办公室主任:刘会刚(兼)

山东大学(威海)学生工作领导小组

组　长:郭培良
成　员:(按姓氏笔画排序)
　　于振涛　于燕臣　王景瑞　王湘云　杨　玉　吴丙新　陈广奕
　　林朝旭　姜　强
办公室主任:王景瑞(兼)

山东大学(威海)学生违纪处理委员会

主任委员:郭培良

委　员:(按姓氏笔画排序)

王景瑞　王湘云　吴丙新　张景明　林朝旭　孔海燕

学生代表 2 人(原则上为学生会、研究生会主席团成员)

委员会下设办公室,办公室设在学生工作处,王景瑞兼任办公室主任。

山东大学(威海)学生心理健康教育工作领导小组

组　长:郭培良

副组长:王景瑞　孙丽霞

成　员:(按姓氏笔画排序)

王鹏飞　孔　雷　李　冶　陈　昕　宗文婷　范　蕊　周玉宏

单登科　侯丽娜　高佚婧　郭晓妮　常伟东

山东大学(威海)学生资助工作领导小组

组　长:刘建亚

副组长:韩建新　郭培良

成　员:(按姓氏笔画排序)

于振涛　于燕臣　王景瑞　王湘云　王鹏飞　孔　雷　刘晓军

李　冶　吴丙新　陈　昕　范　蕊　周玉宏　单登科　宗文婷

侯丽娜　高佚婧　郭晓妮　常伟东　黄建军

山东大学(威海)大学生科技创新活动领导小组

组　长:郭培良
副组长:夏利东　黄凯南
成　员:(按姓氏笔画排序)
　　　于振涛　于燕臣　王景瑞　王湘云　王福安　孔海燕　吴丙新
　　　高　军
领导小组办公室主任:于振涛(兼)

山东大学(威海)社会治安综合治理工作领导小组

组　长:刘建亚　尹作升
副组长:韩建新　刘　海
成　员:(按姓氏笔画排序)
　　　于振涛　王景瑞　朱桂华　杨　玉　张文玺　陈广奕　林朝旭
　　　姜　强
办公室主任:林朝旭(兼)

山东大学(威海)安全防火工作委员会

主　任:韩建新
副主任:林朝旭
委　员:(按姓氏笔画排序)
　　　王绍林　王祖杰　王景瑞　王湘云　王福安　孔海燕　杨　玉
　　　陈广奕　谢穗芬
办公室主任:林朝旭(兼)

山东大学(威海)文化委员会

主　任:周慧如

委　员:(按姓氏笔画排序)

于振涛　于燕臣　王　亮　王景瑞　王祖杰　王福安　孔海燕
朱桂华　杨　玉　吴丙新　陈广奕　林朝旭　姜　强　高　军
黄建军　谢穗芬

办公室主任:姜　强(兼)

山东大学(威海)精神文明建设委员会

主　任:周慧如

委　员:(按姓氏笔画排序)

于振涛　王　亮　王迎宾　王景瑞　朱桂华　刘　玮　张文玺
陈广奕　林朝旭　姜　强　黄建军

办公室主任:姜　强(兼)

山东大学(威海)发展党员和党员管理工作协调小组

组　长:周慧如

成　员:(按姓氏笔画排序)

于振涛　王迎宾　王景瑞　张文玺　周大白

协调小组下设办公室。

办公室主任:张文玺(兼)

山东大学(威海)普法教育工作领导小组

组　长:周慧如
成　员:(按姓氏笔画排序)
于振涛　王景瑞　朱桂华　汪全胜　林朝旭　姜　强
办公室主任:姜　强(兼)

山东大学(威海)实验室建设工作委员会

主　任:韩建新
委　员:(按姓氏笔画排序)
于燕臣　王　丽　王湘云　王福安　吕英波　吴丙新　宋玉厚
陈学胜　高　军　黄建军　梁振林
办公室主任:宋玉厚(兼)

山东大学(威海)资产管理工作领导小组

组　长:刘建亚
副组长:韩建新
成　员:(按姓氏笔画排序)
于燕臣　王祖杰　王福安　杨　玉　陈广奕　周大白　谢穗芬
办公室主任:王福安(兼)

山东大学(威海)实验室安全和环境保护工作领导小组

组　长:韩建新　夏利东
副组长:王福安　高　军　林朝旭
成　员:(按姓氏笔画排序)
　　于燕臣　王祖杰　王湘云　王景瑞　吴丙新　陈广奕　梁振林
领导小组办公室设在资产与实验室管理处。

山东大学(威海)图书情报工作委员会

主　任:刘　海
副主任:谢穗芬
委　员:(按姓氏笔画排序)
　　王湘云　井海波　刘　超　李　克　李　娟　吴文新　吴玉阁
　　吴丙新　张　剑　张　颖　张文祥　张景全　陈　耀　姜　斌
　　姜世波　梁振林
秘书长:左　峰

山东大学(威海)国家教育考试标准化考点建设工作领导小组

组　长:黄凯南
副组长:王湘云　王福安
成　员:(按姓氏笔画排序)
　　王　亮　宋玉厚　林朝旭　贾慧卿
秘　书:薛　峰

山东大学(威海)语言文字工作委员会

主　任:黄凯南
委　员:(按姓氏笔画排序)
王景瑞　王湘云　朱桂华　杨　玉　张红军　姜　强　顾　炜
鹿晓燕
办公室主任:王湘云(兼)
办公室副主任:鹿晓燕(兼)

山东大学(威海)保密委员会

主　任:刘建亚　尹作升
副主任:韩建新　赵玉璞　夏利东　黄凯南
委　员:(按姓氏笔画排序)
于燕臣　王　亮　王湘云　王福安　孔海燕　杨　玉　吴丙新
张文玺　陈广奕　林朝旭　周大白　姜　强　顾　炜　高　军
黄建军
保密工作办公室是学校保密委员会日常办事机构,杨玉兼任办公室主任。

山东大学(威海)档案管理委员会

组　长:刘建亚
副组长:赵玉璞
委　员:(按姓氏笔画排序)
于燕臣　王　亮　王祖杰　王湘云　王福安　孔海燕　杨　玉
吴丙新　张文玺　张秉江　周大白　姜　强　顾　炜　高　军
黄建军　谢穗芬
办公室主任:顾　炜(兼)

山东大学(威海)体育运动组织委员会

主　任:赵玉璞
副主任:张　颖　朱桂华　王湘云　于振涛　王景瑞　林朝旭
委　员:(按姓氏笔画排序)
于培丽　王友坤　王迎宾　叶军堂　刘　玮　孙文范　李恒江
谷丽霞　辛洪云　汪全胜　迟　涛　张　奇　单丙波　郝书翠
姜　强　袁相万　栗庆冬　彭兆强　韩延伟

山东大学(威海)非事业编制用工(劳动用工)领导小组

组　长:刘　海
成　员:(按姓氏笔画排序)
于燕臣　王景瑞　王湘云　杨　玉　张文玺　陈广奕　林朝旭
周大白　黄建军　谢穗芬
办公室主任:黄建军(兼)

山东大学(威海)调解委员会

主　任:周慧如
委　员:(按姓氏笔画排序)
朱桂华　安玉萍　周大白　姜　胤　劳动者代表二人
办公室主任:朱桂华(兼)

山东大学(威海)红十字会

会　　长:周慧如
常务理事:(按姓氏笔画排序)
　　于振涛　王景瑞　朱桂华　姜　胤
办公室主任:姜　胤(兼)

山东省慈善总会高校分会山东大学(威海)工作站

组　长:周慧如
成　员:(按姓氏笔画排序)
　　于振涛　于燕臣　王景瑞　朱桂华　刘晓军　姜　强　姜　胤
办公室主任:姜　胤(兼)

山东大学(威海)社会捐赠工作领导小组

组　长:赵玉璞
成　员:(按姓氏笔画排序)
　　于燕臣　王祖杰　王福安　刘晓军　陈广奕　周大白　姜　强
办公室主任:刘晓军

山东大学威海科技园项目推进小组

组　长:韩建新
副组长:赵玉璞　夏利东
成　员:(按姓氏笔画排序)
　　　王　丽　王守宇　王祖杰　王景瑞　王湘云　刘晓军　高　军
　　　戚桂杰　梁振林

山东大学(威海)卫生健康领导小组

组　长:刘　海
成　员:(按姓氏笔画排序)
　　　王　亮　朱桂华　杨　玉　吴丙新　陈广奕　姜　强　黄建军
领导小组办公室设在校医院,办公室主任由校医院院长兼任。

山东大学(威海)食品卫生领导小组

组　长:刘建亚
副组长:刘　海
成　员:(按姓氏笔画排序)
　　　王景瑞　朱桂华　杨　玉　陈广奕　林朝旭　梁滋学
领导小组办公室设在后勤管理处,陈广奕兼任办公室主任。

山东大学(威海)学科建设委员会

主　任:刘建亚

副主任:陈冠军

委　员:(按姓氏笔画排序)

王学典　刘洪渭　肖金明　张蕴岭　赵国群　贾　磊　夏利东

梁作堂　傅有德

学科建设委员会作为山东大学(威海)学术委员会的专业委员会开展工作。办公室设在学科建设与研究生处,吴丙新任办公室主任。

表彰与奖励

2018 年各级各类科研成果奖

序号	成果名称	证书日期	获奖类别	获奖等级	获奖者
1	法的结构规范化研究	2018.09	山东省第三十二届社会科学优秀成果奖	省级一等奖	汪全胜
2	“诗人”的“变形记”：丁玲短篇小说《诗人》的白俄叙事	2018.09	山东省第三十二届社会科学优秀成果奖	省级二等奖	杨　慧
3	交叉上市、股权性质与企业现金股利政策——基于倾向得分匹配法(PSM)的分析	2018.09	山东省第三十二届社会科学优秀成果奖	省级二等奖	程子健 张俊瑞
4	新闻业的数据新闻转向：语境、类型与理念	2018.09	山东省第三十二届社会科学优秀成果奖	省级二等奖	张　超 钟　新
5	性犯罪记录制度的体系性构建	2018.09	山东省第三十二届社会科学优秀成果奖	省级三等奖	刘　军
6	一种加权主成分距离的聚类分析方法	2018.09	山东省第三十二届社会科学优秀成果奖	省级三等奖	吕岩威 李　平
7	媒介贱文化批判——以典型网络热词为例	2018.09	山东省第三十二届社会科学优秀成果奖	省级三等奖	周　妍
8	融合新闻	2018.10	2018 年度山东省高等学校人文社会科学优秀成果奖	厅级二等奖	刘　冰
9	漏洞补充的实践运作及其限度——以指导性案例 20 号为分析对象	2018.10	2018 年度山东省高等学校人文社会科学优秀成果奖	厅级三等奖	孙光宁
10	邻避冲突解析与源头治理	2018.10	2018 年度山东省高等学校人文社会科学优秀成果奖	厅级三等奖	张　乐

续表

序号	成果名称	证书日期	获奖类别	获奖等级	获奖者
11	高负荷异形孔设计与加工技术	2018.10	2018年度山东省高等学校科学技术奖	本科高校类三等奖	翟　鹏
12	打通两个课堂，培养法学专业学生创新能力的教学改革探索	2018.01	山东省教学成果奖	二等奖	姜世波 崔　岩 张其山 孙光宁 李传先
13	基于立德树人理念的通识核心课程“儒家思想导论”的理论探索与实践	2018.01	山东省教学成果奖	二等奖	马秋丽 张德苏 吴文新 郝书翠 孙　克 焦　佩 陈　宾 崔　微 史衍朋 李　燕

（科研处、教务处　提供）

2018年教师获得表彰与奖励

序号	获奖者单位	姓名	荣誉名称	获奖时间	批文号
1	法学院	张　乐	山东大学 优秀教师	2018.08.13	山大人字〔2018〕85号
2	党工委（校长）办公室	李　松	山东大学 先进教育工作者	2018.08.13	山大人字〔2018〕85号
3	马克思主义学院（威海）	马秋丽	山东大学2018年度 我最喜爱的老师	2018.08.28	山大教字〔2018〕31号
4	海洋学院	戚明颖	山东大学2018年度 我最喜爱的老师	2018.08.28	山大教字〔2018〕31号
5	文化传播学院	尹海良	山东大学(威海) 优秀教师	2018.09.08	山大威校人字〔2018〕9号
6	马克思主义学院（威海）	付文忠	山东大学(威海) 优秀教师	2018.09.08	山大威校人字〔2018〕9号
7	空间科学与物理学院	刘维新	山东大学(威海) 优秀教师	2018.09.08	山大威校人字〔2018〕9号
8	翻译学院	孙田丰	山东大学(威海) 优秀教师	2018.09.08	山大威校人字〔2018〕9号
9	数学与统计学院	杨丰凯	山东大学(威海) 优秀教师	2018.09.08	山大威校人字〔2018〕9号
10	东北亚学院	闵英兰	山东大学(威海) 优秀教师	2018.09.08	山大威校人字〔2018〕9号
11	法学院	张　乐	山东大学(威海) 优秀教师	2018.09.08	山大威校人字〔2018〕9号
12	商学院	张建波	山东大学(威海) 优秀教师	2018.09.08	山大威校人字〔2018〕9号
13	机电与信息工程学院	姜　斌	山东大学(威海) 优秀教师	2018.09.08	山大威校人字〔2018〕9号
14	海洋学院	戚明颖	山东大学(威海) 优秀教师	2018.09.08	山大威校人字〔2018〕9号

续表

序号	获奖者单位	姓名	荣誉名称	获奖时间	批文号
15	翻译学院	丛海燕	山东大学(威海)先进教育工作者	2018.09.08	山大威校人字〔2018〕9号
16	党工委(校长)办公室	李　松	山东大学(威海)先进教育工作者	2018.09.08	山大威校人字〔2018〕9号
17	后勤管理处	何　睦	山东大学(威海)先进教育工作者	2018.09.08	山大威校人字〔2018〕9号
18	学生工作部(处)	贾　鹏	山东大学(威海)先进教育工作者	2018.09.08	山大威校人字〔2018〕9号
19	机电与信息工程学院	郭　楠	山东大学(威海)先进教育工作者	2018.09.08	山大威校人字〔2018〕9号
20	马克思主义学院(威海)	马秋丽	山东大学(威海)2018年度我最喜爱的老师	2018.09.10	山大威校教字〔2018〕7号
21	数学与统计学院	宋慧敏	山东大学(威海)2018年度我最喜爱的老师	2018.09.10	山大威校教字〔2018〕7号
22	空间科学与物理学院	张　鹏	山东大学(威海)2018年度我最喜爱的老师	2018.09.10	山大威校教字〔2018〕7号
23	翻译学院	张　雄	山东大学(威海)2018年度我最喜爱的老师	2018.09.10	山大威校教字〔2018〕7号
24	艺术学院	郑　岩	山东大学(威海)2018年度我最喜爱的老师	2018.09.10	山大威校教字〔2018〕7号
25	文化传播学院	周新顺	山东大学(威海)2018年度我最喜爱的老师	2018.09.10	山大威校教字〔2018〕7号
26	商学院	郝延伟	山东大学(威海)2018年度我最喜爱的老师	2018.09.10	山大威校教字〔2018〕7号
27	法学院	崔　岩	山东大学(威海)2018年度我最喜爱的老师	2018.09.10	山大威校教字〔2018〕7号
28	海洋学院	戚明颖	山东大学(威海)2018年度我最喜爱的老师	2018.09.10	山大威校教字〔2018〕7号
29	机电与信息工程学院	梁立凯	山东大学(威海)2018年度我最喜爱的老师	2018.09.10	山大威校教字〔2018〕7号
30	海洋学院	戚明颖	山东省第五届高校青年教师教学比赛二等奖	2018.07.21	鲁教师函〔2018〕19号
31	翻译学院	王苏华	山东省第五届高校青年教师教学比赛二等奖	2018.07.21	鲁教师函〔2018〕19号

续表

序号	获奖者单位	姓名	荣誉名称	获奖时间	批文号
32	文化传播学院	张　超	山东省第五届高校青年教师教学比赛三等奖	2018.07.21	鲁教师函〔2018〕19号
33	文化传播学院	周　妍	山东省第五届高校青年教师教学比赛优秀奖	2018.07.21	鲁教师函〔2018〕19号
34	海洋学院	张　伟	山东省第五届高校青年教师教学比赛优秀奖	2018.07.21	鲁教师函〔2018〕19号
35	数学与统计学院	孙春艳	山东省第五届高校青年教师教学比赛优秀奖	2018.07.21	鲁教师函〔2018〕19号
36	商学院	崔丰慧	山东大学2018～2019学年青年教师教学比赛一等奖	2018.12.26	山大教字〔2018〕53号
37	海洋学院	吕新芳	山东大学2018～2019学年青年教师教学比赛一等奖	2018.12.26	山大教字〔2018〕53号
38	东北亚学院	柏宝清	山东大学2018～2019学年青年教师教学比赛二等奖	2018.12.26	山大教字〔2018〕53号
39	空间科学与物理学院	李　勃	山东大学2018～2019学年青年教师教学比赛二等奖	2018.12.26	山大教字〔2018〕53号
40	马克思主义学院(威海)	张　磊	山东大学2018～2019学年青年教师教学比赛二等奖	2018.12.26	山大教字〔2018〕53号
41	商学院	杨　茗	山东大学2018～2019学年青年教师教学比赛三等奖	2018.12.26	山大教字〔2018〕53号
42	商学院	吕岩威	山东大学2018～2019学年青年教师教学比赛三等奖	2018.12.26	山大教字〔2018〕53号
43	翻译学院	陈　啸	山东大学2018～2019学年青年教师教学比赛三等奖	2018.12.26	山大教字〔2018〕53号
44	空间科学与物理学院	曹　晨	山东大学2018～2019学年青年教师教学比赛三等奖	2018.12.26	山大教字〔2018〕53号
45	机电与信息工程学院	叶　准	山东大学2018～2019学年青年教师教学比赛三等奖	2018.12.26	山大教字〔2018〕53号
46	数学与统计学院	续焕英	山东大学2018～2019学年青年教师教学比赛三等奖	2018.12.26	山大教字〔2018〕53号
47	马克思主义学院(威海)	和春红	山东大学2018～2019学年青年教师教学比赛三等奖	2018.12.26	山大教字〔2018〕53号

(人事处、教务处　提供)

2018 年学生获得表彰与奖励

国家奖学金(本科生)(178 人)

叶嘉卉	段雨晴	苏冰鑫	李睿思	吕紫烟	李雪晨	刘　潇
刘　鹏	宋春林	蒋佳璇	安若楠	韩　枫	王文龙	张文豪
谭嘉文	李晓萌	沙淑洁	王文璐	张　旗	李广昊	肖一鸣
张海姣	尹曼青	李嘉栋	张慧璇	程　微	胡明政	刘一霖
林芳竹	徐鹏越	于浩月	高瑾昕	吴　磊	刘　澳	杨　珍
仲志成	江　燕	孙道明	管永原	张同贺	王义新	马天姿
周瑞恒	陈佳琪	李思源	周咏琦	王　玥	胡　睿	李飘阳
高钰洁	胡　璇	张晓凯	高　颂	刘　派	李晨阳	傅天麒
樊雨润	马文亮	黄嫣然	范泰延	罗淑宁	何莹莹	周孟琪
崔志源	王璐瑶	伊俊铭	刘梦薇	董喜月	张　奇	孙丽云
李昊辰	丛佳琦	张馨予	杨妍冰	曹文韬	顾　超	柳月悦
吕小涵	王悦竹	刘雨霏	宋旭阳	宓　恬	袁　林	董艺蕾
韩荣荣	张淑琦	王仕琦	周缇萦	张泽贤	初明辰	李安妮
徐泽凡	梁钰祺	左知欣	冯鑫蕊	吴　越	肖玉鹏	俞若淼
邹佳芯	段　滢	刘明杰	沈子琳	鄢羽岐	刘子群	田静宜
陈　琰	陈旭洋	张凌宇	卢世洁	潘怡帆	周　忆	鄢仪茹
罗语婷	於　尚	方　禧	纪高远	姜治羽	郑千禧	刘文秀
李育卉	张宇森	赵　唯	刘子岷	张　瑞	滕益诺	黄　灏
姜兆慧	李美玲	王梓森	陈冰玉	徐　源	高正阳	闫　洁
何巧林	董文琦	于　煊	丁亚伟	庄世昌	范　哲	程珂欣
叶小伟	刘家真	刘自轩	李佳颖	刘　玥	刘高峰	王子庭
李欣然	刘子涵	姜　颖	王梦潇	刘文涵	王星竹	于帅聪
韦纪宇	孙正凯	毛梓宇	嵇长凯	姜　璐	李晗羽	尹若彤
顾　悦	税擎苍	王蓬禹	熊雁妃	张　敏	田志华	王欣童
张琳琳	贺笑阳	段璎珊	杜昕霞	王应时翔	桂　颖	王福临
尹爱华	赵光凯	秦立振				

国家奖学金(研究生)(25 人)

曹瀚予	聂文锋	管　亮	王志鹏	陈禹衡	李　鼎	唐靓嫱
王南南	娄丹丹	焦沁连	贾丽静	莫　洋	魏志远	闫梦鸽

张泽群	安 超	李治玥	姜嘉欣	刘 洋	王 璐	杨馥萍
刘胡皓	马 悦	赵晗阳	汪羿宏			

国家励志奖学金学生名单(429人)

王 珲	胡丽娟	李守信	孟凡秀	唐 洁	王佳芬	杨 静
高玉婷	李怀远	于 璐	程 柔	马燕红	邵明月	程 莲
万 婷	徐 蓉	张 晶	张晓敏	林秀峰	孙 洁	王晓明
李京南	梁 诗	樊思雨	胡晓菲	刘 琳	孙丽云	田雪迎
曹文慧	韩晨尧	孙长鹏	孙 洁	常 丛	王宇飞	秦晓玲
詹秀秀	宋桓宇	胡建昌	台钰山	徐福祥	郭银辉	姜丁瑞
鞠恩明	刘秀兰	宁 斌	万 洁	冯志丹	黄 倩	李仕坤
辛 月	黄 莹	郝凯静	侯美腾	王 迪	余 钡	李文婷
简晓琳	王浩宇	胡其桐	王燕妮	潘 威	郝 影	李 玲
马玉婷	武 悦	张 帆	陈玉凤	李焕琳	魏佳佳	孙丰勋
许梦娇	兰丽菊	李 爽	李天然	林钰莹	吴 洁	罗浩瑞
肖 琳	费隽洁	王丽雅	洪若晖	胡晓宇	刘 红	王依阳
张文灿	宋嘉琛	王盼盼	苗臣俭	张智宇	刘凤华	陈玉梅
李延霞	苏晓丹	蔡佳倩	屈亚菲	张 睿	刘善乐	侯青云
吴笑天	刘明杰	周 叶	冯孝莹	裴若怡	杨梦煊	朱亚茹
谷美华	李仁杰	席晓明	王晓帆	张海燕	张子雁	董艳灵
吴雨晨	张晟铭	张现珠	庞 磊	魏祥涛	刘梦辉	冉林娇
史雪晶	韦 薇	张嘉萌	马梦蝶	孙丽慧	王晓红	王正娟
杜 鹏	侯晓壮	刘 洋	周 超	冯 杰	贾金锦	李雅倩
李丛璇	孙 丽	罗 红	任娜娜	田敏嫦	王晓涵	王玉晓
董 静	郭潇涵	李雪妍	刘智清	张 蓓	陈嘉欣	沙玉娜
张海源	庞永婷	任琳琳	孔德华	孙韶嵘	刘雨华	田 妍
郭 睿	闫 磊	郭思梦	朱九香	夏静怡	毕智雪	陈 静
李 慧	汪小菡	郑潇玲	刘美琴	王丽霞	杨 妍	卓 浩
陈玉彦	李 亭	王淑君	赵晓蓓	郭景亭	夏晓崴	张春芳
冯箫倩	兰玉晴	李晓晴	林新华	沙淑洁	赵希希	朱峰祁
付 月	胡竹君	李 妍	万元胜	朱 倩	李慧茹	张金悦
韩 旭	张明状	李广昊	郑 毅	刘 鹏	田婷婷	孟德玄
郝阳歧	刘慧琳	沈 莉	孙 璠	杨宇霄	袁喜乐	何 珍
施燕燕	王一倩	叶法钦	陈丽双	王思梦	吴 昊	徐丽桃
杨 珍	崔 越	姜 珊	闫佳卉	杨胜男	尤笑雨	曾安琪
张颖颖	马霞圆	王 妍	吴慧林	张 选	陶晓雯	张亚萌
蔡岚翔	贺芷惜	刘同枝	张志伟	赵晨冰	陈世文	任书慧
曾佶茹	许慕云	赵曰鹏	崔华钰	褚 楚	高 鸽	李 琳

张子斌　陈雅南　姜延顺　李　婷　沈慧玲　李媛媛　闫雪晴
杨姗姗　程利峰　顾昕羽　范泽琨　王佳琪　陈　艳　高丽鑫
王纪孔　马　娜　童　威　王　淦　赵慧媛　代健楠　李秋萍
李维政　刘亚芳　覃雅妮　张婉莹　刘　琴　苏冰鑫　向水平
鄢　萌　赵　媛　张如意　崔钰如　孟　倓　唐　雯　丰月月
任雅清　王竣饶　王　萍　郑卓娉　蒋谭胤　李怡童　王艺涵
顾　超　郭　晶　王惠颖　张丽静　张婷婷　龚笑南　李　铮
陈　琴　李大鹏　高　婷　解超杰　高　婷　华海琳　卢新悦
杨梅煜　张　锐　陈　瑶　陈露鑫　牛一凡　张梦杰　李惠珍
王晓彤　崔相武　王晓飞　吴　斌　杨代银　许丙强　张　敏
周相坡　李万睿　李星瑶　孙树志　王　惠　王静静　赖　倩
李晓晓　王　震　武　胜　徐　园　董孟媛　郭　仪　洪椿祥
苏殿元　夏雨柔　王丽珊　李杨晓　包立男　胡天宇　薛嘉琛
燕　伟　陈艳华　储祥翠　王　羽　刘航宇　王　凯　巩守禄
郭　兴　李柯林　汪一萍　高正阳　高　恒　刘　芬　王　丽
李晓露　司青润　支良杰　李浩然　徐良辉　廖　俊　王　颖
余茜倩　房立鑫　刘司澳　郭鑫鹏　靳鹏飞　李世鹏　张江瑜
褚泽旭　田佳旻　王　焯　张　晨　赵朕宇　朱欣怡　程惠玲
刘奕含　李　彤　朱梦姝　崔　凌　刘晓明　辛稀龙　张福明
赵文雅　李雯昕　魏世龙　郑礼靖　高超起　李梦娇　王康博
王　萌　高　佳　郭治彤　王紫辰　陈雪静　刘　洁　刘秋杨
张舒豪　李佳艺　孙　琳　刘文一　伊嘉诚　白阿文　及雅诺
徐中义　谭　倩　周天琦　陈　浩　何巧林　李银丽　孙　娟
王　珺　王晓辉　王亚丰　李小难　刘丽昕　王雯妍　李　红
李迎晓　仇念轩　寸锦瑶　刘　颖　石冰娜　杨玲燕　张鹏雪
李转转　刘冬梅　吴　凡　郑林林　谢金良　许　晴　姚若楠
王佳佳　魏　畅　魏天真　周晓英　鲍　玲　刘丽荣　向　梦
武　莹　杜　雪

2018 年度山东省高等学校优秀学生(16 人)

杨钦妃　丁传磊　衣天龙　刘　潇　张　敏　胡　璇　周孟琪
曹文韬　邹佳芯　吴笑天　沈子琳　周浩男　赵梓良　张宇森
王　霄　姚淑涛(研究生)

2018 年度山东省高等学校优秀学生干部(8 人)

刘飞燕　李金羽　李　威　王　媛　黄　灏　李柯林　高　颂
王平平

2018 年度山东省高等学校先进班集体(5 个)

空间科学与技术 2016 级菁英班
社会工作 2016 级 1 班
测控技术与仪器 2016 级 1 班
统计学(金融)2015 级实验班
汉语言文学 2016 级 2 班

山东大学校长奖学金(12 人)

刘飞燕　蒋贤成　房世平　王艺昕　隋伟宽　丁传磊　李振宇
曹继中　徐海涛　张　凯　聂文锋(研究生)　娄丹丹(研究生)

山东大学优秀研究生干部(研究生)(32 人)

刘江楠　陈禹衡　顾忠观　张　敬　丁　静　李美慧　林诗琪
刘芳媛　宗志凯　李文全　付红玉　李丽君　满美麟　刘培鑫
李治玥　徐　涛　毕净垠　彭宇宁　佟海燕　侯欣怡　郑　潇
陈丽贞　王　静　贾文博　杨　婧　李子言　李俊松　顾明正
邱凌雁　高　硕　汪羿宏　徐浩森

山东大学研究生道德风尚奖学金(1 人)

韦福林

(学生处　提供)

山东省“五四红旗团支部”

2014 级电子一班团支部

山东省大学生“自强之星”标兵

郭　仪

2017 年度中国“大学生自强之星”提名奖

王雪辉　张藏文

团中央“中国电信奖学金”暨“践行社会主义核心价值观先进个人”

王艺昕　丁传磊

山东大学“榜样的力量”学生年度人物

郭东旭

第三届山东省大中专学生社团节大学生社团短视频大赛二等奖、三等奖、最佳后期剪辑奖

王平平

第三届山东省大中专学生社团节大学生社团围棋大赛高段组

亚军
朱紫彤
十强
樊梦泽

第三届山东省大中专学生社团节大学生社团围棋大赛十佳围棋社团

山东大学(威海)会友棋社

第三届山东省大中专学生社团节大学生社团公益广告设计大赛银奖、优秀奖

顾昕羽

第三届山东省大中专学生社团节大学生社团征文比赛

一等奖
沈雪媛
二等奖
钱　赟
三等奖
刘进兴　张绪涛

第三届山东省大中专学生社团节大学生诗歌朗诵大赛暨山东省青年学生诗歌朗诵展示活动

二等奖
山东大学(威海)主持人俱乐部
优秀指导老师
王思琪　田重阳

第九届“调研山东”大学生社会调查活动优秀调研成果

一等奖
郑笑赢　左　航　曾　坤　郑昭辰　张佳然　杨翠平
二等奖
王泽锋　万广辉　李　超　丛　奕　仇念轩　田瑞睿　刘汉樵
刘佳宁　万欣怡　贾佳宁　董　静　刘小溪　高　畅　郝新亚

三等奖

赵亚楠	郭子茵	牧寒萍	张新钰	刘　震	孙丽君	秦者云
韩文姜	叶汝楷	洪椿祥	马俊飞	杜晓凯	王亚男	

优秀奖

吕明芳	李梦琦	田梦莎	王昕宇	翟羽佳	王亚丰	谢浩华
刘天宇						

2018(首届)山东省科普创作大赛一等奖(科普文学类)

陈丽贞

2018 年山东省大学生优秀科技社团

商学院电子商务协会
天文协会
AI 机器人爱好者协会

2018 年山东省大学生优秀科技社团干部

洪椿祥　　李　钊　　孙　洁　　孙晴宇

2018 年“创青春”海尔山东省大学生创业大赛

金奖

陈嘉欣	倪学媛	李　琦	王平平	张　咏	王浩然	单晓晖
朱尘宇	王　丞	冯天雨	王朝阳	王紫菁	杜雨昕	马　源
闫琛琛	王艺昂	徐慧涛	俞孝先	赵　亮	崔义杰	王艺昕
程玉洁	赵婉莹	毛泽田	周　磊	吴　斌	周浩男	李银丽
李雅倩	欧阳宇恒	王兰文	马　玥	马聚隆	龚筱潇	刘智乐

银奖

常　昊	高炅寅	王　露	曾伊樊	王昭雅	衣天龙	张文瑞
孙晴宇	陟　卓	陈　灿	姜子禾	王楚珺	龙枰旭	谢　皓
臧宇鹏	王文玺	黄聿山	刘　群	韩　枫	何秀媛	陈思极
毛泽田	孙朋磊	黄耀晖	郭世阳	刘佳宁	随顺帆	陆裕璇
毕芩洁	郭祖钰	王依阳	孙沛钰	吴笑天	胡瀚文	孙鲁霞
栾俊喜	辛　悦	崔宇航	李嘉蕊	邹鸿博	张化鹏	方涵英
东旭光	丁传磊	蒋彦青	任元铠	李　迈	王靖文	郑晨睿
张文豪	刘皓天	赵　翔	刘　莹	刘旭东	马俊飞	郑炜斌
李小难	杜若范					

铜奖

魏　婧	应才欢	赵欣怡	于浩月	刘瀚钊	姜晓宇	衣天龙
林丛青	卓超杰	李仁杰	王晓雪	刘子岷	郝亭翰	沈玉清

黄舸	徐杰	陈捷腾	姜子禾	黄耀晖	黄原浩	张澈
卢赛虎	马妍	李佳航	张昊	王新宇	张萌	李威
李颖琦	马小月	李云云	李君昭	车美慧	董文科	李娅琳
单广威						

新动能奖

王丞	冯天雨	王朝阳	王紫菁	杜雨昕	赵翔	刘莹
刘旭东	马俊飞	郑炜斌	李小难	杜若范		

2018年“创青春”浙大双创杯全国大学生创业大赛创业实践挑战赛

银奖

王丞	冯天雨	王朝阳	王紫菁	杜雨昕

铜奖

马源	闫琛琛	王艺昂	赵亮	徐慧涛	俞孝先	崔义杰
解晓冉	王课彧	李雅倩	马玥	欧阳宇恒	王兰文	林珊燕
马聚隆	龚筱潇	李佳航	孟繁茵	刘智乐	陈嘉欣	王平平
王浩然	张咏	倪学媛	李琦	单晓晖	朱尘宇	李东琦
亓佳慧						

第四届山东省“互联网+”大学生创新创业大赛

金奖

李嘉豪	龙璇	李威	李佳荣	刘晓潇	刘钱源	赵翔
曾伊樊	衣天龙	王昭雅	徐嘉骏	常昊	王露	张文瑞

银奖

付明远	李嘉豪	付一彤	戴若汐	翟诗雨	郝亭翰	高硕
张益铭	张风扬	赵翔	刘莹	刘旭东	李小难	郑炜斌
马俊飞	王超逸	王紫琳	师月	魏嘉	刘冬梅	李嘉豪
吴睿佳	解晓冉	李苗杨	卢思宇	闫琛琛	隋伟宽	冯天雨
王朝阳	王紫菁	杜雨昕	李耀华	周磊	毛泽田	赵婉莹
黄小凡	侯雅丽	程玉洁	辛华钰	周涛	年显勃	

铜奖

黄聿山	韩枫	刘群	何秀媛	褚彦含	陈思极	毛泽田
任杰	陈昊	陈灿	姜子禾	王楚珺	陟卓	臧宇鹏
王文玺	龙枰旭	张咏	孙朋磊	郭世阳	黄耀晖	刘佳宁
随顺帆	杨伊雯	丁怡	郑晨睿	王靖文	刘皓天	刘方远
王怡妍	何倩霞	马妍	卓超杰	衣天龙	沈玉清	刘子岷
夏阳	妙晨怡	郝亭翰	崔晓晨	冀浩楠	李翔宇	裴卓童
郑雅文	陈祥尧	吕洁	巩守禄	邓世辉	刘昌峰	南献茹
李启鹏	李子言	何芮宁	吴立业	游智予	袁淑婷	崔仁君

吴凯特	胡海洋	张洪喜	刘国杰	李德志	巩守禄	陈　灿
姜子禾	邹伶俐	谭嘉文	王晓辉	安　婷	姜鹏博	郑　爽
刘　莹	霍玉颖	张峻瑞	赵　翔	谭羽婷	李姿毅	许君羽
韩　钊	王昭雅	仲芳慧	范雯铖	张　咏	徐嘉骏	周珂旭

第四届中国“互联网+”大学生创新创业大赛

铜奖

李耀华	周　磊	毛泽田	赵婉莹	黄小凡	侯雅丽	程玉洁
辛华钰	周　涛	年显勃	李嘉豪	龙　璇	李　威	李佳荣
刘晓潇	刘钱源					

“追寻青春足迹·红色筑梦之旅”全国大学生延安实践专项优秀团队

习近平新时代中国特色社会主义思想学习宣讲团

“青春致昆明 筑梦新时代”全国大学生暑期昆明实践专项

优秀报告

星火调研团

视频大赛一等奖

“印象·春城”实践团队

2018 年全国大中专学生志愿者暑期“三下乡”社会实践“千校千项”成果遴选活动

最具影响好项目

“大学生短期支教助农在三下乡和精准扶贫背景下的应用及研究”暑期社会实践项目

匠心传播好作品

“助力·筑梦”计划帮扶团队

青年中国行大学生专项调研活动三十强团队

求索调研团

“河西锁钥,沙漠绿洲”青年调研团

中青校园 2018 年全国暑期社会实践传播力榜单优秀实践团队

TSC(海绵城市)调研团

2018 年“镜头中的三下乡”

优秀报导奖

“硒望无限,薯粮之光”S&H 调研团

优秀摄影奖

红色鲁情调研团

“硒望无限，薯粮之光”S&H 调研团
闽沪信俗文化研究组

优秀视频奖

“助力·筑梦”计划帮扶团队

“丝路新世界·青春中国梦”2018 年全国大学生“一带一路”暑期社会实践专项行动优秀团队

山东大学(威海)创源科技团队

2018 山东省大学生“三下乡·千村行动”共青团助力扶贫专项行动优秀团队

“引航”三下乡社会实践团
农村弱势群体服务团
“平安钥匙”社会实践专项行动团队
“筑梦桃棵，点亮未来”团队
“红色沂蒙”筑梦团

2018 年山东省暑期“三下乡”社会实践活动优秀服务队

“求索”调研团
“河小清”调研团
红色鲁情调研团
“校园保卫战”暑期实践调研团
星火调研团
金帆调研团
“行鲁地港口，聚转型新力”暑期调研团
青鸟守护者联盟
渔歌小分队
古巷寻韵调研团
“求是之心”调研团队
“电商助力，扶贫添翼”青年暑期调研团
“HFA”暑期调研团
“爱的三角”暑期支教团
“情暖抗日老兵，筑美丽中国梦”实践团

“三下乡”社会实践活动优秀学生

郭东旭	顾　超	邓梦梦	陈静茹	翟率宇	王　菲	刘　潇
龚笑南	李苏瑶	邵长臻	巩守禄	黄紫仪	郭银辉	王泽锋
陈梦圆	安　琪	徐淑玮	杨　杰	曾佳玲	刘潆忆	杨曼琳
修小晗	滕益诺	刘家真	韦肖杭	周孟琪	屈　妍	王　波

魏一杰　曹力文　潘文谨　耿新梦　李颖琦　张　明　孙鑫瑜
杨　昊　范雯铖　刘　昱　霍玉颖　侯聪迪　古　钰　孙沛钰
刘姝童　马庆香　周浩男　谭云月　曹文韬　黄清萍　任欣悦
梁泳岚　伊俊铭　孔馨伟　徐鹏越　江新月　万广辉　冯琳泞
王艺蒙　高京京

第三届山东省青年志愿服务项目大赛银奖

《心爱 D3 家——基于 3D 打印的助残新模式》项目

第十五届中国研究生数学建模竞赛三等奖

贾潍佳　刘振伟　闫银坡　郑　海　刘润晨　王晓辉　杨云宇婷
范　敏　孔　萌　王维颂　岳丽丽　郎济莹　徐　辉　董慧芬
孙显科

（团委　提供）

第十三届“恩智浦”杯全国大学生智能汽车竞赛

国家一等奖

轩书哲　韩思源　周婉琪　李高铠　李　畅　陈浩博　蒋小康
李吉星　陟　卓　杨　进

国家二等奖

刘成城　李怀瑞　吴　桐　满建东　张泽华　苗　武　韩　植
李高铠　王　露　郑华章　李洪宇

国家三等奖

满建东　张泽华　苗　武

山东省一等奖

满建东　张泽华　苗　武　夏　阳　程紫阳　李子健　轩书哲
韩思源　周婉琪　刘成城　李怀瑞　苏　杭　武　胜　丁耀武
王　震　李高铠　李　畅　陈浩博　周相坡　韩　植　高志兴
蒋小康　李吉星　陟　卓　杨　进　吴　桐　孙晴宇　张文瑞
于丰正

山东省二等奖

朱玉岩　朱宝宇　张　博　李洪宇　任道鹏　孙文楷　任道鹏
张虎驰　李高铠　仲芳慧　张荷川

山东省三等奖

孙树志　王　丞　寇卫萍

"TI 杯"山东省大学生电子设计竞赛

山东省一等奖

刘天翼	王若琳	孙亦珣	满建东	周浩男	于溯洄	王　震
林祥辉	陈子威	张泽华	苗　武	于　煊	李　振	任　鹏
马麒琛	刘子傲	司青润	高正阳	轩书哲	韩思源	苏　杭
褚冯键	马志腾	王誉霖	孙晴宇	朱宝宇	贾彦灏	吴　桐
周相坡	王正娟	于丰正	金泽轩	曾梦越		

山东省二等奖

赵　熙	丁　宁	廖　俊	李子健	郭慧敏	张荷川	寇卫萍
王钦骅	刘欣怡	丁耀武	程紫阳	夏　阳	强济宇	周　帆
杨茗喆	黄聿山	何家安	刘国杰	周廉与	周凯月	孙鑫浒
杨皓明	董校廷	赵　唯	任道鹏	孙文楷	丁　飒	李高凯
张虎驰	张丰毅	孙树志	管晓婷	王　丞		

全国大学生数学建模竞赛

国家一等奖

刘羽嘉	索家琛	孔祥涛	宗玉暄	杨　茹	黄　灏	邸丰瑞
王馨悦	刘　冉					

国家二等奖

王玉昆	李沛益	肖鹏翔	马悦宁	马林强	罗毅彬	余　博
王雅博	刘司澳	李欣妍	马　俊	李威宇	邱立坤	卢　锴
陈承龙	耿玮晨	王浩宇	崔　航			

山东省一等奖

王欣童	王琳琳	姜兆慧	孙文博	袁温馨	张雪钰	丁　茜
李佳宣	耿俊凯	刘　昱	胡其桐	李柯林	刘顺琦	杨　超
闫　欣	潘麒至	简晓琳	李佳璇	覃延嘉	张月迪	王景坤
李　玲	费　凡	郭莫凡	张玉征	唐永志	房立鑫	邢成志
周佳昱	李啸宇	吕舒娜	孟芮妍	王榔洁	王超群	王霜榕
魏　维	李慕君	闫凯昕	姚劲嵩	梁靖凯	徐　坤	张　瑞
曹鹏程	魏　敏	刘尊敏	韩秋晨	万筱笛	朱钧崧	刘　涵
李文玉	陈冰玉	孙　妍	王燕妮	李　振	李沚芠	辛继灏
田昕润	邓云舒	杨皓明	王　成	张　钊	姜　璐	张凌浩
田志华	魏浩楠	张书贤	付晨阳	孔祥庆	卢梓菡	陈琰钰
林海强	王楚涵	王沛林	武　悦	赵铠阳	贺笑阳	沈元婷
王田野	曾德玲	于依冉	贾明锦	徐寅起	张宇森	倪　玥
李佳萱	陈长宁	李砚笛	弭雨萌	付佳皓	刘炳霖	王治斌
李红云	王　霄	李迪琨	刘凡菁	李世鹏	潘　威	邵　将

马靖坤　任陆平　马玉婷　陈远洋　葛　恒　陈瑞枫　伍文婕

山东省二等奖

苏浩天　刘旭阳　肖鹤鸣　樊芮辛　王子璇　张　寒　尚思语
伍博宇　宋啸飞　公　元　司　佳　梁宇乾　杜晓凯　吕晓璇
李润哲　朱琦玉　马红梅　王金晖　李　彤　王晓龙　于　跃
宋佩璇　郑德馨　赵　唯　杜娅婷　宋　达　崔元振　宋星辰
徐悦颖　毛乙舒　张雪益　曹雅婷　宋嘉琪　周　琦　李浩然
刘汉樵　张新茹　李璐瑶　赵英凯　施雅娟　孙德宇　王治霖
袁　瑞　张鹏宇　钱璐琦　乔　睿　颜子皓　任　鹏　张　敏
贾宜凡　吴兆龙　王泽航　于泽轩　苏　恪　邱梓轩　台钰山
张金禄　刘　建　孙莉莉　魏宇彤　张　帆　李嘉豪　周浩男
桂雪丹　李　阳　杜佳兴　吴昊楠　袁子博　李　超　林　宽
王惠宁　刘伟东　徐期梦　黄一芳　巩守禄　朱泓波　张　朔
马金剑

山东省三等奖

龚健欢　韩炎君　柯哲涵　许云龙　刘　峥　黄天雅

美国大学生数学建模竞赛

一等奖

郑涵之　梁欣瑜　陈昌雪　曾晶晶　王旭东　闫　艺　郑　涵
霍美娜　白　天　李占新　王澳博　胡海洋

二等奖

白　迪　魏祎文　李悦为　徐宛月　秦立瑜　王琳珲　隋伟宽
栾张心怿　程苏艺　闫欣宇　阴敬方　李　钊　张曼芮　刘　楷
刘政君　李　真　张丹璐　叶睿哲　王嘉宁　王丹凤　李雪菲
张海帆　洪椿祥　肖婧雯　李一帆　李若成　刘　乐　燕　冉
郭　仪　张进浩　葛　超　曾伊樊　曹　政　寇卫萍　魏秀红
孙树志　李燕君　陶淑英　甄世聪　马雪巍　赵　丹　张文瑞
邹吉奥　王雨萌　范淇媛　李文婷　何　颖　高志兴　杨　梦
余　珂　欧阳立韩　李　妲　王　硕　谢宛吟　侯泽辰　周　婷
任元铠　郭　进　李　浩　韩晨尧

全国大学生数学竞赛预赛

全国一等奖

王应时翔　朱鹏元　罗文明　丁禹鑫　胡　真　沈国诚　王锡铭
郭耀辉　张鸿飞

全国二等奖

李　想　刘高峰　张　朔　傅奕欣　鲁怡铭　王宇潇　占　昊

全国三等奖

胡其桐	王欣童	解玉洁	张琳琳	胡　晓	徐梓恒	闫　欣
邱立坤	朱泓波	张佳珺	龙文钊	韩冰清	杜昕霞	李沛益
刘皓天	廖峥理	杜晓凯	张子晗	刘贵源	胡建昌	刘延文
宋桓宇	刘子群	李锦萍	王　焜	万　洁	孙耀东	付诗琪
张泽慧	李　彤	郭银辉	吴文挑			

山东省大学生数学竞赛

山东省一等奖

王应时翔	李　想	朱鹏元	罗文明	丁禹鑫	胡　真	沈国诚
王锡铭	郭耀辉	张鸿飞	刘高峰	张　朔	傅奕欣	鲁怡铭
王宇潇	占　昊	刘皓天	廖峥理			

山东省二等奖

胡其桐	王欣童	解玉洁	张琳琳	胡　晓	徐梓恒	闫　欣
邱立坤	朱泓波	张佳珺	龙文钊	韩冰清	杜昕霞	李沛益
杜晓凯	张子晗	刘贵源	胡建昌	刘延文	宋桓宇	刘子群
李锦萍	王　焜	万　洁	孙耀东	付诗琪	张泽慧	李　彤
郭银辉	吴文挑	胡海洋	崔艺馨	李美玲	李英健	刘德行
王业成	李　晓	王　宇	朱　灰	刘秀兰	王　星	张　涛
魏志伟	张稣荣	季　旺				

山东省三等奖

许云龙	刘尊敏	邵　将	桂　颖	马　俊	王沛林	吕晓璇
李　爽	秦　澳	李　玲	张　敏	刘　建	翟雨璇	郝　影
田志华	张国政	丁　茜	徐　坤	马澳遨	王琳琳	陈煜斌
任陆平	沙淑洁	徐雪峰	徐琪一	周晓萌	顾　悦	张　端
朱玉岩	陈淑君	吴昊楠	孙淑钰	唐永志	邵　同	林　硕
马龙行	李铭琛	张可鑫	邹家鑫	胡明政	张凯天	高　恒
翟荣丽	吴　征	李　晋	姚子贺	李姝凝	廖　俊	郭厚邦
刘昊昕	孙泽群	刘子渲	宁　斌	唐　筠	王诚璟	台钰山
范　琦						

"外研社杯"全国英语写作、阅读、演讲、辩论赛

国家二等奖

胡淑淼　　贾青倩

国家三等奖

黄诗宸　　吴雨轩

山东赛区特等奖

胡淑淼　　贾青倩

山东赛区一等奖

黄诗宸　吴雨轩　李可欣

山东赛区三等奖

田雯婷　傅天麒　黄诗宸　吴雨轩

全国大学生英语竞赛

特等奖

王逸潇　郑　颖　钱　锐　李宣羽　丁　宁　陈　茉　鲁书伶
李大鹏　王　菲

一等奖

李睿灵　王逸凡　王梓涵　张唏萌　臧梓灼　李修智　李莅蓓

二等奖

邢嘉宝　徐巍澜　毕筱璟　杨柯林　张鸿飞　张　群　王淑玮
肖婧雯　李可欣　张鹏程　郑潇玲　徐浩然　黄　祎　孟心怡
徐文巧　谭嘉文　王思源　刘庆华　吴可菲　李梦璐　宋佩璇
张鼎铄　周　颖　殷鑫萍　于学洋　何怡莹　郑　涵　赵沁云
叶　扬　李美玲　吴雨轩　张丽君　张晓雯　张新钰　孟宇斌
赵炜逸　姜冠楠　彭雨薇　解懿菲　王若兰　王晓明　伍文婕
胡金函　阎一宁　于泽昊　马一丹　刘梦薇　安艺琳　安若楠
孙红婷　孙淑钰　杜慧婷　李子维　李梦溪　杨林惠　陈　露
周婷枫　周嘉凯　孟雅蓉　徐楚楠　崔宇航　王安东　王佳雯
王怡诺　卢伟敏　刘兆祯　段佳乐　徐松林　曹文韬　王芳菲
赵浩谷　柳月悦　唐　磊　李昊天　吴嘉祺　单　铮　王月晴
刘天欣　夏晓雪　吴　越　张　辉　唐靓嫱

三等奖

王子奕　王羡茹　黄思扬　鄢子靖　于　偈　王郁山　王　珺
方　彪　尹青青　成　果　伊嘉诚　刘玲君　孙瑞聪　李晓晴
李　鑫　杨舟凡　吴初婕　张慧璇　周怡佳　胡明昊　姜　璐
姚若楠　耿玮晨　展丽丽　黄　倩　梁晓彤　王雨萌　包维琪
刘　冉　汪杉宇　陈雅婷　林梦如　钟若昀　秦　澳　徐　琳
高雅心　管　珺　王浩芳　刘炳霖　祁靖芳　杜雨昕　李卓颖
李佳慧　李燕君　李鑫阳　杨　晨　张弋棋　张子雁　张　钊
张　奇　陈可欣　妙晨怡　周润青　庞永婷　徐淑玮　马　骁
王文璐　王朝阳　王睿雯　刘会欣　李若西　杨文晗　邹瑜琳
张带红　张　雪　张　笛　张　琪　张睿涵　陈晓琳　林丛青
郝新亚　洪若晖　高　歌　郭舜尧　涂巧为　梁少岩　傅天麒
曾安琪　谢　玥　黎杞柳　滕益诺　丁子悦　马靖坤　王文静
田馨惠　朱广举　任琳琳　向静芳　刘奕彤　刘智清　安　婷

许君羽　　许思怡　　李　权　　李　真　　李　慧　　杨普淳　　吴梦涵
吴雯哲　　张　咏　　张俊亮　　张雪钰　　邵芊韵　　周欣雨　　梁嘉靖
戴　超　　王洁妮　　王晨昊　　叶舒源　　刘可心　　刘俊贤　　许婉怡
徐含笑　　李春晓　　陈臻炀　　姚广源　　黄诗宸　　刘朝霞　　黄胤吉
潘春秀　　辛佳蓉　　张婷婷　　贾雨萱　　彭　月　　裴　颉　　刁桂月
刘佳傲　　邱　钦　　沃　仑　　陆明婧　　林冬泉　　解念潘　　赵海如
林莉莉　　张宏宇　　马晓婷

全国大学生节能减排社会实践与科技竞赛

国家二等奖

何宸羽　毛泽田　张永达　任　杰

国家三等奖

刘昌峰　　李启鹏　　南献茹　　吴立业　　何芮宁　　王若琳　　褚冯键
李嘉豪　　林珊燕　　刘　寅　　李若成　　张向鹏　　刘　乐　　李一帆
孙树志　　郭东旭　　高　颂　　胡　璇　　刘　昱　　邢雅婷　　曹露馨
黄聿山　　陈思极　　刘　群　　姜兆慧　　辛华钰　　高英梓　　周　雷
何智昕　　韩宇航　　傅天麒

第 43 届 ACM-ICPC 国际大学生程序设计竞赛亚洲区域赛

银奖

洪椿祥　　杨　凡　　朱向阳

铜奖

包文瑞　　周弘郸　　张江瑜　　王金晖　　连　理　　张路鹏　　洪椿祥
杨　凡　　朱向阳

中国工程机器人大赛暨国际公开赛

国家一等奖

王钦骅　　许光远　　刘　涵　　刘一晟　　贾明锦　　王雨丰　　滕益诺
刘欣怡　　武晓阳　　曹之裕　　高文星　　林宗彬　　周浩男　　韩一笑
周廉与　　黄　号　　侯林飞　　于学洋　　张学屹　　杨允泽　　王瑞桐

国家二等奖

董校廷　　赵　唯　　童小峰　　刘汉樵　　刘文迪　　徐良辉　　于　煊
周　帆　　杨茗喆　　齐　鑫　　孙鑫浒　　毛　路

国家三等奖

赵　熙　　颜子琛　　黄　号　　李红云　　李思远　　罗　镇　　刘子傲
郭慧敏　　宋勃仪　　张鑫伟　　于溯洄　　强济宇

山东省大学生机电产品创新设计竞赛

山东省一等奖

朱宝宇　刘子岷　李东琦　李　琦　毛泽田　吴　斌　陈　昊
任　杰　张永达　马志腾　褚冯键　王天嘉　仲芳慧　任元铠
东旭光　蒋小康　寇卫萍　王　丞　孙树志　寇卫萍　白　天
肖鹤鸣　卓超杰　李雨晨　巩守禄　贾明锦　王晓飞　王兰文
孙树志　向　阳　郭　兴　刘子岷　蒋忠凯

山东省二等奖

巩守禄　李育卉　张宇森　史成章　赵　熙　王晓龙　张凌浩
李　彤　吴兆龙　姚　军　王大庆　王靖天　吴　斌　马　玥
刘　灿　陟　卓　刘安邦　刘　君　陈　昊　张永达　毛泽田
任　杰

山东省三等奖

王　凯　张宇航　彭滢璇　袁毓珺　胡斌浩　宋尚阳　全梓坤
史媚颜　黄　斌　蔡浩龙　徐凯汇　夏　阳　蒋小康　李安迪
程紫阳　许光远　王钦骅　胡兴甫　齐鸿昊　胡瀚文　孙德宇
周浩男　于溯洄　张宇航　张　瑞　戴皓天　姜元彬　向　阳
陈　曦　侯　斌　白　天　武晓阳　李红云　管晓婷　郭慧敏
何巧林　鲍妍玫　张　开　郭明飞　滕益诺　王少华　芦旭熠
宁文平　尚雯珂　李雯昕　蒋　静

"蓝桥杯"全国软件和信息技术专业人才大赛

国家二等奖

李世鹏　王金晖　袁山城　冯朝晖　李思远　王兰文

国家三等奖

温紫珺　朱向阳　林海强　刘　翔　曾鹏武　孟　捷

国家优秀奖

张路鹏　徐旭伟　庞界宇　王　霄　郭润东　叶小伟　秦逸然
李豐庭　孙　帆　储祥翠　王钦骅

山东省一等奖

李思远　王兰文　周浩男　王钦骅　孟　捷　李豐庭　袁山城
徐旭伟　张路鹏　王　乐　杨　凡　叶小伟　冯朝晖　王　霄
王金晖　庞界宇　朱向阳　姚　锐　刘　翔　林海强　温紫珺
曾鹏武　郭润东　秦逸然　李世鹏

山东省二等奖

周　正　齐　鑫　刘天翼　耿俊凯　缪昭明　谢澍家　李佳凝
梁　啸　赵朕宇　许丙强　张鑫伟　王　星　阴敬方　陈承龙
崔元振　曹　俊　刘政君　郑　浩　路学林　朱元绍　靳鹏飞

吕浩然	李明泽	刘　瑾	包文瑞	刘智泉	王　蕾	王澳博
姚劲嵩	展　超	赵舒啸	曹炜年	邓云瑞	董校廷	许栋亮
郭　仪	王心荷	汪毅霖	王　晶	高英梓	黄　灏	王思卿
孔祥涛	侯振松	曾宇航	储祥翠	陈兆宇	董孟媛	陈艳华
燕　伟	翟　昶	余　珂	刘自轩	陈霄鹤	李光辉	赵铠阳
王亦秋						

山东省三等奖

宋　歌	常天宇	刘俊贤	曲振青	李杨晓	崔文涵	梁宇乾
郭煜畅	刘君怡	刘　乾	黄泓轩	李　振	吴晓彤	张可鑫
王宇昕	秦者云	王誉霖	张晨阳	吴中锐	向　旺	吴宜函
谭靖琳	董　喆	宋佳阳	郭耀辉	王　宇	刘皓天	李燕君
张雪益	闫明琦	唐歆宇	李鹏波	柯哲涵	张　潇	孙丽君
梁诚斌	邢超越	张　帅	于嘉琳	赵子喆	王林飞	郭浩阳
张丰毅	刘顺琦	孙浩展	王代辰	李习斌	童仕霖	陈炳睿
范　哲	袁　鹏	李万睿	薛子超	孙　帆	张傲雪	高晓峰
王新宇	徐　园	李　娇	曹　硕	陈锐飞	夏雨柔	张家豪
李海盟	王金帅	辛继灏	王　驰	刘　震	刘伟东	刘　冉
刘司澳	王晓青	范晨阳	隋伟宽	张向鹏	姜威帆	丁贞煜
陆勇作	卢嘉琳	李浩天	王梓森	张洪铭	杨子兴	董文琦
李育卉	汪一萍	徐　亮	丁亚伟	陈远洋	王超超	刘宏宇
刘子傲	刘　乐	金　龙	宋星辰	付旺钟	谢　璇	朱安琪

山东省大学生科技创新大赛

山东省一等奖

赵婉莹	毛泽田	周　磊	肖　闲	闫俊彦

山东省二等奖

卓超杰	刘子岷	马志腾	赵婉莹	纪文菲

山东省三等奖

巩守禄	肖鹤鸣	孔心怡	孔馨伟	韩志超	陈静茹	张潆月
李嘉豪	刘　寅	林珊燕	沙淑洁	赵梓良	姜兆慧	李青苇
曹书画	问乐媛					

山东省新动能软件设计大赛

山东省二等奖

李玉基	魏　湛	刘亚彬	王一凡

山东省三等奖

丁传磊	王亦秋	储祥翠	李　彤	耿瑞林	路学林

山东省优秀奖

辛　月　陈思极　董　倩　李仕坤　刘　辉　孙　帆　李　娜
刘朋朋　郝亭翰　单广威　李文玉　叶睿哲　李雪菲　袁山城
徐　园　王丹凤　李才艳

山东省机器人大赛

山东省三等奖

侯林飞　黄　号　曹汤伟　侯林飞　黄　号　于学洋　张学屹
曾　让　马超群

山东省大学生智能控制大赛

山东省一等奖

张　鑫　吴昀知　姜沛宇　任　鹏　李　振　法聚鑫　梁　啸
杨皓明　李增盛

山东省二等奖

孔晨杰　翟　昶　李心怡　王　丽　伍雅诗　王钦骅　张　博
朱玉岩　朱宝宇　陈瑞枫　王田野　张耀宽　许金辉　李鹏杰
王誉霖

山东省三等奖

支良杰　陈远洋　毕泽方　张玉鹏　盛屹君　马天恺　刘宏宇
王超超　孙天瑞　田晓杰　闫振兴　丁　飒　蒋波涛　高煦庭
高胜楠

山东省电子信息应用大赛

山东省一等奖

丁亚伟　董法彬　于溯洄

山东省二等奖

侯林飞　黄　号　曹汤伟

山东省大学生智能制造大赛

山东省一等奖

王雨丰　宋星辰　冯思源　陈泰年　毛乙舒

山东省二等奖

武晓阳　赵朕宇　滕益诺　刘欣怡　黄　号　曹汤伟　刘维龙
钟迎莹　杜宇霁

山东省三等奖

于丰正　丁贞煜　李天柱　张鲁豫　朱宝宇　刘皓天

山东省大学生数字媒体创意大赛

山东省一等奖

陈冰玉　邹鸿博　王　鑫　康秦潇　奚彧婷　邱姝蓉　梁哲睿
陈进麟

山东省二等奖

陈进麟　梁哲睿　邱姝蓉　奚彧婷　赵铠阳　侯振松　郭子毓
杨　杭　张学楠

山东省三等奖

史成章　南天宸　李文玉　彭滢璇　张伟佳　陈冰玉　邹鸿博
王　鑫　康秦潇

山东省大学生软件设计大赛

山东省一等奖

邹鸿博　李文玉　陈冰玉　王　鑫　康秦潇

山东省二等奖

史成章　南天宸　李文玉　彭滢璇　张伟佳　赵梓良　韦振扬
陈霄鹤　李青苇　张傲雪

山东省大学生 ACM 程序设计竞赛

山东省一等奖

洪椿祥　杨　凡　李庆瑶

山东省二等奖

秦逸然　叶小伟　肖　龙　朱向阳　王金晖　姜兆慧

山东省三等奖

张江瑜　周弘邺　包文瑞　邢超越　展　超　程丽云　李光鹏
袁山城　赵舒啸　赵铠阳　钱　锐　隋佳璐

山东省优秀奖

郭耀辉　王昊鹏　崔元振　庞界宇　连　理　赵志浩　李世鹏
张路鹏　刘嘉旭　林煌程　鞠艳丽　靳鹏飞　陈兆宇　徐旭伟
曾鹏武

山东省高校机器人大赛

山东省一等奖

赵　熙　张金禄　赵志浩　袁毓珺　鲍妍玫　王钦骅　赵朕宇
冯思源　崔　凌　李增盛

山东省二等奖

何　剑　袁榕齐　陈　达　刘　芬　李方琰　黄　号　周浩男

周廉与　刘维龙　曹汤伟

山东省三等奖

李　阳　房立鑫　周雨航　陈云昊　卢赛虎　常桂林　董法彬
谢一航　丁亚伟　杨　冠　杨允泽　颜子琛　王瑞桐　张学屹
黄　浩　刘汉樵　刘文迪　徐良辉　梁　啸　黄方正

中国高校计算机大赛—团体程序设计天梯赛

全国二等奖

赵舒啸　洪椿祥　徐泽远　杨　凡　李光鹏

全国三等奖

张路鹏　肖鹏翔　张洪铭　胡海洋　李光鹏

山东省大学生物理科技创新大赛

山东省一等奖

郭银辉　傅奕欣　唐永志　台钰山　刘文龙　张金禄

山东省二等奖

吴文挑　赵莹婷　王　超　邓　锐　陈红宇　刘宝山　刘文龙
付诗琪　李　铮　马龙行　魏上杰　林　巍

山东省三等奖

邹冬炜　尹若彤　张元可

山东省第一届大学生物理竞赛

山东省一等奖

孙泽源　王　霄　袁震宇　魏志伟　沈国诚　高　恒　刘皓天
李晓露　纪文菲

山东省二等奖

李　钊　张元可　滕绪强　刘延文　张　凯　刘　灿　张　超
高兆瑞　吴　征　张子晗　蒋效铭　李彦昭　陈慧康　吴文挑
王治郅　吴家福　李　清　宋文琳　张鸿飞　税擎苍　夏　昊
李晓晓　卢赛虎　张笑雨　郝凯静　肖　龙　沈君裕　牟崇岭
王景灏　张鑫健　闫　欣　王诗绮

山东省三等奖

常　丛　王嘉宁　钱阳波　孙宪洋　张中府　李英健　张天乙
杨　俊　刘　楷　马　肖　吕石磊　刘北辰　廖峥理　覃基鹏
牟宗见　张泽慧　赵成成　刘宝山　左修辉　张宇森　杨　然
赵　唯　陈煜斌　任陆平　张绪涛　李沛益　王天嘉　李鸿路
邱梓轩　王琳琳　王大波　巩守禄　沈子琳　孙荣徽　邸丰瑞

全国大学生天文创新作品竞赛

全国一等奖

陈若颖　晋　童　王楚涵　方　灏　范　瑞　李　钊　台钰山

全国二等奖

罗毅彬　马悦宁　何　睿　王道远　王　赟

国际刑事法院中文模拟法庭比赛

全国一等奖

田梦莎　吕明芳　李梦琦　孙　娟　冯　雪　王晓辉

国际刑事法院英文模拟法庭比赛

全国二等奖

刘雨安　王蕴知　张家琪　吴雯哲　刘佳敏　张鸿源

山东省高等学校大学生模拟法庭比赛

山东省三等奖

段德豪　高玉洁　许婉怡　韩　潇　赵　雷　邢文璐　胡　璇

IMA 校园管理会计案例大赛

华东北赛区二等奖

刘禹轩　臧梓灼　刘伟康　甄思诚　朱东阳

华东北赛区三等奖

吴梦雪　单雨晴　许明昕　杨伯禹　王硕晗

全国第五届大学生艺术展演活动

全国一等奖

王心怡　陈子健　杨白莹　刘吕然　吉林君　曾佶茹　邹佳芯
刘　庆　赵雯婷　金　帅　李媛媛　张　乐　王　婷　于斯恬
丛倩男　韩　璐　童卓远　王　乐

全国二等奖

白　洋　丁天淇　刘　宁　桑玉鑫　宋均超　王学刚　薛明锐
闫佩帅　杨俊伟　张　伟　赵曰鹏　朱青云　吕洪林　钟子杰
田明琛　唐海富　张　龙　刘柯柯　张述贵　支凯義　韩　磊
刘　鑫　洪德政

山东省第十三届青少年舞蹈比赛

山东省一等奖

谢颜竹　冯钰淞　王学刚　张述贵　白　洋　左子涵　赵曰鹏
冯泽华　黄滢锦　田明琛　李　颖　韩　磊　殷佳敏　桑玉鑫
艾明旭

山东省二等奖

薛明锐　钟子杰　杜　雷　刘　璐　张　伟　谢颜竹　袁静怡
杜　雷　王昕玥　冯泽华　左子涵　杨　帆　刘　璐　孙蕾婷
刘　鑫　王子毓　孙　静　殷佳敏　李文芳　朱思彤　杨　帆
丁天淇　崔钧源　赵日鹏　钟子杰　冯泽华　邹存晓　郑　璇
余　雪　邹存晓　赵日鹏　董明则　左子涵　张　伟　孙　静
李飞扬　吕洪林　董文卓

山东省三等奖

朱思同　卢晓婷　董明则　余　雪　杨茹滟　王心怡　贺怡菲
孔吴双　唐紫萱　李晓楠　苗建青　温莉雅　刘宗昕　王奥迪
吕舒宁　曹桐语　杨　帆　郑　璇　吕舒宁　曹桐语　董明则

山东省第七届高校音乐舞蹈专业师生基本功比赛

山东省一等奖

艾明旭　王子毓　李飞扬　白　洋　张　伟　杨俊伟　丁天淇
刘　宁　薛明锐　赵日鹏　吕洪林　付奥亚　梁有为　黎　捷
文秋智　王纪孔　周洵洵　郑永涛　邓鑫瑜　吴卓然　钟子杰
朱青云　王瑞山　潘纪帆　盛　凯

山东省二等奖

周之才　高　嘉

山东省三等奖

马　茜　段　滢　王伟舟　施力健

山东省优秀学士学位论文

题目:《CRISPR-Cas9 系统介导的 znf1 基因敲除载体及干细胞系的构建》

作者:刘凯伦;导师:胡宝洋　宋淑亮

题目:《基于感知风险理论对电商下乡阻碍因素的探究》

作者:田宏兵;导师:崔昕

题目:《地磁钩扰的全球响应分析及相关统计结果》

作者:雷柱;导师:邢赞扬　张清和

题目:《方位标记“里”和“中”的意象图式分析》

作者:张梦如;导师:尹海良
题目:《用深度学习方法预测股票市场指数》
作者:巩子嘉;导师:杨兵
题目:《鸟瞰低音提琴在中国的传承》
作者:张韫笛;导师:张锐　张平
题目:《生态女性主义视域下的韩江小说——以〈素食主义者〉和〈植物妻子〉为中心》
作者:王丽欣;导师:郑冬梅

(教务处　提供)

山东省专业学位研究生优秀实践成果三等奖

窦金蒙　导师:王宝霞
潘以涛　导师:陈　原

山东大学优秀硕士学位论文

题目:《东京与北京大都市区农业生产功能比较研究》
作者:李倩;导师:吴佩林
题目:《从“自我同一性”看“80 后”写作主题的精神变迁》
作者:康馨;导师:孙基林
题目:《威海近海沉积物细菌富集分离、新菌鉴定及 B210 捕食现象探究》
作者:郭令云;导师:杜宗军
题目:《具有滑移边界的非牛顿流体电渗流问题应用研究》
作者:姜玉婷;导师:齐海涛

(学科建设与研究生处　提供)

聘用相关专业技术职务及岗位人员名单

关于聘任李桂奎等76名同志相应岗位的通知

山大人字〔2018〕34号

（威海校区）

各有关单位：

根据我校杰出人才和新进人员职务及岗位聘任的有关规定，经学校研究，决定聘任李桂奎等76名同志相应岗位。聘任名单如下：

副教授二级岗：

孔繁文（自2017年12月起聘）

讲师三级岗：

袁宪峰（自2018年3月起聘）

助教二级岗：

窦尚孝（自2017年7月起聘）　　傅振国（自2017年7月起聘）

副研究员三级岗：

李　栋（自2017年12月起聘）

山东大学

2018年4月28日

关于聘任刘林华等 80 名同志相应岗位的通知

山大人字〔2018〕76 号

（威海校区）

各有关单位：

根据我校杰出人才和新进人员职务及岗位聘任的有关规定，学校研究决定聘任刘林华等 80 名同志相应岗位。聘任名单如下：

教授四级岗：

高建华（自 2018 年 1 月起聘）　　张景全（自 2018 年 3 月起聘）

副教授三级岗：

周燕霞（自 2018 年 7 月起聘）

助教二级岗：

孙绍轩（自 2017 年 7 月起聘）　　申　新（自 2017 年 7 月起聘）

王祎璠（自 2017 年 7 月起聘）　　王紫山（自 2017 年 7 月起聘）

翟俊伟（自 2017 年 7 月起聘）　　张欣媛（自 2017 年 7 月起聘）

赵天舒（自 2017 年 7 月起聘）

九级职员：

赵德豪（自 2017 年 7 月起聘）　　游凌燕（自 2017 年 7 月起聘）

马　妍（自 2017 年 7 月起聘）　　申　新（自 2017 年 7 月起聘）

王祎璠（自 2017 年 7 月起聘）　　王紫山（自 2017 年 7 月起聘）

翟俊伟（自 2017 年 7 月起聘）　　张欣媛（自 2017 年 7 月起聘）

赵天舒（自 2017 年 7 月起聘）

山东大学

2018 年 7 月 18 日

关于聘任韩自强等191名同志相应专业技术岗位的通知

山大人字〔2018〕129号

（威海校区）

各有关单位：

根据我校杰出人才和新进人员专业技术职务聘任的有关规定，经学校研究，决定聘任韩自强等191名同志相应专业技术岗位。聘任名单如下：

教授四级岗：

李志华（自2018年6月起聘）　方浩范（自2018年7月起聘）

苗　威（自2018年7月起聘）　宁光杰（自2018年7月起聘）

副研究员三级岗：

厉　萍（自2018年4月起聘）　宋　群（自2018年7月起聘）

李　燕（自2018年7月起聘）

助理实验师二级岗：

郭战胜（自2018年7月起聘）

讲师三级岗：

孙阳阳（自2018年5月起聘）　崔明旭（自2018年7月起聘）

黄兰松（自2018年7月起聘）　杨永伟（自2018年7月起聘）

王　侃（自2018年7月起聘）　杨培祥（自2018年7月起聘）

李　超（自2018年7月起聘）　高　凡（自2018年4月起聘）

赵銮磊（自2018年3月起聘）　潘秉毅（自2018年7月起聘）

助教二级岗：

姜　文（自2018年7月起聘）　邱海业（自2018年7月起聘）

邱　涛（自2018年7月起聘）

山东大学

2018年12月28日

关于聘任刘森林等408名同志相应专业技术岗位的通知

山大人字〔2019〕17号

（威海校区）

各有关单位：

根据《关于开展2018年度专业技术职务聘任工作的通知》（山大人字〔2018〕99号）等文件精神，经个人申报、单位资格审核推荐、中级评审委员会评审、校外同行专家鉴定、学科评议组评审、公示、高级评审委员会审定等程序，学校研究决定聘任刘森林等408名同志相应专业技术岗位，聘任时间自2018年9月算起（特殊注明者除外）。其中，因公出国（境）和校外应聘人员自报到当月起聘。聘任名单如下：

一、高等学校教师系列

教授二级岗：

李　娟（长江学者特别评审）

教授四级岗：

孙光宁　李　克　李自雄　焦　佩　杨在珽　吴晓林　亓　斌

杜清府　柏　铭　肖　华

副教授三级岗：

刘惠莹　周宏燕　程子健　郝延伟　程婕婷　张　超　孟文博

唐鑫梅　张传涛　赵　丹　房世刚　战文腾　刘春利　孙晓红

李雪莲　张克国　严发宝　孙宏刚　周　晓　孔晓明　蒋方翠

胡琴琴　皮庆华

讲师三级岗：

陈　啸

二、思想政治教育系列

副教授三级岗：

马　莲

讲师三级岗：

闫红伟

三、工程、实验系列

高级实验师三级岗：
马庆林　　刘　杰
实验师三级岗：
王昆仑

四、教育管理研究系列

副研究员三级岗：
顾　炜　　范其学

五、图书、档案、文博系列

副研究馆员三级岗：
鹿　遥

六、中小学教师系列

一级教师二级岗：
高　文

山东大学
2019年2月28日

新聘研究生指导教师名单

2018 年新聘博士研究生指导教师名单

序号	所属培养单位	姓名	二级学科名称
1	空间科学与物理学院	徐天河	空间物理
2	海洋学院	梁振林	海洋渔业
3	机电与信息工程学院	陈　原	机械制造及其自动化
4	商学院	张建波	公共经济学
5	法学院	张　乐	行政管理
6	数学与统计学院	齐海涛	基础数学
7	数学与统计学院	亓兴勤	运筹学与控制论

（学科建设与研究生处　提供）

2018年新聘硕士研究生指导教师名单

序号	所属培养单位	姓　名	二级学科名称
1	法学院	弭　维	行政管理
2	翻译学院	贾文峰	英语语言文学
3	海洋学院	刘　燕	生物工程
4	海洋学院	丁　一	海洋化学
5	海洋学院	叶萌祺	微生物学
6	海洋学院	于秀霞	药物化学
7	海洋学院	宋　波	药物化学
8	东北亚学院	闵英兰	亚非语言文学
9	机电与信息工程学院	王小利	电路与系统
10	机电与信息工程学院	路士州	机械制造及其自动化
11	机电与信息工程学院	林淑霞	机械制造及其自动化
12	机电与信息工程学院	马广英	机械制造及其自动化
13	机电与信息工程学院	姚云龙	机械制造及其自动化
14	机电与信息工程学院	赵永健	计算机应用技术
15	机电与信息工程学院	衣振萍	计算机应用技术
16	机电与信息工程学院	严发宝	检测技术与自动化装置
17	机电与信息工程学院	程　昀	控制工程
18	机电与信息工程学院	张　立	控制理论与控制工程
19	空间科学与物理学院	陈绍霞	空间物理学
20	空间科学与物理学院	李　勃	空间物理学
21	空间科学与物理学院	许　艳	空间物理学
22	空间科学与物理学院	郑瑞生	空间物理学
23	空间科学与物理学院	吕英波	凝聚态物理
24	马克思主义学院(威海)	杨发源	思想政治教育
25	商学院	程子健	会计
26	商学院	尹文清	金融

续表

序号	所属培养单位	姓　名	二级学科名称
27	数学与统计学院	解　兵	基础数学
28	数学与统计学院	李　静	基础数学
29	数学与统计学院	续焕英	基础数学
30	数学与统计学院	于　波	基础数学
31	数学与统计学院	张　旭	基础数学
32	数学与统计学院	刘小平	运筹学与控制论
33	数学与统计学院	王效强	运筹学与控制论
34	文化传播学院	刘　冰	新闻学
35	文化传播学院	张　超	新闻学
36	艺术学院	李　静	美术
37	艺术学院	安祥祥	美术
38	艺术学院	徐德雷	音乐
39	艺术学院	刘彦鹏	环境设计
40	艺术学院	张娅妮	舞蹈
41	艺术学院	张铁成	音乐

（学科建设与研究生处　提供）

组织机构与干部任职名单

中共山东大学(威海)工作委员会

党工委书记:尹作升

党工委副书记:赵玉璞　郭培良　周慧如

纪工委书记:郭培良

党工委委员:刘建亚　尹作升　韩建新　赵玉璞　陈冠军(2018年2月离任)
刘　海　郭培良　周慧如　夏利东(2018年2月始任)
黄凯南(2018年2月始任)

校长、副校长

校长:刘建亚

常务副校长:韩建新

副校长:陈冠军(2018年2月离任)　刘　海
夏利东(2018年2月始任)　黄凯南(2018年2月始任)

处级领导干部

单　位	职　务	姓　名
党工委(校长)办公室	主任	杨　玉
	副主任	刘晓军
	副主任	范其学
	副主任	顾　炜
纪检监察审计办公室	主任兼纪工委副书记	周大白
	副主任	薛施贞
党工委组织部	部长	张文玺
	副部长	梁奉军
党工委宣传统战部	部长	姜　强
	副部长	魏　斌
学生工作部(处)	部(处)长	王景瑞
	副部(处)长	孙丽霞
	副部(处)长	刘会刚
	副处级辅导员	于和利(2018.11～)
团委	书记	于振涛
工会(妇委会)	主席兼妇委会主任	朱桂华
	副主席	姜　胤
离退休工作办公室(离退休党委)	书记、主任	刘　玮
机关党委	书记	王迎宾
人事处	处长	黄建军
	副处长	葛彩云
教务处	处长	王湘云
	副处长	贾慧卿

续表

单　位	职　务	姓　名
科研处	处长	高　军
	副处长	吴玉阁
学科建设与研究生处	处长	吴丙新
	副处长	陈昌珠
财务处	处长	于燕臣
国际合作与交流处（港澳台事务办公室）	处长(主任)	孔海燕
	副处长	孟凡波
资产与实验室管理处	处长	王福安
	副处长	宋玉厚
	副处长	原所东
保卫处	处长	林朝旭
	副处长	王绍林
基建处	处长	王祖杰
	副处长	孙可寒
后勤管理处	处长	陈广奕
	党总支书记	韩延伟
	副处长	宋云龙
	副处长	佟　强
图书馆	馆长	谢穗芬
	直属党支部书记	辛洪云
	副馆长	左　峰
	副馆长	王学福
网络与信息管理中心	主任	王　亮
继续教育学院	院长	张秉江
	副院长	井海波
东北亚学院	院长(兼)	赵玉璞(2018.06～)
	党委书记	谷丽霞
	副院长	张景全(2018.06～)
	副院长	毕颖达(2018.06～)
	党委副书记	陈　昕(2018.06～)

续表

单　位	职　务	姓　名
商学院	院长、党委副书记	戚桂杰(2018.06～)
	党委书记	袁相万
	副院长	杨　林(2018.06～)
	副院长	夏　辉(2018.06～)
	副院长	刘　超(2018.06～)
	副院长	陈学胜(2018.06～)
	党委副书记	郭晓妮(2018.06～)
	党委副书记	孔　雷(2018.06～)
法学院	院长、党委副书记	肖金明(2018.06～)
	党委书记	汪全胜(2018.06～)
	副院长	姜世波
	副院长	刘　军
	副院长	张　乐(2018.06～)
	党委副书记	侯丽娜(2018.06～)
	五级职员	牛文军(2018.06～)
文化传播学院	院长、党委副书记	张红军(2018.06～)
	党委书记	于培丽
	副院长	张晓曼
	副院长	管恩森
	副院长	张文祥(2018.06～)
	党委副书记	周玉宏(2018.06～)
翻译学院	院长、党委副书记	申富英(2018.06～)
	党委书记	栗庆冬(2018.06～)
	副院长	李万军
	副院长	赵　巍(2018.06～)
	副院长	李　克(2018.06～)
	副院长	梁　远(2018.06～)
	党委副书记	常伟东

续表

单 位	职 务	姓 名
艺术学院	院长(兼)	李晓峰(2018.09～)
	党委书记	李恒江(2018.09～)
	副院长	张 剑
	副院长	纪维剑(2018.11～)
	副院长	赵 鸿(2018.11～)
	党委副书记	宗文婷(2018.11～)
海洋学院	院长(兼)	贾 磊(2018.06～)
	党委书记	孙文范(2018.06～)
	常务副院长(聘)	梁振林(2018.06～)
	副院长	杜宗军(2018.06～)
	副院长	李 霞(2018.06～)
	副院长	葛长字(2018.06～)
	党委副书记	范 蕊(2018.06～)
机电与信息工程学院	党委书记	彭兆强(2018.06～)
	常务副院长、党委副书记	王 丽(2018.06～)
	副院长	刘若伦
	副院长	陈 原(2018.06～)
	副院长	姜 斌(2018.06～)
	副院长	孙 洁(2018.06～)
	副院长	宋凯凯(2018.06～)
	党委副书记	单登科
	党委副书记	高佚婧(2018.06～)
空间科学与物理学院	党委书记	迟 涛(2018.06～)
	常务副院长(副处级)	王守宇(2018.06～)
	副院长	陈 耀
	副院长	胡绍明(2018.06～)
	副院长	吕英波(2018.06～)
	行政副院长	杜 猛(2018.06～)
	党委副书记	李 冶

续表

单　位	职　务	姓　名
数学与统计学院	院长(聘)	张益唐(2018.06～)
	党委书记	单丙波(2018.06～)
	常务副院长、党委副书记	綦建刚(2018.06～)
	副院长	李　娟
	副院长	齐海涛
	副院长(聘)	郭　亮(2018.06～)
	党委副书记	王鹏飞(2018.06～)
马克思主义学院(威海)	院长、党委副书记 (兼任马克思主义学院副院长)	吴文新(2018.06～)
	党委书记	郝书翠(2018.06～)
	副院长	马秋丽(2018.06～)
	副院长(聘)	焦　佩(2018.06～)
	正处级组织员	李洋修(2018.06～)
体育教学部	主任	张　颖
	直属党支部书记	叶军堂
	副主任	王友坤
	副主任	张　奇(2018.11～)
国际教育学院	院长	蒋保臣(2018.06～)
	正处级组织员	杨金才(2018.09～)
	正处级干部	闫涛蔚
	正处级干部	邹　海
	正处级干部	徐希锋(2018.06～)

（组织部　提供）

科级机构

部门名称	科室名称
党工委(校长)办公室	行政事务科
	外联与会议服务科
	文秘科
	信息管理与督办科
	校史档案室
	收发室
	国内合作办公室
	校友工作办公室
	发展规划办公室
	挂靠单位:法律事务办公室
纪检监察审计办公室	—
党工委组织部	挂靠单位:党校办公室
党工委宣传统战部	挂靠单位:校报编辑部
学生工作部(处)	学生管理科
	大学生资助管理中心
	大学生心理指导中心
	大学生就业创业指导中心
	学生公寓管理服务中心
	研究生工作办公室
	山东大学(威海)人民武装部(不设行政级别,与党工委学生工作部合署办公)
	挂靠单位:德育教研室
团委	挂靠单位:大学生科技创新中心

续表

部门名称	科室名称
人事处	人事科
	师资与专业技术职务管理科
	工资与社会保障科
	挂靠单位:杰出人才工作办公室
	人才交流中心(人才二级代理站)
教务处	教务科
	考试管理科
	教学研究科(高教研究所)
	实践教学与学科竞赛管理科
	教学服务科
	招生办公室
	电教中心
	挂靠单位:教学促进与教师发展中心
科研处	科学技术办公室
	人文社科办公室
	服务地方办公室
	重点(军工)项目办公室
学科建设与研究生处	研究生综合业务科
	研究生培养科
	学科建设办公室
财务处	财务管理科
	计划管理科
	核算科
	基建财务科
	招投标工作办公室
国际合作与交流处(港澳台事务办公室)	境外专家事务科
	国际交流服务中心
	国际交流科
	留学生事务管理科
	国际教育合作科
	海外经历工作办公室

续表

部门名称	科室名称
资产与实验室管理处	实验室管理科
	仪器设备管理科
	物资管理科
	产权与公房土地管理科
	挂靠单位:科学实验中心(下设理化与材料分析测试中心、超级计算中心、生物科学分析测试中心三个分中心,分别依托空间科学与物理学院、网络与信息管理中心、海洋学院,上述中心均属非实体性机构)
保卫处	综合治理科
	校卫队
	校内交通与车辆管理科
基建处	工程技术科
	规划预算科
	材料科
后勤管理处、后勤管理处党总支	综合管理科
	水电与设备管理办公室
	房产科
	爱委会办公室
	饮食管理服务中心
	水电维修服务中心
	园林管理中心
	学生生活服务中心
	幼儿园
	家属委
	挂靠单位:校医院(计划生育办公室)
工会(妇委会)	—
离退休工作办公室(离退休党委)	—
机关党委	—
图书馆、图书馆直属党支部	办公室
	文献建设部
	读者工作部
	信息技术部

续表

部门名称	科室名称
网络与信息管理中心	综合科
	网络信息技术部
	一卡通管理部
	分中心:超级计算中心,非实体性机构
继续教育学院	办公室
	教学管理部
	培训部
	学生管理办公室
东北亚学院	办公室
	团总支
	挂靠:山东大学东北亚研究中心
商学院	办公室
	团总支
法学院	办公室
	团总支
文化传播学院	办公室
	团总支
翻译学院	办公室
	团总支
艺术学院	办公室
	团总支
海洋学院	办公室
	团总支
	实验中心
	分中心:生物科学分析测试中心,非实体性机构
机电与信息工程学院	办公室
	团总支
	实验中心
	计算中心

续表

部门名称	科室名称
空间科学与物理学院	办公室
	团总支
	分中心:理化与材料分析测试中心,非实体性机构
数学与统计学院	办公室
	团总支
马克思主义学院(威海)	办公室
体育教学部	办公室
	挂靠单位:体育场馆管理中心
山东大学-澳大利亚国立大学联合国际理学院(筹)	—
山东大学空间科学研究院	办公室
山东大学威海前沿交叉科学研究院(筹)	—

(人事处　提供)

教职工名单

2018 年各类在职人员名单

校领导

刘建亚	尹作升	韩建新	赵玉璞	刘　海
郭培良	周慧如（女）	夏利东	黄凯南	

党工委（校长）办公室

王伟莉（女）	丛良日	司献英（女）	刘晓军	李　松
杨　玉	杨　强	何　峰	张正武	范其学
赵林林（女）	姜　刚	顾　炜	郭邦礼	裴　水（女）

纪检监察审计办公室

王　晶（女）	李　晨（女）	张　珂	周大白	薛施贞

党工委组织部

杨　青（女）	张文玺	赵　昆	梁奉军

党工委宣传统战部

刘　波	刘胜民	姜　强	戚伟良	滕丹丹（女）
魏　斌				

学生工作部（处）

刁伟燕（女）	于淑一（女）	马　莲（女）	王明霞（女）	王彦涛

王继涛　王景瑞　刘凤华(女)　刘会刚　刘红芬(女)
刘　萍(女)　闫红伟(女)　许进善　孙丽霞(女)　孙秀梅(女)
李琦辉　邹　伟(女)　陈　剑　陈　莹(女)　邵俊杰(女)
郑淑敏(女)　房永超　赵笑菊(女)　施见勇　姜　红(女)
秦小云(女)　贾　鹏　潘秉毅

团　委

于振涛　王志辉　王　松　李彤彤(女)　张文学
谈　殷(女)

工会(妇委会)

丛岗滋　朱桂华(女)　姜　胤

离退休工作办公室(离退休党委)

刘　玮　张大勇　梁　洁(女)

机关党委

王迎宾

人事处

马学峰(其他聘用人员)　王亚飞(女)　田晓琼(女)　吕兆生
李成超　宋叙咏(女)　赵亮云　黄建军　葛彩云(女)

教务处

万　春(女)　王湘云　王　群(女)　吕　健　朱　慧(女)
刘立山　刘　冰　刘晓玲(女)　闫涛蔚　孙伟松
李世康　李　楠(女)　杨　刚　邹玉平(其他聘用人员)
宋　光　宋　嵩　张　帆(女)　武珍英(女)　林晓清
赵　梅(女)　赵　辉　姜学思　袁　伟(女)　栗　春
贾慧卿(女)　徐　越(其他聘用人员)　韩秀莉(女)　韩秀峰
薛　峰　戴　虹(女)

科研处

王龙祥(其他聘用人员)　王擎擎(女)　方利平(女)　邓宏军
吴玉阁(女)　邹晓光　高　军　崔孟暄

学科建设与研究生处

王文思(女)　邬　迪　吴丙新　陈昌珠(女)　陶　扉
韩鲁青

财务处

丁新杰(女)　于燕臣　万　辉(女)　王　靖(女)　牛光辉
邢恩静(女)(其他聘用人员)　朱学芬(女)　华　慧(女)(其他聘用人员)
李　华(女)　李　齐(女)　肖建会　宋　婷(女)(预聘制)
张新风(女)　胡国盼(女)(其他聘用人员)　洪佩群(女)　徐　伟
栾　红(女)　韩卓飞(女)　蔡玲玲(女)

国际合作与交流处

于　峰　尹传波　孔海燕(女)　仵　眉(女)　刘　书(女)
刘　亮　张家豪　陈　超(女)　郑　丽(女)(调离)
孟凡波　耿菁璐(女)　高绍山

资产与实验室管理处

王宝萍(女)　王福安　乔　威　孙巍峰　牟　峰(女)
李国华　肖艳楠(女)　宋玉厚　张先军　张　晨
林娇艳(女)　赵　延　原所东　谭　明

保卫处

万　伟　王绍林　车吉龙　尹风琴(女)　刘　杰
刘保安(其他聘用人员)　刘　海　孙茂云(其他聘用人员)
杨海剑(其他聘用人员)　肖文良　吴志强　林朝旭
胡启超　袁海龙　戚永臻(女)　崔永庆(其他聘用人员)
隋连君

基建处

王祖杰 刘运春 孙可寒 杜新胜 李　强
连海宁 张立铎 金世玉(女) 姚云龙 秦　耕
蔡可心

后勤管理处

于文浩 于占秋(其他聘用人员) 于承志 于德军
王东彦(女) 王洪瑞 王桂芬(女) 牛晓军 尹明柱(女)
冯　静(女) 邢小云(女) 吕明军(其他聘用人员) 朱　玲(女)
朱榜芹(女) 刘永军 刘伟娇(女)(其他聘用人员) 刘庆忠
刘陈君(女)(其他聘用人员) 许志升 李军端 李　昕
李忠欣 杨卫华 杨枢华(女) 杨海江(其他聘用人员)
何剑平 何　睦(女) 佟　强 邹　静(女) 邹德杰
沈胜领 宋云龙 宋修记 宋新强 张华虎
陈广奕 陈　晶(女) 周　涛(其他聘用人员) 赵玉屏(女)
胡小林 祝洪波 徐　斌 高　文(女) 高海刚
高　巍(女) 郭亦辉 梁可志 梁滋学 韩延伟
程广文 程　倩(女) 管松刚(其他聘用人员)

东北亚学院

丁　玲(女) 于明燕(女) 于莉颖(女) 王欣媛(女)(学科博士后)
王宝霞(女) 王彩芹(女) 牛林杰 方浩范 尹锡万
石　坚(女) 丛衍萍(女) 毕颖达 刘　畅 刘宝全
刘晨晨(女) 刘惠莹(女) 李冬新(女) 李学堂 李荣荣(女)
李海榕(女) 李雪威(女) 佟家栋(外聘教授) 谷丽霞(女)
闵英兰(女) 张　进 张体勇 张京青(女) 张琳琳(女)
张景全 张蕴岭(外聘教授) 陈　昕(女) 陈　媛(女)
武　鹏 苗　威(女) 金炳珉(外聘教授) 金　哲
郑冬梅(女) 郑　艳(女) 宗文婷(女) 赵姗姗(女) 赵艳华(女)
柏宝清(女) 洪　静(女) 高文汉(外聘教授) 郭秀梅(女)
黄永哲 黄明玉(女) 曹玉玲(女) 崔明旭 梁懿文(女)

商学院

于晓雪(女)　于　惠(女)(其他聘用人员)　于静静(女)　马万里
马卫红(女)　王一兵　王小梅(女)　王长全　王兆祥
王　杰　王春平　王素娟(女)　王萧涵　王锡秋
王　磊　车路刚(其他聘用人员)　卞慧丽(女)　尹文清(女)
孔　雷　布乃鹏　卢书泉　付光新　付宜强
仪富强　白锐锋　宁光杰　师韵茗(女)　曲国霞(女)
吕岩威　吕爱权　吕淑华(女)　朱顺贤　朱　峰(女)
朱峰峻　刘　一(女)　刘丹丹(女)　刘　文(女)　刘　平(女)
刘永仁　刘　艳(女)　刘爱静(女)　刘　超　刘　喆(女)
齐军领　许　先(女)　孙　丹(女)　孙作人　孙　恒
孙素梅(女)　杜宏宇(女)　巫威威(女)　李元勋(解除人事关系)
李依凭(女)　李晓霞(女)　李　超　李　瑞(女)　李　静(女)
李　慧(女)　李　燕(女)　李　燕(女)　杨　林(女)　杨　茗(女)
杨　雯(女)　杨　慧(女)　吴佩林　谷祖莎(女)　沈　君
宋迎春(女)　宋祎品(女)　宋奎艳(女)　宋修静(女)　张永成
张志平(女)　张建波　张爱荣　陈　伟　陈　欣(女)
陈学胜　陈　茜(女)　罗润东　岳　军　金京玉(女)
金家华(辞职)　周　军　周宏燕(女)　周桂梅(女)　周晓歌(女)
孟　红(女)　赵天舒(女)　郝延伟　段兴立　段　敏(女)
侯　慧(其他聘用人员)　宣　锋　袁相万　夏　辉(女)
徐　萍(女)　凌士显　郭建强　郭晓妮(女)　陶　宏
戚桂杰　崔丰慧(女)　崔宇明　崔　昕　梁文玲(女)
梁　军　梁俊伟　董昭江　蒋守芬　韩巧霞(女)
韩　冰(女)　韩国圣　程子健　程昶誌　谢清华(女)
路少英　臧运蕾(女)　樊敏(女)　鞠传宝　魏文忠
籍　刚

法学院

于立强　门潇洪(女)　卫学芝(女)　马春霞(女)　马艳朝
马莉萍(女)　王　娆(女)　王　强　王瑞君(女)　牛文军
牛方玉　牛志强　方　芳(女)　古莉亚(女)　刘　军
刘　佳(女)　刘　洋　刘　涛　刘培茜(女)　刘　琼(女)
安玉萍(女)　许敏兰(女)　阮竹君(女)　孙文平(女)　孙光宁
孙希尧　孙卓华(女)　李传先　李秀芬(女)　李　波(女)

杨永伟　肖金明　时华忠　汪全胜　宋琳璘(女)
张小宁　张世全　张　乐　张伟强　张传新
张其山　张旻昊(女)　张景明　武　飞(女)　武秀英(女)
范广垠　金玄武　周　红(女)　周　颖(女)　周　慧(女)
赵　沛　钟玉珍(女)　侯丽娜(女)　姜世波　姜爱丽(女)
弭　维(女)(调离)　贾乾初　贾景峰　原蓉蓉(女)
郭剑雄　黄兰松(女)　崔　岩(女)　程婕婷(女)　谭　谦
黎海鹰(女)

文化传播学院

丁国旗(外聘教授)　于京一　于培丽(女)　王艳丽(女)
王瑞华(女)　尹海良　邓晓玲(女)　包　宇(女)　边　婧(女)
曲　敏(女)　朱新林　刘小源(女)　刘久廷　刘北野
刘延芳(女)　刘　冰　刘　倩(女)　闫　冰(女)　江志全
汤　瑞(女)　许广义　许丙泉　许　东　孙基林
芮　欣(女)　杜丽荣(女)　李　丁(女)　李自雄　李荣章
李艳娇(女)　李莉萌(女)　杨海燕(女)　杨　慧　吴　静(女)
邱　崇　宋　琦(女)　张　中　张文祥　张红军
张晓曼(女)　张银堂　张　超　张德苏　张　毅(女)
武文杰(外聘教授)　苟振红(女)　林　宇(女)　周玉宏
周　妍(女)　周　俊　周新顺　孟文博　胡小平
胡玉华(女)　战立忠　侯玲文(女)　姜亚林　洪树华
耿　平(女)　聂中庆　贾宏福　徐　来　徐秀春(女)
唐鹏举　黄万华(外聘教授)　崔　春(女)　鹿晓燕(女)
梁　艳(女)　韩松涛　傅振国　曾　英(女)　蔡象丽(女)
管恩森　魏　红(女)　Marc(外聘教授)

翻译学院

丁志烁(女)　于　伟(女)　于秀莲(女)　马　坤(女)　王小敏(女)
王飞飞(女)　王苏华(女)　王晓青(女)　王德萍(女)　王　蕾(女)
王　璐(女)　牛艳莉(女)　仇　敏(女)　孔　文(女)　孔维珊(女)
申富英(女)　丛海燕(女)　冯　超　邢路威(女)　曲　奕(女)
吕丽丽(女)　吕　昕(女)　朱玉堂　刘天放　刘　凤(女)
刘玉娥(女)　刘刚义　刘伟丽(女)　刘祥田　许全娜(女)
孙凤芹(女)　孙占萍(女)　孙田丰　孙立华(女)　孙萃英(女)
李万军　李玉梅(女)　李　克　李　杰　李　玲(女)

李　彦(女)　李晓丽(女)　李淑康(女)　李　蕊(女)　杨　欣(女)
谷秀春(女)　张红霞(女)　张　君(女)　张树玲(女)　张莉莉(女)
张晓君(女)　张晓菲(女)　张梦佳(女)　张彩波(女)　张　雄
张殿玉　陈怀凯　陈　啸(女)　周守玉(女)　周美青(女)
郑长春(女)　郑　艳(女)　单小芳(女)　孟子艳(女)　赵　云(女)
赵玉珊(女)　赵晏黎(女)　赵菊青(女)　赵　翔　赵　鹃(女)
赵　薇(女)　赵　巍(女)　胡红娟(女)　胡晓雪(女)　柯　晓(女)
咸慧慧(女)　侯立静(女)(解除人事关系)　姜琳琳(女)　宫　丽(女)
栗庆冬　贾文峰　徐高楠(女)　郭全照　郭　彪
唐　正(女)　唐鑫梅(女)　黄秀国(女)　黄　爱(女)　曹春玲(女)
戚玉晶(女)　常伟东　常晓梅(女)　崔　英(女)　崔莹辉(女)
崔鹏飞(女)　梁　远(女)　董　薇(女)　程　丽(女)　靳　锁
蔡东玲(女)　熊云菲(女)　黎东良　薄振杰(调离)
戴颖梅(女)(其他聘用人员)

艺术学院

于和利　王友斌　王　岩　王春杰
王振国(外聘教授)　王黎娟(女)　尹建宏　孔繁文
付　昊(保资读研)　司维东　曲笛鑫(女)　吕　琳(女)
任　灏　刘　卓　刘怡汝(女)　刘彦鹏　刘洪展
刘　楷　安祥祥　许　耘　纪维剑　杜　祎(女)
李　宁　李恒江　李晓峰　李善杰　李　静(女)
杨在斑　吴晓林　吴　静(女)　吴静寅　邱　涛
何林东(其他聘用人员)　谷海燕(女)　汪明强　张　平
张传涛　张　兵　张纯梅(女)　张林仙(女)(外聘教授)
张欣然(女)　张金娣(女)　张　剑　张娅妮(女)　张铁成
张　锐　陈国亮　邵力华　范文慈(女)　季慧慧(女)
周婷婷(女)　郑　阳　郑　岩(女)　赵　丹(女)　赵江源
赵　青(女)　赵　鸿　赵　燕(女)　钟晓红(女)　侯新茹(女)
姜　超(其他聘用人员)　姚桂丽(女)　秦大平(外聘教授)
袁亚妹(女)　袁　莉(女)　顾云亮(女)　徐　驰　徐德雷
高　锐(女)　高颖囡(女)　郭　立　郭　敏　郭　瑾(女)
陶晓丽(女)(预聘制)　曹桂红(女)　常　丽(女)　章　勇
梁　军　董薇薇(女)　景　梅(女)　靳雅权　詹保国
戴艳萍(女)

海洋学院

丁　一(女)	于　方(女)	于秀霞(女)	于珊珊(女)	万培红(女)
马庆林	王允山(调离)	王亚民	王　刚	王相伟
王　曦(女)	车玉菊(女)	孔令明	邓　跃(师资博士后出站)	
厉　萍(女)	叶萌祺(女)	田　芯(女)	白　楠	丛　伟
邢　翔	吉爱国	曲春风	吕新芳(女)	朱立新
庄静静(女)	刘　旭	刘　建	刘春利(女)	刘洪展
刘莹莹(女)	刘爱秋(女)	刘雪芹(女)	刘　燕(女)	关洪斌
许明淑(女)	孙文范(女)	孙　艳(女)	孙晓红(女)	
孙德群(女)(调离)		杜宗军	李玉春	李志华
李丽芳(女)	李英秀(女)	李　树	李海蓓(女)	李裕强
李　霞(女)	杨　亿(学科博士后)		杨　柳(女)	连子如(女)
肖　玲(女)	谷　珉(女)	沙　沙(女)	怀其勇	宋　波
宋春霞(女)	宋　萃(女)	宋淑亮	张小葵(女)	张　伟
张法忠	张　莉(女)	张　倩(女)	张　雷	张　鹏
陆　榕(女)	陈冠军	陈　浩(女)	苗艳丽(女)	范　蕊(女)
金艳梅(女)	周燕霞(女)	郑凤英(女)	郑维爽(女)(学科博士后)	
孟凡君	赵丽华(女)	赵　宏	柏　铭	柳　瑶(女)
侯旭光	侯俊峰	昝肖肖(女)	姜　波	姜昭阳
祝　茜	贾　磊	夏海峰	柴迎梅(女)	高　举(女)
郭战胜	梅俊学(女)	戚明颖(女)	梁振林	梁　浩
宿美玲(女)	葛长字	韩晓弟	谢卫东	谢旭光
赖鹏翔	翟俊伟	潘世会	穆大帅	

机电与信息工程学院

马广英(女)	王小利	王天宇	王文玉(女)	王　为
王成优	王延刚	王　丽(女)	王　良	王　松
王　侃	王春鹏(其他聘用人员)		王胜海	王艳玲(女)
王紫山	王　瑞	王　蔚(女)	牛万程	仇腾飞(女)
孔红英(女)	孔晓明(女)	叶　准	冯　东	宁淑荣(女)
邢巍岩(保资读研)		毕云峰	毕超杰	曲向宁(女)
曲昌荣(女)	曲美霞(女)	吕　强	朱林森	乔　琨(女)
刘若伦	刘　杰	刘　祎	刘　勇	刘　娟(女)
刘萍萍(女)	刘　晨(女)	刘　猛	衣振萍(女)	许中卫
许　乐	许庆阳	孙甲冰	孙　宁	孙合友

孙宏刚	孙洁(女)	孙蛟	孙祺	严中华
严发宝	苏艳蕊(女)	苏琨(女)	杜清府	李巧云(女)
李光明	李会强(女)(其他聘用人员)		李志泉(学科博士后)	
李岩	李栋	李勇	李素梅(女)	李晓坤
李海静(女)	李祥鹏	李捷(女)	李雪莲(女)	李敦峰
李婷(女)	杨飞	杨晓慧(其他聘用人员)		杨润涛
杨慧鑫(女)	肖鹏	邹晓玉(女)	宋宁宁(女)(保资读研)	
宋凯凯	宋勇	张乃波(学科博士后)		张立
张亚涛	张军蕊(女)	张志伟	张克国	张丽娜(女)
张欣媛(女)	张承进	张亮	张桂芳(女)	张斌
张遥	张德敬	陈原	林淑霞(女)	岳振明
金长龙	周少雄(外聘教授)		周东涛	周坤林
周岩	周晓(女)	周强	郑亚民(女)	郑舒
单登科	赵永健	赵海慧(女)	赵瑞杰	俞军涛
姜元先	姜文(女)	姜秀娥(女)	姜海宁	姜斌
洪晓英(女)	宫建红(女)	贺红(女)	袁宪锋	袁灏(女)
耿生民	徐东亮	殷建	高志峰	高佚婧(女)
高翔	高寒竹	郭春生	郭荣生	郭娜(女)
郭尊华(女)	郭楠(女)	郭新	黄文高	黄香君(女)
曹大英	曹立军	曹海	常树旺	崔文韬
康钦马	梁立凯(女)	梁成辉	梁莹(女)	彭传校
彭兆强	彭鹏	董晓舟	董晓剑	董恩清
董超	韩爱丽(女)	程杰(女)	程昀(女)	路士州
窦尚孝	褚兴荣	蔡辉涛	翟强	翟鹏
潘景昌				

空间科学与物理学院

于惠(女)	王守宇	王阿莲(女)(外聘教授)		王昆仑
王娜子(女)(学科博士后)		王爱芳(女)	王硕	亓斌
尹红星	孔祥良	艾佳明(其他聘用人员)		
石米杰(学科博士后)		石维彬	申新(女)	田安民
史全岐	付晓辉	付辉	丛伟艳(女)	冯士伟
邢赞扬	考夫曼(外聘教授)		吕茂水	吕英波
乔乐(学科博士后)		刘芬(女)	刘维新	关成波
汤朝灵	许国昌(外聘教授)		许艳(女)	阮桂平(女)
孙大鹏	孙明哲	孙珲	杜玉军(学科博士后出站)	
杜桂强	李延辉	李冶(女)	李凯	李波

李　勃	杨田林	吴爱玲(女)	辛艳青	宋红强
宋胜男(女)(其他聘用人员)		宋淑梅(女)	迟　涛(女)	
张长明(其他聘用人员)		张　江	张树芬(女)(其他聘用人员)	
张清和	张　鹏	张鹏彦(女)	陈　旭	陈绍霞(女)
陈　耀	武中臣	武　昭	范璐璐	郑卫民
胡绍明	胡静静(女)(学科博士后)		姜云国	
姜晓军(外聘教授)		洪　峰	夏雪莲(女)	倪宇恒
凌宗成	高　凡	高东洋	高建华	郭迪福
陶　琳(女)	黄正化	黄　冲(学科博士后出站)		曹　晨
康　苒(女)	霍秋红(女)	穆大鹏(学科博士后)		

空间科学研究院

杜　猛

数学与统计学院

卜育德	于　波	王金涛	王育松	王祎璠(女)
王效强	王鹏飞(女)	亓兴勤(女)	卢　红(女)	皮庆华
刘小平	刘东霞(女)	刘甲国	刘　扬(女)	齐海涛
孙午阳	孙立杰(女)	孙伟华(女)	孙华清(女)	孙庆峰(女)
孙春艳(女)	孙爱军(女)(其他聘用人员)		孙海伟	孙　磊
孙　薇(女)	李太玉	李秀艳(女)	李　娟(女)	李　斌
李　静(女)	杨丰凯	杨　兵	杨　杰(女)	肖　华
吴　静(女)	宋慧敏(女)	张玉森	张　冉	张永平
张　旭	张爱平(女)	张益唐(外聘教授)		陈　伟(女)
陈明涛	陈　潇	周　丽(女)	单丙波(女)	赵华祥
赵銮磊	胡琴琴(女)	柳军涛	袁小平(外聘教授)	
袁海静(女)	郭　亮	郭新伟	曹祝楼	曹　鲁
常　洛(女)	续焕英(女)	蒋方翠(女)	蒋玉蛟	解　兵
綦建刚	廖宝超	穆增超	魏晓丽(女)	

马克思主义学院(威海)

马秋丽(女)	王建民(外聘教授)		王晓宏	史衍朋(调离)
付文忠	闫惠惠(女)	孙阳阳	孙　克	李谷悦
李洋修	李　燕(女)(其他聘用人员)		杨永兴	杨发源
杨培祥	吴文新	何中华(外聘教授)		宋　群

张　磊(女)	陈永刚	陈　旭(女)	陈　宾	和春红(女)
房世刚	赵　焱(女)	郝书翠(女)	秦　淮	夏卫国
高万库	常　辉(女)(调离)		崔　微(女)	
程恩富(外聘教授)		焦　佩(女)	鲁法芹	

体育教学部

王友坤	王　丽(女)	叶军堂	曲爱宁(女)	吕海东
孙绍轩	牟利明	李志伟	李　兵	李岩杰
李胜杰	李　博(女)	邱海业	邹　海	宋修妮(女)
张　奇	张　顺(其他聘用人员)		张　颖(女)	陈孟松(女)
苗　波(女)	范　珣	郑志磊	郑洪宇	战文腾
姜　川	贺海宁	骆功建	袁书营	高同进
高　辉	展　凯	曹　鹏	蔡　红(女)	

继续教育学院

马　杰	王宝红(女)	王　聪(女)	井海波	田容雨
刘钧仁	宋立新(女)	张秉江	徐海峰	

国际教育学院

刘田恬(女)(其他聘用人员)		孙晓晨(女)(其他聘用人员)		杨金才
徐希锋	蒋保臣			

图书馆

王兰英(女)	王　玮(女)	王　忠	王学福	王春华(女)
王钦丽(女)	王振妘(女)	尹玉洁(女)	艾　雰(女)	左　峰
史琳琳(女)	毕艳娜(女)	师晓青(女)	刘　丽(女)	刘　旸
刘　静(女)	刘　聪(女)	李　静(女)	杨　威	邹莉莉(女)
辛洪云	宋　梅(女)	张　进(女)(其他聘用人员)		张　杰(女)
张果红(女)	张晓丽(女)	张海砾(女)	张维彬	陈乃强
陈　丹(女)(其他聘用人员)		陈　静(女)	林凤姬(女)(其他聘用人员)	
郑　磊	赵　洁(女)	赵　萍(女)	胡水亮	
胡长华(女)(其他聘用人员)		姜玉晶(女)	聂麟枭	高　雪(女)
郭学娟(女)	郭　洁(女)	郭海红(女)	陶一瑄(女)	陶桂芬(女)
曹　爽(女)	崔　明	鹿　遥(女)	谢军红	谢穗芬(女)

慕春川(女)　阚洪海　薛　芹(女)　薛　鹏

网络与信息管理中心

王小群(女)　王　伟　王　亮　王　淼(其他聘用人员)
王　路　李　军　李智超　何荣毅
宋显隆(其他聘用人员)　陈楷丰　岳　鹏　袁胜忠
董　凯(其他聘用人员)　韩　凉　程雨芊(女)　谭业红(女)

山东大学威海前沿交叉科学研究院(筹)

丛　菱(女)(其他聘用人员)　关大博(外聘教授)
李　伟(女)(其他聘用人员)

(人事处　提供)

2018 年离退休人员名单

丁双林	丁吉山	卜庭瑞	于秀珍（女）	于建中
于贵良	于洪浩	于淑兰（女）	于曙光	万建都
上官千红（女）	马庆振	马晓莲（女）	王乃愚	王　水（女）
王月英（女）	王凤林（女）	王书源	王玉珍	王玉梅（女）
王业国	王永菊（女）	王吉玺	王亚玲（女）	王向晨
王兴臣	王丽敏（女）	王宏秀（女）	王国和	王　迪（女）
王宜华	王相民（女）	王桂荣（女）	王晓兰（女）	王爱兰（女）
王爱丽（女）	王海立	王培一	王常瑞（女）	王淑琴（女）
王寄鲁	王维权	王翠萍（女）	王德忠	云昌钦
牛运祥	计旭东	尹永才	尹相信	邓庆妮（女）
卢　新	叶　青	丘昌武	丛亚丽（女）	丛培杰
丛　新（女）	包树珍（女）	冯永江	毕庶玲（女）	师恩培
曲洪启	曲桂月	吕国文	吕静萍（女）	朱小莉（女）
朱友善	朱东彦（女）	朱启忠	乔桂英（女）	仵从巨
任怀平	任莉娜（女）	邬绍伟	刘玉堂	刘玉殿
刘宁仁	刘秀华（女）	刘秀萍（女）	刘押兄（女）	刘昌泰
刘　明	刘学荣（女）	刘建平	刘绍玲（女）	刘笃坤
刘润兰（女）	刘润芝（女）	刘家相	刘敏华（女）	刘琳琳（女）
齐　娜（女）	闫国智	闫耀玫（女）	汤庭跃	许玉琪
许志浩（女）	许伯群	孙玉华（女）	孙玉梅（女）	孙玉燕（女）
孙光云（女）	孙芳功	孙秀玲（女）	孙迎春	孙建国
孙　颖（女）	孙翠兰（女）	牟国章	杜新民	李中章
李玉玲（女）	李志洲	李　丽（女）	李岚萍（女）	李宏君
李　林	李建宁（女）	李绍明	李重阳	李桂荣（女）
李浩然	李淑兰（女）	李淑琴（女）	李森林	李福早
杨元明	杨兰田	杨永竹	杨机红（女）	杨志敏
杨志强	杨　丽（女）	杨学强	杨律高	杨莲芬（女）
杨培德	连文锁	肖梅香（女）	时敬芹	吴传智
吴孝堂	吴　苹	吴　怡（女）	吴宪君（女）	吴淑芳（女）
何丽青（女）	何艳霞（女）	何恩宗	谷敏照	谷源秘
邹积敏	沈春梅（女）	宋乐永	宋进庆	宋志平
宋　英（女）	宋宗勤	宋春华（女）	宋洪秋（女）	宋桂英（女）

宋晓玲(女)	张义贞(女)	张卫国	张中豪	张文军
张永霞(女)	张宇宏(女)	张军杰(女)	张宏智	张英珊(女)
张　鸣(女)	张佳梁	张学智	张宝堂	张宗正
张建民	张建芬(女)	张建琪	张荣芳(女)	张　威
张桂香(女)	张桂琴(女)	张爱萍(女)	张家臣	张崇禧
张　铭	张淑梅(女)	张景芬	张智奎	张瑞萍(女)
张　静(女)	张德成	陈丽华(女)	陈　忠	陈建民(女)
陈绍著	陈章通	邵文利	邵志勤(女)	苗进义
范　军	范远安	范智伟(女)	范智敏(女)	林治冰(女)
尚桂红(女)	易新民	岳士肖(女)	金玉兰(女)	金西平(女)
金　霞(女)	周玉美(女)	周玉梅(女)	周幼兰(女)	周　怡
郁艳丽(女)	郑大材	郑恒秋	孟喜君(女)	赵永鲜(女)
赵自强	赵笃玲(女)	赵　原(女)	赵恩华	赵　晶(女)
赵福吉	郝玉芹(女)	胡志明	胡启萍(女)	修永伦
侯桂英(女)	施永友	姜　平	姜树东(女)	洪惠民
姚丽荣(女)	袁建华(女)	聂传凤(女)	栗　霞(女)	夏丽华(女)
柴月禄	徐世荣	徐立和	徐　华(女)	徐振东
徐桂华(女)	徐桂珍(女)	殷　馨(女)	栾昌大	高万云
高伟志	郭秀兰(女)	陶永寿	陶遵信	梅玉芳(女)
曹　红(女)	戚务政	龚　蓬(女)	崔风松	崔新东(女)
康凤华(女)	康振国	梁一儒	梁　丽(女)	隋济民
董文毅	董以山	董　莹(女)	董献忠	韩圭东
韩孟勇	焦凤秀(女)	焦成秀	焦秀兰(女)	曾　伟(女)
谢琴肖(女)	靳明忠	蔡　瑾(女)	管　立(女)	谭云秀(女)
谭文焕	翟晓黎(女)	黎全民	德　智	潘吉钦(女)
薛　青(女)	戴　蓓(女)	鞠玉清(女)	魏中华(女)	魏新华

(人事处　提供)

基本情况统计

山东大学(威海)2018年教育事业统计基本数据

一、在校生情况			统计数值
本科生及研究生/人		本科	14991
		硕士研究生	1285
		博士研究生	141
		合计	16417
成教学生/人		成人专科生	51
		成人本科生	299
		网络本专科	2223
外国留学生/人			870
在职攻读硕士学位学生/人			124
其他学生/人		进修及培训生	55
在校生总计/人			20039
二、教职工情况			**统计数值**
教职工/人	本部教职工	专任教师	820
		行政人员	210
		教辅人员	160
		工勤人员	38
		合计	1228
	科研机构人员		12
	校办企业职工		—
	附设机构人员		4
	总计		1244
聘请校外教师/人			67
离退休人员/人			290

续表

三、职称情况		统计数值
全体教工/人	正高级	140
	副高级	325
	中级及以下	779
	总计	1244
专任教师/人	正高级	129
	副高级	254
	中级及以下	437
	总计	820
四、校舍情况		统计数值
校舍总面积/平方米	教学及辅助用房	164979.70
	行政办公用房	13898.83
	生活用房	198483.97
	教工住宅	98561.70
	其他用房	15034.00
	合计	490958.20
学校占地面积/平方米		875629.10
五、资产与信息化建设情况		统计数值
固定资产总量/万元		133567.09
教学科研仪器设备/万元		18296.05
信息化设备资产/万元		6405.96
图书/万册		162.3952
网络多媒体教室数/间		197
管理信息系统数据总量/GB		1186.73
六、其他基本情况		统计数值
本科专业/个		46
省(部)级重点学科(二级)/个		1
省部级设置的研究院实验室/个		6
定期公开出版的刊物数/种		4
直属院(系)数/个		11
“千人计划”入选者/人		3
“长江学者奖励计划”特聘教授/人		1
“国家杰出青年科学基金”获得者/人		1

统计节点:2018 年 9 月 30 日

统计时期:2017 年 10 月 1 日至 2018 年 9 月 30 日

[党工委(校长)办公室　提供]

本科专业

朝鲜语	日语	国际政治
保险学	电子商务	工商管理
国际经济与贸易	会计学	金融学
旅游管理	人力资源管理	市场营销
物流管理	法学	社会工作
行政管理	翻译	英语
汉语国际教育	汉语言文学	新闻学
环境设计	美术学	视觉传达设计
舞蹈编导	音乐学	海洋资源开发技术
海洋资源与环境	生物技术	生物科学
药学	应用化学	材料成型及控制工程
测控技术与仪器	电子信息科学与技术	机械设计制造及其自动化
计算机科学与技术	软件工程	数字媒体技术
通信工程	自动化	数学与应用数学
统计学	信息与计算科学	空间科学与技术
应用物理学		

（教务处　提供）

硕士招生专业

西方经济学	财政学	产业经济学
劳动经济学	金融	法学理论
刑法学	马克思主义中国化研究	思想政治教育
法律(非法学)	法律(法学)	文艺学
语言学及应用语言学	中国现当代文学	比较文学与世界文学
英语语言文学	亚非语言文学	新闻学
英语笔译	朝鲜语口译	基础数学
概率论与数理统计	运筹学与控制论	物理学
地球物理学	微生物学	生态学
海洋化学	海洋生物学	海洋地质
统计学	机械制造及其自动化	材料科学与工程
信息与通信工程	控制科学与工程	计算机科学与技术
机械工程	材料工程	电子与通信工程
控制工程	计算机技术	化学工程
生物工程	药物化学	微生物与生化药学
企业管理	行政管理	会计
工程管理	音乐与舞蹈学	美术学
音乐	美术	艺术设计

(学科建设与研究生处　提供)

博士招生专业

公共经济学	法律方法论	文艺学
语言学及应用语言学	中国现当代文学	亚非语言文学
基础数学	概率论与数理统计	运筹学与控制论
统计学	理论物理	粒子物理与原子核物理
地球物理学	微生物学	生态学
海洋地质	机械制造及其自动化	材料科学与工程
信息与通信工程	企业管理	

（学科建设与研究生处　提供）

大事记

山东大学(威海)2018 年大事记

1 月

5 日　校区召开校地合作共建工作专题研讨会。会议听取校地合作共建工作情况汇报,研讨合作共建重大事项,就进一步加强校地对接、推进合作共建进行安排部署。常务副校长韩建新主持会议。党工委副书记赵玉璞,党工委副书记、纪工委书记郭培良出席会议。

同日　副校长刘海在知行楼主持召开学生工作会议。学生工作处相关负责人、各学院分管学生工作书记(副书记)参加会议。

同日　校区下发《关于成立山东大学(威海)学科建设委员会的通知》(山大威校研字〔2018〕1 号)。

9 日　中国社会科学院程恩富教授受聘为山东大学兼职讲席教授仪式在图书馆会议室举行。副校长陈冠军出席仪式并为程恩富教授颁发聘任证书。

10 日　校区印发《中共山东大学(威海)工作委员会关于加强督促检查工作的实施办法》(山大威党综字〔2018〕1 号)。

12 日　校区党工委副书记周慧如在知行楼主持召开党建工作专题会议。

同日　山东大学(威海)与环翠区政府全面合作框架协议签约仪式在威海宾馆举行。校区党工委书记尹作升,环翠区委副书记、区长徐明出席仪式并致辞。常务副校长韩建新,环翠区副区长邢海波代表校地双方签署协议。校区党工委副书记赵玉璞,环翠区领导梁明、孙军、门盛庆、王大治、沈燕萍等出席仪式。根据签署的协议,校地双方将在建立校企合作平台、引育高端人才、创新人才培养、提供政策咨询等方面开展产学研全面合作。

同日　校区印发《威海校区落实山东大学大学生思想政治教育与管理专项改革方案的实施意见》(山大威党字〔2018〕2 号)和《中共山东大学(威海)工作委员会关于进一步加强辅导员队伍建设的意见》(山大威党字〔2018〕3 号)。

15 日 2018 年“创青春”竞赛冬令营开营仪式在闻天楼举行。副校长刘海出席仪式并讲话。

16 日 山东大学与威海市人民政府推进校地合作共建加快新旧动能转换第一次联席会议在威海校区召开。威海市委副书记、市长张海波，副市长高书良，山东大学副校长、山东大学(威海)校长刘建亚出席会议并讲话。山东大学(威海)党工委书记尹作升主持会议并总结讲话。

18 日 《山东大学(威海)2017 届毕业生就业质量报告》发布。

19 日 校区印发《山东大学(威海)科级干部管理暂行规定》(山大威党字〔2018〕5 号)。

20 日 校区设视频分会场参加山东大学召开的学科建设工作会议。

21 日 山东大学(威海)学科建设委员会会议在山东大学中心校区知新楼校董厅召开。山东大学副校长、山东大学(威海)校长、威海校区学科建设委员会主任刘建亚出席会议并讲话。威海校区学科建设委员会全体成员、山东大学学科建设与发展规划部负责人、威海校区各院部负责人、学科建设与研究生处负责人等参加会议。会议听取了各学科负责人的工作汇报，学科建设委员会专家委员提出了意见和建议。

24 日 山东大学举行教育教学资源共建共享推进会，总结交流 2017 年工作，部署推进 2018 年任务。校长樊丽明出席会议并讲话，校领导王琪珑、仝兴华、刘建亚、胡金焱等参加会议。威海校区教育教学资源共建共享相关部门、学院负责人以及学校创新创业教育平台、国家精品在线开放课程负责人等参加会议。

2 月

2 日 山东大学印发《山东大学(威海)学习贯彻十九大精神 推进“双一流”建设行动方案(2018～2020 年)》(山大党字〔2018〕15 号)。行动方案指出，面对新形势、新任务，威海校区决心解放思想，主动作为，以更高的标准、更实的举措、更强的力度，提高办学质量，提升发展内涵，实现跨越发展，为山东大学“双一流”建设注入新动能、打造新亮点。

25 日 科研处在知行楼举办 2018 年国家社会科学基金项目及教育部人文社会科学研究项目申报论证会。副校长陈冠军出席会议并讲话。山东大学东北亚学院金柄珉教授、文学院谭好哲教授、管理学院杨蕙馨教授、经济学院臧旭恒教授、体育学院孙晋海教授、艺术学院高迎刚教授、哲学与社会发展学院林聚任教授及烟台大学法学院房绍坤教授等八位专家应邀到会指导。

3月

1日　校区设视频分会场参加山东大学在中心校区召开的新学期工作会议,部署学校党委行政主要工作。

3日　副校长刘海主持召开新学期开学协调会,对各教学单位做好开学准备工作提出具体要求。

4日　校区党工委书记尹作升主持召开新学期工作会议,传达中共山东大学十三届委员会七次全会和山东大学新学期工作会议精神,并就做好2018年各项重点工作提出了具体要求。会上,校区领导韩建新、赵玉璞、陈冠军、刘海、郭培良、周慧如分别结合各自分管领域,就新学期有关工作做了具体部署安排。

6日　校区党工委书记尹作升在知行楼主持召开理论学习中心组会议。会议围绕"六个聚焦",专题学习研讨习近平新时代中国特色社会主义思想,并学习了中共十九届三中全会会议公报。校区领导韩建新、赵玉璞、陈冠军、刘海、郭培良、周慧如结合工作实际,交流了学习习近平新时代中国特色社会主义思想的认识体会。

同日　校区2018年音乐舞蹈类专业校考工作结束。本次考试共有2121名考生报名,相较2017年增加近900人。

7日　2017～2018学年春季学期国际学生开学典礼在闻天楼报告厅举行。副校长陈冠军出席仪式并致辞。威海市公安局出入境管理支队副局长别恩涛以及工作人员,国际教育学院、文化传播学院相关负责人和工作人员参加了仪式。春季学期,来自韩国、日本、俄罗斯、德国等国家的170名各类国际学生入学,学生层次不断提高,国别日益丰富。

同日　按照中央和山东大学党委部署要求,校区领导班子召开2017年度民主生活会。校区党工委书记尹作升主持会议并作总结讲话。山东大学第二督导组组长、党委宣传部部长李平生,督导组成员、党校办公室主任李学禄,党委宣传部冯刚参会并指导,校区领导班子其他成员参加会议。会议紧扣认真学习领会习近平新时代中国特色社会主义思想,坚定维护以习近平同志为核心的党中央权威和集中统一领导,全面贯彻落实党的十九大各项决策部署,为推进学校"双一流"建设提供坚强政治保证和组织保证的主题,严格落实《关于新形势下党内政治生活的若干准则》《中国共产党党内监督条例》,结合思想和工作实际,深入进行自我检查、党性分析,严肃开展批评和自我批评。会议通报了威海校区领导班子2016年度民主生活会和巡视整改专题民主生活会整改措施落实情况,以及本次民主生活会征求意见情况。

9 日 校区党工委在知行楼组织召开 2017 年度党总支(直属党支部)书记抓基层党建工作述职评议会。党工委书记尹作升对参加现场述职的 9 位党总支书记逐一进行了点评并作总结讲话。校区领导班子成员、各党总支(直属党支部)书记、有关职能部门主要负责人、党员师生代表共 30 余人参加会议。会议由常务副校长韩建新主持。

12 日 根据山东大学文件(山大党任字〔2018〕7 号),经 2018 年 2 月 28 日第 137 次党委常委会研究决定:

夏利东同志任威海校区党工委委员、副校长(试用期一年),免去其威海校区空间科学与物理学院常务副院长职务;

黄凯南同志任威海校区党工委委员、副校长(试用期一年),免去其经济研究院副院长职务;

免去陈冠军同志的威海校区党工委委员、副校长职务。

15 日 "山东大学齐鲁医学院威海临床学院"和"威海市立医院山大门诊部"成立揭牌仪式在威海市立医院举行。山东大学副校长、齐鲁医学院院长陈子江出席仪式并揭牌,威海校区党工委书记尹作升,威海市政府有关领导和威海市立医院院长侯文金等出席仪式。威海市卫生和计划生育委员会主任周德纯主持仪式。山东大学(威海)常务副校长韩建新和威海市立医院副院长战志勇分别代表双方签署了共建"威海市立医院山大门诊部"的协议。

17～18 日 山东大学党委书记郭新立到校区调研指导工作,出席关于威海校区领导班子调整补充的干部教师会议,并分别与校区领导班子、校区教学院部院长书记举行座谈。山东大学副校长、威海校区校长刘建亚,威海校区党工委书记尹作升参加相关活动。在 18 日上午的干部教师会议上,山东大学党委组织部部长陈宏伟宣读了山东大学党委关于威海校区领导班子成员的任免决定。山东大学党委、校长办公室,组织部有关负责同志,威海校区领导班子全体成员、近期退出岗位的校区领导、副处级以上干部、学者代表等参加会议。会后,郭新立与校区领导班子进行了集体谈话。18 日下午,郭新立出席校区教学院部院长书记座谈会,听取各教学院部院长、书记工作汇报并讲话。尹作升主持座谈会,校区常务副校长韩建新,党工委(校长)办公室、组织部等单位主要负责人参加会议。座谈会前,郭新立走访了威海校区商学院、海洋学院、机电与信息工程学院等单位。

18 日 斯威本科技大学校长琳达·克里斯特詹森(Linda Kristjanson)教授,常务副校长阿列克斯·苏比克(Aleks Subic)教授,维多利亚州政府商务办公室大中华区特派专员提姆·狄龙(Tim Dillon),澳大利亚联邦科学与工业研究组织企业创新研究部部长盖瑞·沃尔森(Gerry Wilson),澳大利亚教育管理集团总裁李新庆等一行访问校区。山东大学副校长、山东大学(威海)校长刘建亚,校区常务副校长韩建新,副校长夏利东等会见了来访客人。

19日 山东大学-斯威本科技大学先进制造业联合研究中心揭牌仪式在威海临港经济技术开发区举行。山东大学党委书记郭新立、威海市政协主席高旭光、斯威本科技大学校长琳达·克里斯特詹森(Linda Kristjanson)、澳大利亚教育管理集团总裁李新庆共同为研究中心揭牌。仪式后,郭新立与山东省副省长、威海市委书记孙述涛进行了座谈交流。山东大学副校长、山东大学(威海)校长刘建亚和斯威本科技大学常务副校长阿列克斯·苏比克(Aleks Subic)签署了《山东大学与斯威本科技大学博士联合培养合作备忘录》。与会有关单位负责人还签署了入驻协议。先进制造业联合研究中心由澳大利亚斯威本科技大学、山东大学(威海)、威海市临港经济技术开发区、澳大利亚教育管理集团共同建立,是首批进驻威海市临港经济技术开发区碳纤维产业园的科研院所之一,同时也是成功落地的首个国际合作项目,具有重要的示范性、引领性。研究中心将整合山东大学(威海)和斯威本科技大学现有的先进制造业专长,侧重于在自动化与机械电子制造业、3D打印、生物医疗设备与医疗制造业、电子制造业、先进制造材料等领域开展科学研究,并致力于科研成果在威海转化。

20日 山东大学(威海)第五届教职工代表大会第四次会议在闻天楼举行。校长刘建亚出席大会并作学校工作报告,校区党工委书记尹作升致开幕辞。常务副校长韩建新,党工委副书记、纪工委书记郭培良分别向大会作年度财务工作报告和教代会提案工作报告。校区领导赵玉璞、刘海、夏利东、黄凯南出席大会。全体教代会代表,不是代表的校区中层干部和部门工会主席参加大会。大会开幕式由党工委副书记周慧如主持。刘建亚在报告中提出,2018年,威海校区党政工作的指导思想是:以习近平新时代中国特色社会主义思想为指导,认真学习贯彻党的十九大精神,以"一二三"发展战略为统领,以落实《"双一流"建设行动方案》《杰出人才体系建设方案》《服务威海市新旧动能转换行动方案》为主线,以将改革进行到底的政治责任感和不忘立校初心的历史使命感,抢抓机遇,砥砺奋进,推进校区各项工作再上新台阶。开幕式后,大会分成七个代表团审议学校工作报告、学校财务工作报告和提案工作报告,讨论了《山东大学(威海)教职工代表大会提案工作实施办法》。校领导、列席代表分别参加了各个代表团的讨论。

22日 校区设视频分会场参加山东大学在中心校区召开的干部教师大会,传达学习十三届全国人大一次会议和全国政协十三届一次会议精神。

同日 校区领导班子成员参加在中心校区举行的山东大学选人用人"一报告两评议"暨2017年度校领导班子和领导人员考核大会。校区设视频分会场。

22～23日 校区设视频分会场参加在中心校区举行的山东大学2017年度中层领导班子和领导人员工作汇报交流会。

24日 山东大学(威海)2018年毕业生春季双选会在体育训练馆举行。这是校区历年来举办的最大规模的一场毕业生双选会。副校长刘海到场调研。此次双选会共吸引了300余家用人单位参会,提供就业岗位11138个。

24～25日 "世界文化论坛中国分论坛:纪念马克思诞辰200周年暨马克思主义与文化创新"研讨会在校区闻天楼举办。研讨会由中国社会科学院、山东大学马克思主义学院和东方毅拓展文化协会主办,山东大学(威海)承办。山东大学(威海)党工委副书记赵玉璞、中国社会科学院马克思主义研究学部主任程恩富教授,东方毅拓展文化协会董事局主席李明出席研讨会开幕式并致辞。来自浙江大学、复旦大学、山东大学和厦门大学等国内外60余所高校的100多名从事马克思主义理论研究的专家学者参加了研讨会。

29日 校区印发《山东大学(威海)党工委2018年理论学习中心组学习安排意见》(山大威党宣字〔2018〕1号)、《中共山东大学(威海)工作委员会2018年政治理论学习安排意见》(山大威党宣字〔2018〕2号)、《山东大学(威海)2018年党政工作要点》(山大威党字〔2018〕6号)。

本月 校区团委荣获山东省"红旗团委"荣誉称号,连续第四年获得全省共青团最高荣誉。

本月 空间科学物理学院凌宗成教授入选第三批国家"万人计划"青年拔尖人才。

本月 校区40名青年教师在2017～2018学年山东大学青年教师教学比赛中获奖,其中荣获一、二等奖的19名教师同时被授予"山东大学青年教学能手"称号。

4月

2日 校区在知行楼召开2018年学生工作交流研讨会议。党工委书记尹作升出席会议并讲话,党工委副书记、纪工委书记郭培良作总结讲话。与会领导为在2017年学生工作中取得优异成绩的学生就业工作先进单位、红旗团总支、共青团工作单项考核先进单位、优秀辅导员、优秀团干部、学生就业工作先进个人颁奖。

同日	校区下发《中共山东大学(威海)工作委员会关于开展“大学习、大调研、大改进”的通知》(山大威党字〔2018〕7号)。
4日	校区党工委副书记周慧如在知行楼主持召开2018年第二次党建工作专题会议。
7～8日	校区举办2018年“创青春”大学生创业大赛决赛。党工委副书记、纪工委书记郭培良出席比赛相关活动。
8日	根据山东大学文件(山大人字〔2018〕31号),决定聘任威海校区王守宇、张清和、杨林、金哲、姜世波、凌宗成为教学科研岗位三级岗;聘任闵英兰、郭秀梅、王晓青、吴静寅、陈永刚、赖鹏翔、郑凤英、李光明、赵永健为教学科研岗位五级岗;聘任张永成、周军、李元勋、王春平、孙光宁、周新顺、李克、崔莹辉、纪维剑、卜育德、柴迎梅、李海蓓、柏铭、王亚民、陈明涛、康钦马、焦佩、王成优、宋勇、汤朝灵、杜桂强、宋淑梅、宋慧敏、肖华、孙庆峰为教学科研岗位六级岗;聘任宋玉厚为工程、实验岗位五级岗;聘任王小利、王爱芳、苗艳丽为工程、实验岗位六级岗;聘任牛志强为思想政治教育岗位六级岗;聘任刘旸为图书、档案、文博岗位五级岗;聘任艾雰为图书、档案、文博岗位六级岗。聘任时间自2017年9月算起。
同日	根据山东大学文件(山大人字〔2018〕30号),决定聘任威海校区王素娟、梁军、张乐、张文祥、杜丽荣、洪树华、王瑞华、李丽芳、葛长字、陈原为教授四级岗;聘任洪静、石坚、王小梅、马卫红、吕岩威、弭维、崔春、韩松涛、赵鸿、张锐、杨发源、张娅妮、谷珉、穆大帅、衣振萍、岳振明、郭春生、付辉、李勃、田安民、续焕英、时华忠为副教授三级岗;聘任张倩、于惠为高级实验师三级岗;聘任姚云龙为高级工程师三级岗;聘任梁奉军、王景瑞为副研究员三级岗;聘任阚洪海为副研究馆员三级岗。聘任时间自2017年9月算起。
11日	澳大利亚西澳大学国际事务副校长伊恩·瓦特(Iain Watt)先生,副校长兼文学、商学、法学与教育学部部长马特·托茨(Matthew Tonts)教授访问威海校区。副校长夏利东会见来访客人。
13日	山东大学副校长韩圣浩来校区调研人事人才工作,座谈听取关于《山东大学关于深化人事人才工作体制机制改革的意见》的意见和建议。
13～15日	威海校区代表队获山东大学第八届“研究生院杯”师生羽毛球比赛团体冠军,校区获赛事最佳组织奖。
17日	校区青马工程精英班第二期结业暨第三期开班仪式于玲珑学堂举行。党工委副书记、纪工委书记郭培良出席仪式,并为第三期青马工程精英班授旗。
18日	山东大学校长樊丽明来威海校区调研工作,出席教育教学资源共建共享工作座谈会,与校区领导班子全体成员进行交流,并为师生

讲授“两会归来话发展”的思政课。山东大学总会计师曹升元，山东大学副校长、威海校区校长刘建亚，威海校区党工委书记尹作升参加活动。

同日　山东大学校长樊丽明一行与威海市委副书记、市长张海波座谈，就进一步推进校地合作进行交流。威海市副市长张伟，山东大学总会计师曹升元，山东大学副校长、威海校区校长刘建亚，威海校区党工委书记尹作升，威海校区常务副校长韩建新参加座谈。

19 日　校区常务副校长韩建新在知行楼主持召开校区安全工作会议。

20 日　中国铁人三项协会秘书长、国家体育总局秦皇岛训练中心副主任陈笑然率团来校区洽谈合作共建铁人三项学院事宜。校区党工委副书记赵玉璞会见陈笑然一行，并举行座谈。

22～26 日　校长刘建亚应邀分别对英国剑桥大学、拉夫堡大学、中国驻英国使馆教育处，以及西班牙 IE 商学院、世界旅游组织进行工作访问。

25 日　校区设视频分会场参加山东大学人才工作会议，全面总结和部署人才工作，深入贯彻“人才强校战略”，为“双一流”建设提供人才保障。

26～29 日　校区常务副校长韩建新率团赴浙苏沪等地，调研智慧校园规划与建设工作。

27 日　山东大学下发《关于公布山东大学杰出人才体系入选名单的通知》(山大字〔2018〕12 号)，刘建亚入选山东大学讲席教授，陈耀入选特聘教授，王守宇、史全岐、张清和、凌宗成入选山大杰青，杨慧、高建华入选齐鲁青年学者。

28 日　根据山东大学文件(山大人字〔2018〕34 号)，决定聘任威海校区孔繁文为副教授二级岗；李栋为副研究员三级岗。以上人员自 2017 年 12 月起聘。

5 月

2 日　校区印发《山东大学(威海)教职工代表大会提案工作实施办法》(山大威党字〔2018〕10 号)。

3 日　山东大学(威海)2017 年度优秀学生五四表彰暨文艺汇演在知行会堂举行。校区党工委书记尹作升出席大会并致辞。党工委副书记、纪工委书记郭培良，党工委副书记周慧如，副校长夏利东、黄凯南出席大会并为受表彰师生颁奖。

5 日　“乡村振兴战略”研讨会在校区召开。校区党工委书记尹作升出席会议并致辞，副校长黄凯南主持会议。

7 日　山东大学处级以上领导干部深入学习贯彻习近平新时代中国特色社会主义思想和党的十九大精神集中轮训在中心校区开班，校区设视频分会场。

9 日　中国科学院院士、著名天体化学与地球化学家、中国月球探测工程首席科学家欧阳自远应邀做客“稷下讲坛”，在闻天楼为校区师生作题为“中国的探月梦”的报告。威海市委常委、组织部部长刘运，山东大学(威海)党工委书记尹作升，威海市委组织部副部长、调研员马绪福，威海市科协主席王麦壮出席报告会。山东大学(威海)副校长夏利东主持报告会。报告会前，刘运、尹作升会见了欧阳自远院士，夏利东陪同会见。

10～11 日　校区举行第三十届田径运动会。

11 日　校区印发《山东大学(威海)研究员、副研究员内聘制管理办法(试行)》(山大威校人字〔2018〕6 号)。

18 日　“第二届高等教育国际化研讨会”在威海召开。山东大学(威海)副校长夏利东、教育部留学服务中心出国处处长丁莉、环球翔飞教育集团董事长李欣立出席研讨会并致辞。

19～21 日　2018 年“创青春”山东省大学生创业大赛决赛结束，校区共有 5 个学生团队勇夺金奖，其中有 4 件作品成功入围国赛。校区再次捧得“优胜杯”，并荣获优秀组织奖。

24 日　校区在知行楼召开联系村帮扶工作专题会。党工委副书记赵玉璞主持会议并讲话。

同日　校区设视频分会场参加山东大学 2018 年全面从严治党工作会议。

25 日　校区第三届大学生中华经典诵读大赛决赛在知行会堂举行。山东省教育厅语言文字委员会办公室主任孙祖兴、校区党工委副书记赵玉璞出席大赛并为获奖团队颁奖。

26 日　由翻译学院、中美修辞学研究中心主办的首届西方修辞学高端论坛在校区举行。论坛主题为“西方修辞学的发展:现状与未来”。

27 日　威海校区师生在山东大学第一届全民运动会上取得优异成绩。商学院获得学生组男、女团体总分第一名，学生组总成绩第一名;机电与信息工程学院获得学生男子团体总分第八名。在体能技能大赛中，海洋学院、商学院代表队分别获得总成绩第七、第八名。校区获体育道德风尚奖。

28 日　澳大利亚新南威尔士大学堪培拉校区数学、物理与环境学院院长沃里克·劳森(Warrick Lawson)教授一行访问校区。副校长黄凯南会见来访客人。

29 日　文化传播学院院长张红军(笔名:泓峻)在中国社会科学网上发表署名文章《在开放和创新中巩固马克思主义文论话语主导权》。文章发表之后，在学术界引发广泛关注，先后被求是网、光明网、中国网、央广网、中国经济网、大众网等主流媒体转载。

30 日　山东省教育厅副厅长王坦带领第四督导检查组来校区检查指导校

园安全隐患排查整治工作。校区常务副校长韩建新、威海市教育局副局长连承平陪同检查。

同日　校区设视频分会场参加在中心校区召开的山东大学2018年本科教学工作会议。会议总结回顾了学校本科教育教学工作和存在的问题，开展了一校三地经验交流，并对下一阶段重点工作进行部署。山东大学党委副书记仝兴华出席会议并讲话。

30～31日　中国前驻孟加拉国、柬埔寨、越南特命全权大使胡乾文分别做客校区第109期“林海文化论坛”和第33期“大使讲坛”。在“大使讲坛”，胡乾文为师生作题为“周边邻国在我国对外关系中的分量和作用”的报告，讲坛由校区党工委副书记赵玉璞主持。

31日　《光明日报》理论版（第15版）刊发山东大学（威海）副校长、山东大学县域发展研究院院长黄凯南等署名文章《聚焦中国县域居民发展程度　三个核心问题亟须关注》。

同日　副校长黄凯南率团到山东量子科学技术研究院有限公司调研新工科建设工作。

本月　数学与统计学院副院长李娟教授入选2017年度“长江学者”特聘教授。

6月

6日　副校长夏利东率团赴哈尔滨工业大学（威海）调研国际化建设工作。哈尔滨工业大学（威海）副校长钟诗胜会见夏利东一行并主持座谈会。

8日　校区党工委副书记、纪工委书记郭培良在知行楼主持召开2018届毕业生教育暨就业派遣工作会议。

8～10日　山东大学第一届全民运动会排球总决赛在威海校区举行。校区党工委书记尹作升出席闭幕式并致辞。副校长刘海，党工委副书记、纪工委书记郭培良出席开闭幕式相关活动。来自山东大学济南、威海、青岛三地共15支学院男女代表队参加了比赛。

10～14日　校区空间科学与物理学院行星科学团队王阿莲、凌宗成、武中臣、石二彬等人参加在意大利卡塔尼亚召开的第十三届国际地质拉曼会议（XIII International GeoRaman Conference 2018）。同时，空间科学与物理学院获得第十四届国际地质拉曼会议（2020）主办权。

12日　根据山东大学文件（山大党任字〔2018〕23号），经2018年6月4日第148次党委常委会研究决定：
赵玉璞同志兼任东北亚学院院长；
谷丽霞同志任东北亚学院党委书记，免去其东北亚学院党总支书记职务；
张景全同志任东北亚学院副院长；
毕颖达同志任东北亚学院副院长；
陈昕同志任东北亚学院党委副书记；
袁相万同志任威海校区商学院党委书记，免去其威海校区商学院党总支书记职务；
杨林同志任威海校区商学院副院长；
夏辉同志任威海校区商学院副院长；
刘超同志任威海校区商学院副院长；
陈学胜同志任威海校区商学院副院长；
郭晓妮同志任威海校区商学院党委副书记；
孔雷同志任威海校区商学院党委副书记；
汪全胜同志任威海校区法学院党委书记，免去其威海校区法学院院长职务；
牛文军同志任威海校区法学院五级职员，免去其威海校区法学院党总支副书记职务；
姜世波同志任威海校区法学院副院长；
刘军同志任威海校区法学院副院长；
张乐同志任威海校区法学院副院长；
侯丽娜同志任威海校区法学院党委副书记；
张红军同志任威海校区文化传播学院院长、党委副书记；
于培丽同志任威海校区文化传播学院党委书记，免去其威海校区文化传播学院党总支书记职务；
张晓曼同志任威海校区文化传播学院副院长；
管恩森同志任威海校区文化传播学院副院长；
张文祥同志任威海校区文化传播学院副院长；
周玉宏同志任威海校区文化传播学院党委副书记；
栗庆冬同志任威海校区翻译学院党委书记，免去其威海校区海洋学院党总支书记职务；
李万军同志任威海校区翻译学院副院长；
赵巍同志任威海校区翻译学院副院长；
李克同志任威海校区翻译学院副院长；
梁远同志任威海校区翻译学院副院长；
常伟东同志任威海校区翻译学院党委副书记，免去其威海校区翻译学院党总支副书记职务；
贾磊同志兼任威海校区海洋学院院长；
孙文范同志任威海校区海洋学院党委书记，免去其威海校区机电与信息工程学院党总支书记职务；

聘任梁振林为威海校区海洋学院常务副院长，免去其威海校区海洋学院院长职务；
杜宗军同志任威海校区海洋学院副院长；
李霞同志任威海校区海洋学院副院长；
葛长字同志任威海校区海洋学院副院长；
范蕊同志任威海校区海洋学院党委副书记；
彭兆强同志任威海校区机电与信息工程学院党委书记，免去其威海校区法学院党总支书记职务；
王丽同志任威海校区机电与信息工程学院常务副院长、党委副书记；
刘若伦同志任威海校区机电与信息工程学院副院长；
陈原同志任威海校区机电与信息工程学院副院长；
姜斌同志任威海校区机电与信息工程学院副院长；
孙洁同志任威海校区机电与信息工程学院副院长；
宋凯凯同志任威海校区机电与信息工程学院副院长；
单登科同志任威海校区机电与信息工程学院党委副书记，免去其威海校区机电与信息工程学院党总支副书记职务；
高佚婧同志任威海校区机电与信息工程学院党委副书记；
迟涛同志任威海校区空间科学与物理学院党委书记，免去其威海校区翻译学院党总支书记职务；
王守宇同志任威海校区空间科学与物理学院常务副院长（副处级）；
陈耀同志任威海校区空间科学与物理学院副院长；
胡绍明同志任威海校区空间科学与物理学院副院长；
吕英波同志任威海校区空间科学与物理学院副院长；
杜猛同志任威海校区空间科学研究院行政副院长；
李冶同志任威海校区空间科学与物理学院党委副书记，免去其威海校区空间科学与物理学院党总支副书记职务；
聘任张益唐为威海校区数学与统计学院院长；
单丙波同志任威海校区数学与统计学院党委书记，免去其威海校区数学与统计学院党总支副书记职务；
綦建刚同志任威海校区数学与统计学院常务副院长、党委副书记；
李娟同志任威海校区数学与统计学院副院长；
齐海涛同志任威海校区数学与统计学院副院长；
聘任郭亮为威海校区数学与统计学院副院长；
王鹏飞同志任威海校区数学与统计学院党委副书记；
吴文新同志任马克思主义学院（威海）院长、党委副书记，兼任马克思主义学院副院长，免去其威海校区马列教学部主任职务；

郝书翠同志任马克思主义学院(威海)党委书记,免去其威海校区马列教学部副主任职务;

李洋修同志任马克思主义学院(威海)正处级组织员,免去其威海校区马列教学部直属党支部书记职务;

马秋丽同志任马克思主义学院(威海)副院长;

聘任焦佩为马克思主义学院(威海)副院长;

蒋保臣同志任威海校区国际教育学院院长,免去其威海校区机电与信息工程学院院长职务。

以上新提拔担任非选举产生领导人员的,试用期一年。

免去:

牛林杰同志的东北亚学院院长职务;

金哲同志的东北亚学院副院长职务;

刘宝全同志的东北亚学院副院长职务;

罗润东同志的威海校区商学院院长职务;

吴佩林同志的威海校区商学院副院长职务;

白锐锋同志的威海校区商学院副院长职务;

梁文玲同志的威海校区商学院副院长职务;

孔海燕同志的威海校区商学院副院长职务;

赵沛同志的威海校区法学院副院长职务;

孙基林同志的威海校区文化传播学院副院长职务;

王湘云同志的威海校区翻译学院院长职务;

常晓梅同志的威海校区翻译学院副院长职务;

薄振杰同志的威海校区翻译学院副院长职务;

张彩波同志的威海校区翻译学院副院长职务;

孟凡君同志的威海校区海洋学院副院长职务;

张小葵同志的威海校区海洋学院副院长职务;

潘景昌同志的威海校区机电与信息工程学院副院长职务;

贺红同志的威海校区机电与信息工程学院副院长职务;

王松同志的威海校区机电与信息工程学院副院长职务;

李恒江同志的威海校区空间科学与物理学院党总支书记职务,另有任用;

杨田林同志的威海校区空间科学与物理学院副院长职务;

李波同志的威海校区空间科学与物理学院副院长职务;

杨兵同志的威海校区数学与统计学院副院长职务;

徐希锋同志的威海校区国际教育学院院长职务。

13 日　校区在知行楼召开学院换届调整干部会议及新任命干部任前集体谈话会。校长刘建亚主持会议,党工委书记尹作升出席会议并讲话。校区领导韩建新、赵玉璞、刘海、郭培良、周慧如、夏利东、黄凯南出席会议。会上，党工委副书记周慧如宣读了山东大学党委关于干部任命的有关文件。

14 日　山东大学（威海）浪潮俱乐部签约揭牌仪式举行。校区党工委副书记、纪工委书记郭培良，浪潮集团人力资源部副总经理苏玉玲出席仪式，共同为浪潮俱乐部揭牌。仪式上，学生工作处处长王景瑞与苏玉玲代表双方签订了《浪潮集团有限公司与山东大学（威海）关于浪潮俱乐部的合作协议》。

14～15 日　山东省高等教育管理科学研究会档案管理专业委员会 2018 年年会暨学术研讨会在威海召开。山东大学（威海）党工委书记尹作升出席开幕式并致辞。来自全省 90 余所高校的近 180 位档案机构负责人及工作人员参加了会议。

15 日　校区党工委副书记、纪工委书记郭培良带领机关党员干部赴学校帮扶联系村临港区汪疃镇石家泊村开展端午节慰问活动。

同日　校区印发《中共山东大学（威海）工作委员会基层党组织党建活动经费使用管理办法（暂行）》（山大威党组字〔2018〕4 号）。

19～22 日　常务副校长韩建新率团访问台湾中原大学、世新大学。

24 日　山东大学（威海）2018 年毕业生毕业典礼在图书馆广场举行。校长刘建亚出席典礼并讲话，党工委书记尹作升主持典礼。校区领导、各院部党政主要负责人、职能部门负责人、教师代表、家长代表、校友代表和 2018 届毕业生参加了毕业典礼。

27 日　根据山东大学文件（山大党任字〔2018〕28 号），经 2018 年 6 月 19 日第 149 次党委常委会研究决定：

戚桂杰同志任威海校区商学院院长、党委副书记；

肖金明同志任威海校区法学院院长、党委副书记；

申富英同志任威海校区翻译学院院长、党委副书记；

以上干部试用期一年。

同日　中国科学院院士、中国原子能科学研究院张焕乔院士来校区空间科学与物理学院参观指导工作。山东大学前沿交叉科学青岛研究院院长梁作堂，山东大学（威海）空间科学与物理学院常务副院长王守宇参加活动。

29 日　校区派代表参加在中心校区举行的中国共产党山东大学第十四次代表大会。中共山东省委常委、宣传部部长、省委教育工委书记关志鸥，教育部发展规划司司长刘昌亚出席开幕式并讲话。山东大学党委书记郭新立同志代表中国共产党山东大学第十三届委员会作了题为《追求卓越 只争朝夕 奋力开创中国特色世界一流大学建设新局面》的工作报告，山东大学校长樊丽明同志主持开幕式。本次大会主题是：高举习近平新时代中国特色社会主义思想伟大旗帜，全面贯彻党的十九大精神，创新发展理念，激发办学活力，推动内涵发展,追求卓越,只争朝夕,奋力开创中国特色世界一流大学建设新局面,为实现中华民族伟大复兴的中国梦作出山大贡献。

郭新立在报告中对新时代学校的历史方位、奋斗目标、发展战略进行了阐述。报告指出,大学要始终与国家和民族同心同向,要始终以国家强盛、民族振兴为使命担当。扎根中国大地办大学,建设中国特色世界一流大学,是党和国家赋予山东大学的时代使命,是百年山大办学初心的内在要求,是我们新时代再创辉煌的战略选择。要努力建设一所中国特色、山大风格的世界一流大学,一所有担当、有底气、有温度的世界一流大学,一所综合性、创新性、国际性、引领性的世界一流大学。为了实现这一奋斗目标,学校确定了从现在到2021年、从2021年到2035年、从2035年到2050年三个阶段的安排。报告指出,实现远大的奋斗目标要有清晰的行动部署,要始终坚守"四个服务"基本遵循,紧紧围绕立德树人根本任务,牢牢把握"双一流"建设的重大机遇,聚焦主要矛盾,聚力重点领域,大力实施人才强校战略、学术兴校战略、服务山东战略、文化引领战略、国际化战略和一体发展战略,着力解决发展不平衡不充分问题,扎实推动内涵式发展,切实提升办学质量和办学效益,加快实现"由大到强"的历史性转变。

报告指出,今后五年是山东大学落实"三步走"安排、加快推进世界一流大学建设的关键阶段,要以"五位一体"总体布局和"四个全面"战略布局为引领,深入贯彻新发展理念,把发展作为第一要务、人才作为第一资源、创新作为第一动力,不断坚定山大自信,紧紧抓住大有可为的战略机遇期,全面落实十大任务:第一,落实立德树人根本任务,着力培养德智体美全面发展的社会主义建设者和接班人;第二,推进人才强校,着力建设高水平人才队伍;第三,强化学科龙头地位,着力建设一流学科;第四,推动学术振兴,着力提升科研创新水平;第五,扎根齐鲁大地,着力服务山东现代化强省建设;第六,突出文化引领,着力建设传承创新中华优秀传统文化最具代表性大学;第七,深化国际交流合作,着力拓展对外开放办学新局面;第八,全面深化综合改革,着力推进治理能力和治理体系现代化;第九,坚持一体发展,着力打造创建世界一流大学的动力引擎;第十,加强条件建设和民生保障,着力提升师生获得感和满意度。

报告指出,办好山大的事情,关键在党。要坚定不移加强和改进党对学校的全面领导,把党的政治建设放在首位,不断强化思想理论武装,充分发挥学校党委的领导核心作用,着力打造高素质专业化干部队伍;要坚定不移把基层党组织建设得更加坚强有力,进一步发挥学院党委在改革发展中的引领和支撑保障作用,进一步发挥党支部战斗堡垒作用，进一步发挥党员先锋模范作用；要坚定不移推动全面从严治党向纵深发展，持续加强纪律建设，持续转变作风。

本月　校区9项课题获2018年度国家社科基金立项。

7月

3日　校区组织召开“量子信息工程实验班”建设专题会议。副校长黄凯南出席会议并讲话。

4日　校区印发《中共山东大学（威海）工作委员会关于认真学习宣传贯彻中共山东大学第十四次代表大会精神的通知》（山大威党字〔2018〕12号）。

同日　山东大学（威海）2018年“学生海外学习经历”启动仪式在玲珑学堂举行。校长刘建亚出席仪式并讲话，副校长夏利东主持仪式。据统计，校区2018年全年共有589名同学通过不同项目，赴澳大利亚国立大学、美国加州大学欧文分校、英国牛津大学、韩国中央大学等59所高校进行为期一年或两年的长期交流及暑期项目。

5日　校区党工委召开理论学习中心组（扩大）会议，专题传达学习、研讨交流学校第十四次党代会精神，并就下一步学习宣传贯彻党代会精神作了全面动员和具体部署。校长刘建亚出席会议并讲话，党工委书记尹作升主持会议。校区领导韩建新、刘海、周慧如、夏利东、黄凯南出席会议。

同日　校区在知行楼召开本科教学资源共建共享工作研讨会，总结交流本学期工作，研讨推进下一步工作任务。副校长黄凯南出席会议并讲话。

6日　校区新工科建设专题会暨量子信息工程实验班共建签字仪式在知行楼举行。副校长黄凯南出席活动并讲话，为科大国盾量子总裁、山东量子科学技术研究院有限公司总经理赵勇颁发兼职教授聘书。赵勇和机电与信息工程学院常务副院长王丽共同签署了量子信息工程实验班共建协议。威海市工程咨询院院长王传军、威海市高区科技局副局长兰涛、校区相关单位负责人以及教师代表参加活动。

10日　校区学习贯彻党代会精神处级干部集中培训暨学院新一届处级领导干部培训开班仪式在知行楼六楼多功能会议室举行。党工委书记尹作升出席仪式并作专题报告。党工委副书记周慧如主持开班仪式。

11日　校区印发《中共山东大学（威海）工作委员会关于将学院团总支更名为学院团委的决定》（山大威党字〔2018〕13号）。

12 日　校区党工委书记尹作升出席山东大学马克思主义学院"一体化建设"研讨会。

13～16 日　中国社会科学院第三届马克思主义文艺理论青年论坛暨"文艺批评与当下文艺创作的关系"学术研讨会在校区召开。校区常务副校长韩建新出席开幕式并致辞。来自全国部分高校与科研院所的60余位马克思主义文艺理论研究方面的专家学者参加了会议。

15～18 日　地球与行星物理领域世界知名学者、美国圣路易斯华盛顿大学地球与行星科学系主任斯拉瓦·索罗马托夫(Slava Solomatov)教授访问校区。16 日,山东大学(威海)党工委书记尹作升在闻天楼会见索罗马托夫教授,副校长夏利东陪同会见。在校期间,索罗马托夫教授为空间科学与物理学院师生作题为"岩浆洋与早期行星演化"("Magma Oceans and Early Planetary Evolution")的学术报告,并为2016级天文与空间科学菁英班学生讲授"行星科学进展"课程,作题为"类地行星的内部动力学和演化"("Interior Dynamics and Evolution of Terrestrial Planets")的专题讲座。

16 日　校区设视频分会场参加在中心校区举行的处级以上领导干部深入学习贯彻习近平新时代中国特色社会主义思想和党的十九大精神集中轮训结业仪式。

同日　校区印发《山东大学(威海)学科建设经费管理办法(修订)》(山大威校研字〔2018〕3 号)。

18 日　校区在知行楼召开处级干部全面从严治党专题报告会暨学院新任领导班子任职廉政谈话会。党工委副书记、纪工委书记郭培良作题为《提高政治站位 强化责任担当 坚定不移推进学校全面从严治党》的专题报告。

同日　根据山东大学文件(山大人字〔2018〕76 号),决定聘任威海校区高建华(自 2018 年 1 月起聘)、张景全(自 2018 年 3 月起聘)为教授四级岗;聘任周燕霞(自 2018 年 7 月起聘)为副教授三级岗。

19 日　校区在知行楼召开学习贯彻山东大学第十四次党代会精神、推进落实中层单位领导班子任期目标责任制专题工作会议。校长刘建亚出席会议并讲话,党工委书记尹作升主持会议。校区领导韩建新、赵玉璞、郭培良、夏利东出席会议。

同日　校区 2018 年山东省本科普通批次招生录取工作正式开始。理科录取线为 611 分,录取考生省内最低位次为 14427 名(2017 年为15264 名);文科录取线为 613 分,省内位次 2842 名(2017 年为2875 名),生源质量再创历史新高。

同日　校区下发《关于成立山东大学威海前沿交叉科学研究院的通知》(山大威校研字〔2018〕4 号),决定成立山东大学威海前沿交叉科学研究院。研究院为山东大学威海校区独立建制的学术研究机构，院长由刘建亚兼任，夏利东兼任常务副院长。

20 日　校区设视频分会场参加在中心校区举行的山东大学服务山东工作总结推进会。

同日　山东大学在济南中心校区、威海校区、青岛校区召开山东大学招生委员会第一次工作会议，三地同步直播互动。校长樊丽明出席会议并讲话。校党委副书记仝兴华、副校长刘建亚参加会议，校党委副书记、纪委书记陈向阳主持会议。

21 日　由中国社会科学杂志社《中国社会科学》编辑部、东北亚学院共同主办的“重大国际事件对国际关系影响与对策”研讨会于学术交流中心举行。山东大学(威海)党工委副书记、东北亚学院院长赵玉璞主持开幕式，山东大学(威海)副校长黄凯南和中国社会科学杂志社常务副总编王利民分别致开幕辞。中国社会科学院学部委员、山东大学特聘教授张蕴岭作了主旨演讲。

22 日　校区党工委书记尹作升会见到访的澳大利亚斯威本科技大学副校长艾伦・刘(Alan Lau)教授一行。

24 日　根据山东大学文件(山大编字〔2018〕16 号)，经中共山东大学第十三届委员会第 146 次常务委员会议研究，决定将威海校区马列教学部更名为“山东大学马克思主义学院(威海)”。

同日　山东大学(威海)澳大利亚校友会成立仪式在悉尼大学举行。校区党工委书记尹作升出席仪式，悉尼科技大学常务副校长、西澳大学原副校长伊恩・沃特(Iain Watt)先生应邀参加活动。

25 日　校区印发《山东大学(威海)非事业编制队伍建设实施办法》(山大威校人字〔2018〕8 号)。

25～28 日　校区党工委书记尹作升率团访问澳大利亚斯威本科技大学与西澳大学，并参加山东大学(威海)与西澳大学联合培养本科生毕业典礼。

27～30 日　校区参赛队伍在第四届山东省“互联网＋”大学生创新创业大赛决赛中，获金奖 1 项、银奖 6 项、铜奖 11 项，校区获“优秀组织奖”。

本月　国防科工局探月与航天工程中心科学质量部部长王倩、地质科学院研究员杨宏伟等 4 人组成的专家组来校区调研深空探测数据管理和行星科学方向发展情况。副校长夏利东会见专家组，并举行座谈。

本月　校区空间科学研究院陈耀教授课题组完成的有关太阳约束耀斑双阶段演化过程的研究成果被美国天文学会(AAS)选为亮点工作，并以“Investigating Confined Solar Flares”为题进行专题报道。报道指出，该项成果是第一次在双阶段约束耀斑中观测到超热等离子体成分(the first of its kind)，表示更多类似的精细观测将有望揭示约束及爆发耀斑的成因。

本月　校区机电与信息工程学院 2014 级机械设计制造及自动化专业本科生李轩获第十一届中国青少年科技创新奖。

本月　东北亚学院副院长张景全教授入选韩国统一部的“新进领导人项目”。该项目是韩国政府主持的一个全球项目,旨在遴选世界各国政府、智库、高校的新进领导人,赴韩国深入了解并广泛探讨朝鲜半岛事务。

8 月

5 日　山东大学威海核物理战略发展咨询会暨山东大学威海核物理交叉科学研究中心揭牌仪式在闻天楼举行。威海校区副校长夏利东出席会议并致辞。中科院院士、中科院上海应用物理研究所副所长马余刚,同济大学任中洲教授共同为山东大学威海核物理交叉科学研究中心揭牌。

10 日　《人民日报》理论版(第 7 版)刊发了山东大学(威海)副校长、山东大学县域发展研究院院长黄凯南教授的署名文章《保障守法创新 分散创新风险 营造激发企业家精神的良好环境》。

11 日　山东大学校长樊丽明到迪尚集团参观考察。威海市委常委、统战部部长戴龙成,威海校区党工委书记尹作升、副书记赵玉璞,迪尚集团董事长、总经理朱立华等陪同考察。

13 日　校区法学院张乐教授获评 2018 年“山东大学优秀教师”,党工委(校长)办公室李松获评 2018 年“山东大学先进教育工作者”。

14 日　山东大学一校三地物理学科建设与发展研讨会在威海校区闻天楼举行。原国家自然科学基金委数理学部常务副主任汲培文,山东大学副校长、青岛校区校长韩圣浩出席会议。山东大学物理学院院长陈峰,山东大学前沿交叉科学青岛研究院院长梁作堂,山东大学威海校区空间科学与物理学院常务副院长王守宇、副院长陈耀参加会议。

14～15 日　校区材料与空间科学科研楼项目可行性研究报告现场评估会举行,由教育部发展规划司、天津大学设计研究院有关专家组成的评估组对项目可研性进行了评估。经过评审,评估组通过了对该项目可行性研究报告的评估,并提出优化建议。该项目位于威海校区校园内、知行楼东侧,规划建筑面积 36000 平方米,计划总投资约 1.8 亿元。

15 日　乌中友好协会副主席、塔什干国立东方大学副校长伊斯玛特·别克穆拉托夫先生一行访问校区。副校长夏利东会见来访客人。

17 日　山东省科协组织 19 名院士专家来校区参观调研。山东大学党委副书记仝兴华、副校长李术才,威海校区副校长刘海、夏利东会见了院士专家考察团。

26 日　由山东省法学会宪法学研究会人民代表大会制度专业委员会和山东大学(威海)法学院共同主办的“新时代人民代表大会制度的新发展”主题学术研讨会在校区召开。山东省法学会专职副会长兼秘书长任伟,中国法学会宪法学研究会副会长、北京市法学会宪法学研究会会长、中国政法大学副校长李树忠,山东大学(威海)副校长黄凯南,山东省法学会宪法学研究会副会长兼秘书长魏兴荣出席开幕式并先后致辞。来自省内外 10 多所高校的近 30 名专家学者参加会议。

28 日　校区马秋丽、戚明颖两位老师获评山东大学 2018 年度“我最喜爱的老师”。

30 日～9 月 2 日　校长刘建亚应邀赴韩国出席 2018 亚洲研究中心工作研讨会,并代表山东大学介绍了山东论坛的相关情况。校区党工委副书记赵玉璞出席论坛。

9 月

7 日　校区组织召开新学期开学准备工作协调会,对新学期开学准备和迎新工作进行部署。党工委副书记、纪工委书记郭培良出席会议并讲话,副校长黄凯南主持会议。

8 日　校区召开编制中层单位发展规划、制定中层单位领导班子任期目标责任书工作专题推进会。党工委副书记赵玉璞主持会议,副校长夏利东出席会议并讲话。

9 日　澳大利亚国立大学计算机研究院院长阿利斯泰尔·伦德尔(Alistair Rendell)、西澳大学商学院学术项目主任杰奎琳·比尔(Jacqueline Birt)、皇家墨尔本理工大学机械工程学院副院长礼萨·雅尔扎(Reza Jarza)、塔斯马尼亚大学海洋与南极科学研究院教授安德鲁·麦克明(Andrew McMinn)等澳大利亚高校代表参加校区迎新活动。副校长夏利东会见来访客人。

同日　校区在知行楼举办 2018 年应征入伍学生欢送会。党工委副书记、纪工委书记郭培良出席会议并讲话。

10 日　校区庆祝 2018 年教师节暨优秀教师表彰大会在知行会堂召开。校长刘建亚,党工委书记尹作升,校区领导韩建新、赵玉璞、刘海、郭培良、周慧如、夏利东、黄凯南出席大会。大会由副校长刘海主持。会上对校区 2018 年度“我最喜爱的老师”、第九届研究生“我最喜爱的导师”、2017～2018 学年“优秀本科生导师”“先进教育工作者”“优秀教师”等荣誉获得者进行了表彰。

12 日　哈尔滨工业大学副校长、哈尔滨工业大学(威海)校长徐晓飞一行来校访问参观,并就双方有关合作事宜座谈交流。山东大学副校长、山东大学(威海)校长刘建亚出席座谈会,山东大学(威海)党工委书记尹作升出席有关活动。哈尔滨工业大学(威海)副校长钟诗胜,党委副书记、副校长赵国亮,山东大学(威海)党工委副书记、纪工委书记郭培良,副校长黄凯南出席活动。

13～29 日　校区 2018 级本科生进行军训。

15 日　校区专家公寓楼动工。该项目位于学校东门外,是一个结合公建、单身教师公寓及专家公寓的多层建筑。项目总占地 8428.58 平方米,总建筑面积 12861.23 平方米,投资 6500 万元。

15～19 日　校区女篮以十一战全胜的战绩获得山东省第 14 届学生运动会篮球联赛大学女子甲组冠军。教练员苗波老师荣获"最佳教练员"称号。这是校区女篮首次参加山东省学生运动会并摘得桂冠,创造了校区女篮历史最好成绩。

16 日　威海市文化产业重点合作项目暨全省大学生创意设计成果转化签约仪式在 2018 中韩(威海)文化创意产业博览交易会上举行,山东大学(威海)常务副校长韩建新出席仪式,并代表校区与迪尚集团签署《校企战略合作框架协议》。

同日　韩国富川大学校长韩政锡率团访问校区。常务副校长韩建新会见来访客人并举行座谈。

18 日　《光明日报》学习贯彻习近平新时代中国特色社会主义思想(特刊)(第 6 版)刊发了山东大学(威海)副校长、山东大学县域发展研究院院长黄凯南教授的署名文章《乡村振兴的历史使命与动力机制》。

21 日　北京交通大学党委书记曹国永一行访问校区,山东大学校长樊丽明会见曹国永一行。北京交通大学副校长刘军、校长助理徐宇工,山东大学副校长、威海校区校长刘建亚,威海校区党工委书记尹作升,常务副校长韩建新出席活动。

同日　山东大学校长樊丽明在校区作题为《精准把握六大战略,加快推进双一流建设》的专题辅导报告。山东大学副校长、威海校区校长刘建亚主持报告会。山东大学党办校办负责人、威海校区领导班子成员、全体副处级以上领导干部参加报告会。

同日　校区 2018 级新生开学典礼暨迎新文艺晚会在图书馆广场举行。山东大学校长樊丽明,威海市委副书记、市长张海波,威海市副市长高书良,威海校区党工委书记尹作升出席典礼。典礼由山东大学副校长、威海校区校长刘建亚主持。

25 日　根据山东大学文件(山大党任字〔2018〕39 号),经 2018 年 9 月 25 日第十四届党委第 6 次常委会研究决定:

李晓峰同志兼任威海校区艺术学院院长;

李恒江同志任威海校区艺术学院党委书记；
杨金才同志任威海校区国际教育学院正处级组织员，免去其威海校区艺术学院党总支书记职务。

25～27 日　副校长夏利东应邀访问俄罗斯莫斯科罗蒙诺索夫国立大学和彼尔姆国立大学。

本月　校区 7 项科研成果获山东省社科优秀成果奖。其中一等奖 1 项，二等奖 3 项，三等奖 3 项。

本月　校区代表队参加第十三届“恩智浦”杯全国大学生智能汽车竞赛全国总决赛，获得全国一等奖 3 项，二等奖 3 项，三等奖 1 项，创造了校区参加该项赛事以来的最好成绩。

本月　由上海交通大学和中国制冷学会主办、山东大学和山东制冷学会承办的第十届全国制冷空调新技术研讨会在校区召开。中国制冷学会本次会议学术委员会主席、上海交通大学王如竹教授，中国制冷学会副理事长孟庆国，威海市副市长张伟，校区党工委书记尹作升出席开幕式并致辞。中共十九届中央候补委员、中国科学院院士、西安交通大学何雅玲教授出席研讨会。

本月　校区空间科学与物理学院、山东大学空间科学研究院磁层物理研究组利用卫星观测数据，揭示了地球磁层开尔文—亥姆霍兹波动和涡旋的时空演变过程，此项研究成果被美国地球物理学会 AGU 会刊 EOS 作为亮点工作进行了报道(spotlight)。此项研究成果发表于 AGU 著名期刊《地球物理学研究杂志》(*Journal of Geophysical Research：Space Physics*)，由山东大学(威海)、中科院国家空间中心、阿拉斯加大学、北京大学、英国伦敦大学学院和日本宇航局等单位共同合作完成。

10 月

12 日　环翠区“博士智囊团”成立见面会在威海宾馆举行。环翠区委副书记、区长徐明，山东大学(威海)党工委副书记赵玉璞出席见面会并致辞。校区共有 6 名教师加入首批“博士智囊团”，他们将在环翠区的乡镇、街道和威海创新园挂职。

13 日　校区举行第一届“遨游星海，与理相约”物理科普月开幕式暨物理嘉年华。副校长黄凯南出席开幕式。

13～14 日　由山东省数学会微分方程专业委员会主办，山东大学(威海)承办的第十一届山东省微分方程学术会议在闻天楼举行。山东大学(威海)副校长夏利东，山东省微分方程学会理事长傅希林，副理事长司建国、王林山等出席开幕式。来自省内外 25 所院校和研究机构的参会代表、特邀嘉宾以及校区数学与统计学院师生代表共

160 余人参加会议。

17 日　山东大学(威海)-亚马逊 AWS 共建云创学院揭牌仪式在知行楼举行。副校长黄凯南、亚马逊 AWS 政企事业部总经理姜磊出席仪式,并共同为云创学院揭牌。仪式上,亚马逊 AWS 向校区赠送了价值 30 万美元的云服务使用资源。

19 日　校区首个新工科实验班——量子信息工程实验班开班仪式在电子楼举行。副校长夏利东,山东量子科学技术研究院有限公司执行董事、总经理赵勇出席开班仪式。

19 日、23 日　山东大学校长助理、人文社科研究院院长邢占军,威海校区副校长黄凯南分别组织召开威海校区人文社科科研工作调研座谈会。

20～21 日　由山东大学与韩国高等教育财团联合主办的山东论坛(2018)在威海举行。本届论坛主题是"人类命运共同体建设与东北亚和平发展"。韩国高等教育财团事务总长朴仁国,山东大学校长樊丽明,中共中央对外联络部原副部长于洪君,威海市委副书记、市长张海波等出席开幕式。山东大学副校长、山东大学(威海)校长刘建亚主持开幕式。本届论坛共吸引了 9 个国家近 200 位专家学者齐聚一堂、思辨研讨。其中 58 名学者参与发言、登台演讲;34 位专家提交了会议论文,形成论文集出版。同时,论坛还举办了数场国外学者主讲的"山东大学东北亚学术讲坛",组织了"国外合作机构合作意向商洽"等环节,让"山东论坛"在山东大学开花结果、落地生根。

22 日　由山东大学(威海)夏利东教授课题组、长春光机所张红鑫研究员课题组和云南天文台刘煜研究员课题组组成的日冕仪研制及测试联合课题组在丽江高美古观测站首次利用自主研制的日冕仪成功观测到太阳 E 冕 Fe XIV 谱线的图像。拍摄效果与丽江日冕观测站现有的 YOGIS 日冕仪(日本研制)的观测结果相当。

25 日　校区在知行楼召开本科教育教学工作会议。副校长黄凯南出席会议并讲话。

30 日　韩国汉阳大学校长李永茂率团访问校区。山东大学副校长、山东大学(威海)校长刘建亚会见来访客人并举行座谈。座谈后,双方共同签署了校际合作协议和学生交流协议。根据协议规定,自 2019 年开始双方将开展学生互派工作。

31 日　威海南海新区党工委委员、高新区管委主任谭志刚率团访问校区。校区党工委副书记赵玉璞会见谭志刚一行并举行座谈。

本月　由山东大学空间科学研究院陈耀教授课题组和机电与信息工程学院杜清府副教授团队联合牵头建设的太阳射电槎山观测站建成运行。

11 月

1～3 日　校区在 2018 年“创青春”全国大学生创业大赛决赛中，获全国银奖 1 项，全国铜奖 5 项（含网络信息经济专项赛全国铜奖 2 项）。校区党工委副书记、纪工委书记郭培良带队对本次竞赛进行考察与学习。

2 日　校区设视频分会场参加山东大学党建工作会议，山东大学中层领导班子《任期目标责任书》签订仪式同时举行。

3 日　山东大学（威海）2019 届毕业生秋季就业双选会在体育训练馆举行。校区党工委副书记、纪工委书记郭培良到现场指导工作。本次双选会共吸引了来自省内外 260 家用人单位参会，提供 12700 余个就业岗位。

同日　由《山东大学学报》（哲学社会科学版）主办、《西北大学学报》（哲学社会科学版）协办、山东大学（威海）商学院承办的高校文科学报经管栏目建设研讨会暨全国高校经管编辑论坛第一届年会在威海召开。全国高校文科学报研究会副会长仲伟民、山东大学（威海）常务副校长韩建新出席会议并致辞。来自中国人民大学书报资料中心和《经济研究》《经济管理》《北京大学学报》《清华大学学报》《文史哲》等期刊编辑部的主编和编辑共 60 人参加了会议。

5 日　校区在知行楼召开 2018 年度招生拓展工作总结表彰会议。副校长黄凯南出席会议，并为 14 个本科招生拓展小组“先进集体”颁奖。

同日　中国前驻柬埔寨、韩国、泰国大使宁赋魁大使偕夫人做客校区第 110 期林海文化论坛“结缘半岛四十载，一片丹心铸和平——宁赋魁大使夫妇专场”。

6 日　中国前驻柬埔寨、韩国、泰国大使宁赋魁做客校区第 34 期“大使讲坛”，为师生作了关于“朝鲜半岛与东北亚局势”的报告。校区党工委副书记赵玉璞主持讲坛。

6～11 日　校区全体师生党支部书记 103 人以视频会议的形式参加山东大学 2018 年度党支部书记集中培训。

7 日　校区在知行楼召开关心下一代工作委员会第一次工作会议。党工委书记尹作升出席会议并讲话。副书记赵玉璞主持会议。

8 日　副校长夏利东会见来访的韩国成均馆大学副校长具滋椿一行，并举行座谈。

8～9 日　由省委教育工委指导，教育部高校辅导员培训和研修基地（山东大学）、山东大学（威海）联合组织的 2018 年山东高校辅导员工作论坛在威海举办。论坛主题为“深入学习贯彻习近平新时代中国特色社会主义思想,不断提升高校辅导员育人能力,培养担当民族复兴大任的时代新人"。教育部高等学校社会科学发展研究中心主任王炳林教授作主报告。山东大学(威海)党工委书记尹作升出席论坛。

9日　山东省京剧院来校区举办戏曲公益演出。山东大学副校长、山东大学(威海)校长刘建亚,山东大学(威海)党工委书记尹作升,山东省药品食品职业学院党委书记刘玉东,山东大学(威海)党工委副书记赵玉璞,党工委副书记、纪工委书记郭培良,党工委副书记周慧如,威海市委宣传部、高区管委等政府有关单位负责人出席活动。

12日　中国科学院院士、四川大学李安民教授,教育部"长江学者"特聘教授、四川大学张旭教授应邀做客"稷下讲坛",在闻天楼为校区师生作题为《数学漫谈》的报告。校长刘建亚主持报告会。

13日　副校长夏利东会见到访的澳大利亚斯威本科技大学副校长艾伦·刘(Alan Lau)一行。

15日　《科技日报》头版报道山东大学空间科学研究院行星科学研究中心武中臣教授的研究成果——《火星上的"火箭燃料"从何而来?》。

同日　"威海人才大讲堂:威海市人才政策宣讲走进山东大学"在闻天楼召开。副校长刘海主持宣讲会。威海市委组织部副部长、调研员马绪福,威海科技局副调研员姜新,威海市人力资源公共服务中心副主任毕见品就威海市人才政策进行解读。

同日　韩国驻青岛总领事馆总领事朴镇雄率团访问校区。副校长夏利东会见来访客人并举行座谈。

17日　新时代大数据与行政法治高端论坛暨中国行为法学会行政法治分会2018年年会在威海召开。山东大学(威海)党工委副书记赵玉璞、中国行为法学会副会长胡建淼出席开幕式并致辞。来自最高人民法院、中国人民大学、上海交通大学等中央机构、国内高校及科研机构的80多名专家学者参加会议。

19日　中国农业经济学会2018年年会暨学术研讨会在重庆西南大学召开。山东大学(威海)副校长、县域发展研究院院长黄凯南入选中国青年农业经济学家论坛(2018)年度学者。

20日　校区党工委理论中心组召开会议,深入学习贯彻陈宝生同志在教育部直属系统警示教育大会上的讲话内容和11月19日山东大学党委书记郭新立在党委理论学习中心组会议上的讲话精神,学习传达中宣部、山东省委教育工委有关文件精神。校区党工委书记尹作升,党工委副书记、纪工委书记郭培良,党工委副书记周慧如出席会议。

同日　校区在知行楼召开党建工作专题会议,深入学习贯彻落实山东大学党建工作会议精神。党工委书记尹作升主持会议并讲话。党工委副书记、纪工委书记郭培良，党工委副书记周慧如出席会议。

21 日　校区印发《山东大学（威海）本科学生学分制管理暂行规定》（山大威校教字〔2018〕12 号）。

同日　山东大学（威海）歌尔奖学金颁奖仪式暨歌尔校园俱乐部成立仪式在知行楼举行。校区党工委副书记、纪工委书记郭培良，歌尔股份有限公司青岛 CEP 事业群硬件研发中心负责人杜洋、人力资源本部高校合作部长徐燕出席仪式并致辞。

22 日　校区设视频分会场参加在中心校区举行的山东大学世界一流大学建设工作推进会。

23 日　由马克思主义学院主办的烟威高校思政课“以学生为中心”教学改革专题座谈会在校区举行。党工委副书记周慧如出席会议并讲话。

同日　第九届“刘公岛杯”大学生思想政治风采大赛在校区知行会堂举行。校区党工委副书记周慧如、刘公岛管委副主任彭均胜出席大赛。来自烟威地区 11 所高校思政课负责人和教师代表以及校区 1000 多名师生观看了比赛。

26～28 日　校区党工委副书记周慧如应邀出席在日本兵库县举行的第五届中日教育交流会。

27～28 日　山东大学党委书记郭新立来校区调研指导工作。山东大学副校长、山东大学（威海）校长刘建亚，山东大学（威海）党工委书记尹作升出席活动。27 日下午，郭新立与校区领导班子座谈。28 日上午，郭新立参观了空间科学研究院行星环境模拟实验室、空间光学实验室、空间电磁探测技术实验室等，并与空间科学与物理学院领导班子及教师代表进行座谈。山东大学校长助理、人文社科研究院院长邢占军，威海校区领导班子成员，山东大学党委、校长办公室，服务山东办公室，学科建设与发展规划部，科学技术研究院负责人参加有关活动。

28 日　山东大学（威海）-哈尔滨工业大学（威海）校际合作签约仪式在哈尔滨工业大学（威海）举行。山东大学党委书记郭新立、哈尔滨工业大学党委书记王树权、威海市副市长高书良出席仪式并讲话。山东大学副校长、山东大学（威海）校长刘建亚，山东大学（威海）党工委书记尹作升，哈尔滨工业大学副校长、威海校区校长徐晓飞，威海校区党委书记姜波出席仪式。仪式由哈尔滨工业大学常务副书记熊四皓主持。会上，刘建亚、徐晓飞代表双方签订了校际合作协议书。会前，郭新立、王树权、高书良一行参观了哈尔滨工业大学（威海）博物馆、图书馆和竹贤书院。山东大学校长助理、人文社科研究院院长邢占军等参加相关活动。

同日　　山东大学(威海)·迪尚集团校企合作启动仪式在知行楼举行。山东大学副校长、山东大学(威海)校长刘建亚,山东大学(威海)党工委书记尹作升,迪尚集团董事长朱立华,威海火炬高技术产业开发区管委会副主任孙法春,迪尚集团副总经理惠怀平、党委副书记张澄宇出席启动仪式。山东大学(威海)党工委副书记赵玉璞主持仪式。仪式上,刘建亚向朱立华颁发了"山东大学(威海)大学生创业导师"聘书,接受了朱立华代表迪尚集团向威海校区捐赠奖学金支票,并向其颁发捐赠证书。双方共同为"山东大学·迪尚集团创新创业基地"揭牌。随后,朱立华为校区师生作题为"大学·梦想·人生"的创新创业专题讲座。仪式前,刘建亚、尹作升、赵玉璞会见了朱立华、孙法春一行。

30日　　校区设视频分会场参加在中心校区召开的山东大学科技工作会议。

本月　　空间科学研究院行星科学研究中心武中臣教授在火星表面高氯酸盐起源研究方面取得重要进展。他首次用实验证明了火星表面沙尘过程导致的静电辉光放电现象可能是产生火星高浓度高氯酸盐的重要机理。相关研究成果先后被地球化学与地球物理顶级杂志 Earth and Planetary Science Letters (EPSL)、Science 杂志网站、Science Bulletin 网站、The Source(华盛顿大学)、科学网等国际媒体报道。

本月　　山东大学推荐2019届优秀本科毕业生免试攻读研究生工作全部结束,威海校区共有456名学生被成功推荐到各高校攻读研究生,占校区应届本科毕业生总数的12.02%,从绝对数量和占比上,均创历史新高。在推免学生中,攻读硕士学位学生409名、直博生47名。据统计,校区2018年共有355名推免生被"双一流"建设高校录取,占推免生总数的77.85%。

本月　　中国社会科学院学部委员、山东大学特聘一级教授张蕴岭担任首席专家的"东北亚命运共同体构建:中国的思想引领与行动"获2018年国家社科基金重大项目立项。

本月　　山东省第十四届学生运动会比赛全部结束。校区体育代表队在团体项目中获得女篮冠军,游泳、武术、乒乓球均获第二名,共获得冠军13个、亚军17个、季军12个。

本月　　由空间科学研究院张清和教授、邢赞扬老师、王勇博士、马羽璋博士申请的北极观测项目顺利通过北极地球观测系统斯瓦尔巴特群岛协调委员会(SIOS)组织的两轮国际评审,获得前往北极地区相关台站开展为期3个月科学观测的机会。

12 月

1 日　全国涉海高校教务联盟第八次全体会议暨专题研讨会在校区召开。副校长黄凯南出席会议并致辞。来自中国海洋大学、大连海洋大学、宁波大学等全国 13 所涉海高校的 26 位代表参加了会议。

同日　校区主办第三届中华复兴论坛。山东大学(威海)党工委副书记、山东大学东北亚学院院长赵玉璞出席开幕式并致辞。中共中央党史研究室原副主任章百家受邀作特别演讲。

2 日　山东大学 2018 级创新实验班开班仪式在济南校本部、威海校区、青岛校区同步举行。山东大学党委副书记仝兴华出席仪式并讲话。仪式上,仝兴华为创新实验班授旗,黄凯南、威海校区教务处处长王湘云为创新实验班揭牌。

同日　“新时代我国体育产业发展的法治保障高端论坛”暨山东省法学会体育法学研究会 2018 年年会在校区召开。副校长黄凯南,中国法学会体育法学研究会会长、前国家体育总局政策法规司司长刘岩出席开幕式,共同为山东大学(威海)体育法治研究中心揭牌。

同日　根据山东大学文件(山大党任字〔2018〕48 号),经 2018 年 11 月 19 日第十四届党委第 11 次常委会研究决定:

张剑同志任威海校区艺术学院副院长;

纪维剑同志任威海校区艺术学院副院长;

赵鸿同志任威海校区艺术学院副院长;

宗文婷同志任威海校区艺术学院党委副书记;

张颖同志任威海校区体育教学部主任;

王友坤同志任威海校区体育教学部副主任;

张奇同志任威海校区体育教学部副主任;

于和利同志任副处级辅导员,免去其威海校区艺术学院党总支副书记职务。以上新提拔担任非选举产生领导人员的,试用期一年。

免去:

汪明强同志的威海校区艺术学院副院长职务;

吴静寅同志的威海校区艺术学院副院长职务。

3 日　2017～2018 学年“国际学生校长奖学金”暨“海外经历项目专项校长奖学金”表彰会在闻天楼报告厅举行。副校长黄凯南出席活动并致辞。

4 日　校区召开基层党组织书记学习研讨会。党工委书记尹作升主持会议并讲话。党工委副书记周慧如传达教育部有关文件精神,部署近期校区党建重点工作。

5 日　2018 年度山东大学校长奖学金暨山东大学(威海)十佳大学生演

讲报告会在玲珑学堂举行。校区党工委副书记郭培良出席活动并讲话。

10 日　威海市委书记王鲁明来校区就加强高校思政教育、推动创新创业及服务地方工作进行调研。校区党工委书记尹作升出席活动。调研期间,王鲁明实地参观了校史展览馆和大学生创新创业基地。威海市委常委、秘书长侯世超,校区常务副校长韩建新陪同调研。

同日　校区在知行楼召开干部警示教育大会。党工委书记尹作升出席会议并讲话。常务副校长韩建新,党工委副书记赵玉璞、周慧如,副校长黄凯南出席会议。党工委副书记、纪工委书记郭培良主持会议。校区各单位副处级以上领导干部参加会议,并集体观看了警示教育片。

10～13 日　副校长夏利东率团访问澳大利亚斯威本科技大学、皇家墨尔本理工大学。山东大学材料学院、校区机电与信息工程学院、国际合作与交流处相关负责人,威海市相关企业代表随团参加了相关活动。

13 日　赵明义先生先进事迹报告会在校区举行。校区党工委书记尹作升出席大会并讲话,党工委副书记周慧如主持大会,副校长黄凯南出席大会。赵明义先生的同仁、同事和学生们追忆了他不忘初心、探索真理的先进事迹,生命不息、奋斗不止的治学精神和奖掖后学、为人师表的崇高品格。

18 日　校区师生通过各种方式,收听收看中共中央、国务院在人民大会堂召开的庆祝改革开放 40 周年大会。

19 日　艾兴院士先进事迹报告会在校区举行。山东大学党委常委、宣传部部长桑晓旻出席大会。校区党工委书记尹作升出席大会并讲话。校区党工委副书记周慧如主持大会。艾兴院士的家人、同事、学生从不同角度回顾了艾兴院士忠心报国、无私奉献的非凡人生,追思他对党忠诚、献身科学、爱岗敬业、淡泊名利的崇高追求和高尚品格。

20 日　北京大学新结构经济学研究院院长、南南合作与发展学院院长、全国政协常委、经济委员会副主任、国务院参事室参事林毅夫教授应邀做客校区"稷下讲坛",在知行会堂作题为"中国改革开放 40 年与新结构经济学理论创新"的专题报告,与威海校区师生畅谈中国经济发展。威海市委副书记、市长张海波,威海市人大常委会主任王学文,威海市政协主席高旭光,山东大学(威海)党工委书记尹作升,威海市委常委、组织部部长刘运出席报告会。威海校区副校长黄凯南主持会议。本次报告会在校本部和青岛校区设立视频直播,实现一校三地共享精品报告。

21 日　机关党总支举行换届选举党员大会。

22 日　第二届全国党内法治高端论坛暨山东省法学会党内法规研究会2018 年年会在校区召开。校区党工委副书记赵玉璞，中国法学会党内法规研究中心主任王伟国，郑州大学党委副书记、党内法规研究中心主任李兴成，山东省法学会专职副会长、秘书长任伟出席开幕式并致辞。来自全国 40 多家单位的 100 余位专家学者和 60 多位党规方向本硕博学生参加了此次会议。

24 日　校区设视频分会场，参加在济南中心校区举行的山东大学 2018 年度党组织书记抓基层党建述职评议会议。

26 日　校区印发《山东大学（威海）机关工作人员首接负责制实施办法》（山大威党综字〔2018〕6 号）和《山东大学（威海）机关作风建设评议办法（试行）》（山大威党综字〔2018〕7 号）。

27 日　校区在知行楼举行 2018 年度党组织书记抓基层党建述职评议考核会议。副校长刘海，党工委副书记周慧如，副校长夏利东、黄凯南出席会议，并就各自联系学院或分管部门述职情况进行对应点评。校区党工委副书记、纪工委书记郭培良主持会议。

28 日　校区领导班子成员参加山东大学在中心校区召开本科教育工作会议。校区设视频分会场。

同日　根据山东大学文件（山大人字〔2018〕129 号），聘任威海校区李志华（自 2018 年 6 月起聘）、方浩范（自 2018 年 7 月起聘）、苗威（自 2018 年 7 月起聘）、宁光杰（自 2018 年 7 月起聘）为教授四级岗；聘任厉萍（自 2018 年 4 月起聘）、宋群（自 2018 年 7 月起聘）、李燕（自 2018 年 7 月起聘）为副研究员三级岗；聘任郭战胜（自 2018 年 7 月起聘）为助理实验师二级岗；聘任孙阳阳（自 2018 年 5 月起聘）、崔明旭（自 2018 年 7 月起聘）、黄兰松（自 2018 年 7 月起聘）、杨永伟（自 2018 年 7 月起聘）、王侃（自 2018 年 7 月起聘）、杨培祥（自 2018 年 7 月起聘）、李超（自 2018 年 7 月起聘）、高凡（自 2018 年 4 月起聘）、赵銮磊（自 2018 年 3 月起聘）、潘秉毅（自 2018 年 7 月起聘）为讲师三级岗；聘任姜文（自 2018 年 7 月起聘）、邱海业（自 2018 年 7 月起聘）、邱涛（自 2018 年 7 月起聘）为助教二级岗。

同日　校区举行 2019 年新年音乐会。

29 日　校区印发《关于调整我校部分领导小组和委员会的通知》（山大威校综字〔2018〕9 号），调整了 37 个领导小组和委员会。

同日　山东大学印发《关于设立威海校区机关党委、离退休党委的通知》（山大党字〔2018〕108 号），决定设立威海校区机关党委，撤销威海校区机关党总支；设立威海校区离退休党委，撤销威海校区离退休党总支。以上单位党组织负责人职务名称相应变更。

同日　著名书法家张雪明先生受聘为校区兼职教授。校长刘建亚为张雪明先生颁发聘书。党工委副书记周慧如主持仪式。仪式结束后，张雪明教授做客“稷下讲坛”,作了题为“中国书法艺术源流与欣赏”的学术报告。

本月　空间科学研究院孔祥良副研究员入选中国科协“青年人才托举工程”项目。

本月　海洋学院杜宗军教授课题组发现微生物富集培养过程中潜藏的复苏机制,研究成果“Metatranscriptomic and comparative genomic insights into resuscitation mechanisms during enrichment culturing”发表在微生物学领域著名期刊 *Microbiome* 上。

学校建筑面积:490958.2 平方米。

在校全日制本科生 14991 人,博、硕士研究生 1426 人,留学生 870 人,成人教育及网络教育学生 2573 人。

在职教职工 1228 人,其中专任教师 820 人,副高以上职称 464 人。

2018 年招收本科生 3568 人,本科毕业生 3324 人。

(赵林林)

2019年

概　述

2019年山东大学(威海)发展综述

2019年,威海校区在学校党委的坚强领导下,以习近平新时代中国特色社会主义思想为指导,认真贯彻学校第十四次党代会精神,紧扣"六大战略""十大任务",把推进"双一流"建设、实现"由大到强"历史性转变作为总目标和总遵循,围绕"思想提升,目标提升,效率提升"要求,全力推动校区各项事业增速发展,着力打造新亮点,各项工作迈出坚实的步伐。

一、主题教育成效显著

校区把开展"不忘初心,牢记使命"主题教育作为重大政治任务,将学习教育、调查研究、检视问题、整改落实贯穿始终,党工委先后开展8次集中学习研讨,在学懂弄通做实习近平新时代中国特色社会主义思想、推动校区改革发展稳定上收到较好的效果;深入基层调研35次,专门召开调研成果交流会;牵头主讲专题党课7次;召开对照党章党规找差距专题会议、整改落实推进会和专题民主生活会,深刻检视问题,梳理形成校区领导班子问题清单10个方面26个具体问题,逐条逐项制定针对性的措施,切实把开展主题教育同完成改革发展稳定各项任务结合起来。

二、综合改革蹄疾步稳

根据《中共山东大学委员会关于深化"一校三地"管理体制机制改革的意见》,校区积极探索管理体制机制改革,提升校区管理服务规范化、科学化水平,助力学校治理体系和治理能力现代化;以编制核定为突破口,调结构、转方式,编制了未来三年校区编制核定工作方案、本科生招生计划调整方案、研究生招生计划调整方案;加快破解矛盾障碍,激发办学活力,研究制定《山东大学(威海)推进高质量发展三年行动计划(2020～2022年)》,加快推进校区事业发展。

三、党建和思政工作扎实有效

校区充分发挥党建引领作用,团结带领校区师生员工,切实增强"四个意识"、坚定"四个自信"、做到"两个维护";贯彻落实民主集中制,年内召开党政联席会、党工委会24次,确保学校各项决策部署落地见效;加强干部队伍建设,认真做好2018年度中层领导班子和处级干部考核工作。持之以恒正风肃纪,严格落实"一岗双责";深化基层党建"双创"工作,1个支部获评山东省样板支部,1个基层党组织获评山东省先进基层党支部;全面提升"三全育人"工作水平,以理想信念教育为主线,建立分层分类立体化思想引领体系;落实意识形态责任制,成立校区舆情应对处置领导小组,专题研判意识形态工作,全面排查意识形态工作风险;校区思政教育改革工作先后被《求是》杂志、光明网作了重点报道,《山东新闻联播》、"学习强国"平台等媒体8次作专门报道,全面系统地展示了思政课教育改革的成果,1人获评全国"最美高校辅导员"。

四、学科建设亮点频出

前沿交叉科学研究院成果突出,其中蓝绿发展研究院中1人入选2019年全球高被引科学家,在《自然》(*Nature*)子刊、《环境科学与技术》(*Environmental Science & Technology*)等顶级学术刊物上发表论文近20篇,其中顶级期刊论文5篇;空间学科攀登计划创新团队建设成绩喜人,5人入选国家探月工程专家组,空间数据分析研究成果被美国宇航局(NASA)纳入标准数据处理平台;国际问题研究院充分发挥高端智库作用,成功申请立项3个国家高端智库委托项目,在《人民日报》上发表评论文章1篇,提交6份《国际问题研究专报》至国家相关部委,成功举办第三届中华复兴论坛;多措并举推动跨专业、跨院部、跨校区学科交叉融合,开展"院长沙龙""学科交叉论坛"活动。

五、科研工作水平大幅提升

校区2019年度获评省部级以上项目128项,立项经费突破1亿元,较上年增长40%。其中,承担国家社科基金重大项目2项,取得历史性突破。校区参与的文登天文台项目、子午工程二期、某重大科学工程等已经通过国家批复。校区获得作为国家重点文化工程的"全球汉籍合璧工程"的参与经费2000万,国家重大科技基础设施建设专项立项经费近2000万。董恩清教授团队在医学成像领域的国际顶级期刊*IEEE TMI*上发表文章。新建山东省海洋微生物菌种保藏与应用工程技术研究中心。1个创新团队获批学校青年交叉科学创新群体项目,4个团队入选学校人文社会科学青年团队。

六、人才队伍建设步伐加快

校区积极引进高层次人才,年内引进专任教师岗位29人,具有高级职称的占到45%;引进全职高层次人才10人(其中讲席教授1人、"千人计划"特聘教授1人、山大"杰青"4人、齐鲁青年学者4人),兼职讲席(特聘)教授12人。在墨尔本设立山东大学(威海)海外人才工作站,组织齐鲁青年论坛威海校区分论坛,大力选聘青年学者,重点推荐6名人选申报"青年千人计划"和齐鲁青年学者。省级人才项目评审实现新突破,1人入选"外专双百"专家,1人入选泰山学者特聘教授,3人获聘泰山学者青年项目,开创历史新高。

七、人才培养质量不断提高

推动学科交叉研究生培养,扩大研究生国际化培养规模和层次,研究生海外经历参与人数比2018年提高近3倍。年内停招9个专业,增设人工智能专业。大力开展教育教学资源共建共享，切实推动本科教育教学一体化建设，受益学生累计超 15000 人次。天文与空间科学菁英班面向“一校三地”招生，8 人入选尼山学堂，5 人入选崇新学堂。创新创业教育成绩突出。校区成功承办第十三届大学生智能汽车竞赛全国总决赛，并获国家一等奖 3 项、二等奖 4 项，国奖数量位列全国参赛高校第四名；在全国大学生数学建模、电子设计、“互联网+”大学生创新创业等各类竞赛中获得国家一等奖 13 项、二等奖 28 项、三等奖 9 项。1 家在孵企业在股权交易中心成长板挂牌、4 家企业入选科技部科技型中小企业。

八、国际化战略取得突破

山东大学澳国立联合理学院正式获批，2019 年招生成绩喜人，联合理学院成为“双一流”建设高校与世界一流大学联合办学的代表性成果。优化高端国际合作网络，全年新签署合作协议 14 项，包括新加坡国立大学、韩国成均馆大学等知名高校。具有海外经历学生数突破 1100 人，其中有 444 名毕业生赴斯坦福大学等海外名校继续攻读学位。年内校区共接收长、短期国际学生 1112 人，来自英、澳、日、韩、俄等 22 个国家。

九、服务地方再谱新篇

为充分发挥山东大学“一校三地”资源优势，校区与威海市签署《威海市人民政府 山东大学聚力精致城市与一流大学建设深化校地合作协议》等系列协议，山东大学威海工业技术研究院、威海发展研究院、高水平基础教育学校、海洋科技创新中心等重点合作平台建设积极推进，实现“山大系”与威海市全方位对接，助力威海精致城市建设。落实威海市联系村帮扶工作要求，开展精准扶贫，组织慰问活动，2019 年向石家泊村捐赠帮扶款 5 万元，开展农村书屋改造等工作。建立服务山东工作联络机制，积极拓展国内合作资源。

十、条件保障全面加强

校区牢固树立以师生为中心的服务理念，2019 年服务师生六件承诺事项已全部提前完成。提高了教职工查体费，建设党员活动室，改造 11 个教师休息室，新设 23 个学生自助服务室，切实提高师生的获得感和幸福感。落实机关管理服务质量提升年方案，作风建设成效显著。办学条件持续优化。材料与空间科学科研楼、新工科与交叉学科科研楼于 2019 年 6 月顺利开工建设，专家公寓项目基本完成装修工作。制定校区智慧校园建设规划三年行动方案，完成校园网三地统一认证联调工作，做好网络优化改造升级。图书馆师生查收查引和科技查新服务免费，增设学者交流研讨室，推进济、威、青三地文献资源通借通还。制定《国有资产出租出借管理办法》，优化资源配置，规范公房和资产管理。推进“一校三地”安全稳定工作体系的落实，为“双一流”建设保驾护航。

特　载

在威海校区 2019 级新生开学典礼上的讲话

（2019 年 9 月 20 日）

山东大学校长　樊丽明

老师们、同学们：

大家好！

今晚注定是一个美好而难忘的夜晚，头顶浩瀚的星空、眼前苍郁的玛珈山，还有不远处宽广的大海，山海相依，星光熠熠。在此，我们隆重举行山东大学威海校区 2019 级新生开学典礼，这不仅是一项庄严的仪式，更是大家思考未来的起点！首先，我谨代表学校，欢迎各位新同学加入山东大学这个大家庭！并向辛勤培育你们的家长、老师致以亲切的问候和诚挚的感谢！

同学们来到山大已经有一段时间，在军训场上展示了积极拼搏、意气风发的良好精神风貌：艺术学院和文化传播学院的新兵代表队，你们在军训歌咏比赛中以昂扬的歌声获得了第一名，希望你们保持战斗力，在集体的光荣榜上增添新的军功章。翻译学院的邓芮歆同学，疾病和化疗没有将你压倒，希望你能继续保持自立自强的奋斗精神，让生活的阳光照亮前进的道路，山大永远是你温暖的家。机电与信息工程学院的李锦昊同学，参加“不间断骑行”1200 公里中国区总决赛的经历，让你获得了荣誉，期待你在今后的求学道路上继续乘风破浪、勇往直前。海洋学院的姜裴岩同学，热心公益是你一直的坚持，“美德少年”是对你的最好证明，期待你成为志愿服务的闪耀新星。数学与统计学院的王逸轩同学，你和哥哥王逸飞同时考进山大，共同圆了“山大梦”，祝愿你们在今后的征程中携手并肩，互相激励，不负韶华。在此，我想对每一位 2019 级的新同学说，感谢你们坚定地选择了山东大学。正是你们的到来，让这所即将迎来 118 岁生日的高等学府学脉绵延、文明赓续。我也相信，在不久的将来，你们一定会用智慧和汗水书写不平凡的山大故事！

今天是在威海校区，我就和大家分享几段山东大学与大海的情缘。第一，山东大学有海一般厚重的历史使命。大家知道，125 年前，甲午海战就发生在威海海域，威海见证了三千年未有大变局下北洋海军的崛起、兴盛与失败，也见证了熊熊炮火中中华民族仁人志士的求索、救亡与图存。反思国殇，有识之士认识到，“甲午之败，非炮火不坚，非军士二心，实为中国自败，自败之责首在教化。国势之强弱，视乎人才；人才之盛衰，原于学校。”因此，甲午海战后的第七年，也就是1901年，经过认真筹备后形成的《山东省城试办大学堂暂行章程》由时任山东巡抚的袁世凯提报朝廷，上呈御览。当年十月，光绪皇帝批准了这份章程，宣告了继京师大学堂之后第二所国立大学——山东大学堂的诞生。所以，山东大学是中国第一所按章程办学的大学，也是近代中国高等教育发祥的重镇。在章程中有这样一段话：“公家设立学堂，是为天下储人材，非为诸生谋进取；诸生来堂肄业，是为国家图富强，非为一己利身家。”这段话昭示了肇基于民族救亡图存之际的山东大学，为国育贤是我们百年不变、始终坚持的办学初心。

第二，山东大学有海一般深沉的家国情怀。今年是五四运动100周年。100年前，在中华民族处于内忧外患、风雨飘摇的历史背景下，一大批山大人与国家和民族同呼吸、共命运，在苦难中觉醒、在压迫下奋起，决心改变国家积贫积弱的命运和民不聊生的状况。海鸥剧社的俞启威、王弢等进步青年用一幕又一幕的话剧，如风雨之中的海鸥，刺破黑暗的天幕，为救亡图存而奔走呼号；预科学生罗荣桓积极投身于反对军阀和帝国主义的爱国活动，揭露青沪惨案真相，募集救济金，慰问死难者的家属。此外，还有以身殉国的一代名将张自忠、以文化做武器的“人民艺术家”老舍，等等。在民族存亡之际，山大人前赴后继、共赴国难。他们或投笔从戎，坚持抗战；或转战内地，坚持教学。他们展现了爱国爱民的家国情怀，彰显了“天下兴亡，匹夫有责”的民族气节。这份弘毅担当的精神，生生不息，历久弥新，已深深融入山大人的骨血，成为永不磨灭的文化品格！

第三，山东大学有海一般宽广的责任担当。今年是新中国成立70周年，在新的时代方位下，山大人砥砺奋进，迈出振兴中华的坚实步伐。在刚刚揭晓的2019未来科学大奖获奖名单中，我校网络空间安全学院院长王小云院士榜上有名，成为未来科学大奖第一位女性获奖人。为了实现“网络安全强国梦”，她主持设计多个密码算法与系统，解决了国家密码重大需求中的许多关键问题，为保护国家重要领域和重大信息系统安全发挥了巨大作用。我校的岩土工程中心团队，一直致力于地下空间的探索与开发，利用隧道突水突泥灾害防治技术成果，成功解决了吉莲高速永莲隧道、南京地铁、平南水泥等一系列重大工程技术难题。我校的儒学研究团队，坚持以传承创新中华优秀传统文化为己任，集中三代学者历时36年完成了《杜甫全集校注》，荣获全球华人国学大典国学成果奖；他们组织实施的全球汉籍合璧工程，入选国家重点文化工程，被列入“中华古籍保护计划”，对坚定文化自信、促进世界多元文化的交流与合作具有重大意义。前不久，俄国圣彼得堡国立大学赠送给习近平总书记的古籍珍本《铁冶志》，就是由这个团队发现并遴选出来的。

第四，山东大学有海一般激情的创新精神。建校118年来，山东大学数次创造辉煌，赢得了“海洋学科远东第一”“生物学科全国最好”和“文史见长”的美誉，在中国科学史上创造了诸多“中国之最”，涌现出了众多领域的开拓者——“中国克隆之父”童第周、“中国雷达之父”束星北、“中国藻类研究之父”曾呈奎等，都是其中的杰出代表。今年，山东大学“双一流”建设取得新突破，学校的国家自然科学基金项目立项数名列全国第8位，其中青年基金项目立项数名列全国第6位。目前，学校有2个学科进入ESI前1‰，16个学科进入 ESI 前 1%,位列全国高校第 11 位;9 个学科进入软科 2018 世界一流学科排名前 100,总上榜学科数均位列全国高校第 11 位。如今,同学们身处的威海校区,可以追溯到 20 世纪 80 年代,当时的改革开放为我国高等教育的发展提供了前所未有的机遇。山东大学发扬“敢为天下先”的精神,提出在山东沿海选择一个城市建一所分校的办学思路。经过对经济、社会、文化等多方面的慎重考量,最终选定威海。1984 年 11 月 1 日,山东大学与威海市政府正式签署了共建协议,一举开创了我国名校异地办学的历史先河。在山东大学一体发展战略指引下,经过 35 年的建设发展,如今的威海校区,已形成了培养博士生、硕士生、本科生、国际学生等多层次的教育体系,特色学科建设成效明显,人才培养质量不断提升,教育教学资源共享加快推进,正在努力建设成为山东大学创建世界一流大学的新亮点。

一代人有一代人的长征,一代人有一代人的担当。同学们的人生黄金时期正好与“两个一百年”的奋斗目标实现阶段高度契合。作为新时代的山大人,你们既面临着建功立业的历史机遇,也肩负着“天将降大任于是人”的时代使命,代表着山东大学的美好未来!在这里,我想借用今年录取通知书中“正心术,敦品行,明伦理,知大体”这十二字箴言,对同学们提出四点期望:

第一,正心术,确立人生方向。“欲修其身者,先正其心。”一方面,要坚定理想信念。理想指引人生方向,信念决定事业成败。只有理想信念坚定的人,才能始终不渝、百折不挠,不论风吹雨打,不怕千难万险,坚定不移地为实现既定目标而奋斗。要始终坚定对马克思主义的信仰,始终坚定实现中华民族伟大复兴中国梦的信心,不断筑牢信仰之基、补足精神之钙、把稳思想之舵。另一方面,要胸怀远大抱负。一个人能成就多大的事业,很大程度上取决于他的抱负的大小。面对新形势新挑战新机遇,大家要以“会当凌绝顶,一览众山小”的豪情、以“咬定青山不放松”的坚韧,乘势而上,勇立潮头,做到立志做大事,而不是立志做大官。宋代哲学家张载说得好,要“为天地立心,为生民立命,为往圣继绝学,为万世开太平”。“正心术”的精髓在于涵养浩然正气,心中有正气才能淡泊守志,刚锋永在,清节长存。建校至今,学校一直将“正心”作为选才育才的重要标准,而且将“学无止境,气有浩然”确定为校训。希望同学们始终坚守正念、恪守正道、涵养正气,一步一个脚印地向着诗和远方逐梦前行。

第二,敦品行,夯实发展基础。欲成第一等学问、事业、人才,必先砥砺第一等品行。大学阶段,你们要着力在以下几个方面下功夫:一是要勤奋学习各种知识。要始终保持对知识渴求的热情,坚持将学习作为第一要务,刻苦地学习、主动地学习、深入地学习,充分汲取各种知识营养,不断完善知识结构。二是要全面提升自身能力。积累知识固然重要,但我们更应将这些知识变成经验和见解,最终转化为自身的某种能力,包括学习的能力、判断的能力、沟通的能力、合作的能力、创新的能力等。希望同学们在系统学习知识的过程中,有效地掌握方法,逐步将知识转化为解决问题、改造世界的高超本领。三是要积极弘扬奉献精神。奉献是中华民族的传统美德,也是全人类共同的价值追求。泰戈尔说过:“我们必须奉献于生命,才能获得生命。”我校有一支名为“髓缘”的学生志愿服务队,成立十年来,充分发挥专业所长,积极开展造血干细胞志愿捐献和科普宣传等公益活动,威海校区也有同学参与其中,这为众多白血病患者带来了生命的希望,实现了“精神成人”与“专业成才”的双丰收，被学校授予2017年“榜样的力量”特殊贡献奖。希望同学们今后多向这样的典范学习，继承和弘扬志愿服务的优良传统，人人都做志愿者，在奉献国家、奉献社会、奉献人民中提升人生境界。

第三，明伦理，守护道德高地。习近平总书记指出：“学伦理可以知廉耻、懂荣辱、辨是非。”社会主义核心价值观是一个民族赖以维系的精神纽带，是一个国家共同的思想道德基础，体现着一个社会评判是非曲直的价值标准。青年学生学伦理、明伦理的核心要义在于积极践行社会主义核心价值观。一是要遵守社会公德。坚持爱国、敬业、诚信、友善，做到文明礼貌、爱护公物、保护环境、遵纪守法，懂得尊重他人、关心他人、同情他人、帮助他人。二是要弘扬家庭美德。家庭是组成社会的基本单元，是为人们遮风挡雨的港湾。“欲治其国者，先齐其家。”过去这些年，你们的家庭为了帮助你们实现梦想、考入大学，倾其所有、不遗余力，希望同学们永怀感恩之心，以更加优异的成绩回报父母、回报家庭，争做注重家庭、家教、家风的时代表率。三是要培养职业道德。要逐步树立职业生涯规划意识，结合自己的性格、能力、兴趣和特长，明确自我定位，提升职业素养。总之，希望同学们牢牢把握勤学、修德、明辨、笃实的实践途径，努力将社会主义核心价值观的基本要求变成自己的日常行为准则，内化为精神追求，外化为实际行动，仔细扣好人生第一粒扣子，真正做到明大德、守公德、严私德。

第四，知大体，扛起时代责任。“不谋全局者，不足谋一域。”大体就是大局，知大体就是要从整体、全局出发看待事物、分析问题，要把个人的发展放到天下大势中去思考、定位、谋划，把自身的前途命运与中华民族的前途命运紧紧结合在一起。当前，对国家来讲，大局就是实现“两个一百年”奋斗目标，实现中华民族伟大复兴的中国梦。对学校来讲，大局就是扎根中国大地建设世界一流大学，为办好人民满意的教育和建成高等教育强国做出山大贡献。对同学们来讲，大局就是要仰望星空、脚踏实地，学好知识，打牢基础，增长才干，努力使自己成为国家栋梁和社会中坚力量，以己所学、尽己所能，坚决扛起时代责任，尽情绽放人生光芒。

以上四点，“正心术”是前提，“敦品行”是根本，“明伦理”是底线，“知大体”是目标，它们一起构成我们山大人为人为学所应遵循的基本准则。同学们是国家和民族的希望，是山东大学的未来。希望大家珍惜时光、勤奋学习，坚定信念、奋勇前行，在与时代、与国家、与山大一起奋进中绽放精彩、实现梦想、成就人生！

凝心聚力 真抓实干
加快推进“双一流”建设再上新台阶

——山东大学(威海)五届五次教代会工作报告

(2019年3月15日)

山东大学副校长、山东大学(威海)校长 刘建亚

各位代表、同志们:

现在我代表学校,向大会报告工作,请各位代表审议,并请列席同志提出意见。

一、2018年工作回顾

2018年,威海校区在山东大学党委的正确领导下,全体师生员工以习近平新时代中国特色社会主义思想为指导,深入学习贯彻党的十九大精神,认真贯彻落实学校第十四次党代会精神,紧紧围绕“六大战略”“十项任务”,扎实推进“双一流”建设,以只争朝夕的精神状态,全力打造建设世界一流大学的新亮点,各项事业均取得了新进展。

(一)党建和思政工作坚强有力

1.抓好政治理论学习。制定实施校区理论学习安排意见,充分发挥理论学习中心组的示范带头作用,紧密围绕“一体发展”“双一流”建设等主题,开展了专题研讨和思想解放大讨论,突出思想引领。

2.加强干部队伍建设。完成12个院部领导班子换届调整工作,班子的年龄结构、知识结构有了根本改变,干部队伍整体呈现出勇于任事、敢于担当的良好精神风貌。做好各学院中层单位领导班子任期目标制定和单位中长期发展规划编制工作,与干部考核管理相挂钩,全面从严管理干部。

3.扎实做好思政工作。深入贯彻落实全国高校思想政治工作会议精神,着力加强和改进“三全”育人工作,充分发挥思想政治理论课主渠道作用,将社会主义核心价值观融入教育全过程。山东卫视以“创新形式,打造爱国主义教育青春力量”,对校区思政课改革进行了深入报道,引起广泛关注。

4.加强意识形态工作。牢牢把握意识形态工作领导权,完善意识形态工作责任制,层层压实责任,确保各类意识形态阵地可管可控。出台了规范校内自建工作信息群使用管理等规定,进一步强化网络意识形态工作。

5.推进党风廉政建设。压实全面从严治党主体责任,落实领导干部“一岗双责”。配

合学校党委完成了对校区艺术学院党总支、体育教学部直属党支部的巡察工作，推动全面从严治党向纵深发展。运用“四种形态”，做好“三转”工作，强化监督执纪问责。

6.党建工作水平不断提升。着力打造党建“两平台一载体”模式。选优配强支部书记，加强党务工作队伍建设。推进基层组织建设规范化管理，开展“对标争先”活动，申报党建工作标杆学院2个、党建工作样板支部4个，“双带头人”教师党支部书记工作室4个。

7.民主治校持续推进。成立妇女委员会和关心下一代工作委员会，制定《教职工代表大会提案工作实施办法》，充分调动各民主党派、归国留学人员、党外知识分子、离退休教职工、共青团等参政议政的积极性，推动校区各项事业健康快速发展。

（二）学术兴校成绩突出

1.打造高水平学科平台。成立前沿交叉科学研究院，孵化培育新兴交叉学科，加快培育新的学科增长点。构建跨学科学术平台，目前已成立潘承洞数学研究所、计算社会科学研究所和蓝绿发展研究院等研究机构。

2.加强学科建设。空间学科建设成效显著，太阳射电槎山观测站投入运营，突破关键技术，成功研制出70毫米口径日冕仪，一项有关火星表面的研究成果被《科学》(*Science*)杂志网站等国际媒体报道。校区5位教师加入嫦娥四号科研团队，1位教师加入中欧月球与深空探测工作组。东北亚学院研究进一步明确了未来建设方向和组织架构，为学术评价和运行机制改革提供了组织保证，“中华复兴论坛”等多个国际学术会议建立起定期举办机制，承办第二届“山东论坛”，学科影响力日益扩大。海洋学科明确了与青岛校区海洋研究院的学科互补发展战略，引导现有学科积极向海洋科学整合，学科建设方向进一步明晰。

3.科研工作态势良好。年内共获各类项目立项272项，实到科研经费近7000万元。其中，承担国家自然科学基金项目、国家海洋局科研项目、山东省重点研发计划项目等近50项；承担国家社科基金重大项目、国家社科基金项目等10余项，立项数较去年翻一番。1项成果获山东省自然科学奖二等奖，7项成果获山东省社科优秀成果奖，为历史新高。

（三）人才队伍建设实现重要突破

1.积极延揽高层次人才。修订《杰出人才体系建设方案》，全职引进特聘教授1人、杰出中青年学者2人、齐鲁青年学者1人；柔性引进兼职讲席教授1人、兼职特聘教授3人、海外高层次人才1人。截至目前，校区入选山东大学杰出人才体系岗位全职人员达23人。

2.加强引育结合。强化师德师风建设，激发广大教师教书育人的使命感和责任感。校区1人入选“长江学者”特聘教授，为历史性突破；1人入选“万人计划”青年拔尖人才；1人获评教育部“高校思想政治理论课教师2017年度影响力提名人物”；1人荣获第四届山东高校辅导员素质能力大赛一等奖。

3.深化体制机制改革。研究制定校区深化人事体制机制改革实施方案，修订教师岗位评聘方案，制定了研究员、副研究员内聘办法、非事业编制队伍建设实施办法等，建立了“小同行”专家库，推进多元考核。

（四）人才培养质量全面提高

1.推进教育教学资源共建共享。启动新版培养方案修订工作，在学期制度、课程体系结构、专业核心课程等方面与校本部基本保持一致。积极探索跨校区教育教学资源共建共享工作模式，统筹师生荣誉体系，共享各类卓越人才、拔尖人才培养平台，尼山学堂首次面向校区招生即有 5 名学生入选，1 人入选泰山学堂，45 人入选 2018 级创新实验班。

2.深化教育教学改革。本科生培育方面，"日语＋国际政治""法学＋大数据"等交叉复合人才培养项目受到学生欢迎；新增 1 个新工科专业，与亚马逊公司联合共建云创学院，与山东量子科学技术研究院联合举办量子信息工程实验班。年内新增 4 项省级教改项目，获山东省本科教学成果二等奖 2 项。2019 届毕业生中，有 12％的学生成功推荐免试研究生，创历史新高，其中近 78％的学生被"双一流"高校录取。研究生培育方面，继续修订完善培养方案，调整学位授权点，探索学科交叉人才培养新模式。1 名学生获"优秀博士研究生创新能力提升计划"资助，7 项成果获山东大学学术成果奖励，2 项成果获 2018 年度山东省专业学位研究生优秀实践成果奖，7 人获批 2018 年国家高水平大学公派项目。继续教育方面，强化教学过程管理，年内培训测试 14000 余人，取得了较好的效益。

3.创新创业教育再创佳绩。学生在各类创新创业竞赛中获得国家级奖项 79 项、省级奖 500 余项。在第十五届"挑战杯"全国大学生课外学术科技作品竞赛中获国家级奖项 6 项，较上届获奖增长一倍；在 2018 年"创青春"全国大学生创业大赛中，1 件作品获得全国银奖，5 件作品荣获全国铜奖；在第四届中国"互联网＋"大学生创新创业大赛中获得全国铜奖 2 项。2014 级本科生李轩获评第十一届中国青少年科技创新奖，是山东省唯一入选的本科生。年内校区有 2 名本科生校友入选"长江学者奖励计划青年学者"。加强就业指导，积极拓展就业市场，毕业生就业率稳定在 90％以上。

(五)国际化战略步伐加快

1.拓展国际合作网络。年内与英国拉夫堡大学等国外高水平大学签订协议 18 项。截至目前，校区已与澳、美、英、日、韩等 13 个国家和地区的 108 所高校建立了合作关系。年内外派学生近 600 人，2018 届毕业生中有 381 人赴国(境)外继续攻读学位，占全部毕业生的 11％，其中 70％为世界 500 强名校。合作办学工作进展顺利，山东大学澳国立联合理学院获得教育部原则审批通过，目前各项工作正在加快推进。

2.加强国外智力引进。获批"国家高端外国专家项目"、山东省"双百计划"各 1 项，实现了包括教育部海外名师等国外引智高水平外专项目的全覆盖。

3.优化国际学生教育。充分挖掘韩国教育资源，打造"韩国来华留学生首选项"品牌。修订国际学生管理规定，加强课程建设，粒子物理与原子核物理等 5 个方向实现全英文授课。年内有来自美、日、韩、俄等 21 个国家的近千名长短期国际学生来校学习。

(六)校地合作不断深入

1.做好顶层设计。以《深入推进校地合作共建协议》《服务威海市新旧动能转换行动方案》为抓手，全面加强同威海市各部门的合作交流，制定《校地合作共建需求对接方案》，全方位服务地方经济社会发展。山东大学科技园、威海发展研究院等重点合作平台稳步推进。

2.加强服务地方。对接自主创新示范区建设，联合国家航天局、国家天文台、文登区共建空间碎片监测标准示范站，已进入实施阶段；与斯威本科技大学、临港区政府等共建先进制造技术联合研究中心，引进了山东大学碳纤维研发团队，先进薄膜研发中心迅速实现技术产业化应用，为企业创造效益近1000万元。作为全国优秀科普教育基地，天文台年对外开放150余次，科普受众12000多人。面向社会开放艺术展演、学术讲座、文化普及等，越来越多的威海市民享受到优质的高等教育资源，大学文化的软实力不断彰显。

（七）管理服务保障水平有效提升

1.加强作风建设。积极推进职能部门"放管服"，优化工作流程100余项。出台《机关作风建设评议办法》《机关工作人员首接负责制实施办法》，深入推进作风建设，进一步提升管理效能。制定《关于加强督促检查工作的实施办法》，做好对校区重大决策部署的督查，确保工作落实。

2.大力推进民生工程。加强财务管理，努力提高教职工收入。威海市立医院山大门诊部揭牌成立，体育中心建成并投入使用，专家公寓项目已顺利封顶，材料与空间科研楼、新工科与交叉学科科研楼已完成立项，教学科研生活空间有了进一步改善。

3.信息化建设步伐加快。推进"智慧校园"建设，获得合作银行1.1亿元资金支持建设智慧校园，资产管理服务信息系统运行，全年新建51间智慧教室。图书馆获2017～2018年度中国高等教育文献保障系统（CALIS）联合目录——馆藏数据库、日文数据库、小语种数据库建设先进单位奖等3个奖项。

4.优化资源配置。全面核查各单位用房情况，为实施教学科研用房绩效考核、有偿使用打好基础。加强实验室建设，批准立项9个实验室建设项目，5个项目获批山东大学实验室软件建设立项。

5.推动和谐校园建设。深入开展校园安全隐患排查整改工作，加强物防技防，规范校园交通秩序，安全工作防线不断完善。全年开展各类修缮工作80余项，对部分教师周转公寓、电子楼、学生公寓等进行维修改造，完成紫薇园、樱花林等工程，校园更加美化、绿化。

各位代表、同志们，过去一年的成就令人瞩目，也催人奋进。在肯定成绩的同时，我们也要清醒地认识到，与山东大学实现"由大到强"的历史性转变的要求相比，我们思想解放还不够，破解发展难题的措施还不多，以师生为本的理念落实得还不到位，学科建设与"双一流"建设要求还有较大差距，高层次人才稀缺，科技工作和服务地方的能力有待进一步提升，科学管理、规范管理的水平不高。这些问题和不足已经越来越成为制约校区发展的瓶颈，我们必须高度重视，认真解决。

二、2019年主要工作

2019年，威海校区党政工作的指导思想是：坚持以习近平新时代中国特色社会主义思想为统领，将学校第十四次党代会精神作为破解发展难题的金钥匙，对标《贯彻十九大精神 推进"双一流"建设行动方案（2018～2020年）》，抢抓机遇，强化担当，主动谋大事、干大事、成大事，加速推进校区"双一流"建设，为山东大学加快实现"由大到强"的历史性转变作出威海贡献。

年度常规工作我就不一一细说了，在完成好各项常规工作的同时，主要做好以下几个方面的工作：

(一)深化关键领域改革

1.推进学科现代化

根据山东大学学科现代化建设要求，面向世界科技前沿、国家战略和山东新旧动能转换需求，依托优势学科，建设1～2个学科交叉融合创新平台，争取获得学校大平台建设经费支持，带动学科换代升级。前沿交叉科学研究院要加快人才队伍引育和整合，积极面向重大科学问题，开展前沿交叉科学的探索研究，努力承担重大项目，产出若干具有较大显示度的学术成果，使之成为校区乃至山东大学新的学科增长点。

2.深化综合改革

根据山东大学强院兴校改革的总体要求，推动学院实体化改革，有效提升学院发展活力，加快推进校区学院的更名工作。根据校区学科建设需要，参考已有经验，遴选学院试点推行人事制度改革，在整体架构、聘用管理、薪酬评价等方面，建立以PI制为核心的用人机制和科研组织体系，实行岗位流动制度和人员分类管理考核。

3.加强科技创新

依托前沿交叉科学研究院，设立种子基金，并在校区层面推行学术沙龙，鼓励学院、教师打破学科壁垒，开展学科交叉，孵化催生新的学科亮点。面向校区设立创新基金，瞄准科技前沿和经济社会发展需要，引导、加强学术团队整合与平台建设，以“形成大团队、承担大项目”为目标，推动科研内涵发展。

(二)抓好有关重点工作

1.加强党建和思想政治工作

深入学习宣传贯彻习近平新时代中国特色社会主义思想和党的十九大精神。根据中央有关要求，开展“不忘初心，牢记使命”主题教育，做好山东大学第十四次党代会精神宣传贯彻落实工作。统筹构建十大育人体系，扎实开展大学生理想信念教育，强化对团员青年的思想引领，提升学生思想政治教育工作质量。严格落实意识形态工作责任制，发挥“互联网＋宣传”优势，深入挖掘校区办学特色和亮点，争取在省级以上主流媒体进行1～2次宣传报道，提高社会美誉度。依据领导班子任期目标和中长期发展规划，抓好中层领导干部考核，增强领导班子的凝聚力和战斗力。鼓励和支持青年干部教师到政府和企事业单位挂职，推进干部的校内外交流。深入开展“双带头人”培育和“对标争先”建设，提升党建工作水平。规范程序要求，做好师生尤其是教学科研骨干、学术带头人等群体的党员发展工作。严格贯彻中央“八项规定”精神，落实首接负责制，以“钉钉子精神”抓好作风建设。进一步落实“一岗双责”，强化监督执纪问责，推动全面从严治党向纵深发展。

2.狠抓学科建设

学科建设要贯彻“扶优扶强”“瘦身、长高、增强”的要求，坚持制度激励与动态调整相结合，加快提升学科建设整体水平。空间学科要尽快启动国家重大科技基础设施子午工程二期和有关重大专项部分观测设施的研发和建设工作；以入选“山东大学攀登计划”创新团队为契机，继续推进学科交叉发展、联合攻关的大团队建设模式，争取获批更高层次的科研平台。东北亚研究要以成立国际问题研究院为契机，进一步整合队伍，努力打造国际问题研究高端智库，争取获得3项以上国家重点项目。海洋学科要围绕蓝色经济区、海上粮仓建设，力争新立项省部级以上项目15项。加强东北亚经贸与跨境电子商务、马克思主义文艺理论、概率论与数理统计等方向，推进机器人技术与海洋科学、信息学科与空间科学的交叉，提升学科建设整体水平。做好“山东大学学科激励计划”的遴选与培育工作。按照学科建设KPI绩效管理办法，对学科建设情况进行评估，调整1～2个建设成效不明显、发展前景不突出的学科硕士点。

3.加强人才队伍建设

要按照“主动、联动”的要求，落实人才工作目标责任制，主动破除人才管理体制机制障碍，用足用好各级各类人才政策，在子女入学、家属就业、社会保障等细节上加强联动，加快形成更加有效的人才管理和人力资源工作格局。要做好各研究团队的人才引育、服务工作，鼓励平台和团队积极探索与国际接轨的新机制、新办法，在用人机制、晋升考核、薪酬分配等方面先行先试。落实《“双一流”建设行动方案》中关于人才引育的要求，力争引进50名左右中青年高水平教师，其中“山大杰青”及以上层次人选、齐鲁青年学者等高水平人才不少于5人。建立完善与岗位职责、工作业绩、实际贡献等紧密联系的多元考核评价机制。

4.提高人才培养质量

积极推进跨校区本科教学资源共建共享工作。持续优化专业结构，不断加强新工科建设。积极开展本科教改项目建设，在现有拔尖人才、卓越人才、复合人才的创新人才培养体系基础上，再建设2～3个校级平台，开展教学名师、教学团队评选，做好精品课程和优质课程的升级改造；探索开展荣誉课程建设，打造“金课”，淘汰“水课”。整合创新创业教育资源，建设校区创新创业中心，抓好“稷下创新讲堂”“齐鲁创业讲堂”等通识教育品牌课程，实现创新创业教育与通识教育的有机融合。力争在“挑战杯”“互联网＋”等各类高水平竞赛中取得新的突破。拓展毕业生就业市场，加大宣传力度，确保就业率保持在较高水平。加强研究生的国际化培养，争取博士研究生具有海外经历达到20％以上、硕士学术学位研究生达到10％以上。

5.提升科技创新和服务地方能力

重点抓好国家自然科学基金创新研究群体项目、国家杰出青年科学基金项目等的申报工作，加强人文社科项目培育，争取国家社科基金重大项目、教育部哲学社会科学研究重大课题攻关项目等新立项5项；要突破传统思维，打破地域局限，统筹学校一体发展的资源，在构建平台和汇聚团队上下功夫，在抓好纵向项目的同时积极拓展横向科研，2019年科研经费力争达到9000万元。扎实推进服务威海行动计划，加快“先进制造技术联合研究中心”建设，落实与威海市和环翠区等单位的合作协议，提高服务地方的能力。

6.推进国际化战略

以争取办成国内中外合作办学前三名为目标，高标准做好“山东大学澳国立联合理学院”各项工作。继续实施国际合作网络优化提升工程，争取与3所以上世界前200位的高校签订合作协议。以中外合作办学项目为依托，将学生学位项目推进至研究生层次。强化人才国际化培养特色，做好学生海外经历工作，努力实现2019年派出各类学生700人的目标，争取2个项目入选国家留学基金委“优本”项目。大力实施国际学生招生拓展计划,力争实现年度招收各类国际学生超过 1000 人。

7.提升管理服务水平

将 2019 年确定为“管理服务质量提升年”,狠抓科学管理、规范管理,推进“放管服”改革,提高管理服务质量。挖掘收入潜力,加强支出预算管理和内部控制建设,确保 2019 年顺利实施政府会计制度。完善资产管理服务系统,构建开放共享的实验教学平台体系,狠抓实验室安全管理。做好校园网优化升级改造,加强网络安全管理。完成材料与空间科学科研楼、新工科与交叉学科科研楼项目前期准备工作,保证工程顺利开工。抓好食品安全卫生,构建校园安防智能管理平台和应急指挥中心,建设平安校园。

(三)做好师生关心的实事

为进一步贯彻落实学校第十四次党代会精神,不断提高师生的获得感、幸福感、自豪感,2019 年要做好服务师生六件实事:

1.图书馆全年无休开放,扩大教师阅览专区,增设学者交流研讨室,免费向校内读者提供查收查引和科技查新服务。

2.建设智慧校园统一门户,构建跨部门、一站式、个性化的公共服务平台。

3.完成各教学楼的教师休息室改造。

4.稳步提高研究生奖助水平。

5.为学生公寓安装空调。

6.完成专家公寓建设和装修。

各位代表、同志们,2019 年是中华人民共和国成立 70 周年,是贯彻落实山东大学第十四次党代会精神的开局之年,是威海校区实施《“双一流”建设行动方案》的关键一年。重要节点的交汇标注着历史前行的印迹,也时刻提醒我们使命在心、责任在肩。打造“双一流”建设新亮点,是威海校区在山东大学创建世界一流大学征程上的庄严承诺。我们要坚定斗志、只争朝夕,攻坚克难、善作善成,以昂扬奋进的姿态不断开创校区“双一流”建设新局面,为山东大学创建世界一流大学而不懈奋斗!

在纪念五四运动100周年暨优秀学生表彰大会上的讲话

（2019年5月5日）

山东大学(威海)党工委书记　尹作升

各位老师、同学们：

大家晚上好！

今天，我们在这里共同纪念五四运动100周年，对过去一年来校区青年师生中的先进集体和个人进行表彰。在此，我代表校区党工委，向全校青年师生致以节日的问候！向受到表彰的先进集体和个人表示热烈的祝贺！同时也借此机会，向一直以来关心青年师生成长，为青年事业付出辛勤汗水的教职员工表示衷心的感谢！

100年前爆发的五四运动，是一场以先进青年知识分子为先锋、广大人民群众参加的彻底的反帝反封建的伟大爱国运动，其所倡导的爱国、进步、民主、科学精神至今仍是激励我们的宝贵精神财富，犹如闪亮的灯塔，指引着亿万中华儿女在新时代新征程上锐意进取、奋发有为。

五四运动以来的100年，记载了中华民族从站起来、富起来到强起来的壮阔历程。在五四精神的照耀下，一代又一代的青年接续奋斗、凯歌前行，用青春之我创造青春之中国、青春之民族，谱写了一首首青春无悔、青春激昂的拼搏之歌。

一个时代有一个时代的主题，一代人有一代人的使命。党的十八大以来，习近平总书记高度重视青年和青年工作，通过座谈、回信等多种形式，谈理想信念，谈爱国奉献，谈干事创业，可谓是谆谆教诲，语重心长，对广大青年寄予厚望。4月30日，习近平总书记在纪念五四运动100周年大会上的讲话中指出："青年是整个社会力量中最积极、最有生气的力量，国家的希望在青年，民族的未来在青年。"他强调："新时代中国青年要继续发扬五四精神，以实现中华民族伟大复兴为己任，不辜负党的期望、人民期待、民族重托，不辜负我们这个伟大时代。"习近平总书记对青年提出了六点希望，为青年的成长提供了遵循，为青春的航向指明了方向。

100年前，五四青年慨然高呼："中国不亡，有我。"100年后，新时代青年更是高呼："中国必强，有我！"同学们，作为新时代青年的一员，你们恰逢中华民族发展的最好时期，可谓生逢其时，重任在肩，希望大家继续发扬伟大的五四精神，勇做走在时代前列的奋进者、开拓者、奉献者，为实现中华民族伟大复兴贡献青春和力量，努力成长为名副其实的"强国一代"。在这里，我向大家提几点希望和要求：

第一，志存高远，做有理想的“强国一代”

习近平总书记在十九大报告中指出：“广大青年要坚定理想信念，志存高远，脚踏实地，勇做时代的弄潮儿。”中国特色社会主义是我们党带领中国人民在长期的实践中，历尽千辛万苦才找到的唯一正确的道路，也是广大青年人的理想和追求。希望同学们把个人理想与强国建设统一起来，把个人奋斗与民族复兴统一起来，把个人小我与祖国大我统一起来，切实增强“四个意识”、坚定“四个自信”、做到“两个维护”，坚定跟党走中国特色社会主义道路的信念，认真学习习近平新时代中国特色社会主义思想，正确认识历史发展规律，准确把握中国国情民情，自觉弘扬爱国主义、集体主义精神，努力为共同理想和目标奉献青春智慧，书写青春华章。

第二，勤奋学习，做有本领的“强国一代”

“胸藏文墨虚若谷，腹有诗书气自华。”学习是成长进步的阶梯，实践是提高本领的途径。大学生涯正是青年人学习的黄金时期，希望同学们珍惜美好的青春年华，始终把学习放在首要位置，作为一种人生态度、生活方式，既要努力学习专业知识，又要广泛涉猎，融会贯通，不断丰富自己的知识结构和层次，善于将理论与实践相结合，在实践中练就本领、增长才干。同时，还要修身立德，努力做到明大德、守公德、严私德，将更有高度、更有境界、更有品位作为人生追求。希望同学们能够始终严格要求自己，在勤奋学习中激发青春远航的动力，在掌握本领中积累青春奋斗的力量，不断追求卓越，与广大优秀青年学子肩并肩一道，乘新时代东风，成就无悔于青春、无愧于时代的事业。

第三，牢记使命，做有担当的“强国一代”

敢于担当、勇于创新是青年学生应有的品质，也是重任所系、使命所在。当今中国，最鲜明的时代主题就是实现“两个一百年”奋斗目标、实现中华民族伟大复兴的中国梦，当代青年要想有所作为，就必须积极投身于同心筑梦的伟大奋斗，积极融入民族复兴的历史进程。希望同学们能够与祖国同呼吸、共命运，胸怀忧国忧民之心、爱国爱民之情，做积极的行动者，引领时代潮流。希望同学们自觉强化使命担当，敢于拼搏，勇于创新，识大体，顾大局，扛起时代赋予的历史重任，积极投身于建设社会主义现代化强国、实现中华民族伟大复兴的奋斗之中，将知难不畏的勇气、化危为机的底气和海纳百川的大气凝聚成当代青年百折不挠、接力奋斗、砥砺前行的青春气概。

党的十九大报告指出：“青年兴则国家兴，青年强则国家强。”青年是祖国的未来、民族的希望，也是我们党的未来和希望。校区各级党组织都要站在党的事业薪火相传的高度，做好新形势下的学团工作，切实加强和改进对学团工作的领导。各级学团组织要从当好党和青年桥梁纽带这一目标出发，不断强化政治性、先进性、群众性，努力做到“党有号召，团有行动”，锐意改革创新，不断提高组织青年、引领青年、服务青年的能力。

老师们、同学们，新时代是奋斗者的时代，是广大青年砥砺奋进、追求卓越的时代，新时代呼唤新青年，希望同学们继承五四传统，弘扬五四精神，积极响应时代号召，牢记使命，脚踏实地，在实现山大梦、中国梦的生动实践中放飞青春梦想，以青春之我、奋斗之我成就青春之山大、青春之中华！

在2019届毕业生毕业典礼上的讲话

（2019年6月23日）

山东大学副校长、山东大学（威海）校长　刘建亚

亲爱的同学们、老师们，各位来宾：

大家好！

今天我们在这里隆重举行2019届毕业生毕业典礼。在此，我代表学校全体师生员工，向大家即将开始新的人生旅程表示热烈的祝贺和美好的祝愿，也向辛勤培育、关心诸位成长的老师、家长致以崇高的敬意和衷心的感谢！

四年前，你们选择了以“为国育贤”为己任的山东大学，选择了拥有蓝天碧海的威海校区，选择了你们自由翱翔的天空。四年来，你们在这里见证了祖国取得的一系列历史性成就：屠呦呦获得诺贝尔医学奖，中国女排时隔12年再夺奥运冠军，首艘国产航母下水，嫦娥四号实现人类首次月球背面软着陆，等等。我们从来没有像今天这样更加接近中华民族伟大复兴中国梦的实现。

四年来，你们见证了学校在人才培养、科学研究、社会服务、文化传承创新、国际交流合作等方面取得的显著成绩。山东大学入选为“双一流”建设A类高校，校区教授入选“长江学者”“万人计划”等高水平人才称号，5名教师为“嫦娥四号”探月作出贡献，多个项目获得国家基金资助，多项科研成果获得省部级奖励，与澳大利亚国立大学开展全面合作，新的学生宿舍、体育训练馆建成使用，等等。奋进中的威海校区正在以全新的姿态，努力打造山东大学“双一流”建设的新亮点。

四年来，同学们奋发有为，以青春的名义，在威海校区的天空划出绚烂的人生彩虹。空间科学与物理学院的张凯同学，你从高考压线入校到发表3篇SCI，课堂上专注的眼神和实验室里辛勤的汗水让你实现了逆袭，祝愿你今后为国家基础物理研究作出新的贡献。数学与统计学院的闫艺同学，校级三好学生、美国大学生数学建模竞赛获奖，这些荣誉是你刻苦攻读的证明；收到芝加哥大学、哥伦比亚大学、约翰斯·霍普金斯大学等国际名校的offer，是对你勤奋付出的回报，祝愿你保持对数学的好奇心，不断取得新成绩。机电与信息工程学院的东旭光同学，16项省级以上获奖、7项授权专利、1篇第一作者EI论文，你是同学心中的工科“男神”，希望你在以后的学习道路上为我国机械工程领域的发展奉献力量。文化传播学院的梅奥琪同学，当青春遇上迷彩，手握钢枪，保家卫国，“十佳新兵”的称号闪耀着男子汉的荣光，期待你在军旅生涯中为祖国的国防事业再立新功。当然，在2019届毕业生同学中，有1000余名同学将到清华大学、北京大学等高水平大学

攻读研究生;有300余名同学赴斯坦福大学、哥伦比亚大学等世界一流大学深造;还有一些同学响应国家号召,服务基层,扎根西部;等等。诸位同学都将结束大学的教育,奔赴新的人生旅程。"大学之道,在明明德,在新民,在止于至善。"正是因为一届届莘莘学子弦歌不辍,继往开来,大学的精神才得以绵延赓续,日进日新!

英国教育家纽曼说:"大学不培养政治家,不培养作家,也不培养工程师,大学首先培养的是灵魂健全的、达到博雅高度的、具有完整人格的人。"借此机会,我想与诸位交流几点思考,与大家共勉。

第一,要做理想引领的追梦者。法国作家勒庞的《乌合之众》这本书告诉我们:当一个人融入了群体后,他的个性都会被这个群体所淹没,他的思想就会被群体的思想所取代。毋庸讳言,我们如今身处的社会正在激烈地变革,拜金主义和犬儒主义一时甚嚣尘上。希望即将步入社会的诸位,不要执念于周围,不要纠结于物质,而要坚持理想,面向远方。"青年要敢于有梦,勇于追梦。"今年既是新中国成立70周年,也是甲午中日战争125周年。诸位在山东大学求学,身处的威海乃当年的国殇之地,历史与当下的交织、时间与空间的重叠,再次提醒所有的山大学子:"公家设立学堂,是为天下储人材,非为诸生谋进取;诸生来堂肄业,是为国家图富强,非为一己利身家。"自立基以来,肇始于中华民族救亡图存之际的山东大学,始终把学子的使命与文明的进程、社会的发展、国家的兴衰融为一体。百余年来,从这里走出的共和国元帅、科学巨匠、艺术名家、商界精英和众多的社会栋梁,都秉承着这份理想,践行着这份责任,为国家、为民族、为社会作出属于山大人的贡献。新时代是奋斗者的时代,更是追梦人的舞台。相信你们作为新一届山大人,也将高擎理想火炬,在伟大时代担当前行。

第二,要做知行合一的实践者。"知之非艰,行之惟艰。"诸位即将大学毕业,于知识上应有所收获,但是如何将所学、所思、所悟在今后的人生道路上践行,真正做到知行合一,还需要下一番功夫。这里我要讲一下翻译学院的王金梦同学的故事,生于农村、长于农村的经历,使得王金梦同学对农民、农村比同龄人有更切身的体会。在校期间,她和同学组成团队,积极参加社会实践,从家乡的耕地问题到农村的厕所改革,从农民弃耕抛荒到宗族谱牒文化,每一次深入农村、每一回田间访谈、每一份执着坚持,都是对知识的升华、对思想的洗礼,山东省社会实践优秀学生、"调研中国"年度最佳等各种荣誉是对王金梦同学和她的团队最好的激励,她们用实践的脚步诠释着山大学子应有的家国情怀。学校"学无止境,气有浩然"的校训石对面有两尊石刻,一尊是"崇实",另一尊是"敬事"。对求知,我们应抱有学无止境的态度;于做事,我们要有气有浩然的担当;把这两者联系在一起的,就是我们每一位山大人都应体现的校风——崇实求新。相信你们作为新一届山大人,定能"乘风好去,长空万里,直下看山河"。

第三,要做道德良知的坚守者。哲学家康德讲过:"有两种东西,我们愈加思考,则愈加敬畏,那就是头顶的星空和心中的道德法则。"一段时间以来,"你永远都无法叫醒一个装睡的人""雪崩时,没有一片雪花觉得自己有责任",这些言辞引起了广泛的社会反思,"扶不扶""不让座"等挑战公众底线的失范行为引起了对社会转型期的道德追问。曾几何时,"以德立身"的道德教诲让我们这个社会走向文明;如是今世,"心中的道德准则"居然成为某种意义上的精神缺失和心灵拷问,俨然是一种奢侈品。作为山大的学子,我们身处的齐鲁大地，自古文脉兴盛，先贤辈出，孔孟之道、颜曾之行都为我们树立了道德的丰碑，同学们浸润其间，必然有所教化。大学教育的本质是以文化人的德性形成，学校高度重视对于道德的培育，倡导老师在课堂授业、解惑的同时，更注重立德、传道；学校在通识教育中开设了“国学修养”“艺体审美”课程，设立了“稷下讲坛”“大使讲坛”，开展了各类班级文化建设和社会实践活动，所做的这些都是希望诸位在经过山东大学的学习、教育后，所澄明的同理心、道德心，能够构筑起我们坚守良知、区分真伪、辨别善恶的精神堡垒。冯友兰先生曾提出人生四境界，相信你们作为新一届山大人，将在道德境界中达到新的人生高度。

诸位同学，今天你们将从这里出发，这里有你们的青春，有你们的芳华，母校是你们永远不变的牵挂，不论飞得多高多远，山大威海是你们永远的家！欢迎诸位常常回家！

重要文件

山东大学(威海)2019年党政工作要点

山大威党字〔2019〕3号

2019年,威海校区党政工作的指导思想是:坚持以习近平新时代中国特色社会主义思想为统领,将学校第十四次党代会精神作为破解发展难题的金钥匙,对标《山东大学(威海)学习贯彻十九大精神 推进"双一流"建设行动方案(2018～2020年)》(山大党字〔2018〕15号),抢抓机遇,强化担当,主动谋大事、干大事、成大事,加速推进校区"双一流"建设,为山东大学加快实现"由大到强"的历史性转变作出威海贡献。

一、深化关键领域改革

(一)推进学科现代化

1.根据山东大学学科现代化建设要求,面向世界科技前沿、国家战略和山东新旧动能转换需求,依托优势学科,建设1～2个学科交叉融合创新平台,争取获得学校大平台建设经费支持,带动学科换代升级。(主要责任单位:学科建设与研究生处)

2.加快前沿交叉科学研究院建设。强化人才队伍引育和整合,积极面向重大科学问题,开展前沿交叉科学的探索研究,努力承担重大项目,产出若干具有较大显示度的学术成果,使之成为校区乃至山东大学新的学科增长点。(主要责任单位:学科建设与研究生处)

(二)深化综合改革

1.根据山东大学强院兴校改革的总体要求,推动学院实体化改革,有效提升学院发展活力,加快推进校区学院更名工作。(主要责任单位:人事处、学校办公室)

2.根据校区学科建设需要,参考已有经验,遴选学院试点推行人事制度改革,在整体架构、聘用管理、薪酬评价等方面,建立以PI制为核心的用人机制和科研组织体系,实行岗位流动制度和人员分类管理考核。(主要责任单位:人事处)

(三)加强科技创新

1.依托前沿交叉科学研究院,设立种子基金,并在校区层面推行学术沙龙,鼓励学院、教师打破学科壁垒,开展学科交叉,孵化催生新的学科亮点。(主要责任单位:学科建设与研究生处)

2.面向校区设立创新基金,瞄准科技前沿和经济社会发展需要,引导、加强学术团队

整合与平台建设，以“形成大团队，承担大项目”为目标，推动科研内涵发展。（主要责任单位：科研处）

二、扎实推进重点工作

（一）加强党建和思想政治工作

1.深入学习宣传贯彻习近平新时代中国特色社会主义思想和党的十九大精神。做好山东大学第十四次党代会精神宣传贯彻落实工作。（主要责任单位：宣传统战部）

2.根据中央有关要求，开展“不忘初心，牢记使命”主题教育。（主要责任单位：组织部）

3.加强和改进思想政治工作。提升思想政治理论课教育教学质量，推进实践教学改革。统筹构建十大育人体系，扎实开展大学生理想信念教育，强化对团员青年的思想引领，提升学生思想政治教育工作质量。[主要责任单位：宣传统战部、学生处、团委、马克思主义学院(威海)]

4.加强政治安全建设。牢牢把握意识形态工作领导权、主动权，不断增强风险意识、底线思维。在教师引进、课程建设、教材选用、学术活动等方面把好政治关。强化网络安全管理工作，提升宗教工作能力和水平，确保意识形态阵地可管可控。（主要责任单位：宣传统战部）

5.加强宣传统战工作。发挥“互联网＋”宣传优势，加强新媒体建设，深入挖掘校区办学特色和亮点，加大在省级以上主流媒体宣传报道力度，提高社会美誉度。加强民主党派队伍建设，做好“百名专家联百企”活动。（主要责任单位：宣传统战部、各基层党委）

6.依据领导班子任期目标和中长期发展规划，抓好中层领导干部考核，增强领导班子的凝聚力和战斗力。（主要责任单位：组织部）

7.建设忠诚干净担当的高素质干部队伍。大力培养使用优秀年轻干部，做好优秀青年教师和年轻干部校内双向挂职锻炼“双百人计划”，鼓励和支持青年干部教师到政府和企事业单位挂职。加强干部培训，分层次分类别开展干部专题培训班，抓好党的理论教育和党性教育，持续开展专业能力培训和知识培训。（主要责任单位：组织部）

8.深入开展教师党支部书记“双带头人”培育工程和基层党组织“对标争先”建设计划，提升党建工作水平。（主要责任单位：组织部）

9.规范程序要求，做好师生尤其是教学科研骨干、学术带头人、海外留学归国人员等群体的党员发展工作。开展“弘扬爱国奋斗精神，建功立业新时代”活动，不断赋予爱国奋斗精神以新的时代内涵。（主要责任单位：组织部、各基层党委）

10.严格贯彻中央“八项规定”精神，落实首接负责制，以钉钉子精神抓好作风建设。（主要责任单位：机关党委、校区各单位）

11.加强党风廉政建设，进一步落实“一岗双责”，强化监督执纪问责，推动全面从严治党向纵深发展。（主要责任单位：纪检监察审计办公室）

（二）狠抓学科建设

1.学科建设要贯彻“扶优扶强”“瘦身、长高、增强”的要求，坚持制度激励与动态调整相结合，加快提升学科建设整体水平。（主要责任单位：学科建设与研究生处）

2.空间学科要尽快启动国家重大科技基础设施子午工程二期和有关重大专项部分观测设施的研发和建设工作;以入选山东大学"攀登计划"创新团队为契机,继续推进学科交叉发展、联合攻关的大团队建设模式,争取获批更高层次科研平台。(主要责任单位:空间科学与物理学院)

3.东北亚研究要以成立国际问题研究院为契机,进一步整合队伍,努力打造国际问题研究高端智库,争取获得3项以上国家重点项目。海洋学科要围绕蓝色经济区、海上粮仓建设,力争新立项省部级以上项目15项。(主要责任单位:东北亚学院、海洋学院)

4.加强东北亚经贸与跨境电子商务、马克思主义文艺理论、概率论与数理统计等方向,推进机器人技术与海洋科学、信息学科与空间科学的交叉,提升学科建设整体水平。做好"山东大学学科激励计划"的遴选与培育工作。(主要责任单位:学科建设与研究生处、相关学院)

5.按照学科建设KPI绩效管理办法,对学科建设情况进行评估,调整1～2个建设成效不明显、发展前景不突出的学科硕士点。(主要责任单位:学科建设与研究生处)

(三)加强人才队伍建设

1.按照"主动、联动"的要求,落实人才工作目标责任制,主动破除人才管理体制机制障碍,用足用好各级各类人才政策,在子女入学、家属就业、社会保障等细节上加强联动,加快形成更加有效的人才管理和人力资源工作格局。(主要责任单位:人事处)

2.做好各研究团队的人才引育、服务工作,鼓励平台和团队积极探索与国际接轨的新机制、新办法,在用人机制、晋升考核、薪酬分配等方面先行先试。(主要责任单位:人事处)

3.落实《"双一流"建设行动方案》中关于人才引育的要求,力争引进50名左右中青年高水平教师,其中"山大杰青"及以上层次人选、"齐鲁青年学者"等高水平人才不少于5人。(主要责任单位:人事处)

4.建立完善与岗位职责、工作业绩、实际贡献等紧密联系的多元考核评价机制。(主要责任单位:人事处)

(四)提高人才培养质量

1.积极推进跨校区本科教学资源共建共享工作。(主要责任单位:教务处)

2.持续优化专业结构,不断加强新工科建设。(主要责任单位:教务处)

3.积极开展本科教改项目建设,在现有拔尖人才、卓越人才、复合人才的创新人才培养体系基础上,探索校区人才培养新模式;开展教学名师、教学团队评选,做好精品课程和优质课程的升级改造;探索开展荣誉课程建设,打造"金课",淘汰"水课"。(主要责任单位:教务处)

4.整合创新创业教育资源,建设校区创新创业中心,抓好"稷下创新讲堂""齐鲁创业讲堂"等通识教育品牌课程,实现创新创业教育与通识教育的有机融合。力争在"挑战杯""互联网+"等各类高水平竞赛中取得新的突破。(主要责任单位:教务处、团委)

5.拓展毕业生就业市场,加大宣传力度,确保就业率保持在较高水平。(主要责任单位:学生处)

6.加强研究生的国际化培养,争取博士研究生具有海外经历达到20%以上、硕士学

术学位研究生达到10%以上。(主要责任单位:学科建设与研究生处、国际处)

7.积极适应继续教育形势的变化,拓宽办学领域,不断提高办学质量,打造教育培训品牌,切实满足社会需求。(主要责任单位:继续教育学院)

(五)提升科技创新和服务地方能力

1.重点抓好国家自然科学基金创新研究群体项目、国家杰出青年科学基金项目等的申报工作,加强人文社科项目培育,争取国家社科基金重大项目、教育部哲学社会科学研究重大课题攻关项目等国家级项目新立项5项。(主要责任单位:科研处)

2.突破传统思维,打破地域局限,统筹学校一体发展的资源,在构建平台和汇聚团队上下功夫,在抓好纵向项目的同时,积极拓展横向科研,2019年的科研经费力争达到9000万元。(主要责任单位:科研处)

3.扎实推进服务威海行动计划,加快"先进制造技术联合研究中心"建设,落实与威海市和环翠区等单位的合作协议,提高服务地方能力。(主要责任单位:学校办公室、科研处、机电与信息工程学院)

(六)推进国际化战略

1.以争取办成国内中外合作办学前三名为目标,高标准做好山东大学澳国立联合理学院各项工作。(主要责任单位:国际教育学院)

2.继续实施国际合作网络优化提升工程,争取与3所以上世界前200位的高校签订合作协议。(主要责任单位:国际处)

3.以中外合作办学项目为依托,将学生学位项目推进至研究生层次。(主要责任单位:国际处、学科建设与研究生处)

4.强化人才国际化培养特色,做好学生海外经历工作,努力实现2019年派出各类学生700人的目标,争取2个项目入选国家留学基金委"优本"项目。(主要责任单位:国际处)

5.大力实施国际学生招生拓展计划,力争实现年度招收各类国际学生超过1000人。(主要责任单位:国际处)

(七)提升管理服务水平

1.开展"管理服务质量提升年",狠抓科学管理、规范管理,推进"放管服"改革,提高管理服务质量。(主要责任单位:学校办公室、机关党委)

2.挖掘收入潜力,加强支出预算管理和内部控制建设,确保2019年顺利实施政府会计制度。(主要责任单位:财务处)

3.完善资产管理服务系统,构建开放共享的实验教学平台体系,狠抓实验室安全管理。(主要责任单位:资产与实验室管理处)

4.加快信息化建设,做好校园网优化升级改造,加强网络安全管理。(主要责任单位:网络与信息管理中心)

5.完成材料与空间科学科研楼、新工科与交叉学科科研楼项目前期准备工作,保证工程顺利开工。(主要责任单位:基建处)

6.做好饮食保障、楼宇修缮、暖气改造以及校园绿化美化等工作,切实提升后勤保障水平。(主要责任单位:后勤管理处)

7. 建立健全安全稳定工作各项机制，强化安全教育实效。构建校园安防智能管理平台和应急指挥中心，扎实推进平安校园建设。（主要责任单位：保卫处）

三、做好师生关心的实事

1. 实现图书馆全年无休开放，扩大教师阅览专区，增设学者交流研讨室，免费向校内读者提供查收查引和科技查新服务。（主要责任单位：图书馆）

2. 建设智慧校园统一门户，构建跨部门、一站式、个性化的公共服务平台。（主要责任单位：网络与信息管理中心）

3. 完成各教学楼的教师休息室改造。（主要责任单位：教务处、后勤管理处、资产与实验室管理处）

4. 稳步提高研究生奖助水平。[主要责任单位：学生工作部(处)]

5. 为学生公寓安装空调。[主要责任单位：后勤处、学生工作部(处)]

6. 完成专家公寓建设和装修。（主要责任单位：基建处）

山东大学(威海)机关及直属单位“管理服务质量提升年”实施方案

山大威党综字〔2019〕3号

为全面提升校区管理服务水平，以科学管理、精致服务助力校区“双一流”建设，校区研究决定将2019年确定为机关及直属单位“管理服务质量提升年”。具体实施方案如下。

一、目标与原则

(一)工作目标

紧紧围绕“双一流”建设，聚力“做强学科，做强学院”两大重点，全面提升校区机关及直属单位管理服务水平，把管理服务的科学化、精细化、高效化、人性化要求真正落实到机关及直属单位日常工作中，建立完善适应“双一流”建设要求的机关及直属单位管理服务工作体系。

(二)基本原则

一是坚持解放思想，彻底更新观念，树立服务至上理念，增强为学院和师生服务的思想自觉和行动自觉。

二是坚持换位思考，以学院的发展需要为出发点和落脚点，积极回应广大师生提出的服务需求。

三是坚持问题导向，聚焦薄弱环节和突出问题，立行立改、标本兼治，增强师生员工的满意度和认同感。

四是坚持综合施策，增强各项工作的系统性和协同性，做好增值服务、特色服务，实现校区管理质的飞跃。

二、任务与举措

(一)转变机关作风行动

1. 强化服务意识，坚持“全心全意服务师生，尽职尽责争创一流”，全面推行首接负责制，落实公开服务承诺，实现“师生办事最多跑一趟”。

2. 力戒形式主义，减少文件和会议数量，减少督查检查考核事项频次，减少“填表报数报材料”，避免“过度留痕”，为学院和师生减负。

3. 加强协同联动，坚持“一体发展”战略，推进校区与校本部对口部门之间、校区职能部门之间、校区部门与学院之间的“三个协同”。

4.推进“放管服”,取消学科建设经费、实验室建设经费职能部门双签,取消科研项目资金支付审签,取消财务报销电子发票认证,解决科研经费“报销繁”问题,建立人才引进的“一站式服务”,推行出国(境)手续办理“代领代办”服务,为教师申报科研项目提供到校本部的集中代办服务。

5.服务院部发展,启动“机关服务学院发展现场办公”活动,把帮助解决学院发展需求和实际困难列入年度任务,扎实推进,通过联络专员体系实现需求信息的互通共享,推进合作资源、校友资源与学院发展的精准对接。

(二)推进依法治校行动

1.创新管理理念,组织开展2～3次现代大学管理专题培训,分批次开展干部实践考察。

2.完善制度建设,根据“强院兴校”改革总体要求,全面梳理规章制度,做好“废改立”工作,出台加强公房出租出借管理、鼓励学院增加收入来源等方面的政策文件。

3.推进科学决策,严格执行各类决策会议制度,编制好《每日信息》,定期发布《综合校情分析报告》。

4.加强风险防控,建设专业化法律事务办公室,并面向社会聘请法律顾问,提高管理工作法治化水平。

5.抓好督查督办,持续跟进《“双一流”建设行动方案》等各项重点任务的落实。

(三)建设智慧校园行动

1.强化网络设施建设,扩大校园网出口带宽,实现热点资源本地化访问,推进无线网优化升级,逐步消除无线网络盲区。

2.建设网上服务大厅,推动统一门户、统一身份认证,实现业务系统资源共享“一张表”,增大自助终端设备密度。

3.加速推进网络办公,建设好协同办公系统(OA)、组织人事信息系统、档案信息管理系统,推进因公临时出国(境)业务、宣传文化业务、资产管理业务的线上审批,实现在职证明的自助打印。

4.提升网络服务能力,建设“智慧教室”系统平台,完成网站群平台建设,规划建设超算中心二期工程,实现“一校三地”校园卡、校园网统一认证。

(四)优化条件保障行动

1.完成部分教学院部更名工作。

2.抓好基础建设,确保专家公寓顺利交付使用,确保材料与空间科学科研楼、新工科与交叉学科科研楼主体项目开工,引入项目管理、建设精品工程。

3.增强后勤保障,为学生公寓安装空调,改造完成6号学生公寓,在学生生活区和教学办公区全面安装直饮水设备,改造闻外楼、东北亚学院楼等楼宇的暖气设备。

4.优化资产配置,进行公房调整挖潜整合,扩大学院教学科研空间,更新更换老化陈旧的教学仪器设备,完成知行楼和闻天楼会议室的智能系统改造。

5.创新图书服务,图书馆全年无休开放,闭馆时间延长至22:30,增容教师阅览专区,增设学者研讨室,免费向校内师生提供查收查引和科技查新服务,实现“一校三地”图书通借通还。

6.加强文化宣传，完成校史馆二期工程建设，成立新媒体中心，推进网络文化平台的三地共享，借助“百微山大”“山大日记”等平台，宣传和展示校区的良好精神风貌。

（五）服务民生需求行动

1.服务学生需求，稳步提高研究生奖助水平，推动威海校区“国际学分”计划，设立本科生参加国际学术会议资助项目，暑期学校项目中开设助学类课程，为成人学历教育学生配备“学业顾问”，在学生公寓设立多功能自助室，实现学团系统荣誉体系与校本部的全面统一，扩大学生活动场所。

2.服务教工需求，加强引育人才的子女入学、家属就业、社会保障等方面的服务，完善教师教学荣誉体系建设，完成各教学楼教师休息室的改造，规范和提升教室管理服务水平，稳步推进学院“教工之家”建设，提升教代会质量，加强离退休教工活动协会建设，为离退休教工提供社会养老服务对接，让满三周岁的正式职工子女可随时进入学校幼儿园。

3.建设平安校园、美丽校园，设立校门综合人脸识别系统，整治校园行车秩序，合理规划学生生活区周边停车场，构建校园安防智能管理平台和应急指挥中心，开展既统一标识又体现校区风格的精致校园文化环境综合治理。

三、实施步骤

（一）动员部署阶段（2019年3～4月）

1.制定《山东大学（威海）机关及直属单位“管理服务质量提升年”实施方案》（以下简称《实施方案》），对“管理服务质量提升年”各项工作进行部署安排，列明机关及直属单位管理服务质量提升的具体举措，接受师生员工监督。

2.机关及直属单位结合实际，通过专题学习、座谈讨论等方式，把工作要求传达到每名员工，根据校区安排和单位实际，扎实推进各项任务的落实落地。

（二）组织实施阶段（2019年4～11月）

1.加强督促检查。校区成立管理服务质量提升工作督导组，由校区领导、相关单位负责人、师生代表对各单位管理服务质量提升情况进行督导检查和督促改进。

2.加强宣传发动。通过“管理服务质量提升年”专题网站和新媒体专栏等形式，集中宣传推广各单位的工作动态、典型经验和建设成果。

3.接受师生监督。通过校长信箱、校领导接待日、纪检举报箱、机关作风意见反馈箱、随机调研走访等形式，随时征求师生意见和建议，并对工作不力、进展缓慢、群众反映大的单位，及时进行约谈函询、限期整改。

（三）总结提高阶段（2019年12月）

校区党工委听取“管理服务质量提升年”开展情况专题汇报，及时总结“管理服务质量提升年”活动推进中取得的实效，组织开展“管理服务质量”评议，并将评议结果作为领导干部考核评优、教职工考核评优、部门绩效考核的重要参考依据。针对表现优秀的单位和个人，校区将通过评选“管理服务质量先进单位”“党员先锋示范岗”“服务标兵”等形式进行表彰；针对评议过程中发现的问题和不足，校区将严肃追责问责。

四、工作要求

(一)加强组织领导

“管理服务质量提升年”系列工作由校区党工委统筹推进，党工委(校长)办公室、机关党委负责具体组织协调，机关及直属单位党政主要负责人是本单位的第一责任人。各单位要进一步提高政治站位，把管理服务质量提升列入年度重点工作，精心组织实施，确保任务落实。

(二)务求工作实效

各单位要从山东大学实现“由大到强”的历史性转变、威海校区加速推进“双一流”建设、服务师生员工多样化发展需求角度，想问题、做决策、办事情，制定切实可行的举措，通过管理服务质量提升，让广大师生员工切实感受到新变化、得到新实惠。

(三)探索长效机制

各单位要及时总结“管理服务质量提升年”中的好经验、好做法，并建立一套高效的管理服务机制、一批长效的管理服务制度、多种创新的管理服务方式，全面提升管理服务的效能，为把校区建设成为“山东大学创建中国特色世界一流大学新亮点”提供坚强保障。

附件：机关及直属单位“管理服务质量提升年”具体任务举措清单(略)

山东大学(威海)学科建设委员会章程

山大威校研字〔2019〕1号

第一条 为加快山东大学创建世界一流大学进程,促进威海校区学科建设和学科发展水平,进一步加强学科建设论证咨询,统筹、协调推进学科建设各项工作,根据《山东大学学科建设专项改革方案》(山大字〔2016〕40号)和《山东大学(威海)学习贯彻十九大精神 推进"双一流"建设行动方案(2018～2020年)》(山大党字〔2018〕15号)等有关文件精神,成立山东大学(威海)学科建设委员会。

第二条 学科建设委员会是威海校区学科建设、学科发展规划等相关事务的咨询、审议和协调机构。学科建设委员会办公室设在学科建设与研究生处。

第三条 学科建设委员会设委员9～13人,由校内外知名专家组成,设主任委员1人、副主任委员2人。委员由校长提名产生,可根据工作需要进行调整。

第四条 学科建设委员会履行下列职责:

(一)为威海校区学科建设中长期发展规划提供战略咨询;

(二)为威海校区其他重大学科建设项目的实施、规划和改革方案提供意见和建议;

(三)讨论和审议威海校区学术委员会授权的其他有关学科建设与发展的重要事项。

第五条 学科建设委员会根据主任委员的提议召开。

第六条 学科建设委员会会议由主任委员或主任委员委托的副主任委员主持,委员会全体会议原则上应不少于三分之二的委员出席方能举行;委员会根据民主集中制的原则议决事项,采取投票方式表决时,与会者不少于三分之二同意方为通过;根据议题内容,可由委员会主任委员确定邀请相关人员列席。

第七条 本章程自公布之日起实施,由威海校区学科建设委员会负责解释。

山东大学(威海)在校本科生转专业学习管理规定(修订)

山大威校教字〔2019〕8号

第一条 为贯彻落实以学生发展为中心和因材施教的教育理念,在办学资源允许的前提下,更好激发学生的学习动力和专业志趣,促进学生全面发展和健康成长,依据《山东大学在校本科生转专业学习管理规定(修订)》(山大教字〔2019〕19号)、《山东大学(威海)本科学生学籍管理规定》(山大威校教字〔2017〕12号)等文件精神,结合威海校区实际,制定本规定。

第二条 本规定适用于在威海校区接受普通高等学历教育的全日制本科在校学生。

第三条 转专业工作关乎学生切身利益,严格遵循公平、公正、公开原则,规范工作流程,全过程接受广大师生和社会的监督。

第四条 转专业由学生与学院进行双向选择,学院择优录取。

第五条 校区成立由校领导、学生处、教务处、纪监审办公室等相关职能部门主要负责人组成的转专业工作领导小组,负责政策的审定、指导并监督转专业工作。领导小组办公室设在教务处。

第六条 各学院成立转专业工作小组和专家小组,工作小组负责制定和组织实施本学院接收转专业工作方案,专家小组负责学生考核选拔。各小组成员不少于5人,工作小组须有教师代表参加,专家小组须有一线教师参加。

第七条 申请转专业的学生应符合以下基本条件:

(一)我校全日制在校一年级本科生;

(二)热爱祖国,遵纪守法,品德优良,学习态度端正;

(三)符合国家相关规定、我校招生章程及协议规定。

第八条 转专业工作一般安排在每年5月进行。学生转专业前须对拟转入专业进行全面了解,慎重提出转专业申请。申请转专业最多可填报两个志愿。每个学生在校期间只能转一次专业。

第九条 转专业工作按照以下程序进行:

(一)学院报送方案

每年4月份,各学院根据校区通知精神及学院具体情况,制定转专业工作方案,明确拟接收专业和名额、报名条件、选拔方式、考核科目、权重系数、是否延长修学年限等,由学院本科教学指导委员会审核通过后报教务处,经校区转专业工作领导小组审核后公布。各专业(类)接收转专业名额按专业生师比及教育资源情况确定。

(二)学生报名

转专业学生须填写《山东大学(威海)学生转专业申请表》,经所在学院审核、汇总信息后,以学院为单位报送至教务处。

(三)选拔录取

1.各学院根据学生报名情况,对外公布转专业选拔的具体时间与地点、咨询电话、投诉电话等。

2.各学院严格按照工作方案组织学生考核与选拔。组织笔试须按照《山东大学(威海)考试工作管理办法》(山大威校教字〔2014〕26 号)执行;面试由学院专家小组负责组织,全程录像备查,录像资料和纸质材料至少保留 4 年。

3.接收学院确定拟录取学生名单,与考核成绩单一并报教务处。经校区转专业工作领导小组审定后,在教务处网站公示 5 个工作日。公示无异议后确定转专业名单。

(四)学籍管理和教学安排

1.获得转专业资格的学生,原则上应继续完成原专业大一春季学期、暑期学校课程的修读与考试,如出现不及格课程(通选课除外),取消其转专业资格。

2.转专业录取的学生,其学籍、档案自转入学期移交接收学院管理。

3.学生已修读课程学分符合转入专业要求的,按照相关规定进行课程置换,无法进行置换的课程学分计入相应类别任选课学分。

4.转专业学生按照转入专业成绩置换后的平均学分绩点,进行成绩排名和推免。

第十条 因应征入伍、身体原因等特殊情况没有参加学校组织的转专业,又不能在原专业继续学习的学生,可按以下程序申请转专业:

(一)学生本人提出转专业书面申请,交所在学院审核研究,确认其无法在原专业继续学习,申请转入专业的高考最低录取成绩应低于其申请转出专业的最低录取成绩;

(二)学生申请转入学院组织专家对其进行评估,确认其适合转入申请专业修读;

(三)教务处初审后,报校区转专业工作领导小组批准。

第十一条 学生转专业后按转入专业标准交纳学费。因转专业需延长修学年限的,按校区有关规定执行。

第十二条 一年级转专业的学生,国设、校设奖学金均在转出学院参评,社会奖学金须在转入学院学习满一年后方可参评。

第十三条 因转专业需要对宿舍进行调整的,住宿费按新入住宿舍收费标准执行。

第十四条 各学院可依据本规定制订转专业工作实施细则。

第十五条 本规定自发布之日起施行,由教务处负责解释。原《山东大学(威海)本科生转专业学习管理办法》(山大威校教字〔2013〕6 号)同时废止。

山东大学(威海)国际学生奖学金实施细则(修订)

山大威校综字〔2019〕4号

为提高我校国际学生教育质量,扩大我校的国际影响力,吸引更多的优秀学生来校学习,激发学生奋发向上、刻苦学习的积极性,以达到培养更多知华友华的国际化人才的目标,我校特设立多项国际学生奖学金,以奖励我校表现突出的国际学生。

一、奖项设置

(一)HSK优秀入学奖学金

用于奖励到我校修读学位HSK成绩优秀的国际学生。

奖励标准:减免入学第一学期学费10%~15%。

(二)学习优秀奖学金

用于奖励学习优秀的国际学生,按照学生学年学习成绩排列顺序确定。

该奖项分三个等级:

一等奖学金:本科生3000元/人/年,研究生4000元/人/年,评奖名额按参评学生数的3%确定。

二等奖学金:本科生2000元/人/年,研究生3000元/人/年,评奖名额按参评学生数的5%确定。

三等奖学金:本科生1000元/人/年,研究生2000元/人/年,评奖名额按参评学生数的7%确定。

(三)优秀学生干部奖

用于奖励在学生活动中表现突出,组织能力强,为师生热情服务的国际学生干部。

奖励标准:1000元/人。

(四)HSK优胜奖

用于奖励在校学习期间参加HSK考试且成绩优秀的语言生和本科生。

奖励标准:1000元/人。

(五)突出表现奖

用于奖励在省级及以上活动中取得名次、在有较大影响的学术期刊上发表论文的本科生或研究生。奖励标准根据具体情况确定。

二、评定对象及条件

(一)参加各类奖学金评选(优秀国际学生入学奖学金除外)的学生必须首先具备以

下基本条件：

1.申请参加评审的国际学生必须是正常在校学习者，休学、停学以及交换学生不在评审范围内。

2.遵守中国法律及学校规章制度，按时注册，学习努力，成绩优秀，在校期间无不良记录。

3.有下列情况之一者不予评审：

(1)有触犯当地法律行为的；

(2)在一学年内所修得学分未达到毕业总学分 1/4 的；

(3)在一学年内有不及格课程的；

(4)因违反校规受到学校有关处分的；

(5)请假、旷课学时超过该学期总课时数 1/3 的；

(6)未按时交纳学费者。

(二)各项奖学金评选条件

1. HSK 优秀学生入学奖学金

进入我校本科专业的学生如 HSK5 级成绩达到 180 分，入学第一学期学费减免 10%，如 HSK6 级成绩达到 180 分，入学第一学期学费减免 15%；学费减免优惠不能重复享受。

进入我校攻读硕、博研究生的学生如 HSK6 级成绩达到 180 分，入学第一学期学费减免 10%。

2.学习优秀奖学金条件要求：符合基本条件，学习刻苦勤奋，在校连续学习时间满一学年，并且参加了连续一学年的全部课程的考核者(毕业生不参加评选)，可申请此奖项。具体条件如下：

一等奖学金条件：各科平均成绩 85 分及以上，单科成绩不低于 80 分。

二等奖学金条件：各科平均成绩 80 分及以上，单科成绩不低于 75 分。

三等奖学金条件：各科平均成绩 75 分及以上，单科成绩不低于 70 分。

3.优秀学生干部奖

条件要求：工作积极主动，责任心强，得到老师和同学们的认可；积极带领同学开展院校活动，认真负责地完成老师布置的各项工作任务，很好地完成老师和学生之间沟通的任务；以身作则，模范地遵守校规校纪，坚持原则，团结同学，工作成绩显著，无不良记录的学生，可申请此奖项。

4. HSK 优胜奖

在校学习期间取得 HSK6 级合格证书的语言生或本科国际学生(预定毕业者除外)，可获得 1000 元奖励。学生在我校学习期间，只能参评一次。

5.突出表现奖

在学习、体育、文艺或其他方面表现特别突出，参加省级及以上比赛，获得相关名次，为学校赢得特殊荣誉的国际学生；在国家核心期刊或相当于国家核心期刊的国外期刊上发表论文的国际学生，学校可适当给予奖励和证书。

三、评定

(一)各奖项的评审工作以公开、公平、公正为原则,以达到吸引优秀国际学生来山东大学(威海)学习,激励在校国际学生努力学习和学术研究为目的。国际学生奖学金每年10月评选一次。

(二)学校设立专门的国际学生奖学金评审委员会(以下简称"评委会")。评委会成员由国际合作与交流处和相关院系共同组成。

(三)评定程序

符合申请条件的学生将填写好的《山东大学(威海)国际学生奖学金申请表》和相关评奖材料交学生所在学院进行初审。

评委会根据学院上报材料对候选人进行复审评议,确定获奖人选,并在学校网站公示。

公示期满后,正式公布获奖者名单。

四、本实施细则自公布之日开始施行,由国际合作与交流处负责解释。

山东大学(威海)教室管理规定(试行)

山大威校教字〔2019〕13号

第一章　总　则

第一条　教室是学校教学的主要场所。为了保证学校正常的教学秩序,给广大师生创造文明、整洁、舒适、安全的教学环境,根据教育部有关文件精神,结合实际情况,制定本管理规定。

第二条　教务处是学校本科教学工作的主要管理服务部门,负责对学校各类公用教室的分配、调度、管理等工作。未经教务处同意,任何单位和个人不得随意占用教室,不得变动教室内任何教学设施。

第二章　使用管理

第三条　凡学校计划内的各类教学活动使用教室,由教务处统一调度。

第四条　教室使用计划一经确定,原则上不得变动。因特殊情况确需调换教室,必须报教务处审批后方可调整。

第三章　借用管理

第五条　未经教务处批准,任何单位和个人不得私自使用教室开会、组织活动、举办讲座、办班、补课、考试等,不得将取得使用权的教室转租或改变用途,若发现违反此规定者,按其对教学工作的影响程度及具体情节,教务处将报请学校给予相应的处分及处罚。

第六条　因教学和工作需要,校内各单位临时借用教室,应提前两天提出申请,并填写《山东大学(威海)教室使用申请单》,由单位负责人签字并加盖单位公章后,报教务处办理借用教室手续。学生社团、学生会等借用教室举行活动,须经学生事务管理部门或教学院(部)负责人签字同意并加盖单位公章后,报教务处办理借用教室手续。

第七条　学校教室以服务教学为目的,在保障教学计划前提下,校内各单位如有需求,可借用教室,按以下程序办理手续:

(一)借用单位如在使用期间需要改变教室室内设施设备或外接其他设备,需提前说明并经教务处同意后,在教室管理人员的协同下方可进行。未经许可擅自改变教室设施设备者,视其对教学工作的影响程度及具体情节,学校将给予相应的处理。

(二)受地方政府及有关部门委托举办的各类活动使用教室,若属无偿委托,经教务处批准,可根据教室资源情况准予免费使用;若属有偿委托,必须按照收费标准缴纳使用费用。

(三)借用单位必须保持教室的清洁和室内各种设施设备完好,如有损坏,借用单位必须照价赔偿。

第四章　文明使用

第八条　借用单位有义务保持教学区环境安静,严禁在教学楼内喧哗打闹、叫卖物品;未经许可,禁止在教学楼内及教室内举行各种形式的聚会、晚会及其他娱乐活动。

第九条　教室内的一切公物都是为了满足正常教学活动而配置。严禁损坏或拿走教室内的各种教学用品和设备;严禁擅自调换教室内设备及其他公物;严禁踩踏课桌椅。

第十条　注意节约用电,教室内人少时应集中开启照明灯。最后离开教室者,有义务关闭电源、关好门窗。

第十一条　自觉维护公共环境卫生。严禁随地吐痰,乱扔果皮纸屑;严禁乱倒垃圾;严禁在墙壁、门窗、课桌椅及窗帘上乱涂乱画乱刻;不得将食物带入教学楼;严禁在教学楼内吸烟。

第五章　维修与维护管理

第十二条　教学楼内教学设施如有损坏,由教室管理人员报修。

第十三条　教学楼内教学设施:水电、照明、桌椅、门窗、窗帘等由后勤部门负责维修维护;黑板、电扇、多媒体等教学设备由资产与实验室管理处负责维修。各部门必须对损坏的教室设备设施及时进行维修维护,不得影响教学。

第十四条　教学楼内及教室内的卫生清理,由学校相关部门与保洁公司签订合同来完成,签约的保洁公司必须保证教学楼内及教室内一切设施和地面的干净、整洁、明亮。如达不到学校相关部门的保洁要求,采用解约、扣款等形式解决。

第六章　安全管理

第十五条　教务处负责公共教室的调度、日常管理、教具供应、规划改造等工作。

第十六条　严禁私接电源,严禁使用各类充电器、电炉等;严禁在教学楼及教室内燃烧物品;严禁将易燃易爆等危险品带进教室;严禁移动和损坏防火器材及防火标志;严禁在教学楼内及楼口、楼道停放任何车辆或摆放其他物品,保证安全通道的畅通。注意防火、防盗,防止各类危害生命财产安全的事故发生。

第十七条　严禁在教室内进行各种非法集会、邪教宣传、传销等活动。

第七章　服务管理

第十八条　教室钥匙由教室管理工作人员统一管理。教室管理工作人员根据教学计划和教务处开具的教室使用调配单开关教室。

第十九条　教学楼内设有教师休息室，是教师课间休息的场所，学生及其他闲杂人员不得随意入内。

第八章　附　则

第二十条　本规定及未尽事宜由教务处负责解释。

第二十一条　本规定自印发之日起实行。

山东大学(威海)教学团队建设与管理办法(试行)

山大威校教字〔2019〕21号

第一章　总　则

第一条　为进一步贯彻落实《中共中央 国务院关于全面深化新时代教师队伍建设改革的意见》《山东大学关于提升人才培养能力 办好一流本科教育的意见》《山东大学本科教学荣誉评审奖励办法》等文件精神,充分发挥学术造诣深、教学水平高的教师的辐射示范作用,校区经研究决定,开展教学团队建设与管理工作,培育一批优秀的教学团队,推进教学改革,进一步提升校区教师素质和教学能力,提高教育教学水平和人才培养质量。为加强教学团队建设与管理,制定本办法。

第二条　教学团队是课程建设和专业建设的重要组织,通过高水平团队建设,形成高效率的合作机制,促进团队教师教学研讨和教学经验交流,推进教学工作的"传、帮、带"和"老、中、青"相结合,探索教学内容和方法的改革,开发新的优质教学资源,提高团队教师的教学水平,培育可持续发展的高水平教学队伍。

第二章　申报条件

第三条　团队及组成。团队成员原则上为3～10人。根据各学科(专业)的具体情况,以系、研究所(教研室)、实验室、教学基地、实训基地和工程中心等基层教学组织为建设单位,以课程或专业建设为平台,在多年的教学改革与实践中形成团队,凝练明确的发展目标,培育良好的合作精神,老、中、青搭配,职称、学缘和知识结构合理,教学效果好,无教学事故。

第四条　团队带头人应具有教授职称,为本学科(专业)的专家,具有较深的学术造诣和创新性学术思想;长期致力于本团队课程建设,坚持在教学第一线为本科生授课。品德高尚,治学严谨,具有团结、协作精神和较高的组织、管理和领导能力。一名专家只能担任一个教学团队的带头人。

第五条　团队在课程建设、教育教学改革研究、教学梯队建设等方面应有一定的基础以及明确的未来发展思路与规划,教学研究成果突出、科研促进教学效果明显。

第三章　团队建设内容

第六条　教学工作。了解和掌握学科(专业)、行业现状,追踪学科(专业)前沿,及时更新教学内容。教学方法科学,教学手段先进,重视实验/实践性教学,引导学生进行研究性学习和创新性实验,培养学生解决复杂问题能力和创新性思维能力。在教学工作中有强烈的质量意识和完整、高效、可持续的教学质量管理措施,并取得显著成效。

第七条 教育教学研究。积极参加教学研究与改革,并能把相应研究成果运用到教学活动中,有效提高教学质量。

第八条 课程建设。积极开展教材、多媒体课件和在线课程等建设,组织申报各级精品在线课程和精品(规划)教材等。

第九条 师资队伍。注重团队学缘、学历、年龄结构等建设,使团队结构更加优化。要重视团队教师之间的"传、帮、带"和交流,提高整体教学水平,培育各级教学名师。

第十条 运行和管理机制建设。建立一套保障团队优化发展的有效措施,积极探索教学团队运行、监督约束机制等方面的科学管理模式,为学校教学队伍建设提供示范性经验。

第四章 评审与管理

第十一条 团队申报时填写《山东大学(威海)教学团队申请表》,经教学团队所在单位审核后报教务处;校区根据总体发展规划与申报情况组织专家评选、确定立项建设的校级教学团队。

第十二条 教学团队的评选原则上每两年评选一次,建设周期一般为3年。立项第二年进行中期检查,第三年进行结题验收。立项、中期检查、结题验收由教务处负责,教学团队建设由所在教学院(部)负责监督、管理;团队内部应建立较完善的教学质量考核体系,保证整个教学团队的教学质量。

第十三条 校区对每支"山东大学(威海)教学团队"提供一定的建设经费,资助其进一步加强建设。经费采取分期拨款方式,一般先拨付资助经费总额的二分之一,经阶段性检查达到建设要求的,再拨付其余全部经费。经费主要用于购买相关资料、打印复印、调研交流、教材建设等。

第十四条 教学团队应在建设中期接受专家组进行评估检查,未能按既定计划建设的团队,应提出整改意见,否则取消经费支持。

第十五条 建设期满后,教学团队需提交《教学团队总结报告》,校区对资助团队的各项成果进行评估验收。

第五章 附 则

第十六条 本办法由教务处负责解释。

第十七条 本办法自公布之日起施行。

附件:山东大学(威海)教学团队申请表(略)

山东大学(威海)优秀教案评选办法(试行)

山大威校教字〔2019〕22号

第一章　总　则

第一条　为推进教学管理科学化、规范化,在教学设计中落实“以学生为中心”的教育教学理念,校区决定开展优秀教案评选表彰活动,通过选树教学典范,发挥优秀教案的示范和辐射作用,全面提高教学质量。

第二条　参评对象为从事本科教学工作的我校在职专任教师,参评学年承担本科教学工作,所提交教案须为一门课程的完整教案。

第三条　优秀教案每学年评选一次。

第二章　教案基本要求

第四条　教案是教师对教学活动的整体设计与安排,一份完整的教案通常包含且不限于以下内容:(一)课程题目;(二)教学目标;(三)课时;(四)教学重点;(五)教学难点;(六)教学方法和手段;(七)教学过程,时间分配、教师活动、学生活动;(八)作业;(九)板书设计;(十)教具;(十一)教学反思。

第三章　评选标准

第五条　参评教案应符合如下标准:

(一)教案要符合教学大纲的要求,内容完备,格式规范。

(二)教学目标明确,教学方法和手段适当,教学设计能够体现“以学生为中心”的理念,尊重学生在学习中的主体地位,避免“满堂灌”的教学方式。

(三)教学内容丰富,教学环节完整,教学设计合理。教案既要体现知识传授的科学性、系统性,又要体现课程内容的时代性、前沿性。

(四)教案要能体现对学生知识、能力、素质的全面培养,促进学生的全面发展。

(五)教案设计要注重可行性,组织合理、繁简得当,同时要注重挑战性,培养学生解决复杂问题的能力和创新性思维能力。

(六)能合理利用现代信息技术教育手段。

第四章　评选程序

第六条　申报:申请人撰写课程完整教案,提交所在教学院(部)。

第七条　初评:各教学院(部)对申请人提交的教案进行初评并确定排序,择优推荐,并填写申请人信息汇总表,将推荐材料报教务处。

第八条　评选:教务处组织专家组,根据评分表对候选材料进行综合评定,确定排名顺序,并进行公示。公示无异议后统一公布。

第五章　表彰与奖励

第九条　校区对获奖教案颁发"山东大学(威海)优秀教案"荣誉证书和奖金。

第六章　附　则

第十条　本办法自公布之日起施行,由教务处负责解释。

山东大学(威海)本科生实习工作管理规定

山大威校教字〔2019〕23号

第一章 总 则

第一条 实习教学是高等学校培养学生实践能力和创新精神的重要环节。为加强实习教学管理,保证实习教学效果,提高人才培养质量,制定本管理规定。

第二条 本规定所指实习包括认识实习、生产实习、专业实习、毕业实习等。

第三条 各专业实习教学时间和内容不得低于教育部各专业教学指导委员会制定的"指导性专业规范"和专业认证(评估)标准的要求。

第四条 各学院应积极加强实习教学基地建设,保障实习条件和教学效果。

第二章 实习学生要求

第五条 实习前,应按照《实习教学大纲》和《实习教学计划》的要求,认真做好实习准备工作。

第六条 自觉遵守实习纪律和实习单位有关规章制度,保证实习安全。

第七条 认真做好实习记录,按要求撰写实习报告或实习总结。

第八条 因病不能参加实习者,应提交书面申请并出具县级及以上医院证明,向学院办理请假手续,并在毕业前随同其他年级完成实习任务。实习期间请假的,应经指导教师签字同意。

第九条 未经批准不参加实习或实习成绩不及格者必须重修,否则不予毕业。

第十条 学生利用暑期参加具有实习性质的社会活动,如社会调查、社区服务、科技咨询、公益活动、岗位体验等达到一定学时,经学院批准,可以冲抵部分实习学分。

第十一条 实习期间不遵守实习纪律和实习单位有关规定,不服从教师指导,未经批准擅离实习单位的,按照《山东大学(威海)本科生学籍管理规定》和《山东大学(威海)学生违纪处分实施细则》处理。

第三章 实习指导教师及职责

第十二条 实习指导教师由学院负责安排。实习指导教师应具有中级以上职称并具有一定指导实习教学工作的经验,应着力建设老、中、青相结合的实习指导教师队伍。

第十三条 集中实习一般应按生师比 20∶1 配备实习指导教师。分散实习应配备教师负责巡回检查和考核学生实习工作。

第十四条 实习时间较长时，学院应建立实习指导教师定期轮换制度。

第十五条 实习教学实行指导教师负责制，学生党、团组织和班委会要充分发挥应有作用。实习指导教师应做到：

（一）提前了解实习基地情况，拟定实习计划，做好实习准备工作。加强与实习基地的联系和沟通，及时解决实习过程中出现的问题。

（二）认真组织，严格要求，加强指导。注意做好学生的管理工作，关心学生身心健康，经常对学生进行实习安全和纪律教育。

（三）对违反实习纪律的学生进行批评教育，对教育无效或情节特别严重者，视情况可暂停或终止其实习，并及时报告学院做出相应处理。

（四）在指导实习期间不得离岗，遇特殊情况必须请假时，应经分管院长批准，并指派其他教师顶岗。

（五）实习结束后，实习指导教师应认真做好实习成绩考核和总结工作，填写《山东大学（威海）实习教学总结表》，实习结束后一周内交学院存档。

第四章 实习教学管理

第十六条 实习教学实行校院两级管理。教务处负责相关规章制度的制定、实习工作的检查评估等。学院负责实习基地的建设、落实本单位实习教学和实习管理工作。

第十七条 学院成立实习教学指导小组，对学生进行实习动员和安全教育，组织实习中期检查，及时解决实习中所出现的各种问题。

第十八条 学院根据人才培养目标和教学要求，制定各专业《实习教学大纲》并报教务处备案。《实习教学大纲》应包括实习的性质、目的、任务和要求；实习的组织领导；实习的内容、形式与具体安排；实习的考核与成绩评定；实习纪律与注意事项等内容。

第十九条 学院依据《实习教学大纲》制定《实习教学计划》。《实习教学计划》应包括实习的具体内容、时间、场所、程序、方法、实习报告要求、组织领导、经费开支预算等。

第二十条 实习教学可采取集中与分散、校内与校外、省内与省外相结合等形式；学院可根据专业特点和具体情况自行安排，加强对分散实习的组织领导，严格实习要求和监督检查。

第二十一条 分散实习的学生可凭学院开具的介绍信自行联系实习单位，各学院对分散实习的学生要加强管理，并要求学生上交《实习单位回执》。

第二十二条 学院于每年 12 月填写下一年度《实习教学计划表》，经分管院领导审核签字后，报教务处备案。教务处将依据《实习教学计划表》安排实习抽查和实习基地检查工作。

第五章 实习教学的考核和总结

第二十三条 学生完成《实习教学计划》规定的实习教学任务，经考试或考查成绩合格方可获得相应学分。

第二十四条 实习考核可采用撰写实习报告、笔试、口试、现场操作、设计、作业等多种形式。考试采用百分制,考查采用五级或二级记分制。实习成绩优秀率一般控制在25%以内。

第二十五条 实习结束后撰写书面实习总结,由学院汇总后报教务处。实习总结应包括《实习教学计划》执行情况、实习教学质量分析、经验体会、存在的问题和解决措施、意见和建议等内容。

第二十六条 教务处将会同相关学院,不定期对各专业实习教学工作进行中期检查或随机抽查,并对实习情况进行通报。

第六章 附 则

第二十七条 实习教学经费统一划拨,各单位根据学校财务相关规定进行管理和使用。

第二十八条 本规定自公布之日起施行。原《山东大学(威海)本科生实习工作管理规定》(山大威校教字〔2014〕21号)同时废止。

第二十九条 各学院可参照本规定,根据各专业具体情况制定相应的实习管理细则,并报教务处备案。

第三十条 本规定由教务处负责解释。

附件:

1.实习教学大纲模板(略)
2.实习教学计划表(略)
3.实习教学总结表(略)
4.实习报告书(略)
5.实习介绍信模板(略)

山东大学(威海)实习教学基地建设与管理规定

山大威校教字〔2019〕24号

实习教学基地是指具有一定实习规模并相对稳定的高等学校学生参加实习和社会实践活动、实现人才培养目标的重要场所。实习教学基地建设直接关系到实习教学的质量,对于高素质人才的创新、创业和实践能力的培养有着十分重要的作用。为进一步加强和规范实习教学基地的建设和管理,制定本规定。

一、建立实习教学基地的基本途径

(一)山东大学(威海)校外实习教学基地由校区或院部与有关企事业单位协商共同建立。

(二)各学院应根据不同专业和学科的性质、特点,有目的、有计划、有步骤地选择能满足实习教学要求的企事业单位,共同建立校外实习教学基地。

二、建立和选择实习教学基地的基本原则

(一)能够满足完成实习教学任务和要求。

(二)基地建设双方应互惠互利、各施所长、互补所需、双方受益、义务分担。

(三)就近就地、相对稳定和节约开支。

(四)满足实习学生食宿、学习、卫生和安全等方面的条件。

(五)能与"产、学、研"一体化相结合。

(六)有联合办学、技术转让、委培人才等协作关系或校友集中的企事业单位应优先考虑。

三、校区(院部)的义务与职责

(一)在人才培训、委托培养、课程进修、咨询服务、信息交流、技术转让、项目开发、实验检测等方面对实习教学基地共建单位应优先给予考虑。

(二)在国家高校毕业生就业政策许可范围内征求毕业生本人意见后,实习教学基地共建单位可优先选聘我校毕业生。

(三)根据双方的协议,向基地共建单位交付一定的实习费用。

(四)加强对学生的政治思想教育,完善各种规章制度,切实做好实习学生的管理工作。

(五)按教学要求制定出《实习教学大纲》《实习教学计划》《实习教学指导书》。每次实习前,要将实习计划送达基地共建单位并与有关人员共商实习措施。

(六)每学年末与基地共建单位共同总结教学实习情况,并落实下学年度实习教学计划。

(七)组织优秀实习教学基地的评选。

四、基地共建单位的义务与职责

(一)根据双方签订的协议接受学生实习,按《实习教学大纲》和《实习教学计划》向实习师生提供必要的实践机会及有关资料。

(二)为实习师生的食宿、学习及交通提供便利条件。

(三)对实习学生的有关收费应给予优惠,不收或少收相关费用。

(四)选派政治素质好、实践经验丰富、具有一定理论水平、责任心强的相关人员担任实习指导工作,并保持相对稳定。

(五)指定有关职能部门组织、管理实习工作,并确定相应的专职或兼职人员。

(六)负责对实习师生进行安全和纪律教育。

(七)组织指导实习的相关人员同实习指导教师共同组成考评小组,对实习学生进行全面的考核评定。

(八)实习教学基地要积极探索,创造条件使实习教学与"产、学、研"一体化相结合,产生尽可能多的经济效益和社会效益。

(九)积极协助校区处理学生实习中的其他事宜。

五、实习教学基地协议的签订

(一)实习教学基地共建双方有合作意向,在符合建立实习教学基地条件的基础上,经协商可由校区与基地所在单位签订《校外实习教学基地协议书》(一式三份),由教务处、实习教学基地、有关学院各执一份。

(二)实习教学基地协议合作年限根据双方需要协商确定,一般为3～5年。协议书应包括以下内容:(1)双方合作的目的;(2)双方的权利和义务;(3)实习师生的食宿、学习、交通等安排;(4)协议合作年限;(5)其他。

(三)对协议到期的实习教学基地,根据双方合作意向与成效,可续签协议书。

六、实习教学基地的挂牌

校区与实习教学基地共建单位签订合作协议书后,实习教学基地可挂"山东大学(威海)实习教学基地"铜牌。

七、实习教学基地的考查与评估

(一)为促进实习教学基地的建设和规范管理,教务处应会同有关学院不定期到实习教学基地检查、评估实习教学情况。

(二)校区定期组织开展优秀实习教学基地的评选,对被评为优秀实习教学基地的单位进行表彰和奖励。

八、优秀实习教学基地评选办法

校区每两年组织一次优秀实习教学基地申报和评选,并根据申报的数量和质量确定评选优秀实习教学基地的个数。

(一)优秀实习教学基地的基本条件

1. 实习教学基地的实习条件能够很好地满足完成实习教学任务的要求，并能满足实习学生的食宿、交通、学习、卫生和安全等方面的条件。

2. 基地共建单位能够根据双方签订的协议接收学生实习，按《实习教学大纲》和《实习教学计划》的要求妥善安排学生的实习工作，较好地履行实习教学基地协议书所规定的义务和职责。

3. 实习教学基地建立时间达三年以上（含三年），接收实习学生达三届以上（含三届），年均接收实习学生人数较多。

4. 基地共建单位对学生实习工作高度重视，指定有关职能部门组织和管理实习工作，并有相应的专职或兼职人员；选派政治素质好、实践经验丰富、具有一定理论水平、责任心强的相关人员担任实习指导工作，并保持相对稳定。

5. 基地共建单位对我校学生实习教学工作采取措施多，实施效果好，实习质量高，学生收获大。

6. 基地共建单位积极探索，创造条件使实习教学与“产、学、研”一体化相结合，并产生了明显的经济效益和社会效益。

7. 基地共建单位对我校学生的实习教学工作支持力度大，在有关收费方面给予优惠，少收或不收。

8. 能积极配合我校的实习教学工作，妥善处理有关实习教学工作中的有关问题。

(二)优秀实习教学基地的评选程序

1. 评选通知。教务处发布评选优秀实习教学基地的通知，提出申报要求。

2. 学院申报。由各学院根据优秀实习教学基地的基本条件和历年学生的实习情况，择优推荐，并协助实习教学基地单位填写《山东大学（威海）优秀实习教学基地申报书》及其他申报材料，在规定期限内提交教务处。

3. 教学职能部门审核。教务处对提交的《山东大学（威海）优秀实习教学基地申报书》及其他申报材料进行审核，确定其参评资格。

4. 专家组评审。由教务处组织专家审阅实习教学基地单位填写的《山东大学（威海）优秀实习教学基地申报书》及其他申报材料，必要时可组织进行现场考察，最后评选出优秀实习教学基地。

5. 报校区审核批准。

九、本规定自公布之日起施行，由教务处负责解释。

附件：

1. 校外实习教学基地协议书（略）

2. 山东大学（威海）优秀实习教学基地申报书（略）

山东大学(威海)学科竞赛优秀指导教师评选办法

山大威校教字〔2019〕25号

为激发广大教师组织和指导学科竞赛的积极性,鼓励和吸引更多的优秀教师参与学科竞赛指导工作,提高校区学科竞赛水平,制定本办法。

一、评选范围

(一)优秀指导教师的评选范围为当年度承担校区本科生学科竞赛指导的教师。

(二)指导的竞赛项目为《山东大学(威海)大学生学科竞赛管理办法》中规定的相应级别竞赛。

二、评选条件

(一)教书育人,为人师表,教学工作规范,认真贯彻执行竞赛组织工作的有关规定,按时完成竞赛指导工作,成绩突出。

(二)刻苦钻研业务,努力提高竞赛指导能力和水平,指导学生竞赛认真负责,遵守竞赛纪律。

(三)当年度无教学事故,在有关教学环节中无违反教师工作规范行为发生。

(四)在当年度指导学生参加的学科竞赛中取得优异成绩,指导的学生应获得省级一等奖及以上奖励的第一指导教师。

三、评选办法和表彰

(一)指导教师对照评选范围和条件,自行向院部提出申请。

(二)各院部对照评选条件,择优推荐1～2个候选人报教务处。

(三)指导学生获国家级一等奖的第一指导教师可单列上报,不占院部推荐名额。

(四)教务处组织专家对学科竞赛优秀指导教师候选人进行评选,评选结果经公示无异议后,报分管校领导批准后公布表彰。颁发山东大学(威海)学科竞赛优秀指导教师证书。

四、本办法自公布之日起施行,由教务处负责解释。

附件:山东大学(威海)学科竞赛优秀指导教师推荐表(略)

山东大学(威海)
教学名师和教学能手评选办法(试行)

山大威校教字〔2019〕26 号

第一章　总　则

第一条　为深入贯彻《中共中央 国务院关于全面深化新时代教师队伍建设改革的意见》和《山东大学关于提升人才培养能力 办好一流本科教育的意见》《山东大学本科教学荣誉评审奖励办法》等文件精神，贯彻落实新时代全国高等学校本科教育工作会议精神，鼓励广大教师坚持党的教育方针，潜心育人，不断改进教学方法，提升教学能力，制定本办法。

第二条　教学名师、教学能手的评选每两年评选一届，评定人数根据申报人数和评审情况等综合确定。

第三条　教学名师、教学能手的评选遵循公开透明、公平推荐、公正评审的原则，严格按照规定的程序进行评选。

第二章　评选条件

第四条　基本条件

(一)教学名师、教学能手候选人要热爱党的教育事业，长期从事本科教育教学工作；模范遵守《中华人民共和国教师法》，履行教师职责，立德树人，为人师表，师德高尚；教学方法先进，善于创新，能够以学生为中心，注重学生综合素质培养。

(二)教学效果好，近两年开课学期、学生评教成绩均在本单位排名前 50%。

(三)积极参与教学研究与改革，成果突出，能够将最新研究成果和思想融入课堂教学；教学内容既能体现科学性、系统性，又能体现时代性、前沿性。

第五条　教学名师申报条件

(一)具有教授专业技术职务，近两年平均每学年为本科生授课不低于 144 标准课时。

(二)长期从事教学和教研工作，对学科、专业建设有较大贡献。

(三)积极参与教学改革，创造性地开展教学活动，自觉指导和帮助中青年教师不断提高教学水平，重视教师梯队建设，对形成合理的教学梯队作出重要贡献。

(四)申报教学名师称号者还应具备下列条件之一:

1.获得省级及以上教学成果奖(第1位);

2.在近5年立项的教学改革项目中,主持或主持完成省级及以上教学改革项目至少1项,或作为主要参与者(前2位)参与2项及以上;

3.作为课程负责人有在线开放课程;

4.参加教学类比赛获得省级及以上荣誉;

5.作为指导教师(第1位)指导学生在学科竞赛、创新创业大赛或文体大赛等竞赛中获省级一等奖及以上荣誉。

第六条 教学能手申报条件

(一)具有讲师及以上专业技术职务,能积极主动承担本科教学任务,教学效果优秀;近两年平均每学年为本科生授课不低于144标准课时。

(二)长期从事教学和教研工作,教学效果赢得师生认可。

(三)坚持教学理念的更新,在教学内容、教学方法改革方面取得一定的成绩。具有良好的师德风范,受到同行教师的赞誉和广大学生的爱戴。

(四)申报教学能手称号者还应具备下列条件之一:

1.获得校级及以上教学成果奖(第1位);

2.在近5年立项的教学改革项目中,主持或主持完成校级及以上教学改革项目至少1项或作为主要参与者(前2位)参与2项及以上;

3.作为课程负责人或主要参与人(前2位)有在线开放课程项目;

4.参加教学类比赛获得校级及以上荣誉;

5.作为指导教师(第1位)指导学生在学科竞赛、创新创业大赛或文体大赛等竞赛中获省级二等奖及以上荣誉。

第七条 有下列情况之一者,不得评为教学名师、教学能手:

(一)未达到本办法所列条件的;

(二)不符合师德要求的;

(三)违反学术道德的;

(四)违反学校规章制度或发生过教学事故的;

(五)违反法律、法规的,受过党纪、政纪处分的。

第三章 评选程序与表彰

第八条 个人申报:申请人填写《山东大学(威海)教学名师/教学能手申请表》,并将相关证书、论文等原件交所在教学院(部)。

第九条 教学院(部)初评:各教学院(部)对候选人进行资格审核和评审,择优推荐候选人,将《山东大学(威海)教学名师/教学能手申请表》《山东大学(威海)教学名师/教学能手候选人信息汇总表》及相关材料报送教务处。

第十条 教务处审核:教务处对各教学院(部)推荐材料进行审查,对不符合参选条件的候选人,取消其资格,不再补选。

第十一条 校区评选：成立专家组，对申请人材料进行评审，确定获奖名单并进行公示。

第十二条 公示无异议后，校区公布表彰并颁发"山东大学（威海）教学名师""山东大学（威海）教学能手"荣誉证书和奖金。

第四章 附 则

第十四条 本办法由教务处负责解释，自公布之日起施行。

附件：山东大学（威海）教学名师/教学能手申请表（略）

山东大学(威海)
“我最喜爱的老师”评选办法(试行)

山大威校教字〔2019〕27号

第一章 总 则

第一条 为表彰品德高尚、教学优秀、爱岗敬业的一线教师,树立师德师风典范,推进教学研究与改革,鼓励广大教师积极投身本科教学,提升教学质量,制定本办法。

第二条 坚持教学与研究相结合的原则,突出对本科教学业绩、教学研究与改革、教学效果、教书育人等方面的要求;遵循公开透明、公平推荐、公正评审的原则,严格按照规定的程序进行评选。

第三条 “我最喜爱的老师”每年评选一次,凡校区从事本科教学工作的在职专任教师均可参评。

第二章 评选基本条件

第四条 全面贯彻党的教育方针,政治立场坚定;爱岗敬业、甘于奉献,自觉履行教书育人的神圣职责;以身作则,为人师表,以良好的师德师风引导和影响学生的全面发展。

第五条 近四年承担本科教学任务,评选学年度内独立承担一门及以上的本科课程,且学年度教学工作量超过所在单位的平均工作量。

第六条 近三年内无教学事故,且未受过行政处分。

第七条 评选学期的前一学期学生评教结果在本单位排名前50%;学生评教的主观评价中,正面评价超过80%。

第八条 善于运用现代教学手段进行教学,在课堂教学、实验教学、教学研究和教学改革等方面努力探索,不断更新教学内容,改进教学方法。

第九条 同等条件下,学年度获得教学比赛校级一等奖及以上荣誉的教师优先。

第三章 评选程序与表彰

第十条 教学院(部)推荐:各教学院(部)根据评选条件择优推荐。在推荐过程中,要将学生意见作为一项重要指标。

第十一条 个人填报:被推荐人需如实填写《山东大学(威海)“我最喜爱的老师”申请推荐表》,交所在教学院(部)。由教学院(部)将推荐材料报送教务处。

第十二条 教务处审核:教务处对各教学院(部)推荐的候选人进行资格审核,对不符合参选条件的候选人,取消其参评资格,所在单位不再补选。

第十三条 校区评选:组织专家评审,确定获奖名单并进行公示。

第十四条 公示无异议后,校区公布表彰并颁发“山东大学(威海)‘我最喜爱的老师’”荣誉证书。

第四章 附 则

第十五条 本办法由教务处负责解释,自公布之日起施行。

附件:山东大学(威海)____年度“我最喜爱的老师”申请推荐表(略)

山东大学(威海)
“常青藤”高层次人才聘用管理暂行办法

山大威校人字〔2019〕8 号

第一章　总则

第一条　为加快推进“人才强校”战略，进一步拓宽高层次人才引进渠道，发挥校外已办理退休手续的优秀专家、学者和相关人才在学科建设中的重要作用，制定本办法。

第二条　按照“按需设岗，但求所用，愿有所为”的原则，以契约管理为基础，通过顾问指导、合作研究等方式返聘高层次人才全职(不少于 9 个月)来校工作。

第二章　聘用条件和要求

第三条　基本条件

(一)具有良好的思想品德、职业道德和较强的团队协作精神，愿意为校区学科建设等方面开展工作和作出贡献。

(二)有较高的学术造诣，在所从事学科领域已取得一定成绩，能对校区发展起到积极的促进作用。

(三)身体健康，能胜任工作，有健全的医疗保险、养老保险及其他社会保险。一般年龄不超过 70 周岁，知名专家或有特殊贡献的专家，年龄可适当放宽。

第四条　聘用要求

设立“山东大学(威海)‘常青藤’讲席教授”“山东大学(威海)‘常青藤’特聘教授”两个层次的岗位，原则上分别相当于山东大学讲席教授、特聘教授的学术水平。聘用人员应切合校区在某一学科领域、方向或研究项目、任务上开展合作的岗位。一般应聘请国内外高校、企业、研究机构、行业协会的优秀人才。

第三章　职责和义务

第五条　受聘担任学科发展顾问，指导学科建设规划的制定；指导本学科人才队伍建设，引进和培养中青年杰出人才；组建合作团队；申请国家级、省级重点或重大项目，或开展协同创新工作；开展科学研究，培养研究生；开展创新基地、国家或省级平台的建设工作;完成协议约定的其他内容。

第六条 “常青藤”讲席教授在聘期内需完成以下岗位职责:

(一)面向本学科国际前沿方向和国家重点科研发展需求,制定具有战略性、前瞻性和创造性的学科建设目标、规划和实施方案。

(二)担任校区重点发展的学科和平台的核心领军人才,带领学科冲击世界一流水平。

(三)组建具有世界一流水平的学术团队,带领学术团队获得国家重点支持。

(四)主持国家级重大项目,争取以山东大学为第一单位获批国家级科研平台。

第七条 “常青藤”特聘教授在聘期内需完成以下岗位职责:

(一)担任校区重点发展学科和平台带头人,提出具有国际前沿水平的研究构想并组织实施。

(二)组建高水平学术团队,培养至少 2 名团队成员入选国家级人才项目。

(三)主持国家级重大项目或国家级重点项目,或为主获得国家级科研奖励。

(四)以第一或通讯作者身份且山东大学为第一单位在本学科领域国际公认的顶级学术期刊上发表学术论文。

第四章 聘用程序

第八条 各单位对拟聘人选进行深入的考察论证,并提交院学术委员会、党政联席会议讨论后向校区提出申请。拟聘人选简历、学术成就、地位及将对校区学科建设所起的作用和工作任务、待遇要求等材料一并提交。

第九条 对于没有相应国家级人才称号的申报人选,校区组织同行专家进行评审。

第十条 校区组织专门评审委员会或委托山东大学人才工作委员会对拟聘人选进行学术水平鉴定。

第十一条 拟聘人选、聘用单位拟定聘用合同,经校区人事处初审、相关部门及单位会签后,报校区党政联席会研究确定。

第五章 聘期管理

第十二条 受聘人员须与校区签订合作协议,包括权利义务、工作任务、工作时间、成果归属、考核续聘等方面内容。岗位职责具体内容参照山东大学杰出人才体系相应岗位进行商定。聘期一般为 5 年,聘用期满根据需要结合本人意愿可续聘。

第十三条 聘期待遇

聘期内,校区按照以下标准发放津贴(税前),配套学科建设经费,提供临时住房优惠租住(见下表)。

学术水平	学科建设费(万)	住房	津贴
“常青藤”讲席教授层次	自然科学≥200	校区可提供临时住房优惠租住	按实际在校工作时间计算,5万元/月
	人文社科≥20		
“常青藤”特聘教授层次	自然科学≥100	校区可提供临时住房优惠租住	按实际在校工作时间计算,3万元/月
	人文社科≥10		

第十四条 受聘人员所需学科建设经费和津贴由校区承担额度的60%,用人单位承担40%。

第十五条 受聘人员的管理、服务工作由聘用单位负责,受聘人员的考核工作由聘用单位和校区共同负责。

第十六条 津贴按实际在校时间暂发放额度的70%,剩余部分待中期考核和聘期满考核合格后一次性发放。对聘期满考核不合格的,剩余部分不再发放。对贡献特别突出的人员,校区可给予适当奖励。具体由聘用单位提出,人事处审核,提交校区研究决定。

第十七条 本办法自发布之日起施行,由人事处负责解释。

山东大学(威海)本科教学管理先进单位和先进个人评选办法(试行)

山大威校教字〔2019〕31号

第一章 总 则

第一条 为努力建设一流本科教育,助力学校"双一流"建设,不断提高本科教学管理水平和服务质量,激励和表彰在本科教学管理工作中作出突出贡献的单位和个人,校区决定开展本科教学管理先进单位和先进个人的评选工作。为规范相关工作,制定本办法。

第二条 本科教学管理先进单位和先进个人每学年评选一次,每次评选本科教学管理先进单位1～2个、先进个人15人左右(同等条件下,向基层工作人员倾斜)。

第三条 本科教学管理先进单位和先进个人的评选遵循公开透明、公平推荐、公正评审的原则。

第四条 对获得"本科教学管理先进单位"的教学单位,校区将给予表彰,在今后各类本科教学建设中,同等条件下优先支持。对荣获本科教学管理先进个人的人员,校区将授予其"山东大学(威海)本科教学管理先进个人"荣誉称号并进行表彰。

第二章 评选范围和条件

第五条 本科教学管理先进单位评选范围和条件

(一)评选范围

负责本科教学的学院及教学部。

(二)评选条件

1.积极开展本科人才培养模式、专业建设、课程体系和教学方式方法等方面的改革创新,效果明显。

2.重视专业、课程、教材、实践、实习及实习基地等本科教学基本建设,在教学团队建设、青年教师培养、学生培养等方面规划明确,思路清晰,措施得力,成效显著。

3.本科教学管理人员配备合理,队伍稳定,工作扎实,讲求实效。本科教学管理制度健全,教学档案齐备,管理工作科学规范。

4.积极开展教学研究,创新管理方法,推出具有示范性的创新举措或取得标志性成果。

5.高质量完成年度教学任务。

第六条 本科教学管理先进个人评选范围和条件

(一)评选范围

各教学院(部)分管或从事本科教学管理工作的副院长(副主任)、系主任(副主任)、教研室主任(副主任)、教务员，相关机关部门从事本科教学管理工作的人员。

(二)评选条件

1.副院长(副主任)系列评选条件

在岗位连续工作1年以上，其他条件参照本科教学管理先进单位评选条件执行。

2.系主任(副主任)、教研室主任(副主任)系列评选条件：

(1)具有正式建制(不含实验室和研究室)的本科教学系主任(副主任)、教研室主任(副主任)。

(2)认真贯彻党和国家的教育方针、政策，遵守并严格执行校区和学院(部)的本科教学管理规章制度，熟悉本科教学管理工作，在岗位上连续工作1年以上。

(3)认真钻研业务，积极组织本系或教研室开展本科教育教学方面的改革和研究，勇于开拓创新，在专业建设、课程建设、师资队伍、教学改革和本科教学日常管理等方面做出一定的成绩。

(4)在各类审核评估、专业认证等重点工作中表现突出。

(5)所在单位当年被评为本科教学管理先进单位，同等条件下优先考虑。

3.教务员、机关部门教务人员系列评选条件

(1)遵守并严格执行校区和学院(部)的本科教学管理规章制度，熟悉本科教学管理工作，在本科教学管理工作岗位上连续工作4年以上。

(2)服务意识强，热心为师生服务，工作业绩突出，具有较强的组织协调能力，师生反映良好。

(3)本科教学管理工作规范有序，各类教学文件、数据及报表材料等送达及时，在各个本科教学管理环节工作中表现突出。

(4)积极参与本科教学管理研究及教学改革，收集并反馈教学信息，主动协调解决本科教学管理工作中遇到的实际问题。

(5)所在单位当年被评为本科教学管理先进单位，同等条件下优先考虑。

第七条 有下列情况之一者，当年度不得参评本科教学管理先进单位或先进个人：

(一)未达到本系列评选条件所列条件之任何一项的；

(二)个人不符合师德要求的；

(三)个人有违反法律、法规的，受过党纪、政纪处分的；

(四)发生教学事故或因教学管理工作失误造成严重后果和造成恶劣影响的。

第三章 评选方法和程序

第八条 教务处负责组织开展本科教学管理先进单位和先进个人的评选工作。

第九条 本科教学管理先进单位和先进个人的评选采用个人申报、单位推荐、校区评审相结合的方式。

第十条 各院(部)或机关部门负责审核本单位教学管理工作先进个人申请人的资格和条件、组织本单位本科教学管理先进个人的初评、推荐工作。填报本科教学管理先进单位材料并按期将推荐名单和有关材料报教务处。

第十一条 校区聘请专家组成评审专家组,负责"本科教学管理先进单位"和"本科教学管理先进个人"的评审工作,评审结果经公示无异议的,校区进行相应表彰。

第四章 附 则

第十二条 本办法由教务处负责解释,自公布之日起施行。

教育部关于同意设立山东大学澳国立联合理学院的函

教外函〔2019〕23号

山东省人民政府：

《山东省人民政府关于商请建立山东大学澳大利亚国立大学联合国际理学院的函》(鲁政字〔2017〕55号)收悉。根据《中华人民共和国中外合作办学条例》及其实施办法，经专家评议并审核研究，现就有关事项函复如下：

一、同意设立山东大学澳国立联合理学院，学院隶属于山东大学，为不具有法人资格的中外合作办学机构，其英文译名为 SDU-ANU Joint Science College，Shandong University。

二、合作设立山东大学澳国立联合理学院的中外合作办学者分别为山东大学和澳大利亚国立大学。办学地址为山东省威海市文化西路180号。

三、山东大学澳国立联合理学院办学总规模为1200人。数学与应用数学、应用物理学两个专业每年招收本科生各80人，应用化学、生物科学两个专业每年招收本科生各70人，招生计划通过增量予以安排。

四、山东大学澳国立联合理学院开展本科学历教育，开设数学与应用数学(070101H)、应用物理学(070202H)、应用化学(070302H)、生物科学(071001H)四个本科专业。增设专业需按国家有关规定办理。

五、山东大学澳国立联合理学院颁发山东大学本科毕业证书、学士学位证书。在完成一个办学周期后，经双方评估合格，颁发外方高校相应的本科学位证书，不以学生赴外方高校学习为必要条件。

六、山东大学澳国立联合理学院学费标准依照国家有关政府定价规定确定。

七、山东大学澳国立联合理学院的中外合作办学机构许可证编号为MOE37AUA02DNR20191974N(许可证另发)，许可证有效期至2027年12月31日。如需延期，应于招生有效期满前另行申报。

八、请你省加强管理，指导山东大学在办学过程中落实党建工作要求，进一步凝练学科专业特色，创新人才培养模式，提升办学质量和水平，服务学科建设和高等教育改革发展。

专此函复。

附件:中外合作办学机构信息表(1974N)(略)

教育部

2019 年 3 月 21 日

关于成立山东大学澳国立联合理学院的通知

山大编字〔2019〕13号

全校各单位：

为加大山东大学、澳大利亚国立大学人才培养、科学研究等领域合作的广度和深度，创新中外合作办学强强联合模式，全面提升学校开放办学水平，经中共山东大学第十四届委员会第二十三次常务委员会议研究，决定成立山东大学澳国立联合理学院（以下简称联合理学院）。

联合理学院是由山东大学与澳大利亚国立大学合作创办的中外合作办学机构，为学校直属独立建制的教学科研机构。联合理学院不设行政级别，实行联合管理委员会领导下的院长负责制。

中共山东大学委员会

2019年7月30日

管理与服务

党工委(校长)办公室工作

2019年,党工委(校长)办公室深入贯彻落实党的十九大会议精神和山东大学第十四次党代会精神,扎实推进"不忘初心,牢记使命"主题教育活动,紧紧围绕山东大学"双一流"建设要求,深入贯彻落实校区"一二三"发展规划和"管理服务质量提升年"文件精神,不断提升科学管理、精致服务的能力,全力做好参谋助手、组织协调和服务保障等工作。

一、持之以恒加强基层党建

通过学习贯彻落实党的十九大会议精神和山东大学第十四次党代会精神,紧紧围绕学校"双一流"建设的标准和要求,制定"管理服务质量提升年"的具体任务举措,教育引导全体党员切实提高政治站位,把转变作风、强化服务作为政治理论学习、加强党性修养的重要内容,牢固树立"全心全意服务师生,尽职尽责争创一流"的服务理念。

以申报"'提升管理服务质量'党员先锋示范岗创建活动"项目为抓手,以创建"党员先锋示范岗"为契机,增强广大党员的党性观念,强化党员的自律意识、责任意识、服务意识和自觉接受群众监督的意识,发挥基层党支部战斗堡垒和优秀党员的示范带动作用,不断促进管理服务工作的科学化、精细化、精准化。

积极落实"两学一做"学习教育常态化制度化,组织好"三会一课",带领全体党员深入学习《中国共产党章程》和《中国共产党支部工作条例》,学以促用。下半年,周密安排、扎实推进"不忘初心,牢记使命"主题教育活动,做好学习教育、检视教育、调查研究和整改落实工作。

二、多措并举加强科学管理

办公室组织全员认真学习研讨《山东大学(威海)机关及直属单位"管理服务质量提升年"实施方案》,并以问题为导向,细化行动方案,制定具体任务举措清单,进一步明确了承办任务。制定办公室服务承诺,修订完善办公室各科室服务流程图,优化各项工作流程,并及时在办公信息网站公布。修订完善校区中层干部请销假补充规定,推广使用中层领导干部请销假企业微信版(手机版)。

4月,完成校区法律顾问聘任工作,9月起,聘任专业律师对校区合同进行法务审阅工作,推进法律事务办工作人员招聘,不断深化细化法务工作。

设立校区总值班室,明确工作职责,完善应急值守、重要事项报告制度体系建设。协助起草《威海校区安全稳定工作体系方案》,做好安全信息周报的编辑、审批和报送等各项工作,统筹校区节假日、重要时期值班值守工作。

做好清单管理,优化大型活动组织协调、会议服务方案,推进活动组织、会议管理服务规范化、科学化、精细化。依法行政,规范工作职责、权限和程序,做好印信管理使用工作。注重签报管理,做到重事要事及时签报和流转,做到领导有批示、单位有落实、需求有回音,并限时办结。

实行保密文件传阅专用文件夹取送、阅件,增强阅件部门的保密意识,强化密文流转过程的管理,实施保密文件传阅动态记录,实现了闭环管理,全年无失泄密事件发生。

启动"机关服务学院发展现场办公活动",将学院反馈的问题列入督办事项。

三、简洁高效做好服务工作

主动有序,协同配合,落实"首接负责制""AB 角工作制",以"追求卓越,只争朝夕"的姿态做好各项窗口的服务工作。

聚焦师生需求,畅通沟通渠道,做好校长信箱、校领导接待日等工作。会议服务稳步提升,日常工作清单化,工作流程更加顺畅。完成闻天楼会议室的基础设施改造,增设7 个专家休息区,为专家提供更加便捷贴心的服务。密切沟通协调,做好教职工子女入学、升学报名及名额分流等服务工作。秉承"从简、从细、从严"的方针,周密制定市中小学来校研学、兄弟单位来访接待方案,全方位做好接待工作,本学期共接待兄弟单位来访16 次。

建设师生信息查询数据库,提高信件收发的精准程度,做好收发服务工作。多渠道做好档案借阅服务工作。通过电话、电子邮件、传真等方式,全年为师生提供档案借阅服务 1500 余人次,出具相关证明和借阅共 5200 余卷/件,出具学校组织机构代码证、法人证复印件证明 219 份,配合教育部做好往届毕业生的成绩、学历、学位认证等 136 份。校史馆全年共开放 120 余场次,圆满完成了 2019 级全体本科新生的校史教育工作,累计接待师生和校友等 4500 余人。

四、精益求精做好文字材料、信息督办工作

充分发挥以文辅政的作用,起草领导讲话、学校文件、工作汇报及各类上报材料29.5 万字,编印党政文件、2018 年度《党政文件选编》和《会议纪要汇编》;编拟校区通知、审核新闻稿;做好领导会议通知安排工作,处理学校校长信箱、政务热线等;编发《校区每日信息》《专题会情况简报》;做好校本部党委常委会、校长办公会会议材料准备及会议服务工作,做好校区党工委会、党政联席会的议题材料征集、印制及记录、纪要编印等工作。

对校区党政工作要点事项、党政联席会议定事项、机关服务学院现场办公事项、"管理服务质量提升年"等四类 247 项重点任务进行督办;编发《督查工作简报》4 期,为校区提供决策参考;加强同校本部督查巡察办的工作对接,持续跟进校区承担的中央巡视整改任务、学校年度工作任务的落实情况,配合做好有关情况的摸底统计;协助做好主题教育整改工作,协助校区机关党委开展机关作风建设检查,推进"管理服务质量提升年"相关举措落实落地。

五、协同创新做好校史档案工作

建设校区档案信息管理系统，实现了档案管理方式的突破。下半年档案管理系统已上线运行，加强了与校本部档案馆的对口联系，推进"一校三地"档案信息资源共建共享工作。建立起校区的专兼职档案工作队伍，并对系统管理员、学院兼职档案员进行了系统操作和业务培训。

编纂《山东大学（威海）年鉴》（2014～2015）（2016～2017），撰写 2019 年威海校区大事记，完成 2019 年《威海年鉴》《山东大学年鉴》中有关校区部分内容的撰写和报送工作。

完成校史馆二期改造工程，展馆新加入了山东大学百年历史的内容，增加了历史厚重感，丰富了校史文化内涵。

六、稳步推进发展规划等工作

推进规划工作。组织完成校区 4 个教学院（部）中长期发展规划编制以及任期目标责任书的制定工作，编制完成《"十三五"规划中期评估报告》；向威海市报送"拟列入'十四五'规划的重大事项"等建议，积极争取将学校的事业发展纳入区域经济社会发展总体规划；完成对各学院（部）"十四五"发展规划主要建设指标的预调研工作。

推动事业发展。承担校区联系村新一轮帮扶方案的制定，协助组织确山县威海干部培训班（山东大学扶贫重点项目）等工作。承担或参与打造"山大系"，服务威海精致城市建设实施方案、威海市与山东大学深化校地合作协议起草，山东大学威海工业技术研究院、威海发展研究院，海洋科技创新中心论证与方案制定等工作。参与威高等重点单位多个合作平台建设论证与方案拟定工作，开展重点协议任务分解，推动与哈尔滨工业大学（威海）、迪尚集团等合作的深化。

服务一体发展。组织开展"一体发展""强院兴校"的意见征求，组织"一校三地一体协同机制"专项调研。加强与校本部工作协同，参与编制校本部信息学部改革发展规划，高质量完成学校及威海市有关部门的教育事业统计调查任务。

七、拓展落实国内合作工作

践行"服务山东"，落实"服务威海"。协助学校与威海市及环翠区、高区签订深化校地合作协议的对接服务工作，发动相关学院与威高建工产业集团、迪尚集团、中船重工 716 所、文登葛家镇、蓬莱市编办等单位进行了合作项目洽谈，积极推进与哈工大（威海）、威海一中、迪尚集团等重点合作协议的落实事项。

主动服务，拓展国内合作资源。通过优化重建国内合作网站平台，完善各学科专家库等的合作信息资料，进行合作信息的全面推广；建立服务山东工作联络机制，确定各单位联络员，深入学院进行工作调研拓展，组织集中培训学习，校内服务山东工作人员到校外考察学习等，拓展合作视野，提升业务能力。做好服务山东的信息采编工作，不断提升校区合作工作的显示度。

加强社会捐赠工作管理，做好财务流程管理。落实威海市联系村帮扶工作要求，开展精准扶贫，组织慰问活动，开展农村书屋改造等工作。

八、全方位加强校友工作

加强自身体制建设。通过与学生处、各学院合作,深化服务校友理念,逐步完善立体校友工作网络,落实校友理事制度,形成两级校友工作体制,实现创新高效发展。

多途径集合校友力量。通过组织校友工作年会、荣成马拉松山大跑团、百名大学生"五四"乡村振兴等系列活动培育校友服务情怀,彰显山大人文温度。山东大学威海校友商会已成功完成换届工作,校友文化品牌和"校友之家"蓬勃发展,推动联合齐聚各校区在威校友力量,为学校"双一流"建设贡献校友之力。

整合校友资源。通过聘请校友导师、与校友企业对接招聘等方式,实现在校生与校友的有效沟通,激发服务校友动能;通过建立统计校友信息数据库、组织志愿者团队联络搜集国内外校友资源,整合利用优势资源,服务母校及地方发展。

(张正武)

纪检监察审计工作

2019年，纪检监察审计办公室在校区党工委和学校纪委的指导下，以习近平新时代中国特色社会主义思想为指导，深入学习贯彻党的十九大和十九届二中、三中、四中全会精神，贯彻落实学校第十四次党代会精神，认真履行监督执纪职责，努力为校区打造“双一流”建设新亮点提供政治保障。

一、提高政治站位，加强政治监督

深入学习贯彻中纪委十九届三次全会精神，把“两个维护”作为根本政治任务，进一步增强“四个意识”，坚定“四个自信”，做到“两个维护”，持续强化政治监督，加强对党中央重大决策部署和学校的决策部署贯彻落实情况的监督检查。督促各级党组织和党员领导干部加强政治建设，聚焦政治担当，着力检查强化思想武装、贯彻党章宪法、执行大政方针、遵守政治纪律等情况，确保政令畅通。

把严明政治纪律和政治规矩贯彻始终，从政治高度紧盯执行过程中的形式主义、官僚主义，严肃查处在落实党中央和学校决策部署上阳奉阴违，打折扣、做选择、搞变通情况，督促有关部门及时解决政治站位不高、措施不细等问题，推动校区党建工作稳步发展。

二、压实“一岗双责”，推动全面从严治党向纵深发展

认真学习贯彻落实2019年教育系统全面从严治党工作视频会议和山东大学2019年全面从严治党工作会议精神。聚焦协助党工委推进全面从严治党、加强党风廉政建设和反腐败斗争的主责主业，继续监督落实“一岗双责”，压实全面从严治党主体责任，健全责任传导机制。结合2018年度中层领导干部考核结果反馈工作，开展了校区领导与所分管单位主要负责人进行党风廉政方面提醒谈话工作；开展了纪工委书记与组织、人事、财务、基建及后勤等七个部门主要负责人的约谈工作；开展了中层领导干部对部门重点岗位、关键环节的科级干部提醒谈话工作，加强了学院师德师风教育，从而进一步将全面从严治党引向深入。

深入开展纪律教育，健全廉政风险防控机制。5月初，开展了校区全面从严治党风险点排查工作，共梳理了11条全面从严治党风险点，制定了相关整改措施。在校区党建专题(扩大)会议上，纪工委书记结合贯彻落实学校全面从严治党会议精神，对校区基层党委书记就进一步加强党风廉政建设提出了具体要求。组织校区领导和机关直属单位处级以上干部赴威海廉洁教育中心进行干部廉洁自律教育活动。11月，按照学校党委“不忘初心，牢记使命”主题教育工作部署，结合校区工作实际，开展了漠视师生利益问题专项整治工作。纪检监察审计办公室牵头，通过走访相关部门，对漠视师生利益问题专项整治情况进行综合汇总，推动整改工作落到实处。此外，还对调整任用的101名干部和

10名双向挂职干部等认真进行廉政考察。

三、加强作风建设,持之以恒纠“四风”

严格落实《山东大学贯彻落实中央“八项规定”精神及实施细则的实施办法》,关注违反中央“八项规定”的新动向、新方式,持之以恒纠正“四风”,抓具体、补短板、防反弹。坚持不懈地加强作风建设,盯紧重要时间节点进行提醒。

2月初,开展了领导干部利用名贵特产类特殊资源谋取私利问题自查自纠工作。加强对各单位落实中央“八项规定”精神情况的监督检查,结合财务审计工作,抽查了校区落实中央“八项规定”精神情况,巩固落实中央“八项规定”精神成果。

四、科学运用“四种形态”,精准监督执纪

1.强化日常监督,突出监督的针对性和精准度。贯彻落实中央和学校有关纪检监察体制改革要求。综合运用平时观察、检查抽查、走访调研、受理信访举报、督促巡察整改、提出监察建议等形式,抓好日常监督,重点运用“四种形态”的第一种形态,加大谈话提醒力度,抓早抓小,防微杜渐。

聚焦选人用人、科研经费、考试招生、基建工程等方面,开展专项检查。3月初,开展了校区纪律处分执行情况监督检查工作,防止处分决定“打折扣”“搞变通”;与招标现场建立监控终端连线,有效地开展了实时监督;在2月份的艺术招生考试中,对加强防控考试廉政风险提出了数项具体意见,收到较好的成效。

2.推动审查调查与执纪问责相衔接,进一步规范信访程序,严谨细致做好信访问题线索处置,提高信访工作成效。认真细致完成本年度信访件调查工作,努力做到对每个信访件都能认真调查核实,确保了解的情况真实,结论可靠。

3.用好追责问责利器。立案1件,给予校区1名党员开除党籍并行政降级处分;对履职尽责不到位的1名副处级干部和1名科级干部进行了诫勉谈话。

4.通过检查、调研等方式,继续督促艺术学院党委、体育教学部直属党支部加强巡察整改工作。

五、紧盯重点领域关键环节,着力防范风险

采取纪检监察审计联动工作机制,加强对专项审计成果的运用,通过专项审计,及时发现重要领域、关键岗位存在的隐患。

推进重点领域廉政风险防控工作,加大对财务收支、预算执行、科研经费、基建工程等关键环节和重点领域的监督力度。针对通过监督检查、信访举报和审计中发现的部分单位在重要岗位和关键环节方面存在的风险和问题,发出监察建议书7份,督促相关部门对存在问题进行整改,起到了警示、提醒的作用。

六、突出审计重点,发挥审计监督职能

1.开展财务收支例行审计及专项审计工作

认真开展内部审计工作,完成各类审计项目7项,提出审计意见17条,得到了相关

部门的及时采纳,审计成果得到了较好的体现。

2.认真开展基建、修缮工程审计工作

一是完善全过程审计工作流程。创新审计方式方法,提升进度跟踪审计的参与力度,加强竣工结算审计的监督管理,对工程造价进行有效控制。针对威海校区目前在建的科研楼项目建设模式改为项目管理承包模式,将全过程审计的进度跟踪审计和竣工结算审计相分离,分别委托不同的造价咨询中介机构承担,提高造价审减力度,提升工程审计工作成效。

二是促进基建、修缮工程的科学管理。加强工程审计的现场核实环节,认真复核工程签证内容和工程量,监督工程变更手续执行,加强市场调研,节约资金。对金额较小的零星修缮工程的工程量进行现场核实。2019 年,威海校区基建、修缮工程共审计 94 项,审计金额 9722.17 万元,审减金额 556.76 万元,审减率 5.73%。

3.改进大额度资金审计工作

贯彻落实中央"放管服"改革要求,自 4 月起,除工程类项目支出以及使用实验室建设经费和学科建设经费的大型设备采购支出以外,取消其他大额度资金支付业务的审签步骤,切实优化经费报销的审批流程,提升服务质量。

4.严格审查基建修缮工程合同

重点审查基建修缮工程合同签订的合规性、合理性,规范合同签订流程,监督合同履行过程,完善合同签订内部控制,维护学校利益。

七、加强队伍建设,提升业务能力

根据中央和学校关于"不忘初心,牢记使命"主题教育要求,纪检监察审计办公室以学习贯彻习近平新时代中国特色社会主义思想为主线,聚焦"不忘初心,牢记使命"这一主题,按照"守初心、担使命,找差距、抓落实"的总要求,结合暑期自查情况,切实加强理论学习教育,深入开展调查研究,深刻检视问题,自觉落实整改,提高了纪检监察队伍的使命担当。

3 月初,按照省纪委要求,开展了纪检监察系统自查自纠工作,梳理了纪检监察工作存在的问题,并制定了整改措施。下半年,组织纪检监察专职干部观看中纪委的系列业务培训视频,同时专职纪检监察人员也在省纪委进行了集中轮训。审计人员先后参加了教育审计学会组织的综合管理审计培训、中国内部审计协会组织的绩效审计培训以及教育部驻鲁直属高校审计工作研讨会等培训与交流活动。

八、承担校区其他重要工作

除了本职工作外,纪检监察审计办公室还承担了学校部分巡察工作、巡察"回头看"工作及学校主题教育部分指导工作。

(王晶　张珂)

组织工作

一、守初心担使命，持续推进主题教育入脑入心见实效

1. 坚持早谋划先预热。6月份举办了“两弹一星”元勋郭永怀事迹报告会，厚植师生党员爱国主义情怀，为主题教育开展营造氛围。暑假期间，召开了2019年暑期校区领导班子工作务虚会，班子成员分别结合各自分管工作开展交流研讨，为开展主题教育活动奠定了基础。根据学校党委安排，成立三个指导组直接负责校区17个基层党委(党总支)主题教育的开展工作。

2. 在主题教育开展过程中，坚持把学习教育、调查研究、检视问题、整改落实有机融合、贯穿始终。结合校区实际开展8次集中学习研讨，带着问题学，走深走心学；组织开展35次调研，真正找短板、察实情、提对策，拿出破解难题的实招、硬招；召开对照党章党规找差距专题会议，对照“十八个是否”深刻检视反思，既刀刃向内检视又真刀实枪整改，查摆出十个方面的26个问题，形成整改落实清单；坚持“项目化推进，全过程督办，销号式管理”，奔着问题去、盯着问题改，逐项明确整治重点、整治措施和完成时限，召开整改落实推进会和专题民主生活会，确保问题整改落实落地。

3. 创新举措提升教育实效。把开展主题教育与庆祝新中国成立70周年等活动相结合，编印了《“不忘初心，牢记使命”主题教育应知应会100题》，做到每名党员人手一册，推进主题教育往深里走、往实里走；在图书馆大厅设立“不忘初心，牢记使命”党建读物专区，面向全校师生开放借阅，方便师生读原著、学原文、悟原理，增强广大党员师生对党的知识的熟知度和认同度；在郭永怀事迹陈列馆挂牌成立“山东大学党员教育基地”，校区领导班子在郭永怀事迹陈列馆开展了“不忘初心，牢记使命”主题党日活动，接受一次“沉浸式”的精神洗礼。做到了思想认识到位、检视问题到位、整改落实到位、组织领导到位，确保主题教育入脑入心、取得实效。

二、完善体制机制，提升基层党建规范化水平

1. 落实一体发展要求，积极稳妥做好发展党员审批权限下放工作。根据山东省委组织部《关于落实省委管党治党主体责任推进中央驻鲁高校党的建设工作的几点意见》(鲁组字〔2018〕58号)的通知，2019年初，威海校区党组织关系由隶属威海市委调整为隶属学校党委；为落实“放管服”改革和“强院兴校”战略，校区于7月份将发展党员审批权限下放至基层党委。发展党员审批权限下放后，注重加强对党务人员的培训指导和党员发展工作的监督检查，举办组织员业务培训班2期；组织66名教工党支部书记进行“党旗飘飘”线上学习和线下培训，选派8名学生党支部书记参加高校学生党支部书记网络培训班，不断提升党务人员政策理论水平、党务履职能力和服务水平。落实发展党员网上

全程纪实公示制度，强化对发展党员过程的动态监督，全年共发展党员 596 人，审批 386 名预备党员转正。9 月，完成 2019 年党内统计半年报工作；12 月，完成党内统计全年报统计工作，与“灯塔”系统同步维护党员信息。

2. 立足政治功能发挥，顺利完成学院党委换届选举工作。落实中央和山东大学《关于加强和改进基层党建工作的意见》有关要求，围绕“强院兴校”，立足学院党委政治引领，结合学院领导班子换届调整情况，严格程序，统筹谋划，顺利完成 12 个教学院部党委换届选举工作，建立工作台账，做到换届选举“两请示一报告”有请示有批复，并结合主题教育活动在宣传栏予以集中展示，推动基层党组织整体功能提升。开展 2018 年度书记抓基层党建工作述职评议工作，8 位党委书记进行现场述职，其他书记进行书面述职，进一步压实党建主体责任。

3. 坚持示范引领，着力提升基层党组织组织力。全面启动校区双创工作，遴选产生 3 个学院、6 个党支部和 5 个教师党支部书记，分别作为校区党建工作标杆院系、样板支部和“双带头人”教师党支部书记工作室培育创建单位，其中机电与信息工程学院控制系教工支部获评“山东省高校党建工作样板支部培育创建”项目支持。创新党建工作载体，培育基层党建工作品牌，各单位共申报基层党组织活动立项方案 54 项，15 项重点研究项目和 32 项一般研究项目获准立项并实施。开展了 2019 年度党组织书记抓基层党建突破项目，共研究申报 25 个突破项目，评审确定 A 类项目 6 项，B 类项目 14 项，以 1 年为周期集中力量攻关解决，提升基层党组织组织力。做好推荐山东省“两优一先”“发现榜样”工作，1 个基层党组织被评为山东省教育系统先进基层党支部。

4. 健全党内生活制度，推进基层党建规范化建设。贯彻落实《中国共产党支部工作条例（试行）》，优化支部设置，督促指导各基层党委合理设置党支部，结合实际及时完成支部届内调整工作。按照“阵地标准化、管理规范化、活动经常化”要求，建设了校区党员活动室；健全主题党日制度，每月发布《基层党组织主题党日活动指南》，每周四下午为固定主题党日，进一步落实“三会一课”制度、加强党员教育管理，使党员养成经常参加组织生活的习惯和自觉。

5. 着眼于质量保证，做好入党前教育培训工作。坚持统放结合的原则组织开展入党积极分子培训，增强党课教育的针对性，全年共培训入党积极分子 908 人（其中教工 7 人）。采取线上线下相结合、课堂集中教学与网络辅助教学相结合的方式，校区党校对 607 名（其中教工 7 人）发展对象进行集中培训，通过专题辅导、观看教育片以及线上学习等相结合的方式，引导学员在理论学习和实践锻炼中深化对党的认识，坚定理想信念，为入党打下坚实的思想基础。

三、教育管理并重，加强干部队伍建设

1. 着眼于选优培青，扎实做好年轻干部的调研和挂职锻炼工作。根据学校党委有关部署要求，2019 年 4 月，校区成立了 6 个调研组，对 32 个中层单位开展面上调研谈话 575 人次，通过调研发现了一批有培养潜力的优秀年轻干部，了解了各中层单位领导班子运行情况。扎实开展年轻干部教师校内双向挂职交流，由校本部到校区挂职 3 人，校区到校本部挂职 7 人，校区内机关与学院之间双向挂职 11 人，选派 9 人赴校外企事业挂职；先

后组织召开2次双向挂职工作交流推进会，确保挂职干部挂有所学、挂有所思、挂有所为。做好科级干部选拔任用，2019年共提拔科级干部31人，平级调整科级干部40人。

2.聚焦能力提升，做好干部教育培训工作。2019年度举办机关及直属单位科级干部和教学院部办公室主任2个科级干部培训班，采取线上与线下相结合、理论学习与实践锻炼相结合、集中学习与自主学习相结合，组织开展专题授课14次，拓展训练1次；组织举办中层领导干部专题辅导报告8场，既注重突出政治素质、理想信念教育，又注重提高干部实践和业务能力，全面提升干部综合素质。

3.用好考核监督，强化干部日常教育管理。根据学校党委有关要求，认真做好2018年度中层领导班子和处级干部考核工作，组织教学院(部)赴校本部参加汇报评议、机关及直属单位在校区内进行汇报评议，实现了学校教学单位考评工作一体化推进。通过述职测评、个别谈话、书面函询等方式，认真做好领导干部试用期满考核，完成了2位校区领导和28名学院业务领导的试用期满考核工作；根据试用期考核反映问题，深入摸清部分单位和干部问题所在，查找问题根源，结合主题教育整改工作，制定干部队伍专项整改工作方案，提出针对性整改措施。根据上级有关要求，对干部家庭情况、社会兼职情况、近亲属在学校工作情况以及培训和培养锻炼情况进行了彻底摸排。2019年初，校区成立8个督导组，对16个党委(党总支、直属党支部)领导班子民主生活会进行认真督导，确保开出高质量的民主生活会。严格落实干部请销假制度和出国(境)审批制度，促进干部加强自我监督。

(杨　青　梁奉军)

宣传统战工作

2019年，宣传统战部始终坚持以习近平新时代中国特色社会主义思想为指导，以习近平新时代中国特色社会主义思想为指导，深入学习贯彻党的十九大和十九届二中、三中、四中全会精神和《中国共产党宣传条例》，围绕学校第十四次党代会确定的战略目标和重点任务，立足校区事业建设发展实际，把统一思想、凝聚力量贯穿学校实现"由大到强"历史性转变的全过程，认真做到"三个突出"，深入落实"三个坚持"，以新要求、新担当、新作为不断开创校区宣传思想和统一战线工作的新局面。

一、突出思想引领，坚持系统谋划、统筹推进，着力推动理论武装有新成效

1.强化政治理论学习

根据学校党委有关文件，制定了校区党工委理论学习中心组学习安排和教职工政治理论学习安排，将党代会确定的"六大战略""十大任务"作为重要的学习内容，推出13期内宣专报，下发18期理论学习材料，更换15期宣传栏内容，聚焦"学术兴校""一体发展"战略，指导师生员工深入思考和领会实现"由大到强"历史性转变的丰富内涵。2019年度，校区党工委理论学习中心组进行了12次集中学习研讨。校区领导班子成员完成思政课听课16次，对2018年度的23项校区思想政治研究项目完成结题评审。

2.突出理想信念教育

积极践行社会主义核心价值观，组织校区师生收听收看纪念五四运动100周年大会，并举办纪念五四运动100周年暨2018年度优秀学生表彰大会，开展第九届"唱响主旋律 传扬正能量"歌咏大赛、第四届"迪尚杯"大学生中华经典诵读大赛、第十届"刘公岛杯"大学生思想政治风采大赛，组织4400多名学生赴刘公岛开展爱国主义教育活动，增强实现中国梦、山大梦的信心。校区成立威海市法治宣传教育研究基地，联合开展国家宪法日集中宣传活动，将贯彻落实十九届四中全会精神和校园普法活动结合起来，取得了良好成效。

二、突出围绕中心，坚持固本培元、守正创新，着力推动文化引领有新气象

1.聚力提升内宣能力

围绕学校中心工作，聚焦学校"由大到强"历史性转变和"强院兴校"行动方案，加强策划力度和宣传强度，建立校区"不忘初心，牢记使命"主题教育专题网站。2019年，校区新闻网共编发各类新闻2000多条，全面系统地报道了校区各项工作动态。校区官方微博、微信等新媒体宣传力度进一步加大，其中，微信公众号共推送文章240篇，关注人数近4.4万人；官方微博共发布状态850条，关注人数近1.3万人，不断发挥新媒体的传播优势，增强对校区建设发展成果的宣传广度。

2. 不断提高外宣水平

转变思维，主动作为，在凝练校区办学特色和亮点的基础上，增强在中央、省级主流媒体上发声的频率。2019 年全年，校区思政教育改革工作先后被《求是》杂志、人民网、光明网重点报道 4 次，山东新闻联播、威海电视台等媒体头条报道 6 次，全面系统地展示了校区思政课教育教学改革的丰硕成果；协助联系中央电视台、中国教育电视台、中国教育报、山东电视台等媒体对全国“最美高校辅导员”获得者范蕊的事迹进行拍摄报道；协助机电与信息工程学院做好智能汽车全国总决赛的外宣工作，在新华网、人民网、光明网等媒体上推送稿件 20 多篇，不断增强校区的显示度和美誉度。

3. 积极构建大宣传格局

为进一步构建山东大学大宣传格局，促进内宣工作同频共振、多地联动，先后 3 次开展“一校三地”宣传思想文化工作交流，加入山大企业微信号，积极参与学校的大宣传格局构建。特别是充分发挥学校媒介资源，在校党委宣传部的指导协助下，完成了山东大学澳国立联合理学院成立大会、山东大学与威海市深化校地合作协议签约活动的宣传报道任务，被人民网、中国日报、山东新闻联播等媒体重点报道 25 次，形成了网、报、台、微的全方位宣传格局，擦亮了校区服务山东的品牌。

4. 有序推进校园文化建设

依托学校文化委员会和专家委员会，成立了校区文化委员会，共召开 4 次会议，就体育训练馆、外专公寓、材料与空间科研楼、新工科与交叉学科科研楼室外景观、文心湖加装围栏等议题展开讨论，系统整体谋划校园文化建设。积极参与学校“一院一品”校园文化建设，校区 13 个项目入选并完成了结项评审，营造了院院有品牌、周周有活动、月月有精彩的浓厚文化氛围。校区连续第二年获评“威海市文明校园”荣誉称号。

5. 严把师德师风政治关

认真部署《新时代高校教师职业行为十项准则》的学习工作，组织开展了教职工思想政治状况问卷调查，切实掌握教师的思想动态和关注热点。注重教师先进典型宣传，充分发挥先进典型的导向和激励作用，积极开展教书育人楷模评选，1 人获山东大学教书育人楷模提名奖，1 人当选由中宣部、教育部评选的十大“最美高校辅导员”。

三、突出服务引领，坚持把准方向、凝聚共识，推动统战工作有新作为

1. 队伍建设日益完善

制定出台了加强党员领导干部与党外代表人士联谊交友工作的意见，与威海市委统战部完成了民进山大威海支部的组建工作，组织党外代表人士赴遵义、井冈山开展学习培训，赴青岛校区开展座谈调研，组织校区各单位统战委员到西柏坡开展党性教育，凝聚共识、凝聚智慧，把握学校“由大到强”历史性转变的新机遇，引导校区各民主党派、无党派知识分子和归国留学人员为学校建设发展献计献策。组织参加“一校三地”统战工作联席会议，建立完善党外人士数据库，申报的《新时代高校党外代表人士队伍建设现状及对策研究》获得省级重点课题立项，不断提升统战工作的科学化水平。同时，该项受助金还争取到了教育部约 20 万元的配套经费，促进了校区资助育人工作的开展。

2.宗教事务管理不断规范

组织参加全省学校民族和宗教工作专题培训班，进一步提高宗教事务管理服务能力。将国家宗教政策宣传教育与新生入学教育相结合，面向 2019 级新生先后举办 3 场专题讲座，引导学生牢固树立正确的世界观、人生观、价值观。各学院党委书记、院长还为新生讲授“开学第一课”10 余节，加强了学生的爱国主义教育，积极践行社会主义核心价值观。

（戚伟良）

学生工作

一、学生思想政治教育工作

2019 年，校区利用毕业生离校和新生入学两大重要节点，通过开办系列专题讲座、榜样分享、视频宣传等活动，加强对学生的理想信念、爱国主义和爱校荣校等教育；利用“学生在线”微信平台加强网络思想政治教育，调动师生信息员、网评员队伍的积极性，推广原创网络文化作品，继续开设“经典诵读：青年・马克思这样说”“师说心语”等专栏，全年共推送各类原创文章及各类推文 296 篇；评选省级先进集体和个人 28 个、校级先进集体 39 个、校级评奖评优 7000 余人次。

二、学生党员教育工作

校区以“青春心向党 建功新时代”教育实践专题活动为依托，开展学生党员教育工作，通过“初心讲堂”线上学生党员教育、“与榜样同行”经验分享、组织学生党员观影《我和我的祖国》、赴全国青少年井冈山革命传统教育基地和刘公岛爱国主义基地实践教育等活动，将理论课堂、朋辈引导与实践教学相结合，探索建立学生党员教育常态化机制。

三、学生发展指导

（一）学生心理健康教育与指导

校区建立健全心理健康教育五级工作机制，确保心理健康教育全覆盖、分层次、有重点，对学生心理异常情况做到及早发现、及时预防、有效干预；编制完成心理危机干预口袋书，完善危机干预流程，规范突发事件应对流程；与市立第三医院签订合作协议，提升心理咨询与识别专业度，畅通就医绿色通道；通过专家督导、厚积沙龙、案例研讨等活动，多维度开展心理指导业务培训。对 13 名心理康复阶段学生尝试建立“多对一”帮扶方案，组建由副书记、辅导员、心理咨询师、班干部等共同参与的帮扶小组。全年共接待咨询学生 400 多人次，完成 4153 名 2019 级新生（含研究生）心理普查工作，筛查约谈 954 人；开设心理健康教育通选课 8 门，选课人数 700 余人。

（二）学生就业指导

2019 年，学生处开设 4 门就业创业类课程，选课人数 1230 人；为学生提供职业生涯发展个体咨询 36 人次，团体咨询 3 次，开展各类就业培训和讲座 29 场，开展简历门诊活动，参与学生 120 余人。校区为 142 名家庭经济困难学生发放求职就业补贴 10 万余元。选派 23 支团队深入企业开展访校友、访企业暑期社会实践调研活动，立项资助 4.6 万元。开展“求职达人”评选活动，评选“求职达人”52 名。表彰赴西部就业、基层就业和国家重点行业、重点领域本科毕业生 22 名，资助经费 4.2 万元。首次开展基层选调生岗前培训，70 人参与培训。举办首期“校友思政大讲堂”，聘任 114 名“学生职业发展校友导师”，利用各类校友资源，助力学生就业能力提升。

（三）资助育人

校区开展“助学·筑梦·铸人”“诚信教育月”等主题教育活动，开展 2019 年寻访“自强之星”活动，评选出校级、院级“自强之星”共 102 名。开展“添翼工程”之暑期社会实践、台湾地区高校访学活动，共投入专项经费 17.7 万元，资助学生 500 余人。

（四）学业指导

校区继续开展“积分筑梦”学业帮扶活动，组织数学专业师生开展授课、答疑，帮扶课程扩展到 3 门，全年共有 350 名学生参与；支持学院自主开展学业帮扶立项活动 4 项，授课 96 学时，受益学生 580 人次。继续实施本科生导师制，2019 年选聘本科生导师 420 人，指导学生 4573 人。

（五）学生国防教育

校区按照“一校三地”军事理论教学一体化要求，实现了教材体系、考评体系一体化，与校本部教学资源共享；开设《孙子兵法》选修课，组织两次国防教育专题讲座。通过征兵宣传进课堂、印发《大学生应征入伍宣传手册》、宣传海报、微信公众号推送等多种途径开展大学生入伍宣传工作，2019 年报名参军入伍 12 人。

四、学生事务管理工作

（一）学生奖学金评定和违纪处理

2019 年，学生评奖评优工作实行三级评审两级公示，制定实施《山东大学（威海）特长奖学金评审工作指导意见》指导各学院规范开展特长奖学金评选工作。2019 年，共评选国家奖学金 178 人，校长奖学金 10 人，优秀学生奖及学业奖 3331 人，单项奖 192 人次，特长奖 1590 人次，“十佳百优”大学生 98 人（含校长奖 10 人），累计 5574 人次，合计发放各类奖学金 674.65 万元。

2019 年，校区对 42 名违纪学生做出纪律处分决定，其中开除学籍 1 人。

（二）学生资助与保险

5 月，校区修订家庭经济困难学生认定办法，本科学生中家庭经济困难学生 2350 名，占在校生比例为 15.7%。其中，特困生 649 人，占在校生比例为 4.3%；困难生 1701 人，占在校生比例为 11.4%。除国家助学贷款外，各类资助金覆盖经济困难学生 3000 余人，资助总额 2091.3 万元，财政拨款 1111 万元，学校划拨 954 万元，吸收社会资助 26.3 万元。办理生源地贷款 1408 人，共发放生源地贷款 1085 万元，校园地贷款续放 55 人，金额 45.1 万元，新申请 33 人。设立勤工助学固定岗 877 个、临时岗 57 个，为 186 人发放临时困难补助 9.3 万元，为全部在校生缴纳商业保险费 128.8 万元，报销门诊费用 1283 人次，共 47.8 万元。

2019 年 9 月，校区依照《山东大学研究生助学金管理办法》，大幅提高了研究生助学金标准，全年为 1640 名研究生按月发放助学金共计 1050 万元。

（三）宿舍管理工作

2019 年，校区在所有学生公寓设立多功能自助服务室，所有博士研究生实现 2 人/间住宿;做好学 6 号楼大修改造、学生公寓空调安装、新生宿舍粉刷清洁等工作,改善学生公寓环境。制定《山东大学(威海)学生公寓安全管理应急预案》和《山东大学(威海)学生工作处工作人员巡查公寓楼制度(试行)》,加强学生公寓安全管理。初步制定《威海校区学生公寓文化建设实施方案(2019～2021)》,在学 7 号楼完成公寓文化内涵提升试点建设,学 12 号楼试点设置辅导员办公室。研究制定《学生公寓党员工作站实施方案》,在 24 号楼试点建成与党员工作站相配套的党团活动室。继续实施"文明宿舍"创建评选活动。

(四)学生就业工作

2019 年,校区与校本部联合承办教育部直属重点综合大学就业创业工作协作会年会;与华为、京东、新东方等重点用人单位深化校企合作,与南京、济南、宁波、烟台等地人社部门签署校地合作协议,积极拓宽毕业生就业、实习渠道;组织 3 场大型校园双选会,举办校园专场招聘 260 余场,接洽来校用人单位 800 余家,为毕业生提供就业岗位 5.1 万个。截至 12 月底,不包含拟境内外升学暂不就业学生,校区 2019 届本科毕业生总体深造就业率为 97.68%。

(五)国际学生管理工作

2019 年,根据《山东大学新时期推进国际学生教育规范管理提高质量的意见》精神,学生处与国际处等相关部门对接交接事务,推动理顺校、院两级管理体制机制,参照国内学生标准初步规范了国际学生请假、考勤、评奖评优等工作的基本流程。评选优秀来华留学生奖学金 1 人,威海市外国留学生政府奖学金 43 人,世界知名大学学分项目奖学金 3 人。

五、辅导员队伍建设

2019 年,校区招聘专职辅导员 7 人,保资辅导员 12 人;选派 116 人次外出参加各类专题培训和考察交流。设立"新竹讲堂",动员资深辅导员以老带新,通过经验分享、交流研讨等形式,对近三年新进专兼职辅导员开展基础业务专项培训;第三批校区人文社科思政专项立项工作首次采用项目召集人方式开展团队研究,支持立项 4 项,配套支持山东大学人文社科思政专项 3 项。2019 年,学生工作队伍共发表论文 23 篇,主持校级以上课题立项 19 项,科研成果奖励 2 项。

六、与校本部学工资源共建共享

2019 年,校区学生处进一步加大与校本部对口部门沟通协调力度,促成校本部多项资源面向威海校区学生统一组织、统一选拔、统一表彰。本科生荣誉体系除个别社会奖学金外,基本实现与校本部一致;首次参与山东大学"自强之星"、臧克家奖学金、宝钢奖学金等荣誉评选且均有学生入选;毕业生信息管理系统、就业宣讲共享系统实现与校本部全面对接;"榜样的力量"表彰、联合国青年领袖选拔、"西部计划"表彰、2019 届毕业生专属画像等重要活动与校本部一体参与;学生荣誉证书和就业推荐表实现统一格式、统一打印、统一印章;参与山东大学 2018 年度人文社科研究专项任务项目("大学生思想政治教育")和山东大学学生思政工作精品(培育)项目申报工作,分别获准立项 3 项和 6 项。

(闫红伟)

共青团工作

2019年，校区团委紧紧围绕校区“双一流”建设方案及2019年党政工作要点要求，以立德树人为根本任务，以服务学生成长成才为出发点，坚持“三全育人”理念，将理想信念教育融入思想道德教育、文化知识教育、社会实践教育各环节，助力学校培养“最优秀本科生”和“富有创造力的研究生”。

一、聚焦育人工作重点领域，发挥共青团的先锋作用

1. 校区学子在大学生“互联网＋”大赛中取得优异成绩。在全国大学生“互联网＋”创业大赛中，校区荣获国家银奖2项，省级金奖4项，取得了校区参加该项赛事以来的最好成绩。在“挑战杯”全国大学生课外学术科技作品竞赛中，校区再次实现满额6件作品入围国赛，最终获得二等奖4项、三等奖2项，团体总分名列山东省第二名。

2. 学生创业团队成功上市。青春创业孵化园目前在孵企业24家，为在校生提供了200余个实习岗位。其中，在孵企业威海迪贸信息科技股份有限公司于2019年5月在齐鲁股权交易所上市；威海英吉高科自动化科技有限公司等4家在孵企业，入库科技部2019年科技型中小企业名单(威海市入选49家企业)；威海鼎艺信息科技有限公司等4家在孵企业，入库威海市2019年“千帆计划”企业名单。

3. 大学生就业见习工作成效显著。校区开展“千校万岗”建档立卡大学生精准帮扶行动，对2014～2016级的165名学生进行重点帮扶，组织开展职场体验活动、职业生涯规划讲座、就业指导进校园等活动60余场，发布共青团系统就业资源和岗位信息10000余条，有78名学生借此走向就业岗位。积极响应大学生就业见习“青鸟计划”，持续服务2020届毕业生实践实习、就业创业，其中200余名大学生通过“青益岗”系统报名参与实践实习活动。联合威海市委连续2年开展“百校千岗”暑期大学生实践实习活动，2019年共有28名学生实现了岗位匹配。

二、着力打造思政工作品牌，筑牢青年学生信仰高地

1. 落实“大学生马克思主义自主学习行动计划”。校区组织开展第四期“青马工程精英班”培训，选拔117名学生骨干开展为期一年的培养；开展第二届“习近平新时代中国特色社会主义思想”研究专项学生科研课题立项49项，引导学生在自我研究学习中学懂、弄通、做实习近平新时代中国特色社会主义思想。

2. 以重大节点为契机，深入开展爱党、爱国、爱社会主义教育。校区组织团学骨干集中收看纪念五四运动100周年大会直播；举办“纪念五四运动100周年暨山东大学(威海)2018年度优秀学生表彰大会”等系列五四精神学习宣传活动；面向团支部开展“学习习近平总书记纪念五四运动100周年重要讲话精神”知识竞赛；围绕庆祝新中国成立

70周年主题，开展“我与祖国共成长”2019年庆国庆迎新生文艺晚会、“同升国旗同唱国歌”集体升旗仪式和“红色耀中华，风骨传后人”第二届红色故事短剧大赛等一系列主题鲜明、内容丰富的庆祝活动，累计1万余人次参与。

3.发挥基层团组织政治功能，规范开展主题团日等团员教育活动。依托主题教育实践立项，在团支部探索推广建立团建指导员、“马克思主义自主学习”团小组、团员先锋岗等团组织建设模式。统筹开展以“护航青春，筑梦未来”为主题的安全教育活动，共制作拍摄安全教育视频短片8部，开展各类安全教育团日活动共计110余场。

三、树立底线思维，狠抓安全稳定工作

1.注重舆情引导与自媒体管理。建立新媒体内容发布审查机制，严格审查待发信息，执行先审后发、不审不发制度，避免发布不实、虚假和错误的信息，实现信息扁平化传递；加强网络舆情搜集研判，规范自媒体管理，营造风清气正的网络环境。

2.从严治团取得新成效。依托“智慧团建”系统，推进基层团组织规范化建设，完成2019届毕业生团员“学社衔接”、2019级新生团员团组织关系线上转接和团支部整理整顿工作。坚持从严入团，规范团员发展流程，2019年共发展新团员33人，有效确保团员质量。

四、以组织建设为重点，提升服务能力

1.网上共青团建设取得新进展。统筹协调微信、微博、抖音等新媒体资源，团委新媒体矩阵粉丝超过4.3万，先后荣获山东省鲁学君优秀工作站、中国青年网优秀校园通讯站、中国(山东)高校传媒联盟“十佳原创内容”等荣誉。开展校园网络文化节、“青年好网民”暨网络青晚直播、“玛珈青语”直播间等接地气的网络品牌活动，展现了山大青年积极向上的网络文化。

2.推进班团一体化建设。推出“十佳团支书”“十佳共青团员”评选及表彰分享会、“活力支部”大赛等品牌活动，目前已有240余个团支部实行班长兼任团支部副书记制度。校区获评团中央中国大学生“自强之星”2人、山东省“五四红旗”团支部1个、山东省优秀共青团员1人。

3.不断改进校区团委工作作风建设。贯彻落实《山东大学(威海)机关及直属单位“管理服务质量提升年”实施方案》，全面推行首接负责制，强化服务意识，力戒形式主义，优化办事流程。深入学院、团支部等开展工作调研，了解各方面对团委工作的意见建议；精简活动与会议，慎提督查检查考核，减少“填表报数报材料”；启用学生拓展培养管理系统，在活动申请、场地申请、宣传审批等各方面实现了网上办公和“师生办事最多跑一趟”。

4.加强学生组织规范化建设。制定《关于进一步加强和改进学生组织工作的实施方案》，修订研究生会、学生会相关管理与工作程序规定；加强学生社团规范管理，修订发布《山东大学(威海)学生社团管理条例》《山东大学(威海)学生社团骨干管理考评办法》等制度。落实14个单位具体指导社团工作制，选聘63位在职在编教师为社团指导教师。严把学生活动政治方向，实行社团活动三级审批制，落实社团年审注册、注销等相关规定。3个社团被评为2019年山东省大学生优秀科技社团，4名学生获评山东省大学生优秀科技社团干部。

5.强化学生骨干培养与管理。开展校区研究生会、学生会、学生社团自省自律活动，引导学生骨干树立宗旨意识、服务意识；组织为期一周的学生组织骨干培训营，加强学生骨干的责任意识和奉献精神；加强与校本部相关学生组织的联动，推进参加山东大学“一校三地”统一的骨干培训学习。

五、以素质拓展为龙头，多点发力服务学生成长成才

1.实行第二课堂成绩单制度，着力提升人才培养质量。威海校区印发《山东大学(威海)学生拓展培养计划成绩管理办法(试行版)》，实施学生拓展培养计划，借助互联网技术，通过思想引领、通识教育、校园文化活动、社会实践、科技创新等十大类活动，提升第二课堂建设的育人功能。

2.倾力创新基因打造，创新创业教育不断升级。举办“双创”冬令营、成立竞赛专家组、设立“双创”咨询室等活动扩大创新创业竞赛参与面，超过 2000 名同学参与到比赛及相关的活动中来。

3.全面开展寒暑假和日常学生社会实践活动。以“青春心向党，建功新时代”为主题组建 706 支社会实践团队，5800 余名学生以团队形式参与实践；联合学生处开展“添翼”暑期社会实践专项活动，组建 30 支“添翼”社会实践专项团队，扶持家庭经济困难学生 231 人参与实践；开展走访企业、校友社会实践专项活动，组建 23 支实践团队，走访 30 余家企业和 40 余名校友。校区获全国大学生暑期“三下乡”社会实践优秀团队和优秀成果奖 18 项、优秀调查报告 2 篇，省级奖项 25 项。

4.倡导“人人都做志愿者”，服务威海和校园文化建设。组织 14000 余名志愿者参与威海市国际铁人三项赛、渔具展等大型赛会服务；开展以“青春扶贫”为主题的威海市困难家庭子女帮扶行动，200 余名大学生志愿者结对帮扶 100 余名中小学生。校内开展第十一届“学雷锋”志愿服务月和“清馨校园”系列活动。6 名 2019 届优秀本科毕业学生加入山东大学第二十二届研究生支教团，2 名学生参与“全国大学生志愿服务西部计划”。

5.完善学生权益维护工作体系，提升服务育人质量。构建本科生、研究生校院班三级学生权益维护工作体系，通过打造校园提案大赛、维权热线、“权小威”和“提案君”线上平台，解决问题共 195 个；举办“校长有约”“处长下午茶”“青年会客室”各 1 期，加强校领导、职能部门与学生的交流互动，掌握学生思想动态，为校区各项管理工作的改革与发展提供有效依据。

6.统筹兼顾，培养富有创造力的研究生。组织参与中国研究生数学建模竞赛，8 支队伍分获竞赛二、三等奖；开展“学术诚信”图片展，对研究生进行诚信教育；举办研究生迎新晚会、“硕搏杯”研究生篮球嘉年华、羽毛球赛、健康泡泡跑等文体活动，活跃校园文化氛围。

(王　松　王志辉)

工会(妇委会)工作

2019年，工会(妇委会)深入贯彻党的十九大精神和山东大学第十四次党代会精神，对标校区《推进“双一流”建设行动方案》，紧紧围绕校区《2019年党政工作要点》，积极参与学校民主管理与监督，切实维护教职工权益，提升教职工服务水平，积极探索新时期工会工作，提高工会自身建设。

一、加强教代会建设

1.不断健全教代会制度，以提案工作为抓手，推动校区改革发展，助力学校“双一流”建设。3月15日，成功召开了第五届教职工代表大会第五次会议。五届五次教代会共征集71份提案，立案提案53件，作为一般性意见或建议处理18件。各职能部门在提案管理系统中对提案进行了全部回复。教师代表从“一校三地”一体化发展、人事人才改革、学科建设等方面提出了诸多建议，相关部门也做了回复，这充分发挥了教工参与民主管理、建言献策的作用，推动了校区改革发展。

2.调动校区教职工参与学校民主管理与改革发展的积极性，推进“一体发展”。按学校要求，威海校区按照15个基层工会选举产生了67名代表参加山东大学第四届“双代会”，参与到10个代表团中，并有部分教师担任团长或副团长，促进了各学院(部)与校本部的主动融入，推动了一体化发展。

二、加强基层工会组织建设

基层工会组织是党联系教工的桥梁和纽带，加强基层工会组织建设，是增强基层活力、发挥基层作用，是实施“强院兴校”行动的基本保障。

1.3月前，各基层工会按照《关于开展二级教代会和基层工会换届选举工作的通知》要求，15个基层工会委员会完成了换届工作，党组织负责人担任基层工会主席，基层工会组织建设发展到一个新阶段，强化了基层工会的战斗力，为实施“强院兴校”战略和更好地服务基层、服务广大教职工、调动教工积极性提供了坚强的组织保障。

2.深化“放管服”改革，加强基层工会经费使用管理。严格实行基层工会经费预算管理，规范经费使用，使基层工会经费更好地惠及广大教职工。

3.根据上级部署和工会年度工作安排，各基层工会按照校区开展“职工之家”建设要求。6月底，共有13个基层工会申报建设“职工之家”，从“强院兴校”战略的高度，各基层工会提出了建家规划，并开展实施建家工作。

三、促进和谐校园建设

为助力学校“由大到强”的历史性转变，充分发挥服务学校中心工作、服务大局、服务广大教工职能，工会通过“纵横交错”的形式，充分发挥以校工会“纵线”为主线，以基层工会、教工协会、工会小组“横线”为辅线的作用，大力开展丰富多彩的文化体育活动，有力调动了教工的积极性、创造性，增强了教工的凝聚力、向心力，使教工以饱满的精神状态投入“双一流”建设。

1.做好优秀教师休养活动。为在全校弘扬劳模精神，进一步体现对优秀教师的关心和关爱，按照山东大学要求，校区首次开展实施优秀教师休养活动，安排6位优秀教师参加校区休养活动，安排1名教师参加省教育工会组织的休养活动，营造了学习先进、尊敬先进、争当先进的良好氛围。

2.大力开展以人为本，普惠大众的“4＋N”模式的文体活动。开展四大体育赛事：羽毛球比赛、气排球比赛、排球比赛、乒乓球比赛；开展N项普惠活动：一是拓展学校运动会适合广大教工参加的趣味项目；二是开展传统节日主题纪念活动，举办“喜迎端午粽香校园”教职工包粽子比赛、“浓情冬至 情系校园”教工包饺子比赛等；三是充分发挥协会作用，积极提供必要的资金支持，鼓励在各自领域开展各种活动，例如，参加威海市足球比赛、排球比赛、羽毛球比赛、摄影比赛等，提高协会的积极性和学校影响力；四是开展契合主题的各种活动，例如，为契合校园安全主题，车友会联合交警大队开展交通安全进校园大型展览；为契合新中国成立70周年，艺术学院联合书画、摄影协会开展“风景这边独好”——庆祝新中国成立70周年教工书画摄影展等，都取得了良好的效果。

3.积极组织教职工参加上级比赛，为学校赢得荣誉。组织参加山东省教育工会2019年“校长杯”羽毛球比赛，并取得团体亚军，单项比赛也取得较好的成绩。参加山东大学首届气排球比赛，机关工会代表队取得团体第二名、图书馆工会代表队取得第三名的好成绩。

4.充分发挥基层工会作用，以“强院兴校”为目的，开展多种活动。东北亚学院工会举办春游踏青活动，商学院、物理学院、数学院举办趣味运动会，机关工会举办登山活动等，极大丰富了本单位教职工的业余文化生活，增强了基层工会的活力。

四、扎实开展民生工程

大力开展人文关怀，提升教职工的获得感、幸福感、归属感。

1.在校区党工委和行政部门的高度重视和大力支持下，在春节、端午节、中秋节、国庆节重要节日，开展教职工节日慰问工作，累计发放慰问品总额200余万元。

2.开展退休教师纪念活动。为退休教师发放纪念品，增强退休教师的荣誉感和归属感。

3.积极组织教职工参加《威海市总工会第十期职工大病重病医疗保险》，全校共有973人参加互助保险。截至12月，共有26人住院获得理赔，共计64000余元。

4.2019年，继续和威海市人寿保险公司联合开展了“女性安康工程”“银龄安康工程”“男性保障工程”等保险工程，将年龄超过50岁的教职工以及教职工亲属纳入保险范畴，共计486人参加，解决了教职工的后顾之忧。

5.为关心教职工的生活，积极开展困难补助发放和送温暖活动。截至12月，为28名教职工发放各类困难补助共计82500元。

6.关心职工子女入托,2019 年共为教职工 200 余名子女发放入托补助约 40 余万元。

五、大力开展妇女工作

1.开展妇女主题活动。开展女教工登山活动,通过参观开心草帽食品公司学习烘焙知识,组织开展花艺体验活动,开展跳棋比赛活动等,丰富女教工的业余文体生活。

2.开展妇女工作先进评选活动,共评选省教育工会女职工建功立业标兵 1 名、建功立业标兵岗 1 名,山东大学三八红旗手 3 名、妇女先进个人 1 名,山东大学(威海)三八红旗手 5 名、红旗集体 1 个、妇女工作先进个人 2 名,并予以表彰,激励广大女教职工的积极性和创造性。

(丛岗滋)

离退休工作

一、党建工作

截至2019年底，威海校区共有离退休教职员工303人，其中党员156人，占比52.6%。2019年初，山东大学党委将威海校区离退休党总支更名为威海校区离退休党委，党建工作任务更重了，责任更大了，离退休党建工作者的积极性更高了。

2019年度，离退休党委在认真抓好组织建设、作风建设、意识形态工作和安全稳定工作的基础上，重点根据山东大学党委的具体部署，本着离退休党员与在职党员保持基本一致，不降低标准、不降低质量的总体思路，扎实开展“不忘初心，牢记使命”主题教育活动，完成了各个阶段的工作任务。

1. 离退休党委紧扣“不忘初心，牢记使命”主题，编印了《我和我的祖国——推荐爱国歌曲十首》发放给每一位离退休党员，号召各支部利用集体学习的预备时间集体咏唱爱国歌曲。实践证明，这是适合离退休党员的好形式、好做法，边学边悟，寓教于乐。

2. 针对基层党支部“三会一课”制度不够规范的问题，离退休党委于10月份研究制定了《离退休党支部“三会一课”制度具体要求》，要求各党支部严格遵照执行。

3. 针对离退休党员年老体弱、居住分散，看书学习和外出参观考察比较困难的特点，离退休党委统一组织了两次主题党日活动，分别于10月22日和10月25日组织观看爱国主义教育新影片《我和我的祖国》和《中国机长》，深受广大离退休党员的欢迎。

4. 按照主题教育和本职工作紧密结合，边学边改，立学立改的要求，为了给耄耋老人和孤寡老人提供养老咨询服务，离退休党委于11月15日组织党委委员和各党支部书记一行8人到荣成盛泉集团有限公司虎山和石岛养老院参观学习和工作对接，并看望了两位住在石岛养老院的校区退休职工。另外，还与威高集团天伦苑养老服务中心取得了联系，主动进行工作对接。主动为广大离退休职工提供集体养老、居家养老等相关服务，这是离退休党委主题教育检视问题、整改落实的举措之一。

二、管理与服务工作

高度重视对离退休教职工的民主管理和亲情服务，始终把关心退离休职工的生活状况和身体健康，保证他们的晚年生活幸福快乐作为工作的主攻方向。从校区离退休人员队伍不断扩大，人员结构、文化程度多样化的实际出发，发挥党员干部和文体骨干的作用，畅通信息渠道，通过电话、微信群、走访和慰问等多种形式，加强与离退休职工的沟通，广泛征询意见和建议，了解他们的生活状况和各项需要。只要听说有退离休职工患重病住院，退休办工作人员就在第一时间前去慰问，并且根据病情，不定期到病人家里探望，一年中看望慰问了十几位有困难的和有重病的离退休职工，还积极与家属配合做好去世的退休职工的善后工作。积极协助患有重病、经济困难的职工办理困难补助。在春节、中秋节、重阳节等节日，退休办工作人员走门串户，慰问离退休教职工，为他们送去慰问品，把学校领导的关怀送到每个人的心坎上。

威海校区不断创新和改进工作方式和方法，满足广大离退休干部职工的精神文化需求。2019 年度参加各项集体活动的人数明显增多，大家相互交流，切磋技艺，既增进了友谊又锻炼了身体，实现了“老有所学，老有所乐，老有所为”的工作目标。2019 年内开展的大型活动主要有：4 月 24 日，组织春游活动，144 人游览了荣成市寻山镇爱伦湾海洋牧场和俚岛镇花斑彩石风景区，感受渔民文化和海洋风景；6 月 27 日，开展“不忘初心，牢记使命，缅怀革命烈士”主题党日活动，组织 90 名老党员参观威海市革命传统教育基地——文登革命烈士陵园；在中华人民共和国成立 70 周年之际，走访慰问老党员、老干部、困难退休职工，召开退役军人座谈会，了解他们的思想动态和生活情况，增强他们的获得感、幸福感和安全感。

（张大勇）

人事管理

2019年，人事处坚持以习近平新时代中国特色社会主义思想为指导，深入贯彻落实山东大学第十四次党代会精神，紧紧围绕“双一流”建设和2019年党政工作要点要求，在校区党工委的坚强领导下，深入贯彻落实山东大学“一校三地”暑期人事人才工作会议精神，努力培养造就一流的教师队伍、管理队伍和支撑服务队伍，大力推进人才强校战略。

一、加强人事处党支部建设

充分发挥党支部战斗堡垒作用，坚持“三会一课”制度，推进“不忘初心，牢记使命”主题教育常态化、制度化。坚持用习近平新时代中国特色社会主义思想武装头脑，加强和规范党内政治生活，逐渐增强党员的“四个意识”，更加坚定“四个自信”。充分发挥党员的先锋模范带头作用，着眼于工作实际，为学校事业发展献计献策，积极工作。

持续深入学习贯彻党的十九大精神、山东大学十四次党代会精神，加强人事干部队伍思想政治建设，突出政治理论和党性教育，坚持集中学习和自学多种方式，先后组织处内人员参加机关科级干部专题讲座、尹作升书记专题党课等各级培训10余场次。

按照校区机关作风建设要求，结合人事处工作实际，对照检查修订了作风建设的具体措施及考评体系，强化工作纪律，提高工作成效，改进工作作风。

二、外引内育，强化人才队伍建设

(一)高层次人才引育成绩喜人

引进国家特聘专家1人、山东大学杰出中青年4人、山东大学齐鲁青年学者4人、泰山学者特聘教授1人、泰山学者青年专家2人，另引进兼职讲席(特聘)教授12人，并与1名双聘院士、1名兼职院士展开洽谈。

校内6人入选山东大学杰出人才岗位，其中山东大学特聘教授1人、山东大学杰出中青年4人、山东大学齐鲁青年学者特聘教授1人；入选泰山学者特聘教授1人，入选泰山学者青年项目1人，校外拟引进人员2人入选泰山学者青年项目；入选威海市有突出贡献的中青年专家1人。

截至2019年12月，威海校区共有国家级人才16人次、省部级人才33人次，山东大学杰出人才体系全职岗位31个，“未来计划”入选青年学者达51人，威海市英才计划入选人员8人次。

校区同时坚持“不求所有，但为所用”思想，以山东大学杰出人才体系为依托，大力柔性引进海内外知名学者，聘任张益唐、金炳珉等6人为兼职讲席教授，聘任马克(Marc)、佟家栋等10人为兼职特聘教授。

(二)做好人才招聘工作

通过各种途径积极招才纳贤,吸引优秀人才来校工作,截至2019年12月,专任教师岗位引进29人,具有高级职务的占45%。参加各种人才招聘会4次,累计收到求职简历280余份,来校区参加试讲考察有10余人次;启动专职辅导员、教师外其他专业技术人员、管理岗人员、非事业编制人员等公开招聘5次,录用教师外专业技术岗位及管理岗位共10人,专职辅导员7名,校内遴选保资辅导员3名。

(三)组织校内人才遴选

统筹组织2019年山东大学杰出人才校内遴选工作,校内6人入选山东大学杰出人才岗位。完成第五批"未来计划"青年学者遴选,李燕等10人获得资助。截至2019年12月,"未来计划"入选青年学者达51人。在前四批培养人选中,12人晋升教授岗位,3人入选齐鲁青年学者,1人入选"万人计划"青年拔尖人才。

(四)有序推进2019年专业技术职务及岗位晋升工作

按照岗位设置数等额推荐教师专业技术职务正高级13人,副高级27人;教师外专业技术职务推荐正高级9人,副高级23人,评审中级40人。推荐教授二级岗1人,教授三级岗4人,教师五级及以下岗位70人,教师外五级及以下岗位37人。

首次开展了非事业编制专业技术人员职称资格代评工作。

三、注重教师队伍培养

(一)完成专业技术职务与岗位任职条件修订工作

根据学校一体化发展战略,按照"同一山大、同一标准"的工作思路,积极协调推进威海校区各教学科研单位对标所在学部相关学科标准,分别修订了各自单位的教师职务及岗位申报条件,统一了全校评价标准。修订后的任职条件在教学科研和学科发展等方面的积极导向,也在2019年度的专业技术职务和岗位评聘工作中得到了很好的体现。2019年12月底前,完成2020～2022年专任教师高级职务岗位使用计划,并把相关岗位数划拨至院部。

(二)一体化背景下的多元考核评价机制初具雏形

通过教师岗位职责修订和业绩津贴划拨方案等工作的推进,多元考核评价机制的目标导向作用开始显现。建立完善与岗位职责、工作业绩、实际贡献等紧密联系的多元考核评价机制以及实行岗位流动制度和人员分类管理考核等工作也在积极筹划之中。

(三)稳步开展师资培训及教职工能力提升工作

1.加大海外研修、学历学位提升力度。在国家公派留学总名额缩减情况下,威海校区9人申报,7人获得资格,录取人数和录取率较往年均有大幅度地提高;此外,还有2人入选2019年第一批"青年骨干教师出国研修项目",1人入选"省校联合培养计划"选派高校教学科研人员出国留学项目。鼓励支持9名公共外语、艺术类教师攻读博士学位。

2.全面提升教职工能力。积极落实《山东大学教职工能力提升计划(2019～2021年)》及其配套方案,共选派近40人次参加各类能力提升项目,其中5人参加管理人员赴新加坡南洋理工大学研修项目,18人参加2019年山东大学管理人员公文写作及公文处理能力提升培训班,4人参加2019年管理人员创新发展专题培训,3人参加2019年赴英属哥伦比亚大学研修，1 人参加 2019 年管理人员加拿大阿尔伯塔大学研修项目。同时，威海校区还组织开设了教职工英语能力提升培训班，提升 63 名教职工英语实用能力。

3. 举办系列活动欢庆 2019 年教师节。威海校区领导走访慰问教师代表，向他们表达节日的问候。突出教师节主题，营造良好欢庆的氛围，通过网站、宣传栏、横幅等多种形式和新媒体宣传平台，弘扬主旋律，讲好师德故事。召开“立德树人，强院兴校，一体发展”庆祝 2019 年教师节座谈会，来自教学科研、支撑服务管理一线的教职工代表为推进一体化建设和“强院兴校”行动，推动学校“由大到强”历史性转变积极建言献策。组织师生代表参加了山东大学 2019 年教师节庆祝大会暨优秀教师颁奖典礼视频会议，向榜样学习致敬，激发教职工爱岗敬业和潜心育人的责任感和使命感。组织 38 名新聘教职工入职培训，开展了教学观摩和教学经验交流活动，助力走好职业生涯第一步。

（四）加强博士后管理服务工作

2019 年，校区新入站博士后 29 人，出站 18 人。根据博士后的进出站管理要求，进行入站与出站的审核工作。加强博士后的在站管理，明确博士后工作协议，对博士后的在站时间、延期申请及相关待遇进一步明确。举办博士后政策宣讲与培训会，组织博士后各类项目的申报工作，努力拓展博士后的研究支持平台。

四、提升日常管理服务

（一）做好人员进出系统登记，精准服务新入职教职员工

为教职工办理入校、短期离校入校、离校、短期离校等手续共约 110 人次；报送特殊身份人员出境登记报备、撤销、信息更新、申办出入境共 22 人次；与新入职教职工签订聘用合同及聘用期满教职工签订续聘合同 39 份；完成新入职教师、师资博士后出站等 26 人住房货币化补贴的上会、公示、立项、签协议及发放等事宜；2019 年累计发放 76 人住房货币化补贴约 332.2 万元，发放 12 人科研启动费 28 万元；出具教职工中英文在职证明、在职收入证明、职称证明等人事证明近 300 人次。

（二）丰富绩效分配机制，发挥区位政策优势

突出业绩导向性，进一步强化教师的教书育人职责、教职工的管理岗位职责和科研人员的学术学科职责，构建注重教学效果、注重科研创新、注重实际贡献的绩效分配机制，体现多劳多得、优绩优酬。突出奖励发展性，加大对关键岗位和作出突出贡献人员的倾斜力度，为更好地吸引人才、稳定人才提供政策保障。2019 年度业绩绩效工资调整新增投入 1264 万元，人均增幅 38%。

根据国家、威海市及山东大学相关文件精神，为符合条件的事业编制职工晋升薪级工资；为职称晋升、职务调整人员调整工资；为学校事业编制人员调整公积金缴存基数及社会保险缴纳基数。

（三）充分利用威海市人才政策，积极为教职工争取利益

2019 年为符合条件的 30 名博士、4 名硕士申请生活津贴共计 189 万余元。

（四）做好档案日常管理工作，加强档案自查自纠

2019 年，共收集入档材料 3000 余份。接收、审核人事档案 150 余卷；整理新入校人员等干部档案 280 余卷；借阅、复印档案 140 余份。

开展档案专项审查工作。根据威海市高新技术开发区社保处的要求和人事处工作安排,历时3个月,对近五年拟退休人员213名教职工人事档案进行审核,填写专项审查表213份,入档192人,取证21人。

配合组织部完成教育部处级干部档案巡视准备工作。根据相关要求,配合校区组织部对38名新任处级干部人事档案进行了自查,对材料不规范、不齐全等问题进行梳理、反馈、收集;重新整理了124名处级干部的人事档案。

(五)人事信息库的日常管理及统计工作

录入、修改和更新人事信息库信息200余人次;为山东大学人事部、威海校区各处室提供数据支持及服务累计160余次;顺利完成教育部高基报表、高等教育质量检测国家数据平台数据报表及人力资源和社会保障部统计报表的相关工作。

(张　雷　葛彩云)

本科教学

2019年，教务处以习近平新时代中国特色社会主义思想为指导，全面贯彻党的十九大的路线、方针、政策，积极落实山东大学第十四次党代会精神，严格执行各级党组织的工作部署，在党建工作、改革发展和合力育人等多个方面取得实质性成效。

一、招生管理与服务

(一)加大招生拓展与宣传力度

2019年，校区进一步加大招生拓展奖励力度，制定新的《山东大学(威海)招生拓展奖励办法》，招生拓展组增加到20个，并且实现省内16个地级市招生宣传全覆盖。为做好招生宣传，校区统一录制所有专业介绍视频，组织实施"专业宣讲暨名师进校园活动""相约山大·立志启航"活动和"未来山大人"项目。

(二)文理普通批次招生质量持续向好

在非改革试点的28个招生省份，普通文科所有28个省份的录取位次全部上升，理科在23个省份录取位次上升。在高考改革试点上海市、浙江省，录取分数和最低分位次较2018年均有提高。山东省普通文理生源质量再创新高。

(三)特殊类型招生质量超出预期

中外合作办学专业招生省(市、区)由10个增至18个，录取情况超出预期；非联考艺术类专业校考报名人数再创新高，艺术类生源综合成绩明显提升。

二、教务管理与服务

1.首次推行以"转出无门槛，转入有要求；学院为主体，学校管过程"为主旨的转专业工作方案，275名学生转入其他专业，转专业成功率达59.91%。

2.5月，首次组织各学院科学制定大类招生背景下的专业分流方案。9月，组织新闻学类、法学类、外国语言文学类(非英语类)、外国语言文学类(英语类)、政治学类5个大类专业644名新生完成专业分流。

3.2019年，校区共有455名优秀本科生被推荐到各类高水平大学和科研院所攻读研究生，占2020届应届本科毕业生总数的12.22%，推免计划占比再创历史新高。

4.修订留学生学籍管理制度及相关办理流程，补充和完善留学生学籍数据，逐步实现留学生学籍管理趋同化。

5.做好常规工作，完成规定动作

(1)2019年，校区共计毕结业学生3785人(含毕业3695人、结业90人)、获学位3884人(含主修学位3679人、双学位205人)，按时完成毕业证书和学位证书制作与发放，并按照上级部门要求按时完成教育部学历和学位电子注册工作。

(2)顺利完成春季、秋季学期和暑期学校的排课、调课、选课工作,完成教师出国(境)、读博、生病等各类原因调课407人次,完成因复学、交流返校、云大交流生选课、转专业等原因更改、补录选课信息2020余人次,完成理论课教学工作量统计4555人次。

(3)全年共处理学籍异动1787人次(含留学生488人次),完成新生学籍注册3640人、保留入学资格2人、放弃入学资格58人,毕业生学信网电子学历注册3704人,老生学年注册14843人;完成毕业生图像信息采集3623人,完成在校本科生监护人信息采集8792人;全年接收进修生48人,补办毕业证明书17人;全年共计补办学生证386人,补办乘车优惠卡475张;完成各类预算决算报表统计工作、高基报表数据统计、教学基本状态数据填报等工作。

(4)组织各学院对2016～2018级共计94人次学生进行学业成绩警示。

三、教学改革与课程建设

(一)大力推进共建共享工作

在"6+5"院—院共建共享基础上,实施校区所有专业与校本部相同专业的共建共享(2.0)。在在线课程共建、互派教师现场集中授课、远程同步授课、远程分享学术讲座、共享实习实践平台、共享拔尖人才培养项目、共同筹建新专业、共同调整专业、共同修订培养方案、联合申报研究项目、联合建设试题库、共享通识教育课程等方面,实现"双方共建,双向共享"。

(二)"新文科"建设走在前列

1.鼓励专业进行交叉探索,在"英语+X语种""计算法学""数学+金融""党内法规和监察法学"等特色班基础上,开设"英语+国际经济与贸易""英语+法学""国际政治+国际经济"三个五年制双学位班,"新闻+法学""法学+行政管理""司法社会工作"特色班,促进文理、文文、文社、社社学科融合,培养复合型新文科人才。

2.将现代科学技术有机融合进文学、法学、管理学和经济学等技术型社会科学学科,用人工智能、智慧互联、大数据等新技术改造传统文科专业,"物流管理"改造为"供应链管理","电子商务"改造为"大数据管理与应用","市场营销"专业中新增"数字营销"方向。

3.重视国际化培养,致力培养学生"参与国际治理能力"。在原有三个中外合作办学专业和中澳国际课程班基础上,新增四个中外合作办学专业(数学与应用数学、应用物理学、应用化学、生物科学),并与法国雷恩高等商学院联合开办旅游管理(中法国际实验班)、国际经济与贸易(中法国际实验班),与英国特许公认会计师公会(ACCA)联合开办会计学(国际实验班)。

(三)深入推进人才培养模式改革,探索科教协同育人新模式

积极组织学生参与山东大学泰山学堂(入选4人)、尼山学堂(入选8人)、崇新学堂(入选5人)等基础学科拔尖人才培养计划;天文与空间科学菁英班与新建的国际政治与国际经济双学位实验班,首次实现面向"一校三地"招生;新建数据科学与人工智能实验班,分别招收2017、2018和2019级学生各25人,组建成3个实验班;继续办好量子信息工程实验班,组织校区学生参与山东大学创新实验班。

(四)加大经费支持力度,全面推进教育教学改革

校区投入一期经费 249 万元,设立包括重大项目(含培育)、重点项目(精品在线开放课程建设和精品教材建设)、一般项目(课堂教学改革、"课程思政"示范专业课程、实践教学研究、教师教学能力提升研究、青年教师教学研究、招生拓展工作研究、教务管理与教学服务建设研究、辅导员思想政治工作创新研究)等三个层次的项目共计 110 项。2019 年,有 6 门课程分别在中国大学慕课(MOOC)、"智慧树"等平台上线,实现校区在线课程零突破。

(五)积极推动本科专业优化升级,实现"瘦身,长高,变强"

结合新文科建设和拔尖人才培养改革,积极实施"本科专业现代化工程",共削减9 个本科专业,增设人工智能专业,全面推进专业优化升级。

四、考务管理与服务

2019 年,校区共有法学院、马克思主义学院(威海)、体育教学部、学生工作处等 4 个单位 8 门课程参与期末机考改革;53 门课程新建试题库,校区累计共有 380 门课程建立试题库或试卷库;举办学术报告 111 场,其中举办"稷下讲坛"23 场。

全年安排期末考试 2169 场,参加考试学生超过 26 万人次;组织 4 批次录入学生成绩信息 269725 条;组织各教学单位按照不低于开课门数 10%的比例开展试卷检查;完成大学英语四、六级笔试,设置考场 604 个,17960 名学生报名考试;完成大学英语四、六级口语考试,设置 26 批次,5217 人次参加机考;完成 65 个考场、3424 人新生英语水平分级教学考试;完成 18 个考场、13 个批次、8034 人参加的全国计算机等级考试;完成 118 个考场、3500 人全国硕士研究生入学考试。

五、实践教学管理与服务

(一)积极承办国家级赛事

8 月,校区首次成功承办第十四届"恩智浦杯"大学生智能汽车竞赛全国总决赛,全国 185 所高校 391 支队伍共计 1700 余名师生参加比赛。

(二)学科竞赛再创佳绩

1. 第十四届"恩智浦"杯大学生智能汽车竞赛全国总决赛:获国家一等奖 3 项、二等奖 4 项,国奖数量位列全国参赛高校第四名。在山东省选拔赛中,获奖数量位列山东赛区高校第一。

2. 全国大学生数学建模竞赛:获得国家一等奖 2 项、二等奖 7 项。

3. 美国大学生数学建模竞赛:获得一等奖 7 项、二等奖 9 项。

4. "TI 杯"2019 年全国大学生电子设计竞赛:获得国家一等奖 2 项、二等奖 3 项。

5. 第五届中国"互联网+"大学生创新创业大赛:获得国家银奖 2 项。

6. "首钢京唐杯"第十二届全国大学生节能减排社会实践与科技竞赛:获得国家一等奖 1 项、二等奖 3 项、三等奖 7 项,获奖数量位于全国高校前列,校区再次荣获"优秀组织奖",创校区参加该项赛事以来的历史最好成绩。

7. 全国大学生软件创新大赛:校区首次参赛,入围国赛并获得国家一等奖 1 项。

(三)"三种经历"人才培养模式进展顺利

1. 第二校园学习经历

2019 年,校区共派出学生 55 人,涉及 10 所高校 21 个专业;接收 17 人,涉及 5 个专业。

2. 海外学习经历

2019 年,校区共派出学生 692 人,校区累计参加海外学习经历学生总数达 5042 人。

(四)打造特色暑期学校

校区首次与校本部共建暑期学校,重点打造国际暑期项目、暑期精品项目及未来山大人项目,立项暑期精品课程 58 门,未来山大人项目 2 个,校区 339 人次跨校区选修济南、青岛校区课程。

六、教学促进与教师发展

1. 举办"以学生为中心"的课程大纲设计和课堂教学互动策略工作坊,发挥校区师资培训示范和辐射作用,首次邀请哈尔滨工业大学(威海)教师参加培训,在落实《山东大学(威海)与哈尔滨工业大学(威海)校际课程共建暨学分互认协议》及《山东大学(威海)与哈尔滨工业大学(威海)校际课程共建暨学分互认实施细则》中,走出扎实的第一步。

2. 9 月底,开始推行线上教学督导模式,实现教学督导全覆盖。

3. 顺利完成填报高等教育质量监测数据和编制本科教学质量报告,全面、真实地反映校区本科教学质量各方面的情况。

4. 组织校区教师参加山东省第六届"超星杯"高校教师教学比赛,海洋学院戚明颖老师获理科组省级一等奖,翻译学院王苏华老师获文科组省级二等奖,这是校区参加此项赛事以来首次获得省级一等奖荣誉。

七、教育教学荣誉体系建设

2019 年,校区加大本科教育教学荣誉体系建设力度,推出山东大学(威海)本科教育教学行动方案改革和教育教学荣誉体系,简称"1＋N"方案,即《山东大学(威海)办好一流本科教育行动方案》及《山东大学(威海)教学名师和教学能手评选办法(试行)》《山东大学(威海)教学团队建设与管理办法(试行)》《山东大学(威海)本科教学管理先进单位和先进个人评选办法(试行)》《山东大学(威海)"我最喜爱的老师"评选办法(试行)》《山东大学(威海)学科竞赛优秀指导教师评选办法(试行)》《山东大学(威海)实习教学基地建设与管理规定(试行)》《山东大学(威海)优秀教案评选办法(试行)》《山东大学(威海)关于开展 2019 年教育教学改革研究项目立项工作的通知》。

2019 年校区完成教改立项 110 个项目;评选出校区教学名师 5 人、教学能手 5 人、"我最喜爱的老师"12 人、优秀教案 22 个、本科教学管理先进单位 2 个、本科教学管理先进个人 15 人。

八、细化管理服务,保障教育教学

1. 加强多媒体教学设施日常检修,提升技术支持水平。在春季学期,协调学校网络与信息管理中心，实现所有多媒体教室联网。

2. 实施教室设施升级换代，更新标准化考场部分老化严重的摄像头，在卫生间安装屏蔽仪，保证各级各类考试顺利进行。

3. 全面接管教学楼管理工作，修订管理制度，调整补充管理人员，提高教室管理水平；完成教师休息室改造，为教师课间休息提供良好环境。

4. 在教材选用上严格把关，保证选用教材质量，课前到书率达99%以上。实现全年教材零库存目标，做到学生教材费“一人一账”，提高教材费使用的透明度。

（赵　辉）

科学研究

2019 年，在校区党工委、行政的领导下，校区科研工作深入贯彻落实学校第十四次党代会精神，聚焦“双一流”建设，围绕山东大学“六大战略”“十大任务”，深入落实学术兴校、服务山东、一体化发展战略，经全体师生的共同努力，较好地完成了各项工作任务。

一、科研工作概况

1. 科研项目

项目数量：2019 年，校区各单位共有 368 个科研项目获批立项。其中，国家级立项 53 项，省部级立项 96 项，地厅级立项 14 项，其他纵向及企事业单位委托项目 205 项。

项目经费：2019 年，校区科研项目批准总经费约 12415 万元，全年实到外来科研总经费 8445 万元(其中，纵向经费约 6065 万元，横向经费约 2380 万元)。

2. 科研成果

2019 年，校区共发表论文 811 篇，其中各类检索论文数量为 555 篇；申请发明专利 143 件，授权发明专利 97 件；出版学术著作 37 部、艺术 CD 14 辑。

二、科研工作亮点

1. 人文社科类

2019 年，校区获批国家社科基金重大项目 2 项，国家社科重大项目子课题 2 项，国家社科基金年度项目 8 项，中华学术外译项目 3 项，山东省社会科学规划项目 34 项；获各类人文社科地厅级以上奖励 31 项。

东亚文献研究团队参与汉籍合璧工程国家重大文化工程项目获准立项，立项经费 2000 万元，首批启动经费 424 万元。

海洋经济—能源—环境可持续发展研究创新团队获批山东大学青年交叉科学创新群体项目(人文社科交叉融合专项)，团队学术带头人入选 2019 年度全球高被引科学家名单。

科研处与学科建设与研究生处合作主办第一期学科交叉学术沙龙。校区全年共获 4 项山东大学人文社会科学青年学者学术沙龙、6 项山东大学人文社科高端学术论坛资助。

2019 年，校区举办“复兴论坛”“马克思主义文艺理论研究论坛”“马克思主义文化研究论坛”“国际贸易理论演进与服务贸易创新发展”“党内法规中的法理”等多场高端学术论坛，参与论坛的校内外专家学者达 360 余人次，举办了 230 余场学术报告，并多次邀请境外专家，学术交流国际化水平进一步提升，学术氛围日益浓厚，校区学术影响力不断提高。

2. 自然科学类

空间科学与物理学院承担的“十三五”国家重大科技基础设施项目(子午工程二期)项目正式批复启动，立项经费 1877.99 万元；获批民用航天项目 1 项，立项经费 570 万元；

获批国家自然科学基金天文联合基金重点项目1项，立项直接经费250万元。

数学与统计学院获批立项国家重点研发计划课题1项，立项经费343万元。

机电与信息工程学院获批山东省重大创新工程项目1项，立项经费400万元；威海市船舶与海洋结构物表面处理工程技术研究中心获批成立。

海洋学院的“山东博物馆山东湿地植物标本采集鉴定制作”和空间科学与物理学院的“光度分析系统”项目，中标合同经费分别为300.6万元和259万元。

发明专利申请量和授权量再创新高，连续三年获得“威海市专利创造大户”荣誉称号。

三、相关统计数据

表1　2019年人文社科类各类省级以上项目立项及批准经费一览表

项目类别	指　标	
	数量(项)	经费(万元)
国家社科基金重大(重大专项)项目	2	140.00
国家社科基金重大项目子项目	2	13.00
国家社会科学基金项目	8	160.00
国家社科基金中华学术外译项目	3	120.00
国家社会科学基金专项	1	20.00
汉籍合璧工程国家重大文化工程子项目	1	424.00
教育部人文社科研究项目	7	57.00
教育部国别和区域研究课题	1	8.00
国家法治与法学理论研究项目	2	6.00
山东省社科规划基金项目	34	92.00
中国博士后科学基金	7	38.00
合　计	68	1078.00

表2　2019年自然科学类各类省级以上项目立项及批准经费一览表

项目类别	指　标	
	数量(项)	经费(万元)
“十三五”国家重大科技基础设施项目(子午工程二期)	1	1877.99
国家自然科学基金	31	1961.50
国家重点研发计划(课题)	1	343.00
民用航天项目	1	570.00
装发预研项目	2	51.00
山东省重点研发计划	11	577.00
山东省自然科学基金	26	410.00

续表

项目类别	指标	
	数量(项)	经费(万元)
农业农村部专项	1	25.00
中国博士后科学基金	7	66.00
合　计	81	5881.49

表 3　2019 年人文社科类各单位科研项目统计汇总表

单位	立项与经费数					
	科研项目立项(项)				经费(万元)	
	国家	省部	地市	横向	批准经费	实到经费
东北亚学院	3	1	1	8	589.20	627.24
商学院	4	12	5	15	466.12	422.11
法学院	2	17	2	8	267.30	232.38
文化传播学院	6	5	0	1	201.60	136.20
翻译学院	2	4	2	3	84.50	43.50
艺术学院	0	3	1	37	345.76	400.70
马克思主义学院(威海)	2	8	0	0	50.50	80.00
体育教学部	1	1	0	2	27.80	29.80
其他单位	0	0	1	3	13.26	12.36
合　计	20	51	12	77	2046.04	1984.29

注:以上经费为竞争性外来经费,其他单位指非教学单位。

表 4　2019 年自然科学类各单位科研项目统计汇总表

单位	立项与经费数						
	科研项目立项(项)					经费(万元)	
	国家	省部	地市	其他纵向	横向	批准经费	实到经费
海洋学院	3	15	1	12	45	1515.01	1420.25
机电与信息工程学院	5	18	1	5	40	2087.91	1447.94
空间科学与物理学院	19	5	0	8	8	4253.38	1530.05
数学与统计学院	5	6	0	6	1	811.38	408.45
山东大学威海前沿交叉科学研究院	1	1	0	3	0	101.90	54.40
合　计	33	45	2	34	94	8769.58	4861.09

注:以上经费为竞争性外来经费。

表 5　2019 年人文社科类各单位发表论文情况表

单位	数量(篇)								
	SSCI 收录	CSSCI 收录	KCI 收录	EI 收录	CPCI-S 收录	SCI 收录	AHCI 收录	检索论文共计	论文总数
东北亚学院	1	13	8	0	0	0	0	22	42
商学院	6	22	0	3	1	1	0	33	56
法学院	0	29	0	0	0	0	0	29	40
文化传播学院	0	20	2	0	0	0	0	22	53
翻译学院	2	6	0	0	0	0	0	8	28
艺术学院	0	15	0	0	0	2	7	24	45
马克思主义学院（威海）	0	13	0	0	0	0	0	13	26
体育教学部	0	1	0	0	0	0	0	1	8
其他单位	0	1	0	2	0	3	0	6	31
合　计	9	120	10	5	1	6	7	158	329

注：其他单位指非教学单位。

表 6　2019 年自然科学类各单位发表论文情况表

单位	数量(篇)					
	SSCI 收录	SCI 收录	EI 收录	CPCI-S 收录	CSSCI 收录	论文总数
海洋学院	0	81	5	0	0	117
机电与信息工程学院	1	88	86	0	2	204
空间科学与物理学院	0	82	6	0	0	115
数学与统计学院	1	40	0	0	0	41
山东大学威海前沿交叉科学研究院	1	4	0	0	0	5
合　计	3	295	97	0	2	482

（邓宏军　王倩倩）

学科建设与研究生工作

2019年，学科建设与研究生处认真学习贯彻习近平新时代中国特色社会主义思想和党的十九届四中全会精神，按照山东大学“一校三地，协同发展”的理念，全力做好研究生教育和学科建设各项工作。

一、多措并举，打造校区学科建设新亮点

（一）以经费划拨为抓手，保障学科建设工作有序开展

完成各学科建设项目经费的测算与划拨，除重点支持山东大学“高峰”学科空间物理学和东北亚研究外，把海洋学院、机电与信息工程学院、商学院、法学院作为校区学科建设的重点予以培育。同时，会同资产与实验室管理处，向校本部争取到2000万元大平台建设专项经费支持，强化对新工科、新文科综合实验平台以及公共服务平台的搭建工作，为学科交叉融合创造必要条件。截至2019年12月底，学科建设经费总执行率为73.24%，其中理工科执行率为70.41%，文科执行率为82.63%，分学院经费执行率见表1。

表1　2019年山东大学（威海）各学院经费执行情况

学院名称	投入经费/万元	执行经费/万元	执行率
法学院	156	142.4	91.3%
东北亚学院	206	175.7	85.3%
商学院	206	205.6	99.8%
文化传播学院	113	84.3	74.6%
翻译学院	97	31.6	32.6%
马克思主义学院（威海）	62	57.7	93.1%
体育教学部	19	15.2	80%
艺术学院	48	30	62.5%
前沿交叉科学研究院	40	40	100%
空间科学与物理学院	1524	971.7	63.8%
机电与信息工程学院	781	763.4	97.7%
海洋学院	612	323.4	52.8%
数学与统计学院	229	156.4	68.3%

（二）以“高峰”学科为引领，推进校区学科建设稳步前进

校区“高峰”学科空间科学与技术、东北亚研究继续保持引领作用。空间科学与物理学院推动攀登团队进一步做大做强，相关课题组参与的国家重大科技基础设施子午工程二期正式开工建设，史全岐教授课题组在空间数据分析研究方面取得新进展，其研究成果被美国宇航局（NASA）纳入标准数据处理平台；核物理研究团队对双中子星并合引力波事件的研究成果登上《欧洲物理杂志》A卷的封面。

东北亚学院以山东大学国际问题研究院的成立为契机，整合校区国际问题研究资源，通过举办学术论坛，在知名刊物发表学术文章，提高其在相关研究领域的显现度和话语权。

海洋学院根据国家海洋战略需求，积极融入山东大学海洋工程建设项目，组织实施学科建设的重点支持领域顶层设计；机电与信息学院围绕学科交叉融合，深入落实外专“双百”计划，积极开展国际合作，明确未来发展方向；商学院以学科交叉凝练研究方向，致力于打造“校外交叉—校内交叉—院内交叉”三维发展的立体格局，积极开展学术交流，不断提升学院整体的科研能力；文化传播学院在国家社科基金项目立项质量和数量上均获得了较大突破，共有5个项目获批，其中张红军教授担任首席专家投标的“西方自然美学通史”获批入选国家社科基金重大招标项目立项名单；法学院为适应国家治理现代化重大需求，构建了法律方法与立法学、公法治理与计算法学、党内法规与监察法学等交叉性、创新性学科平台，形成了新文科理念引领、新法学立基，以新公法学为核心的特色优势学科体系，孙光宁教授主持的“社会主义核心价值观背景下的案例指导研究”项目获批国家社科基金重大研究专项。

（三）以交叉融合为突破，多措并举助力学科创新发展

积极发挥博士招生指标分配、学科建设经费划拨等竞争性要素的杠杆作用，多措并举推动跨专业、跨院部、跨校区学科交叉融合；海洋学院积极融入山东大学海洋工程学科项目总体建设规划；空间科学与物理学院同机电与信息工程学院多个合作项目进展顺利；邀请控制学院院长张承慧、微生物技术研究院院长张友明做客“院长沙龙”，在强化“一校三地，协同发展”意识的同时，学习和借鉴校本部“强院兴校”的先进经验和做法；举办学科交叉论坛，为不同学科的专家学者提供自由研讨平台，效果显著。

（四）以威海前沿交叉科学研究院为载体，打造校区学科发展新亮点

威海前沿交叉研究院成立以来，各项工作已步入正轨。自2019年秋季学期开始，其下设的蓝绿发展研究院已正式招收硕博士研究生。该研究院下设蓝绿发展研究院、潘成洞数学研究所、职业健康和社会测量研究所三个科研机构，国际知名数学家张益唐教授、高被引科学家冯奎双教授等一批在相关领域极具影响力的专家学者签约交叉研究院。

蓝绿发展研究院的冯奎双教授入选2019年全球高被引科学家（交叉学科领域），职业健康和社会测量研究所的郭亮教授担任《职业行为杂志》（*Journal of Vocational Behavior*，JCR一区，国际ABS列表四星级期刊）期刊的编委；研究院成员已在《自然》（*Nature*）子刊、《环境科学与技术》（*Environmental Science & Technology*）等顶级学术刊物发表论文近20篇，其中顶级期刊论文5篇。此外，蓝绿发展研究院还申请到国家自然科学基金委面上项目、国家自然科学基金委国际合作重点项目、国家重点实验室项目、山

东大学发展研究创新团队项目等,共取得科研经费1000余万元。潘承洞数学研究所成员在国际著名期刊上发表SCI论文30余篇,职业健康和社会测量研究所成员共发表SCI/SSCI论文15篇。

二、坚持立德树人,开创研究生教育新局面

(一)在扩大研究生招生规模的同时,采取各种形式争取优质生源、调整压缩招生专业

较大幅度增加研究生招生规模。2019年,威海校区原计划招收全日制硕士研究生410人,最终实际录取466人,相较于2018年增幅为12%;博士实际录取52人,比2018年增长53%。生源质量有一定提高。92人荣获山东大学2019年研究生优秀生源奖励基金,其中特等奖3人、一等奖9人、二等奖5人、三等奖75人,获奖总人数比2018年增长23%。

科学确定研究生计划分配方案。调整研究生招生计划分配中影响因素各指标权重,加大科研经费、推免生接收权重,降低招生导师数、上年度实际录取数权重。根据学科发展需要,整合硕士招生专业,逐步解决学位点分散和学科碎片化的现状。2020年度的硕士招生专业由2019年的53个整合为51个。

赋予学院和导师在招生录取中更大的自主权。威海校区在博士招生中继续开展“申请—考核”、硕博连读、本科直博招收博士研究生,取消公开招考招收博士研究生。

协助并支持学院开展优秀大学生暑期夏令营和其他生源拓展活动。8个学院举办优秀大学生暑期夏令营,219人通过相关学院选拔筛选;法学院等5个学院组织导师赴其他高校开展招生宣讲会20余场。配合相关学院完成2020级推荐免试研究生的复试录取工作。2020级推免生最终录取124人,接收人数比2019年增长33%。

(二)多管齐下,提高研究生培养质量

成立校区研究生教育教学指导委员会,为校区研究生教育教学改革与发展提供监督、检查、评估与咨询指导。

推动学科交叉研究生培养。校区2个团队获得“学科交叉导师创新团队”博士生专项计划立项,并获得博士招生计划支持;邀请国内外高水平大学专家举办博士高端学术讲坛32期,营造学科交叉培养研究生氛围。

举办暑期学校和“导师讲坛”。暑期学校项目质量提升明显,校区学生影响力进一步扩大;“导师讲坛”质量和内涵获得大幅提升,包括国家优青、山大特聘、杰出青年等36位优秀导师都积极参与授课,学生反映良好。

强化研究生分类培养,推动专业实践基地及校企合作。在维护好原有专业学位研究生实践基地的基础上,机电与信息工程学院、法学院等与多个企事业单位开展深度合作,新建实践基地,至2019年底,校区专业学位实践基地达到20个。

扩大研究生国际化培养规模和层次,推动研究生教育国际化趋同化管理。研究生参加海外攻读博士学位、交流访学、开展联合培养及参加国际学术会议等达到93人,较2018年度增长75%。根据山东大学中外学生趋同化管理要求,初步完成国际研究生培养管理的交接工作。

(三)加强导师和学位授予过程管理,确保学位授予质量

严格学位论文答辩流程,确保学位授予质量。2019年,威海校区分别在的3月、

6月、9月和12月组织了四次研究生学位论文答辩，共授予396人学位。

学位论文水平稳步提升。1篇博士学位论文、4篇硕士学位论文获评山东大学优秀博士、硕士学位论文。

严格执行研究生导师招生资格审核制度。2019年上半年，开展2020年博士生指导教师招生资格审核工作，81名人员通过审核，准予2020年招收博士研究生，其中有15人为初次申请招收博士研究生人员；326人通过硕士招生资格的审核，其中34人为初次申请招收硕士研究生人员。

三、认真做好学术委员会(学位评定分委员会)相关工作

截至2019年12月10日，校区共组织召开了威海校区学术委员会6次，学科学术委员会4次，涉及内容包括本科生、研究生学位授予审核、科研项目评审、学科建设项目论证、职称评审、学术违纪处理、学术评议等内容；协助人事处等单位进行了5次校学术委员会的通讯评议和2次学科学术委员会的通讯评议，其主要议题为人才引进、岗位招聘、职称认定等；组织召开学位评定分委员会3次，进行了学位评定分委员会通讯评议3次。

（陶　扉）

财务管理

2019年，财务处全体人员以“追求卓越，只争朝夕”的精神团结奋进，落实“安全第一，监督到位，服务无限，融管理于服务当中”的财务管理理念，圆满完成了财务各项工作，为学校各项事业的持续健康发展及提高教职工待遇提供了强有力的资金保障。

一、全面加强预算管理

（一）积极组织收入，多渠道筹集资金

威海校区2019年度收入预算73535万元，实际实现85943万元，完成年度收入预算的117%，比上年同期增长22163万元，同比增长34%。其中，威海市政府与山东大学“十四五”共建投入经费8000万元，较上年增加6800万元；山东大学共投入“双一流”建设经费（包括中央专项和自筹，含平台2000万元）5434万元，较上年增加4734万元，首次实现对威海校区“1＋6”拨款全覆盖。具体情况为：财政补助收入55274万元，学宿费收入16615万元，科研财政拨款（纵向科研）4118万元，科研事业收入（横向科研）2405万元，各类创收及其他收入7531万元。

2019年，校区积极协调中国银行、中国建设银行对我校智慧校园建设分别投入1800万元、900万元，进一步减轻了学校资金压力。

（二）在加大中央专项执行进度同时，严格按预算控制支出，密切关注支出预算执行情况

财务处和资产与实验室设备处、基建处、科研处、学科与研究生处、人事处、机电与信息工程学院和空间科学与物理学院等单位密切配合，加大了对中央专项预算执行力度的监督和指导，确保了近1.2亿元中央专项经费按国家规定的时间节点执行完毕。

2019年，校区各项支出预算86355万元，实际开支80670万元，完成年初支出预算的93%，比上年同期增长16938万元。主要支出项目包括：

1. 人员经费支出42188万元。其中，基本工资6116万元，各项津贴补贴20484万元，社会保险缴费4199万元，其他人员经费6848万元，学生资助支出4541万元。

2. 日常运行经费支出12399万元，其中主要包括水电暖等后勤运行经费3361万元、教学业务费1747万元、设备图书购置费1731万元、涉及全校业务费346万元、其他校级专项经费500万元和部处院系运行经费3832万元。

3. 学校事业项目支出10292万元，其中，学科建设经费6147万元（含平台）、大型修缮和绿化经费2100万元、实验室建设经费1271万元、基本科研业务费490万元和人才工程经费284万元。

4. 科研支出5142万元，其中横向科研支出1392万元、纵向科研支出3608万元、个人科研发展绩效支出142万元。

5. 基本建设支出10649万元。其中，国拨基建5400万元开支完毕。

二、切实把安全工作放在首位

2019 年是执行新的政府会计制度的第一年，面对艰巨而复杂的任务与挑战，通过加强内部控制管理，确保了 2019 年国有资产安全。2019 年资金收支 16.45 亿元，审核制单数量 2.8 万个，附件数量 29.5 万张，做到了资金安全无重大事故发生。

三、认真落实山东大学十四次党代会精神，紧紧围绕“双一流”建设这一奋斗目标，编制威海校区 2020 年财务收支预算

校区本着“坚持有所为有所不为，切实保障一流大学建设战略重点支出”的原则确定支出预算。凡没有纳入学校发展战略的事项，学校将不投入、少投入或以后投入。各单位在编制支出预算时，紧紧围绕山东大学十四次党代会提出的“六大战略”和“十大任务”提出支出预算需求。

四、积极协调银行提高学校资产收益

经与中、农、工、建四大开户银行的积极争取，威海校区所有定期存款在基准利率基础上，执行上浮 50%的最高标准，每年为校区增加利息收入 200 万元以上，极大提高了资金收益。

五、稳妥开展招标采购工作，为学校节约资金

2019 年，校区对招标代理公司重新进行征集和入围遴选，政府采购类和建设工程类各入围六家单位，增强招标代理公司之间的竞争。全年共组织或委托组织各类招标采购 136 项，预算金额 67529.35 万元，中标金额 57955 万元，节约资金 9574.35 万元，资金节约率为 14.18%。

六、积极落实国家“放管服”政策，加强机关作风建设

1. 提高会计电算化水平，利用移动 POS 机、商联软件等电子信息技术手段为图书馆、保卫处停车场、校办档案室、体育训练馆、后勤处等部门和场所提供了多种快捷、便利的收费方式和设备；上线招标采购信息系统，并与资产系统和财务系统进行数据对接，实现了网上审批、备案功能，并通过校区企业微信号实现了手机端的审批功能。
2. 下放管理权限。普通招标限额从 10 万元提高到 20 万元；科研急需设备从 10 万元提高到 50 万元。
3. 为老师提供专业服务。在数学与统计学院师生帮助下，针对发放业绩津贴开发小程序，为每位老师选择最优方案。
4. 组织力量深入学院讲解财务知识。
5. 财务微信咨询群架起了财务与师生间沟通的桥梁，全天候为师生提供财务咨询服务。

（宋　婷）

国际合作与交流

一、党建工作:扎实做好主题教育活动,全面加强基层党建工作

2019 年,国际处党支部和联合理学院党委联合开展"不忘初心,牢记使命"主题教育活动,将党建工作和业务工作紧密融合,务实高效,充分体现了主题教育活动的内在要求。先后开展集中学习和研讨活动 6 次,组织主题党日 6 次,主题参观 2 次,主题调研 3 次,党委书记和支部书记讲党课两人次。党支部以此为契机,全面检视和改进组织思想工作,提升了支部凝聚力和战斗力。支部全体党员对照党章党规,深入学习、全面查找,努力提升了政治思想水平和工作水平。

二、学生国际化工作:海外经历项目不断拓展,国际学生趋同化管理迈出根本性步伐

2019 年,参加海外经历及海外读研的学生达到 1157 人,首次突破千人。其中,共外派在校生 713 人,分赴韩国、澳大利亚、美国、英国等近 20 个国家和地区的百余所高校学习或参会;应届毕业生中共有 444 人赴国(境)外继续攻读学位,部分学生被美国斯坦福大学、英国帝国理工学院等世界百强名校录取。

2019 年,校区长短期国际学生共 1112 人,其中学历生 489 人、语言生 121 人、交换生 229 人、短期班 273 人,分别来自韩国、日本、俄罗斯、英国、澳大利亚等 22 个国家和地区,分布在 8 个学院的 34 个专业。2019 年,校区国际学生新生奖学金项目和数额均实现较大突破。同时,还获得威海市政府的支持,其新设的国际学生奖学金项目资金中的 90% 用于支持校区,校区共 184 名留学生获得资助。

按照山东大学统一安排,威海校区对国际学生管理机制进行改革调整,国际学生趋同化管理工作迈出根本性步伐。调整后,各方职责更加清晰,管理更加规范,为国际学生工作发展奠定了较好的体制基础。

三、教师国际化工作:走出去引进来,校区教师国际化水平不断提高

2019 年,校区共外派 38 名教师及管理人员赴海外进行教学、管理培训。2014 年以来,依托中外合作办学项目,已外派 19 位教师赴海外进行课程对接及研修;年轻管理人员海外研修渠道逐渐拓宽,人数逐年增加。本年度,校区共资助 18 名青年教师出国(境)参加国际会议;资助 36 名学生出国(境)参加国际会议或合作研究。在国际学生师资培养方面也有突破,新增"孔子新汉学计划"导师 8 人。

在国际教师引进方面,2019 年,新聘外籍教师 9 人(在校共 31 人),其他短期专家 70 余人,来校从事教学科研合作。数学与统计学院、海洋学院首次聘请长期外籍人才,成为外籍专家工作新的增长点。

在国际专家工作方面，2019 年，校区获批 4 项国家高端外国专家项目，其中 1 项同时入选山东省“外专双百”计划的个人短期项目。全年，校区原有及新批纵向外国专家项目实到经费 188 万元。此外，空间科学研究院高级研究员、美籍华人王阿莲教授荣获“威海市荣誉市民”称号。

四、教学国际化工作：课程国际化规模和质量同步提升，品牌效应不断彰显

2019 年，校区首个中外合作办学机构——山东大学澳国立联合理学院正式成立，首批学生入校学习。联合理学院成为教育部直属“双一流”重点建设高校与世界一流大学联合办学的代表性成果。

顺利通过教育部组织开展的山东大学与西澳大学金融学专业合作办学项目评估。7 月，校区负责人参加澳大利亚国立大学毕业典礼，为计算机科学与技术专业合作办学项目的 13 名学生颁发了山东大学和澳大利亚国立大学毕业证书，合作办学项目惠及更多学子。

在校本部的支持下，校区开始实施“暑期海外师资课程”项目，共立项支持项目 20 个，投入经费近 80 万元；特色国际项目 4 个，投入经费 12 万元，两项共计 90 余万元。机电与信息工程学院、海洋学院、商学院、翻译学院、东北亚学院、艺术学院等 6 个学院的 489 名学生参与线上选课。25 位授课教师分别来自英国、美国、法国、澳大利亚、日本、韩国等 7 个国家和地区的知名学府，全部具有副教授以上职称。“暑期海外师资课程”项目成为校区师资和课程国际化的重要抓手之一。

五、科研国际化工作：科研种子基金培育引领，国际影响力不断提升

2019 年，校区共有 2 个“国际(地区)合作与交流”项目获得国家自然科学基金委立项支持。首次组织实施“国际科研合作种子基金”项目，共遴选项目 8 个，每年投入经费 100 万元，连续支持 3 年。校区教师共有 139 人次、学生 59 人次出国(境)参加国际会议和科学研究，在国际论坛上发出山大声音，不断提高国际学术影响力。

遴选校内 23 位“国际合作联络教授(学者)”，并举行了聘书颁授仪式，促进国际交流、分享信息、培育新增长点。

学校共举办国际会议 4 个，包括“太阳与恒星上的爆发式能量释放过程国际研讨会”“2019 传统聚落与人居环境可持续发展国际学术会议”“世界翻译教育联盟翻译教育国际研讨会”“2019 IEEE 信息通讯与信号处理国际会议”。其中，“2019IEEE 信息通讯与信号处理国际会议”获得山东大学“双一流”建设国际学术会议经费资助。

六、国际文化交流工作：国际合作网络不断扩展，国际显示度日益突出

国际合作网络进一步得到优化，高水平合作伙伴不断增加，合作空间持续得到拓展。全年新签署合作协议 14 项。在与英、美、澳合作的基础上，新开拓了“一带一路”国家的合作，与俄罗斯新西伯利亚国立大学、俄罗斯索伯列夫数学研究所签署三方合作协议；与俄罗斯远东联邦大学开展学生交换及科研合作。校区开启了国际合作多方面、高层次、全面合作的新征程。

在互访方面,全年共接待来自韩、美、澳、日等 10 余个国家和地区的各类代表团 77 个,225 人次;分别向韩、美、澳等国家派出各类团组 27 个,出访 77 人次。

在国际及校际文化合作方面,组织"俄罗斯文化大师班",开展多方位的合作交流;承办"台湾大学生中华文化研习营"项目以及"齐鲁文化与民族精神体验营"。

与教育部、威海市政府积极合作,5 月,承办教育部"平安留学"培训会;与威海市委组织部合作。12 月,承办"2019 中韩(威海)人才交流合作大会",在国际文化交流中发挥了积极作用。

(仵　眉)

资产与实验室管理

一、党建工作坚强有力

(一)加强理论学习,树牢理想信念

资产与实验室管理处党支部以“三会一课”、主题党日为载体,开展了一系列主题教育活动。组织广大干部职工系统学习《习近平新时代中国特色社会主义思想学习纲要》等重要叙述,观看《回望延安》《中国有了共产党》等党史视频,以“支部书记讲党课”的形式了解党领导人民艰苦卓绝斗争的历程,激发全体党员对中华民族伟大复兴的决心和信心;组织党员重温入党誓词,体会作为党员的使命感和责任感。

(二)学习榜样精神,推进廉政建设

组织观看《中国共产党纪律处分条例》讲解,领会《条例》精髓;组织对照党章党规找差距,列出问题,逐项整改;组织观看《张富清:英雄本色》《榜样 4》等专题片,激励党员干部立足本职,敬业奉献;组织党员群众赴杨子荣纪念馆参观学习,缅怀革命先烈,不忘初心,砥砺前行。

(三)参加挂职研修,促进交流提升

根据学校安排,宋玉厚同志到校本部对口部门挂职工作、系统学习,及时将有关经验和精神要求与同事进行交流传达,极大地促进了校区资产管理和服务水平的提升。孙巍峰同志参加南洋理工大学为期 3 个月的研修学习,参与撰写小组研修报告《资源配置在一流大学战略规划中的支撑作用研究——以新加坡南洋理工大学为例》,撰写个人研修报告《南洋理工大学行政卓越机制研究》《南洋理工大学资产管理工作的做法和启示》,通过座谈交流会、校区新闻网站等进行了研修汇报,收到了良好效果。

(四)院处直通车,助力新工科

联合机电与信息工程学院申报“院处直通车·助力新工科”项目,成功入选校区“强院兴校、青年担当”项目,通过座谈部门业务、介绍一流大学一流学科的成功经验、建立“院处直通车”工作 QQ 群等活动,增强职能部门与一线教师的互动交流,将校区党工委“管理服务科学化、精细化、高效化、人性化”落到实处,为校区“双一流”建设工作做好特色、增值服务。

二、重点工作落地落实

(一)强化固定资产全生命周期管理

随着资产管理服务信息系统各项业务的全面展开,不断优化系统功能,业务流程及时升级改造,基础数据日趋完善。根据放管服改革要求,增加了“科研急需”采购模块。通过与财务、招标、公房等系统的对接及数据交换,实现了资产采购、报增、报销、维修、调

拨、报废的全生命周期网络管理。公房管理系统各项功能不断完善，启动教学科研用房成本核算测试。实现了"一校三地"资产数据共享，提高了资产数据报表科学化、规范化水平。

(二)搭建和拓宽教学科研平台

结合年度实验室建设经费预算情况，充分论证了13个拟建项目(涉及价值3740万元)，确定了生物综合实验教学中心等9个建设项目，完成了1200万元(含700万元修购专项)建设经费立项分配、预算执行等。组织申报山东大学实验室建设与管理研究项目，获重大立项建设1项，协助商学院完成"基于非表征理论的网红服装产品开发管理虚拟仿真实验"项目的论证、规划及建设。

(三)全力做好实验室安全工作

积极开展实验室安全专项整治行动，聘请第三方机构对海洋学院、空间科学与物理学院、机电与信息工程学院实验室进行安全专项评估，出具隐患整改报告。投入经费100余万元进行专项整改及持续整治，制作实验室安全教育展板、安全信息牌、安全标识等，实施实验室安全准入制度，落实"三级三查"安全检查机制，对安全隐患进行网格式排查。提高了师生安全意识，改善了实验环境，确保了2019年无安全事故。

(四)搭建大型仪器设备共享平台

依据学科建设总体规划，综合考虑实验资源共建共享，促进学科交叉，规划论证了校区学科共享实验平台建设方案，共投入建设经费2000万元，集中建设和完善了空间物理实验平台、先进制造实验平台、生物科学分析测试平台及新文科共享实验中心；2019年投入专项资金为生物分析测试中心建设气瓶室，为生物、理化与材料分析测试中心购置了DSC炉体、臼式研磨仪等大型仪器设备，初步搭建起设备先进、布局合理的共享平台；全年开展了21次大型仪器设备购前论证，对全校119台大型仪器设备进行了年度使用效益考核。

(五)优化公房配置

完成新工科与交叉学科科研楼、材料与空间科学科研楼的功能定位，确保了新建科研楼宇的顺利开工。协助校本部对金沙国际进行了购置论证，并客观分析存在的风险。调研各教学科研单位公房使用状况，并测算了教学科研用房绩效。调研文泰苑一层房屋现状并多次论证分配方案，多方论证文华苑的功能定位、装修改造、后续管理等，均形成公房调配方案并获党政联席会通过。2019年，完成闻外楼一层房屋改造调整，为机电学院新增教学科研用房1000平方米、法学院350平方米、马克思主义学院(威海)300平方米等。改造知行南楼、文学楼、图书馆主楼的地下室，调配给学院作为库房使用。调研各单位公房、场地和场所出租出借情况，进一步规范出租出借行为。

(六)落实解决历史遗留问题

根据教育部、财政部要求，按照山东大学统一部署，对校区电子系统实验所、威海山大学术交流中心两家企业开展清算工作。成立清算工作组，妥善处理企业产权、职工安置与补偿、税费交纳、股权处置等敏感和重大事项，确保国有资产安全与职工利益最大化。同时，为校区21家被吊销的企业办理了注销手续，协调威海市相关部门对公车改革后放置多年的5台车辆进行了报废处置，办理了威大路土地权属事宜等，彻底解决了校区部分多年未决的遗留问题。

三、日常工作规范高效

(一)加强制度建设

认真学习贯彻国家及学校资产管理文件精神,根据学校一体化发展的要求,对相关制度进行全面梳理,结合校区特色进行修订。实行科长以上干部周例会制度,研究部署开展工作。

(二)强化作风建设

积极推进"放管服"改革,简化流程,实现"师生最多跑一趟"的服务承诺。修订内部管理制度,规范职工首接办理、印章使用、请示汇报等制度。

(三)规范数据填报

完成年度国有资产决算报表及高等教育基础数据统计编报。按照财政部对2016年资产清查结果进行会审的要求,逐项逐笔核实资产盘盈1170952.11元、盘亏7060337.34元,编制翔实的数据及文字说明材料。

(四)落实服务承诺

配合学生宿舍空调安装,改造了24栋楼宇共计3623个房间的窗帘;为学生公寓多功能服务室配备整体橱柜,为学生6号宿舍楼配备全新组合家具,为学生浴池更换衣柜;完成研究生教室、教师休息室用房调整及设施配备;完成文轩苑房屋、家具、设备和人员交接;完成新专家公寓空调设计、招标以及家具、家电的购置预算。

(五)提高管理效能

通过现代化管理手段,搭建大型仪器设备共享管理系统、实验材料管理系统,提高大型仪器共享和使用效率,规范实验材料的购置、使用和处置流程,对危化品进行跟踪管理和安全风险防控。完成近40栋教学科研楼宇的实地勘察,绘制电子地图。

四、2019年度资产数据

截至2019年底,校区土地面积约计75333平方米,校舍建筑面积532212平方米,其中教学科研及辅助用房164810平方米,行政办公用房41691平方米,生活用房206835平方米;设备家具共156750台件、价值36426万元;全年新增设备4039台套、价值5046.72万元,新增家具8652件、价值791.19万元;全年报废设备家具2304台件、价值835.5万元;全年办理进口免税业务41宗,较往年进口大幅增加;单价50万元以上大型仪器34台,价值3342.71万元,单价100万元以上大型仪器9台,价值1662.39万元。

(肖艳楠)

安全保卫工作

2019年，保卫处充分认清安全稳定工作在学校改革发展尤其是“双一流”建设进程中的重要意义，围绕“一切为了平安”的工作要求，通过强化源头预防，构建“防控治”三位一体体系，健全各项工作机制，切实把安全保卫工作做实做好，不断提升平安校园建设质量。

一、坚持党建示范引领，安保队伍能力素质明显提升

加强党支部对各项工作的领导，牢固树立党建统领的思想理念，全面加强党员思想政治建设。注重强化党性教育，扎实开展“不忘初心，牢记使命”主题教育，认真落实学习讨论、课题调研、意见征求、谈心谈话等关键环节，扎实开展对照党章党规党纪找差距活动，对存在的问题拉单列表，及时召开问题清单整改落实推进会和专题组织生活会，全体党员干部职工受到全方位洗礼，理论素养明显提升。严格落实一把手负责制和民主集中制、权力清单和“三重一大”决策制度，党风廉政建设和全面从严治党责任得到有效落实。

二、全面加强宣传教育，师生安全思想意识不断增强

贯彻“安全第一，制度保证，重在预防，以人为本”的工作思路，积极灌输“生命至上，安全第一”和“预防为主，有效规避”等安全理念，不断强化师生安全防护意识。

着眼以人为本，采取线上线下相结合的方式，广泛开展消防、交通、防人身伤害、食品卫生、网络防诈骗等公共安全教育，每季度编写印制发放《安全保卫消息》，全年在校园网发布安全提示等内容15份，点击量3291次，“警务通报微信群”发布案情信息、剖析案例教训、推送安全常识等30余次。

着眼重点群体，认真开展入学安全教育，本科生学习率99.48%，考试率99.24%，通过率99.95%；研究生学习率90.57%，考试率76.42%，通过率98.94%；采取分学院轮训的方式，邀请民警来校为新生开展网络反诈骗专题讲座，诈骗发生率较往年下降33.3%。

扭住关键时节，着眼平安校园建设，联合公安、消防等单位，采取更换宣传栏、发放传单、现场解读和知识竞赛等方式，扎实组织开展“4·15国家安全日”“11·9消防安全活动日”以及学生毕业季等系列专题安全教育活动。

坚持活动牵引，及时修订各项安全预案，定期组织学习演练，年内组织师生疏散逃生演练演习2次、师生员工灭火器使用培训6次，有效提升师生的安全防护技能。

三、全面加强检查督导，校园安全问题隐患整改及时

扎实开展消防安全检查，每天组织对实验室、图书馆、学生公寓、餐厅等重点部位进行抽查、检查，节假日前后牵头组织综合检查，发现问题现场，落实责任人，并下发整改通

知单,定期检查整改工作进度。针对季节变化,定期发布防范山火的温馨提示,全面加强山林防火巡逻管控。

严格重点部位安全制度落实,邀请专业公司对楼宇、公寓等进行电气防火监测。全面加强实验室、学生公寓、餐厅、施工场地等重点部位安全管理,督导重点部位严格落实规章制度,年度发放整改通知书和工作联系单15份,对发生问题和出现隐患的单位,反复督导整改,全面构建校园安全隐患检查、督导、整改的有效闭合回路。

四、全面推动协同联动,校园治安综合治理成效突出

全面营造党委统揽、层层落实、分工负责、积极参与的工作格局,与校区34个单位签订《"平安校园"建设校园综合治理目标责任书》和《消防安全责任书》,推动安全管理责任落到实处。

加强校园安保值班,每天安排一名安保干部值班,国庆期间安保落实处、科长昼夜值班制度,对安全信息实施零报告。认真落实学校和省公安厅指示要求,联合威海市公安局在校区建成校园警务室并投入使用。

加强大型活动安保服务,各类考试、会议、培训等大型活动组织前,严密组织风险评估,提前发布减少驾驶私家车的温馨提示;在组织过程中,安排专人指挥校内交通,维护现场秩序。

做好户籍管理服务工作,全年办理户口迁出193人,户口迁入116人,开具各类证明126份。

加大门卫执勤和校园巡逻力度,贯彻去商业化要求,严防外卖电动车、摩托车和无关的校外人员随意进入校内,制止驱离发传单、推销商品和推送App等行为120余次,收缴传单1万多份,追回推销商品货款2000余元;全年接处警169起,查看录像165次,完成师生求助91次,为师生家属提供帮助45次,挽回财物损失70余件,先后参与扑灭火情3次,联合公安机关处置宗教甚至法轮功等邪教活动行为6次,处理打架斗殴、醉酒滋事、怪癖行为等50次,获得锦旗2面。

五、全面加大物资投入,安防体系建设质量持续优化

持续提升学校安全保卫工作科学化、信息化水平。加大视频安防系统建设投入,在校区各门安装人脸识别速通门,在东门安装挡车自动升降柱,在部分重点区域更换或增设摄像头29具。

加大校园交通系统建设投入,重新规划减速带、消防通道、交通标示线、禁停区域标线等约1000平方米,联合交警为师生办理电动车牌照500余份,为继续教育学院和外籍专家公寓门前加装升降道闸杆。

加大消防设施系统建设投入,做好消防设施维修、保养工作,全年更换充装配备灭火器、消防水带以及疏散指示和应急灯、EPS电池等2000余具、件、组,对图书馆柴油机房气体灭火系统进行改造,确保消防设施系统处于良好状态。

(万　伟)

基本建设

2019 年是威海校区基本建设任务较为繁重的一年，也是基建处全体人员严格执行基本建设管理规章制度、严抓管理、勇于担当、不辞辛苦的一年。在校区党工委的正确领导下，在校内各部门大力支持下，紧紧围绕学校“双一流”建设、“十三五”事业发展规划，强化“一校三地”一体化管理，深入开展“不忘初心，牢记使命”主题教育活动，齐心协力、廉洁奉公，严格依法、依规、依序和公开、透明开展工作，顺利完成全年各项工作任务。

一、严抓思想政治及业务学习，强化队伍建设

1.强化廉洁教育。利用周一例会，进行党风廉政建设和反腐败学习教育，警钟长鸣、筑牢防线，不断提升全体人员廉洁自律、防范廉政风险的意识。组织全处人员多次学习《教育部直属高校基本建设廉政风险防控手册》，在关键岗位、关键节点认真梳理存在的问题，提高自我约束力，加强监督机制，完善制度管理。

2.强化整改落实。组织全体党员干部认真学习贯彻学校整改要求，切实提高政治站位，强化“四个意识”，做到“两个维护”。在政治思想、规矩纪律、担当作为、规范管理、工作落实等方面，围绕山东大学十四次党代会提出的发展目标和任务要求，认真梳理、检视工作中存在的问题。在落实整改要求期间，共查找问题 12 项，其中 5 项已整改完毕，7 项为立即整改、长期落实。

3.强化主题教育。深入开展、扎实推进“不忘初心，牢记使命”主题教育活动，党支部组织召开 13 次学习研讨会议，组织参加 4 次党课培训，组织对校区院系部处调研会议 7 次，向机关和教学单位发放意见征求表 12 份。班子和个人查找问题 14 项，并全部进行逐项整改。

4.强化作风转变。及时在基建处网站发布工作动态、基建信息、规章制度、服务承诺、工作流程，严格落实首问负责制，限时办结制、责任追究制和印章管理制度；把原“材料科”改为“综合管理科”，使服务对接、信息综合处理能力和办公室管理职能不断深化、强化；组织学习《山东大学学校领导人员、中层领导人员、管理人员行为规范》；履职尽责，强化主人翁责任感，明确工作职责，加大追责力度，逐步建立健全事前防范、事中约束、事后惩戒的监督机制和事前计划、事中督办、事后总结的工作机制。把转变工作作风和全面提升管理服务水平相结合，建立起完善的管理工作服务体系。加强业务知识学习，满足新时期基建管理能力需求，努力提高工作管理水平。

5.强化“一校三地”一体化管理。8 月 19～20 日，由山东大学基建部召集、威海校区基建处筹办的“一校三地”基建工作培训研讨会在威海校区顺利召开。10 月 18 日，参加山东大学中心校区举行的“‘一校三地’基建管理信息化建设，实现管理现代化”研讨会。在日常工作中，及时将各工程、各阶段管理数据、报表上报中心校区基建部，遇到问题难点时，积极与各校区基建部门进行沟通，探讨解决问题的办法，吸取各校区基建管理工作中的经验，努力做好威海校区基建管理工作。

二、严格规章制度、强化各部门协作

1. 为满足各个职能部门对基础设施的不同需求，基建处人员在工程进行前，都会积极主动与相关部门负责人和学校资产部门沟通，并协助资产部门召集相关单位人员召开建设项目功能论证会，明确使用单位用房要求，避免开工之后再调整，造成重复建设的无谓浪费。

2. 在项目建设过程中，除每周一例会和每周二工地例会外，经常召开现场碰头会、专题技术研讨会，及时研究解决施工中遇到的技术难题，统一协调施工中存在的问题、争议，使工程施工更顺畅、高效。

3. 发扬团结协作、吃苦耐劳、高效务实的工作作风，严格执行各项管理制度，明确“立足安全，保证质量，严格进度”的责任目标，尤其是在新建学生宿舍楼和体育训练馆质保期内的维护保养方面，基建处人员在服务意识、作风转变上有很大改善，能够认真听取使用部门及师生意见，快速、优质、圆满地完成各项维保任务。

4. 科研楼建设是山东大学的重点项目，也是学校“双一流”建设的关键工程，意义重大，责任重大。2019 年初项目启动后，制定了详细的工程总体进度计划表，各项工作严格按照建设程序和工程总体进度计划实施，经过规划、设计、优化、扩初设计、招投标等程序，已进入桩基施工阶段。

三、精心组织、周密安排、扎实推进各项工作

(一)完成基本建设投资计划编制和新建项目的立项工作

1. 完成校区 2019 年基建投资计划调整工作和 2020 年基本建设投资计划的编制、申报工作。

2. 完成材料与空间科学科研楼和新工科与交叉学科科研楼两个项目的方案设计和施工图设计的征集工作。

3. 根据学校事业发展规划的精神，完成了“十四五”基本建设规划的初稿编制工作。

4. 完成学生公寓工程资料整理工作，并移交高区城建档案馆和校区校史档案室。

(二)严抓工程建设管理，推进新建、维保工程项目

1. 新建专家公寓工程

2019 年进入全面施工阶段，8 月底已完成主体建筑安装工程。9 月进入室内装修工程阶段，12 月底装修工程接近尾声。完成建筑安装进度累计造价约 3000 万元，装修进度累计造价 320 万元。

2. 材料与空间科学科研楼、新工科与交叉学科科研楼项目

根据校园规划要求，材料与空间科学科研楼、新工科与交叉学科科研楼项目作为一个整体项目进行了方案设计招标，威海市建筑设计院有限公司的方案中标。

材料与空间科学科研楼、新工科与交叉学科科研楼项目位于威海校区东南角，北至英才路，南临文化路，通过校园道路与城市连接。平面布局与科技大厦 A 座形成东西景

观轴线贯穿的围合式布局,扩大了内院空间的领域感与尺度感。总建筑面积 105400 平方米,其中材料与空间科学科研楼面积为 36500 平方米,新工科与交叉学科科研楼为 68900 平方米。

该项目分为两个部分,其中北侧的 22 层材料与空间科学科研楼主要功能为科学实验用房,南侧的新工科与交叉学科科研楼包括东南侧的 25 层主楼、西南侧的 12 层主楼,主要功能为办公用房。地下 2 层为车库、人防和机房。

材料与空间科学科研楼工程施工总承包,于 2019 年 10 月 29 日在威海市公共资源交易中心进行公开招标,威海建设集团股份有限公司中标。

新工科与交叉学科科研楼工程施工总承包,于 2019 年 11 月 12 日在威海市公共资源交易中心进行公开招标,中国建筑第五工程局有限公司中标。

截至 12 月底,材料与空间科学科研楼和新工科与交叉学科科研楼项目已完成基坑支护和桩基工程。

3.体育训练馆空调工程及室外景观工程

完成体育训练馆室外景观工程;

完成羽毛球场馆加装空调系统施工,为学校举行的“大学生智能车全国总决赛”顺利召开提供了有力保障。

(三)深入市场调研,严把建筑材料质量关

严格按照《山东大学(威海)新建、扩建工程材料相关规定》对新建专家公寓工程、材料与空间科学科研楼工程、新工科与交叉学科科研楼工程的主材及设备进行监督、检查。监督、检查监理单位和项目管理公司对要求送检材料的报验程序、时效的执行情况,以及总包方进场材料留样的执行情况。完成材料与空间科学科研楼和新工科与交叉学科科研楼项目桩基施工单位资质、业绩及地下室商砼、防水施工材料等考察工作。

(金世玉)

后勤管理与服务

2019年,后勤管理处在学校党政的正确领导下,全体干部职工围绕学校中心工作,履职尽责,很好地完成了各项工作任务。

一、以党建为抓手,强化规范管理与建设

(一)以"不忘初心,牢记使命"主题教育为指引,扎实开展党建工作

2019年,坚持用习近平新时代中国特色社会主义思想武装头脑,继续深入学习贯彻党的十九大报告和山东大学第十四次党代会精神,围绕山东大学"双一流"建设以及威海校区"一二三"发展规划,开展了各项专题教育活动,不断深入全面从严治党,在政治、思想、组织上为后勤服务工作提供了有力保证。组织召开了12次主题党日、1次全体党员义务劳动、3次志愿活动,办好事实事5件;召开"不忘初心,牢记使命"主题教育动员会,开展5次主题教育领导干部讲党课活动、5次集中学习研讨、12次领导干部现场调研、1次主题教育调研成果交流汇报、1次主题教育对照党章党规找差距专题会议;召开领导班子民主生活会、支部组织生活会;开展2次科室负责人廉政集体约谈。

(二)规范管理,加强调研,不断完善各项后勤服务

牢固树立服务师生员工理念,深入基层,加强调研。加强完善制度建设,新制定《后勤管理处印章管理使用规定》《后勤管理处保密工作条例》《员工绩效考核细则》等十余项。不断强化规范管理,实施日常工作考核制度,员工工作效率有很大的提高,各项服务工作更加程序化、规范化、流程化。高度重视安全工作,加强人员业务、安全生产的培训;开展校区疾病防控专题讲座;及时召开安全专题会议,精心组织,周密安排,确保安全工作万无一失。适时做好维护网站安全、实时新闻增加、通知通告及温馨提示发布等工作。及时接受咨询,回复解答问题。每季度出一期工作简报。

(三)充分调动职工积极性,参与开展各项工会活动

2019年,后勤工会在校工会及后勤党总支的正确领导下,充分调动干部职工的积极性,为学校后勤发展建言献策。关注教职工的生活和身心健康,引导职工爱岗敬业,不断加强物质文明和精神文明建设。积极组织干部职工参加学校各项文体娱乐及培训活动,在春季运动会上取得了教职工团体总分第三名的好成绩,在羽毛球、气排球、排球、乒乓球比赛以及庆祝新中国成立70周年教工合唱比赛中,充分展现了后勤人的风采。

二、工作成果

坚持"三服务、两育人"原则,全方位做好各项后勤服务保障工作。

(一)强化服务,做好学生生活保障工作

1.为保障同学吃得放心,学生食堂以《食品安全法》为准则,按照《关于进一步加强学

生食堂工作的意见》要求,结合校区餐饮服务现状,制定、完善规章制度,分工明确,各司其职,齐抓共管,严把食品采购、贮藏、加工、出售卫生安全质量关,狠抓餐饮管理、监督、服务与培训,时刻把安全放在首位,把学生利益放在首位,大力提升食堂内部软、硬环境:加强燃气水电管理,排查风险,消除隐患;举办安全知识讲座,提高安全意识;建立QQ群、微信群,提高工作效率;加强餐厅公示栏建设,接受全校师生监督;餐厅除"四害",新建隔油池,并及时清理污水管道,创造良好就餐环境;积极联系师生,听取意见建议,并解决问题;组织"餐厅美食节",提高师生对食堂的了解;规范餐饮收费,堵漏洞。基本实现内部管理有制度可依、有制度必依、用制度管人、按制度办事,达到服务育人目的,学生满意率较高。

2. 为保障同学住得安心,全力做好学生公寓维修,制定简便高效的报修流程,分片负责,包干到人,全年共出工4000多次,其中制作纱窗460余个、更换1800余个,粉刷房间42间,安装人体感应灯929盏、LED吸顶灯648盏,更换玻璃80多张、门锁152个、电风扇76个,学生满意率较高。

3. 为保障同学洗浴舒心,对学生浴池进行了全面改造,铺设防滑地面,安装集成吊顶,粉刷墙面,更换了270个喷头、265个置物筐、540个新更衣柜、96个新更衣凳等;通过增加清洁次数、提高保洁标准、执行每周五卫生安全大检查制度,创造了整洁舒适的洗浴环境;制定《学生浴池应急预案》并定期演练、定期检验安全阀压力表等,确保浴池运行正常。设立意见箱、公布投诉电话,及时处理各种问题,全年零投诉。

4. 为保障同学生活顺心,顺利引进本土有影响力的家家悦集团进驻学校,于10月13日正式营业,为同学们提供便捷服务,得到广泛认可。

(二)改善条件,解决师生问题

重点解决了一批师生反映的热点难点问题,校区全年共完成大小修缮改造工程60多项,总造价3900多万元。

1. 全力做好学生公寓安装空调这一改善学生学习、生活条件的重大民生工程,克服线路容量负荷不足、工程涉及面广、体量巨大、线路通道及设备安装十分复杂等诸多困难,从高压线路、变压器配电室到学生宿舍楼工程全部敷设新线路,工程总造价约2857万元,于8月18日顺利通电,8月23日开放试运行。

2. 为提高学生居住条件,对学生宿舍6号楼进行了整体装修改造,此次改造工期80天,改造面积7000平方米,全程进行监工,配合施工需求,把关施工材料,督促施工进度,于8月下旬投入使用后,持续跟踪近一个月进行各类故障处理,确保入住需求。同时,对学生公寓11个宿舍楼进行了粉刷,粉刷面积60000多平方米,8月底粉刷完成,9月份投入使用。

3. 校园楼宇防水。组织完成校园屋面及墙面防水维修工程共20000多平方米。维修范围包括学生宿舍、教学楼、办公楼及家属住宅区。

(三)提高效率,强化安全保障

1. 对学校51个大小配电室、20个室外配电箱、电梯、空调以及水电暖等设备设施进行全面的维修、保养,定期巡检、排查、清扫并做好记录,共发现并及时排除17处较大用电安全隐患。完成图书馆空调系统主机检修、所有风机过滤网和冷却塔清洗、东制冷机加润滑油、加粗冷却水泵控制电缆、更换一台 15 千瓦冷冻水泵、三台风机轴承和风机控制箱接触器，节能降耗，系统高效运行。做好机信、数学、艺术、海洋等学院的空调配电工作。更换安装家属区和天文台供水水泵。完成小型水电改造 20 余项。

2. 利用节能平台分析处理相关校舍用电用水情况 30 余处，统计软硬件故障 161 处，解决 82 处；发现和解决严重地下漏水 3 处，折合每年可减少浪费 17 万方水以上；完成节能平台 675 台设备的资产入账工作。进行路灯调控，并及时处理故障；按时完成水电费核算、抄表、缴纳和催缴工作，对近十年的水电费基础数据进行汇总整理，提高了管理效率。

3. 水电维修遵循“快速反应，马上行动，认真落实”的作风，设立 24 小时值班制度。加强主动服务，利用寒暑假、节假日等时间，对公共教室、卫生间的设施进行全面检修6 次以上；定期对校园路灯、路面设施进行巡查检修，全年主动检查维修达 2000 多项，共完成大小维修工程 24 项，工程款总计 59 多万元。保障基础服务，抢修自来水、暖气主管道共 24 次，完成零星报修 9800 多项，总金额 160 万元。零星维修实施了服务反馈制度，充分尊重师生的意见和建议，进一步提高服务质量和服务态度。

（四）提升环境，建设绿色校园

1. 在卫生保洁方面，坚持每周联合检查制度和实施评分制度，加强安全教育，进一步提升管理与保洁人员消防、水电、用车、舆情、生产等方面的安全意识。积极协调人力物力，为学校举办的大型活动、会议等提供清洁保障；在落叶季、雨雪季等特殊时段保持校园环境依旧整洁美丽；开展清理卫生死角、树池烟蒂、小广告等专项保洁活动，提升保洁服务质量。积极推进厨余垃圾分类，建立了文馨苑、文荟苑、文泰苑厨余垃圾收集点，厨余垃圾分类质量良好。定期清理校区内化粪池、隔油池、污水井，配合本科教学评估，外运非生活垃圾 300 余车，保障校园卫生安全。利用寒暑假灭杀学生宿舍、食堂的蟑螂、老鼠，保证良好的卫生环境。定期对教学楼、办公楼的外窗进行清洁。

2. 全年共按期完成了先贤林绿化、喷灌，校园座椅安装，行道树补栽，绿化带补栽绿篱，绿化带内铺设管路等工程；认真做好校园绿化养护，采取划分责任区、合理调整延长工作时间、加大巡查力度、加大水车利用率等多方面措施，克服高温、干旱等困难，校园绿化养护整体良好，共养护各种草坪、小型灌木 27 多万平方米，修剪行道树、火棘、月季等园林花木 10000 多株。

（五）以人为本，解决师生后顾之忧

1. 组织完成新生入校、在校学生及毕业生离校和全体在职、离退休教职工查体工作；通过发放宣传册、知识讲座等形式，加强传染病宣传预防和日常管理工作；严格复学体检制度；认真做好保健宣传、计划生育、缴纳保险和住房公积金等各项工作；协调市立医院山东大学（威海）门诊部为师生提供更好的医疗服务。

2. 通过规范管理制度、完善设施环境、加大教师培训、推进课程创新、构筑和谐安保、狠抓卫生保健、创建家园社区等措施，幼儿园申报省级示范幼儿园并初步通过省级检查；参加高区幼儿园环境创设比赛获得二等奖。全年无安全责任事故发生。

3. 做好周转房和单身宿舍的分配以及房屋产权办理，安排办理 36 人次入住、收回手续 26 人次，按时办理各项费用的收缴和停扣业务。共为 30 余户房改房开具了房屋产权转移证明;为在青岛校区购买住房的52位教师如期办理了不动产权证书。

4.加强出租房屋管理,完成房屋公开招标、续签房屋租赁合同、租费收缴等工作,房屋租赁费收入338万元。顺利完成了周转房、教工单身宿舍、文泰苑一楼、专家公寓主楼三四层、附楼宿舍与仓库等公有住宅房屋的清理移交工作,并及时办理资产调拨手续。

5.多次圆满调解家属区因装修、停车、绿化、物品放置等问题引起的各种纠纷;配合社区完成了校内住户信息及其他相关调查问卷;配合高区统计局完成2020年全国人口普查的前期抽样调查工作;清缴家属区住户拖欠物业费数万元。

6.为学校举行的各种考试、运动会、军训、学生体质测试、学校迎新以及在8月期间2000余人参加的全国大学生智能车大赛等大型活动,提供餐饮、医疗、用电保障服务。

7.发布通知,并协助学校教职工申领电子社保卡。共为51名新入职的教工办理了医保卡,为13名退休人员、7名离职人员办理了医保转移手续。

8.全年出车520余次,累积30000余千米,无安全事故、投诉情况发生,获得了用车部门及个人的认可,较好地完成了公务用车服务。

9.认真完成学校210台(办公楼51台、学生公寓楼159台)电热水器更换滤芯、故障报修和清洁保养等工作。监管保障学生宿舍楼185台网络洗衣机正常运行,方便学生洗涤。安排对教学楼、办公楼窗帘维修800余次。

10.汛期按照应急预案,提前备好防汛物资,积极做好重点区域的防洪工作。在台风"利奇马"到来之际,安排白班20人、夜班6人值守,先后出动60多人次进行应急抢修、清淤排水,确保顺利度汛。

11.为提高后勤信息化水平,满足师生对后勤信息化服务的需求,配合网络中心完成服务师生后勤信息化项目;对智慧后勤信息化项目进行调研和规划,着手后勤服务监督平台和后勤报修平台的建设。

12.规划校东门新教工食堂布局、装修等基础工程。

(何　睦　于文浩)

图书馆工作

2019年，图书馆深入学习党的十九大精神，认真贯彻落实学校第十四次党代会精神，紧紧围绕“强院兴校”“一体发展”的建设目标，进一步对接学校“一流学科”建设和高水平大学建设需要，精心组织，周密安排，完成了全年各项工作，并取得了较好的业绩。

一、基础服务

1.截至12月31日，图书馆纸质文献总量为1646818册。年度新增中文图书72937册，西文图书2391册，日文原版图书4772册，韩文原版图书1198册，博硕学位论文389册；订购纸质中文期刊1997种，报纸119种，外文期刊70册。

2.年内接待读者130.2万人次，其中校内读者128.6万人次，校外读者1.6万人次；全年借还书32.9万册；开馆365天，周服务时间101.5小时，系统与服务器7×24小时服务；信息共享空间使用频次骤增，全年开放1885小时，接待1.05万人次。

3.面向全校师生开展信息素养教育。利用“新生入馆教育培训”系统，对3500名新生开展入馆培训，实现了读者快捷规范利用图书馆的目标；开设专业文献阅读课程，在全校率先引进“雨课堂”先进教学模式。

二、专业化服务

(一)参考咨询

全年通过总咨询台、在线问答、微信平台、馆长信箱、电话等方式解答读者问题1225条，为全校师生和威海市及山东省部分高校开展文献引证工作，全年共查收查引548份2315篇，开具检索证明509份，1532篇。

(二)馆际互借和文献传递

利用中国高等教育文献保障系统(China Academic Library & Information System，CALIS)和中国高校人文社会科学文献中心(China Academic Social Sciences and Humanities Library，CASHL)为全校师生做好文献传递工作。2019年度CALIS文献申请量为149篇，满足率80%；CASHL文献申请量为238篇，满足率为89.08%。

三、创新服务

(一)聚焦用户需求，补齐服务短板

2019年，图书馆推出多项服务师生新举措：实行全年无休开放，闭馆时间从22:00延长至22:30；校区师生查收查引和科技查新服务免收费用；信息共享空间实现网上预约；增设学者研讨室、新书阅览区、“不忘初心，牢记使命”党建专区、威海地方文献展区；编印新的读者服务手册；更新服务标识，增加温馨提示，并且对教师阅览专区进行改造增容；

有计划地淘汰和更新部分技术设备,并根据需要添置部分安全防护设施。

(二)加强横向合作,实现资源服务共享

为满足济南、威海、青岛三地读者的需求,适应"一校三地"办学新格局的发展,本着"三地一体发展,形成合力优势,促进整体提升"的原则,以"文献流通无障碍,异地服务无感知"为目标,经过资源整合、系统升级、馆员培训等工作,2019年7月,实现了向三地读者提供书刊在线检索服务、跨校区委托借阅服务、跨校区通借通还服务、入馆、座位预约、自助设备服务,达到服务项目、服务范围、服务标准全部统一,真正实现"一校三地"图书馆资源与服务共享。

(三)围绕强院兴校,提升学科服务质效

在文献资源建设上,多渠道动员师生参加文献资源建设工作,完善和拓展用户荐购路径,提高读者选书比例,提升文献采编服务的科学性和精准性。2019年,根据馆员的学科背景,重新组建了学科馆员服务团队,制定了《山东大学(威海)图书馆学科馆员队伍建设方案》,提升学科信息服务的针对性和有效性,为教学科研提供个性化服务。

四、特色品牌及阅读推广

1.2019年继续开展校区独具特色的文化品牌——读书月、服务月和安全月活动。4月,开展"阅读点亮初心,书香浸润梦想"为主题的第五届读书节系列活动,活动内容包括"书香为伴,礼赞祖国"——朗诵大赛、"点亮初心,浸润梦想"——纪念五四运动一百周年情景剧大赛、"品悦书影,百家争鸣"——书影双评大赛系列活动、图书馆杯全民英语口语风采展示活动、"赏读经典著作,倾听时代足音"——建国70周年百部优秀文学作品展、"资源有序,检索有方"——数字资源检索大赛、"数字资源,与你相约"——数据库推广活动;5月,开展以"青春无限,安全为伴"为主题的第四届"安全月"系列活动,活动内容包括"披甲上阵"——图书馆消防设备使用实训、"临危不乱"——图书馆应急疏散演练、"图"说安全知识竞赛、"警民共建"——馆员赴边防检查站座谈;9月,开展以"青春起航""书香之遇"为主题的第四届"服务月"系列活动,活动内容包括"书海导航"新生咨询活动、"书香之遇"图书馆参观之旅、"一日馆员"志愿活动、"真人图书馆"图书馆与逐梦之旅。通过这些活动的开展,展现了当代大学生的风采,营造了富有激情和青春气息的校园文化氛围。

2.发挥图书馆资源优势,依托学生会社团、阅微读书会,通过微信平台、大屏幕、展板等形式开展读书推荐、推广活动,推出了微信专栏"读书有约""书评精选""影评精选""阅微荐读"等,定期向读者推荐经典书目。全年共推出"读书有约"13期,"书评精选"6期,"影评精选"6期,"阅微荐读"3期,专题书目推荐2期。结合重大节日,举办弘扬传统文化的专题书展和读书沙龙,发布图书馆工作简报2期。

五、队伍建设

1.根据实际情况和发展规划,图书馆在2019年申报并完成了科室调整,新增信息咨询部,提拔了一批有专业背景、年富力强的干部,调整后的干部队伍的年龄结构、知识结构有了很大的改变,呈现出勇于任事、敢于担当的良好精神风貌。

2. 2019 年，图书馆党支部遵循“高标准，保质量，慎发展”的方针，严格履行发展党员工作程序，年内发展 1 名预备党员，1 名预备党员按期转正。

六、荣誉与奖励

2019 年，图书馆荣获由中国高等教育文献保障中心评选的“2018～2019 年度 CALIS 联合目录馆藏数据库建设先进单位奖”“2018～2019 年度 CALIS 联合目录日文数据库建设先进单位奖”和“2018～2019 年度 CALIS 联合目录小语种数据库建设先进单位奖”三个奖项；荣获“山东大学（威海）三八红旗集体”荣誉称号。

七、对外交流与合作

接待国内外访问团和友人 60 次，共计 2100 人；

与哈尔滨工业大学（威海）图书馆的馆际合作取得了新进展，全年共接待哈工大读者 0.3 万人次，借还图书 0.2 万余册；

积极参与威海市文化建设，为地方提供文献信息服务。2019 年共接待威海市读者 1.3 万人次，借还图书 0.3 万余册。

（姜玉晶）

网络与信息化建设

一、信息化基础设施建设

2019 年，校园网三地统一认证各地联调工作完成，基本实现了覆盖济南、威海、青岛的校园“一网通”；开通三地财务专网，实现三地财务系统一体化管理；实施校园网提速增容建设，扩容校园网出口带宽(增加联通 2G)，实施核心系统升级，完成 DNS、DHCP 及流控系统扩容改造；推动局部有线、无线网络优化改造，完成学生宿舍 6#、11#，羽毛球馆，篮球馆，室外网球场，图书馆，千人报告厅等区域优化改造任务，实现上述区域无线的密集覆盖。

更新核心机房空调系统，改善了设备运行环境；改造机房动力环境，保障用电安全；新建模块化机房一处，支撑大数据、超算二期、数据备份需求；建成校园云桌面平台；建设私有云平台，完成数据中心计算资源池和存储资源池建设，提升了数据中心服务能力。

完成校园卡三期建设，全面升级食堂 POS 收费系统，优化食堂无线网络系统，实现 290 余台无线 POS 机更新更换；全面引进银联移动支付系统“云闪付”、中行 App 支付，“学付宝”App(校园卡虚拟卡)支付，多途径实现了校内消费和充值。

二、“智慧校园”建设

建立了“一校三地”信息化协调机制及工作规范，共同探讨建设方案，达成“大平台共享，应用服务建设协同，校区增值化、特色化建设”的工作思路；优化和改善了学生线下服务大厅建设，增大了自助终端设备密度，按照“两不出”和“一张表”建设目标，完成了智慧校园六大基础平台部署，统一门户、统一身份认证、网上办事大厅、共享数据库平台、微信门户和统一消息平台已上线运行。

进一步完善“智慧教室”平台，优化了教学督导及课堂教与学行为分析等功能，完成了 mediasite 课程编辑系统部署及应用培训，为教师优化课件提供依据，为教学服务和管理提供支持；配合学生处、人事处、后勤处等启动组织人事、学工、智慧后勤等业务系统建设；推广“云桌面”平台在实验室、教学、办公等环境中的应用，打造校区信息化环境新生态；配合团委、澳国立学院等完成玲珑会堂网络视频报告厅及澳国立学院网络视频会议室建设；配合保卫处完成东门等处人脸识别速通门的网络保障、数据对接等，配合东北亚学院、文化传播学院、马克思主义学院(威海)等完成生物识别门禁改造。

通过校企合作，吸引企业捐赠。其中，深圳亚略特公司捐赠市值 230 万元的“亚略特多模态生物识别(人脸、指纹)平台”；北京博汇公司捐建空间物理学院设备价值 29.5 万元的“智慧教室”一间；济南海图公司捐赠 240 台桌面云终端。

三、网络和信息安全建设

升级部署网络安全设施;引入专业安全公司的信息安全服务,通过流量分析和在线监控,开展全方位网络信息安全保障工作;加强网站备案管理,完成全部院、部、处及校级研究机构网站的网站群平台迁移;升级部署全媒体网站群管理平台,将微信、微博等自媒体纳入统一管理;参与各级护网行动及攻防演练,圆满完成三次重保任务;与校本部共同实施 ISO20000 及 ISO27001 质量认证,建立统一的运维及安全管理体制,同步实施网络安全培训。

(何荣毅)

学院工作

东北亚学院

2019年，东北亚学院在校党委、校区党工委的领导下，以党的十九大精神和山东大学第十四次党代会精神为指导，以“不忘初心，牢记使命”主题教育活动为依托，瞄准学院发展规划目标，全力推进学科建设，进一步推动了学院各项事业的发展。

一、党建工作

党建工作紧紧围绕学院发展大局，在以下方面持续发力：充分发挥学院党委班子的领导核心作用，扎实推进“不忘初心，牢记使命”主题教育活动，加强基层党支部的堡垒作用，强化宣传阵地管理；党委领导班子全面落实抓党建主体责任，把控大局，履职尽责；有关基层党建、学科发展、国际化提升、人才引进、教育教学改革等方面的重大问题均由党委会议、党政联席会议讨论决定。

学院制定了《东北亚学院师生党支部工作例会制度》和《东北亚学院基层党支部工作考核办法》，切实保障基层党支部建设规范化、科学化。出台了《东北亚学院2019年理论学习中心组学习计划》和《东北亚学院2019年政治理论学习计划详细安排》，对领导班子成员在年度内的理论学习进行了整体规划，加强理论学习的系统性和常态化。2019年，学生新发展预备党员22名，学生预备党员按期转正8名，2名教职工向党组织提交了入党申请书。加强宣传教育，新制定《海外经历学生信息周报制度》，将出国前安全纪律教育、出国期间的定期信息反馈和回国后落实谈心谈话结合起来，全方位地了解学生的思想动态。落实“一会一报”和“一事一报”制度，管好各类思想文化阵地，强化学生社团活动的思想政治导向，加强抵御和防范宗教渗透。

2019年，学院党建工作有两个亮点：一是积极探索思想政治教育的实效性和覆盖面，以纪念五四运动100周年和新中国成立70周年为契机，发挥主题党日平台作用，组织开展主题教育活动，并充分发挥党员教师在党员活动中的引领作用。二是积极探索思想政治教育与专业学科的有机融合，创新性地组织开展了教工和学生党支部结对学习活动、优秀党员校友返校与在校生座谈等活动，充分发挥了教师党员和优秀校友在思想引领方面的重要作用，广大师生党员在互动学习过程中借鉴对方的先进做法和宝贵经验，对自己的专业学习和科研起到双向促进作用。

2019年，东北亚学院以党建工作为统领，领导班子团结进取，富有朝气，形成了良好的政治生态和干事创新的氛围，为学院的后续发展提供了强大的思想和政治保证。

二、学科建设和科研工作

(一)师资队伍建设

2019年,评审讲席教授1人;引进人才5人,其中教授1人,兼职特聘教授1人,副研究员2人,师资博士后1人。

为提升现有教师队伍水平,学院鼓励教师国内外进修、访学培训。2019年,学院共6位教职工参加国内外培训,2位教师进行了2019年第二批"青年骨干教师出国研修"项目申报;4名教师参加山东大学校内齐鲁青年学者申报及"山东大学(威海)青年学者未来计划"申报。学院还制定学术与团队资助计划,鼓励组建青年学术团队,助推青年教师成长。

学院形成了国际经济治理与东北亚区域合作、海洋战略、亚非语言文学、东北亚历史文化四个方向的高水平学术团队,为东北亚学科建设提供了有力支撑。张蕴岭教授重大项目研究团队被评为2019年山东大学优秀科研团队。

(二)科研工作

出台《山东大学东北亚学院"学术资助项目"实施办法》《山东大学东北亚学院青年团队培养计划实施方案》,积极推动科研提升。

2019年度获批19项科研项目(纵向项目8项,横向项目11项),其中包括2项国家社科基金中华学术外译项目(山东大学共获6项),1项为"朝鲜半岛汉籍调查与编目"项目,1项国家社科基金特别委托项目子项目,1项全球汉籍合璧工程子课题,1项教育部规划基金项目,1项地厅级课题等。获立1项山东大学国际科研合作种子基金(项目类)。东北亚学院教师主持的"全球汉籍合璧工程'朝鲜半岛汉籍调查与编目'"项目中,本院教师承担了8个课题中的5个课题,共有11位教师参与。完成中央有关部门交办的四项研究报告。年度到账科研经费共计620余万元。

学院教师全年发表期刊论文共计51篇,其中CSSCI 17篇、KCI 5篇,SSCI 1篇,《人民日报》(理论版)文章1篇。特别是张蕴岭教授发表的长篇论文《对百年大变局的思考》《百年大变局下的东北亚》及其主编的《百年大变局——中国与世界》,在学术界产生了较大影响。学院教师出版著作共7册(专著2册、译著1册、编著4册)。此外,发布东北亚研究报告、国际问题研究院研究报告36期、国际问题研究院专报6期、国际问题研究院简报3期,出版《东亚评论》集刊2辑。

举办学术会议与讲座40场。其中,3月举办山东大学国际问题研究院揭牌暨百年大变局高端对话,邀请了7位著名专家共同探讨,引起很大反响,共有11家媒体进行报道。10月举办的"第四届中华复兴论坛——新时代海洋命运共同体构建"学术研讨会,计40余位专家学者参与此次会议,收录学术论文26篇,形成5篇研究报告,6家主流媒体进行报道,提升了学院的影响力。另外,多边贸易体系改革会议、国际关系与秩序转变会议、多学科视域下的边疆历史学术研讨会、与世界知识出版社合作的国际形势研讨会等也在学术界产生较大的影响。打造学院学术品牌,共举办"东北亚学术讲坛"12讲。

学院重视新媒体的作用,注册"山大国际观察""朝鲜半岛研究"两个微信公众号,推送内容包括了"原创成果""学术活动""热点聚焦"等栏目,活跃度和关注度较高,提高了学院的知名度。

(三)平台建设

2019年3月,成立了山东大学国际问题研究院,并被中国海洋发展研究会海洋战略规划与经济研究分会吸收为副理事长单位。东北亚研究中心建立了与朝鲜社会科学院的合作关系,与朝鲜社会科学院签订合作谅解备忘录,与朝鲜社科院社会科学大学在平壤共同举办了国际学术会议。东北亚历史文献研究中心在东北边疆史研究、东北亚数据平台建设方面有独特的优势,在推进跨学科交叉融合方面做了有益探索,具有良好的发展前景。

三、人才培养

(一)本科生培养

根据2019年教育部新国标要求,结合专业特点和多学科、复合型特色的需要,学院完成了各专业的培养方案修订和调整工作。本科专业的课程体系中融入东北亚特色课程和国际化色彩突出的专业课程。除了继续推进语言类专业教学向区域国别方向发展之外,设计并建立体现国际政治与经济交叉融合的国际政治与国际经济双学位实验班。按照特色化培养方案,选派教学和学术名师对实验班进行单独开班授课,并聘请国内外各专业领域名师,专门为实验班开设"知识讲堂"。

2019年获批校级教改项目8项,其中重大项目1项、重点项目2项。积极进行教学研讨,举办了面向全国的国别区域教学研究会议,深入探讨区域国别语言专业未来发展的方向。日本系还举办了新文科下的日语专业发展研讨会,探讨未来日语专业发展的思路和前景。

加强相关教材的撰写和出版,《东北亚地区关系概览》《东北亚经济概览》已经出版,并被相关课程选用为教材。

在实践教学方面,组织学生积极参加学院举办的各种专题讲座和学术研讨会,积极推进各类竞赛活动,开办"东北亚学院第一届时政辩论赛"。在2019年本科生参加的各类比赛中,获得第二届多语种全国接力同传赛韩语组第二名、山东省大学生韩国语短剧大赛一等奖、"笹川杯"日本知识大赛团体优秀奖,1人获第十五届中国人日语作文大赛佳作奖。

在教学共建共享方面,继续推动山东大学教育教学资源共享工作。派出11名专业学生赴校本部日语专业学习一个学期。推进面向"一校三地"的暑期学校课程建设,2019年暑期,开设了2门暑期精品课程、1门国际项目课程。

(二)研究生培养

学院在原有研究生专业基础之上,增设了世界经济专业并制定招生目录、细化培养方案,为2020年度招生培养工作打下基础。2019年,国际政治专业实现了第一批硕、博研究生招生。就业率与就业水平显著提高,2019届应届毕业研究生就业率为100%,就业去向为中央和省市有关部门。

(三)国际交流

2019年,有18名研究生到访美国、日本、韩国进行交流学习。其中,1位博士研究生获国家留学基金委资助到加州大学伯克利分校交流一年。研究生出国交流比率由44%增加至51.51%。本科生通过寒暑期文化体验项目、半年/一年长期交流项目和“2+2”双学位项目，赴海外交流学习比例达到26%。

学院获得山东大学国际科研合作项目的支持，与美国哈佛大学、日本中央大学、韩国庆熙大学展开沟通与合作；与英国伯明翰大学经济系就本科生的“2+2”合作项目展开洽谈；与韩国庆熙大学和平福祉研究生院签署合作备忘录。承担俄罗斯远东大学优秀论文获胜者培训项目，与俄罗斯科学院远东分院协商联合成立中俄海洋战略与发展研究中心，与朝鲜社科院建立了合作交流机制。

（四）学生工作

举办“大使讲坛”“知识讲堂”等高端讲座34场，组织大地彩绘、“谈时论今”沙龙、微党课比赛等，打造特色主题实践活动。1名同学获评山东大学2019年度人物，2人入选联合国青年领袖冬季精英班。获校活力支部二等奖1项，心理情景剧校级二等奖1项。

社会实践和科研立项成果显著，1支团队获评省优秀实践团队，2人获评省级社会实践优秀指导老师。2019届本科毕业生就业率居校区首位。

四、行政工作

行政工作围绕学院发展的中心工作，以提质增效为目标，为学院发展提供良好的服务。积极参加学院组织的政治理论学习，年度安排3位行政管理人员参加校区组织的英语能力专题培训班。明确职责，强化服务意识，完成了印章管理制度、学院网站建设、学生考试档案整理、招生宣传等工作。

（张琳琳）

商学院

商学院涵盖经济学和管理学两大学科门类，由8个教学系、10个科研机构及行政教辅部门组成。其中，劳动经济与人力资源研究中心为山东大学批准设立的科研机构，《劳动经济评论》为所办刊物。金融学、市场营销学、旅游管理为省级特色本科专业，经济与管理实验教学中心为省级示范中心，现有专业实验室12个。学院设有应用经济学博士后流动站。2019年，商学院贯彻落实学校第十四次党代会精神，深入开展"不忘初心，牢记使命"主题教育，按照校区《"双一流"建设行动方案》及做强学科、强院兴校的要求，稳中求进，各项工作顺利开展。

一、党政工作

2019年，商学院对标争先，全面加强党建与思想政治工作。聚焦党建"双创"工作，创建院级党支部品牌项目18项，其中11个项目获校区基层党组织活动立项支持，2个项目获校区党组织书记抓基层党建突破项目重点A类支持，学院党委被评为校区"党建标杆院系"，1个学生党支部获评"党建样板党支部"，1个教工党支部获批校区"双带头人"教师党支部书记工作室。注重理论学习，组织开展四期"旗帜讲堂"活动。扎实做好党员发展工作，年内共发展党员135名。健全党风廉政建设制度，严格落实意识形态责任制，强化教师课堂纪律，做好新媒体管理和"一会一报"执行工作，加强课程思政、师德师风建设和学生思想政治教育。

二、师资队伍情况

2019年，商学院共有教职工128人，教师岗96人，非教师岗32人；在编人员118人，编外人员10人；年内新入职4人，离职1人。其中教授24人(兼职3人)，副教授39人，讲师36人。引进青年教师4人，其中，预聘事业编1人，合同制1人，博士后2人；引进兼职特聘教授1人(长江学者特聘教授、国家杰出青年基金获得者)。新晋教授1人，副教授2人，博士生导师1人，教师入选山大杰青1人，入选"山东大学(威海)青年学者未来计划"2人。1名教师获得国家留学基金委海外访学项目支持。

三、学科科研与服务地方

(一)科研与学科建设

商学院以"适应市场化加强适用性，适应全球化提高国际性，适应多元化加强交叉性和前沿性"作为学科建设的基本思路，积极推进实施"1个交叉""1个论坛""1个团队"的"111"学科提升工程。打造"校外交叉—校内交叉—院内交叉"三维发展的立体格局，与中国国际交流中心信息部合作成立了山东大学服务贸易中心。学术交流活跃，举办40

余场学术讲座;举办“新中国 70 年:国际贸易理论演进与服务贸易创新发展高端论坛”,邀请第十二届全国人民代表大会财政经济委员会副主任委员、重庆市原市长、中国国际经济交流中心副理事长黄奇帆教授作“自贸试验区的发展带来了服务贸易的春天”主题演讲和“新时代国际贸易新特征、新趋势”主题报告。完善科研管理制度以团队建设积累科研成果,年内获得国家社会科学基金项目 1 项,国家自然科学基金项目 3 项,教育部人文社科课题 1 项,山东省自科项目 1 项,山东省社科规划项目 6 项、山东省软科学重大项目 1 项。先后有 51 人次参与纵向课题申报,立项经费达到 173 万元。高水平论文发表数量明显增加,共发表 SSCI/SCI/EI 论文 18 篇,其中在 SSCI 一区发表论文 10 篇,SSCI/SCI 二区发表论文 6 篇。2019 年共有 10 支团队获得学校、学院的立项资助,其中,山东大学校级团队 1 项、威海校区团队 3 项。

(二)服务地方

以需求为导向深入开展服务地方工作,承担完成了一批省、市主管部门和企业委托课题。年内获得横向课题 16 项,到账经费 220 万,为多个单位提供咨询服务。组建商学院教育培训中心,开发设计由 300 多门前沿课程构成的培训课程体系,为 20 多个单位提供高层次人才培训服务,合同额度 360 多万元。

四、人才培养情况

(一)本科生教育

2019 级本科招生 10 个专业共 807 人,年内转入学生 49 人,2015 级毕业学生 924 人。

积极探索新文科建设模式,加大教改力度。暑期学校立项 8 门海外师资课程和 9 门精品课程,立项数居校区之首。立项 15 个校级教改项目,其中重大项目 1 项,重点项目 7 项。完成 6 门慕课录制,其中 4 门在全国上线;6 门课程实施了翻转课堂;新建 2 个虚拟仿真实验室。教学荣誉创新高,4 位教师获全国高校经管类实验教学案例大赛决赛特等奖;5 位教师在山东大学优秀“课程思政”教学设计案例比赛中获奖;1 本教材获得校区教学成果奖一等奖;1 位教授获评校区“我最喜爱的老师”,1 位教授获评校区“教学名师”;2 位教师在青年教师教学比赛中获奖;2 位教师获得校区优秀教案一、二等奖。新增10 个教学实践基地,开展了 722 人次学生教学实践参观,与百度集团和迪尚集团分别建立了大数据营销中心。资源共建共享全面推进,新开出 7 门共建课程,合作录制了 2 门慕课,联合举办了 4 次学术会议,2 位教师赴济南校区授课,优质资源共建共享从 3 个专业扩展至所有本科专业。

(二)研究生教育

2019 年,商学院有博士学位授权点 2 个,硕士学位授权点 9 个,其中专业学位硕士授权点 4 个。博士研究生导师 11 人,硕士研究生导师 32 人。录取硕士研究生 161 人,博士研究生 4 人,博士留学生 1 人。年内有 95 名硕士研究生毕业,其中全日制硕士研究生 69 人。通过创办“玛珈山闻道”经管夏令营活动,推动研究生推免工作,生源质量不断提高;召开研究生导师会议,承办山东大学第 3 期导师沙龙,加强导师队伍建设;设立商学院研究生科学研究基金,提高研究生科研积极性;开展学术诚信月活动,加强研究生学术规范教育;多层面深化研究生教育教学改革。

五、对外交流合作

积极推进国际化建设，筹备完成中法合作办学项目。与西澳大学的金融合作办学项目以及金融、会计课程班项目有序推进。赴境外研修学生和招收国际学生数量稳中有升，其中，赴境外研修本科生148人、研究生20人，招收国际本科生28人，参加境外学术会议6人次，邀请外籍专家举办学术讲座15人次。在国际期刊发表论文18篇。

六、学生工作

服务学生全面发展，开展思想政治教育及校园文化活动共132场次，组织或参与“一校三地”系列赛事、全民健身嘉年华等体育赛事计20余项。在校区第三十一届运动会中，获得男团、女团及团体总分第一名，并获得精神文明风尚奖。2019年内，学生参加社会实践和志愿服务共4801人次，获得国家级奖励3项、省级3项、校级93项；在科技创新竞赛中，4项作品获国家级奖励，15项作品获省级奖励；在专业学科竞赛中，5项作品获国家级奖励，7项作品获省级奖励。

（张　晨　荆晓文）

法学院

2019年，法学院贯彻党的十九大和第十九届二中、三中、四中全会精神，以习近平新时代中国特色社会主义思想为指导，坚持党建引领、学科统领，对外对标、对内对接，依据学院发展规划，扎实推进各项工作。

一、党务工作

1.推进党员学习教育常态化制度化，组织党员认真学习党的十九大报告和习近平新时代中国特色社会主义思想以及第十九届四中全会精神，开展“共筑青春梦想，弘扬法治精神”“学习两会精神，感悟四进四信”等多项活动。

2.推进学院各项整改工作，坚持问题意识和矛盾导向，落实党委理论学习、基层组织建设、学科建设、专业发展、育人机制、意识形态、安全稳定等多项整改措施。

3.开展“不忘初心，牢记使命”主题教育活动，制定实施行动方案。领导班子成员进行主题和方案调研，开展批评与自我批评，查找差距，列出整改问题清单及整改报告。

二、学科建设

1.以新文科理念引领，确立新法科理念，以新公法学体系为核心概念，重点建设法律方法、立法科学、党内法规与监察法学、计算法学、体育法学等领域和方向，形成传统优势学科、重点建设学科、重点培育学科、交叉发展学科构成的学科布局。

2.引进兼职讲席、特聘教授2人，优秀中青年学者1人；全职教授1人，师资博士后1人；张小宁入选第五批“山东大学(威海)青年学者未来计划”培养人选。

三、教学工作

1.实现由行政管理到政治学与行政学的专业转向，按法学大类招生，第一志愿录取率为98%；深化和拓展特色教育，新增法律与英语双学位、新闻法学、法学与行政管理、司法社会工作等特色班。

2.完成本科培养方案的修订工作，设立法学大类专业基础课，专业选修课以课程组形式安排，增设20～30学分的交叉、特色课程，突出人才培养的应用型和复合型特色。

3.新增计算社会科学方向，跨学科招收博士研究生2名；全日制博士研究生全部以“申请—考核制”的方式招收。修改博士研究生培养方案，突出专业特色与学科交叉。

4.加强研究生导师队伍建设，新增博士生导师2名；制定优质生源奖励计划、学位论文质量保障与管理办法、推动研究生学术创新管理以及导师职责、优秀导师评选等系列规章制度；获批山东省研究生教育质量提升计划3项。

四、科研工作

1. 重构立法学研究中心、法律方法研究中心、刑法学研究中心、党内法规研究中心、计算法学研究中心、人大制度研究中心、体育法治研究中心、基层社会治理与社会法治研究中心等学术机构，夯实法理学、公法学、社会法学、交叉法学等科研平台。

2. 主办全国性学术会议、高端论坛7场，邀请国内外专家举办学术报告、讲座28场。

3. 发表学术论文30篇，其中CSSCI论文19篇，出版著作3部；获批国家重大立项1项，教育部立项2项，山东省社科立项12项，司法部立项2项，博士后基金立项2项，累计到账经费227.38万元(其中纵向122.2万元)；获得山东社科优秀成果三等奖1项，山东高校成果一等奖1项，威海市社科奖一等奖1项。

五、对外工作

1. 2人次分别赴日本、阿联酋参加国际学术会议；邀请2名国外高校的学者来学院交流并作学术报告；招收韩国留学生3人。

2. 组织学生积极参加各类赛事，获"Jessup"国际法模拟法庭辩论赛全国一等奖，ICC国际刑事法院模拟法庭比赛中文赛全国一等奖、英文赛全国二等奖，IHL国际人道法模拟法庭比赛全国一等奖。

3. 设立山东省政法干部培训基地，参与山东大学与山东省人民检察院战略合作，设立德恒—威法立法研究中心；重启非学历继续教育工作，举办培训21期，培训人数965人，培训收益30.8万元，支持人才工作；多渠道筹措办学资金，获得捐赠资金28万元，支撑教育教学改革。

六、学团工作

1. 结合"不忘初心，牢记使命"主题教育，开展团校学生骨干培训、"新蕾计划"学生骨干培训、"我与国旗同框"主题团日、党团知识竞赛、党员先锋服务队等特色活动。利用微信、微博等新媒体平台，开展线上思政工作，推送信息3113条，关注人数达到8324人。

2. 本科生导师制实现专业教师参与率100%。2019年获省级优秀班集体1个，省级优秀学生1人，省级优秀学生干部1人，山东大学五四青年科学奖1人，山东大学研究生校长奖学金1人，学生参与各类竞赛获奖人数达400人以上，其中省部级以上奖项12项。

3. 完善《法学院学生工作管理文件汇编》，修订原有制度14项，新建立制度20项，包括规范学生党员和入党积极分子培养机制、建立"三困学生"素质拓展机制、完善学院心理工作站工作制度、建立健全风险隐患排查制度、辅导员进宿舍工作机制等，强化学生事务规范化管理。

4. 结合学科特色，开展第二届法治文化节。12月4日，联合威海市举办"威海市12·4国家宪法日暨山东大学(威海)法治文化节集中宣传活动"，设立威海市法治宣传教育研究基地。

(黎海鹰)

文化传播学院

一、党务工作

1. 充分发挥学院党委领导核心作用。认真执行民主集中制原则，扎实推进思想政治建设和党风廉政建设，召开学院发展务虚会和党务工作推进会，有序推进党务、院务公开。

2. 扎实做好基层党组织建设。通过基层支部立项活动，推进党建工作与中心工作相融合。

3. 加强学生思想政治工作。坚持用社会主义核心价值体系教育和引导学生，重视师德师风建设。

二、学科建设与科研工作

2019 年 6 月，学院教师共获批国家社科基金规划项目一般项目、青年项目 5 项，立项数在山东大学文科学院中排名第 2 位，实现历史性突破。11 月，张红军教授作为首席专家申报的“西方自然美学通史”获批国家社科基金重大项目立项，立项经费 80 万元，实现国家社科基金重大项目零的突破。

学术交流日渐频繁。2019 年 8 月，与中国社科院大学合作举办中国阐释学高级研修班；10 月，举办“跨学科：现当代文学与华文文学”学术研讨会。年内主办、承办全国性学术会议 6 场，合作举办全国性学术会议 4 场，先后有 30 多位国内顶尖学者到学院进行学术交流，有效提升了学院的学术影响力。

2019 年度，学院教师发表学术论文 43 篇，其中 CSSCI 来源期刊 22 篇，完成学术专著 10 部。

三、师资队伍建设

引进特聘教授贾文山，兼职讲席教授金炳珉和兼职特聘教授李今，学院人才队伍层次明显提升。博士后工作获得新发展，入站博士后 4 人，申请到国家博士后基金项目 1 项。

四、教学工作

推动新文科建设与专业升级，加强交叉复合型人才培养。原有三个专业方向按照中国语言文学类、新闻学类两个大类招生。实现了新闻学类招生文理兼收，与法学院合作开设“法学＋新闻”特色实验班。

继续推进与山东大学中心校区新闻传播学院在课程资源、师资培训和实训平台方面的共建共享工作。2019 级新闻学专业培养方案与中心校区新闻传播学院实现“同一标准”。8月,在威海校区合办山东大学第二届马克思主义新闻观师资培训班。

抓好课程建设和教材建设。教研项目立项6项,3门课程教材建设参加山东大学教材项目评选。

推进全媒体实验室建设,学校投入实验室建设经费100万元,学院学科建设经费支持30万元。

积极主办大学生科技竞赛活动,承担了第十一届全国大学生广告艺术大赛的校内组织工作,学院学生作品获得全国三等奖1项,山东省三等奖3项、优秀奖6项。

年内多名教师获得教师荣誉称号与教学奖项:张红军教授荣获“山东大学优秀教师”荣誉称号;李丁老师荣获“山东大学(威海)先进教育工作者”;张超副教授获得“我最喜爱的老师”荣誉称号;李艳娇老师获得青年教师教学比赛三等奖。

五、国际化建设与留学生工作

1.稳步推进国际化建设。2019年暑假期间,学院56名学生参加了山东大学新闻传播学院与美国密苏里大学新闻学院暑期海外师资课程项目,2名学生参加了英国威斯敏斯特大学“走进英国创意产业”2019暑期班。

2.推动学生海外访学与国内访学活动。共有50余人参加海外交流、我国台湾世新大学访学等活动,提高了学院学生学习的国际化程度。

六、学生工作

以庆祝新中国成立70周年等重要节点为契机,组织“榜样青春,励志华章”等系列主题教育活动,积极选树青春榜样,利用院网站、微信公众平台等宣传优秀典型,发挥优秀学生的示范效用。

推进新媒体平台建设,实现网络思政新局面。大力推进“互联网+思政教育”网络工作阵地建设,组织学生骨干参加线上能力培训班,以校园新闻写作为主题进行培训。学院微信公众号“山东大学(威海)文化传播学院团委”,2019年累计发布推文156条,关注人数2293人。

加强学生工作队伍建设,提高管理服务水平。以服务成才为目标,做好学生就业服务工作。留学生趋同化管理权限下沉到学院后,以趋同化为理念,做好留学生管理和服务,学院克服管理人员严重不足等困难,顺利完成了各项工作的过渡。

七、服务地方

继续与威海非遗保护学会合作,开展“威海非遗文化保护”的微电影制作;继续与威海市海洋与渔业局、威海广播电视台海洋频道开展融媒体业务合作,收到了良好的社会效益;9月,与威海市政法委合作共建威海市政法新媒体发展研究中心,为威海市政法新媒体建设提供智力支持,为学生成长成才提供实训平台。

(刘　琼)

翻译学院

一、学院概况

翻译学院在山东大学外国语言文学学科一体化发展的大背景下，坚持以观念更新为先导，以制度创新为动力，以师资和学科建设为核心，以培养符合社会发展需要的复合型国际化人才为目标，深化师资等资源共享，全面强化素质教育，形成了以本科教育教学为主体，大力发展硕士研究生、博士研究生教育，以及博士后培养工作的完整育人体系，以翻译学教学为优势，以“英语＋X语种”和国际化为特色的办学体系。

翻译学院拥有外国语言文学一级学科博士学位授权点，下设英语语言文学、外国语言学及应用语言学两个二级学科博士学位授权点；拥有外国语言文学一级学科硕士学位授权点，下设英语语言文学的二级学科硕士学位授权点；拥有翻译硕士专业学位授权点，下设英语笔译1个专业。在教育部第四轮学科评估中进入前10％，评估结果为A－，与清华大学、复旦大学等高校并列第九。

学院现有专职教师98人，其中教授9人、副教授18人，博士生导师5人、硕士生导师12人，获得博士学位及在读博士共50人，获国务院政府特殊津贴1人，教育部新世纪优秀人才1人，山东省教学名师1人，山东大学兼职特聘教授1人，杰出中青年学者1人，齐鲁青年学者1人，未来学者3人，三分之一以上的教师有国外著名大学留学、访学经历。翻译学院的师资队伍相对年轻，是一支具有创新精神和发展潜力的学术队伍，多名教授在全国和省级学会中担任会长、副会长等职务，并有多名国内外知名学者、专家被聘请为翻译学院的兼职或客座教授。

二、党建工作

学院以政治建设为统领，切实加强党的领导。坚持加强和完善学院党委把方向、管大局、作决策、保落实的作用，不断提高履职尽责的政治性和有效性，持续发挥党的建设在各项工作中的引领作用。9月17日，学院召开党员大会，选举产生新一届党委班子。

坚持以上率下，做好示范引领，学院党委委员为学院师生讲授专题党课11次，组织开展全院性主题党日活动10余次；开展“不忘初心，牢记使命”线上知识竞赛、“温暖传递”线上故事分享等活动；组织赴郭永怀纪念馆、东马石山烈士纪念馆等红色教育基地开展实践学习。

严把发展党员“入口关”，认真做好入党积极分子的接收、培养和教育工作，组织开展入党积极分子、重点发展对象培训班各2次，全年发展党员两批共41人。加强“双带头人”建设，学院3个教工支部书记均为党务能力和业务能力“双突出”的青年骨干教师。

切实落实基层调研工作，学院先后组织开展专题调研会3次，个别调研活动30余次,切实解决师生关心的热点、难点问题。2019 年 3 月,学院工会被山东省教育工会授予省教育系统女职工建功立业标兵岗。

三、师资队伍与学科建设

学院不断加强队伍建设和青年教师培养,先后举办 6 期“青苗论坛”,其中 4 期专题是对青年教师在项目申请、论文写作与科研方法等方面的培训。实验推行青年骨干教师科研“导师制”(一对一帮扶),有针对性地对青年教师的论文、项目申请等进行修改和指导;邀请院内和院外优秀教师和知名专家就教研、课程建设以及基本科研方法、资料搜集和使用等基础性问题进行讲解,为教学和科研基础薄弱的教师提供指导。

人才引进和导师队伍建设取得新进展。成功引进李德凤、刘建军两位外语学界名宿为学院兼职特聘教授;引进 1 位泰山学者青年专家与 1 位山东大学齐鲁学者,在人才引进方面取得数个零的突破。新增博士生导师 1 名,硕士生导师 3 名,壮大了研究生导师队伍。

结合《翻译学院 2018～2023 年中长期发展规划》,将其中的科研任务进行分解,逐步落实学科建设的各项指标。学院专家主办的《国际翻译与应用语言学》期刊顺利出版 2 期,提升了学科的国际影响力。举办国际与全国性学术会议或论坛,提高学科的影响力。主办的“翻译教育与新时代翻译实践”翻译教育国际研讨会,扩大了翻译学科在国内外的影响力,并得到新华网、人民网、《中国日报》等权威媒体的转载报道;主办建国 70 年来英美文学研究发展高端论坛,对新时期中国英美文学研究的进一步优化起到积极作用,并对翻译学院的外国语言文学学科建设和加强国内国际学术交流和合作起到推动作用;承办第六届全国高校德语专业院长系主任高级论坛,为德语学科和外语教学创造发展契机;召集国内 10 所知名高校举办新文科背景下的双语/复语人才培养研讨会,积极探讨专业建设现代化、新文科建设和复合语言人才培养新模式。

四、科学研究

2019 年度,学院教职工积极进行人文社科项目的论证,成功获批 1 项国家社科项目,1 项国家社科中华学术外译项目,1 项教育部人文社科项目和 2 项省社科项目。发表 CSSCI 论文 6 篇,SSCI 论文 1 篇。

多措并举,实现科研指标的增量。通过专著资助计划,资助了 3 本学术专著的出版;通过翻译学院人文社科青年团队项目,资助了 3 个团队项目。继续举办博雅论坛与青苗论坛,营造浓厚的科研氛围。2019 年共举办 29 期(总 331 期)博雅论坛,先后邀请多位国内知名学者作学术讲座,累计参与 900 余人次;举办 6 期青苗论坛,调动了团队科研的积极性。

五、教学工作

(一)研究生教育

采取多项措施加强研究生招生和培养。举办第七届全国大学生英语菁英夏令营,来自中山大学、中国地质大学、中国石油大学(华东)、合肥工业大学、大连外国语大学等 17

所国内高校的20名营员共同参加了夏令营，提升了研究生生源质量；赴兰州、西安、曲阜等地进行研究生招生宣传，扩大学院在考生中的认知度与影响力。通过开展座谈会与课程教学形式强化研究生的学术诚信意识，提高研究生的学术素养。

举办第一届山东大学（威海）外国语言文学研究生学术论坛，外国语学院、东北亚学院与翻译学院学生共同参与，推进了“一校三地”外国语言文学研究生的交流。

与文化传播学院联合举办“修辞与传播”研究生暑期学校，为研究生的跨学科成长提供了重要平台。研究生培养质量取得重大提升。

学院研究生科研成果显著，2名研究生分别获得校区优秀研究生科研成果二等奖与三等奖，1篇硕士毕业论文获评2019年度山东大学优秀硕士论文和山东省优秀硕士论文，实现了历史性突破。

（二）本科生教育

加大本科人才培养模式改革力度。以教育部新文科建设要求为指导，分别与法学院和商学院合作，开办了“英语＋法学”和“英语＋国际经济与贸易”两个五年制双学位班，充分体现了学科的交叉融合和复合式人才培养的目标。

积极推进教材建设。在学校的教材资助计划申报中，学院上报了7门课程的教材编写计划，为今后推出高质量教材及申报高级别教材奠定了一定的基础。

积极推进教研项目。学院推出了“课程思政”建设项目，拟在2020年资助3～5门课程，打造一批外语类“课程思政”示范课。首次推出院级教研项目资助计划，资助了1项重点教研项目和1项慕课建设配套资助项目。

六、学生工作

学院强化思想引领，狠抓政治思想教育工作。认真做好学生党员的教育、管理和服务工作。举办优秀学子事迹报告会和“译苑英华”优秀学生表彰大会，组织赴郭永怀纪念馆等五处红色教育基地开展实践学习，发挥榜样引领作用。充分发挥新媒体平台的便捷优势，开展“不忘初心，牢记使命”线上知识竞赛、“温暖传递”线上故事分享等活动。

组织开展“成长课堂”系列活动，做好学生发展指导工作。加强学业指导，2019年度，通过竞赛菁英班及竞赛指导小组受训学生人数逾60人；顺利举办以山东大学（威海）“外语文化节”系列活动和校园“百老汇”外文短剧大赛为主要内容的“译载春秋”校园“一院一品”文化活动。

在2019年大学生寒暑期社会实践活动中，1支团队在第十六届“挑战杯”课外科技学术作品竞赛中获国家三等奖、省级特等奖，实现了外语学科学生该项赛事的新突破。学院与临沂市兰陵县下村乡共建山东大学翻译学院学生社会实践基地、山东大学翻译学院志愿服务工作站。

组织开展心理班会大赛、心理情景剧大赛等系列活动；新开展“绿动”青春、“向阳生长”宣传风采大赛等特色活动；关注“五困”学生，及时预防学生因学业困难诱发心理问题。为新生聘任20名本科生导师，扎实开展新生入学教育，推动高低年级对口班级互动交流；强化毕业生管理与教育工作，继续举办毕业生主题教育系列活动。1人获评2019年度省级优秀学生。

在2020届学生的保研工作中,29名同学成功保送高水平大学,保研率达10.03%。

七、国际交流与合作

学院坚持并倡导国际化办学理念,为学科专业建设服务。2019年度共计派出本科生129人赴海外访学,35名毕业生赴海外读研。英语专业本科招收留学生2人,硕士招收留学生1人,实现国际化办学层次质的突破。首次开办两门暑期海外师资课程:"美国社会与文化"与"戏剧技巧:法语课堂口语",授课专家资历深厚,效果良好。

加强国际科研合作,派出2位教师赴海外攻读学位,10位教师出国访学交流;邀请8位外籍专家来院进行短期授课和系列讲座;新聘英语外教3名,法语外教1名,全部具有硕士及以上学历,其中一位拥有博士学位。

八、社会服务

2019年度,学院与威海市外事办公室初步达成协议,由学院承担"威海市中英韩语公示语翻译"项目;与迪尚集团签订就业实践基地协议以及"商务英语提升"横向科研项目;与惠普集团就"商务英语生活馆"和"商务英语提升"项目达成合作协议;与迪尚集团、星火教育、邹佩翻译服务有限公司、金石教育等4家企业合作,建立学生就业实践基地。继续开办雅思和托福培训班;为威海市多项服务赛事活动输送优秀学生志愿者百余人次。

(周守玉)

艺术学院

2019 年,艺术学院以习近平新时代中国特色社会主义思想为指导,深入学习贯彻党的十九大和十九届二中、三中、四中全会精神,贯彻落实学校第十四次党代会精神,以山东大学党委巡察整改落实为契机,以特色化办学为抓手,全面推进学院各项工作。

一、发挥党的领导最大优势

艺术学院抓好巡察整改落实工作,初步完成整改任务。2019 年初,艺术学院上报了整改落实情况的报告、清单和党政主要负责人关于组织落实巡察整改工作情况的报告;9 月,开展了自查自评工作;12 月开展了回访检查。

着力发挥好领导班子的“头雁”引领和“火车头”带动作用。2019 年,艺术学院共召开党政联席会 25 次、党委会 20 次,组织党委理论学习中心组会议 11 次、教职工集中学习会议 5 次、教工党员大会 4 次。学院领导班子突出政治建设、思想建设,强化理论武装,不断提升政治素质和思想认识水平,营造了风清气正的政治生态。

扎实开展“不忘初心,牢记使命”主题教育。在开展主题教育期间,艺术学院领导班子开展集中学习研讨 6 次,党支部开展集体学习 35 次,学院领导班子成员讲党课 4 次,党支部书记讲党课 4 次,赴沈秀芹纪念馆进行实践活动 1 次,并发挥专业特色筹办多场艺术展演活动,助力学校美育教育。

规范建设年卓有成效。2019 年为艺术学院的“规范建设年”,学院成立了规范建设工作领导小组和制度建设工作组;成立了安全工作委员会、实验室安全管理领导小组和实验室安全专项整治行动工作小组;将原学术委员会调整为“学术与教学工作委员会”;修订完善制度文件 17 项,废止文件 1 项,完成制度草案 10 余项。5 月,向学校推荐学院团委书记人选;9 月,选举产生了学院新一届党委会。

二、凝聚学科建设合力

积极探索一体化发展战略背景下济南、威海两地艺术学科专业资源共享,优势互补,协作融合,一体发展的路径和模式。2019 年 7 月、9 月和 12 月,三次在两地召开领导班子、学科专业一体化学科建设研讨会。共同承办了 2019 开学典礼音乐会、山东大学首届艺术节、济南威海两地新年音乐会、教师美术作品展等大型活动。

学科点建设与调整稳步开展。艺术学院对舞蹈专业学位点进行优化、整改,明确各专业学位点的总体要求和未来调整方向,配合校本部完成专业学位授权点评估工作和学术学位点整合调整工作,形成了“艺术学理论”一级学科硕士点。9 月,艺术学院汇聚省内外力量成立山东民歌传承与研究中心。12 月,大型原创民族交响组曲《昆嵛音画》取得阶段性新成果,完成全部乐谱创作,并在昆嵛山所在地文登市进行了首演。

三、加强人才队伍建设

师资队伍建设取得新突破。6月，艺术学院根据自身学科特点，修订了教师职务申报业绩条件、岗位聘用申报条件、岗位职责等专业技术岗位考核评价标准，构建适用于艺术学科特征的评价体系。2019年，共有12人申报高级职称，2人晋升为教授，5人晋升为副教授，为建院以来历史最高。同时，艺术学院引进海外博士2人，副教授1人，新增在读博士4人，出站博士后1人，进站博士后2人。

四、提高人才培养质量

专业建设取得新飞跃。1月，舞蹈编导专业被评为山东大学优秀专业；12月，舞蹈编导专业入选首批国家级一流本科专业建设点。2019年，环境设计专业就业率为100%，视觉传达设计专业为97.5%，创历史新高；艺术学院学生在省级及以上各类专业比赛中获奖100余人。

艺术学院将庆祝新中国成立70周年融入学院工作，开展系列展演活动，累计举办演出54场、展览16场。其中，舞蹈毕业晚会、新年音乐会、美术和设计的毕业展已初具品牌效应和地区影响力。

规范教学管理和培养环节。在硕士生导师认定中，艺术学院有1人被遴选为博士生导师、24人被遴选为硕士生导师，其中，新增硕士生导师7人。学院组织完成了研究生培养方案的修订，修订了奖学金评定和综合素质测评细则，明确研究生毕业信息统计内容和办法，严格论文与学术规范。

五、提升科学研究整体实力

科研经费总额取得新突破。2019年，纵横向项目立项47项，经费总额为347.79万元，比上年增加86%。2019年内，教师共发表论文40篇，其中，CSSCI核心期刊10篇，CSSCI扩展版1篇，SCI 2篇，A&HCI 6篇，出版专著、编著、译著20余部，整体质量大幅提升。

实践成果获奖彰显学科软实力。汪明强教授的作品《码头即景之一》、李宁副教授的作品《云水谣》入选第十三届全国美术作品展览，另有4名毕业生的3幅作品同时入选。张琳仙和郭敏老师创作的舞剧《西楚霸王》获得泰山文艺奖舞蹈类唯一的一等奖。此外，学院师生还获中国音乐家协会主办的合唱比赛金奖等重大奖项。

六、推进国际化战略

科学谋划国际化建设。完成《山东大学(威海)艺术学院国际化战略规划(2018～2025年)》，明确了学院国际化建设目标、方向和路径。

多途径提升国际化办学水平。2019年，学院承办第五届俄罗斯国际大师班；在首届威海校区暑期国际学校活动中申报的四个课程均获得立项；先后与韩国忠南大学、多宾美术协会以及祥明大学签署正式合作交流协议；继续开展环境设计专业韩国暑期访学项目，并拓展了美术设计俄罗斯彼尔姆大学暑期访学项目。全年共派出访学研究生和本科生41人次，创历史新高。

着力打造国际化品牌。2019年4月和10月，分别在威海和韩国釜山举办了“文友辅仁”——2019中韩国际书画交流展和“韩中日蒙”四国海外姐妹友好城市美术交流展，四名教师受聘韩国东西大学孔子学院客座教授；承办新中国70周年生态文明建设与生态设计实践高端学术论坛暨2019年第二届传统聚落与人居环境可持续发展国际学术会议；承办第三届国际海洋油画学术论坛暨国际海洋绘画展。

七、强化学生思政教育与管理

强化社会实践的教育作用。2019年寒暑假期间，艺术学院组织社会实践团队95支，共600余名同学参与实践，惠及7000余人次。重点项目“暖兵筑梦”志愿服务团队历经4省36市，走访抗日老兵152名。薛荣鑫同学获得学院首个“山东大学道德风尚奖”。

强化新生适应教育。艺术学院有针对性地进行新生入学教育，举办专题讲座10余场，开展生涯和学涯规划等专项活动10余次。重点强调规范教育，开设包括“方圆讲堂”等内容的“方圆成长训练营”系列活动。

做好学生管理与服务。规范本科生导师制实施办法、自媒体管理等制度文件共26项，规范工作流程，提升工作效率。制作了艺术学院学生危机干预流程图，严抓课堂考勤和宿舍违纪。

八、提升管理服务水平

办学条件逐步改善。2019年采购了专业三角钢琴，为排练厅更换地板和空调，重新装修湖西楼展览馆室，购置液晶屏、高仿复制古画、拷贝台等教学用品，更换部分教学桌椅等，多方筹资，累计投入85.65万元。

（张　剑）

海洋学院

一、全面加强党的领导和党的建设

(一)坚持全面加强党的领导

定期召开党委会议和党政联席会议。召开党委会议 14 次,党政联席会议 20 次,研究学科建设、人才引进、任期目标建设以及群团工作等。召开为期 3 天的暑期班子务虚会,按照学校第十四次党代会精神和“双一流”建设的要求,全面梳理学院发展瓶颈,提出了制约发展的难点、痛点、堵点问题的解决方案和实施路径。

(二)扎实开展主题教育

学院领导班子对照“守初心、担使命,找差距、抓落实”的总体目标,广泛征求意见,深入查摆剖析,明确了整改方向和措施。征求了 7 个方面工作的意见建议,完成 7 个方面工作的调研,制定了 14 项改进措施。

(三)完善制度建设

构建政治学习体系。继续完善理论中心组、党支部、全体教职工三个层次的政治学习体系,增加支部书记例会制。理论中心组学习 8 次,党支部政治学习 30 次,教职工政治学习 30 次。党委班子与教师开展谈心谈话 30 余次。

二、认真落实立德树人根本任务

(一)推进本科教育教学改革

副院长带队调研中山大学等 4 所大学的涉海学院,开展模块化教学改革论证,启动 2020 级培养方案修订工作。2019 年 7 月,成功举办“未来山大人——智慧海洋夏令营”。

学院制定并实施了 2019 级海洋科学、海洋资源开发技术专业培养方案。获批校级精品教材、精品线上课程各 1 项,其他教改项目 3 项。选派教师 9 人次参与各类型教育技术培训项目,获得山东大学 2019 年度教学比赛二等奖、山东省青年教学比赛遴选赛第一名各 1 人次,1 人获“山东大学青年教学能手”称号。

(二)提高研究生培养质量

重视学风建设,引导研究生做好学术发展规划,遵照学术规范并遵守学术道德。2019 年度,未出现学术不端情况。注重年轻导师培养,加强导师队伍建设,新增硕士生导师 2 人,博士生导师 2 人。分赴全国多所高校进行招生拓展宣传工作,2019 年 7 月成功举办全国优秀大学生菁英夏令营。2019 级硕士研究生招生一志愿录取 7 人,推免 2 人,多数为 985 高校,生源质量有明显提升。研究生发表 SCI 论文 38 篇,其中一区文章 2 篇,实现了高水平论文的突破。

（三）强化学生思想政治教育

2019 年 6 月，学院党委副书记范蕊获评“全国最美高校辅导员”荣誉称号。

持续开展“海豚计划”系列活动。制定并实施了《山东大学海洋学院班主任制度实行办法》《海洋学院谈心谈话规范实施办法》。辅导员与学生一对一谈话达 1200 人次，与家长沟通 230 人次，接待家长来访 34 人次。

建立研究生班级、团支部，推出开放研究生实验室的“实验室十二时辰”系列活动，在本科生班主任制度、学生心理健康教育、研究生教育等方面进行有益的探索。

做好生涯规划和就业服务。本科生就业率 93.82％，研究生就业率 100％。

三、加快建设高素质师资队伍

重视人才引育。根据高层次人才专业性强的特点，确定了学院—团队引进人才的职责分工，为高层次人才的引进打下了制度基础。通过举办基金申请经验交流会，邀请校外专家指导等方式，提高青年教师科研项目的申报能力。鼓励和选派青年教师参与各类型教育技术培训项目，提高教师课堂教学本领。2019 年，引进海洋药物方向兼职特聘教授 1 人，兼职教授 1 人。引进学科团队骨干成员 3 人，培养校级“未来人才”1 人。

四、不断增强学术核心竞争力

优化学科布局。2019 年度的学科建设经费超过 1000 万元。经论证，在 7 个学科团队中，重点资助了“海洋牧场与深远海养殖”等 4 个学科团队，专项资助 2 位引进人才，对其他团队也根据学科发展需要进行了不同程度的支持，初步形成了适应学科发展需求的支持体系。重点构建或加强了海洋牧场工程等 7 个实验室，显著提高了学科的科研能力。

2019 年新立项省部级以上课题 15 项，年度到位科研经费 1400 余万元；发表 SCI、EI 论文 86 篇。

五、持续提升国际合作交流能力

全面推动国际化发展。将国际化工作多任务分解，并确定责任人。成立由党委书记任组长的海洋学院国际化办学工作组，全面提升国际化办学水平。

获得 1 项“海洋牧场生态系统动力学”国际合作种子基金，邀请外方合作教授来访，与合作团队进行了 5 场交流研讨会，年末派遣 1 人回访，就优质课程引进和达成的共识进行具体落实。有 1 名青年教师赴美国公派访学，1 名青年教师赴美国弗吉尼亚理工大学参加教学培训。

2019 年，与台湾海洋大学签署了合作办学协议，遴选 4 名本科生赴台湾海洋大学学习，将于 2020 年派出。有 3 名硕士生获得 CSC 资助到国外知名大学攻读博士学位，多名研究生参加国际学术会议，1 名博士生获得 CSC 访问交流研究生资助，成为海洋学院与国外知名大学联合培养的首名博士生。

六、积极落实服务地方战略

服务社会取得新成效。2019 年 11 月 30 日，学者认为与威海市环翠区人民政府签署

《山东大学(威海)海洋科技创新中心合作协议》,该中心建筑面积 2248.34 平方米,搭建了服务地方平台,拓展了科研实验室空间。洽谈校地合作项目 3 项,已拟定合作经费 600 余万元。全年接待服务社会研学活动共计 251 人次。

七、切实强化文化引领

打造海洋特色。10 月,秉承“问海求真,谋海济世”院训精神,启动第一届海洋文化节系列活动,学生参与总人数达 2000 多人次。

打造网络宣传阵地。制定《海洋学院网络宣传管理工作实施办法(暂行)》。

八、进一步夯实保障支撑

保障实验安全。制订符合海洋学院实际的实验室安全相关制度、规程等,进行了实验室的标准化改造,全年零事故。

充分发扬民主。召开二级教代会,落实工会委员民主监督、民主参与权益。院工会积极组织文体活动,新建海洋学院职工之家,2019 年看望生病生育的教职工 5 人次。

(孙　艳)

机电与信息工程学院

2019 年，在学校党委和校区党工委的正确领导下，机电与信息工程学院党委立足学院实际，强化思想建党，坚持立德树人的根本任务，围绕山东大学“双一流”建设思路和威海校区“一二三”发展规划，顺利开展各项工作。

一、扎实推进党务工作

紧扣立德树人的根本任务，高站位开局、高质量推进、高标准落实，扎实推进“不忘初心，牢记使命”主题教育；顺利完成党委换届工作，加强样板支部重点培育，控制系教工党支部获评“山东党建工作样板支部培育创建单位”“山东教育系统先进基层党组织”称号；严格党员教育管理，在学科带头人中发展党员 1 人，发展学生党员 115 人，转正党员 98 人。打造党建特色品牌，丰富教育载体，推出“习声回响”“青言青语”等微信栏目，成立学生党建服务中心，组建党员先锋服务队、朋辈班导师，开展微党课大赛、微程序大赛等；加强宣传工作，中国青年网专稿刊发学院“爱海扬帆”孙家疃小学十年支教活动。加强对网站、新媒体的监管力度，切实提升安全防范意识。加强党章党规党纪教育，扎实推进廉政风险防控建设。

二、进一步深化学科的交叉融合

凝练学科方向，优化学科队伍。依托学院现有学科交叉方向，进一步凝练形成空间信息、海洋机电装备、非晶材料及电机控制三个特色交叉学科。在空间信息方向，与空间物理研究院相关团队合作开发太阳射电观测装备、大视场白光扩展日冕仪，开展天文大数据处理、灾害性空间天气对电力系统的影响机理及电力系统的防御措施等科研项目，与空间物理学院联合申报国家重大科研仪器研制项目、军民融合项目，为其提供装备支持。海洋机电装备方向由海洋学科与机械、控制学科凝练而成，开展水下运载器设计与制造、海水淡化装备、海洋新能源开发装备、深远海工业化大型养殖装备等科研项目，突显海洋装备的自动化和智能化，打造自主知识产权的国产装备系统。非晶材料及电机控制方向融合机械、材料、控制学科，实现非晶节能材料在高速电机上的应用，满足国家的节能减排战略发展需求，并在 2019 年获得山东省重大创新工程项目支持。学院实施学科人才队伍建设工程，制定讲师科研扶持基金和“青年交叉科学创新团队”项目，挖掘学科骨干科研潜力，加强学科团队建设，创新教师管理模式。

三、着力提高本科、研究生教育培养质量

1. 制定 2019 年版培养方案，满足大类招生和一体化办学要求，新增威海校区首个新工科专业——人工智能专业。经过一年的实践，量子信息工程实验班形成了多学科交叉

融合的培养方案,打造精英化培养模式。与软件学院制定共建课程,并组织骨干教师互访,商定共建共享深入合作方案。2019 年度,学院获得校级教学改革研究立项 11 项。

2. 新增实践教学基地 1 个,软件实训项目 2 个,顺利完成各类实践教学任务。校内金工实训中心顺利启用,完成 4 名校内实验员的机加工技师培训及全院 7 个专业 677 人次的金工实习训练。学生实践创新成果丰富,共获得省级以上奖项 453 项,其中国家级 49 项。教育部单列的重点比赛中,获得国家一等奖 7 项。首次参加全国大学生软件创新大赛,即获得国家一等奖。配合学校成功举办第十四届全国大学生"恩智浦杯"智能汽车竞赛全国总决赛。

3. 成立研究生培养指导委员会,出台《机电与信息工程学院学位论文匿名评阅规定》,加强对研究生培养过程质量的有效监控。学院一志愿报考上线增长率达 45%;推免生人数比 2018 年增加一倍。学院新建研究生实习基地 2 个,新增博士生导师 2 人。研究生发表 SCI、EI 论文 26 篇,申请授权国家发明专利 10 余项,在竞赛中荣获国家级奖励 15 项,省级奖励 9 项。

四、科研水平稳步提升

2019 年,学院获批国家自然科学基金项目立项 5 项,山东省自然科学基金面上项目 6 项,山东省重点研发计划 4 项,山东省重大创新工程项目 1 项,其他纵向项目 9 项。全年总立项经费2055.67 万元,到账 1600 万元,分别比上年增长 47%和 30%。其中,纵向立项经费 1113 万元,到账 885 万元。横向课题立项 40 项,立项经费942.67 万元,到账 715 万元。全年共发表 SCI、EI 和 CPCI-S 索引学术论文 150 篇,发明专利授权 75 项。

五、加强师资队伍建设

继续加强教师队伍的引进和培养。新聘兼职特聘教授 1 人,优秀青年教师 6 人。根据学院学科发展和人才培养需要,制定 2020 年人才引进计划。教师中获得学校未来计划支持 1 人,获评副教授 6 人,教授 2 人。

六、加强实验室建设与管理

积极申报实验室建设项目,获批实验室建设经费 100 万元,组织 2020 年度综合实验室建设经费申报工作。学院在危化品管理、用电保障、安全教育、实验室运行管理制度等方面开展化解风险点的具体举措,在山东大学网站进行了广泛报道,被授予"山东大学实验室工作先进集体"称号。

七、积极拓展国际合作空间

继续推进国际合作办学,顺利启动"外专双百"计划项目,依托山东大学—斯威本科技大学先进制造业联合研究中心与斯威本科技大学共同招收 19 名博士生。健全完善来威授课外籍教师的工作规范和流程,与澳方合作伙伴召开两次项目推进座谈会。全年共派出 82 名在校生赴韩、澳、美、英等国及台湾地区参加长短期访学与联合培养项目。另有 57 名同学成功获得出国留学深造机会,其中 38 人进入 QS 前 100 位世界名校。

八、学生工作硕果累累

2019年，学团微信、微博等新媒体浏览量达到430万人次，学院微博、微信平台在第一届传媒联盟考核中均获评校园优秀媒体平台，在“青春山威”抖音平台发布48条短视频，反响良好。学院以“院长茶座”、本科生导师制和班主任制为抓手，凝聚专业教师、辅导员双向合力。2019年内，1个班级荣获省级先进班集体，3人获评省优秀学生，2人获评省优干，1人获评“大智之星”齐鲁学子奖学金，1个团支部获评校十佳团支部，7个团支部获评校先进团支部。2020届毕业生推免质量稳中有升，29人单列计划保研，其中清华7人、北大6人。年内走访维护13家用人单位，发布322条招聘信息，举办20场院内宣讲，为毕业生实现高质量就业提供了更多机会。1995级电子信息科学与技术专业校友郜宇向校区捐赠了价值230万元的生物识别软件平台。

（王婉霞）

空间科学与物理学院
空间科学研究院

2019 年，空间科学与物理学院、空间科学研究院围绕立德树人的根本任务，坚守为国育贤的初心，深入学习党的十九大精神和山东大学第十四次党代会精神，贯彻学校“双一流”建设和“强院兴校”行动战略。“以‘谋大事，干大事，成大事’为驱动的大力实施‘六大战略’，从而实现‘强院兴校’”的 2020 年发展思路，统筹推进学院的各项工作。空间科学与物理学院获评 2019 年度山东大学年度考核优秀单位。

一、拓路铸魂，不忘初心；立德树人，牢记使命

空间科学与物理学院、空间科学研究院始终以习近平新时代中国特色社会主义思想为指导，认真贯彻落实党的十九大精神、习近平新时代中国特色社会主义思想和山东大学第十四次党代会精神，认真落实党风廉政建设责任制，严抓思想政治建设。

9 月，根据校区党工委部署要求，学院召开党员大会，选举产生了新一届中共山东大学(威海)空间科学与物理学院委员会；9 月到 12 月期间，学院开展了“不忘初心，牢记使命”主题教育活动，创建了主题教育专题网站，累计发表通讯 37 篇，设计调查问卷 3 种，与 130 人次进行了谈心谈话，召开 7 次座谈会，发现 9 处典型经验和案例，确立 9 项破解问题的思路和举措；发展教工党员 1 人，学生党员 31 人，确定入党积极分子 51 人；本科生党支部“学科营”累计帮扶达 200 学时；开展“党员进宿舍”活动 4 次，累计反馈 3 万余字；创建“观海听涛”时政讨论平台，并开展了专题讨论。

二、落实立德树人的根本任务，人才培养质量进一步提升

(一)优化课程体系和教学内容，推进专业升级改造

2019 年度，空间科学与物理学院构建“课程思政”体系，调整完善本科生人才培养方案，完成专业分流方案的制定，并积极推进“科教融合—理工交叉”的“新理工”式专业升级改造。年内学院获批校级教学改革项目 9 项，其中重大项目 1 项，重点项目 3 项，一般项目 5 项；获校级教学成果奖一等奖 1 项，二等奖 1 项；黄正化、田安民获山东大学青年教师教学大赛三等奖；张鹏获评山东大学(威海)教学名师；亓斌获评山东大学(威海)“我最喜爱的老师”；“集成电路工艺”课程获山东大学优秀“课程思政”教学设计案例三等奖；立项建设国家级教材 1 项；参与“未来山大人”系列活动，举办了面向全国优秀高中生的菁英物理未来科学营。

(二)稳步推进“三全育人”，本科人才培养继续取得佳绩

结合本科生导师制、大学生科研立项、“双创”冬令营和创新物理实验等创新人才培

养机制和平台建设，组织学生参与各类科技创新大赛，硕果累累。在第十六届“挑战杯”竞赛中，获国家二等奖1项，山东省赛区团体二等奖1项；获全国大学生智能车竞赛国家一等奖1项；在全国大学生节能减排竞赛中，获国家三等奖1项；在全国大学生数学建模比赛中获国家一等奖3人，山东省赛区一等奖和二等奖各7人，省级三等奖3人；在全国大学生数学竞赛中，获国家一等奖7人、国家二等奖8人、国家三等奖8人，山东省赛区一等奖13人、二等奖12人、三等奖13人；在第三届全国大学生天文创新作品竞赛(CAIC)中获一等奖2项，二等奖1项，三等奖2项，优胜奖1项，学院荣获最佳活动组织奖；在山东省第十一届大学生科技节物理科技创新大赛中，获一等奖3项，二等奖3项和三等奖1项。2019年度，本科生共发表高水平学术论文8篇；姜璐同学获得山东大学校长奖学金。继续加大空间科学菁英班建设力度，与中国科学院国家天文台续签了共建天文与空间科学菁英班合作协议。

(三)研究生招生规模大幅提高，培养质量稳步提升

2019年度，学院共招收硕士研究生32名，比2018年增加11名，招收博士研究生20名，较2018年增加10名；举办了2020未来研究生夏令营，不断加大拓展优质生源力度，获评2019年度山东大学研究生招生拓展工作先进单位。

研究生培养质量稳步提升。学院研究生获国家奖学金2名(博士1名、硕士1名)，校长奖学金1名(博士)；获2019年度山东大学优秀学术成果奖二等奖3项，三等奖2项；研究生郭明哲获第二届中欧太阳物理会议杰出学生海报奖；1篇硕士学位论文获评山东大学优秀硕士论文。

三、加快“双一流”建设进程，扎实推进“强院兴校”

(一)大力推进学术兴校战略，学科建设普出新篇章，科学研究再创佳绩

1.空间科学方向：在攀登计划“121NX”整体建设规划指导下，继续完善建设空间光学实验室、行星表面物质与环境模拟实验室、导航遥感实验室、空间电磁探测技术实验室以及粒子探测实验室；论证推进新组建的行星载荷实验室、空间等离子体模拟系统、小望远镜阵、空间辐射探测实验室建设以及东天文台改造工程；进一步完善了野外观测台站设备；落实了槎山、圣经山科研用地长期租赁等工作，深化了中国东部地区空间环境综合监测基地建设思路与实施方案。在这些实验室和探测设施建设的支撑下，多个课题组参与承担的国家重大科技基础设施子午工程二期正式开工建设，两个重大项目通过中资公司评审。与中国科技大学联合筹建国家重点实验室。

2.物理学方向：进一步凝练学科发展方向。在核物理方向，启动建设新一代伽马探测阵列，并与澳国立大学达成初步意向，合作进行原子核的磁矩测量。在凝聚态物理方向，继续加强威海市重点实验室的建设工作，以大学共建项目、联合研发项目等方式积极探寻与相关科研院校、高科技企业的合作新模式。

3.实验中心建设取得成效。2019年度实验室建设经费投入240万元，实验中心成立了安全与规范化管理小组，制定、实施了一系列实验室安全保障措施；实验中心购置了实验教学选课系统，用以统计每学期实验室教学情况、实验项目开设情况、任课教师上课学时数和实验人员信息更新等相关数据。

4.科学研究再创佳绩。2019年,共发表第一作者(通讯作者)论文122篇,其中SCI收录86篇。新增立项科研经费4000余万,实到科研经费1500万元;相关课题组参与的国家重大科技基础设施子午工程二期正式开工建设,立项经费1877.99万元;国防科工局新立项经费570万元;新增国家自然科学基金16项(其中天文联合基金重点项目1项),直接经费947万元,立项数在山东大学排名第十;"光度分析软件"项目立项经费259万元;"小光电望远镜研制"项目立项经费300万元;山东省重点研发计划1项,批准经费20万元;山东省自然科学基金3项,批准经费45万元。

史全岐教授课题组空间数据分析研究取得新进展,其研究成果被美国宇航局(NASA)纳入标准数据处理平台;核物理交叉科学研究中心团队首次观测到原子核Pr-142的高自旋态能级结构,对双中子星并合引力波事件的研究成果登上《欧洲物理杂志》A卷的封面。

(二)加快实施人才强校战略,加强优秀人才引育工作

2019年度,引进山东大学齐鲁青年学者1人(郑瑞生);海外引进"山东大学杰出中青年学者(第二层次)"正式入职(刘晶);徐天河教授入选"山东大学杰出中青年学者(第一层次)";招收学科博士后5人。

(三)落实"一体发展""服务山东""文化引领"战略,大力开展科普教育活动

1.基于学校"一体发展"战略,组织了"一校三地""地球一小时"暗夜保护天文科普活动,三地校区共计近千名师生及当地市民参加了此次活动;2019年11月,协助成立了山东大学青岛天文协会;组织了以"探月逐日"系列天文科普活动、"空间天气日""地球一小时"、天文开放日、科普进校园为代表的一大批科普活动,累计受众近2万人。

2."同一片星空,天文百分百"系列天文科普活动,获评山东大学首届"一院一品"校园文化建设重点项目,累计开展各类科普活动200余场,数万人次通过线上、线下的形式参与其中。

3.联合济南校区、威海校区党委共同开展《山大故事——禁地青春》话剧表演活动。

4.学院志愿者全年5次走进中小学校园,共为29个班级1500多名中小学生提供科普志愿服务,并先后15次走进养老院开展志愿服务活动。

(四)继续深化国际合作与交流,践行国际化战略

1.2019年,学院派出2名博士生分别赴英国、美国联合培养;4名本科生赴美国、加拿大和韩国进行短期交流访学;资助4名研究生赴国外参加学术会议或学术交流活动;共有外籍在读博士生3人,其中新招收2人,1人获中国政府奖学金资助。

2.2019年,学院3名教师前往美国佛罗里达国际大学、英国卢瑟福实验室、韩国国立忠北大学进行访学和交流。

3.学院师生共发表国际合作论文近30篇,赴境外参加学术会议和短期交流22人次;史全岐获英国皇家学会"牛顿高级学者"资金资助,与英国著名科学家进行合作、互访。年内来自美国、日本、英国、德国、比利时、澳大利亚和印度等国家的20余名国外学者受邀来院进行访问和合作交流,共面向全院师生召开学术报告8场;举办了"太阳及恒星上的爆发式能量释放过程"国际研讨会,共有来自国内以及比利时、英国、印度、俄罗斯等国家的45位人员参会。

(五)继续深化体制机制改革,完善优势学科发展新模式

山东大学空间科学研究院成立于2008年5月,2013年7月开始实体化运行,成为学校在学科建设、科研组织、人才引育、薪酬与评价等方面进行系列改革的试点单位。研究院与学院“统一筹划,有机结合,相互支撑”,共同实践优势学科发展新模式。

1.完善研究院制度建设。出台或修订《山东大学空间科学研究院自由研究区建设方案》《山东大学空间科学研究院博士后聘用与管理办法(修订)》《山东大学空间科学研究院科普团组建设方案》等文件。

2.成立空间天文物理融合研究中心。为落实学校“一校三地”“学术兴校”“学科交叉融合”“服务国家战略,服务地方经济”等发展战略理念,推动学校攀登团队“太阳爆发及其对行星空间环境的影响”项目的进一步做大做强,特别是为解决攀登团队在人才队伍建设、研究生招生等发展过程中的制约问题,学校于2019年5月16日批准在前沿交叉科学青岛研究院下设空间天文物理融合研究中心。

3.深化“放管服”。2019年3月,正式组建了管理服务团组,旨在建立一支专职、高效的服务队伍,以进一步解放课题组的科研时间,形成人尽其用、物尽其才的良好工作氛围;建立科学研究与行政服务紧密融合的科研创新服务体系。

4.组建研究院科普工作团组。在新时代国家建设空间科技强国战略需求带动下,依托山东大学空间科学研究院现有的科普和科研团队,经研究院教授委员会讨论通过,决定组建山东大学空间科学研究院科普工作团组,自2019年9月1日起正式实施。同时,以威海校区天文协会为依托,协助成立青岛校区天文爱好者协会。

5.设立重大项目办公室。为了更有效地服务国家重大科技基础设施建设专项、国防项目等国家重大任务的组织、申报与过程管理等工作,研究院设立了重大项目办公室,建设相关管理队伍。组织协调研究院管理服务团队成员,担任相应管理服务岗位,摸索完善队伍建设,更好地为重大项目服务。

(夏雪莲)

数学与统计学院

一、党建与思想政治工作

2019 年，学院党委以强化班子领导力、支部组织力、思想影响力为重点，深入贯彻落实党的十九大精神和习近平新时代中国特色社会主义思想，全面提升党建工作质量。

加强顶层设计，顺利完成党委换届选举工作。深入开展“不忘初心，牢记使命”主题教育，并以主题教育为契机，在建立学院管理长效机制、破解学院改革发展难题及解决师生需求方面取得实效。

完善推进“师范行”“先锋行”党员实践平台建设，全面发挥师生党员的先锋引领作用。加强“一支部一品牌”建设，申报党委书记抓基层党建项目 1 项、党支部活动立项 2 项。以新中国成立 70 周年为契机，着力加强师生爱国主义教育，组织观影《我和我的祖国》、“三行情诗”献祖国、多米诺骨牌为祖国庆生、红色故事宣讲大赛等活动，不断提升政治生活吸引力和感染力。2019 年度，发展党员 35 名，吸收入党积极分子 81 名，其中青年教师 1 名，培训入党积极分子 60 名。

贯彻落实意识形态工作责任制要求，强化师德师风建设，通过理论学习、典型示范、宣传引导打牢教职工思想根基。发挥工会组织作用，在学院建立“教工之家”，组织教职工趣味运动会等活动，有效提升学院教职工的凝聚力、向心力，为学院形成积极向上的干事创业氛围打下坚实基础。

二、学科建设与科学研究

加强与山东大学数据科学团队的交流与融合，建立国内领先的数据科学实验室，拥有国际一流实验设备。

2019 年，获批立项国家自然科学基金 6 项，经费资助 246.38 万元；获批山东省自然科学基金 6 项，经费资助 110 万元；参与国家自然科学基金项目 4 项，经费资助 102 万元；获国家重点研发计划项目子课题 1 项，经费资助 343 万元。2019 年，科研经费资助总计 801.38 万元，实际到账经费总计 397.66 万元。2019 年，学院教师发表 SCI 论文 40 篇，SSCI 论文 6 篇，EI 论文 1 篇。其中，SCI 第一作者和通讯作者的论文数 35 篇。

2019 年，学院累计邀请 32 位国内外知名专家、学者给学生作报告并进行学术交流。与山东大学金融研究院共同举办了八校联盟“金融数学与金融工程”研究生暑期学校，并成功举办了“概率、不确定性和量化风险”国际学术会议，图论及其应用研讨会和统计与数据科学及其相关领域青年学术研讨会等学术会议。教师参加国际国内学术会议 35 余人次，其中参加国际学术会议 5 余人次。

三、人才培养工作

健全教学规章制度，强化教学管理，面向校区法学院计算法学实验班开设统计学双学位，积极有效地参与搭建山东大学澳国立联合理学院数学与应用数学专业。

成功组织校区 90 支队伍参加 2019 年全国大学生数学建模竞赛，取得优异成绩，其中全国一等奖 2 项、二等奖 7 项，省级奖 55 项；46 支队伍参加 2019 年美国大学生数学建模竞赛，其中国际一等奖 7 项、二等奖 9 项；成功组织 2019 年山东大学（威海）大学生数学建模竞赛，并组织校区本科生参加了第十一届全国大学生数学竞赛暨第十届山东省大学生数学竞赛。邀请英国社会科学院院士耶胡迪·巴鲁（Yehuda Baruch）等多位国内外知名专家学者为本科生作报告，开拓了本科生的视野。

组织青年教师参加教学工作坊、慕课研修班等活动 19 人次。获评山东大学（威海）教学名师 1 人，山东大学（威海）教学能手 1 人，2019 年度“我最喜爱的老师”1 人；获山东大学青年教师教学比赛一、二、三等奖各 1 人；获优秀教案一等奖 1 人。获批立项校区教改重点项目 1 项、一般项目 8 项，经费总额 22 万元。公共数学课均开设慕课 SPOC，多位教师作为团队成员参加山东大学数学学院国家精品在线课程和一流本科课程的申报。

学院设立数据科学与人工智能实验班，实验班学生取得优异成绩：参加 2019 年清华大学 ICCEM 国际创新比赛，击败其他 34 支由博士生、研究生组成的队伍，勇夺第一名；两支本科生队伍分别获第二届中国数据新闻大赛二、三等奖；4 名本科生的稿件分别被英国皇家统计学会和英国管理学会 2019 年年会录用；实验班学生在国际知名会议上作报告 3 次。3 名本科生共发表英文论文 3 篇，其中 JCR 一区 1 篇、JCR 二区 2 篇。

2019 年，学院共派出学生 86 人赴境外学习，其中在校生 51 人，毕业生读研项目 35 人。

四、师资队伍建设

2019 年，学院考察、引进 4 名博士后，其中 1 名是第一批特别资助类博士后，重点考察 1 名教授，是已通过学校研究员评审的学术骨干。引进山东大学杰出青年和副研究员各 1 名。修订了学院教师职务申报业绩条件和教师岗位申报业绩条件。2019 年晋升教授 1 名，副教授 4 名，9 名教师岗位晋升，1 人出国研修。获评山东大学（威海）优秀教师 1 人，山东大学（威海）先进教育工作者 1 人。

五、学生工作

发挥思想引领作用，举办“励志周末”讲座 8 期；优秀典型表彰、宣讲等报告会 10 余期；开展“学生干部成长营”专题培训 15 期；申报学生党员主题教育实践示范活动 2 项；召开主题团日 60 余次，团支部申报威海校区十佳主题教育立项 3 项；获评省级先进班集体 1 个，校级先进班集体 1 个，优良学风班 1 个。

提升学生综合素质，举办“数学嘉年华”文化活动月、科技学术月，吸引全校 500 余名学生参加；加强学生科研创新能力培养，59 名学生任科研助理，45 支团队申报科研立项，入选山东大学大学生科技创新基金项目 3 项，入选国家大学生创新创业训练计划 3 项，获“互联网＋”大学生创新创业大赛铜奖1项；注重对“双困”学生的帮扶关注，持续推进“积分筑梦”学业帮扶活动；加强毕业生分类指导、精准服务，2019届本科毕业生264人，就业率90.15％，研究生就业率100％。

（刘东霞　王祎璠）

马克思主义学院(威海)

2019年,马克思主义学院(威海)坚持以习近平新时代中国特色社会主义思想为统领,将学校第十四次党代会精神作为破解发展难题的金钥匙,对标《贯彻十九大精神 推进“双一流”建设行动方案(2018～2020年)》,落实《马克思主义学院(威海)发展规划(2018～2025年)》,团结带领全院教职工,凝心聚力,开拓进取,圆满完成了2019年的各项工作。

一、抓好主题教育,以党建促发展

1.加强学习,凝心聚力引领学院发展。学院党委中心组、各党支部及全体教职工认真学习习近平新时代中国特色社会主义思想和党的十九大及十九届二中、三中、四中全会精神及习近平总书记在学校思政课教师座谈会上的讲话精神,充分发挥基层党委在学院发展中的引领和支撑保障作用,团结带领全院教职工,凝心聚力,开拓进取。

2.做好主题教育,强化党委组织力。暑期,学院进行了深入全面整改,班子成员爱党爱国爱校,政治意识、大局意识强。9月17日,召开学院党委换届大会。新一届党委班子成员在“不忘初心,牢记使命”主题教育中,认真学习、查找、检视问题,深入调查,严肃整改。

3.牢牢掌握领导权和主动权,旗帜鲜明讲政治。学院党政负责人均为学院研究生、学校相关部门以及校外党政事业单位讲授党课;管好课堂、教材、讲座论坛、微信等社交媒体,严格执行“一会一报”“一事一报”制度;组织主题党日活动,考察郭永怀、沈秀芹纪念馆,观看主旋律电影《我和我的祖国》等。

4.宣传工作出现新局面。求是网、光明网和山东新闻联播多次报道学院思政课教学改革成果。

二、加大引进培养力度,提高教师队伍质量

1.师生比进一步提高。2019年,新进青年教师3名,专任教师总数达到27人,师生比提高到1∶604;新增教授1人,副教授1人,职称结构有明显改善。

2.研究生导师队伍进一步壮大。新增硕士生导师2名,硕导队伍达到11名;新增博士生导师2名,博士生导师达到4名。

3.教师的教学科研条件明显改善。2019年,新增10余间办公用房,使得教师科研及教研室开展集体备课教研活动更为方便;建立了工会活动室;为老师配备了扩音器、激光笔等教学设备。

三、坚持“以学生为中心”,深化思政课教学改革

1.在教师层面,提高教师的教学培训和集体备课水平,年内共组织教师参加14项有针对性的教学培训,以教研室为单位召开12次集体备课,将集体备课资料从PPT、视频库、案例库发展为专题教学、课程互动体系、课程机考试题库的三个模块相互结合的有机系统。孙阳阳和李谷悦在山东大学青年教师教学比赛中分获一、二等奖。

2.在学生层面,通过强化过程教育提高其获得感。年内共搜集整理1800多份实践报告和刘公岛征文,申请实践教学立项;推动平时成绩做实,部分班级将平时成绩占比由50%提高到60%。

3.以庆祝新中国成立70周年为主题,组织了第九届“唱响主旋律,传扬正能量”歌咏比赛,“第四届中华经典诵读”大赛和“第十届思想政治风采”大赛及微电影大赛,第十一期新生考察刘公岛、接受爱国主义教育活动。其中,《木兰辞》在山东省经典诵读比赛中获得二等奖,《信仰的力量》《我是新闻人》两项作品在全国思政课微电影大赛中获得优秀奖。

四、注重培养过程,全面提高研究生质量

1.加强培养过程,提高培养质量。年内开展了研三毕业论文的预答辩和答辩,举办“厚博经典”读书会5次,前沿论坛10次,对提高学生的学习、研究和写作能力起到显著作用。

2.10名研究生顺利毕业,100%就业。生源质量不断改善,2019级复试线超学校线20分;成功举办第一届研究生夏令营活动,来自全国高校80余人参与,体现了学院研究生教育良好的影响力;2019年,启动与校本部一体的新培养方案。

3.研究生课程建设迈开新步伐。“马克思主义中国化的专题研究”课程获得山东大学立项,并推荐申请山东省研究生教育优质课程建设项目。

五、以学科建设为龙头,推动科研和教研迈上新台阶

1.科研项目与成果有较大收获。共申报各级各类项目46人次,获准立项10项,比上年增加4项。2019年,获批国家思政专项1项,教育部专项1项,山东省社科专项3项,博后项目3项,山东大学青年学术团队1项。年内共发表论文20篇,其中CSSCI来源期刊13篇,比上年增加3篇,并新增1篇权威期刊论文和1篇《光明日报》文章;出版著作1部。

2.年内共举办3场一定规模的学术会议或研讨会。6月,举办“新中国70年马克思主义文化研究”高端论坛;8月,邀请来自北京大学、中国人民大学、南京大学、吉林大学、华东师范大学、兰州大学等六所高校的专家开展学科建设交流;10月,举办“新时代马克思主义理论学科暨高校思政课改革创新”学术研究学术评价交流研讨会。

3.《马克思主义文化研究》集刊平稳推进。刊物论文顺利上知网,刊物影响力进一步提升,转引、转摘率比较可观。

4.举办“厚博论坛”等学术讲座,支持教师外出参加学术会议。年内共举办“厚博论

坛”9 次，邀请专家做学术报告 17 人次。

5. 国际交流与服务社会工作取得一定进展。2019 年，有 2 位教师赴美进行学术访问，1 位教师赴美参加学术会议。与环翠区档案馆签署合作协议，其丰富的红色历史文化资源可资学院教学科研利用。

（王晓宏）

山东大学澳国立联合理学院

山东大学澳国立联合理学院(SDU-ANU JOINT SCIENCE COLLEGE)为不具有法人资格的中外合作办学机构，隶属于山东大学，办学地点设在威海校区。联合理学院的办学双方为山东大学和澳大利亚国立大学，学院教师由中澳双方共同选派。学院本科生总规模为1200人，招生起止年份为2019～2023年(每年1期)。学院下设4个本科专业，数学与应用数学、应用物理学专业每年各招收80人，应用化学、生物科学专业每年各招收70人;截至2019年底，学院共有在校学生291人。

一、党建工作

按照中组部有关文件和学校党委要求，联合理学院的建设坚持党的建设同步谋划、党的组织同步设置、党的工作同步开展。联合理学院设党委书记和党委副书记，党委书记为联合管理委员会的当然成员，落实党组织的决策权和监督权。

联合理学院深入学习贯彻党的十九大精神，并落实到具体实践。积极推进“两学一做”学习教育活动的常态化、制度化，按时召开民主生活会，每月定期开展“三会一课”和主题党日活动。积极开展“不忘初心，牢记使命”主题教育，坚持政治理论学习与学院各项事业发展相结合。主题教育共开展了10次集中学习和研讨活动，6次主题党日，党委书记和支部书记讲党课两人次，主题参观2次，参与主题调研2次，学院党委领导班子查找检视问题34条，列出台账并制定了整改落实方案，把主题教育的成果转化为“双一流”建设的强大动力。

二、联合理学院的申报审批与成立工作

1.联合理学院的申报与审批工作。2017年4月，中外合作双方正式向教育部提交了设立山东大学澳国立联合理学院的申请。2018年5月，根据中组部文件要求和评审专家意见，提交了整改报告及相关材料;8月，教育部组织专家对整改报告进行复审，给予有条件通过。经与澳方积极协调和对相关申报材料的认真整改，教育部于2019年3月复函，批准同意设立联合理学院(教育部许可证编号:MOE37AUA02DNR20191974N)。

2.联合理学院建设方案的制定工作。2019年4月20日，学校组织专家对《山东大学澳国立联合理学院建设方案》进行了论证。5月13日，学校召开第十四届党委常委会第23次会议，原则通过了《建设方案》，并要求积极推动方案的实施。《建设方案》确定了学院办学理念，并制定了总体办学目标。

3.联合理学院的成立工作。2019年5月，山东大学副校长、山东大学(威海)校长刘建亚率团访问澳大利亚国立大学。访问团与该校教务长麦克·卡尔福特(Mike Calford)、分管国际事务副校长简·澳德威尔(Jane O'Dwyer)、理学部部长基兰·柯克

(Kiaran Kirk)以及数学科学研究院、物理与工程研究院、化学研究院、生物研究院、国际部等人员举行了会谈。双方确定了联合理学院四个专业将采取“4+0”和“3+2”培养模式;7 月 30 日,中共山东大学委员会印发《关于成立山东大学澳国立联合理学院的通知》(山大编字〔2019〕13 号),经中共山东大学第十四届委员会第二十三次常务委员会议研究,决定成立山东大学澳国立联合理学院。11 月 30 日,山东大学澳国立联合理学院成立大会在威海校区举行。山东大学校长樊丽明,威海市委副书记、市长张海波,澳大利亚国立大学教务长麦克·卡尔福特等出席大会并致辞;澳大利亚驻华大使馆教育与研究公使衔参赞贺蓉歌女士向联合理学院的成立发来祝贺视频。

三、教育教学工作

1. 制定培养方案。联合理学院聘请专家,制定了先进的培养方案,方案体现了双方专业优势互补和优质教学资源的引进,保证了外方教师的授课比例;设置了相应外语强化课程,加强学生的外语能力培养;考虑了海外必修课程,体现国外校园经历和文化体验。同时,按照培养方式安排了新生第一个学年的教学计划。

2. 加大招生宣传力度。中澳合作双方于 2019 年 6 月,分别在中心校区和威海校区组织开展了学院开放日活动。组织队伍参与招生拓展工作。通过网站、微信平台等新媒体手段,宣传学院办学理念和思路,提高学校声誉和知名度,扩大了中外合作办学的影响,取得了良好的效果。2019 年,招生人数和分数均达到了预期目标。

3. 引进外方课程。澳大利亚国立大学于 2019 年 11 月 20 日至 12 月 6 日,由澳方 11 名教师,以澳国立原版课堂为基础,共建国际化课程。在授课期间,组织 2 次学术讲座,分别由澳大利亚科学院院士格雷厄姆·法夸尔(Graham Farquhar)、澳大利亚国立大学化学研究院院长潘尼·布拉泽斯(Penny Brothers)主讲。

四、学生工作

1. 狠抓思想政治教育,示范引领学生成长。开展新生入党启蒙教育,充分发挥党建对团建的带动作用。以庆祝新中国成立 70 周年为契机,紧紧围绕立德树人的根本任务,切实开展“不忘初心,牢记使命”主题教育活动,开展了 48 次主题团日活动。

2. 协同优势资源,构建立体化育人体系。构建了由学院党委书记、副书记、本科生导师、辅导员、科研班主任、学生组织及学生骨干为主,家庭及社会人士参与的协同育人网络,抓好以专业教学为主的第一课堂、以综合素质拓展为主的第二课堂、以网络思政教育为主的第三课堂,强化学生的专业学习、科技实践、心理健康和综合素质。

3. 精细学生日常管理,构建和谐校园。建立健全学生教育管理制度,加强管理服务工作信息化建设,提升工作实效;举办安全教育专题系列讲座,增强学生的规矩意识和安全意识;开展宿舍专项治理,推动宿舍检查常态化;关注学生心理,促进学生身心健康。

五、校地合作

山东大学澳国立联合理学院立足威海,充分发挥服务威海社会经济发展的功能,为威海市引入世界一流大学,推动威海国际化城市发展,集聚高端外籍专家,引进国外智力资源,开展双边科技合作,助力威海产业创新发展,全面推动威海市与澳大利亚的合作交流,加快威海市国际化战略的实施。2019 年 11 月 30 日举办学院成立大会,签署深化校地合作协议。12 月 24 日召开深化校地合作第一次联席会议,组建项目共建专班,并形成初步工作方案。12 月 26 日召开项目共建专班第一次联合工作会议,完善项目推进实施方案和计划。

(刘田恬)

体育教学部

2019年，体育教学部以习近平新时代中国特色社会主义思想为指导，紧紧围绕"抓党建，促发展"的工作思路，细化工作，全面落实学校党委2019年党建工作要点和校区"双一流"建设行动方案。

一、主题教育促党建，巡察整改见成效

扎实开展主题教育活动，落实党建工作主体责任。认真对照巡察整改方案，落实整改清单，抓好支部班子建设，严格执行落实"三重一大"制度实施办法，重大问题决策广泛征求意见，集体讨论决定。坚持制度建设，形成制度管人管事的机制。不断提高政治站位，重视党员教育和培养。2019年，发展中共预备党员1人，确定入党积极分子2名。坚持把党的政治建设放在首位，促进教学部事业发展。

二、一流建设做标杆，教学科研结硕果

2019年，学院的行政工作紧紧围绕中长期发展规划的工作目标，遵循"一个中心、两条主线、三个支点和四个突破"的发展框架。对标定位，逐步抓好落实。

（一）强化"一个中心"

体育教学部始终以教学为中心，不断完善教学管理制度，强化教学秩序，严抓教学的常规化管理，落实学期初、中、末三大时间节点各项教学的管理与检查。加强课程建设组织管理，积极推进慕课、精品在线课程、翻转课堂的建设。

1. 全力推进课程建设

体育教学部积极组建"大学体育"课程建设研究团队，先后共派出4名教师参加全国及山东省"金课"建设学习。启动"大学生体质健康管理"课程的开课申请和慕课建设，"大学生健康教育与自卫防身"获批校区精品在线课程。

2. 鼓励个人提升

2019年，资助7位教师参加山东省学校体育协会组织的高校体育教师科研能力提升活动，支持3人参加相关专业项目教练员学习培训。"高校体育教学评价模式的优化探析"获得校区教研项目立项。健美操团体操视频获团体操《中国风》编训成果二等奖1项、三等奖2项。

（二）夯实"两条主线"

1. 以提升学生体质健康为主线

成立山东大学（威海）体质健康研究中心，构建体测预约体系，强化体测考场封闭式

管理,严格把控体测工作各个环节,杜绝事故发生;协助并推进学校相关部门对学生体测考试管理条例的修订,为各学院提交了《大学生体质健康报告》。

2.以校内外体育竞赛为主线

群体赛事以运动会为龙头,组织了别开生面的500多人的排球韵律操表演,展示了排球课程在课内外一体化建设方面的丰硕成果。

2019年,威海校区积极组织与开展体育文化节各类比赛共计15项,贯穿全年,平均两周一项赛事。协助工会组织教工群众体育赛事8项;承办山东大学2019年“一校三地”篮球、排球和学生健康活力大赛三项赛事。全校性的群众体育赛事极大地促进了学生课外活动参与的积极性,参与人数达到全校本科生人数的26.7%以上。体育赛事的组织与管理也充分展示了体育部教职员工出色的专业技术水平与管理服务能力。

为促进山东大学群众体育“三三六”模式全覆盖,体育教学部从团委接收了18个学生体育社团,并指导各社团组织和开展了换届、纳新以及监督其开展各项活动。“‘三位一体’校园铁人三项文化建设实践”获山东大学“一院一品”培育项目。

(三)突破科研瓶颈

教师发表CSSCI收录论文1篇,“区域体育产业转型升级的主体行为与业态更新研究”获得国家社科立项,“山东省体育小镇服务品牌塑造研究”获得山东省社科立项,专著《我国体育用品品牌竞争力研究》获山东省第三十三届社会科学优秀成果三等奖,《国际体育组织善治改革问题研究》获威海市第二十二次社会科学优秀成果三等奖。

(四)积极服务地方

在学校扎根齐鲁,服务山东的大背景下,战文腾副教授作为环翠区博士“智囊团”成员,挂职温泉镇副镇长已满一年;《打造体育赛事品牌,推动我市体育产业快速发展》提案入选威海市政协第十三届四次会议大会发言。

(五)完善制度建设

建立健全体育教学部的各项管理规章制度,对教学、科研与竞赛的规定反复征求老师的意见,不断修订,逐步完善。

坚持部务会制度,对体育教学部的各项事务做好沟通交流,凡事公开透明。党政联席会对体育教学部的“三重一大”严格把关,用制度管人、管事、管物。

(六)推进人才工作

引进游泳一级运动员、硕士学位青年教师1人,弥补了游泳教师缺员问题,实现人才队伍稳步壮大。

1人获2019年“山东大学(威海)优秀教师”称号,1人获2019年“我最喜爱的老师”称号。

(七)注重场馆管理

体育中心的管理与服务工作是学校体育工作的重要支撑,与相关部门积极探索与调研游泳馆的运营和管理模式,引入社会力量加强健身馆的日常管理,并为学校体育场馆购买公共责任险,增强了抵御安全风险的能力。

(八)狠抓整改落实

行政工作紧紧围绕巡查整改中存在的问题,积极听取老师的意见和建议,遵守从群众中来到群众中去的原则,对事关老师个人利益的规章制度多加论证,从实践工作中不断吸取经验和教训,争取达成共识。

(沈胜领)

继续教育学院

一、理论学习常态化，树牢“四个意识”

按照“两学一做”学习教育制度化、常态化要求，根据校区党工委的统一部署，学院党支部制定2019年度党建工作计划表，并严格执行。通过集中学习和自学的方式，认真学习中共中央关于加强党的政治建设的意见，围绕新中国成立70周年庆祝活动学习了习近平总书记的系列讲话，重点组织学习十九届四中全会精神和关于坚决做到“两个维护”和加强党的政治建设重要性的相关学习资料，系统学习习近平总书记重要讲话精神，尤其是关于教育的重要论述。学习中共山东大学委员会2019年党建工作要点。

在暑期专项整改中，加强党员干部和职工的政治意识和政治站位，制定详细的学习计划，专门学习《中国共产党党员教育管理工作条例》，并于每周四下午专题学习习近平新时代中国特色社会主义思想学习纲要。

在“不忘初心，牢记使命”主题教育中，学院党支部按照党中央和学校党委的要求，在学习教育、调查研究、检视问题和整改落实等各个环节上，严密组织，做到学习教育有成效、调查研究有成果、检视问题有发现、整改落实见初效。组织开展4次主题党日活动，缅怀先烈，不忘初心。

二、加强廉政建设，坚持院务公开

不断强化党风廉政学习教育，切实提高领导干部廉洁自律意识，切实履行“一岗双责”，在党员会议和学院工作会议上，经常进行廉政教育，要求党员在日常工作中自觉发挥先锋模范作用，做团结的模范、努力工作的模范，带动学院工作的进步。

学院自觉遵守“三重一大”制度，重视思想交流与沟通，坚持重大事项集体决策，在学院及时公开。所有的办学协议全部由学院办公会议通过，所有的重大支出全部由学院办公会议决定，学院重大办学设备采购和较大维修项目全部按照校区有关规定执行。

三、规范管理流程，提升服务质量

学院制定并严格执行印章管理规定、信息报送规定、公文管理规定、合同管理规定、学生管理办法等一系列工作管理制度，工作开展趋于制度化、规范化、程序化，各项工作更加高效、有序。

加强资产管理，成立资产管理小组，增设兼职资产管理员，技术人员专门负责资产设备的维护、维修，制定资产管理员工作职责和资产设备的维护、维修管理规定，充分发挥资产服务教学工作的职能，保证资产安全。

四、努力改善条件，保障教学需求

为优化教学环境，保障学生人身安全，重新粉刷教室、走廊、楼梯的墙面，更换走廊吊顶，在走廊、教室安装监控，增装小会议室、培训部办公室空调，更换部分办公室、教室、会议室的窗帘。

为了保障托福（TOEFL）、GRE 考试的顺利进行，符合考试要求，优化考试环境，全面更换考场网线，调整考场和保密室的监控，更换工作台和工作区电脑以及签到处的大门。

五、稳步发展学历教育，强化教学过程管理

在网络教育招生专业逐步减少，专科专业仅有 4 个的背景下，学院进一步拓展招生渠道，多次到文登、荣成、乳山等地方进行招生拓展，使得学历教育招生规模相对稳定，没有出现明显下滑。2019 年度，网络教育招生人数为 648 人，函授教育报名人数 245 人。

及时发布教学通知，做好日常督学促学工作，严肃考风考纪，有针对性地开展相关教学和服务工作。认真做好学籍管理工作，确保准确无误。全年共为 1019 名学生进行了学籍注册，为 693 人办理了毕业手续，为 34 人进行了学位审核申报工作。

积极组织参与山东大学继续教育学院举办的学业顾问上岗资格培训，进一步了解政策、熟练业务，为实施规范严谨地教学管理提供进一步保障。

六、扎实开展短期培训，落实服务山东战略

积极促成《山东大学（威海）关于进一步规范和促进非学历继续教育工作的意见》的颁布试行，开展对校区非学历培训工作的监管及服务工作。积极整合校内外优秀资源，帮助各教学院部发挥各自优势，有效开展短期培训。

2019 年度，学院共举办 71 期培训工作，累计收入 1035 万元，培训人数 6504 人。法学院举办 21 期，收入 269.7 万元，培训人数 976 人；翻译学院举办 2 期，收入 8.48 万元，培训人数 16 人；商学院 25 期培训，收入 401 万元，培训人数 1680 人；艺术学院举办 11 期，收入 49.7 万元，培训人数 1105 人。

七、积极开拓涉外培训，提升教学服务质量

明确项目分工，提供配套的教学辅助，严格做好教学过程管理。为进一步拓展韩国留学市场，开展多元化的合作，借助社会机构的办学和招生能力，不断扩大韩国留学办学规模，与韩国的大学签订协议，保障学生在韩国留学期间的各项权益。

2019 年，德国硕士留学招生 40 人，韩国留学语言培训班招生 18 人，特许公认会计师公会（The Association of Certified Accountants，ACCA）培训项目招生 51 人。

2018 级韩国留学语言培训班有 16 名学生自主择校，于 8 月底顺利派出韩国留学。

八、海外考试流程规范，考务工作井然有序

承担 TOEFL、GRE、韩国语、日本语四个海外考试项目，除根据教育部考试中心的要求优化硬件设施外，学院重新制定严格的监考人员守则，形成规程，实行规范化运作，保

障考试的顺利进行。

2019年度,学院共承担TOEFL、GRE考试86场,2900余人次参加考试。其中,韩国语能力等级考试2场,共计1690人次;日本语能力测试2场,共计2317人次。

(缪莎莎)

2019 届毕业生名单

本科毕业生名单

东北亚学院

朝鲜语

包宇翔	蔡安绮	蔡春钱	曹一凡	曾艳琳	曾艺菲	陈　默
陈翘楚	程东梅	存　真	董超越	董晓慧	段丽君	段熙晨
樊　慧	房　煜	冯亚松	高春怡	高梦珏	高　爽	高月仙
公恺薪	顾冰清	郭　帅	韩　璐	韩　璐	韩　姗	郝武杰
洪舒怡	胡雯腾	霍庆才	贾文瑞	蒋　熙	靳　鑫	景　妍
兰　宁	李成玉	李　榕	李文韬	李玉洁	林洁雨	刘宝琛
刘博宇	刘策策	刘　帆	刘飞燕	刘梦晨	刘　荣	刘鑫淼
刘亚辛	刘雁羽	麦　璇	孟　茜	潘倩玉	秦嘉妮	瞿　瑞
邵　丹	盛聪聪	石　康	时闫妍	史嘉威	帅　馨	孙丰琦
孙思琦	孙文静	孙晓宇	孙亚津	孙　岩	唐思妙	田静怡
王　犇	王翠颖	王方夏	王姝璇	王星雯	吴　昊	吴依萍
肖海艳	肖　怀	熊攀宇	许佳玉	颜雨奇	杨　硕	姚博翔
姚寰宇	姚怡颖	尹紫添	于晓涵	翟云晓	战　晨	张爱萍
张碧容	张梦杰	张秋梦	张胜男	张　恬	张羡一	张晓冉
张谢华	张馨予	赵　洺	赵秦雯	赵诗文	周　洁	周雨辰
邹高峰						

日　语

包　宇	陈　鹏	陈　茜	陈昕雨	郭　壮	侯雅容	李采文
林文君	刘朋君	刘雪苗	马楠芳	逄　鑫	孙　赫	孙一鸣
王顺鑫	王紫薇	翁雪琪	薛晓蒙	杨恒瑜	杨晴宇	杨余斌
姚思帆	尤诗颖	于小高	张白铃	张柔怿	张雪婷	朱勇豪

商学院

保险学

曹　嘉　车润霖　陈登超　陈铭珂　陈垠宇　陈蕴杰　崔程欣
崔志宇　邓子天　樊祎航　冯一凡　郭思梦　郭　雯　何　庆
黄思瑶　黄章锐　黄章玉　江志松　金海京　靳梦琳　兰家亮
李艾潞　李冠亚　李建宁　刘　群　刘小荷　马成娜　孟心怡
苗　欢　孙淑娴　王琳凯　王倩倩　王　茹　王　瑞　王　席
王新涛　王雨萱　温俊铿　吴　潇　夏静怡　徐俪宁　徐　杨
许　锐　闫晓菁　严　欢　杨子懿　叶雪松　叶彦均　于丽媛
于名豪　于　晴　展宝艺　张明慧　张孜卓　赵昭月　郑娇阳
钟志全　周骥存　周志谦　朱九香　朱小娜　朱友涵

电子商务

白　璐　陈　忱　陈　静　陈凌云　丁家伟　范凤敏　范　琦
高凌云　何叶田　洪　扬　李　丹　李恒君　李　蕊　李淑清
李文勇　李旭光　刘牧璇　刘雨华　罗　青　吕晓博　牛瑞阳
宋大明　宋　凯　孙善美　孙晓丽　孙玉娟　陶　欢　田　妍
王　简　王建娜　王　钰　席时祺　谢　宏　谢盛杰　许艺涵
薛　韬　颜　雪　杨冰玉　杨翰文　张洪志　张　伟　张　瑜
张宇婷　赵名远　赵天天　甄思诚　周　鲁　周悦悦　庄楚玥

工商管理

蔡宇杰　代秉宸　戴安琪　冯天雨　傅若萱　宫劭晴　何智智
胡怀芝　黄华桐　黄倩萍　黄伟婷　李丛璇　李慧敏　李　政
梁嘉靖　刘小源　刘玉西　倪亚婷　申佳钰　沈钰洁　孙　静
孙　丽　孙书艺　王　彬　王佳雯　王世贤　王文强　王一舒
魏雪桦　杨秋月　杨昕月　杨玉欣　张光敏　张婧仪　张　琪
张　怡　赵梦凯　郑可欣

国际经济与贸易

曾佳妮　曾夕芮　陈丽萍　陈前海　陈　思　陈　煜　褚海龙
邓　爽　傅梦桐　龚小倩　郭婧怡　郭力菁　侯彦颖　扈天韵
黄　昕　黄宇宸　姜丰硕　蒋彦青　李蒙晰　李苇茜　李翔宇
李雪菲　李亚杰　李永双　梁泽宇　林依倩　刘艾迪　刘　珂
刘　韬　刘彤洲　刘永昊　鲁鉴毅　吕　博　律文秀　马菲繁

马梦蝶	马倩云	马士龙	梅诗怡	孟安宁	孟琪	孟宇斌
苗若南	母昌迪	牛思伟	欧悦琪	璩梦瑶	沙永亮	苏小萱
孙畅	孙丽慧	孙秋悦	王晨昊	王晋	王苹	王容
王若萱	王珊	王晓红	王叙	王禹嘉	王正娟	邬明莲
吴冰莹	吴静宜	夏冰莹	羡佳晴	项泽兵	谢怡琳	邢欣蕊
徐冬玲	徐昊洋	徐陶佳	徐智妍	杨玲	杨若瑛	杨源勇
尹茂慧	张帆	张静	张炜堙	张文宇	张晓芳	张卓
郑红兰	钟芳	周旭	朱焕瑜	邹瑜琳		

会计学

曹瑞琦	曹玉玉	曾艳	陈冲	陈嘉祺	陈嘉欣	陈晓燕
陈旭	迟蕾	褚彦含	崔琳琳	崔玉洁	代倩倩	单雨晴
邓思阳	董丹丹	董静	董世怡	段苏宸	樊佳易	方梦菡
付经杨	高江天	高杨	公彬彬	宫珂	管耀华	郭潇涵
韩晶	韩明阳	郝新亚	何秀媛	和晓彤	侯志杰	胡博琳
胡超仪	胡深	胡晓琰	黄浩洋	黄丽珠	黄心楷	黄玉婷
惠凯一	贾慧瑶	姜润东	姜璎展	蒋锐	蒋滢	李飞逸
李凤姬	李杲航	李惠琪	李静燃	李凯浓	李柯漫	李斓昕
李林鹏	李梦溪	李明美	李仁杰	李睿	李盛君	李树欣
李爽	李桐宇	李响	李晓磊	李雪妍	李彦昭	李元帅
李臻禹	李振宇	栗梦溪	廖明丽	林丛青	林瑶	林子豪
刘恩泽	刘佳宁	刘佳琪	刘婧屿	刘丽萍	刘双宁	刘锶韵
刘婉青	刘伟康	刘妍汝	刘英豪	刘英金	刘禹轩	刘兆祯
刘智清	卢曼婷	卢思齐	吕雪佳	马菁媛	马俊杰	马康宁
马思迪	马筱涵	缪逸之	倪雪霏	宁婧琦	宁晓艺	潘昀暄
齐瑞	齐媛	乔慧颖	邱奕柔	曲词	任佩仪	沙玉娜
尚丹	尚妍	申诗迪	申与馨	石又元	石跃萌	舒畅
宋文雪	宋真一	苏纯	粟永红	孙瑞聪	孙欣然	孙毓优
孙悦	覃美学	谭军哨	谭利娟	涂昊祺	万苏月	王超然
王丹阳	王单	王金凤	王晶晶	王君翰	王丽	王丽颖
王萌	王明谦	王宁	王心悦	王辛羽	王欣宇	王雪
王一凡	王一诺	王怡君	王艺润	王玉晓	王悦凯	王志杰
魏婧	闻博雅	吴梦雪	武珊珊	邢晓倩	邢宗沅	熊帆
熊建	徐北晨	徐杰	徐明丽	徐斯佳	徐松林	徐志成
徐子昆	许明昕	许鑫杨	闫琛琛	闫寒	阳婷	杨晨
杨晓枫	杨馨晨	杨雪纯	杨轶楠	杨云飞	叶兆青	殷润
于童童	臧梓灼	张蓓	张凤虎	张晗	张君涵	张琳
张霖津	张铃	张美薇	张梦圆	张洺嘉	张群	张儒雁

张瑞萱	张　睿	张思宁	张斯靓	张天泉	张晓雯	张晏伟
张宇阳	张雨婷	张欲晓	赵启鑫	赵倩倩	赵沁云	赵师锋
赵钰葶	郑敏慧	郑天歌	郑文竹	钟　琳	周慈航	周润青
周　涛	周婷枫	周维佳	朱东阳	祝明洲		

金融学

包维琪	毕筱璟	卜梦菲	蔡子健	曹迪雅	陈海燕	陈华登
陈嘉昕	陈仁一	陈嫣然	陈燕燕	陈一鸣	陈彧清	程泓维
程慧婕	程庆燕	崔黎明	单瑞琪	窦焓月	杜　鹏	杜雨昕
杜兆聪	段兴杰	樊嘉敏	范文来	方　坤	冯　杰	付骁冲
傅宇歆	高　霖	高　姝	高雅心	高　月	谷祖鑫	郭安琪
郭　飞	郭　婷	郭学亮	韩嘉琦	韩　笑	韩　雪	韩彦覃
韩雨良	韩中锐	郝　玥	郝臻臻	何欣蔚	贺　暄	贺子璇
侯晓壮	胡晓玥	胡子璇	黄　浩	黄健雅	黄泽睿	黄正韬
吉尼斯	纪东方	贾金锦	贾开元	贾石垚	贾世雄	贾艳云
姜　凯	姜秋池	姜雨飞	姜玉林	蒋逸豪	阚　旋	黎宏杰
李春霖	李东锦	李家政	李建丽	李　剑	李金羽	李婧婧
李君瑶	李可起	李莅蓓	李林蔓	李　盼	李　硕	李天然
李万豪	李翔宇	李心慧	李心怡	李鑫阳	李雅倩	李玉斌
李中港	李子琦	林诗怡	林姚先	凌嘉馨	刘春龙	刘　迪
刘　和	刘杰妮	刘楷雯	刘坤宇	刘玲君	刘淼淼	刘柠肖
刘　倩	刘诗语	刘舒文	刘　洋	刘　洋	柳林秀	卢　懿
罗惠萱	骆家妮	吕钰成	吕泽田	马皓奇	马金涵	毛若楠
孟雅蓉	米芷萱	倪　浩	倪学媛	潘丹莹	潘锦枫	潘　潞
潘　锐	乔春雨	乔行天	丘桂娴	邵珂馨	沈玉琼	沈蕴珊
史冰倩	史静瑶	宋怡鑫	宋雨倩	苏亦慨	隋　雪	孙伯达
孙逢泉	孙敏敏	孙榕蔓	孙雯琪	孙晓晨	孙晓宇	孙　炎
覃雨书	陶　淦	陶思成	万欣怡	王安东	王冰洁	王朝阳
王春阳	王大余	王殿科	王桂樊	王鸿飞	王　婧	王铃灵
王　璐	王启明	王绮雯	王清典	王清源	王庆伟	王圣煜
王士凯	王童彤	王文栋	王晓涵	王一帆	王圆融	王紫菁
魏家宁	魏书琪	文　静	吴恩迪	吴昊豫	吴梦涵	吴思憬
吴　叶	吴祎凡	吴云婷	伍钰萍	夏彬琛	夏凡珺	肖林杰
谢朋真	谢子璇	辛丽华	熊睿健	徐楚楠	徐　甜	徐文巧
许　珂	玄晋榕	闫俊青	颜玉晗	杨谨睿	杨润萌	杨思梦
杨统云	杨亚宁	叶　昌	叶骏键	叶　祺	叶心怡	叶莹钰
应才欢	于朋玉	余杰儒	余　静	虞舒豪	袁玉晗	张达双
张浩哲	张鹤扬	张佳璇	张嘉文	张　森	张思雨	张天乐

张晓琦	张心仪	张秀哲	张雪莹	张亚男	张怡悦	张宇宽
张雨禾	张禹勋	张　悦	张　哲	赵　春	赵欣月	赵雪琪
赵宇飞	钟若昀	周　超	周嘉凯	周立铭	周　琪	周晓宁
周子凯	朱芳杰	朱　叶	邹小萌	祖圣腾		

旅游管理

陈荣雨	陈瑜洁	程虹瑾	杜云鹤	樊书艺	韩田雨	黄玮婷
黄禹铭	贾薪竹	金　玲	孔德华	雷　烨	李　斌	李子彤
刘　涵	刘映雪	卢再巧	孟　娟	邱琳麟	孙　梅	孙韶嵘
唐　璐	唐泽谦	田　原	汪锦森	王　垒	王馨仪	王梓叶
魏兰真云	徐志成	许　多	颜子雯	张超伦	张海燕	张晶晶
张诗琦						

人力资源管理

安艺琳	卜佐卿	陈　锐	陈文秋	陈　姚	崔义杰	丁美娴
段智栋	傅士财	高亚平	郭世阳	郭燕梅	韩宇航	何　昊
贺慧圆	胡丁予	黄瑾晗	黄美然	惠俊通	姜冠楠	姜昕君
赖陈玉	兰伶钰	乐　露	李楚凡	李　洋	李钊翀	李　震
梁　铭	蔺彩红	刘　宝	刘富强	刘丽君	刘　璐	刘　奇
刘　莹	刘　媛	刘　玥	卢文华	马明丽	马欣桐	毛大丽
欧阳湘琦	庞永婷	邱如滨	任琳琳	宋思宇	孙丹丹	王呈仁
王栋民	王课彧	王　露	王耀君	王　越	韦岚方	魏艳秋
谢佳宁	谢李阳	辛丽珺	徐慧涛	徐潇潇	徐雁南	徐　烨
徐玉琢	薛笑天	严　雯	杨丰玮	杨　杰	杨林惠	阴旭莉
禹业燕	张海源	张　浩	张佳慧	张楷锐	张明宇	张　埼
张雪茵	赵　亮	赵　曼	郑福桦	郑凯琳	周子琪	朱梦莹
朱至柔						

市场营销

白　帆	曾海涛	陈　婧	陈瑞旭	陈舒婷	陈　曦	陈妍依林
丛　珊	戴佳佳	邓　芳	丁传磊	丁　冉	杜晓雯	段文晓
樊国珍	冯红杏	耿　敏	耿　洋	郭祖钰	郝梦佳	何秀萍
侯叶丹	胡培钰	胡宗统	黄　搏	黄　凡	黄　洁	黄　胤
惠蓓琪	季树康	贾　楠	姜　媛	李德鑫	李红英	李诗岑
李　腾	李誉婷	梁　霄	林子尧	刘怡麒	刘玉龙	刘　悦
刘长斐	柳旭华	罗　红	梅　畅	潘　越	庞功军	秦凤霞
任娜娜	任雅潞	尚明顺	宋含笑	隋　瑜	孙迪秋	唐婧洋
田敏嫦	王程成	王　晴	王文响	王晓涵	王晓雪	王艺昂

吴端阳	吴宏康	吴劲蕾	吴茵	夏雪	徐伟	徐镇涛
薛慧婷	杨晓玉	俞孝先	袁琰	翟敏	詹梓妤	张晨
张炬辉	张婉婷	张喜洁	张晓婉	张雪剑	张迎新	章玲
赵欢	郑舒文	周天宇	周志威			

物流管理

毕思华	曹益纶	曾烁涵	范雯珺	冯国珍	郭睿	郝晓丹
贾海娇	姜意宜	李城名	李德笑	李书凡	李晓睿	李欣宜
刘畅	刘锋	刘文姣	刘颖	刘语瑶	刘展	欧阳奕晖
冉黎伊	饶倩玉	任楷雯	任伟萌	舒玮	宋鹏信	陶瑞
万梓豪	王娅敏	王影	吴琴	谢佳君	薛敏	闫磊
杨菲菲	杨萧琴	张楚	张涵	张萌	张萌	张仁藉
张炜	张旭辉	张彦沛	郑颖	钟汉坤	周林炳	

法学院

法学

安梦杰	毕宜婷	蔡菲菲	曾坤	曾艳	陈临风	陈琳
陈锡旺	陈晓杰	陈艳菁	程安娜	程鼎青	崔岚	崔明鑫
单渊	丁译婷	杜柯瑾	杜照康	樊超	方颖	凤云鹤
付荷爽	高烎寅	弓添龙	郭玲	韩欣妍	韩雨宁	郝佳
胡宝丹	胡慧	姜昊林	蒋宸宇	鞠佳晖	李厚含	李金泽
李凯倩	李萌	李蒙爰	李梦琦	李庆	李彤彤	李午平
李新宇	李银丽	李云龙	梁晓彤	梁艳君	林娜	刘骏廷
刘铠溪	刘杉杉	刘雨安	隆依倪	吕建群	吕明芳	马凯旋
毛思羽	梅嘉欣	孟士博	孟文昊	欧阳紫荆	潘紫菁	彭忠伟
齐丰达	齐笑	曲伟良	邵伯峰	宋晓晨	宋一凡	宋镇宇
孙静雯	孙娟	孙心怡	覃恺逸	陶维	田梦莎	仝越
王涵之	王建清	王靖雯	王珏	王珺	王芊冉	王淑明
王晓辉	王筱宁	王昕宇	王欣玉	王亚丰	王怡	王义凤
王莹	王宇莎	王玉立	王玉婷	王蕴知	王占鳌	吴锦璐
吴兴威	吴贻锦	武怡然	辛越阳	徐凡荃	徐琳	徐正玥
许亚轩	阎一宁	杨德巧	杨小娜	杨媛	叶怡麟	殷思远
银莹	袁明阳	翟羽佳	张家琪	张靖源	张林子妍	张令圻
张莫晗	张瑞林	张润慧	张晞萌	张雪	张银	张俞彤
张跃	张宗佳	赵久昌	赵俊玉	赵璐	赵小宇	赵杨赟婕
赵岳	郑笑赢	郑昭辰	仲一	周芳园	周家骥	周璐
周晓	周晓萌	左航				

行政管理

曾丽媛　崔向洁　邓路祯　段佳乐　苟卫军　顾　香　金　兰
康　丽　寇鸿基　李朝晖　李东辉　李金慧子　李梦瑶　李明欣
李蓉蓉　李小难　李新亭　李旭慧　李云云　李　卓　梁　微
林靖凯　刘丽昕　刘旭东　刘怡君　马俊飞　冉　芊　冉雪园
任姝媛　尚宇婷　苏丽婷　孙　凤　孙晓莹　仝媛元　王　睿
王士雯　王雯妍　王迎香　吴京蓉　吴鹏展　吴筱彤　吴玉叶
武超龙　徐滔利　杨柯林　杨有仓　张嘉炜　张梦丽　张　彤
张文娟　张　卓　郑炜斌　周冰彦　周鹏程　周思杨　周　昕
朱连芳　朱雯君

社会工作

曹玉莹　戴　玮　韩鹏格　侯　琦　胡　影　焦　云　金纯娴
李　红　李惠芝　李淑琪　李甜甜　李　伟　李晓楠　李欣柯
李　雪　李迎晓　李昱娇　刘　畅　龙　真　孟小烟　齐淑婷
田欣宇　王丽萍　王菱野　王兴群　魏舒秋　温宛莹　吴雨雕
肖生华　谢佳颐　许天斌　杨明明　杨　阳　杨　媛　杨振棣
尤文龙　张　琦　赵光霞

文化传播学院

汉语国际教育

曹纯辉　陈思皓　陈晓雨　范雅婕　房萌萌　郭佳丽　郭　蒨
郭　颖　荆延明　兰文龙　李好旻　李美仪　李　婷　李周洋
梁馨予　廖义媛　刘牧蓉　刘心宇　刘亚诺　吕庄直　么　美
梅奥琪　慕冬平　慕文敏　石　越　孙栗昕明　王泊涵　王佳贺
王丽臻　王美霞　王思宝　徐海涛　徐小茜　许冰清　余丽娜
张皓程　张楠奕　张翔凤　张一凡　赵　涵　郑佳倩　仲振华
周　芳

汉语言文学

班冰洋　曹　姗　曹　月　曾雨萱　陈维轶　陈文杰　陈文静
陈怡雯　陈玥如　程昊天　程丽媛　崔凤敏　崔靖晗　邓佳欣
杜银莲　段伊雪　樊梦泽　冯　迪　冯国藩　冯鹤来　冯凯歌
冯晓佳　付　昊　高玉婷　耿雅兰　龚佳栋　郭秋实　韩延景
何得云　何　婧　何彦君　贺成翠　胡丽娟　黄婷婷　荆文萱

柯晨雨	孔泠子	雷 萌	李 晨	李承学	李春喜	李古月
李佳雯	李 娜	李润叶	李守信	李 威	李 伟	李晓彩
刘 璇	刘一璠	刘 音	刘 玉	孟凡秀	苗青青	牟国政
秦晓娟	邱晓楠	申梓轩	宋雅洁	汤胜男	唐 菡	唐 洁
涂巧为	王博巍	王琛懿	王楚祺	王楚翘	王冠杰	王 珲
王积陵叡	王佳芬	王居衡	王庆玉	王伟奇	王晓芮	王樱蓉
王 悦	王宗伯	魏鸣泽	魏荣臻	文怡亭	吴 琳	吴心洁
吴心同	吴 璇	吴泽金	杨 静	杨 康	姚陈怡	于 畅
于静雯	袁义国	岳淑燕	岳 桐	张沛晨	张 蕊	张 雪
赵 玲	赵亚伸	郑筱雅	周琳玥	周 颖	朱任一	朱晓娟
宗芙蓉	邹旭竹					

新闻学

曹雅娣	曹怡雯	曾周弄月	陈军潼	陈力双	陈鎏丹	陈晓宁
成 思	楚欣欣	崔晓雪	崔艺冉	范艺馨	付骄阳	甘文文
葛安娜	巩 姗	韩心哲	韩怡沫	胡 旦	胡子傲	纪文静
贾 杭	贾万里	姜 涵	金威辰	雷海生	李怀远	李欢欢
李 康	李 倩	李素云	李伟欣	李心雪	李 欣	李 莹
李泳志	廖文曦	龙星辰	陆若鸿	路芳洲	吕国宁	吕凯源
马进忠	孟 霞	宁 珊	蒲梦娜	钱佳音	饶 鑫	任 珂
邵汉星	施立昶	宋维雅	孙铭婧	孙闻殊	孙雨桐	汤睿沄
唐维韬	田 力	田龙珠	汪 舳	王 健	王羡茹	王心然
王欣雅	王馨阳	王燕婷	王艺霏	王 颖	王 真	魏安琪
魏芳雨	吴汉阳	吴梦璇	肖 越	徐岸峰	徐佳乐	徐 瑾
徐 倩	闫闰阁	杨德智	杨文倩	杨 轩	杨宇星	易英子
于 璐	于子淇	张 迪	张静雯	张 妮	张 琼	张圆圆
张 悦	赵 康	赵 玲	赵文君	赵 缘	钟 铭	周梦真
朱舒滢	朱新秀	资韦菲				

翻译学院

翻 译

车晓辉	陈玲玲	丁 晖	窦佳伟	杜淑佳	丰月月	郭柔杉
韩 煦	侯春娜	季利红	李德昭	李 和	李慧颖	李 洁
李永泽	李 玥	李芸倩	刘朝霞	刘佳傲	刘杰扬	刘玥希
吕春辉	吕 洁	孟博雅	彭宇姝	彭 月	齐芷玥	任雅清
邵珠航	沈弘明	史淞霖	孙少玮	孙懿欣	孙钰琪	唐 坤

唐　磊　陶文婷　田钰涵　王芳菲　王　浩　王竣饶　王　萍
王艺熹　王月晴　夏大钧　冼珊羽　肖萌萌　徐康琪　徐旭文
杨钰林　叶子楠　殷　子　于佳鑫　于　露　余晓旭　詹雨霏
张凤莲　张　瑞　张　爽　张秀芳　赵惠群　赵　苑　郑卓娉

英　语

钞　璐　陈光超　淳于莎莎　崔钰如　单新媛　方萌迪　冯小柔
付雨楠　高静颖　关惠誉　侯召香　胡佳毓　贾雨萱　寇桂蓉
李徜徉　李　航　李　萌　李　姗　李　昕　刘　珊　刘天欣
刘天佑　刘　欣　刘一丹　龙晗蔚　鲁　甜　陆明婧　逯小雨
罗　清　马晨晓　孟　倓　牟喜旺　潘　翎　史佳豪　史　蒙
唐晶玥　唐　雯　田丰源　田　耕　王　敖　王冬冬　王风生
王　微　王文迪　王晓萌　王雪君　吴嘉祺　徐晨晨　杨璐名
姚广源　易秋红　于文佳　袁　雨　张小笛　张亚利　张　妍
张　燚　张振宇　赵　韩　周春蕾　周廷郁　周绪恩

英　语（英德双语）

阿拉腾巴根　安洋洋　蔡月朦　陈嘉琪　程璟斐　程晓梅
刁桂月　丁子珊　冯晨琳　凤　婷　高佳辰　郭　艳　郝俊逸
何雨欣　胡珂伦　贾静怡　贾亦忱　蒋谭胤　解小仪　孔　敏
李常玉　李　晨　李可欣　李依洁　李　颖　李雨纯　林冬泉
刘家辉　刘一楠　潘春秀　潘一景　潘　颖　秦润雨　盛芸羽
石蕴雯　苏婧钰　王丰楷　王瑞宇　王晓菲　王媛婷　魏欣然
吴俊仪　夏晓雪　肖懿桐　徐韵捷　闫宏润　羊宇睿　岳　鑫
张　刷　张　雨　钟永佳　周　敏　庄小华

英　语（英俄双语）

蔡凤非　戴冰瑞　葛甜伟　胡宗慧　纪泉业　李安琪　李昊天
李伟民　李怡童　廖春梅　刘秋实　伦雪婷　司　法　孙世超
孙晓琳　王明媚　王天乐　王雪莹　王艳妮　王艺涵　卫晓岚
徐凯馨　杨纪娇　杨　琳　杨　荣　张会敏　张杰仪　张晓倩

英　语（英法双语）

陈姚雨　崔彩芳　董晔琳　冯国君　郭梦婷　黄　玫　江　楠
蒋贤成　李听雨　李昕雨　李娅朴　李勇双　李　越　刘文斌
卢昱沁　陆昊霖　栾潇容　孟鑫阳　苗金洺　沈　周　王　佳
王金梦　王　冉　王雅文　吴米舒　杨馨怡　张　聪　钟　妮
朱冰莹

英　语(英西双语)

柏婉馨	曹健宁	曹睿希	曾若藩	常艺平	陈　莉	柯雲耀
李　好	林少和	卢宇航	陆佳裕	秦娅丽	邵春皓	孙方圆
孙亚卿	王丹璐	王　日	王晓婷	肖茗方	熊　沁	熊少杰
徐昊南	徐玥涵	许潇予	尹江池	张　鑫	张　越	赵浩谷

艺术学院

环境设计

蔡倩倩	曹　威	曾雅倩	陈文凯	陈雅南	丁　瑶	范美萌
范雅琴	方　昆	富　豪	顾汭诚	郭寒寒	郭玉琨	何鹏腾
贾秋平	姜延顺	李金江	李梦菲	李　婷	李岳珊	梁程辉
林怡雯	刘露露	刘　敏	刘　雨	吕　萌	吕昱燕	明　欣
彭　映	邱元春	屈　艺	容归华	沈慧玲	沈　稳	史兴凯
汤贝贝	王婧瑶	王莲莲	王文星	王　祥	王玉珍	王　越
吴　昊	向青霞	鄢　峰	杨　爽	杨亚茹	叶　静	詹康永
张晓晴	张一智	张勇敢	张雨亭	左珍珍		

美术学

曹婷婷	柴　玲	陈籽妍	崔子慧	郭　辰	郭秋凤	郭　婷
郭　洋	季璐瑶	姜晓玉	赖雨诚	李安然	李芳榕	李雪瑶
李雅茹	刘　颖	罗　鹬	吕晓莹	毛晓娣	孟怡雯	潘　瑜
秦　沛	邱译萱	沈瑶瑶	宋　菲	谭蕊馨	陶文倩	滕子渝
汪梅琪	王　慧	王俊杰	王　悦	魏　星	吴如梦	项　阳
谢　彬	谢康佳	辛　宽	许慕云	杨闻文	叶　宇	张春雨
张清照	张　苏	钟文杰	周　萌	周潇阳	周　宇	

视觉传达设计

曾　莉	曾　琪	褚　楚	崔华钰	范苗苗	高　鸽	黄　锋
黄宁静	姜佳钰	旷姗姗	兰广平	李　凡	李　琳	李　敏
李文章	李肖璇	刘鹏程	刘　赛	刘晓颖	刘云鹏	柳龙初
罗尉城	骆宣佑	马　超	苗　慧	秦明月	史俊清	孙　雪
王　曼	王　铭	王佩玉	王　婷	王　曦	王云青	吴沁钰
吴仁思	吴峥伦	姚　璐	殷嘉敏	张子斌	朱笑容	邹京平

舞蹈编导

白　洋	崔钧源	丁天淇	樊芷鑫	冯钰淞	冯泽华	韩　磊

黄滢锦　李　颖　刘　宁　刘倩楠　梅映雪　苗甜田　欧阳沁宁
庞巧慧　桑玉鑫　史　乾　宋均超　孙　静　孙　楠　汤雅妮
王昕玥　王学刚　王亚杰　王　语　王毓昕　王　芸　王梓赫
吴小奇　谢颜竹　薛明锐　闫沛帅　杨　帆　杨俊伟　杨　琪
袁静怡　岳柳洋　臧　杰　张　伟　张羽嘉　赵曰鹏　朱青云
邹欣男　左子涵

音乐学

曹力文　曾佶茹　常家玮　陈　望　陈绎帆　陈子健　程梦雅
代　萌　狄天超　冯金洋　冯雨萌　付　强　甘若婷　高艺瑄
韩飞翔　胡诗玥　胡馨心　霍玉铮　金慧秀　李凤熙　李家陆
李璐玢　李璞茁　李水花　李依诺　李永翔　梁伯宇　梁　硕
廖敏好　廖心童　刘　庆　刘新月　刘一达　刘　昱　马　源
祁浩然　秦佳琪　任书慧　宋　瑞　孙铭旋　田孟优子　田　敏
汪紫怡　王安琪　王甲印　王文静　王湘洲　王子帅　王子烨
吴　璇　吴悦旻　伍冠诚　武怡静　谢莹楷　闫　丽　闫文好
杨翼豪　袁　悦　张顾婉婷　张会敏　张金晶　张馨月　张阳玉月
赵璐彤　赵雯钰　赵　昱　钟港林　钟庆林　周逸杨　庄子健

海洋学院

海洋资源开发技术

曹子豪　曾文雅　陈嘉莹　陈　曦　陈　裕　陈兆敏　程佳敏
池哲城　董宇豪　杜明卉　杜维伦　高洪振　高　岩　高　远
胡德康　黄飞云　黄　杰　江承翰　姜玉山　蒋尚霏　蒋　旭
孔阿东　赖　滢　黎龙光　李浩然　李浩源　李洪艳　李曼瑶
李欣颐　梁国豪　廖庆良　刘凤华　刘佳林　刘　敏　刘天航
刘晓娜　刘子菁　罗小涵　马盼盼　马玉婷　蒙莹璐　苗臣俭
聂靖元　欧阳鑫　庞秋慧　裴瑞鑫　齐云鹏　乔　鹏　秦元哲
邱　南　邱艳君　苏小艺　孙　月　孙志华　谭静雯　田　澍
田硕硕　田学明　王　驰　王　进　王慷慨　王若汀　王崧桦
王天雨　王雅斐　王语化　王梓晴　韦祖鹏　文鹏峰　肖志梁
辛永顺　薛　寒　闫荣曼　姚　丹　叶曾尧　于瑛浩　余艺丰
袁冬琪　张　斌　张　浩　张家超　张文澜　张文韬　张效琬
张振雷　张智宇　钟汶蓉　朱润琪　左名芸

海洋资源与环境

蔡俊容　陈浩雨　陈金钲　陈倩瑜　姜妍如　鞠振平　孔祥伟

李梦娜	李妙玲	李天宇	李雨箫	梁 博	刘 硕	刘卓亚
柳华雨	罗 斌	吕若锡	聂兆一	齐梦瑶	屈漪萍	施晓琳
时 燕	宋航宇	宋嘉琛	苏柏予	苏圣辉	孙 康	覃开姿
王 浩	王金晓	王盼盼	王英朴	王卓琦	韦喆源	谢云昊
熊元秀	薛武华	杨敬杰	杨入瑄	叶宁晶	张晨怡	张庆伟
张文考	张新宇	张艺涵	赵 罂	朱雪梅		

生物技术

陈凯悦	陈 瑶	陈 源	程 萍	褚 旭	窦靖琨	费隽洁
葛 缙	郭子茵	海 玥	韩笑格格	胡 荣	黄 媛	姬星瑞
寇义钰	李功伟	李纪国	李清纯	李欣瑶	刘建博	刘心怡
刘一新	卢 欣	马 良	毛 聪	潘 慧	邱慧芸	孙 麟
王 昊	王幻冰	王嘉琪	王丽雅	王思婕	王伟康	王 鑫
王 悦	吴 锋	肖 睿	邢昆仑	徐倩茹	翟佩林	翟 哲
张 帆	张佳琪	张琪卿	张新钰	张 杨	张译丹	张怿婕
张玉林	张 喆	赵雪玉				

生物科学

班浩强	陈家鑫	陈晓琳	陈子岳	邓靖璇	董恒宁	杜书然
冯小刚	高 飞	高辛雨	郭亦笑	胡雅楠	姜懿航	旷 涛
郎 曼	李舒悦	李伟卓	梁姝峥	林翔奕	刘奉鑫	卢 真
陆家禧	罗浩瑞	罗凯元	罗业飞	马 璐	牧寒萍	牛 睿
邵怡雯	施 戈	史桐妹	孙珑语	孙远浩	唐玉莹	王好好
王 晛	王 瑞	王睿龙	王晓琳	王亚男	王怡杰	王颖慧
王志杰	魏千皓	魏 漪	肖 琳	徐立晨	徐瑞婷	薛天天
杨秋雨	尹 丽	尤百强	于天赐	俞皓尹	郁家正	袁一平
张培杨	张 熙	张 钰	赵亚楠	赵昱景	郑 皓	郑子豪
钟先春	朱楠楠	邹隆婕				

药学

白相敏	白 雪	毕苓洁	蔡彬彬	蔡 璐	曾琳雯	陈家乐
仇婧茹	丛凤霞	崔明月	邓荣萍	范懿庆	范雨萌	房世平
高晟博	顾雅馨	关晨曦	何家琪	洪若晖	胡 琳	胡晓宇
贾婷婷	江祥宇	鞠 赫	柯力钧	劳燕云	李君昭	李明桃
李熔安	李诗檬	李泽辉	刘 红	刘萌怡	刘挺君	娄雪梅
陆光玉	罗 冉	骆云雁	吕 倩	裴艳芳	乔新宇	任海源
商庆宏	邵倩文	宋雨濛	孙蒙琪	索延瑞	唐一鸣	唐 宇
王董兵	王俊燕	王凯玥	王 琪	王尚谊	王怡诺	王钰佳

谢晓雨	闫春啸	杨龙坤	杨　威	于　赫	于雪妮	余　英
张俊亮	张凯强	张力丹	张　璐	张文文	张　雪	张　也
张　玉	赵一静	郑　静	仲　琳			

应用化学

常子馨	陈兵兵	陈飞亚	陈　光	仇嘉杰	丛于翔	崔永强
董芳菲	郜媛媛	何思其	侯方坤	胡　柯	胡潇毅	黄建团
黄树肖	雷浩楠	李佳卓	李军红	李晓波	李泽浩	李宗建
梁　艺	林博扬	刘少丞	刘晓涵	刘星辰	刘　研	刘原吉
芦雪莹	吕　航	彭广程	饶惠娟子	舒孟鑫	孙亚梅	涂辰琳
王　蕾	王　晓	王依阳	温毅星	吴碧芝	吴美瑶	吴义涛
徐　昂	徐思诚	徐　悦	续元新	鄢子靖	杨文倩	杨　钰
姚春阳	易倩茜	尹凯丽	于　桐	禹永佳	岳福阳	张景植
张伟奇	张文灿	赵婉茹	邹淑婧			

机电与信息工程学院

测控技术与仪器

白秉堃	边浩东	蔡　为	曹　睿	曾华傲	陈　超	陈浩博
戴国平	戴佳兵	丁　飒	丁禹鑫	董季林	杜树升	冯浩杰
付旺钟	龚　扬	韩　刚	韩思源	韩　植	黄云婷	黄志鹉
纪思同	冀晓梅	金　星	雷之义	李　畅	李　涵	李昊原
李洪宇	梁欣瑜	刘丰源	刘耕硕	刘　蕾	刘　乾	刘少禹
刘曙通	刘天翼	刘一达	刘　怡	满建东	孟　捷	弭欣惠
苗　武	牛　帅	欧阳静	彭昭玮	齐玉莹	乔麓伊	秦雪柔
任道鹏	汝　雨	宋德鑫	孙靖宇	孙文楷	田佳正	王大庆
王瀚彬	王瀚宇	王佳文	王　帅	韦　傲	吴　桐	吴　哲
肖继业	谢澍家	许丙强	轩书哲	杨　晨	杨德意	杨　茜
杨以钦	于京石	张荷川	张建华	张　敏	张义员	张钰莹
张泽华	张振微	郑涵之	周婉琪	周文静	周相坡	周殷玉
邹　康						

电子信息科学与技术

曾若珂	曾胜泽	陈　鲁	陈锶洁	陈祉延	陈子威	程信达
单福强	丁洪倩	段璎格	高嘉男	高志兴	巩　玥	郝鹏云
胡斌浩	黄梦鸽	贾士鑫	江林萍	匡俊峰	赖金荣	赖　倩
雷　瑶	黎瀚谣	李　铎	李富康	李国江	李佳明	李　晋

李　雷	李庆瑶	李晓晓	李　宇	李雨晴	李志明	栗于淼
林祥辉	刘　高	刘鹏程	刘奕彤	刘雨晴	陆志伟	马宇腾
彭　昀	赛志远	申玉伟	史吟琪	宋尚阳	孙　浩	孙金杰
孙　楠	孙晴宇	孙庆亮	覃　蝶	谭志文	唐　筠	唐培津
田正鹏	王　晨	王　驰	王　鼎	王靖天	王仕德	王统帅
王文兴	王闻一	王　研	王逸凡	王瑜琪	王宇潇	王　震
韦建伊	吴思阳	吴文轩	吴晓裕	武　胜	熊九龙	徐嘉劲
徐　文	徐长通	许昌雄	薛子超	杨　晨	杨　柯	杨　森
杨岳霖	姚　军	袁博涵	张　浩	张　君	张文瑞	赵　丹
赵　书	郑昌敏	周凯鑫	周晓萌	周运升	朱文杰	朱子齐
左佳欣	左姗姗					

机械设计制造及其自动化

白　天	毕　钰	陈　昊	陈昊旻	陈泓瑾	陈　然	陈　曦
陈祥尧	陈旭嘉	陈　杨	陈中华	程紫阳	崔相武	戴皓天
戴镇功	单晓晖	邓杰瀚	邓壮林	丁世聪	丁耀武	丁　一
东旭光	董洪宇	段　旭	樊　鹏	范嘉俊	费旭辉	冯沛杰
付　霖	高槐泽	郭稷宇	韩　鑫	何理科	侯　斌	胡林超
胡文豪	黄聿山	冀浩楠	冷　睿	李安迪	李陈鑫	李高铠
李光明	李厚池	李竞尧	李　可	李明优	李　琦	李诗凡
李　帅	李晓丹	李心一	李鑫阳	李亚伟	李耀华	李　烨
李贻港	李雨晨	李振一	李子健	李子琦	梁骅森	梁思远
林文正	刘博研	刘　君	刘　乐	刘　林	刘慕青	刘思远
刘雨轩	刘元玉	刘允执	刘志奇	陆圣哲	吕昊南	马　晋
马聚隆	马雯潇	马小禹	马　玥	毛泽田	毛哲冰	毛梓权
欧阳宇恒	钱书文	秦　齐	屈安琪	全梓坤	任　达	任达伟
任元铠	申青颖	时红超	舒一博	疏　桐	宋昊坤	苏　伟
孙　彬	孙孚涵	孙吉良	孙明珠	孙钦媛	孙　文	孙晓佳
汪敏哲	王超仁	王飞宝	王国雷	王海洋	王　皓	王　灏
王　恒	王嘉宁	王　凯	王兰文	王立人	王启鹏	王润泽
王　森	王少华	王思宇	王晓飞	王亚安	王振邦	王志浩
王　淮	魏博文	魏建新	魏君陶	魏　伟	温向峰	吴　斌
吴　奇	吴一平	吴镇航	伍宏宇	夏　阳	向洪成	向　阳
项　远	肖弘宇	熊良胤	徐文燕	闫国帅	闫俊彦	颜　雄
杨代银	杨丰毅	杨　楠	姚金鹏	于千皓	袁继洲	占　昊
张　程	张　皓	张佳桥	张梁媛	张明亮	张茹凤	张润宇
张　松	张　伟	张　骁	张一凡	张永达	张宇航	张展旗
张子璇	赵　悦	周晨军	周　诚	周　雷	周子健	朱孟晓
朱义川						

计算机科学与技术

白鹤来	蔡西蒙	蔡烨华	曹珺薇	曹启凡	曹劭晨	陈胤亨
程鹏飞	褚冰曦	崔胜楠	董　畅	董馨璐	杜赫铭	高曼琦
高英梓	高　原	韩舒宁	何弘政	何智昕	何宗洋	侯力炜
胡志远	黄宝涵	黄　天	贾英博	江　文	姜　宸	孔柏锟
兰思琦	黎浩文	李光辉	李俊韬	李俊文	李明泽	李习斌
李　想	李雅婷	李英浩	李玉基	李　赟	李　哲	李　竺
林亚坤	刘亚彬	刘逸凡	刘宇灏	刘雨池	卢嘉琳	潘士东
朴世鸣	乔　鑫	任国放	任佳韵	申　奥	申世豪	申　舟
沈书凝	司昌馥	宋家遥	苏子璐	隋　馨	孙秉哲	唐歆宇
王傲宇	王澳博	王得旭	王　晶	王　蕾	王璐瑶	王美丹
王秋月	王瑞琪	王天舒	王笑寒	王亚新	王一凡	王艺昕
王宇阳	魏　湛	吴丹琪	武　迪	武启政	谢恺航	徐宛月
许　多	薛冰清	闫世春	闫一凡	姚　烨	于嘉琳	余添暘
张伯言	张嘉琪	张可鑫	张黎啸	张文绮	张　旭	张益铭
张兆慧	张　哲	张智博	赵成祥	赵　毅	赵　盈	赵子榕
甄昱竹	郑榕格	周静宜	朱铭可	朱韦颖	邹雨婷	

软件工程

白圆梦	曾华麟	柴沛霖	柴永强	陈　诚	陈军米	陈璐瑶
陈　茜	陈怡蓉	陈银平	程致远	崔艳琳	崔宗威	戴雅雯
党　琪	邓云瑞	董澧辉	董孟媛	董燕然	董智威	冯小洋
伏建蓉	高　赛	高子峰	关祥斌	郭世源	郭垚鑫	郭　仪
韩凤娇	韩文姜	何宸羽	洪椿祥	胡海洋	黄　横	黄一为
姜济民	蒋　革	靳　昌	李才艳	李豐庭	李海盟	李寒雨
李　坤	李思绪	李　想	李旭东	李雪菲	李杨晓	李英昌
李英杰	李正超	李政君	李子煜	梁诚斌	林长陇	刘晨雨
刘　辉	刘君怡	刘明钊	刘姝婷	刘　涛	刘　涛	刘政君
卢士威	路学林	吕佳琦	吕　立	马浩凯	梅富豪	苗纯源
莫振福	平洪菊	秦海涛	秦　琨	秦者云	邵国栋	邵　帅
石旭荣	宋　奇	苏殿元	隋　谦	隋伟宽	孙丽君	孙祖玉
谭　欣	唐方舟	唐雪雪	王丹凤	王　恒	王宏磊	王丽珊
王思卿	王天昱	王锡亮	王星博	王永昌	王雨婕	温　明
吴安琪	吴　锐	吴宇涛	武　星	夏　天	夏雨柔	肖　明
徐　园	许栋亮	杨朝刚	杨莉升	杨　旭	杨燕妮	叶汝楷
叶睿哲	阴敬方	于　露	余文星	袁山城	袁　帅	袁智博
展佳傲	张国瑞	张　杰	赵伟翔	赵子航	郑富婷	周文旭
朱晓光	邹韦康					

数字媒体技术

毕凤娇	蔡度宇	曾祥帅	车晓彤	车彦庆	陈加宏	陈进麟
陈思极	陈艳华	陈　玥	成欢欢	成文涵	储祥翠	代韬麟
邓永庆	杜郁坤	耿瑞林	胡瀚文	黄　瑞	黎嘉宝	李丹萍
李　迈	李　彤	李　彤	梁哲睿	林开园	刘慧敏	刘　翔
刘晓敏	刘星宇	芦旭熠	吕紫箫	马嘉玮	孟倩云	牟萌束
母　丹	南天宸	邱姝蓉	宋嘉儒	宋晓荟	孙　乐	汪明陆
王慧平	王继飞	王佳虹	王丽君	王心荷	王怡薇	王亦秋
王　羽	王云龙	吴晓彤	吴彦樵	奚彧婷	向恒仪	张晨阳
张　涛	张喜连	张　潇	张　昕	张毅恒	张资昊	赵　鹏
赵晓瑜	赵宇杰	郑旭辉	周　珏			

通信工程

安贝贝	安黎明	包立男	蔡春蕾	柴亚东	陈诗月	陈淑涛
陈卓星	崔鑫磊	董　倩	董睿婷	杜李旭弘	傅运德	龚邦杰
顾哲铭	郭浩阳	郭润东	郝博洋	郝晓阳	何承昊	侯祥钰
胡敬宸	胡天宇	胡玉佳	胡子昂	江　源	蒋　胜	金　矿
孔繁正	况丽娟	李昌武	李浩天	李梦珂	李思维	李　晓
李欣睿	李　鑫	李长东	李子傲	梁　宸	梁钰明	刘朝霞
刘红宇	刘　蕾	刘明松	刘硕佳	刘祎峥	陆悠南	马　恺
梅　鑫	钱宇轩	任元慧	邵　涛	施浩然	石小飞	史欣欣
宋佳阳	宋晓岩	宋晓艺	孙　昕	孙宇航	谭国伟	唐佳丽
唐　英	陶鹏程	田新阳	王淏宸	王民杰	王　平	王伟琪
王　颖	王涌钦	王　喆	王　喆	王子豪	魏秀红	吴百胜
吴俊霖	吴子仪	谢宛吟	徐程祥	薛嘉琛	燕宝琪	燕　伟
杨　硕	叶文博	余　珂	余　泽	袁丽娜	袁双立	岳伟璇
张晨瞳	张清扬	张稣荣	张　通	张兴钰	张亚婷	赵鸿铭
赵江怡	赵　雪	郑春雨	周　晨	周田明	朱元绍	

自动化

安浩栋	安沫霖	白丹青	常佳钰	常　玉	陈　琦	崔祎祎
代严果	邓孝东	邓远祥	丁琳儿	董浩颖	董　帅	范淇媛
范孝毅	葛　江	关　胤	郭建美	洪敏贺	黄洪伟	姬　扬
纪浩帅	蒋小康	蒋志坤	金　可	孔晨杰	寇卫萍	李朝品
李光鹏	李怀瑞	李吉星	李　蕾	李　平	李若成	李铁楠
李万睿	李心怡	李星瑶	李燕君	李一帆	李怡青	李育霖
李　峥	林　楠	林　蕊	刘安邦	刘成本	刘成城	刘佳朋

刘金广	刘　乐	刘梦博	刘　扬	刘禹岩	罗　雄	马佳伟
马瑶旭	梅益嘉	苗　壮	聂昭颖	牛　牛	青克尔	宋佳玉
宋建豪	孙丹阳	孙树志	孙志浩	童启凡	王　斌	王　波
王　丞	王诚睿	王冬雯	王　帆	王　赫	王　惠	王静静
王　乐	王若琳	王　硕	王　星	王永基	位文虎	魏祎文
文湘宁	吴国垚	谢　皓	徐安华	徐盛龙	许　娜	许　韬
燕思萌	杨　凡	杨　进	杨　普	杨亚兵	杨治艳	姚睿轩
尹静宜	尹宇华	于俊林	郁　航	袁佳乐	岳凡丁	翟　昶
张琮沂	张家豪	张琴喻	张世明	张同欣	张锡迁	张向鹏
张榆惠	赵姗姗	赵　玺	赵昕怡	赵长进	赵梓琨	郑孝荣
陟　卓	周　正	朱尘宇	朱孟春	左明艳		

空间科学与物理学院

空间科学与技术

曹　政	常　丛	陈昌雪	陈慧康	陈江芷	陈　雨	程苏艺
崔艺馨	范颖达	郭　进	姜函利	李　娟	李楷文	李晴烁
李欣桐	李　钊	林华伟	刘　灿	刘冬雪	马　肖	马雪巍
孟海洋	孟祥哲	牛　哲	潘先闯	齐晓彬	任　杰	任潇一
宋杰远	王嘉宁	王丽敏	王翔宇	王旭东	王宇飞	王　越
王智韬	肖雨辰	闫维卿	杨　俊	杨　帅	杨　勇	尹承翔
翟　朔	张丹丹	张　帝	张　斐	张凤玉	张海帆	张　萌
张元可	张子晗	赵思晗	周建召	朱光逸	朱晓琼	祝　霖

应用物理学

陈国栋	陈佳仪	陈宇坤	单丹雨	丁子舰	董卜玮	董　昊
冯一恒	符　键	郭兆坤	韩晨尧	韩金剑	贺鹏志	贾良辰
蒋效铭	兰山焱	李　浩	李恒清	李青霞	李卓澄	梁　健
梁　悦	梁泽道	刘成浩	刘佳骏	刘健策	刘　楷	刘梦瑶
刘启琛	刘湘悦	刘雁冰	刘　钰	罗惠文	马明哲	牟宗见
倪鼎鼎	聂　慷	裴永峰	冉　爽	宋姿璇	孙　浩	孙嘉伟
孙健灏	孙　洁	孙长鹏	唐　睿	汪徐琪	王　峰	王名扬
王天财	王　威	王熠旭	王宇轩	王雨峥	王泽人	韦东荣
韦　哲	吴柯霏	伍巧倩	徐　静	徐思则	许晶淼	薛棋文
严　晖	杨兰倩	杨林森	杨淑贤	杨涛繁	杨雪莹	杨喻心
尹晓舜	张　凯	张聆汐	张　猛	张　旭	张　颜	张　喆
赵成成	赵凯逸	赵　蓉	赵延涛	赵增基	朱晨宁	朱鹏元

数学与统计学院

数学与应用数学

包梓岐	曹力鑫	曹子文	曾伊樊	陈 培	邓晓影	董钰莹
冯志丹	高莉莉	葛 超	郭益清	郭 真	侯泽辰	胡 炎
黄 情	康文旭	李晨晨	李龙龙	李雨萌	李占新	李 真
连紫琛	梁柏瑜	刘 畅	刘佳曦	刘劲言	刘振华	刘钟元
卢翔宇	雒宗辉	孟若轲	齐昊昱	苏 杭	孙家豪	谭心睿
田承民	王 盛	王 硕	王 旋	王 宇	王雨萌	王 钊
王中伟	魏 蕊	徐 磊	许耀东	杨 佳	杨 涛	伊文秀
尹梦舟	于洪强	张丹璐	张宜坤	张泽荣		

统计学

安佳颖	白 迪	曹继中	曹心怡	曹欣妍	曾 晨	曾晶晶
陈 玲	陈炫灵	戴恒宇	单志伟	高嘉年	高旭蕾	高毓洋
宫 芮	韩冰涛	郝凯静	何晓斐	何 颖	贺子萱	侯美腾
黄若一	黄 莹	霍美娜	基正阳	纪晓晴	贾立娟	姜倩慧
金 科	孔雪晴	李超群	李 姮	李东林	李方芸	李宏伟
李剑桥	李 琳	李明宇	李秋实	李宛蓉	李文婷	李小艺
李 欣	李悦为	梁嘉浅	梁 倩	梁婉仪	梁 言	梁银霜
林书磊	刘浩梁	刘浩琪	刘鸿帆	刘 辉	刘霖霖	刘明学
刘馨霞	刘学伟	刘泽静	刘 哲	刘 震	刘祖扬	龙晓文
栾张心怿	马 莉	马艳辉	毛一聪	孟瑞红	苗 绘	苗 润
牛文迪	庞道琳	乔 昱	秦澄莹	秦立瑜	邱琳佳	屈 晁
曲韵竹	饶筱丹	荣雅纯	申楠坊	沈春蕾	沈君恺	沈子杰
史鹏燕	宋亚琦	苏若冰	苏 杉	孙 涵	孙浩然	孙 欢
孙庆阳	孙昱旻	孙源晨	孙 昀	谭 睿	谭祯元	唐宇豪
陶淑英	田 成	田林杰	王 迪	王 昊	王鸿宁	王洁平
王靖媛	王琳珲	王诗绮	王 涛	王旭昌	王雪蓉	王雨萌
王 悦	王子凡	武 超	肖婧雯	谢 天	邢偌菲	徐梦洁
闫 凯	闫欣宇	闫 艺	燕 冉	杨建业	杨俊溢	杨 梦
杨彤彤	杨 洋	殷俊杰	尹延卓	于 迪	于桐桐	余 钡
袁 铭	张进浩	张曼芮	张孟迪	张 敏	张 娜	张鹏宇
张晓帆	张雅宁	张晏博	张 瑜	张喆媛	张正一	赵若杉
赵学敏	甄世聪	郑 涵	周红锦	周家欣	朱彦林	祝麒钧
邹吉奥						

信息与计算科学

曹书航	陈墨浪	初乐婧	崔润泽	董舒凡	董小川	杜怡茗
冯　娜	付东飞	富晨曦	高梦琪	韩世远	侯雅静	胡　崇
胡维嘉	黄金森	贾义飞	李冰纯	李兵兵	李培瑶	李萍萍
李仕坤	李衍伟	李　祎	李盈园	李宇航	李　珍	廖杨青
刘德昌	刘克非	刘奕钧	刘增辉	吕荃玉	马柳中	孟　泽
聂伟坤	欧阳立韩	潘秋颖	苏雨昊	孙萌雪	佟泽平	王传鑫
王洪雨	王俊臣	王书文	王舒意	王昕然	王泽林	王政昊
辛　月	杨　易	张丹萍	张杰文	张庆辉	张宇凌	张子涵
赵珂佳	赵　榴	赵玉如	周璐璐	卓泉秀	自　然	宗　斌
邹金宇						

（教务处　提供）

双学位学生名单

商学院

金融学

毕宜婷	曹继中	曾海涛	曾丽媛	曾烁涵	曾伊樊	曾雨萱
陈　默	陈舒婷	陈文静	陈艳华	程虹瑾	崔玉洁	邓路祯
窦佳伟	杜维伦	杜郁坤	段熙晨	冯国珍	付　昊	傅士财
高洪振	葛　超	宫宇宸	关惠誉	郭燕梅	韩　璐	韩　姗
何　昊	何智智	贺慧圆	胡雯腾	黄瑾晗	惠蓓琪	贾　楠
贾亦忱	姜冠楠	蒋谭胤	雷之义	李兵兵	李　晨	李　妲
李　红	李欢欢	李佳雯	李金慧子	李曼瑶	李　萌	李梦瑶
李明嘉	李明欣	李秋实	李　榕	李文韬	李昕雨	李　莹
李元帅	李云云	刘策策	刘　帆	刘明学	刘鹏程	刘　珊
刘　涛	刘文姣	刘雪宁	刘一达	刘一丹	刘一楠	刘玉龙
刘　哲	陆慧仙	罗小涵	马俊飞	孟若轲	孟小烟	孟　泽
宁晓艺	齐　瑞	任楷雯	尚明顺	尚宇婷	申佳钰	沈春蕾
时闫妍	帅　馨	宋含笑	宋姿璇	苏　纯	苏小艺	孙　涵
孙　岩	孙源晨	谭祯元	唐晶玥	陶文婷	田静怡	万梓豪
王澳博	王瀚宇	王洪雨	王建娜	王竣饶	王丽萍	王菱野
王璐瑶	王　露	王芊冉	王　冉	王　硕	王伟琪	王晓雪
王心荷	王昕然	王雨婕	王　悦	王占鳌	王梓晴	魏鸣泽
魏雪桦	温　宁	文怡亭	吴宏康	吴劲蕾	吴兴威	夏　雪
谢盛杰	辛丽珺	徐慧涛	徐玉琢	徐正玥	许天斌	薛　韬
颜　雪	杨涛繁	杨昕月	杨雪莹	杨　钰	杨喻心	姚寰宇
尹延卓	于　迪	余丽娜	张凤玉	张　涵	张建华	张杰文
张仁藉	张　彤	张晓艺	张宇阳	张　钰	张　跃	赵　欢
赵珂佳	赵名远	赵诗文	甄世聪	郑炜斌	周春蕾	周　琪
周晓萌	周悦悦	周子琪	朱东阳	自　然		

法学院

法　学

曾若藩	柴雅丽	陈　锐	冯晨琳	韩　晶	蒋　熙	李德笑
李恒君	李家陆	李蓉蓉	李　姗	李　腾	李泳志	李勇双
梁　微	刘　楷	刘鑫淼	卢文华	罗　鹇	倪学媛	逄　鑫
秦　沛	冉　芊	孙丰琦	王佳贺	王雯妍	王晓萌	魏荣臻
魏舒秋	夏彬琛	徐雁南	许晶淼	许　锐	杨林惠	阴旭莉
张　帝	张秋梦	张雪婷	郑福桦	钟文杰		

行政管理

白　洋	曹力文	曾佶茹	刘　庆	毛晓娣	孙铭旋	谢莹楷

（教务处　提供）

辅修专业学生名单

商学院

国际经济与贸易

陈姗姗

金融学

岳　晔

（教务处　提供）

硕士毕业生名单

东北亚学院

朝鲜语口译

卞倩玉	陈　斌	刘江楠	柳美燕	徐　展	杨鲁娜	周琪琪
朱益双	JOYEONSEO(留学生)					

亚非语言文学

管　亮	王　晴	祝　凤

商学院

工程管理

李一萍	董祎颖	李晓婧	宋　琳	隋　静	孙文文	王电超
王怀国	王婷婷	相　波	杨浩志	叶青松	于　惠	张　驰
张学进	崔喜凯	王春鹏	徐　越	韩　帅		

会　计

刘　玲	刘晓红	罗　昕	吕晞雯	戚品晗	祁亚楠	宋倩文
王雨颖	韦　斌	徐佳琳	于荟萃	岳宗寒	刘晓彤	吕　敏
马婉璐	王　琳	徐彩红	张恩坤			

金　融

柏安宁	陈　倩	程　妍	丛仲花	崔静欣	郭慧敏	黄艳华
纪　翔	李　凡	刘思玢	刘　源	马凤鸣	睢曼曼	孙任飞
王　璐	王　泰	王晓琳	王晓旭	吴菲阳	冯彩霞	

财政学

陈家宝	陈丝雨	刘胡皓	王　惠	王可夏

产业经济学

安　超　　丁　进　　孔亚丽　　刘　洋　　千晓莉　　魏苗苗　　张　琪
王增欣

劳动经济学

侯云霞　　杨馥萍

企业管理

郭　敏　　黄　超　　雷婷婷　　刘章川　　沈慧婷　　佟海燕　　万裴蕾
王新奇　　王　鑫　　徐毛毛

西方经济学

侯欣怡　　刘学帅　　问　宇　　周东星

法学院

法　律(法学)

冯　雪　　郭　静　　吕晓阳　　任　民　　韦福林　　张　楠　　张艺馨
郭昌玉

法　律(非法学)

刘　玮　　陈禹衡　　范　鑫　　高润泽　　顾忠观　　贾宗非　　李彩金
李志鹏　　庞学硕　　汪亚文　　邢丽芝　　薛晶晶　　游　权　　俞琳娜
张煜琳　　赵子莹　　周　杰　　李　聪

法学理论

高曼宁　　刘　宁　　王艺雅　　乌日力嘎

行政管理

孙鲁霞　　陈欢欢　　高文杰　　黄雯菁　　李　芳　　王亚琼　　张　菲
张　敬　　曾　乾　　徐元杰

民商法学

王　楠　　高丽鹏　　李　鼎　　宋学冉　　王金雨　　朱聪瑶

刑法学

兰　倩　　卢　叶　　裴晓倩　　王志鹏　　张文烨　　邹汶洋

文化传播学院

比较文学与世界文学

刘雅麒　　郦文华　　钱淑雅　　杨潇仪

新闻学

曹雅婷　　顾明正　　郭　洁　　徐鑫馨　　张　进　　张亚楠

语言学与应用语言学

张　曼　　朱刘敏　　陈倩雯　　李学娇　　徐玮琳　　殷彦明　　邓利洁

中国现当代文学

曹　前　　陈　思　　陈　雯　　罗茜晖　　邱凌雁　　徐　珂　　周玉城
高　瑜

翻译学院

英语笔译

陈艺帆　　解逸群　　刘　怡　　钱文琴　　宋怀岳　　温　琪　　吴天元
殷恩惠

英语语言文学

崔玉莹　　丁　静　　付海玉　　胡晓青　　唐靓嫱　　朱慧超

艺术学院

美　术

方智慧　　连　琳　　潘亚琼　　郑梦蝶

舞　蹈

艾明旭　　李飞扬　　刘　鑫　　孙蕾婷　　吴晓昊

艺术设计

白　暖　　姜　姗　　刘国庆　　刘　可　　刘杨子

音　乐

侯发荣　　王伟舟　　王　琨　　张玮茜

美术学

曹春雨　　冯柳莺　　李若琳　　孙运启　　王安琦

设计学

梁淦明

音乐与舞蹈学

王子毓

海洋学院

生物工程

常亚奇　　韩　冷　　娄丹丹　　莫新民　　任一丹　　王　冲　　王绪婷
许潇冉　　于文静　　岳　珍　　张　娥　　张　凡　　赵家立　　郑庆轩

海洋生物技术

王露洁　　闫　洋　　张永坤

生态学

邓文浩　　李美慧　　孙慧媚　　赵奉熙

微生物学

贺瑞含　　李昌明　　王南南　　王肖慢

微生物与生化药学

郭　超　　马家惠　　徐藜栩

药物化学

郭晴晴　　贾晴晴　　卢相成　　鲁文玉　　彭爱红　　王　巍

机电与信息工程学院

电子与通信工程

程　伟	郭丹丹	韩　贺	蒋翔宇	孔胜超	李贺绩	罗思凡
莫　洋	沈　鑫	孙悟颉	王　莹	赵　晨	王　佳	王明燕

机械工程

白华伟	陈子昂	杜良娟	韩　数	韩　硕	何淑垒	贾丽静
刘　伟	年显勃	任晨亮	夏欣欣	杨润青	张金山	

计算机技术

郭本伟

控制工程

陈昌硕	高文健	李　民	李　昕	刘　帅

材料科学与工程

察兴建	邵鹏程	孙向威	王鹏飞	薛其森	杨欢欢	张泽群

电路与系统

闫宏博

机械制造及其自动化

曹　可	邓世辉	韩凌云	韩宇珍	孔黄海	李德志	魏志远
邬德峰	张云粮					

计算机科学与技术

常爱馨	龚　庆	姜高宇	孔汉章	李丽君	满美麟	王荣生
张　波						

控制科学与工程

曹　勇	方　兴	李启鹏	刘昌峰	刘钱源	南献茹	闫梦鸽
张霄峰	张晓雪					

通信与信息系统

任汉付	张　增

信息与通信工程

刘康旭　刘晓潇　熊文硕　张　志　宗志凯　邹玉娇

空间科学与物理学院

空间物理学

毕向宇　冯梓航　刘　通　曹海军　靳欢欢　李默闻　王蒙蒙
周珊羽

微电子学与固体电子学

李治玥　杨波波

物理学

陈超鑫　高　颖　韩星池　邵　曦　肖　骁　郑敏嘉

数学与统计学院

基础数学

黄　坤　刘志文　徐亚飞　赵　蕊

运筹学与控制论

焦　棚　马　悦　张　鹏

马克思主义学院(威海)

马克思主义中国化研究

王　全　温　东

思想政治教育

张　晨　毕净垠　陈　博　姜嘉欣　冷姣仪　梁　玉　彭宇宁
衣安琪

(学科建设与研究生处　提供)

博士毕业生名单

商学院

公共经济学

撒凯悦

西方经济学

张晓毅

文化传播学院

中国现当代文学

郭海玉

海洋学院

海洋生物学

张　雷

生态学

孔令明

机电与信息工程学院

材料科学与工程

敖冬威　　彭传校

机械制造及其自动化

王挺侹

检测技术与自动化装置

梁文科

通信与信息系统

唐振超

空间科学与物理学院

等离子体物理

王　冰　　王　勇　　路　光　　周　丽

理论物理

武　昭　　李雨桐　　贾　慧　　聂文锋

（学科建设与研究生处　提供）

各类委员会、领导小组名单

山东大学(威海)科学实验中心建设工作领导小组

组　长:韩建新　夏利东

成　员:(按姓氏笔画排序)

于燕臣　王　丽　王　亮　王福安　吕英波　吴丙新　宋玉厚

高　军　黄建军　梁振林

科学实验中心及各分中心组织机构人员:

(一)科学实验中心

主　任:夏利东

副主任:王　亮　吕英波　梁振林

办公室主任:宋玉厚

(二)理化与材料分析测试中心

主　任:吕英波

(三)超级计算中心

主　任:王　亮

(四)生物科学分析测试中心

主　任:梁振林

山东大学(威海)国际化建设工作领导小组

组　长:刘建亚

副组长:夏利东　黄凯南

成　员:(按姓氏笔画排序)

于燕臣　王湘云　孔海燕　杨　玉　吴丙新　张文玺　高　军

黄建军　蒋保臣

领导小组办公室设在国际合作与交流处,孔海燕兼任办公室主任。

山东大学(威海)
智能车全国总决赛承办工作领导小组

组　长:黄凯南　郭培良

副组长:刘　海　夏利东

成　员:(按姓氏笔画排序)

于振涛　于燕臣　王　丽　王　亮　王祖杰　王景瑞　王湘云

王福安　李晓峰　杨　玉　张　颖　陈广奕　林朝旭　姜　强

山东大学(威海)大学英语四、六级考试领导小组

组　长:黄凯南

副组长:王湘云

成　员:(按姓氏笔画排序)

王景瑞　李万军　林朝旭　周大白　姜　强　贾慧卿

秘　书:薛　峰

山东大学(威海)研究生教育教学指导委员会

主任委员:夏利东

副主任委员:陈冠军　张景全

委　员:(以姓氏笔画为序)

刘　军　李　克　杨　林　张　剑　张文祥　陈　原　胡绍明

郭　亮　焦　佩

山东大学(威海)研究生招生工作领导小组

组　长:刘建亚

副组长:夏利东　郭培良

成　员:(按姓氏笔画排序)

　　王景瑞　吴丙新　陈昌珠　周大白

秘　书:邬　迪

表彰与奖励

2019 年各级各类科研成果奖

序号	成果名称	证书日期	获奖类别	获奖等级	获奖者
1	随机分析及其应用	2019.02	山东省科学技术奖 (自然科学奖)	省级二等奖	李　娟
2	我国体育用品品牌竞争力研究	2019.07	山东省第三十三届 社会科学优秀成果奖	省级三等奖	张　颖
3	强制阐释、后现代主义与文论重建	2019.07	山东省第三十三届 社会科学优秀成果奖	省级三等奖	李自雄
4	在效用与历史之间:休谟合法性思想析论	2019.07	山东省第三十三届 社会科学优秀成果奖	省级三等奖	刘　洋 张　铭
5	法律解释方法在指导性案例中的运用及其完善	2019.12	2019 年山东省高等学校 优秀科研成果奖	厅级一等奖	孙光宁
6	论制度依存型经济刑法及其保护法益的位阶设定	2019.12	2019 年山东省高等学校 优秀科研成果奖	厅级三等奖	张小宁
7	Regional Differences in Energy and Environmental Performance: An Empirical Study of 283 Cities in China 中文:中国 283 个城市能源环境绩效的区域差异研究	2019.12	2019 年山东省高等学校 优秀科研成果奖	厅级三等奖	孙作人 安　超 孙华臣
8	企业关系网络、社会资本与经营绩效——基于苏宁易购集团的案例分析	2019.12	2019 年山东省高等学校 优秀科研成果奖	厅级三等奖	曲国霞 马婉璐
9	近代上海与朝鲜的海上贸易(1883～1904)	2019.12	2019 年山东省高等学校 优秀科研成果奖	厅级三等奖	刘　畅
10	救亡焦虑中的末世谏言——从“新文体”看晚清立宪派知识分子的历史局限	2019.12	2019 年山东省高等学校 优秀科研成果奖	厅级三等奖	周新顺

续表

序号	成果名称	证书日期	获奖类别	获奖等级	获奖者
11	中间组织的力量	2019.01	威海市第二十一次社会科学优秀成果奖	厅级一等奖	金京玉
12	Financial Constraints and Investment Thirst in Chinese Reverse Merger Companies 中文：中国反向并购公司的融资约束与投资渴求	2019.01	威海市第二十一次社会科学优秀成果奖	厅级一等奖	程子健 Grant Fleming Frank Liu
13	“民气”“民智”“民德”：重返晚清国民性问题讨论的话语现场——以《东方杂志》为考察中心	2019.01	威海市第二十一次社会科学优秀成果奖	厅级一等奖	周新顺
14	漏洞补充的实践运作及其限度——以指导性案例 20 号为分析对象	2019.01	威海市第二十一次社会科学优秀成果奖	厅级一等奖	孙光宁
15	政府间竞争与地方立法关系的理论透析	2019.01	威海市第二十一次社会科学优秀成果奖	厅级一等奖	黄兰松
16	孔子儒家思想与美学研究	2019.01	威海市第二十一次社会科学优秀成果奖	厅级一等奖	许丙泉
17	党群服务中心建设与服务型社区治理研究	2019.01	威海市第二十一次社会科学优秀成果奖	厅级一等奖	贾景峰 郭剑雄 刘　洋 周　慧
18	研发外包、知识产权保护与我国企业的自主创新——基于不完全合约视角的研究	2019.01	威海市第二十一次社会科学优秀成果奖	厅级二等奖	马卫红
19	本地市场效应与中国文化产品出口贸易——基于动态面板数据模型的研究	2019.01	威海市第二十一次社会科学优秀成果奖	厅级二等奖	周宏燕
20	四川团练研究(1912～1936)	2019.01	威海市第二十一次社会科学优秀成果奖	厅级二等奖	陈　宾
21	融合新闻	2019.01	威海市第二十一次社会科学优秀成果奖	厅级二等奖	刘　冰
22	比兴与比喻——中西两个概念理论旨趣的差异及其成因	2019.01	威海市第二十一次社会科学优秀成果奖	厅级二等奖	张红军

续表

序号	成果名称	证书日期	获奖类别	获奖等级	获奖者
23	论“强制阐释”之后的当代中国文论重建	2019.01	威海市第二十一次社会科学优秀成果奖	厅级二等奖	李自雄
24	韩国复数工会制度对劳动关系的影响研究	2019.01	威海市第二十一次社会科学优秀成果奖	厅级二等奖	焦　佩
25	论道德异化——兼评功利主义与偏爱性关系的冲突	2019.01	威海市第二十一次社会科学优秀成果奖	厅级二等奖	崔　微
26	“双创”视野下威海市大学生创业扶持政策	2019.01	威海市第二十一次社会科学优秀成果奖	厅级二等奖	陶　宏
27	农村一二三产业融合发展：实践模式、优劣比较与政策建议	2019.01	威海市第二十一次社会科学优秀成果奖	厅级三等奖	吕岩威 刘　洋
28	服务贸易壁垒的量度研究进展:文献评述	2019.01	威海市第二十一次社会科学优秀成果奖	厅级三等奖	王小梅
29	鲁迅著《娜拉走后怎样》版本校勘及文本修改分析	2019.01	威海市第二十一次社会科学优秀成果奖	厅级三等奖	孟文博
30	出镜报道	2019.01	威海市第二十一次社会科学优秀成果奖	厅级三等奖	张　超
31	Theology 译词在中日的生成与发展	2019.01	威海市第二十一次社会科学优秀成果奖	厅级三等奖	王彩芹
32	殖民地与帝国的同床异梦	2019.01	威海市第二十一次社会科学优秀成果奖	厅级三等奖	刘惠莹
33	埃里克·赖特的社会主义新规划探析	2019.01	威海市第二十一次社会科学优秀成果奖	厅级三等奖	马　莲 付文忠
34	乡村振兴背景下殡葬改革特点及其困境探究	2019.01	威海市第二十一次社会科学优秀成果奖	厅级三等奖	刘　洋 陈　平
35	新旧动能转换背景下威海文化产业发展路径	2019.01	威海市第二十一次社会科学优秀成果奖	厅级三等奖	江志全
36	新闻生产中的算法风险：成因、类型与对策	2019.12	威海市第二十二次社会科学优秀成果奖	厅级一等奖	张　超
37	韩国内容产业与山东文化产业竞争力提升	2019.12	威海市第二十二次社会科学优秀成果奖	厅级一等奖	江志全

续表

序号	成果名称	证书日期	获奖类别	获奖等级	获奖者
38	市民化意愿对农业转移人口消费行为的影响研究	2019.12	威海市第二十二次社会科学优秀成果奖	厅级一等奖	宁光杰 刘丽丽
39	人口老龄化及其社会经济影响	2019.12	威海市第二十二次社会科学优秀成果奖	厅级一等奖	王一兵
40	罪刑均衡的理论基础与动态实现	2019.12	威海市第二十二次社会科学优秀成果奖	厅级一等奖	刘　军
41	碳减排约束下的金融摩擦与二元边际——基于内生企业进入的E-DSGE模型分析	2019.12	威海市第二十二次社会科学优秀成果奖	厅级二等奖	孙作人 吴昊豫
42	加权主成分距离聚类分析法及其应用	2019.12	威海市第二十二次社会科学优秀成果奖	厅级二等奖	吕岩威 楼贤骏 李　平
43	中国文化产品贸易本地市场效应研究	2019.12	威海市第二十二次社会科学优秀成果奖	厅级二等奖	周宏燕
44	韩国海洋观的历史变迁	2019.12	威海市第二十二次社会科学优秀成果奖	厅级二等奖	李雪威
45	区域化与安全化悖论及其视域下的周边安全	2019.12	威海市第二十二次社会科学优秀成果奖	厅级二等奖	张景全
46	在被遮蔽的历史地表之下——郭沫若“民间文艺”观历史演变考论	2019.12	威海市第二十二次社会科学优秀成果奖	厅级二等奖	孟文博
47	司法实践需要何种指导性案例——以指导性案例24号为分析对象	2019.12	威海市第二十二次社会科学优秀成果奖	厅级二等奖	孙光宁
48	推进全面从严治党要坚持“六个统一”	2019.12	威海市第二十二次社会科学优秀成果奖	厅级二等奖	房世刚
49	中国非正规就业性别差异研究	2019.12	威海市第二十二次社会科学优秀成果奖	厅级三等奖	布乃鹏 易　顺 刘梦华 孔海燕
50	美学基本理论	2019.12	威海市第二十二次社会科学优秀成果奖	厅级三等奖	许丙泉
51	近代上海与朝鲜的海上贸易(1883～1904)	2019.12	威海市第二十二次社会科学优秀成果奖	厅级三等奖	刘　畅

续表

序号	成果名称	证书日期	获奖类别	获奖等级	获奖者
52	夏目漱石小说中的近代知识分子主体性研究	2019.12	威海市第二十二次社会科学优秀成果奖	厅级三等奖	梁懿文
53	刀锋舞者的身体控制、自我建构与群体认同——青年亚文化中的自愿性风险透视	2019.12	威海市第二十二次社会科学优秀成果奖	厅级三等奖	张　乐 周　红
54	丘濬的“海运构想”——以《大学衍义补》为中心	2019.12	威海市第二十二次社会科学优秀成果奖	厅级三等奖	李谷悦
55	国际体育组织善治改革问题研究	2019.12	威海市第二十二次社会科学优秀成果奖	厅级三等奖	战文腾 孙晋海 曲爱宁
56	论作为文学地理的新疆之于红柯的意义	2019.12	威海市第二十二次社会科学优秀成果奖	厅级三等奖	于京一
57	韩国对 RDA 的探索及对我国韩文编目的启示	2019.12	威海市第二十二次社会科学优秀成果奖	厅级三等奖	王　玮

（科研处　提供）

2019年教师获得表彰与奖励

序号	获奖者单位	获奖者	荣誉名称	获奖时间	批文号
1	文化传播学院	张红军	山东大学优秀教师	2019.08.07	山大人字〔2019〕77号
2	空间科学与物理学院	史全岐	山东大学优秀教师	2019.08.07	山大人字〔2019〕77号
3	机电与信息工程学院	王小利	山东大学先进教育工作者	2019.08.07	山大人字〔2019〕77号
4	东北亚学院	刘宝全	山东大学(威海)优秀教师	2019.09.02	山大威校人字〔2019〕6号
5	数学与统计学院	齐海涛	山东大学(威海)优秀教师	2019.09.02	山大威校人字〔2019〕6号
6	艺术学院	纪维剑	山东大学(威海)优秀教师	2019.09.02	山大威校人字〔2019〕6号
7	翻译学院	李　克	山东大学(威海)优秀教师	2019.09.02	山大威校人字〔2019〕6号
8	商学院	杨　林	山东大学(威海)优秀教师	2019.09.02	山大威校人字〔2019〕6号
9	体育教学部	张　颖	山东大学(威海)优秀教师	2019.09.02	山大威校人字〔2019〕6号
10	法学院	姜世波	山东大学(威海)优秀教师	2019.09.02	山大威校人字〔2019〕6号
11	机电与信息工程学院	袁宪锋	山东大学(威海)优秀教师	2019.09.02	山大威校人字〔2019〕6号
12	海洋学院	戚明颖	山东大学(威海)优秀教师	2019.09.02	山大威校人字〔2019〕6号
13	马克思主义学院(威海)	焦　佩	山东大学(威海)优秀教师	2019.09.02	山大威校人字〔2019〕6号

续表

序号	获奖者单位	获奖者	荣誉名称	获奖时间	批文号
14	数学与统计学院	王鹏飞	山东大学(威海)先进教育工作者	2019.09.02	山大威校人字〔2019〕6号
15	文化传播学院	李　丁	山东大学(威海)先进教育工作者	2019.09.02	山大威校人字〔2019〕6号
16	商学院	郭晓妮	山东大学(威海)先进教育工作者	2019.09.02	山大威校人字〔2019〕6号
17	机关党委	韩鲁青	山东大学(威海)先进教育工作者	2019.09.02	山大威校人字〔2019〕6号
18	海洋学院	戚明颖	山东省第六届高校教师教学比赛一等奖	2019.08.04	鲁教师函〔2019〕27号
19	翻译学院	王苏华	山东省第六届高校教师教学比赛二等奖	2019.08.04	鲁教师函〔2019〕27号
20	翻译学院	王湘云	山东大学2019年度本科教学"优秀奖"	2019.09.01	山大教字〔2019〕46号
21	马克思主义学院(威海)	马秋丽	山东大学2019年度本科教学"优秀奖"	2019.09.01	山大教字〔2019〕46号
22	马克思主义学院(威海)	郝书翠	山东大学(威海)2019年度教学名师	2019.09.03	山大威校教字〔2019〕20号
23	数学与统计学院	綦建刚	山东大学(威海)2019年度教学名师	2019.09.03	山大威校教字〔2019〕20号
24	商学院	曲国霞	山东大学(威海)2019年度教学名师	2019.09.03	山大威校教字〔2019〕20号
25	法学院	张　乐	山东大学(威海)2019年度教学名师	2019.09.03	山大威校教字〔2019〕20号
26	空间科学与物理学院	张　鹏	山东大学(威海)2019年度教学名师	2019.09.03	山大威校教字〔2019〕20号
27	数学与统计学院	常　洛	山东大学(威海)2019年度我最喜爱的老师	2019.09.03	山大威校教字〔2019〕20号
28	马克思主义学院(威海)	崔　微	山东大学(威海)2019年度我最喜爱的老师	2019.09.03	山大威校教字〔2019〕20号

续表

序号	获奖者单位	获奖者	荣誉名称	获奖时间	批文号
29	机电与信息工程学院	郭春生	山东大学(威海)2019年度我最喜爱的老师	2019.09.03	山大威校教字〔2019〕20号
30	翻译学院	李　杰	山东大学(威海)2019年度我最喜爱的老师	2019.09.03	山大威校教字〔2019〕20号
31	法学院	马丽萍	山东大学(威海)2019年度我最喜爱的老师	2019.09.03	山大威校教字〔2019〕20号
32	体育教学部	苗　波	山东大学(威海)2019年度我最喜爱的老师	2019.09.03	山大威校教字〔2019〕20号
33	空间科学与物理学院	亓　斌	山东大学(威海)2019年度我最喜爱的老师	2019.09.03	山大威校教字〔2019〕20号
34	商学院	王素娟	山东大学(威海)2019年度我最喜爱的老师	2019.09.03	山大威校教字〔2019〕20号
35	海洋学院	于珊珊	山东大学(威海)2019年度我最喜爱的老师	2019.09.03	山大威校教字〔2019〕20号
36	文化传播学院	张　超	山东大学(威海)2019年度我最喜爱的老师	2019.09.03	山大威校教字〔2019〕20号
37	艺术学院	张传涛	山东大学(威海)2019年度我最喜爱的老师	2019.09.03	山大威校教字〔2019〕20号
38	东北亚学院	郑冬梅	山东大学(威海)2019年度我最喜爱的老师	2019.09.03	山大威校教字〔2019〕20号
39	商学院	杨　茗	山东大学2019年度青年教师教学比赛一等奖	2019.12.02	山大教字〔2019〕64号
40	数学与统计学院	周　丽	山东大学2019年度青年教师教学比赛一等奖	2019.12.02	山大教字〔2019〕64号
41	马克思主义学院(威海)	孙阳阳	山东大学2019年度青年教师教学比赛一等奖	2019.12.02	山大教字〔2019〕64号
42	艺术学院	吕　琳	山东大学2019年度青年教师教学比赛二等奖	2019.12.02	山大教字〔2019〕64号
43	机电与信息工程学院	严发宝	山东大学2019年度青年教师教学比赛二等奖	2019.12.02	山大教字〔2019〕64号
44	海洋学院	昝肖肖	山东大学2019年度青年教师教学比赛二等奖	2019.12.02	山大教字〔2019〕64号

续表

序号	获奖者单位	获奖者	荣誉名称	获奖时间	批文号
45	数学与统计学院	孙海伟	山东大学2019年度青年教师教学比赛二等奖	2019.12.02	山大教字〔2019〕64号
46	马克思主义学院(威海)	李谷悦	山东大学2019年度青年教师教学比赛二等奖	2019.12.02	山大教字〔2019〕64号
47	东北亚学院	崔明旭	山东大学2019年度青年教师教学比赛三等奖	2019.12.02	山大教字〔2019〕64号
48	东北亚学院	王彩芹	山东大学2019年度青年教师教学比赛三等奖	2019.12.02	山大教字〔2019〕64号
49	文化传播学院	李艳娇	山东大学2019年度青年教师教学比赛三等奖	2019.12.02	山大教字〔2019〕64号
50	商学院	刘　艳	山东大学2019年度青年教师教学比赛三等奖	2019.12.02	山大教字〔2019〕64号
51	机电与信息工程学院	苏艳蕊	山东大学2019年度青年教师教学比赛三等奖	2019.12.02	山大教字〔2019〕64号
52	数学与统计学院	蒋方翠	山东大学2019年度青年教师教学比赛三等奖	2019.12.02	山大教字〔2019〕64号
53	空间科学与物理学院	田安民	山东大学2019年度青年教师教学比赛三等奖	2019.12.02	山大教字〔2019〕64号
54	空间科学与物理学院	黄正化	山东大学2019年度青年教师教学比赛三等奖	2019.12.02	山大教字〔2019〕64号
55	空间科学与物理学院	吕英波	2019年山东大学(威海)教学能手	2020.01.13	山大威校教字〔2020〕3号
56	艺术学院	纪维剑	2019年山东大学(威海)教学能手	2020.01.13	山大威校教字〔2020〕3号
57	翻译学院	孙田丰	2019年山东大学(威海)教学能手	2020.01.13	山大威校教字〔2020〕3号
58	数学与统计学院	孙华清	2019年山东大学(威海)教学能手	2020.01.13	山大威校教字〔2020〕3号
59	文化传播学院	周新顺	2019年山东大学(威海)教学能手	2020.01.13	山大威校教字〔2020〕3号

(人事处、教务处　提供)

2019 年学生获得表彰与奖励

国家奖学金(本科生)(178 人)

叶嘉卉	段雨晴	苏冰鑫	李睿思	吕紫烟	李雪晨	刘　潇
刘　鹏	宋春林	蒋佳璇	安若楠	韩　枫	王文龙	张文豪
谭嘉文	李晓萌	沙淑洁	王文璐	张　旗	李广昊	肖一鸣
张海姣	尹曼青	李嘉栋	张慧璇	程　微	胡明政	刘一霖
林芳竹	徐鹏越	于浩月	高瑾昕	吴　磊	刘　澳	杨　珍
仲志成	江　燕	孙道明	管永原	张同贺	王义新	马天姿
周瑞恒	陈佳琪	李思源	周咏琦	王　玥	胡　睿	李飘阳
高钰洁	胡　璇	张晓凯	高　颂	刘　派	李晨阳	傅天麒
樊雨润	马文亮	黄嫣然	范泰延	罗淑宁	何莹莹	周孟琪
崔志源	王璐瑶	伊俊铭	刘梦薇	董喜月	张　奇	孙丽云
李昊辰	丛佳琦	张馨予	杨妍冰	曹文韬	顾　超	柳月悦
吕小涵	王悦竹	刘雨霏	宋旭阳	宓　恬	袁　林	董艺蕾
韩荣荣	张淑琦	王仕琦	周缇萦	张泽贤	初明辰	李安妮
徐泽凡	梁钰祺	左知欣	冯鑫蕊	吴　越	肖玉鹏	俞若淼
邹佳芯	段　滢	刘明杰	沈子琳	鄢羽岐	刘子群	田静宜
陈　琰	陈旭洋	张凌宇	卢世洁	潘怡帆	周　忆	鄢仪茹
罗语婷	於　尚	方　禧	纪高远	姜治羽	郑千禧	刘文秀
李育卉	张宇森	赵　唯	刘子岷	张　瑞	滕益诺	黄　灏
姜兆慧	李美玲	王梓森	陈冰玉	徐　源	高正阳	闫　洁
何巧林	董文琦	于　煊	丁亚伟	庄世昌	范　哲	程珂欣
叶小伟	刘家真	刘自轩	李佳颖	刘　玥	刘高峰	王子庭
李欣然	刘子涵	姜　颖	王梦潇	刘文涵	王星竹	于帅聪
韦纪宇	孙正凯	毛梓宇	嵇长凯	姜　璐	李晗羽	尹若彤
顾　悦	税擎苍	王蓬禹	熊雁妃	张　敏	田志华	王欣童
张琳琳	贺笑阳	段璎珊	杜昕霞	王应时翔	桂　颖	王福临
尹爱华	赵光凯	秦立振				

国家奖学金(研究生)(29 人)

于晓艳	王　辉	刘培鑫	汤瑞光	张明通	韩　钊	姚淑涛
郭恺琛	安泽华	孙　跃	吴睿佳	赵心荷	王　艺	丛丽妍

郭怡笛	刘彦迪	滕 宽	谢雁翔	从振楠	夏 爽	窦金蒙
朱慧敏	欧阳苗	汪羿宏	徐浩森	秦 丹	林诗琪	周留艳
刘苗苗						

国家励志奖学金学生名单(428 人)

刘 琴	向水平	鄢 萌	战聪聪	张如意	夏文雅	王 敏
张思懿	蒋 欢	奚丹阳	杜晓燕	格云清	车美慧	马燕红
汪 莉	程 莲	董华茜	万 婷	张 晶	张晓敏	柳 静
王晓明	钟 秋	何 添	李智妍	梁 诗	苏 滢	白 港
樊思雨	胡晓菲	刘 琳	王艳艳	曹文慧	辛 雨	温泽华
刘 芾	刘若川	宋 瑞	王瑞敏	张睿祺	刘 水	秦亚轩
邱 盈	毕智雪	陈 静	李 慧	郑潇玲	李春虹	刘美琴
王丽霞	王 瑶	张 佳	卓 浩	陈玉彦	李 亭	蔡文浩
王淑君	赵晓蓓	郭景亭	谭 璇	夏晓嵌	冯箫倩	兰玉晴
李晓晴	刘妍君	赵希希	付 月	胡竹君	刘晨晨	李 妍
刘 敏	刘芷伶	李慧茹	魏 歌	张金悦	王 洁	张明状
李 威	郑 毅	田婷婷	申露蓉	孟德玄	郝阳歧	李 霞
刘慧琳	孙 璠	杨宇霄	袁喜乐	王一倩	徐亚博	叶法钦
陈丽双	关 莹	王 森	吴 昊	姜 珊	罗运娜	闫佳卉
杨胜男	尤笑雨	张颖颖	张 瑜	鲍 玲	张曼林	周天琦
李 萌	马霞圆	王 妍	张 选	赵小薇	王久燕	张婧钰
陶晓雯	蔡岚翔	刘同枝	张志伟	王梦媛	王 琪	赵兴举
勒红红	齐浩桐	孙梦琦	王雪飞	张 滋	邵壮壮	孙文佳
武 臻	席佳琪	夏文君	徐红春	徐 丽	张博华	张珂鑫
方 晓	雷俊丹	雷晓君	李 敏	孙 越	张晗月	张美玲
苏丽芳	吴 榕	杜钦钦	顾明元	闫晓龙	郭丹丹	王予涵
杨 茹	周雅琼	吴 超	郭 晶	申鹏飞	任姗娜	张丽静
龚笑南	李大鹏	解超杰	赵小娜	高 婷	杨 丹	卢新悦
武静雯	杨梅煜	陈 瑶	侯迪迪	王甜甜	吴 玉	李惠珍
王晓彤	崔晓婕	高晓雨	葛 迪	孙文辉	吴小玲	段梦真
娄 茹	刘双颖	夏 溢	陈 莹	付 佳	曹玉帆	刘梦莉
闫雪晴	顾昕羽	高少齐	王桂青	吴研平	杨 扬	范泽琨
王佳琪	冉宇婷	张广顺	陈 艳	付奥亚	王纪孔	代薇洁
马 娜	童 威	王 淦	朱逸卉	王 玥	翟雨林	尹秀琳
张先浩	齐鑫钊	王雅静	张诗懿	巩守禄	胡兴甫	李柯林
汪一萍	刘 芬	谢 非	张亚娟	罗德会	王家盛	赵洪申
支良杰	陈静茹	李浩然	李 娇	徐良辉	余茜倩	刘司澳
董 喆	郭耀辉	靳鹏飞	张家瑞	张江瑜	褚泽旭	田佳旻

王　焯	赵朕宇	朱欣怡	王　浩	夏美东	程惠玲	张伟佳
李鸿路	李　彤	朱梦姝	刘维龙	刘晓明	王鹏超	辛稀龙
张福明	赵文雅	付俊宁	黄晶华	李雯昕	魏世龙	杨　甜
周　帆	高超起	苏　玲	王康博	沈君裕	高　佳	王蕾锦
董法彬	郭世平	李　悦	刘　洁	刘秋杨	郭　旺	李佳艺
刘文一	孙　琳	伊嘉诚	陈世文	白阿文	及雅诺	辛璐瑶
师建德	方　胜	李敏敏	陈　浩	田立营	信德君	张　龙
周东兴	杜小渊	金　鑫	张　妍	丁缘媛	周莹莹	秦聪聪
王锦怡	王君恒	白雨欣	司兴鹏	李　雁	张慧东	朱梦莹
朱　橹	栾梦颖	董明洁	马玉宝	沈鸿飞	许浩月	钟黄伟
冯孝莹	徐　巍	朱亚茹	向颖馨	陈玉梅	李延霞	苏晓丹
蔡佳倩	屈亚菲	王兴珍	侯青云	吴笑天	赵　宁	张雅婷
王浩洁	周　叶	李夏云	马雪梅	席晓明	郭召全	罗　娟
张海燕	江春嬉	庞　磊	朱广举	李克熠	张晟铭	宋甜硕
张钰婷	吴雨晨	刘梦辉	史雪晶	韦　薇	喻明珠	李　妍
张　婷	徐仁钊	韩淑璐	兰许华	刘丙帅	颜晓钰	胡　青
王洪波	邢　悦	于雪梅	简晓琳	刘　建	王浩宇	丁　茜
李佳宣	闵　雅	王燕妮	潘　威	郝　影	李　玲	马玉婷
武　悦	张　成	李　焕	魏佳佳	李　想	孙丰勋	许梦娇
赵晨冰	张嘉萌	兰丽菊	李　爽	林钰莹	吴　洁	邢晓莉
周秀亭	刘洋洋	彭　威	周　星	徐　静	刘　佩	张　妍
张振法	李　雪	马莹莹	吴文挑	唐永志	徐福祥	姜丁瑞
李锦萍	刘秀兰	孙蜀阳	徐　玲	延嘉璐	张　涛	邹冬炜
陈淑君	万　洁	黄　盼	李昊泽	王　彪	仇念轩	杜若范
庹先丽	夏侯聆雪	杨玲燕	张鹏雪	陈同宁	刘冬梅	吴　凡
武　莹	曹露馨	郑林林	罗　斌	谢金良	姚若楠	魏天真
刘金城	牛一凡	王佳佳	周晓英	杜高艳	胡　蝶	马珍珍
向　梦	赖源水	郑梦骋	向羽丽	潘　坤	宁美玉	候丽秋
张丽淑						

山东大学校长奖学金(12 人)

黄　灏	赵梓良	张宇森	高　颂	顾　超	范雯铖	衣天龙
张　敏	伊俊铭	姜　璐	姚淑涛(研究生)		吴睿佳(研究生)	

山东大学优秀研究生干部(40 人)

李文全	李培真	韩琛洋	李　贺	郭　瑞	刘媛媛	贾　琳
贾潍佳	徐　涛	唐　宁	王文瑶	吴睿佳	蔡倩倩	李慧琳
贺　春	张丽欣	侯欣欣	丛伶伶	董兴阳	游凌燕	郑　潇

王　静	孙凯迪	陈丽贞	李美芸	吴佩霖	刘彦羽	温　馨
潘　悦	由麒聪	张谦谦	王梦冉	张韫笛	付　昊	刘芳媛
杨　娟	王韬洁	虞丽容	高　硕	李自菲		

山东大学研究生道德风尚奖学金(1人)

薛荣鑫

（学生处　提供）

山东大学“榜样的力量”学生年度人物

韦肖杭　　王子豪

山东省“五四红旗团支部”

2015级翻译2班团支部

山东省“优秀共青团员”

高　颂

2018年度中国“大学生自强之星”

郭　仪　　蒋贤成　　李雅倩

2019年山东省大学生优秀科技社团

天文协会
机器人与电子设计协会
电子商务协会

2019年山东省大学生优秀科技社团干部

张雪益　　赵朕宇　　徐鹏越　　张子雁

第五届中国“互联网+”大学生创新创业大赛银奖

王子豪	魏东来	莫惠菁	林　杭	康婷婷	崔宇航	庄世昌
王旭泓	彭　瑶	赵梓良	谷潇潇	辛华钰	李淑婷	尹曼青
王金帅	刘佳艺	何　昊	年显勃	陈　强	卓超杰	陈子昂

第五届山东省“互联网+”大学生创新创业大赛

金奖

王子豪	魏东来	康婷婷	莫惠菁	林　杭	庄世昌	崔宇航
彭　瑶	王旭泓	孙朋磊	高　歌	李昊辰	邢嘉宝	杨　峻

白青瑞　徐鹏越　张海姣　问乐媛　刘鑫杰　骆文瑞　王晓辉
付明远　蔡雨晨　问乐媛　高红福　胡　睿　朱亚茹　杨清月
谷潇潇　李淑婷　辛华钰　尹曼青　王金帅　何　昊　刘佳艺
卓超杰　陈　强　年显勃

铜奖

赵　翔　李若彤　易伟溪　李瑞智　张易锋　唐　珊　王姿琦
叶子惠　田重阳　陈乐怡　朱亚茹　胡清远　刘盛意　李晟邦
师　月　刘　畅　黄　号　顾凌颢　孟　琛　刘　玥　刘　澳
徐俊鹏　徐书凝　问乐媛　逯阳阳　孙靖淇　高逢洲　游智予
袁淑婷　崔仁君　韩　森　王世锰　张晓鹏　邓　田　张洪喜
申登攀　孙魁旭　师　月　谢博文　潘以涛　陈　伟　师　月
崔　凌　张桂宇　汤　研　邱　钰　张柔嘉　龙剑江　徐红春
赵文韬　徐　亮　张耘溪　周紫琪　张欣哲

第十六届“挑战杯”山东省大学生课外学术科技作品竞赛

特等奖

李苏瑶　杨朵朵　张乐怡　梁泳岚　胡明昊　马左宏　刘奕江
魏　琪　王泽锋　万广辉　罗　斌　石千起　肖一鸣　韩济阳
樊雨润　李昕恬　赵婉莹　李佳航　刘　涵　周　磊　武晓阳
刘一晟　张　博　乐尚质　赵文韬　徐　亮　丁亚伟　谢一航
徐红春　付一彤　朱　颖　侯林飞

一等奖

王平平　王馨悦　邸丰瑞　张　萌　林　明　陈　珣　彭　瑶
吴笑天　叶子惠　鲜于代为　张文豪　李永昕　张笑雨　王晓青
王誉静　邢嘉宝　沈玉清　李昊辰　郑　毅　王　敏　李龙飞
张珺清　李俐蒴

二等奖

郭东旭　范雯铖　霍玉颖　高　颂　刘　昱　王　媛　孙沛钰
韩　森　游智予　张晓鹏　王立远　徐俊鹏　孙德宇　王瑞桐
杨允泽　姜　璐　曹靖雯　秦晓玲　顾　悦　朱栩量　张　凯
王泽人　罗惠文　刘殊杉　王一兴　杨翠平　祁　鹏　沈兴华
郑婧雯　刘　派　戴　畅　吴睿佳　付明远　李　权　张晓凯
许　晴　李茁杨　孟　迪　仝润青　徐　巍　陈旭洋　杨　昊
张明辉　罗浩瑞　李文天　张绪涛　钟先春

三等奖

曹露馨　王新宇　周子阳　孔　涵　付继涵　吴　磊　张学屹
孙魁旭　李治玥　付诗琪　陈　宓　刘文龙　韩一笑　唐永志
张金禄　台钰山　王铁信　郭斯琪　咸保昊　张欣哲　徐怡平

滕益诺	刘欣怡	耿俊凯	翟率宇	张鹏雪	杜若范	朱莎莎
卓超杰	刘子岷	辛华钰	马志腾	张　瑞	纪文菲	褚冯键
王金帅						

第十六届"挑战杯"全国大学生课外学术科技作品竞赛

二等奖

邢嘉宝	沈玉清	李昊晨	李雨橙	郑　毅	李龙飞	汪　戈
赵文韬	徐　亮	丁亚伟	付一彤	徐红春	谢一航	刘一霖
侯林飞	赵婉莹	李佳航	刘　涵	周　磊	武晓阳	刘一晟
张　博	乐尚质	姜　璐	曹靖雯	秦晓玲	顾　悦	朱栩量
张　凯	王泽人	罗惠文				

三等奖

李苏瑶	杨朵朵	张乐怡	梁泳岚	胡明昊	王艇戈	付锦昕
吕紫烟	王泽锋	万广辉	罗　斌	石千起	肖一鸣	韩济阳
樊雨润	李昕恬					

2018年"井冈情·中国梦"全国大学生暑期实践季专项行动优秀团队

山东大学(威海)情系井冈调研团

2019年调研中国全国30强团队

微光调研团

2019年调研中国百强团队

"量刑索义"团队

2019年青年中国行全国30强团队

GER绿革调研团

2019年青年中国行全国百强团队

深蓝调研团

2019年全国大中专学生志愿者暑期"三下乡"社会实践活动优秀团队

山东大学(威海)"菁行绿野·链动寿光"暑期社会实践团队

2019年全国大中专学生志愿者暑期"三下乡"社会实践"镜头中的三下乡"成果遴选活动优秀视频

"情暖抗日老兵,筑美丽中国梦"团队

"黔·行"助贫调研团

2019 年全国大中专学生暑期“三下乡”社会实践活动“百篇优秀调研报告”

张方倩　　邢嘉宝

“千校千项”优秀实践者

梁思源　　胡明政　　周一婷

“千校千项”优秀团队案例

山东大学(威海)“爱的三角”支教团

第十六届中国研究生数学建模竞赛

二等奖

刘传正　　刘培鑫　　李子言

三等奖

郭　瑞　　吕培鑫　　解建行　　肖　然　　段文强　　郭峰岳　　李　哲

谭　文　　王子健　　钟倩文　　李壮壮　　毕研庆　　吴　峰　　曹钲晨

曹　智　　盖立兵　　周奕杉　　李晓艳　　孟利选

（团委　提供）

全国大学生智能汽车竞赛

国家一等奖

郭慧敏　　周廉与　　王钦骅　　张　博　　朱宝宇　　朱玉岩　　周易衡

高超起　　刘高峰　　于　泰　　魏世龙

国家二等奖

宋星辰　　李　振　　毛乙舒　　陈远洋　　支良杰　　李增盛　　徐裕隆

袁广野　　韩　植　　李高铠　　左知欣　　蒋波涛　　亓佳慧　　仲芳慧

李吉星　　蒋小康

山东省一等奖

黄　号　　罗　瑞　　谢一航　　齐　鑫　　常桂林　　葛凯强　　郭慧敏

周廉与　　王钦骅　　张　博　　朱宝宇　　朱玉岩　　周易衡　　高超起

刘高峰　　于　泰　　魏世龙　　宋星辰　　李　振　　毛乙舒　　陈远洋

支良杰　　李增盛　　徐裕隆　　袁广野　　韩　植　　李高铠　　左知欣

山东省二等奖

蒋波涛　　亓佳慧　　李吉星　　蒋小康　　张仁杰　　万　科　　丁贞煜

崔　凌　　赵东方　　张桂宇　　于丰正　　范　哲　　金泽轩　　贾彦灏

张丰毅　　仲芳慧　　于　煊　　杨茗喆　　马国庆　　李天柱　　马孝冬

侯淳彬　　杨皓明　　董校廷　　赵　唯　　董法彬　　强济宇　　胡文涛

“TI 杯”山东省大学生电子设计竞赛

国家一等奖

董法彬　丁亚伟　强济宇　于　煊　杨茗喆　马国庆

国家二等奖

崔　凌　李增盛　赵东方　曲畅生　丁语嫣　张仁杰　张舒豪
常桂林　陈宝翔

山东省一等奖

王小彤　李天柱　马孝冬　张　博　朱宝宇　朱玉岩　魏世龙
范　哲　杨　君　宋星辰　毛乙舒　孙亦珣　陈远洋　支良杰
刘国杰　黄　号　张桂宇　蒋波涛　耿俊凯　王　浩　王皓月
刘子傲　司青润　高正阳　金泽轩　郭鹏宁　陈钊旸　杨皓明
董校廷　赵　唯　葛凯强　李远瑞　李德瑞

山东省二等奖

贾彦灏　罗　瑞　于丰正　李　振　任　鹏　陈泰年　周浩男
周廉与　郭慧敏　胡恒华　孙鑫浒　刘云鹏　苏　腾　丁贞煜
易伟溪　李秋雨　刘先坤　张　煜

全国大学生数学建模竞赛

国家一等奖

于　跃　周怡佳　赵铠阳　孙泽群　俞子涵　朱栩量

国家二等奖

李雪彤　殷子涵　刘高峰　宋鑫明　张丰毅　姜修宇　刘欣悦
刘家真　刘涵嘉　孙丰勋　曹　俊　李玉堂　白阿文　徐伟辰
胡兴洪　杜昕霞　翟雨璇　韩冰清　孔欣宇　殷宇佳　侯东平

山东省一等奖

汪新涛　占志强　刘芳延　刘天骄　庄文昊　曹汤伟　李嘉乐
连嘉舜　叶　扬　李金泽　武恩惠　李彦孝　赵韵宁　冯　敬
陈姿羽　王国梁　杨晨宇　刘自轩　刘育亨　秦　澳　张　雨
张佳珺　李善勇　郭　旺　张　驰　范恒豪　王鼎一　李焕琳
袁　骁　尚雯珂　马骁宁　刘馨泽　逯昊宇　郭银辉　李耀坤
刘文杰　杜镕金　辛华钰　包义颖　张千一　李　璇　石天宇
王禹丹　高羽瑶　张学楠　赵鸿儒　童仕霖　李尉溪

山东省二等奖

李　想　周秀亭　李晟邦　马澳遨　王闻达　胡珑杰　夏炳权
付超英　于　煊　孙　铭　吴　洁　石　睿　赵炜逸　赵曼羽
杨　甜　张卓良　杨济豪　门　轩　董书涵　张君石　史雪晶
王逸飞　刘子嘉　李业成　马　骁　张燕蓉　贾兆彦　李庆兰

张国政　吕沐泽　张世涛　王淑婷　刘方正　王　琪　魏仁贵
顾　峰　苏凯超　姚　蕾　孙　琳　孙云鹏　庄世昌　温海岗
王馨怡　杨玉洁　牟　娇　谢巧银　江佳佳　李德瑞　傅　越
姜晨皓　郝阳歧　白家野　田　欣　傅凯迪　崔志毅　程丽云
高慧敏　刘　玮　平力丹　邢超越　薛　茗　李　谋　郭闽安
陈　宓　傅奕欣　姜丁瑞　段璎珊　桂　颖　叶小伟　袁业杨
薛守聪　孙鑫浒　王应时翔　刘　唱　于延锐　丁语嫣　张凯炜
陶明君　王筱宁　魏浩宇　郑可心　于克欣　吕智超　刘文婕
曾鹏武　秦逸然　王　煜

山东省三等奖

杜宇霁　尹梓锦　李丹琦　张露予　鲁含章　范欣然　薛　炀
韩业辉　郭治彤　李佳琪　高文璇　董文琦　殷自艳　张　悦
李　林　杨舟凡　吴怡萱　林钰莹　郭雨萌　杜慧婷　季　坤
鹿婧怡　吉　雯　汪家锋　丁　一　吕舒畅　潘智康　王业成
陈淑君　马铭悦

美国大学生数学建模竞赛

一等奖

闵　雅　姚一枝　彭滢璇　孙文博　袁温馨　张雪钰　邢成志
周佳昱　姜　楠　杜佳兴　龙文钊　李　阳　朱泓波　马金剑
王子璇　任陆平　马玉婷　陈远洋　王泽航　苏　恪　谭嘉文

二等奖

邱立坤　王　霄　卢　锴　梁靖凯　徐　坤　武　悦　马靖坤
潘　威　邵　将　杨　超　葛　恒　肖鹤鸣　王欣童　王琳琳
姜兆慧　刘　昱　胡其桐　李柯林　耿玮晨　王浩宇　王治斌
魏　敏　闫　欣　张琳琳　郝　影　宋永宝　巩守禄

全国大学生数学竞赛预赛

一等奖

郭炜铖　武世源　武　悦　周雅琼　熊雁妃　刘延文　季　旺
钟露叶　刘德行　邢晓宇　李兰兰　张　鑫　王　彪

二等奖

翟雨璇　王福临　刘　泽　宁　斌　李傲龙　李雪劼　赵继楠
黄　盼　王浩龙　高逢洲　王竞由　童雅闻　谷佳铭　赵晓晴
岳峻宇　彭稳帅　廖　俊　李柳欣　曾文彪　郭金华

三等奖

杜昕霞　王　煜　吴禹辰　平力丹　王应时翔　刘涵嘉　邱梓轩
刘秀雯　赵光凯　刘　宇　包义颖　唐　涛　齐浩桐　姚劲嵩

单晨宇　陈茜茜　李沛东　王梦潇　王逸飞　陈旭峰　许崇喜
许浩天　张　潞　魏苏伟　魏仁贵　徐伟辰　姜　昂　连恬颖
朱虹煜

山东省大学生数学竞赛

一等奖

郭炜铖　武世源　武　悦　周雅琼　熊雁妃　刘延文　季　旺
钟露叶　刘德行　邢晓宇　李兰兰　张　鑫　王　彪　宁　斌
李傲龙　李雪劼　赵继楠　黄　盼　王浩龙　高逢洲　王竞由
童雅闻　谷佳铭　赵晓晴　岳峻宇　彭稳帅　廖　俊　李柳欣

二等奖

翟雨璇　王福临　刘　泽　曾文彪　郭金华　刘　宇　包义颖
唐　涛　齐浩桐　姚劲嵩　单晨宇　陈茜茜　李沛东　王梦潇
王逸飞　陈旭峰　许崇喜　许浩天　张　潞　魏苏伟　魏仁贵
徐伟辰　姜　昂　连恬颖　朱虹煜　延嘉璐　孙立锴

三等奖

杜昕霞　王　煜　吴禹辰　平力丹　王应时翔　刘涵嘉　邱梓轩
刘秀雯　赵光凯　赵曼羽　尹爱华　孙丰勋　薛守聪　庄世昌
耿文清　傅　越　刘育椿　罗琪頔　陈世文　尹卓然　吴燚点
李泽熹　张　涛　高宇冰　孙蜀阳　王东瑞　毛梓宇　韩建宇
张　洁　鹿婧怡　赵紫旭　周　璇　吴　征　尹若彤　白阿文
李潞琪

“外研社杯”全国英语写作、阅读、演讲、辩论赛

华东赛区三等奖

黄诗宸　王雨洁

山东赛区二等奖

刘　扬

山东赛区三等奖

任欣悦　曾依淼　陈　瑶　王逸凡　刘国庆

全国大学生英语竞赛

特等奖

黎杞柳　鲁书伶　马天姿　杨舟凡　周曾真　安若楠　张若滢
魏　丹

一等奖

李　权　高　歌　郭金华　杨子怡

二等奖

陈　茉	张弋棋	郝阳歧	袁　鑫	安　婷	段佳乐	郭舜尧
卢博超	徐毓宏	杨奕文	尹青青	张文豪	樊静晖	雷雅婧
孙格尔	向静芳	邢力元	许　可	杨妍冰	张鸿鹏	陈泽燕
林日锦	施禹彤	王梦潇	杨曼琳	张　奇	曾　好	陈涵清
李　林	李姝凝	陶晓君	邓　锐	方　彪	李可欣	李宣羽
刘博雅	娄佳佳	徐含笑	许天琪	张铁伦	胡明昊	李美玲
刘欢文	吕紫烟	王江霖	王逸潇	姚依汝	蔡晓亮	丁　宁
郝　影	胡　睿	李思源	李雪晨	刘函冰	刘　潇	刘辛夷
唐定安	徐　琳	张佳欣	管　珺	蔡笑天	傅钰婷	李景祎
刘会欣	汤　研	萧睿尔	王　菲	吴　曌	邱　钦	姚元庆
易罗京	杨　丹	单　铮	刘雨霏	魏天赐	吴　珂	殷　铮
吴　越	卢京艳					

三等奖

刘　冉	王海蓉	张佳佳	章烨铭	方灵娜	高晶晶	李明蔚
涂巧为	许函嘉	姚若楠	于孟新	张渝敏	张子涵	郑潇玲
陈婧文	高家辉	胡子怡	李修智	刘子群	秦　澳	田馨惠
汪杉宇	王　陆	王思允	王文璐	谢留葳	徐　迅	杨文晗
翟荣丽	张枫林	张　笑	高晓静	管永源	黄逍逸	姜子禾
劳觉晓	梁　嫣	卢益玮	马小月	王晓明	姚天歌	叶妍妍
于晓琳	张辰曦	张慧璇	陈佳琪	葛路晴	季欣怡	李家臻
刘　璐	刘孟晗	齐浩桐	吴初婕	许　诺	鄢羽岐	张　洁
朱　晴	陈　煜	范雯铖	高华辰	贺笑阳	李容蓉	马荐桥
牛雨晴	宋思怡	汪涵君	徐潇宇	姚　蕾	姚　越	伊圣楠
张可鑫	张译匀	甄　成	陈　楠	达布娜	段德豪	谷佳铭
胡明政	梁思源	刘盛意	栾张心怿	孟维一	彭雨薇	王天南
王文文	王雅博	许汉楠	许婉怡	许新冉	许　越	严文静
杨　茹	展丽丽	张　旗	张若曦	张淑茹	朱　恒	寸锦瑶
葛春蕾	耿广瑞	孔心怡	李梦璐	李文浩	林海强	刘佳鑫
沃　仑	杨朵朵	曹文韬	宋旭阳	杨伊雯	柯　宁	李文文
张乐怡	刘颜钰	刘渝沛	黄诗宸	汤　倩	张婷婷	刘秋实
刘子玉	杨梅煜	杲海啸	龚笑南	刘姝童	解念潘	郑兴丽
李乐乐						

全国大学生节能减排社会实践与科技竞赛

国家一等奖

李佳航	林珊燕	曹麒元	乐尚质	潘文瑾	程珂欣	许东方

国家二等奖

辛华钰	王金帅	叶妍妍	傅天麒	尹曼青	李华杰	马天姿
吴笑天	鲜于代为	孙沛钰	张文豪	叶子惠	王誉静	王晓青
许邓颖	尹曼青	潘文瑾	周心竹	吕风光	景载喻	张　迪

国家三等奖

高　歌	徐　琪	吴笑天	张文豪	胡其桐	李佳琪	商晨曦
董一鸣	刘一晟	辛稀龙	姜　鲲	李佳凝	高舒欣	刘欣怡
卓超杰	刘子岷	马志腾	赵婉莹	辛华钰	张　瑞	纪文菲
王舒欣	张泽慧	刘毅恒	李　雪	徐凯强	李晗羽	黄紫仪
王泽锋	万广辉	罗　斌	石千起	肖一鸣	樊雨润	李昕恬
王铁信	郭斯琪	咸保昊	张欣哲	徐怡平	滕益诺	张茜卓
陆晓雅	廖　皓	郭东旭	姚若楠	王　菲	王雪清	瞿小茜

ICPC 国际大学生程序设计竞赛亚洲区域赛、全国邀请赛

国家银奖

朱向阳	姜兆慧	王金晖	邢超越	肖　龙	李朝阳	叶小伟
曾鹏武	谢松江	刘自轩				

国家铜奖

曾鹏武	王国梁	刘自轩	陈兆宇	谢松江	赵舒啸	肖　龙
秦逸然	叶小伟	李朝阳				

国家优胜奖

程丽云	展　超	邢超越	曾鹏武	谢松江	刘自轩	付同有
季克欣	庄昊霖	王国梁	王金晖	于帅聪	郗浩宇	宣启楠
朱向阳						

山东省大学生机电产品创新设计竞赛

一等奖

刘皓天	姜鹏飞	林子琛	王　研	郭慧敏	巩守禄	郭鹏宁
孔馨伟	郭　兴	赵文雅	李佳航	乐尚质	刘　畅	朱亚茹
程珂欣	张　瑞	郭　兴	史媚颜	刘子岷		

二等奖

施雅娟	韩　森	孙德宇	张晓鹏	游智予	李鸿路	滕益诺
赵　熙	刘欣怡	王金帅	徐丹丹	孔馨伟	蔡思羿	徐子婷
卓超杰	纪文菲	纪文睿	周子帆	张欣哲	郭斯琪	王铁信
林　茜	耿俊凯	张欣哲	刘宏坤	牟崇岭	陈序飞	常　皓
郭鹏宁	吴一丹	徐长皓	张虎驰	范　哲	郑礼靖	金泽轩
王鹏超	于丰正	初　鹭	马孝冬	石旺龙	夏陈爽	董　强
许东方	周子扬	赵文韬				

三等奖

郭鹏宁	常　皓	李方琰	尚雯珂	王金帅	吴昊泽	赵　坤
刘国杰	毛天仪	骆文瑞	张　朔	王天嘉	周　璇	张雨晨
薛艳军	马志腾	何鑫豪	彭滢璇	魏世龙	袁毓珺	段连水
王梦潇	方欣冉	左海姣	吴一丹	齐鸿昊	胡兴甫	姜元彬
史媚颜	郭斯琪	王铁信	陈序飞	张耀宽	刘维龙	辛稀龙
姜　鲲	邢文锦	宋文哲	周子帆	郭金华	单晨宇	郭鹏宁
李方琰	王金帅	常　皓				

"蓝桥杯"全国软件和信息技术专业人才大赛

国家一等奖

赵洪申

国家二等奖

王家盛　颜子琛　张　煜　李朝阳

国家三等奖

张虎驰	王小彤	王钦骅	狄明宇	随顺帆	郑　浩	肖　龙
张雪益	刘昊昕					

国家优秀奖

邢超越　刘文涵　梁　啸　叶　珂　刘自轩

全国大学生软件创新大赛

国家一等奖

李威宇　吕浩然　曲振青　郭耀辉

山东省大学生科技创新大赛

一等奖

赵文韬	丁亚伟	徐　亮	付一彤	徐红春	李佳航	曹麒元
吴守宇	王馨怡	刘亚琪				

二等奖

辛华钰　李华杰　牛雨晴　周子帆　张所航

三等奖

王　彪	李泽熹	于绪昊	韩建宇	张志云	张家林	李玉森
王一喆	黄亚辉	魏世龙	周子扬	马志腾	宋启鑫	侯林飞
常　皓	郭鹏宁	王金帅	李方琰			

山东省新动能软件设计大赛

特等奖

张金禄　刘文龙　台钰山　韩一笑　唐永志

二等奖

贾彦灏	张所航	王淑娇	徐俊鹏	张景文	刘佳艺	吴俊贤
胡传杰	谷体林	尹清宇				

三等奖

孔祥涛	康馨予	陈兆宇	张伟佳	刘　冉	姜兆慧	赵梓良
问乐媛	魏　敏	武正义	樊星萌	仇立平	李思达	陈　果
徐莫迟	孙　琳	赵子悦	吴　杰	伊嘉诚	许　邵	黄少强
靳　婧	刘　桐	汪艺蕾	赵　逸	祝　园	胡明政	王怡晨
张青山	陈彦君	高　歌				

优秀奖

赵　悦	高　佳	高向祎	郑　旭	黎金宇

山东省大学生智能控制大赛

一等奖

尚雯珂	汪家锋	沈钧贤	孔晨杰	翟　昶	李心怡	曾紫悦
罗凯源	龙明峰	闫　洁	董　琳	王家盛	王　浩	曹浩林
赵博文						

二等奖

张玉鹏	盛屹君	宋勃仪	于丰正	王田野	瞿宇珂	陈钊旸
周　帆	李佳凝	张家林	石旺龙	周子扬		

三等奖

姜　涧	陈　阳	曹圣彬	王小彤	常桂林	马孝冬	魏世龙
丁贞煜	葛凯强	高正阳	刘子傲	高玉玺	李雯昕	蒋　静
卢明倩						

山东省大学生电子与信息技术应用大赛

一等奖

徐　亮	葛凯强	黄善源

三等奖

丁亚伟	董法斌	于溯洄

山东省大学生虚拟现实大赛

三等奖

靳　婧	刘　桐	汪艺蕾	赵　逸	祝　园	师建德	李佳颖
谭　倩	徐一方	李佳艺				

全国大学生数字媒体科技作品及创意竞赛

全国一等奖

靳　婧	刘　桐	汪艺蕾	赵　逸	祝　园	柴　季	沈效龙
罗予煖	崔慧兰					

全国二等奖

邹鸿博　陈冰玉　罗予煖　于萌萌　师建德　刘杰　郭恩钰
刘小蝶　李青苇　单广威　胡皓翔　李洵楷　王炳人　毕晨哲
卓晓玲　闫硕　于萌萌　魏晓瑞

全国三等奖

师建德　李佳颖　谭倩　徐一方　李佳艺

山东省大学生数字媒体创意大赛

一等奖

闫硕　于萌萌　魏晓瑞　靳婧　刘桐　汪艺蕾　赵逸
祝园　柴季　沈效龙　罗予煖　崔慧兰

二等奖

李佳颖　刘精楠　王天泽　杨徽　彭滢璇　李文玉　陈冰玉
邹鸿博　康秦潇

三等奖

王天泽　李佳颖　刘精楠　孟晓蕾　胡皓翔　李洵楷　王炳人
毕晨哲　卓晓玲　刘杰　郭恩钰　刘小蝶　李青苇　单广威
史成章　彭滢璇　李文玉　余润泽　孙正阳

全国三维数字化创新设计大赛精英联赛

全国一等奖

邹鸿博　陈冰玉　罗予煖　于萌萌

全国二等奖

柴季　沈效龙　罗予煖　崔慧兰

山东省大学生软件设计大赛

一等奖

刘家真　胡真　魏际童　季明珠　孙琳　高舒欣　李佳艺
邹汶成　熊文涛　翟冰冰　吴俊贤　胡传杰　谷体林　尹清宇
闫硕　于萌萌　魏晓瑞　胡皓翔　李洵楷　王炳人　毕晨哲
卓晓玲

二等奖

李思达　陈果　徐莫迟　吴怡萱　刘文一　万婷婷　姚锐
李天一　师建德　李佳颖　谭倩　徐一方　李佳艺　刘杰
郭恩钰　刘小蝶　李青苇　单广威　靳婧　刘桐　汪艺蕾
赵逸　祝园　贾兆彦　管兴政　解纯豪　熊昕　李朝阳

三等奖

赵悦　高佳　高向祎　郑旭　黎金宇　彭滢璇　李文玉

陈冰玉　　邹鸿博　　康秦潇

山东省大学生 ACM 程序设计竞赛

一等奖

朱向阳　　姜兆慧　　王金晖　　张路鹏　　林煌程　　谢松江

二等奖

陈兆宇　　洪椿祥　　赵舒啸　　张江瑜　　包文瑞　　周弘邺　　肖　龙
秦逸然　　叶小伟　　曾鹏武　　王国梁　　刘自轩　　李朝阳　　陈霄鹤
李济帆　　刘文涵　　付同有　　庄昊霖

三等奖

张江瑜　　包文瑞　　周弘邺　　李世鹏　　陈　博　　潘智康　　程丽云
展　超　　邢超越

优胜奖

狄明宇　　季克欣　　段瑶光　　张雪益　　王景坤　　顾金哲　　周　鑫
徐　来　　尚静萱　　缪杨博涵　周纪元　　王子骏　　于帅聪　　郗浩宇
宣启楠

中国机器人大赛

国家一等奖

闫振兴　　李　超　　王俐文　　邓　宇　　田晓杰　　刘鲁钰　　孙文凯

中国工程机器人大赛暨国际公开赛

国家一等奖

李增盛　　崔　凌　　赵朕宇　　李佳凝　　徐裕隆　　辛稀龙　　林　茜
张耀宽　　张雨晨　　周　帆　　孙　博　　张作元

国家二等奖

刘宗芳　　康　喆　　王浩龙　　黄　号　　刘　德　　彭宇轩　　强济宇
李秋雨　　齐　鑫

国家三等奖

魏世龙　　易伟溪　　范　哲　　许凡凡　　杜宇霁　　刘先坤　　徐丹丹
钟黄伟　　罗　瑞

山东省大学生机器人大赛

三等奖

段浩然　　贾子豪　　康　喆　　左海姣　　李加冕　　段连水　　申思迪
侯林飞　　杨　冠

山东省高校机器人大赛

一等奖

丁缘媛	朱力业	邢晓璇	林锦懿	曾紫悦	龙明峰	罗凯源
周　帆	张桂宇	高超起	崔　凌	魏世龙	赵东方	胡恒华
张　煜	刘先坤	张昕元	姚加威			

二等奖

张所航	赵泽洋	范海琳	王奕霖	李邵宸	李雯昕	李亚菲
张家林	蒋　静	陈钊旸	伊保钊	周子帆	宋文哲	周怡君

三等奖

史鉴兴	李家臻	马　可	王思阳	高宏宇	祁昊冉	骆文瑞
赵浩然	李荣俊	赵国胜	李梓航	青　贤		

中国大学生团体程序设计竞赛

国家金奖

姜兆慧	赵舒啸	张江瑜	朱向阳	叶小伟	陈兆宇	王金晖
秦逸然	刘自轩	曾鹏武				

国家铜奖

程丽云	王国梁	肖　龙	邢超越	林煌程	张路鹏	随顺帆
隋佳璐	于　森	段瑶光	周弘邺	周　鑫	李朝阳	潘智康
李世鹏	刘昊昕	狄明宇	谢松江	季克欣	包文瑞	

山东省大学生物理科技创新大赛

一等奖

刘婧娴	姜丁瑞	傅奕欣	叶晓玲	张丹妮	徐　玲	迟浩晨
薛浩然	陈靖光					

二等奖

刘毅恒	黄紫仪	王业成	史先德	王甜甜	武恩惠	邹冬炜
刘秀兰	孙蜀阳					

三等奖

杨玉洁	石新正	李彦昭

山东省第二届大学生物理竞赛

一等奖

李昊泽	沈国诚	宋桓宇	孙泽源	王锡铭	魏志伟	王　霄
张志鹤	唐　涛	徐　巍	孔祥庆	张玉征	徐福祥	刘德行
张泽慧	白洪斐	李景深	鲁怡铭	刘宝山	赵继楠	周　衡
王子鹤	黄　盼	宁　斌	张鸿飞	傅奕欣	詹秀秀	武世源

张　超	王科迪	夏美东	陈玉梅	尹卓然	江育其	郝　影
胡其桐	陈煜斌	龙文钊	闫　洁	孙莹莹	徐　源	丁贞煜
李庆刚	王子璇	曲畅生	谭　越	范　哲		

二等奖

孙泽群	王　焜	马铭悦	张云润	魏上杰	高兆瑞	台钰山
魏恒远	卢梓菡	马龙行	乔　一	王　彪	赵一阳	胡建昌
岳宗顺	郑浩然	吴文挑	翟荣丽	覃基鹏	蔡智超	廖峥理
刘紫翔	林　硕	陈淑君	刘秀兰	王志成	苏晓丹	李嘉豪
缪昭明	刘子傲	宋永宝	李晓露	刘炜灏	刘一晟	刘文迪
梁宇乾	刘皓天	王天嘉	田佳旻	王　研	娄心怡	闫　欣
高　恒	李　玲	刘　芬	司青润	张虎驰	龚健欢	李鸿路
褚泽旭						

三等奖

吴　征	王汝翀	杨　雯	朱瑞晋	陈旭峰	陈红宇	孙研研
陈政宁	夏　昊	孙　珩	郭炜铖	张　端	刘子嘉	鞠恩明
李英健	肖　全	高天昊	张弘燚	贾鹏旭	江新月	王传兴
万　洁	廖天祥	刘北辰	王雪松	郑书玥	钱阳波	曹雅婷
姚立邦	宋勃仪	张琳琳	朱泓波	何　甜	钱璐琦	李　震
魏宇彤	傅凯迪	陈晓琳	王明杰	沈元婷	董　琳	高正阳
李芃生	李欣妍	张嘉傲	刘宏鑫	王皓月	郭　鹏	

全国大学生天文创新作品竞赛

全国一等奖

郭银辉	马莹莹	白洪斐	傅奕欣	石英娟	杨博雯	张志云
李彦昭	王诗扬	李泽熹	赵冠宇			

全国二等奖

王　彪	王　越	王　汛	潘辰安	于绪昊

全国三等奖

罗毅彬	陈淑君	马铭悦	陈婷婷	李彦昭	石光远	陈婧文

全国优胜奖

张天乙

国际刑事法院中文模拟法庭比赛

全国一等奖

吴雯哲	高钰洁	段德豪	韩　潇	许婉怡	刘　派

国际刑事法院英文模拟法庭比赛

全国二等奖
胡　璇　　余思婷　　翟率宇　　吕雯康　　罗天成　　张靖宇

JESSUP 国际法模拟法庭比赛中国赛区

一等奖
左　航　　周芳园　　朱莎莎　　夏侯聆雪　陈　颖　　胡明昊　　秦朝蔚
汪真如　　许新冉

中国大陆地区红十字国际人道法模拟法庭竞赛

一等奖
傅天麒　　胡晴雁　　张泽禹　　吴雅格　　孙浩迪　　季文韬　　贾成昭

山东省高等学校大学生模拟法庭比赛

三等奖
李晨阳　　黄嫣然　　张天雨　　张　浩　　王　敏　　向羽丽

IMA 校园管理会计案例大赛

华东北赛区三等奖
冯　婷　　罗　颖　　傅钰婷　　卢伟敏

全国高校商业精英挑战赛"云泽杯"创新创业竞赛

全国一等奖
汪涵君　　葛树荣
全国二等奖
徐鹏越　　郭嘉烜　　邢　星　　郭小妹　　蒋佳璇　　郭宇明
山东省二等奖
胡明政　　张梦琪　　陈彦君　　邱　钰

全国大学生电子商务"创新、创意及创业"挑战赛

山东省三等奖
高　歌　　邢嘉宝　　李昊辰　　王艺棚　　张晏榕

山东省第十四届青少年舞蹈比赛

一等奖
左知欣　　郑　璇　　钟子杰　　郑　璇　　程　颖　　卢晓婷　　吴卓然
吕舒宁　　刘宗昕

二等奖

刘宗昕	董明则	付奥亚	卞峥奇	武冠宇	王心怡	盛　凯
吕舒宁	何佳龙	赵　妍	卢晓婷	吴卓然	苗建青	董明则
佘　雪						

三等奖

苗建青　　郑奔驰

山东省第五届高校美术与设计专业师生基本功比赛

一等奖

王　琦

三等奖

郭嘉宝　　马佳丽　　何天怡　　刘　霞

（教务处　提供）

山东省研究生优秀成果奖

周杨铭　　导师:王成优

山东省优秀硕士论文

题目:《形式解释论与实质解释论的立场之争与选择》
作者:管亚盟;导师:刘军
题目:《火星相关黄钾铁矾的实验室模拟与光谱学研究》
作者:刘长卿;导师:凌宗成
题目:《批评性语篇分析视域下的伊斯兰和穆斯林形象表征研究》
作者:张强;导师:李克

山东大学优秀硕士论文

题目:《分数阶微积分在若干反常传质传热问题中的应用研究》
作者:王晓平;导师:齐海涛

山东大学优秀博士论文

题目:《地方立法的动力机制研究》
作者:黄兰松;导师:汪全胜

（学科建设与研究生处　提供）

聘用相关专业技术职务及岗位人员名单

山东大学关于聘任张文智等 634 名同志相应专业技术职务的通知

山大人字〔2020〕19 号

（威海校区）

各有关单位：

根据《关于开展 2019 年度专业技术职务聘任工作的通知》（山大人字〔2019〕101 号）等文件精神，经个人申报、单位资格审核推荐、中级评审委员会评审、校外同行专家鉴定、学科评议组评审、公示、高级评审委员会审定等程序，学校研究决定，聘任张文智等 634 名同志相应专业技术职务，聘任时间自 2019 年 9 月算起。其中，因公出国（境）自报到当月起聘。聘任名单如下：

一、高等学校教师系列

教授四级岗：

芮　欣　崔　英　张　剑　吴静寅　陈学胜　孙庆峰　赵　宏
侯旭光　汤朝灵　宋凯凯　宋　勇

副教授三级岗：

武　鹏　周　妍　黄秀国　安祥祥　王　岩　刘彦鹏　周婷婷
李　宁　张伟强　张志平　于静静　孙　克　牟利明　杨丰凯
卢　红　李秀艳　蒋玉蛟　丛　伟　侯俊峰　宋　波　邢赞扬
路士州　杨　飞　张　立　王文玉　王艳玲　张　斌

讲师三级岗：

孙绍轩　邱海业

二、思想政治教育系列

副教授三级岗：
郭晓妮
讲师三级岗：
申　新　赵天舒　王祎璠　王紫山　翟俊伟　张欣媛　窦尚孝

三、工程、实验系列

高级实验师三级岗：
蒋守芬　邢　翔

四、教育管理研究系列

助理研究员三级岗：
党务：
杨　青　赵　昆　戚伟良　李　松
行政：
门潇洪　谭　谦　孙　艳　郭　楠　胡启超　张正武　丛岗滋
赵　辉　薛　峰　宋　嵩　张　帆　边　婧　袁　伟　邹晓光
韩鲁青　郇　迪　李　齐　高绍山　刘　亮　耿菁璐　尹传波
刘　书　陈　超　孙巍峰　万　伟

五、图书、档案、文博系列

研究馆员四级岗：
艾　雰
副研究馆员三级岗：
赵林林
馆员三级岗：
高　雪　聂麟枭

六、会计、审计系列

审计师三级岗：
李　晨　张　珂

山东大学
2020年3月9日

山东大学关于聘任林忠军等 944 名同志相应专业技术岗位的通知

山大人字〔2020〕20 号

（威海校区）

各有关单位：

根据《关于开展 2019 年度专业技术岗位和管理岗位调整工作的通知》（山大人字〔2019〕102 号）等文件精神，经个人申报、单位审核推荐、各系列专家组评审、公示、学校专业技术岗位评审委员会审定等程序，学校研究决定，聘任林忠军等 944 名同志相应专业技术岗位，除特殊情况外聘任时间自 2019 年 9 月算起。聘任名单如下：

一、教学科研岗位

三级岗：

孔海燕	吴文新	张　颖	潘景昌			

五级岗：

朱　峰	宋慧敏	魏晓丽	宫建红			

六级岗：

于京一	王宝霞	王胜海	车玉菊	石维彬	毕颖达	吕英波
刘　冰	刘　畅	刘　勇	刘　燕	许　乐	阮桂平	孙伟华
怀其勇	张晓君	赵瑞杰	姜　斌	夏卫国	鲁法芹	戴艳萍
魏文忠						

八级岗：

于立强	马艳朝	丛伟艳	李莉萌	陈　欣	郑　岩	徐　萍
常　丽	崔文韬	程　昀				

九级岗：

于　波	王苏华	王效强	王彩芹	王　曦	叶　准	叶萌祺
曲笛鑫	吕丽丽	吕　琳	吕新芳	庄静静	杜　祎	李英秀
李　岩	李晓霞	杨　杰	张欣然	张　亮	郑　艳	赵　青
柳军涛	昝肖肖	贾文峰	徐　驰	凌士显		

二、思想政治教育岗位

六级岗：
范　蕊
八级岗：
李　捷　　陶　宏　　臧运蕾
九级岗：
吕淑华　　李　静　　周守玉　　赵海慧　　宿美玲　　董薇薇

三、工程、实验岗位

六级岗：
宋淑亮　　袁胜忠
八级岗：
刘　芬　　何荣毅　　郭迪福
九级岗：
孔令明　　朱　慧　　刘莹莹　　刘萍萍　　孙大鹏　　李敦峰　　武　昭
彭传校

四、图书、档案、文博岗位

六级岗：
司献英　　毕艳娜
八级岗：
姜玉晶　　崔　明
九级岗：
王　玮　　王　忠　　刘　聪　　薛　芹

五、会计、审计岗位

八级岗：
万　辉　　肖建会

山东大学
2020年3月9日

山东大学关于聘任汤亚杰等196名同志相应专业技术岗位的通知

山大人字〔2020〕21号

（威海校区）

各有关单位：

根据我校杰出人才和新进人员专业技术职务聘任的有关规定，经学校研究，决定聘任汤亚杰等196名同志相应专业技术岗位。聘任名单如下：

教授四级岗：

陈景帝（自2019年5月起聘）　冯奎双（自2019年1月起聘）

门中敬（自2019年5月起聘）　于艳妮（自2019年2月起聘）

郑瑞生（自2019年4月起聘）　李雪威（自2018年11月起聘）

刘　晶（自2019年9月起聘）　贾焕银（自2019年12月起聘）

研究员四级岗：

李　源（自2019年9月起聘）

副研究员三级岗：

姜振帅（自2019年1月起聘）　孔祥良（自2018年12月起聘）

李冬新（自2018年11月起聘）　李佳硕（自2019年3月起聘）

苗晓庆（自2019年9月起聘）　张乃千（自2019年11月起聘）

刘　沛（自2019年12月起聘）　卞玉龙（自2019年12月起聘）

乔　乐（自2019年12月起聘）

讲师三级岗：

李谷悦（自2018年9月起聘）　刘　晨（自2018年12月起聘）

孙立杰（自2018年9月起聘）

助理研究员三级岗：

宋　雯（自2019年11月起聘）　孙　虹（自2019年12月起聘）

助教二级岗：

郑洪宇（自2018年7月起聘）　崔鹏飞（自2018年7月起聘）

丁　玲（自2018年7月起聘）　王萧涵（自2018年7月起聘）

许广义（自2018年7月起聘）　尹金龙（自2019年7月起聘）

李　倩（自2019年7月起聘）

助理实验师二级岗：

康苒(自2018年7月起聘)　　潘世会(自2018年7月起聘)

孟令涛(自2019年7月起聘)　　丛小茗(自2019年12月起聘)

韩建平(自2019年12月起聘)

助理工程师二级岗：

李智超(自2018年7月起聘)　　付　达(自2019年7月起聘)

杨浩志(自2019年7月起聘)　　陈楷丰(自2019年9月起聘)

助理会计师二级岗：

刘　俊(自2019年7月起聘)

山东大学

2020年3月9日

新聘研究生指导教师名单

2019年新聘博士研究生指导教师名单

序号	所属培养单位	姓名	二级学科名称
1	商学院	马万里	公共经济学
2	商学院	吕岩威	公共经济学
3	商学院	宁光杰	公共经济学
4	文化传播学院	尹海良	语言学及应用语言学
5	文化传播学院	李自雄	文艺学
6	空间科学与物理学院	武中臣	地球物理学
7	空间科学与物理学院	高建华	粒子物理与原子核物理
8	海洋学院	李　霞	海洋科学
9	海洋学院	李志华	海洋科学
10	东北亚学院	苗　威	国际政治
11	东北亚学院	张景全	国际政治
12	翻译学院	李　克	外国语言学及应用语言学

（学科建设与研究生处　提供）

2019 年新聘硕士研究生指导教师名单

序号	所属培养单位	姓 名	二级学科名称
1	东北亚学院	刘 畅	东亚史
2	东北亚学院	苗 威	东亚史
3	东北亚学院	刘宝全	东亚史
4	东北亚学院	闵英兰	朝鲜语口译
5	东北亚学院	毕颖达	国际政治
6	东北亚学院	洪 静	国际政治
7	东北亚学院	张景全	国际政治
8	法学院	张伟强	法学理论
9	法学院	程婕婷	行政管理
10	翻译学院	黄秀国	英语语言文学
11	海洋学院	陈 浩	海洋生物学
12	海洋学院	白 楠	海洋生物学
13	海洋学院	厉 萍	海洋生物学
14	海洋学院	丛 伟	微生物学
15	海洋学院	周燕霞	药物化学
16	机电与信息工程学院	乔 琨	材料学
17	机电与信息工程学院	王延刚	机械工程
18	机电与信息工程学院	宁淑荣	机械制造及其自动化
19	机电与信息工程学院	张克国	机械制造及其自动化
20	机电与信息工程学院	曲美霞	计算机软件与理论
21	机电与信息工程学院	姜 斌	计算机应用技术
22	机电与信息工程学院	李 栋	计算机应用技术
23	机电与信息工程学院	王文玉	计算机应用技术
24	机电与信息工程学院	衣振萍	计算机应用技术
25	机电与信息工程学院	张亚涛	计算机应用技术
26	机电与信息工程学院	杨润涛	控制理论与控制工程

续表

序号	所属培养单位	姓　名	二级学科名称
27	机电与信息工程学院	苏艳蕊	电子与通信工程
28	空间科学与物理学院	付　辉	空间物理学
29	空间科学与物理学院	付晓辉	空间物理学
30	空间科学与物理学院	孔祥良	空间物理学
31	空间科学与物理学院	高　凡	空间物理学
32	空间科学与物理学院	孙　珲	凝聚态物理学
33	马克思主义学院(威海)	陈　宾	马克思主义中国化研究
34	马克思主义学院(威海)	房世刚	马克思主义中国化研究
35	马克思主义学院(威海)	孙　克	马克思主义中国化研究
36	商学院	陈　欣	会计
37	数学与统计学院	陈　潇	基础数学
38	数学与统计学院	孙海伟	基础数学
39	数学与统计学院	蒋玉蛟	基础数学
40	数学与统计学院	孙伟华	运筹学与控制论
41	数学与统计学院	廖宝超	运筹学与控制论
42	数学与统计学院	柳军涛	运筹学与控制论
43	数学与统计学院	孙午阳	运筹学与控制论
44	文化传播学院	蔡象丽	语言学及应用语言学
45	文化传播学院	孟文博	中国现当代文学
46	艺术学院	戴艳萍	美术
47	艺术学院	赵江源	艺术设计
48	艺术学院	赵　鸿	舞蹈学
49	艺术学院	郑　岩	舞蹈学
50	艺术学院	周婷婷	音乐

（学科建设与研究生处　提供）

组织机构与干部任职名单

中共山东大学(威海)工作委员会

党工委书记:尹作升
党工委副书记:赵玉璞　郭培良　周慧如
纪工委书记:郭培良
党工委委员:刘建亚　尹作升　韩建新　赵玉璞
　　　　　刘　海　郭培良　周慧如　黄凯南

校长、副校长

校长:刘建亚
常务副校长:韩建新
副校长:刘　海　夏利东　黄凯南

处级领导干部

单　位	职　务	姓　名
党工委(校长)办公室	主任	杨　玉
	副主任	刘晓军
	副主任	范其学 (2019.1～2019.10)
	副主任	顾　炜
纪检监察审计办公室	主任兼纪工委副书记	周大白
	副主任	薛施贞
党工委组织部	部长	张文玺
	副部长	梁奉军
党工委宣传统战部	部长	姜　强
	副部长	魏　斌
学生工作部(处)	部(处)长	王景瑞
	副部(处)长	孙丽霞
	副部(处)长	刘会刚
	副处级辅导员	于和利
团委	书记	于振涛
工会(妇委会)	主席兼妇委会主任	朱桂华
	副主席	姜　胤
离退休工作办公室 (离退休党委)	书记、主任	刘　玮
机关党委	书记	王迎宾
人事处	处长	黄建军
	副处长	葛彩云
教务处	处长	王湘云
	副处长	贾慧卿
科研处	处长	高　军
	副处长	吴玉阁

续表

单　位	职　务	姓　名
学科建设与研究生处	处长	吴丙新
	副处长	陈昌珠
财务处	处长	于燕臣
国际合作与交流处(港澳台事务办公室)	处长(主任)	孔海燕
	副处长	孟凡波
资产与实验室管理处	处长	王福安
	副处长	宋玉厚
	副处长	原所东
保卫处	处长	林朝旭
	副处长	王绍林
基建处	处长	王祖杰
	副处长	孙可寒
后勤管理处	处长	陈广奕
	党总支书记	韩延伟
	副处长	宋云龙
	副处长	佟　强
图书馆	馆长	谢穗芬
	直属党支部书记	辛洪云
	副馆长	左　峰
	副馆长	王学福
网络与信息管理中心	主任	王　亮
继续教育学院	院长	张秉江
	副院长	井海波
东北亚学院	院长(兼)	赵玉璞
	党委书记	谷丽霞
	副院长	张景全
	副院长	毕颖达
	党委副书记	陈　昕

续表

单　位	职　务	姓　名
商学院	院长、党委副书记	戚桂杰
	党委书记	袁相万
	副院长	杨　林
	副院长	夏　辉
	副院长	刘　超
	副院长	陈学胜
	党委副书记	郭晓妮
	党委副书记	孔　雷
法学院	院长、党委副书记	肖金明
	党委书记	汪全胜
	副院长	姜世波
	副院长	刘　军
	副院长	张　乐
	党委副书记	侯丽娜
文化传播学院	院长、党委副书记	张红军
	党委书记	于培丽
	副院长	张晓曼 （2019.01～2019.06）
	副院长	管恩森
	副院长	张文祥
	党委副书记	周玉宏
翻译学院	院长、党委副书记	申富英
	党委书记	栗庆冬
	副院长	李万军
	副院长	赵　巍 （2019.01～2019.06）
	副院长	李　克
	副院长	梁　远
	党委副书记	常伟东

续表

单　位	职　务	姓　名
艺术学院	院长(兼)	李晓峰
	党委书记	李恒江
	副院长	张　剑
	副院长	纪维剑
	副院长	赵　鸿
	党委副书记	宗文婷
海洋学院	院长(兼)	贾　磊
	党委书记	孙文范
	常务副院长(聘)	梁振林
	副院长	杜宗军
	副院长	李　霞
	副院长	葛长字
	党委副书记	范　蕊
机电与信息工程学院	党委书记	彭兆强
	常务副院长、党委副书记	王　丽
	副院长	刘若伦
	副院长	陈　原
	副院长	姜　斌
	副院长	宋凯凯
	副院长	孙　洁 (2019.01～2019.11)
	党委副书记	单登科
	党委副书记	高佚婧
空间科学与物理学院	党委书记	迟　涛
	常务副院长(副处级)	王守宇
	副院长	陈　耀
	副院长	胡绍明
	副院长	吕英波
	行政副院长	杜　猛
	党委副书记	李　冶

续表

单　位	职　务	姓　名
数学与统计学院	院长（聘）	张益唐
	党委书记	单丙波
	常务副院长、党委副书记	綦建刚
	副院长	李　娟
	副院长	齐海涛
	副院长（聘）	郭　亮
	党委副书记	王鹏飞
马克思主义学院（威海）	院长、党委副书记，兼任马克思主义学院副院长	吴文新
	党委书记	郝书翠
	副院长	马秋丽
	副院长（聘）	焦　佩
	正处级组织员	李洋修
体育教学部	主任	张　颖
	直属党支部书记	叶军堂
	副主任	王友坤
	副主任	张　奇
山东大学澳国立联合理学院	院长（兼）	刘建亚（2019.07～）
	党委书记	孔海燕（2019.07～）
	执行院长	吕广世（2019.10～）
	党委副书记	范其学（2019.10～）
国际教育学院	院长	蒋保臣
	正处级组织员	杨金才
	正处级干部	闫涛蔚
	正处级干部	邹　海
	正处级干部	徐希锋

（组织部　提供）

科级机构

部门名称	科室名称
党工委(校长)办公室	行政事务科
	外联与会议服务科
	文秘科
	信息管理与督办科
	校史档案室
	收发室
	国内合作办公室
	校友工作办公室
	发展规划办公室
	总值班室
	挂靠单位:法律事务办公室
纪检监察审计办公室	—
党工委组织部	挂靠单位:党校办公室
党工委宣传统战部	挂靠单位:校报编辑部
学生工作部(处)	学生管理科
	大学生资助管理中心
	大学生心理指导中心
	大学生就业创业指导中心
	学生公寓管理服务中心
	研究生工作办公室
	山东大学(威海)人民武装部(不设行政级别,与党工委学生工作部合署办公)
	学生思想教育科
团委	挂靠单位:大学生科技创新中心

续表

部门名称	科室名称
人事处	人事科
	师资与专业技术职务管理科
	工资与社会保障科
	综合信息服务科
	档案科
	博士后工作办公室
	挂靠单位:杰出人才工作办公室
教务处	教务科
	考试管理科
	教学研究科(高教研究所)
	实践教学与学科竞赛管理科
	教学服务科
	招生办公室
	电教中心
	挂靠单位:教学促进与教师发展中心
科研处	科学技术办公室
	人文社科办公室
	服务地方办公室
	重点(军工)项目办公室
学科建设与研究生处	研究生综合业务科
	研究生培养科
	学科建设办公室
财务处	财务管理科
	计划管理科
	核算科
	基建财务科
	招投标工作办公室

续表

部门名称	科室名称
国际合作与交流处(港澳台事务办公室)	境外专家事务科
	国际交流服务中心
	国际交流科
	留学生事务管理科
	国际教育合作科
	海外经历工作办公室
资产与实验室管理处	实验室管理科
	仪器设备管理科
	物资管理科
	产权管理科
	公房土地管理科
	挂靠单位:科学实验中心(下设理化与材料分析测试中心、超级计算中心、生物科学分析测试中心三个分中心,分别依托空间科学与物理学院、网络与信息管理中心、海洋学院,上述中心均属非实体性机构)
保卫处	综合治理科
	校卫队
	校内交通与车辆管理科
基建处	工程技术科
	规划预算科
	综合管理科
后勤管理处、后勤管理处党总支	综合管理科
	水电与设备管理办公室
	房产科
	爱卫会办公室
	饮食管理服务中心
	水电维修服务中心
	园林管理中心
	学生生活服务中心
	幼儿园
	家属委
	挂靠单位:校医院(计划生育办公室)

续表

部门名称	科室名称
工会(妇委会)	—
离退休工作办公室(离退休党委)	—
机关党委	—
图书馆、图书馆直属党支部	办公室
	文献建设部
	读者工作部
	信息技术部
	信息咨询部
网络与信息管理中心	综合科
	网络信息技术部
	一卡通管理部
	分中心:超级计算中心,非实体性机构
继续教育学院	办公室
	教学管理部
	培训部
	学生管理办公室
东北亚学院	办公室
	团委
	挂靠:山东大学东北亚研究中心
商学院	办公室
	团委
法学院	办公室
	团委
文化传播学院	办公室
	团委
翻译学院	办公室
	团委
艺术学院	办公室
	团委

续表

部门名称	科室名称
海洋学院	办公室
	团委
	实验中心
	分中心:生物科学分析测试中心,非实体性机构
机电与信息工程学院	办公室
	团委
	实验中心
	计算中心
空间科学与物理学院	办公室
	团委
	分中心:理化与材料分析测试中心,非实体性机构
数学与统计学院	办公室
	团委
马克思主义学院(威海)	办公室
体育教学部	办公室
	挂靠单位:体育场馆管理中心
山东大学澳国立联合理学院	综合事务部
	教学事务部
	学生事务部
	对外交流与合作发展部
山东大学空间科学研究院	办公室
山东大学威海前沿交叉科学研究院(筹)	—

(人事处　提供)

教职工名单

2019 年各类在职人员名单

校领导

刘建亚	尹作升	韩建新	赵玉璞	刘　海
郭培良	周慧如(女)	夏利东	黄凯南	

党工委(校长)办公室

王伟莉(女)	丛良日	司献英(女)	刘晓军	李　松
杨　玉	杨　强	何　峰	宋修静(女)	张正武
赵林林(女)	段兴立	姜　刚	顾　炜	郭邦礼(调离)
郭　彪	裴　水(女)			

纪检监察审计办公室

王　晶(女)	李　晨(女)	张　珂	周大白	薛施贞

党工委组织部

李祥鹏	杨　青(女)	张文玺	赵　昆	梁奉军

党工委宣传统战部

刘　波	刘胜民	姜　强	戚伟良	傅振国
滕丹丹(女)	魏　斌			

学生工作部(处)

刁伟燕(女)　于和利　于淑一(女)　王明霞(女)　王彦涛
王继涛　王景瑞　刘凤华(女)　刘会刚　刘红芬(女)
刘　萍(女)　闫红伟(女)　许进善　孙丽霞(女)　孙秀梅(女)
孙秀影(女)(其他聘用人员)　李海静(女)　李琦辉　邹　伟(女)
陈　剑　陈　莹(女)　邵俊杰(女)　郑淑敏(女)　房永超
赵笑菊(女)　施见勇　姜　红(女)　秦小云(女)　贾　鹏
潘秉毅(解除聘用合同)

团　委

王　松　王志辉　张文学　于振涛　李彤彤(女)
谈　殷(女)

工会(妇委会)

丛岗滋　朱桂华(女)　姜　胤

离退休工作办公室(离退休党委)

刘　玮　张大勇　梁　洁(女)

机关党委

王迎宾　邹　海

人事处

马学峰(其他聘用人员)　王亚飞(女)　田晓琼(女)　吕兆生
李成超　李传先　杨　柳(女)　宋叙咏(女)　张　雷
赵亮云　黄建军　葛彩云(女)

教务处

万　春(女)　马晓红(女)　王湘云　王　群(女)　边　婧(女)
吕　健　朱　慧(女)　华　慧(女)(其他聘用人员)　刘立山

刘　冰	刘晓玲(女)	闫涛蔚	孙伟松	李世康
李　楠(女)	邹玉平(其他聘用人员)		宋　光	宋　嵩
张　帆(女)	武珍英(女)(调离)		林晓清	赵　梅(女)
赵　辉	姜学思	袁　伟(女)	栗　春	贾慧卿(女)
徐　越(其他聘用人员)		韩秀峰	薛　峰	戴　虹(女)

科研处

王龙祥(其他聘用人员)		王倩倩(女)(其他聘用人员)		王擎擎(女)
方利平(女)	邓宏军	吴玉阁(女)	邹晓光	高　军
崔孟暄				

学科建设与研究生处

王文思(女)	邬　迪	吴丙新	陈昌珠(女)	陶　扉
韩鲁青				

财务处

丁新杰(女)	于燕臣	万　辉(女)	王　靖(女)	牛光辉
邢恩静(女)(其他聘用人员)		朱学芬(女)	刘　俊(女)	李　华(女)
李　齐(女)	肖建会	宋　婷(女)(预聘制)		张新风(女)
胡国盼(女)(其他聘用人员)		洪佩群(女)	徐　伟	栾　红(女)
韩卓飞(女)	蔡玲玲(女)			

国际合作与交流处

尹传波	孔海燕(女)	仵　眉(女)	刘　书(女)	刘　亮
张家豪	陈　超(女)	陈雅婷(女)(其他聘用人员)		孟凡波
耿菁璐(女)	高绍山			

资产与实验室管理处

王福安	乔　威	孙巍峰	牟峰(女)	李国华
肖艳楠(女)	宋玉厚	张先军	林娇艳(女)	赵　延
胡小林	原所东	韩秀莉(女)	谢萌萌(女)(其他聘用人员)	
谭　明				

保卫处

万　伟　王绍林　车吉龙　尹风琴(女)　刘　杰
刘保安(其他聘用人员)　刘　海　孙茂云(其他聘用人员)
杨海剑(其他聘用人员)　肖文良　吴志强　林朝旭
胡启超　袁海龙　戚永臻(女)　崔永庆(其他聘用人员)
隋连君

基建处

王祖杰　刘运春　孙可寒　杜新胜　李　强
连海宁　张立铎　金世玉(女)　姚云龙　秦　耕
蔡可心

后勤管理处

于文浩　于占秋(其他聘用人员)　于承志　于德军
王东彦(女)　王洪瑞　王桂芬(女)　牛晓军　尹明柱(女)
冯　静(女)　邢小云(女)　吕明军(其他聘用人员)　朱　玲(女)
朱榜芹(女)　刘永军　刘伟娇(女)(其他聘用人员)　刘庆忠
刘陈君(女)(其他聘用人员)　许志升　李军端　李　昕
李忠欣　杨卫华　杨　刚　杨枢华(女)
杨海江(其他聘用人员)　何剑平　何　睦(女)　佟　强
邹　静(女)　邹德杰　宋云龙　宋修记　宋新强
张华虎　陈广奕　陈　晶(女)　赵玉屏(女)　祝洪波
徐　斌　高　文(女)　高海刚　高　巍(女)　郭亦辉
梁可志　梁滋学　韩延伟　程广文　程　倩(女)
谢军红　管松刚(其他聘用人员)

东北亚学院

丁　玲(女)　于明燕(女)　于莉颖(女)　王欣媛(女)　王宝霞(女)
王彩芹(女)　牛林杰(调离)　方浩范　尹锡万　石　坚(女)
丛衍萍(女)　毕颖达　刘　畅　刘宝全　刘晨晨(女)
刘惠莹(女)　李冬新(女)　李学堂　李荣荣(女)　李海榕(女)
李雪威(女)　杨延龙　佟家栋(外聘教授)　谷丽霞(女)
闵英兰(女)　张　进　张体勇　张京青(女)　张琳琳(女)

张景全	张蕴岭(外聘教授)		陈　昕(女)	陈　媛(女)
武　鹏	苗　威(女)	金　刚(学科博士后)		金　哲
郑冬梅(女)	郑　艳(女)	赵姗姗(女)	赵艳华(女)	柏宝清(女)
洪　静(女)	徐海娜(女)	郭秀梅(女)	黄永哲	黄明玉(女)
崔明旭	梁懿文(女)			

商学院

于晓雪(女)	于　惠(女)(其他聘用人员)		于静静(女)	马万里
马卫红(女)	王一兵	王小梅(女)	王长全	王兆祥
王　杰	王春平	王素娟(女)	王萧涵	王锡秋
王　磊	车路刚(其他聘用人员)		卞慧丽(女)	尹文清(女)
尹金龙	孔　雷	布乃鹏	卢书泉	付光新
付宜强	仪富强	白锐锋	宁光杰	师韵茗(女)
曲国霞(女)	吕岩威	吕爱权	吕淑华(女)	朱顺贤
朱　峰(女)	朱峰峻	刘　一(女)	刘丹丹(女)	刘　文(女)
刘　平(女)	刘永仁	刘　沛	刘　艳(女)	刘爱静(女)
刘　超	刘　喆(女)	刘　震(女)	齐军领	许　先(女)
孙　丹(女)	孙作人	孙　虹(女)	孙　恒	孙素梅(女)
杜宏宇(女)	巫威威(女)	李依凭(女)	李晓霞(女)	李　超
李　瑞(女)	李　静(女)	李　慧(女)	李　燕(女)	李　燕(女)
杨　林(女)	杨　茗(女)	杨　雯(女)	杨　慧(女)	吴佩林
谷祖莎(女)	沈　君	宋迎春(女)	宋祎品(女)	宋奎艳(女)
张永成	张志平(女)	张建波	张爱荣	张　晨
陈　伟	陈　欣(女)	陈学胜	陈　茜(女)	罗润东
岳　军	金京玉(女)	周　军	周宏燕(女)	周桂梅(女)
周晓歌(女)	孟　红(女)	赵天舒(女)	郝延伟	段　敏(女)
侯　慧(其他聘用人员)		宣　锋	袁相万	
袁　铭(女)(其他聘用人员)		夏　辉(女)	徐　萍(女)	
徐　婷(女)(其他聘用人员)		凌士显	郭建强	郭晓妮(女)
陶　宏	戚桂杰	崔丰慧(女)	崔宇明	崔　昕
梁文玲(女)	梁　军	梁俊伟(调离)	董昭江	蒋守芬
蒋　鹏	韩　冰(女)	韩国圣	程子健	程昶誌
谢清华(女)	路少英	臧运蕾(女)	樊　敏(女)	鞠传宝
魏文忠	籍　刚			

法学院

于立强	门中敬	门潇洪(女)	卫学芝(女)	马春霞(女)

马艳朝 马莉萍(女) 王 娆(女) 王 强 王瑞君(女)
牛文军 牛方玉 牛志强 方 芳(女) 古莉亚(女)
刘 军 刘 佳(女) 刘 洋 刘 涛 刘培茜(女)
闫 玥(女) 安玉萍(女) 许敏兰(女) 阮竹君(女) 孙文平(女)
孙光宁 孙希尧 孙卓华(女) 李秀芬(女) 李 波(女)
杨永伟 肖金明 时华忠 汪全胜 宋琳璘(女)
张小宁 张世全 张 乐 张伟强 张传新
张其山 张旻昊(女) 张景明 武 飞(女) 武秀英(女)
范广根(调离) 金玄武 周 红(女) 周 颖(女)(师资博士后出站)
周 慧(女) 赵 沛 钟玉珍(女) 侯丽娜(女) 姜世波
姜爱丽(女) 贾焕银 贾景峰 原蓉蓉(女) 郭剑雄
黄兰松(女) 崔永春 崔 岩(女)(终止聘用合同) 程婕婷(女)
谭 谦 黎海鹰(女)

文化传播学院

丁国旗(外聘教授) 于京一 于培丽(女) 王艳丽(女)
王瑞华(女) 尹海良 邓晓玲(女) 包 宇(女) 曲 敏(女)
朱新林 刘小源(女) 刘久廷 刘北野 刘 冰
刘 倩(女) 刘 琼(女) 闫 冰(女) 江志全 汤 瑞(女)
许广义 许丙泉 许 东 孙基林 芮 欣(女)
杜丽荣(女) 李 丁(女) 李 今(外聘教授) 李自雄
李荣章 李艳娇(女) 李莉萌(女) 李缙英(女) 杨海燕(女)
杨 慧 肖 娴(女)(其他聘用人员) 吴 静(女) 邱 崇
宋 琦(女) 张 中 张文祥 张红军 张晓曼(女)
张银堂 张 超 张德苏 张 毅(女) 荀振红(女)
林 宇(女) 金炳珉(外聘教授) 周玉宏 周 妍(女)
周 俊 周新顺 郑 薇(女) 孟文博 胡小平
胡玉华(女) 战立忠 侯玲文(女) 姜亚林 洪树华
耿 平(女) 聂中庆 贾文山 徐 来 徐秀春(女)
唐鹏举 黄万华(外聘教授) 崔 春(女) 鹿晓燕(女)
梁 艳(女) 韩松涛 曾 英(女) 蔡象丽(女) 管恩森
魏 红(女) Marc(外聘教授)

翻译学院

丁志烁(女) 于 伟(女) 于秀莲(女) 马 坤(女) 王小敏(女)
王飞飞(女) 王苏华(女) 王晓青(女) 王德萍(女) 王 蕾(女)

王　璐(女)　　韦福林　　牛艳莉(女)　　仇　敏(女)　　孔　文(女)
孔维珊(女)　　申富英(女)　　丛海燕(女)　　冯　超　　邢路威(女)
曲　奕(女)　　吕丽丽(女)　　吕　昕(女)(调离)　　朱玉堂
刘天放　　刘　凤(女)　　刘玉娥(女)　　刘刚义　　刘伟丽(女)
刘祥田　　许全娜(女)　　孙凤芹(女)　　孙占萍(女)　　孙田丰
孙立华(女)　　孙萃英(女)　　李万军　　李玉梅(女)　　李　克
李　杰　　李依思(女)(其他聘用人员)　　李　玲(女)　　李　彦(女)
李晓丽(女)　　李淑康(女)　　李　蕊(女)　　杨　欣(女)　　谷秀春(女)
张文静(女)(其他聘用人员)　　张红霞(女)　　张　君(女)　　张树玲(女)
张莉莉(女)　　张晓君(女)　　张晓菲(女)　　张梦佳(女)
张雪莱(女)(其他聘用人员)　　张彩波(女)　　张　雄　　张殿玉
陈怀凯　　陈　啸(女)　　周守玉(女)　　周美青(女)　　郑　艳(女)
单小芳(女)　　孟子艳(女)　　赵　云(女)　　赵玉珊(女)　　赵晏黎(女)
赵菊青(女)　　赵　翔　　赵　鸥(女)　　赵　薇(女)　　赵　巍(女)
胡红娟(女)　　胡晓雪(女)　　柯　晓(女)　　咸慧慧(女)　　姜琳琳(女)
宫　丽(女)　　栗庆冬　　贾文峰　　徐高楠(女)　　郭全照
唐　正(女)　　唐鑫梅(女)　　黄秀国(女)　　黄　爱(女)　　曹春玲(女)
戚玉晶(女)　　常伟东　　常晓梅(女)　　崔　英(女)　　崔莹辉(女)
崔鹏飞(女)　　梁　远(女)　　董　薇(女)　　程　丽(女)　　靳　锁
蔡东玲(女)　　熊云菲(女)　　黎东良　　戴颖梅(女)(其他聘用人员)

艺术学院

王友斌　　王　岩　　王春杰　　王振国(外聘教授)
王黎娟(女)　　尹建宏　　孔繁文　　占绍林(外聘教授)
司维东　　曲　轩　　曲笛鑫(女)　　吕　琳(女)　　任　灏
刘　卓　　刘怡汝(女)　　刘彦鹏　　刘洪展　　刘　楷
安祥祥　　许　耘　　纪维剑　　杜　祎(女)　　李　宁
李恒江　　李晓峰　　李　静(女)　　杨在斑　　吴晓林
吴　静(女)　　吴静寅　　邱　涛　　何林东(其他聘用人员)
谷海燕(女)　　汪明强　　张传涛　　张　兵　　张纯梅(女)
张林仙(女)(外聘教授)　　张欣然(女)　　张金娣(女)　　张　剑
张娅妮(女)　　张铁成　　张　锐　　陈国亮　　邵力华
范文慈(女)　　季慧慧(女)　　周婷婷(女)　　郑　岩(女)　　宗文婷(女)
赵　丹(女)　　赵江源　　赵　青(女)　　赵　鸿　　赵　燕(女)
荚立刚　　钟晓红(女)　　侯新茹(女)　　姜　超(其他聘用人员)
姚桂丽(女)　　秦大平(外聘教授)　　袁亚妹(女)　　袁　莉(女)
贾乾初　　顾云亮(女)　　徐　驰　　徐德雷　　高　锐(女)

高颖囡(女)	郭　立	郭　敏	郭　瑾(女)	
陶晓丽(女)(预聘制)		曹桂红(女)	常　丽(女)	章　勇
梁　军	董薇薇(女)	靳雅权	詹保国	戴艳萍(女)

海洋学院

丁　一(女)	于　方(女)	于秀霞(女)	于珊珊(女)	万培红(女)
马庆林	王亚民	王　刚	王相伟	王　曦(女)
车玉菊(女)	尹　帅	孔令明	厉　萍(女)	叶萌祺(女)
田　芯(女)	白　楠	丛　伟	邢　翔	吉爱国
曲春风	吕新芳(女)	朱立新	庄静静(女)	刘　旭
刘　建	刘春利(女)	刘洪展	刘莹莹(女)	刘爱秋(女)
刘雪芹(女)	刘　燕(女)	关洪斌	许明淑(女)	孙文范(女)
孙　艳(女)	孙晓红(女)	杜宗军	李玉春	李志华
李丽芳(女)	李英秀(女)	李　树	李海蓓(女)	李裕强
李　霞(女)	杨　亿(学科博士后退站)		连子如(女)	肖　玲(女)
佟海燕(女)	谷　珉(女)	沙　沙(女)	怀其勇	宋　波
宋春霞(女)	宋　萃(女)	宋淑亮	宋　雯(女)	张小葵(女)
张　伟	张法忠	张　莉(女)	张　倩(女)	张　鹏
陆　榕(女)	陈冠军	陈　浩(女)	陈景帝	苗艳丽(女)
苗晓庆(女)	范　蕊(女)	金艳梅(女)	周燕霞(女)	郑凤英(女)
郑维爽(女)(学科博士后出站)		孟凡君	赵丽华(女)	赵　宏
柏　铭	柳　瑶(女)	侯旭光	侯俊峰	昝肖肖(女)
姜　波	姜昭阳	祝　茜	贾　磊	夏海峰
柴迎梅(女)	高　举(女)	郭战胜	梅俊学(女)	戚明颖(女)
龚　亚(女)	梁振林	梁　浩	宿美玲(女)	葛长字
韩晓弟	谢卫东	谢旭光	赖鹏翔	翟俊伟
潘世会	穆大帅			

机电与信息工程学院

马广英(女)	王小利	王天宇	王文玉(女)	王　为
王成优	王延刚	王　丽(女)	王　良	王　松
王　侃	王春鹏(其他聘用人员)		王挺倢	王胜海
王艳玲(女)	王婉霞(女)(其他聘用人员)		王　瑞	牛万程
仇腾飞(女)	卞玉龙	孔红英(女)	孔晓明(女)	叶　淮
丛小茗	冯　东	宁淑荣(女)	毕云峰	毕超杰
曲向宁(女)	曲昌荣(女)	曲美霞(女)	吕　强	朱林森

乔　琨（女）	刘若伦	刘　杰	刘　祎	刘　勇
刘　娟（女）	刘萍萍（女）	刘　猛	衣振萍（女）	许中卫
许　乐	许庆阳	孙甲冰	孙　宁	孙合友
孙宏刚	孙　洁（女）	孙　蛟	孙　祺	严中华
严发宝	苏艳蕊（女）	苏　琨（女）	杜清府	李巧云（女）
李光明	李会强（女）（其他聘用人员）		李志泉	李　岩
李　栋	李　勇	李素梅（女）	李晓坤	李　倩（女）
李　捷（女）	李雪莲（女）	李敦峰	李　婷（女）	杨　飞
杨晓慧（其他聘用人员）		杨润涛	杨慧鑫（女）	肖　鹏
邹汶洋（女）	邹晓玉（女）	宋玉美（女）	宋凯凯	宋　勇
张乃波	张　立	张亚涛	张军蕊（女）	张志伟
张克国	张丽娜（女）	张欣媛（女）	张承进	张　亮
张桂芳（女）	张　斌	张　遥	张德敬	陈　原
林淑霞（女）	岳振明	金长龙	周少雄（外聘教授）	
周东涛	周坤林	周　岩	周　晓（女）	周　强
郑亚民（女）	郑　舒	单登科	孟令涛	赵永健
赵志勇（学科博士后）		赵海慧（女）	赵瑞杰	俞军涛
姜元先	姜　文（女）	姜秀娥（女）	姜　斌	洪晓英（女）
宫建红（女）	贺　红（女）	袁宪锋	袁　灏（女）	耿生民
徐东亮	殷　建	高志峰	高佚婧（女）	高　翔
高寒竹	郭春生	郭荣生	郭　娜（女）	郭尊华（女）
郭　楠（女）	郭　新	黄文高	黄香君（女）	曹立军
曹　海	常树旺	崔文韬	康钦马	梁立凯（女）
梁成辉	梁应敞（外聘教授）		梁　莹（女）	彭传校
彭兆强	彭　鹏	董晓舟	董晓剑	董恩清
董　超	韩爱丽（女）	程　杰（女）	程　昀（女）	路士州
窦尚孝	褚兴荣	蔡辉涛	翟　强	翟　鹏
潘景昌				

空间科学与物理学院

丁　强（女）（其他聘用人员）		于　惠（女）	王　冰（学科博士后）	
王守宇	王阿莲（女）（外聘教授）		王昆仑	王娜子（女）
王爱芳（女）	王　硕	亓　斌	尹红星	孔祥良
艾佳明（其他聘用人员）		石米杰	石维彬	申　新（女）
田安民	史全岐	付晓辉	付　辉	丛伟艳（女）
冯士伟	邢赞扬	考夫曼（外聘教授）		吕茂水
吕英波	乔　乐	刘　芬（女）	刘　晨（女）	刘维新

刘　晶	关成波	江　楠(学科博士后)		汤朝灵
许国昌(外聘教授)		许　艳(女)	阮桂平(女)	孙大鹏
孙明哲	孙　珲	杜桂强	李延辉	李　冶(女)
李　凯	李　波	李　勃	杨田林	吴爱玲(女)
辛艳青	宋红强	宋胜男(女)(其他聘用人员)		宋淑梅(女)
迟　涛(女)	张长明(其他聘用人员)		张　江	
张树芬(女)(其他聘用人员)		张清和	张　鹏	张鹏彦(女)
陈　旭	陈绍霞(女)	陈　耀	武中臣	武　昭
范璐璐	郑卫民	郑瑞生	赵继凤(女)(其他聘用人员)	
胡绍明	胡静静(女)	姜云国	姜晓军(外聘教授)	
洪　峰	贾　慧(女)(学科博士后)		夏雪莲(女)	倪宇恒
徐天河(外聘教授)		凌宗成	高　凡	高东洋
高建华	郭迪福	陶　琳(女)	黄正化	曹　晨
康　苒(女)	韩建平(女)	路　光(学科博士后)		霍秋红(女)
穆大鹏				

空间科学研究院

杜　猛

数学与统计学院

卜育德	于　波	王金涛	王育松	王祎璠(女)
王　树(女)	王效强	王紫山	王鹏飞(女)	亓兴勤(女)
卢　红(女)	皮庆华	刘小平	刘东霞(女)	刘甲国
刘　扬(女)	齐海涛	孙午阳	孙立杰(女)	孙伟华(女)
孙华清(女)	孙庆峰(女)	孙春艳(女)	孙爱军(女)(其他聘用人员)	
孙海伟	孙　磊	孙　薇(女)	牟超洲	李太玉
李秀艳(女)	李　娟(女)	李　斌	李　静(女)	杨丰凯
杨　兵	杨　杰(女)	肖　华	吴晓驰(学科博士后)	
宋慧敏(女)	张乃千(女)	张玉森	张　冉	张永平
张　旭	张爱平(女)	张益唐(外聘教授)		陈　伟(女)
陈明涛	陈　潇	周　丽(女)	单丙波(女)	赵华祥
赵銮磊	胡琴琴(女)	柳军涛	袁小平(外聘教授)	
袁海静(女)	郭　亮	郭新伟	曹恒春(学科博士后)	
曹祝楼	曹　鲁	常　洛(女)	续焕英(女)	蒋方翠(女)
蒋玉蛟	傅宗奕	解　兵	綦建刚	廖宝超
穆增超	魏晓丽(女)	Dan Goreac(外聘教授)		

马克思主义学院(威海)

于少青　　马秋丽(女)　　马　莲(女)　　王建民(外聘教授)
王晓宏　　付文忠　　闫惠惠(女)　　孙阳阳　　孙　克
李谷悦　　李洋修　　李　燕(女)(其他聘用人员)　　杨永兴
杨发源　　杨培祥　　吴文新　　吴清清(女)
何中华(外聘教授)　　宋　群　　张　磊(女)　　陈永刚
陈　旭(女)　　陈　宾　　和春红(女)　　房世刚　　赵　燚(女)
郝书翠(女)　　秦　淮　　夏卫国　　高万库　　崔　微(女)
韩巧霞(女)　　程恩富(外聘教授)　　焦　佩(女)　　鲁法芹

山东大学澳国立联合理学院

王　路　　王　蔚(女)　　吕广世　　吴　静(女)　　范其学
贾宏福

体育教学部

王友坤　　王　丽(女)　　叶军堂　　曲爱宁(女)　　吕海东
孙绍轩　　牟利明　　李志伟　　李　兵　　李岩杰
李胜杰　　李　博(女)　　邱海业　　沈胜领　　宋修妮(女)
张　奇　　张　顺(其他聘用人员)　　张鹏飞(其他聘用人员)
张　颖(女)　　陈孟松(女)　　苗　波(女)　　范　珣　　郑志磊
郑洪宇　　战文腾　　姜　川　　贺海宁　　骆功建
袁书营　　高同进　　高　辉　　展　凯　　曹　鹏
蔡　红(女)

继续教育学院

马　杰　　王宝红(女)　　王　聪(女)　　井海波　　田容雨
刘钧仁　　宋立新(女)　　张秉江　　徐海峰

国际教育学院

刘田恬(女)(其他聘用人员)　　孙晓晨(女)(其他聘用人员)　　杨金才
徐希锋　　蒋保臣

图书馆

王兰英(女)　王　玮(女)　王　忠　王学福　王春华(女)
王钦丽(女)　王振妘(女)　王晓萌(女)(其他聘用人员)　艾　雰(女)
左　峰　史琳琳(女)　毕艳娜(女)　师晓青(女)　刘　丽(女)
刘　旸　刘　静(女)　刘　聪(女)　李　静(女)　杨　威
邹莉莉(女)　辛洪云　宋　梅(女)　张　进(女)(其他聘用人员)
张　杰(女)　张果红(女)　张晓丽(女)　张海砾(女)　张维彬
陈乃强　陈　丹(女)(其他聘用人员)　陈　静(女)
林凤姬(女)(其他聘用人员)　岳　理(女)(其他聘用人员)　郑　磊
赵　洁(女)　赵　萍(女)　胡水亮　胡长华(女)(其他聘用人员)
姜玉晶(女)　聂麟枭　高　雪(女)　郭学娟(女)　郭海红(女)
陶一瑄(女)　陶桂芬(女)　曹　爽(女)　崔　明　鹿　遥(女)
谢穗芬(女)　慕春川(女)　阚洪海　薛　芹(女)　薛　鹏

网络与信息管理中心

王小群(女)　王　伟　王　亮　王　森(其他聘用人员)
付　达　李　军　李智超　杨浩志　何荣毅
宋显隆(其他聘用人员)　陈楷丰　岳　鹏　袁胜忠
董　凯(其他聘用人员)　韩　凉　程雨芊(女)　谭业红(女)

山东大学威海前沿交叉科学研究院(筹)

于艳妮(女)　王　娜(女)(学科博士后)　丛　菱(女)(其他聘用人员)
冯奎双　齐　超(学科博士后)　关大博(外聘教授)
孙来祥(外聘教授)　李　伟(女)(其他聘用人员)
李佳硕　李　源(女)　陈　彬(外聘教授)　姜振帅(调离)

(人事处　提供)

2019 年离退休人员名单

丁双林	丁吉山	卜庭瑞	于秀珍(女)	于建中
于贵良	于洪浩	于淑兰(女)	于曙光	万建都
上官千红(女)	马庆振	马晓莲(女)	王乃愚	王　水(女)
王月英(女)	王凤林(女)	王书源	王玉珍	王玉梅(女)
王业国	王永菊(女)	王吉玺	王亚玲(女)	王向晨
王兴臣	王丽敏(女)	王宏秀(女)	王国和	王　迪(女)
王宝萍(女)	王宜华	王相民(女)	王桂荣(女)	王晓兰(女)
王爱兰(女)	王爱丽(女)	王　浩	王海立	王培一
王常瑞(女)	王淑琴(女)	王寄鲁	王维权	王翠萍(女)
王德忠	云昌钦	牛运祥	计旭东	尹玉洁(女)
尹永才	尹相信	邓庆妮(女)	卢　新	叶　青
丘昌武	丛亚丽(女)	丛培杰	丛　新(女)	包树珍(女)
冯永江	毕庶玲(女)	师恩培	曲洪启	曲桂月
吕国文	吕静萍(女)	朱小莉(女)	朱友善	朱东彦(女)
朱启忠	乔桂英(女)	仵从巨	任怀平	任莉娜(女)
邬绍伟	刘玉堂	刘玉殿	刘宁仁	刘延芳(女)
刘秀华(女)	刘秀萍(女)	刘押兄(女)	刘昌泰	刘　明
刘学荣(女)	刘建平	刘绍玲(女)	刘笃坤	刘润兰(女)
刘润芝(女)	刘家相	刘敏华(女)	刘琳琳(女)	齐　娜(女)
闫国智	闫耀玫(女)	汤庭跃	许玉琪	许志浩(女)
许伯群	孙玉华(女)	孙玉梅(女)	孙玉燕(女)	孙光云(女)
孙芳功	孙秀玲(女)	孙迎春	孙建国	孙　颖(女)
孙翠兰(女)	牟国章	杜新民	李中章	李玉玲(女)
李志洲	李　丽(女)	李岚萍(女)	李宏君	李　林
李建宁(女)	李绍明	李重阳	李桂荣(女)	李浩然
李淑兰(女)	李淑琴(女)	李森林	李善杰	李福早
杨元明	杨兰田	杨永竹	杨机红(女)	杨志敏
杨志强	杨　丽(女)	杨学强	杨律高	杨莲芬(女)
杨培德	连文锁	肖梅香(女)	时敬芹	吴传智
吴孝堂	吴　苹	吴　怡(女)	吴宪君(女)	吴淑芳(女)
何丽青(女)	何艳霞(女)	何恩宗	谷敏照	谷源秘

邹积敏	沈春梅(女)	宋乐永	宋进庆	宋志平
宋　英(女)	宋宗勤	宋春华(女)	宋洪秋(女)	宋桂英(女)
宋晓玲(女)	张义贞(女)	张卫国	张中豪	张文军
张　平	张永霞(女)	张宇宏(女)	张军杰(女)	张宏智
张英珊(女)	张　鸣(女)	张佳梁	张学智	张宝堂
张宗正	张建民	张建芬(女)	张建琪	张荣芳(女)
张　威	张桂香(女)	张桂琴(女)	张爱萍(女)	张家臣
张崇禧	张　铭	张淑梅(女)	张景芬	张智奎
张瑞萍(女)	张　静(女)	张德成	陈丽华(女)	陈　忠
陈建民(女)	陈绍著	陈章通	邵文利	邵志勤(女)
苗进义	范　军	范远安	范智伟(女)	范智敏(女)
林治冰(女)	尚桂红(女)	易新民	岳士肖(女)	金玉兰(女)
金西平(女)	金　霞(女)	周玉美(女)	周玉梅(女)	周幼兰(女)
周　怡	周　涛(其他聘用人员)		郇艳丽(女)	郑大材
郑长春(女)	郑　阳	郑恒秋	孟晓维	孟喜君(女)
赵永鲜(女)	赵自强	赵笃玲(女)	赵　原(女)	赵恩华
赵盛堂	赵　晶(女)	赵福吉	郝玉芹(女)	胡志明
胡步棠	胡启萍(女)	修永伦	侯桂英(女)	施永友
姜　平	姜树东(女)	洪惠民	姚丽荣(女)	袁建华(女)
聂传凤(女)	栗　霞(女)	夏丽华(女)	柴月禄	徐世荣
徐立和	徐　华(女)	徐振东	徐桂华(女)	徐桂珍(女)
殷　馨(女)	栾昌大	高万云	高伟志	郭秀兰(女)
郭　洁(女)	陶遵信	梅玉芳(女)	曹大英	曹玉玲(女)
曹　红(女)	戚务政	龚　蓬(女)	崔风松	崔新东(女)
康风华(女)	康振国	梁一儒	梁　丽(女)	隋济民
董文毅	董以山	董　莹(女)	董献忠	韩圭东
韩孟勇	景　梅(女)	程秀洁(女)	焦凤秀(女)	焦成秀
焦秀兰(女)	曾　伟(女)	谢琴肖(女)	靳明忠	蔡　瑾(女)
管　立(女)	谭云秀(女)	谭文焕	翟晓黎(女)	黎全民
德　智	潘吉钦(女)	薛　青(女)	戴　蓓(女)	鞠玉清(女)
魏中华(女)	魏新华			

(人事处　提供)

基本情况统计

山东大学(威海)2019 年教育事业统计基本数据

<table>
<tr><th colspan="3">一、在校生情况</th><th>统计数值</th></tr>
<tr><td colspan="2" rowspan="4">本科生及研究生/人</td><td>本　科</td><td>14859</td></tr>
<tr><td>硕士研究生</td><td>1479</td></tr>
<tr><td>博士研究生</td><td>173</td></tr>
<tr><td>合计</td><td>16511</td></tr>
<tr><td colspan="2" rowspan="3">成教学生/人</td><td>成人专科生</td><td>16</td></tr>
<tr><td>成人本科生</td><td>442</td></tr>
<tr><td>网络本专科</td><td>2424</td></tr>
<tr><td colspan="3">外国留学生/人</td><td>1015</td></tr>
<tr><td colspan="3">在职攻读硕士学位学生/人</td><td>111</td></tr>
<tr><td colspan="2">其他学生/人</td><td>进修及培训生</td><td>14</td></tr>
<tr><td colspan="3">在校生总计/人</td><td>20533</td></tr>
<tr><th colspan="3">二、教职工情况</th><th>统计数值</th></tr>
<tr><td rowspan="9">教职工/人</td><td rowspan="5">本部教职工</td><td>专任教师</td><td>820</td></tr>
<tr><td>行政人员</td><td>221</td></tr>
<tr><td>教辅人员</td><td>160</td></tr>
<tr><td>工勤人员</td><td>38</td></tr>
<tr><td>合计</td><td>1239</td></tr>
<tr><td colspan="2">科研机构人员</td><td>13</td></tr>
<tr><td colspan="2">校办企业职工</td><td>—</td></tr>
<tr><td colspan="2">附设机构人员</td><td>4</td></tr>
<tr><td colspan="2">总计</td><td>1256</td></tr>
<tr><td colspan="3">聘请校外教师/人</td><td>41</td></tr>
<tr><td colspan="3">离退休人员/人</td><td>299</td></tr>
</table>

续表

三、职称情况		统计数值
全体教工/人	正高级	145
	副高级	340
	中级及以下	771
	总计	1256
专任教师/人	正高级	134
	副高级	266
	中级及以下	420
	总计	820
四、校舍情况		统计数值
校舍总面积/平方米	教学及辅助用房	144208.64
	行政办公室用房	41691.39
	生活用房	184440.41
	教工住宅	97040.70
	其他用房	21834.00
	合计	489215.14
学校产权占地面积/平方米		875629.10
五、资产与信息化建设情况		统计数值
固定资产总量/万元		137323.96
教学科研仪器设备/万元		21173.49
信息化设备资产/万元		6705.83
图书/万册		170.04
网络多媒体教室数/间		226
管理信息系统数据总量/GB		1672
六、其他基本情况		统计数值
本科专业/个		61
省(部)级重点学科(二级)/个		1
省部级设置的研究院实验室/个		6
定期公开出版的刊物数/种		4
直属院(系)数/个		13
“千人计划”入选者/人		3
“长江学者奖励计划”特聘教授/人		1
“国家杰出青年科学基金”获得者/人		1

统计节点:2019 年 9 月 30 日

统计时期:2018 年 10 月 1 日至 2019 年 9 月 30 日

[党工委(校长)办公室　提供]

本科专业

朝鲜语	日语	国际政治
保险学	电子商务	工商管理
国际经济与贸易	会计学	金融学
旅游管理	人力资源管理	市场营销
物流管理	法学	政治学与行政学
社会工作	行政管理	翻译
英语	汉语国际教育	汉语言文学
新闻学	环境设计	美术学
视觉传达设计	舞蹈编导	音乐学
海洋科学	海洋资源开发技术	海洋资源与环境
生物技术	生物科学	药学
应用化学	材料成型及控制工程	测控技术与仪器
电子信息科学与技术	电子信息工程	机械设计制造及其自动化
计算机科学与技术	软件工程	数字媒体技术
通信工程	自动化	人工智能
数学与应用数学	统计学	信息与计算科学
空间科学与技术	应用物理学	

（教务处　提供）

硕士招生专业

西方经济学	财政学	产业经济学
劳动经济学	金融	法学理论
刑法学	马克思主义中国化研究	思想政治教育
法律(非法学)	法律(法学)	文艺学
语言学及应用语言学	中国现当代文学	比较文学与世界文学
英语语言文学	亚非语言文学	新闻学
英语笔译	朝鲜语口译	基础数学
概率论与数理统计	运筹学与控制论	物理学
地球物理学	微生物学	生态学
海洋化学	海洋生物学	海洋地质
统计学	机械制造及其自动化	材料科学与工程
信息与通信工程	控制科学与工程	计算机科学与技术
机械工程	材料工程	电子与通信工程
控制工程	计算机技术	化学工程
生物工程	药物化学	微生物与生化药学
企业管理	行政管理	会计
工程管理	音乐与舞蹈学	美术学
音乐	美术	艺术设计

（学科建设与研究生处　提供）

博士招生专业

公共经济学	法律方法论	文艺学
语言学及应用语言学	中国现当代文学	亚非语言文学
基础数学	概率论与数理统计	运筹学与控制论
统计学	理论物理	粒子物理与原子核物理
地球物理学	微生物学	生态学
海洋地质	机械制造及其自动化	材料科学与工程
信息与通信工程	企业管理	

（学科建设与研究生处　提供）

大事记

山东大学(威海)2019年大事记

1月

3日　校区国际交换学生结业仪式在闻天楼报告厅举行,副校长黄凯南出席仪式并为国际交换学生颁发结业证书。来自30所海外高校的87名国际交换学生参加了仪式。

5日　著名数学家、美国加州大学圣塔芭芭拉分校终身教授、山东大学(威海)数学与统计学院院长、潘承洞数学研究所所长张益唐教授做客中央广播电视总台中文国际频道(CCTV-4)《世界听我说》节目,为大家讲述其传奇的学术心路。

8日　校区设视频分会场,参加山东大学一流本科教育学生座谈会。校长樊丽明出席会议,并为与会本科生上思政课。校党委副书记仝兴华主持座谈会。

11日　2018年度校区领导班子和机关及直属单位汇报评议会在知行楼召开。党工委书记尹作升出席会议。常务副校长韩建新主持会议。校区领导班子成员、全体副处级以上领导干部以及其他方面代表参加会议。

12日　校区在知行楼召开国际化建设工作座谈会,副校长夏利东出席会议。

13日　校区2019年"双创"冬令营开营仪式暨专题报告会在知行会堂举行。党工委副书记、纪工委书记郭培良出席仪式并讲话。

14日　校区发布《山东大学(威海)2018届本科毕业生就业质量报告》。

18日　山东大学2018年度领导班子和领导人员年度考核及选人用人"一报告两评议"会议在中心校区召开。校党委书记郭新立代表学校党委报告2018年度选人用人工作情况,并代表学校领导班子作2018年度述职报告。校长樊丽明主持会议。威海校区在会上作2018年度领导班子述职报告,校区领导班子成员、学院主要负责人、教职工代表等参加会议。

18～20 日　校区副校长夏利东出席第五届国际教育管理会议并致辞。

19～20 日　山东大学 2018 年度中层领导班子述职汇报评议会在中心校区召开，威海校区 12 个学院首次一同参加述职。山东大学党委书记郭新立出席会议并讲话，校长樊丽明主持会议。威海校区领导班子成员参加会议。

21 日　校区领导班子召开 2018 年度民主生活会，党工委书记尹作升主持会议并作总结讲话。学校党委第二督导组全体成员到会指导，校区领导班子成员参加会议。会议主题是“强化创新理论武装，树牢‘四个意识’，坚定‘四个自信’，勇于担当作为，以求真务实作风坚决把党中央决策部署落到实处”。

2 月

21 日　校区 2019 年音乐舞蹈类专业校考工作结束。

22 日　校区设视频分会场参加山东大学新学期工作会议。山东大学党委书记郭新立主持会议并作总结讲话，校长樊丽明就 2019 年重点工作进行部署。

23～24 日　校区常务副校长韩建新，副校长刘海，党工委副书记、纪工委书记郭培良分别带队检查开学准备工作。

26～28 日　校区党工委书记尹作升先后到商学院、马克思主义学院（威海）、法学院、海洋学院、机电与信息工程学院调研指导工作，实地检查实验室安全隐患排查整改情况，围绕各单位学习贯彻新学期工作会议精神、加强党建、科学谋划发展等工作情况进行座谈。

28 日　根据山东大学文件（山大人字〔2019〕17 号），决定聘任威海校区李娟为教授二级岗；聘任孙光宁、李克、李自雄、焦佩、杨在斑、吴晓林、亓斌、杜清府、柏铭、肖华为教授四级岗；聘任刘惠莹、周宏燕、程子健、郝延伟、程婕婷、张超、孟文博、唐鑫梅、张传涛、赵丹、房世刚、战文腾、刘春利、孙晓红、李雪莲、张克国、严发宝、孙宏刚、周晓、孔晓明、蒋方翠、胡琴琴、皮庆华、马莲为副教授三级岗；聘任马庆林、刘杰为高级实验师三级岗；聘任顾炜、范其学为副研究员三级岗；聘任鹿遥为副研究馆员三级岗。聘任时间自 2018 年 9 月算起。

3 月

2 日　山东大学（威海）2019 届毕业生春季就业双选会在体育训练馆举行。校区党工委书记尹作升，党工委副书记、纪工委书记郭培良到现场调研。双选会共吸引 270 余家用人单位参会，提供岗位

13000余个,涵盖本、硕、博各学历层次和校区全部学科门类。

4～5日　山东大学党委书记郭新立到威海校区检查安全工作,并分别与校区领导班子、教学院部主要负责人以及师生代表进行座谈。校区党工委书记尹作升参加活动。在4日下午的校区领导班子座谈会上,郭新立介绍了学校有关安全工作的部署、要求,解读了学校推进"由大到强"历史性转变的工作部署。尹作升代表校区领导班子作了校区安全工作汇报,梳理总结工作,剖析存在问题,提出改进措施。校区常务副校长韩建新主持座谈会,校区领导班子成员结合各自分管工作,谈了做好安全工作的意见和建议。

5～6日　山东大学常务副校长王琪珑到威海校区调研文科科研工作。山东大学校长助理、人文社科研究院院长邢占军,威海校区党工委副书记赵玉璞,副校长黄凯南出席活动。5日下午,王琪珑出席山东大学国际问题研究院建设专题会议,听取国际问题研究院建设进展情况汇报及2019年工作推进计划。

6日　威海市委常委、统战部部长、东部滨海新城建设指挥部总指挥戴龙成,经区党工委书记、管委会主任、东部滨海新城建设指挥部副总指挥吕晓东一行访问威海校区。校区党工委书记尹作升会见来访客人。党工委副书记赵玉璞主持座谈会。

7日　威海市委常委、宣传部部长、教育工委书记刘广华一行来校区调研,就党建与意识形态工作举行座谈。校区党工委书记尹作升、副书记周慧如出席座谈会。

同日　校区召开庆祝三八国际劳动妇女节暨表彰座谈会。党工委书记尹作升出席会议并致辞。校区领导赵玉璞、郭培良、周慧如出席大会。会议由周慧如主持。

8日　校区召开实现"由大到强"历史性转变工作推进会。会议围绕贯彻落实山东大学新学期工作会议精神,聚焦郭新立书记到威海校区调研时对班子提出的要求,谋大事、干大事,抓改革、促落实,全力打造新亮点,为山东大学实现"由大到强"历史性转变做出威海贡献这一主题展开深入研讨。校长刘建亚出席会议并讲话,校区党工委书记尹作升主持会议。全体校区领导出席会议。

9日　校本部与威海校区本科教学"6＋5"院—院共建共享工作会议在知行楼召开。威海校区副校长黄凯南出席会议并讲话。山东大学本科生院院长刘传勇做总结发言,威海校区教务处处长王湘云主持会议。

11日　副校长黄凯南率团赴上海交通大学就中外合作办学工作开展调研并座谈。上海交通大学密西根学院党委书记兼科研副院长李新碗、行政主管宋立群参加座谈。山东大学澳国立联合理学院筹建办公室相关人员陪同调研。

13 日 山东大学党委副书记、纪委书记陈向阳一行来威海校区调研，围绕推进纪检监察体制改革和新形势下纪检监察工作举行座谈，并深入课堂听思政课。校区党工委书记尹作升，党工委副书记、纪工委书记郭培良，山东大学纪委副书记兼监察处处长张桂珍出席相关活动。

同日 校区印发《山东大学（威海）学科建设委员会章程》（山大威校研字〔2019〕1 号）。

14 日 校长刘建亚先后到翻译学院、文化传播学院、数学与统计学院调研指导工作。校区党工委副书记、纪工委书记郭培良参加部分调研。

15 日 山东大学（威海）第五届教职工代表大会第五次会议在闻天楼举行。校长刘建亚出席大会并作题为《凝心聚力 真抓实干 加快推进“双一流”建设再上新台阶》的校区工作报告，校区党工委书记尹作升致开幕辞。常务副校长韩建新，党工委副书记、纪工委书记郭培良分别向大会作年度财务工作报告和教代会提案工作报告。校区领导赵玉璞、刘海、夏利东、黄凯南出席大会。大会开幕式由党工委副书记周慧如主持。全体教代会代表，不是代表的校区中层干部和部门工会主席参加了会议。

同日 《人民日报》理论版刊发了中国社会科学院学部委员、山东大学特聘一级教授张蕴岭的署名文章《在大变局中把握发展趋势》。

18 日 法国雷恩商学院中方代表冯凌燕女士访问威海校区。副校长夏利东会见来访客人。

22 日 根据山东大学文件（山大党任字〔2019〕5 号），经 2019 年 3 月 18 日第十四届党委第十八次常委会研究决定：韩建新同志挂任山东大学校长助理，挂职时间两个月，挂职期满挂任职务自然免除。

26 日 校区党工委书记尹作升召集校办、教务处、资产与实验室管理处、保卫处、后勤管理处等部门负责人，深入部分教学院部现场办公，通过召开座谈会、听取汇报、实地察看等形式，围绕办学空间、环境整治等问题查情于一线，问需于学院。校区副校长刘海、黄凯南陪同调研。27 日上午，校区召开专题会，通报并研究各项问题落实情况。

同日 《山东新闻联播》以“将红色基因注入血脉，凝聚接续奋斗磅礴力量”为主题，头条报道威海校区思政课建设成果。

28 日 山东大学校长樊丽明来威海校区调研指导工作。调研期间，樊丽明分别与校区领导班子、商学院与机电与信息工程学院领导班子及教师代表举行座谈，并出席“校长有约”学生座谈会。山东大学副校长、威海校区校长刘建亚一同调研，校区党工委书记尹作升出席活动并主持相关座谈会。

同日 山东大学国际问题研究院揭牌仪式暨百年大变局高端对话在威海

校区举行。山东大学校长樊丽明,威海市委副书记张宏伟,山东大学副校长、威海校区校长刘建亚,威海校区党工委书记尹作升等出席揭牌仪式。“高端对话”邀请了来自国际关系、世界经济、城市与环境等研究领域的七位著名专家共同探讨“百年大变局”这一主题。“高端对话”活动前,樊丽明等与会嘉宾共同为山东大学国际问题研究院成立揭牌,仪式现场还举行了合作签约仪式。

同日　校区党工委在知行楼召开校内双向挂职教师干部交流座谈会。校区党工委副书记周慧如出席会议并讲话。在威海校区挂职的全体教师干部、有关挂职部门和学院负责人参加座谈会。

同日　英国萨里大学李刚(Gang Li)教授受聘校区客座教授仪式在商学院举行。校区副校长夏利东为其颁发客座教授聘书。

4月

1日　山东大学“一校三地”研究生教育工作研讨会在威海校区举行,威海校区副校长夏利东出席会议并讲话。山东大学“一校三地”研究生教育工作部门负责人及相关工作人员参加会议。当晚,威海校区党工委副书记、东北亚学院院长赵玉璞,威海校区副校长夏利东,山东大学研究生院常务副院长刘国亮在东北亚学院就加强研究生教育工作展开座谈调研。

同日　校区党工委印发《山东大学(威海)2019年党政工作要点》(山大威党字〔2019〕3号)。

3日　威海市民营企业家到高校、市直部门挂职锻炼座谈会在威海校区举行。威海市委常委、组织部部长刘运出席会议并讲话。校区党工委副书记周慧如代表接收挂职民营企业家高校讲话。会议由威海市委统战部副部长、市工商联党组书记、副主席陈文主持。参加挂职锻炼的威海市民营企业家,以及接收挂职干部的驻威高校、威海市直部门代表参加座谈会。会后,校长刘建亚与刘运就校地人才合作等工作进行了交流座谈。此次共有19位民营企业家分赴驻威高校、市直部门挂职锻炼,其中到威海校区挂职的有2位。

8日　澳大利亚斯威本科技大学副校长刘建德(Alan Kin Tak LAU)一行访问山东大学(威海),副校长夏利东会见来访客人。

9日　知名随机分析专家、英国拉夫堡大学教授赵怀忠应邀做客“稷下讲坛”,为校区师生作题为“Do Periodicity and Transition in Systems with Uncertainty Matter?”的报告。校区副校长夏利东主持报告会。

同日　校区党工委印发《山东大学(威海)机关及直属单位“管理服务质量提升年”实施方案》(山大威党综字〔2019〕3号)。

10 日　副校长黄凯南率团赴浙江大学国际联合学院(海宁国际校区)开展工作调研,与浙江大学国际联合学院副院长、浙江大学爱丁堡大学联合学院院长欧阳宏伟,浙江大学爱丁堡大学联合学院副院长陈晔举行座谈,就中外合作办学工作进行交流研讨。

12 日　太原理工大学副校长梁卫国一行访问威海校区。副校长夏利东会见来访客人,并就国际化建设等相关问题进行座谈交流。山东大学澳国立联合理学院筹建办公室相关人员参加会谈。

同日　中泰友好交流暨山东大学“威海讲堂”开班仪式在威海校区举行,副校长夏利东出席仪式并讲话。泰国坤敬公立华侨学校校长薇莱蓬·诗林瓦塔娜出席仪式。威海市侨联侨办代表、泰国坤敬公立华侨学校代表陈桂英分别发言。

14 日　教育部长江学者、东北师范大学副校长韩东育教授做客“稷下讲坛”,为校区师生作题为“《中日修好条规》与东亚政治地图的改写”的学术报告。校长刘建亚主持报告会。

16 日　环翠区副区长王大治率团来校区开展校地合作交流。副校长刘海会见王大治一行并举行座谈。环翠区海洋发展局、服务业发展促进中心负责人,校区相关单位负责人及工作人员参加活动。

17 日　山东大学(威海)首批国际合作联络教授(学者)聘任仪式在知行楼举行。副校长夏利东出席仪式并讲话,并为国际合作联络教授(学者)代表颁发聘书。本次共有来自文、理、工各领域的 23 名学者获聘校区国际合作联络教授(学者)。

22 日　校长刘建亚与联系班级 2017 级数学与应用数学班开展面对面交流活动。

23 日　校区参与举办的“文友辅仁”——2019 中韩书画国际交流展在威海市美术馆举行。威海市委常委、宣传部部长刘广华,山东大学(威海)党工委副书记赵玉璞、周慧如,山东大学(威海)副校长黄凯南出席相关活动。当天下午,山东大学(威海)艺术学院和韩国忠南大学艺术学院在知行楼举行合作签约仪式。

同日　2019 年人文社会科学青年学术团队启动工作会在知行楼召开。副校长黄凯南主持会议并讲话。

24 日　山东大学党委副书记、青岛校区党工委书记张永兵,山东大学副校长、青岛校区校长韩圣浩率团访问威海校区,就校园文化建设、学生培养等方面工作进行座谈交流。山东大学副校长、威海校区校长刘建亚,威海校区党工委书记尹作升出席座谈会并讲话。

25 日　山东大学副校长、青岛校区校长韩圣浩到东北亚学院调研人事人才工作。威海校区党工委副书记、东北亚学院院长赵玉璞,山东大学一级教授张蕴岭出席座谈会。

同日　校区首期“院长沙龙”在知行楼举行。山东大学控制科学与工程学院院长、长江学者特聘教授张承慧作为主讲嘉宾作题为“控制科学与工程学院学科建设的实践与发展”专题报告。副校长夏利东教授主持报告会。

26 日　“风雨七十年 砥砺复兴路”——山东大学(威海)第九届“唱响主旋律 传扬正能量”歌咏大赛决赛暨纪念新中国 70 年华诞歌唱音乐会在知行会堂举行。

29 日～5 月 6 日　山东大学副校长、山东大学(威海)校长刘建亚率团访问奥克兰大学、斯威本科技大学、澳大利亚国立大学、塔斯马尼亚大学,拓展校际交流领域,深化中外合作办学。在澳大利亚期间,访问团还访问了澳大利亚教育管理集团墨尔本办公室。刘建亚与澳大利亚教育管理集团负责人共同为山东大学(威海)海外人才工作站揭牌。山东大学(威海)副校长黄凯南,山东大学微生物技术国家重点实验室、山东大学化学与化工学院、山东大学(威海)国际教育学院、国际合作与交流处等相关人员参加活动。

本月　据国家自然科学基金委员会(NSFC)和英国皇家学会(RS)通知,空间科学研究院、空间科学与物理学院史全岐教授获英国皇家学会 2019 年“牛顿高级学者基金”(Newton Advanced Fellowship)资助。

本月　教育部印发《关于同意设立山东大学澳国立联合理学院的函》,山东大学首个中外合作办学机构获批设立。

本月　校区 9 位教师入选 2019～2022 年山东省本科教育教学指导委员会名单。

5 月

5 日　纪念五四运动 100 周年暨山东大学(威海)2018 年度优秀学生表彰大会在知行会堂举行。校区党工委书记尹作升出席大会并致辞。党工委副书记赵玉璞,副书记、纪工委书记郭培良,副书记周慧如出席大会并为受表彰师生颁奖。现场颁奖环节与文艺汇演交叉进行,共进行了综合荣誉类、社会实践类、创新创业类、学科竞赛类和优秀指导教师、优秀学生工作者等的表彰活动。

9 日　山东省司法厅副厅长齐延安到法学院调研指导工作,并举行座谈。副校长黄凯南出席座谈会。

同日　山东大学党委副书记、纪委书记陈向阳一行来威海校区调研,就如何以全面从严治党引领和推动学校实现“由大到强”举行座谈。威海校区党工委副书记、纪工委书记郭培良,山东大学纪委副书记兼监察处处长张桂珍出席座谈会。

10 日　乌克兰科学院院士、俄罗斯索伯列夫数学研究所所长级研发顾问德米特里·伊万诺维奇·斯维里登科教授，新西伯利亚国立大学信息技术系主任、索伯列夫数学研究所首席研究员德米特里·埃维根耶维奇·帕查诺夫教授，北京天元数学与信息技术综合研究与应用中心主任许继来先生等一行访问校区。校长刘建亚会见来访客人。在访问期间，学校与索伯列夫数学研究所、北京天元数学与信息技术综合研究与应用中心签订了合作协议，三方将在博硕士生联合培养、国际科研合作、招才引智等方面加强合作。

14～19 日　河南省确山县 2019 年领导干部培训班（第一期）在威海校区举办。校区党工委书记尹作升，确山县委副书记、县长彭广峰出席开班仪式并讲话，校区党工委副书记赵玉璞，副校长夏利东、黄凯南出席相关活动。

16 日　由教育部留学服务中心主办、山东大学（威海）承办的国家公派留学派出工作培训会在威海举行。来自全国各省市教育厅及 150 余所高校的 280 多名公派留学负责人员参会。教育部留学服务中心副主任艾宏歌，教育部国际司留学处副处长杨洲、财务司外事财务处处长徐薇、留学服务中心出国处处长丁莉，山东大学（威海）副校长夏利东出席培训会。

16～17 日　校区举行第三十一届田径运动会。

18 日　山东省海洋微生物菌种保藏与应用工程技术研究中心第一届专家委员会成立暨一届一次会议在校区召开。副校长夏利东出席会议，并向专家委员会委员颁发聘书。

20 日　澳大利亚新南威尔士大学堪培拉校区科学学院副院长斯科特·夏普（Scott Sharp）教授一行访问威海校区。副校长黄凯南会见来访客人，并举行座谈。

21 日　广东医科大学党委副书记、湛江海东校区筹建办主任罗辉率团访问威海校区。校区党工委书记尹作升会见罗辉一行。

同日　中国科学院院士、中科院上海应用物理研究所研究员、复旦大学教授马余刚做客“稷下讲坛”，为校区师生作题为“小爆炸：原子核碰撞研究夸克物质与反物质”的报告。副校长夏利东主持报告会。

24 日　山东大学（威海）第四届大学生中华经典诵读大赛决赛在知行会堂举行。校区党工委书记尹作升、副书记周慧如出席大赛并为获奖队伍颁奖。

25 日　山东大学（威海）2019 届毕业生暨 2020 届实习生招聘会举行，环翠区“政策面对面暨重点企业高校行”走进山东大学（威海）活动同步进行。校区党工委副书记、纪工委书记郭培良与环翠区委常委、组织部部长、统战部部长梁明等领导出席活动。

同日　法国雷恩商学院副校长圣地亚哥·加西亚（Santiago Garcia）先生一行访问威海校区。校长刘建亚会见来访客人。

26日　校区教师在山东省第六届高校教师教学比赛中获奖,海洋学院戚明颖获理科组一等奖,翻译学院王苏华获文科组二等奖。

28日　校区设视频分会场,参加山东大学2019年全面从严治党工作会议。山东大学党委书记郭新立出席会议并讲话,校长樊丽明主持会议,党委副书记、纪委书记陈向阳传达上级会议精神并作纪委工作报告。威海校区党工委书记尹作升在会上作发言。

30日　校区学子在第十六届“挑战杯”山东省决赛中再创佳绩。4件作品获特等奖,3件作品获一等奖,其中,6件作品推荐进入国赛。校区获得省赛“优胜杯”和优秀组织奖。

31日　澳门大学李德凤教授受聘为校区兼职特聘教授,副校长刘海为其颁发聘书。

6月

1日　杭州电子科技大学颜成钢教授受聘为威海校区兼职教授,校区党工委副书记、纪工委书记郭培良为其颁发聘书。

4日　中国前驻捷克、挪威大使唐国强做客第三十五期“大使讲坛”,为校区师生作题为“新中国七十年的外交历程以及当前国际形势中的几个问题”的报告。威海校区党工委副书记赵玉璞主持讲坛。此前一天,唐国强大使及其夫人王海涵女士做客校区第一百一十一期林海文化论坛。

5日　英国皇家学会院士、伦敦数学学会会长、布里斯托大学乔恩·基廷(Jon Keating)教授访问校区。校长刘建亚会见来访客人。

6日　深圳亚略特生物识别科技有限公司董事长兼CEO、校区1995级电子学与信息系统专业校友邵宇向校区捐赠价值230万元的生物识别软件平台。校区常务副校长韩建新代表校区接受捐赠,并向邵宇校友颁发学生职业发展校友导师聘书。

7～9日　山东大学2019年“一校三地”排球总决赛在威海校区体育训练中心举行。校区副校长黄凯南出席活动并致辞。

8日　英国皇家学会院士、伦敦数学学会会长、布里斯托大学乔恩·基廷教授受聘校区客座教授仪式在知行楼举行。校长刘建亚为乔恩·基廷教授颁发客座教授聘书。聘任仪式后,乔恩·基廷教授作题为“Moments and Divisor Correlations”的学术报告。

9～13日　副校长刘海率团访问台湾地区中原大学、台湾海洋大学、东吴大学、世新大学等高校。

12日　全国人大常委会法工委研究室副巡视员贾红梅一行来威海校区调研地方立法工作。全国人大常委会法工委研究室处长侯晓光、山东省人大常委会法工委法规三处副处长王岩、威海市人大常委会副主任张竞、山东大学(威海)副校长黄凯南出席活动。

同日　韩国清州大学外事副校长金荣哉一行来校区访问。校区常务副校长韩建新会见来访客人并举行座谈。

13 日　郭永怀事迹报告会在知行会堂举行。威海市委常委、组织部部长刘运,山东大学(威海)党工委书记尹作升,威海市委党校常务副校长、胶东(威海)党性教育基地管理办公室主任曲赓出席报告会。山东大学(威海)党工委副书记周慧如主持报告会。

同日　校区印发《山东大学(威海)“数据科学与人工智能实验班”管理办法》(山大威校教字〔2019〕10 号)。

15 日　新中国 70 年马克思主义文化研究高端论坛在知行楼举行。校区党工委副书记周慧如出席开幕式并致辞,全国人大教科文卫委员会委员、中国社科院大学首席教授、著名马克思主义理论家程恩富,中国软实力研究中心主任张国祚教授,山东大学马克思主义学院院长王韶兴教授等出席开幕式。

同日　山东大学马克思主义理论学科建设座谈会在威海校区举行。校区党工委副书记周慧如出席座谈会。

17～20 日　副校长夏利东出席 2019 年“中美人才培养计划”年度工作会议暨第十六届学生毕业典礼。2019 年威海校区共有 4 名学生通过“中美人才培养计划”项目毕业,其中 3 名学生获优秀毕业生称号。

18 日　校区国际交换学生结业仪式在文华苑举行。副校长黄凯南出席仪式并为交换学生颁发结业证书。来自 24 所海外高校的 88 名国际交换学生参加仪式。

18～23 日　澳大利亚国立大学理学、健康与药学联合学部副部长萨沙·米赫耶夫(Sasha Mikheyev)、物理与工程学研究院院长蒂姆·森登(Tim Senden)、化学研究院院长潘尼·布拉泽斯等一行访问校区。副校长黄凯南会见来访客人,

19～20 日　新中国 70 年生态文明建设与生态设计实践高端学术论坛暨 2019 年传统聚落与人居环境可持续发展国际学术会议在校区召开。本次会议由山东大学(威海)、中国勘察设计协会传统建筑分会、山东省勘察设计协会和环翠区人民政府共同主办。校区常务副校长韩建新、威海市环翠区组织部部长梁明出席开幕式并致辞。

20 日　“同心·光彩助学行动”助学金发放仪式在闻天楼举行。校区党工委书记尹作升出席仪式并讲话。党工委副书记、纪工委书记郭培良,副校长黄凯南出席仪式。党工委副书记周慧如主持仪式。

22 日　由东北亚学院主办的区域与国别教学研究论坛在校区举行。校区党工委副书记、东北亚学院院长赵玉璞主持论坛。教育部中外人文交流中心机制工作一处处长丁连普、教育部国别和区域研究工作秘书处执行主任温冰、副校长黄凯南出席开幕式并致辞。

23日 山东大学(威海)2019年毕业生毕业典礼在图书馆广场举行。校长刘建亚出席典礼并讲话,党工委书记尹作升主持典礼。校区领导、各院部党政主要负责人、职能部门负责人、教师代表、家长代表、校友代表和2019届毕业生参加了毕业典礼。与会领导为优秀毕业生颁发荣誉证书,并向本科生代表、研究生代表和国际学生代表颁发毕业证书。毕业典礼后,刘建亚在玲珑学堂为毕业生颁发了学位证书。

27日 校区印发《山东大学(威海)国际学生奖学金实施细则(修订)》(山大威校综字〔2019〕4号)《山东大学(威海)关于进一步规范和促进非学历继续教育工作的意见》(山大威校综字〔2019〕5号)。

28日 欧洲科学院院士、山东大学微生物技术国家重点实验室主任、微生物技术研究院院长张友明教授做客校区第二期"院长沙龙",介绍重点实验室建设情况,交流学科建设发展经验。校长刘建亚、党工委书记尹作升出席活动。校区党工委副书记赵玉璞主持活动。

同日 校区2019年"学生海外学习经历"启动仪式在知行会堂举行。校长刘建亚出席仪式并讲话,副校长夏利东主持仪式。校区2019年全年共有1073名学生赴国(境)外学习交流。

同日 校区组织校领导、机关及直属单位副处级以上党员干部到威海市廉洁教育中心参观学习、接受教育。校区领导赵玉璞、刘海、郭培良、周慧如参加活动。

同日 山东大学(威海)与中国科学院国家天文台共建天文与空间科学菁英班合作协议续签仪式在闻天楼举行。副校长夏利东、黄凯南,中国科学院国家天文台党委书记赵刚出席相关活动。

本月 海洋学院党委副书记范蕊当选2019年"最美高校辅导员"。

7月

3日 校区党工委书记尹作升主持召开党工委理论学习中心组专题学习会议,学习传达中央"不忘初心,牢记使命"主题教育有关文件精神及学校理论学习中心组参考学习材料。校区领导韩建新、赵玉璞、刘海、郭培良、周慧如、夏利东、黄凯南出席会议。理论学习中心组成员参加会议。

同日 山东大学当代社会主义研究所与马克思主义学院(威海)合作签约暨社会主义文献研究中心成立仪式在威海校区举行。副校长黄凯南出席仪式并讲话。

4日 香港威海同乡会会长张强等一行访问威海校区,校区党工委副书记赵玉璞会见来访客人。威海市委统战部副部长程晓军陪同参访。

5 日　根据山东大学文件(山大党任字〔2019〕24 号),经 2019 年 6 月 24 日第十四届党委第二十八次常委会研究决定:刘建亚同志兼任山东大学澳国立联合理学院院长;孔海燕同志任山东大学澳国立联合理学院党委书记。

8～11 日　由中国科学院青年创新促进会主办,山东大学空间科学研究院和中国科学院地球化学研究所青年创新促进会小组联合承办的第四届地球与行星科学青年论坛暨 2019 火星科学暑期短训班在校区召开。山东大学(威海)副校长夏利东、中国科学院青年创新促进会理事长杨蔚、中国科学院地球化学研究所研究员李雄耀出席开幕式并分别致辞。来自国内 22 家高校及科研机构的 110 余名青年学者参加了本次论坛。

9 日　2019 年暑期山东大学“威海讲堂”开班仪式在电子楼举行。校区副校长黄凯南出席仪式并致辞。

同日　校区党工委书记尹作升、副校长刘海一行实地调研学生宿舍空调安装工作,并进行现场办公。

10 日　校区党工委副书记、纪工委书记郭培良,副校长黄凯南到 2019 年本科招生录取工作现场指导工作。

11 日　校区在知行楼召开党建工作专题会议。党工委副书记周慧如主持会议并讲话。

11～13 日　山东大学 2019 年“一校三地”篮球总决赛在威海校区举行。

13 日　中国社会科学院第六届马克思主义文艺理论论坛暨“人民性与中国文论建设”学术研讨会在威海召开。此次论坛由中国社会科学院马克思主义理论学科建设与理论研究工程领导小组主办,中国社会科学院文学研究所、山东大学马克思主义文艺理论研究中心、山东大学(威海)文化传播学院合作承办。

16～20 日　副校长夏利东率团访问澳大利亚国立大学,推动双方合作办学机构与项目相关工作、参加联合毕业典礼。

23～26 日　校区学子在第五届山东省“互联网＋”大学生创新创业大赛决赛中再创佳绩,共获得金奖 4 项、铜奖 8 项。

24 日　校区 2019 年本科招生录取工作圆满结束,多地在录取分数、录取位次创历史新高。2019 年,威海校区面向全国 30 个省(直辖市、自治区)计划招生 3700 人,实际录取 3700 人,足额完成年度招生计划,录取类型涵盖艺术类、国家专项和本科普通批次。

26 日　共青团山东省委书记刘天东来校区调研学生创新创业工作。校区党工委书记尹作升陪同调研。党工委副书记、纪工委书记郭培良,副校长黄凯南,共青团威海市委书记许宏妮参加活动。

26～27 日　教育部驻鲁直属高校审计工作研讨会在校区召开。校区党工委副书记、纪工委书记郭培良出席会议并致辞。

29～30 日 基层社会治理与“两委”组织法修法研讨会在校区举行。本次会议由全国人大社会建设委员会主办,山东省人大社会建设委员会和威海市人大常委会协办,山东大学(威海)法学院承办。全国人大常务委员会委员、社会建设委员会副主任委员江小涓,山东省人大社会建设委员会主任委员张光峰,威海市人大常委会副主任张竞,山东大学(威海)副校长黄凯南出席开幕式并讲话。全国人大社会建设委员会委员、全国总工会副主席(兼)许振超主持开幕式。

30 日 根据山东大学文件(山大编字〔2019〕13 号),经中共山东大学第十四届委员会第二十三次常务委员会议研究,决定成立山东大学澳国立联合理学院(简称“联合理学院”)。联合理学院是由山东大学与澳大利亚国立大学合作创办的中外合作办学机构,为学校直属独立建制的教学科研机构。联合理学院不设行政级别,实行联合管理委员会领导下的院长负责制。

8 月

7 日 根据山东大学文件(山大人字〔2019〕77 号),威海校区文化传播学院张红军、空间科学与物理学院史全岐获评 2019 年山东大学优秀教师;机电与信息工程学院(威海)王小利获评 2019 年山东大学先进教育工作者。

8～11 日 校区学子在第十二届全国大学生节能减排社会实践与科技竞赛中再创佳绩。共获得国家一等奖 1 项、二等奖 3 项、三等奖 7 项,校区荣获优秀组织奖,获奖数量位于全国前列,创校区参加该项赛事以来的最好成绩。

15 日 山东省政法干部培训基地揭牌仪式在知行楼举行。山东省委政法委副书记梁战光,山东省法学会专职副会长任伟,山东大学(威海)副校长夏利东、法学院院长肖金明共同为培训基地揭牌。

15～16 日 由山东大学空间科学研究院主办的第七届 GNSS 监测评估技术研讨会在闻天楼召开。中国工程院院士、西安测绘研究所研究员魏子卿,山东大学(威海)副校长夏利东,中国卫星导航工程中心焦文海研究员出席开幕式并致辞。

16 日 国家自然科学基金委员会公布了 2019 年度国家自然科学基金集中申报项目立项结果。威海校区共获批立项 31 项,其中面上项目 16 项、青年科学基金 10 项、国际(地区)合作与交流项目 1 项、天文联合基金项目 4 项(其中重点支持项目 1 项,直接经费 250 万元),共获批直接经费 1650 万元。

20 日 山东大学校长樊丽明来威海校区调研。山东大学副校长、山东大学(威海)校长刘建亚主持会议。校区党工委书记尹作升,校区领导韩建新、赵玉璞、刘海、郭培良、周慧如、夏利东、黄凯南出席座谈会。会上，夏利东、黄凯南、郭培良结合各自分管工作，分别进行了工作汇报。

22 日　校区召开 2019 年暑期校区领导班子工作务虚会。校长刘建亚出席会议并讲话。校区党工委书记尹作升主持会议。校区领导韩建新、赵玉璞、刘海、郭培良、周慧如、夏利东、黄凯南出席会议。

23 日　新一代人工智能与自动化论坛(威海)在威海校区举办。全国政协常委、国际核能院院士、中国人工智能学会不确定性人工智能专委会主任张勤，新加坡工程院院士、新加坡国立大学教授葛树志，加拿大工程院院士、香港中文大学教授孟庆虎，山东大学副校长、山东大学(威海)校长刘建亚，中国自动化学会理事李贻斌教授，山东省自动化学会监事长王起功出席开幕式。

24～25 日　第十四届"恩智浦杯"智能汽车竞赛全国总决赛在威海校区举行。来自全国 185 所高校、391 支队伍，共计 1700 余名师生参加比赛。校区智能车队获国家一等奖 3 项、二等奖 4 项。

25～29 日　"中国阐释学理论与实践"高级研修班在威海校区举办。中国社会科学院原副院长、中国社会科学杂志社总编辑张江教授，中国社会科学院大学党委常务副书记、中国社会科学院大学校长张政文教授，校区党工委副书记周慧如出席开班仪式。

31 日　艺术学院教师郭敏、张琳仙创编的舞剧《西楚霸王》荣获第十一届山东省"泰山文艺奖"舞蹈类唯一的一等奖。

31 日～9 月 1 日　澳大利亚国立大学、西澳大学、皇家墨尔本理工大学、塔斯马尼亚大学等澳大利亚合作高校代表来校参加威海校区中外合作办学专业迎新活动。8 月 31 日，校长刘建亚会见澳大利亚国立大学理学部部长基兰·柯克一行。9 月 1 日，澳大利亚高校代表分别与新生和家长举行见面会。

本月　董恩清教授团队在医学成像领域国际顶级期刊(*IEEE Transactions on Medical Imaging*，*IEEE TMI*)发表关于肺部 4D CT 图像配准的最新成果。

9 月

1 日　校区领导班子召开专题会，学习贯彻学校新学期工作会议及暑期务虚会精神，特别是认真学习了郭新立书记、樊丽明校长在学校领导班子暑期工作务虚会上对威海校区事业发展的指导意见。威海校区校长刘建亚出席会议并讲话。校区党工委书记尹作升主持会议。

同日　山东大学澳国立联合理学院 2019 级新生和家长见面会在闻天楼

报告厅举行。山东大学副校长、山东大学(威海)校长、山东大学澳国立联合理学院院长刘建亚,澳大利亚国立大学副校长、理学部部长基兰·柯克教授出席见面会并讲话。澳大利亚国立大学理学部各专业研究院负责人、理学部国际关系合作部有关负责人,全体2019级联合理学院新生及家长参加见面会。

2日　校区印发《山东大学(威海)国际政治与国际经济双学位实验班管理办法》(山大威校教字〔2019〕18号)。

2～20日　校区2019级本科生进行军训。

5日　校区党工委书记尹作升在知行楼主持召开安全工作专题会议。会议传达落实教育部、山东省委、山东省委教育工委、山东大学党委有关安全工作的会议精神,安排下一步校区安全工作。校区常务副校长韩建新、党工委副书记周慧如出席会议。

同日　"长安威海——政法新媒体矩阵联盟"成立仪式举行,中共威海市委常委、政法委书记傅广照出席仪式并发表讲话。校区与威海市政法委合作共建的威海市政法新媒体发展研究中心作为新媒体矩阵现有的三个联盟成员之一正式宣告成立。校区党工委副书记赵玉璞出席仪式,并与市公安局党委副书记、政委李刚一起为研究中心揭牌。

7日　山东大学(威海)商学院、山东大学服务贸易中心在校区举办"新中国70年:国际贸易理论演进和服务贸易创新发展高端论坛"。

同日　第十二届全国人民代表大会财政经济委员会副主任委员、重庆市原市长、中国国际经济交流中心副理事长黄奇帆先生受邀做客"稷下讲坛",作题为"新时代国际贸易新特征、新趋势"的主题报告。

9日　校区在知行楼举办2019年应征入伍学生欢送会。校区党工委副书记、纪工委书记郭培良出席会议并讲话。

同日　校区召开庆祝2019年教师节座谈会,主题为"立德树人,强院兴校,一体发展"。副校长刘海出席会议并讲话。

10日　山东大学在中心校区音乐厅举行2019年教师节庆祝大会暨优秀教师颁奖典礼,威海校区设视频分会场。来自威海校区的山东大学第十一届"我心目中的好导师"夏利东教授,"最美高校辅导员"范蕊老师,2019年度山东大学先进教育工作者王小利,2019年度山东大学优秀教师张红军教授、史全岐教授等优秀教职工参加典礼并接受表彰。

11日　校区设视频分会场参加山东大学"不忘初心,牢记使命"主题教育动员部署大会,深入贯彻落实习近平总书记关于"不忘初心,牢记使命"主题教育的重要讲话和重要指示批示精神,按照中央要求,对学校开展主题教育进行动员部署并提出要求。党委书记郭新立出席会议并作动员部署,校长樊丽明主持会议并讲话。中央第四指导组副组长、教育部科技司副司长张国辉出席会议并讲话。

12 日　校区第一期学科交叉学术沙龙举行，主题为“东部边疆数字人文研究——秦时明月汉时城的仰望与触摸”。东部边疆数字人文研究团队核心成员以及东北亚学院、机电与信息工程学院、艺术学院师生 50 余人参加沙龙活动。

16 日　校区庆祝中华人民共和国成立七十周年教职工合唱比赛在知行会堂举行。党工委书记尹作升，常务副校长韩建新，副校长刘海，党工委副书记、纪工委书记郭培良，党工委副书记周慧如，副校长夏利东出席活动。

18 日　山东大学党委副书记仝兴华来威海校区调研，就扎实推进校区安全工作举行座谈。校区党工委书记尹作升主持座谈会。校区常务副校长韩建新出席座谈会。

20 日　山东大学新文科建设研讨会在威海校区举行。校长樊丽明出席会议并讲话。山东大学副校长、威海校区校长刘建亚出席会议。研讨会由威海校区常务副校长韩建新主持。会上，山东大学本科生院院长、本科招生办公室主任刘传勇介绍了《山东大学新文科建设工作方案(2019～2021)》(征求意见稿)有关内容，与会人员围绕工作方案进行了研讨，并提出了修订意见和建议。

同日　山东大学校长樊丽明与威海市委书记王鲁明就进一步推进校地合作共建事宜进行座谈交流。威海市委常委、秘书长侯世超，威海市副市长张伟，威海高新区党工委书记、管委会主任刘伟；山东大学副校长、威海校区校长刘建亚，威海校区党工委书记尹作升等参加座谈。

同日　山东大学(威海)2019 级新生开学典礼暨迎新晚会举行。山东大学校长樊丽明出席典礼并讲话，山东大学副校长、威海校区校长刘建亚主持典礼。威海校区党工委书记尹作升、校区领导班子全体成员出席活动。

22 日　校区第一期校友思政大讲堂在闻天楼举行。山东大学 1996 届校友、上海威派格智慧水务股份有限公司董事长李纪玺做客大讲堂，并受聘为校区就业导师。校区党工委副书记、纪工委书记郭培良出席活动，并为李纪玺颁发就业导师证书。

26 日　山东大学党委书记郭新立在威海校区主持召开座谈会，听取校区领导班子成员工作汇报，并对相关工作提出了指导意见。

27 日　共青团山东省委副书记刘少华来威海校区调研共青团工作。校区党工委书记尹作升在知行楼会见刘少华一行。校区党工委副书记、纪工委书记郭培良，共青团威海市委书记许宏妮等出席活动。

29 日　威海校区设视频分会场，参加山东大学领导班子“不忘初心，牢记使命”主题教育第二次集中学习研讨。

29～30 日　　校区承办的2019年第二届IEEE信息通讯与信号处理国际会议在威海召开。副校长刘海出席开幕式并致辞。本届会议以“信息通讯和信号处理应用技术及产业化发展”为主题,共吸引了来自中国、美国、加拿大、德国、挪威、印度、韩国、日本等8个国家的116名专家、学者参会。

30 日　　校区举行“同升国旗同唱国歌”集体升旗仪式。校区领导,机关各职能部门负责人,各学院党委书记、副书记,全体辅导员,2019级全体学生参加仪式。

本月　　校区34个项目获批2019年度山东省社科规划项目立项,立项数量比上年提高26%。

10月

8 日　　根据山东大学文件(山大党任字〔2019〕43号),经2019年9月23日第十四届党委第三十七次常委会研究决定:吕广世任山东大学澳国立联合理学院执行院长,试用期一年,免去其数学学院副院长职务。

9～10 日　　艺术学院青年合唱团获2019山东合唱比赛“金牌合唱团”奖,指挥刘巍获优秀指挥奖。

11 日　　校区设视频分会场,参加山东大学“不忘初心,牢记使命”主题教育专题党课。学校党委书记、学校“不忘初心,牢记使命”主题教育领导小组组长郭新立以“为国育贤守初心,强校兴国担使命”为题作专题报告。中央第四指导组副组长、教育部科技司副司长张国辉出席报告会。

12～13 日　　由文化传播学院主办的“跨学科:现当代文学与华文文学”学术研讨会在威海校区召开。校区党工委副书记周慧如出席开幕式并致辞。

13 日　　由山东大学国际问题研究院、东北亚学院主办,威海市社会科学联合会、威海市刘公岛管理委员会合作举办的“第四届中华复兴论坛:新时代海洋命运共同体构建”在威海召开。中共中央对外联络部政策研究室主任栾建章,国家海洋信息中心总工程师、研究员王晓惠,山东省委决策咨询委员会办公室主任、一级调研员王中平,威海市委党校常务副校长、胶东(威海)党性教育基地管理办公室主任曲赓,威海市社会科学联合会主席刘昌毅,威海市刘公岛管理委员会党委书记、主任、威海文旅发展集团党委书记、董事长刘震等出席本次论坛。山东大学(威海)党工委副书记、东北亚学院院长赵玉璞主持开幕式。

13～15 日　　校区两件作品获第五届中国“互联网+”大学生创新创业大赛全国

总决赛银奖，取得参加该项赛事以来的最好成绩。

16 日	校区在知行楼召开年轻干部调研座谈会，党工委书记尹作升主持会议并讲话。党工委副书记周慧如出席会议。在座谈会上，校区五位赴新加坡南洋理工大学研修回国管理人员分享了学习成果。
17～20 日	校区承办山东大学第四届齐鲁青年论坛分论坛。
18 日	中国科学院院士、美国艺术与科学院院士、北京大学副校长田刚做客“稷下讲坛”，为校区师生作题为“欧拉公式和计数几何”的报告。校长刘建亚主持报告会。
19 日	韩国大邱寿城区区长金大权率团访问威海校区，校区党工委副书记赵玉璞与来访客人进行交流座谈。
19～20 日	校区组织 4400 多名学生赴刘公岛开展主题为“青春献祖国，奋斗谋复兴”爱国主义教育活动。2019 级全体本科生、研究生新生以及 2017 级本科生党员参加活动。
24 日	中国前驻希腊、爱尔兰大使、中国驻旧金山总领事(大使衔)罗林泉做客校区第 36 期“大使讲坛”，为校区师生作题为“我亲历的外交工作”的报告。校区党工委副书记、纪工委书记郭培良主持报告会。此前一日，罗林泉及夫人做客校区第 113 期林海文化论坛。
25 日	校区党工委书记尹作升在知行楼为校区机关及直属单位科级干部讲“党员干部应强化责任担当”专题党课。
26～27 日	山东大学“一校三地”学生健康活力大赛在威海校区举办。来自“一校三地”的 17 支学生代表队参加活动。
29 日	校区党工委领导班子在知行楼召开对照党章党规找差距专题会议。党工委书记尹作升主持会议并带头作对照检视。校区党工委其他班子成员参加会议。
30 日	威海校区领导班子“不忘初心，牢记使命”主题教育调查研究成果汇报交流会在知行楼举行。山东大学党委副书记、纪委书记陈向阳出席会议。校区党工委书记尹作升主持会议。学校第七指导组组长李建平到会指导。
同日	塔斯马尼亚大学校长鲁弗斯·布莱克(Rufus Black)，常务副校长罗伯·威尔逊(Rob Wilson)一行访问威海校区。校长刘建亚会见来访客人。
同日	中国工程院院士、中国勘察设计大师、上海江欢成建筑设计有限公司董事长江欢成访问艺术学院并开展座谈。
31 日	著名昆曲艺术家、中国艺术研究院研究员、研究生导师刘静应邀到艺术学院作“感受昆曲之美——春色如许”学术报告。报告会前，校长刘建亚向刘静颁发客座教授聘书。
31 日～11 月 2 日	校区参与承办的第十届全国空间碎片学术交流会在威海召开。来自全国 70 多家单位的 220 余名代表参加会议。国防科工局系统

工程一司副司长于国斌、中国工程院院士戚发轫、威海市人民政府副市长张伟、山东大学(威海)常务副校长韩建新、北京卫星环境工程研究所副所长张春元、山东省工业与信息化厅军民融合处处长龙希江出席开幕式并致辞。会议开幕式和闭幕式由中国空间技术研究院科技委主任李明主持。

本月　山东大学威海前沿交叉科学研究院冯奎双教授以通讯作者身份在*Nature*子刊《自然-可持续发展》(*Nature Sustainability*)上发表了题为《拉丁美洲和加勒比海地区向贫困人口实行现金转移支付的碳税制度》("Cash Transfers for pro-poor carbon taxes in Latin America and the Caribbean")的研究论文。

11月

2日　山东大学(威海)2020届毕业生秋季双选会在体育训练馆举行。此次双选会共吸引170家用人单位参会,提供就业岗位9000余个。

5日　山东大学(威海)-哈尔滨工业大学(威海)校际课程共建暨学分互认协议签约仪式在哈工大(威海)举行。山大(威海)常务副校长韩建新、哈工大(威海)副校长钟诗胜出席会议,山大(威海)教务处长王湘云、哈工大(威海)教务处长姜永远代表双方签署协议。

7～12日　校区在2019年"挑战杯"全国大学生课外学术科技作品竞赛终审决赛中,获二等奖4项、三等奖2项,团体总分名列山东省第二名。

8日　山东大学党员教育基地揭牌仪式在山东荣成郭永怀事迹陈列馆举行,威海校区领导班子围绕"落实党代会精神,推动校区跨越式发展"这一主题开展了"不忘初心,牢记使命"主题党日活动。山东大学(威海)党工委书记尹作升,荣成市委常委、组织部部长张国杰在仪式上致辞,并共同为党员教育基地揭牌。威海校区领导班子成员韩建新、赵玉璞、刘海、郭培良、周慧如、夏利东出席仪式。周慧如主持仪式。仪式后,校区领导班子在郭永怀事迹陈列馆开展了"不忘初心,牢记使命"主题教育党日活动。

19日　校区前沿交叉环境经济学研究团队成员冯奎双教授首次入选科睿唯安2019年度"高被引科学家"名单。

22日　第十届"刘公岛杯"大学生思想政治风采大赛在知行会堂举行。校区党工委书记尹作升,党工委副书记周慧如,威海文旅发展集团有限公司党委委员、副总经理孔祥极出席大赛。

29日　山东大学校长樊丽明来威海校区调研指导学科建设工作。山东大学副校长、威海校区校长刘建亚一同调研并主持相关座谈会。威海校区党工委书记尹作升,校长助理、青岛校区副校长贾磊陪同调研。

30 日　山东大学澳国立联合理学院成立大会在威海校区举行。山东大学校长樊丽明，威海市委副书记、市长张海波，澳大利亚国立大学教务长麦克·卡尔福特等出席大会并致辞；澳大利亚驻华大使馆教育与研究公使衔参赞贺蓉歌女士向联合理学院的成立发来祝贺视频。山东大学副校长、威海校区校长刘建亚主持大会。澳大利亚国立大学理学部部长基兰·柯克，澳大利亚教育管理集团总裁李新庆、总监王晶，山东大学威海校区党工委书记尹作升，校党委常委、宣传部部长桑晓旻，校长助理贾磊等出席大会。在成立大会上，与会嘉宾共同为山东大学澳国立联合理学院揭牌。山东大学澳国立联合理学院（SDU-ANU JOINT SCIENCE COLLEGE）是经教育部批准，开展本科层次学历教育的中外合作办学机构。联合理学院的办学双方为山东大学和澳大利亚国立大学，学院设有数学与应用数学、应用物理学、应用化学和生物科学四个本科专业，以两校传统优势学科为基础，引进澳大利亚国立大学的教学模式、课程体系以及教学资源，采用国际先进的办学理念和教学质量评估标准，使毕业生具有前往世界名校继续深造和全球就业的能力，培养具有国际视野、创新精神和实践能力的精英人才。

本月　威海校区推荐 2020 年优秀本科毕业生免试攻读研究生工作再次取得新突破。共有 455 名学生被成功推荐到各高校攻读研究生，占校区 2016 级应届本科毕业生总数的 12.22%，再创历史新高。在推免学生中，攻读硕士学位学生 407 名、直博生 48 名。其中，377 名推免生被"双一流"建设高校和中国科学院大学录取，占推免生总数的 82.86%。

12 月

4 日　威海市"12·4"国家宪法日暨山东大学（威海）法治文化节集中宣传活动在校区举行。威海市委常委、宣传部部长刘广华，校区党工委副书记周慧如出席活动并共同为威海市法治宣传教育研究基地揭牌。威海市司法局局长李元敬主持活动。

10 日　威海银兴集团向威海校区捐赠仪式在知行楼举行。捐赠仪式前，校长刘建亚会见威海银兴集团董事长郝凡森先生，并为其颁发续聘威海校区兼职教授聘书。校区党工委书记尹作升出席捐赠仪式并致辞。仪式上，威海银兴集团捐资 40 万元人民币，支持学校教育事业发展。赵玉璞代表校区接受捐赠，并向郝凡森颁发捐赠证书。

16～20 日　校区常务副校长韩建新应邀率团赴韩国启明大学、清州大学、祥明大学、韩国教职员共济会等机构进行友好交流访问，并签署有关学生交流合作协议。17 日,韩建新与清州大学教务副校长朴浩构分别代表双方学校签署了预科班合作协议。18 日,韩建新与祥明大学教务副校长禹济烷分别代表双方学校签署了艺术类专业的学生交换协议书。

20 日　著名书法家、校区兼职教授张雪明做客“稷下讲坛”,为校区师生作题为“启功先生的学艺历程及艺术成就概述”的学术报告。校长刘建亚主持报告会。

同日　校区党工委书记尹作升到联系班级——机电与信息工程学院 2017 级量子信息工程实验班宣讲党的十九届四中全会精神,讲授专题思政课,并与同学们深入交流。

20～22 日　山东省京剧院来校区举办了三场京剧演出。威海市委常委、组织部部长刘运,山东大学副校长、山东大学(威海)校长刘建亚,山东大学(威海)党工委书记尹作升,党工委副书记赵玉璞、周慧如等出席活动。

22 日　山东大学空间科学研究院战略规划委员会暨课题组长评估会议在闻天楼召开。空间科学研究院战略规划委员会主任汲培文任会评专家组组长,战略规划委员会委员国家天文台党委书记、副台长赵刚,山东大学副校长、青岛校区校长韩圣浩,山东大学副校长、威海校区校长刘建亚,陈冠军教授、梁作堂教授参加会议并担任专家组成员。

24 日　副校长夏利东会见到访的韩国忠南大学副校长李准宪一行。

28 日　校区参与承办的 2019 中韩(威海)人才交流合作大会在东山宾馆举行。韩国驻青岛总领事馆总领事朴镇雄,山东省政府外事办公室副主任李永森,威海市委副书记、市长张海波,山东大学副校长、山东大学(威海)校长刘建亚等出席开幕式并致辞。威海市委常委、组织部部长刘运主持会议。在大会开幕式上,由山东大学(威海)、威海人才协会、迪尚集团和韩国湖西大学、韩中文化经济友好协会、兰草亚洲创业投资株式会社为主要发起人,部分在威韩资企业和韩国机构等共同参与成立了中韩人才交流合作金桥联盟(简称“金桥联盟”)。会上,山东大学(威海)与韩国忠北大学签署了合作协议。校区党工委副书记赵玉璞主持主题论坛。

同日　校长刘建亚到联系班级——数学与统计学院 2017 级数学与应用数学班宣讲党的十九届四中全会精神,讲授专题思政课,并与同学们进行了交流。

29 日　中国自贸区高质量发展论坛在威海校区举行。山东大学副校长、山东大学(威海)校长刘建亚,中国贸促会商事认证中心副主任闫芸,山东工商学院副校长王艳明出席论坛并致辞。山东大学校长助理、人文社会科学研究院院长邢占军主持开幕式。

同日　　山东大学(威海)2020新年音乐会在知行会堂举行。校区党工委书记尹作升,校区领导赵玉璞、刘海、郭培良、周慧如、夏利东等出席音乐会。

本月　　华东政法大学刘松山教授受聘为学校兼职特聘教授,武汉大学秦前红教授受聘为学校兼职讲席教授。校区常务副校长韩建新、副校长刘海分别为刘松山、秦前红颁发聘书。

本月　　校区两项国家社科基金重大项目获批立项,分别是张红军教授担任首席专家投标的“西方自然美学通史”和孙光宁教授担任首席专家投标的“社会主义核心价值观背景下的案例指导研究”。

学校建筑面积:489215.14平方米。

在校全日制本科生14859人,博、硕士研究生1652人,留学生1015人,成人教育及网络教育学生2882人。

在职教职工1239人,其中专任教师820人,副高以上职称485人。

2019年招收本科生3644人,本科毕业生3644人。

(赵林林)